張大可
韓兆琦 等 注譯

新譯資治通鑑

（二十）

梁紀三—十一

三民書局

國家圖書館出版品預行編目資料

新譯資治通鑑(二十)／張大可,韓兆琦等注譯.——初版三刷.——臺北市：三民，2024
冊； 公分.——(古籍今注新譯叢書)

ISBN 978-957-14-6239-4 （全套:精裝）
1. 資治通鑑 2. 注釋

610.23　　105022920

古籍今注新譯叢書

新譯資治通鑑(二十)

注譯者	張大可　韓兆琦等
創辦人	劉振強
發行人	劉仲傑
出版者	三民書局股份有限公司(成立於1953年)

三民網路書店
https://www.sanmin.com.tw

地址	臺北市復興北路386號 (復北門市) (02)2500-6600 臺北市重慶南路一段61號(重南門市) (02)2361-7511
出版日期	初版一刷 2017年1月 初版三刷 2024年5月
全套不分售	
ISBN	978-957-14-6239-4

新譯資治通鑑 目次

第二十冊

卷第一百四十七

梁紀三　起著雍困敦（戊子　西元五〇八年），盡閼逢敦牂（甲午　西元五一四年），凡七年。

【題解】本卷寫梁武帝蕭衍天監七年（西元五〇八年）至十三年共七年間南梁與北魏兩國的大事。主要寫了魏國的外戚權臣高肇殺害皇子元昌，又誣陷殺害了魏國的功勳老臣彭城王元勰，眾皆冤憤之；寫魏主之弟元愉因家庭瑣事受魏主責打，在冀州發動叛亂被討平，又被高肇殺之於解京途中；寫魏軍佔據之郢州（義陽）、豫州（懸瓠）發生兵變，郢州刺史被圍、豫州刺史被殺，魏國的大片地區失守；寫魏派邢巒攻克懸瓠，殺叛者白早生，豫州得以平定；寫魏將辛祥守義陽，破殺梁將有功，被刺史婁悅勾結高肇所壓抑；寫高車族幾經動亂後歸服於魏國，並大破柔然，殺佗汗可汗，遣使入貢於魏。寫魏將元英攻得義陽三關，梁將馬仙琕等敗走；至梁派南郡太守韋叡率軍到來時，魏將元英聞之而退。梁主蕭衍通過交換戰俘，請魏臣董紹回魏傳達講和停戰之意，魏主不從；寫梁國的琅邪人殺琅邪、東莞二州刺史，招引魏兵，魏之徐州刺史盧昶派兵接應，入據朐山；梁派馬仙琕率軍討之；魏主又派蕭寶寅、趙遐等前往支援，結果由於盧昶不習武事，被梁將馬仙琕打得慘敗，免者什一二，伏屍二百里；寫梁武帝蕭衍對親族、對朝士皆禮敬有加，有犯罪者多屈法以申之，而對百姓則異常嚴厲，當連坐者老幼不免，一人逃亡，全家罰作勞改，因而導致社會動盪不安；寫梁國的鬱洲人殺了青、冀二州刺史張稷，送其首級於魏，請魏派兵佔領朐山，結果魏兵未至，鬱洲之亂被梁之北兗州刺史康絢討平；寫了魏之楊州刺史李崇在管理壽陽，與壽陽被大水漂城時的忠貞表現，令人敬佩；寫了梁國寧州刺史李略之姪李苗，與原益州主簿淳于誕投魏後，為魏主劃伐蜀之策，魏主遂命高肇統領大軍，以李苗、淳于誕為嚮導，數路大舉伐蜀；與梁武帝蕭衍用魏降人王足之謀，發動徐、揚二州的民工在鍾離修築攔淮大壩，企圖壅淮水以灌魏人所據之壽陽，皆埋下後果即將不妙的伏線；此外還寫魏主取消了立太子而殺其母的魏國行之百年的殘酷制度，以及魏主元恪迷戀佛法，親身升座給僧俗宣講佛經，以致洛陽地區的佛教寺廟興盛，遠近承風，魏各州郡共有寺廟一萬三千餘所等等。

高祖武皇帝三

天監七年（戊子　西元五〇八年）

春，正月，魏潁川太守王神念❶來奔。○壬子❷，以衛尉吳平侯昺❸兼領軍將軍❹。○詔吏部尚書徐勉定百官九品為十八班❺，以班多者為貴❻。○二月乙丑❼，增置鎮、衛將軍❽以下為十品，凡二十四班；不登十品❾，別有八班。又置施❿外國將軍⓫二十四班，凡一百九號⓬。○庚午⓭，詔置州望、郡宗、鄉豪⓮各一人，專掌搜薦⓯。

乙亥⓰，以南兗州刺史呂僧珍⓱為領軍將軍。領軍掌內[1]外兵要，宋孝建⓲以來，制局⓳用事，與領軍分兵權，典事以上⓴皆得呈奏㉑，領軍拱手㉒而已。及吳平侯昺在職峻切㉓，官曹肅然。制局監皆近倖㉔，頗不堪命㉕，以是不得久留中㉖。

丙子㉗，出為雍州㉘刺史。

三月戊子㉙，魏皇子昌㉚卒，侍御師王顯失於療治，時人皆以為承高肇㉛之意也。○夏，四月乙卯㉜，皇太子納妃㉝，大赦。

五月己亥㉞，詔復置宗正、太僕、大匠、鴻臚㉟，又增太府㊱、太舟㊲，仍先為十二卿㊳。○癸卯㊴，以安成王秀㊵為荊州刺史。先是，巴陵馬營蠻㊶緣江為寇，州郡不能討，秀遣防閤文熾㊷帥眾燔其林木，蠻失其險，州境無寇。

秋，七月甲午㊸，魏立高貴嬪為皇后，尚書令高肇益貴重用事。肇多變更先朝舊制，減削封秩㊹，抑黜勳人㊺，由是怨聲盈路。羣臣宗室皆卑下之，唯度支尚書元匡㊻與肇抗衡，先自造棺置聽事㊼，欲輿棺詣闕㊽論肇罪惡，自殺以切諫。肇聞而惡之。會匡與太常劉芳㊾議權量事㊿，肇主芳議(51)，匡遂與肇喧競(52)，表肇指鹿為馬(53)。御史中尉王顯奏彈匡誣毀宰相，有司處匡死刑，詔恕死，降為光祿大夫(54)。

八月癸丑(55)，竟陵壯公(56)[2]曹景宗卒。

初，魏主為京兆王愉(57)納于后之妹為妃，愉不愛，愛妾李氏，生子寶月。于后召李氏入宮，棰之。愉驕奢貪縱，所為多不法，帝召愉入禁中推按(58)，杖愉五十，出為冀州刺史。愉自以年長，而勢位不及二弟[59]，潛懷愧恨。又，身與妾屢被頓辱[60]，高肇數譖[61]愉兄弟，愉不勝忿。癸亥[62]，殺長史羊靈引、司馬李遵，詐稱得清河王懌密疏[63]，云「高肇弒逆[64]」。遂為壇於信都[65]之南，即皇帝位，大赦，改元建平，立李氏為皇后。法曹參軍崔伯驥不從，愉殺之。在北州鎮[66]皆疑魏朝有變，定州刺史安樂王詮[67]具以狀告之，州鎮乃安。乙丑[68]，魏以尚書李平[69]為都督北討諸軍、行冀州事以討愉。平，崇[70]之從父弟也。

丁卯[71]，魏大赦，改元永平[72]。○魏京兆王愉遣使說平原[73]太守清河房亮[74]，亮斬其使。愉遣其將張靈和擊之，為亮所敗。李平軍至經縣[75]，諸軍大集。夜，有蠻兵數千[76]斫平營[77]，矢及平帳，平堅臥不動[78]，俄而自定。九月辛巳朔[79]，愉逆戰於城南草橋，平奮擊，大破之。愉脫身走入城，平進圍之。壬辰[80]，安樂王詮破愉兵於城北。○癸巳[81]，立皇子續[82]為南康王[83]。

魏高后之立也，彭城武宣王勰固諫，魏主不聽。高肇由是怨之，數譖勰於魏主，魏主不之信。勰薦其舅潘僧固為長樂[84]太守，京兆王愉之反，脅僧固與之同[85]，肇因誣勰北與愉通，南招蠻賊[86]。彭城郎中令[87]魏偃、前防閤高祖珍[88]希肇提擢[89]，構成其事[90]。肇令侍中元暉以聞[91]，暉不從；又令左衛[92]元珍言之。帝以問暉，暉勰不然；又以問肇，肇引魏偃、高祖珍為證，帝乃信之。戊戌[93]，召勰及高陽王雍、廣陽王嘉[94]、清河王懌、廣平王懷[95]、高肇俱入宴。勰妃李氏方產，固辭不赴。中使[96]相繼召之，不得已，與妃訣而登車。入東掖門，度小橋，牛不肯進，擊之良久，更有使者責勰來遲，乃去牛，人挽而進。宴於禁中，至夜，皆醉，各就別所消息[97]。俄而元珍引武士齎毒酒而至，勰曰：「吾無罪，願一見至尊，死無恨！」元珍曰：「至尊何可復見？」勰曰：「至尊聖明，不應無事殺我，乞與告者一對曲直！」武士以刀鐶築[98]之，勰大言[99]曰：「冤哉！皇天，忠而見殺！」武士又築之，勰乃飲毒酒，武士就殺之。向晨[100]，以褥裹尸載歸其第，云王因醉而薨。李妃號哭大言曰：「高肇枉理殺人，天道有靈，汝安得良死！」魏主舉哀於東堂[101]，贈官、葬禮皆優厚加等。在朝貴賤，莫不喪氣，行路士女皆流涕曰：「高令公[102]枉殺賢王！」由是中外惡之益甚。

京兆王愉不能守信都，癸卯[103]，燒門，攜李氏及其四子從百餘騎突走。李平入信都，斬愉所置冀州牧韋超等，遣統軍叔孫頭追執愉，置信都，以聞。羣臣請誅愉，魏主不[3]許，命鎖送洛陽，申以家人之訓[104]。行至野王[105]，高肇密使人殺之。諸子至洛，魏主皆赦之。

魏主將屠李氏，中書令崔光[106]諫曰：「李氏方姙，刑至刳胎[107]，乃桀、紂所為[108]，酷而非法。請俟產畢，然後行刑。」從之。◯李平捕愉餘黨千餘人，將盡殺之，錄事參軍高顥[109]曰：「此皆脅從，前既許之原免[110]矣，宜為表陳[111]。」平從之，皆得免死。顥，祐之孫也。◯濟州刺史高植[112]帥州軍擊愉，有功當封，植不受，曰：「家荷重恩，為國致效[113]，乃其常節，何敢求賞？」植，肇之子也。◯加李平散騎常侍[114]。高肇及中尉王顯素惡平，顯彈平在冀州隱截官口[115]，肇奏除平名[116]。

初，顯祖之世，柔然萬餘戶[4]降魏，置之高平、薄骨律[117]二鎮，及太和之末[118]，叛走略盡，唯千餘戶在。太中大夫[119]王通請徙置淮北以絕其叛，詔太僕卿楊椿[120]持節往徙之，椿上言：「先朝處之邊徼[121]，所以招附殊俗[122]，且別異華、戎[123]也。今新附之戶甚眾，若舊者見徙，新者必不自安，是驅之使叛也。且此屬[124]衣毛食肉，樂冬便寒[125]，南土濕熱，往必殲盡[126]。進失歸附之心，退無藩衛[127]之益，置之中夏[128]，或生後患，非良策也。」不從，遂徙於濟州，緣河處之[129]。及京兆王愉之亂，皆浮河赴愉[130]，所在抄掠[131]，如椿之言。

庚子[132]，魏郢州[133]司馬彭珍等叛魏，潛引梁兵趨義陽，三關[134]戍主侯登等以城來降。郢州刺史婁悅嬰城自守，魏以中山王英[135]都督南征諸軍事，將步騎三萬出汝南[136]以救之。

冬，十月，魏懸瓠軍主[137]白早生殺豫州刺史司馬悅，自號平北將軍，求救[5]於司州刺史[6]馬仙琕[138]。時荊州刺史安成王秀為都督[139]，仙琕籤求應赴[140]。參佐[141]咸謂宜待臺報[142]，秀曰：「彼[143]待我以自存，援之宜速；待敕雖舊[144]，非應急也。」即遣兵赴之。上亦詔仙琕救早生。仙琕進頓楚王城[145]，遣副將齊苟兒以兵二千助守懸瓠。詔以早生為司州刺史。○丙寅[146]，以吳興太守張稷[147]為尚書左僕射。

魏以尚書邢巒[148]行豫州事，將兵擊白早生。魏主問之曰：「卿言，早生走也？守也？何時可平？」對曰：「早生非有深謀大智，正以司馬悅暴虐，乘眾怒而作亂，民迫於凶威，不得已而從之。縱使梁兵入城，水路不通，糧運不繼，亦成禽[149]耳。早生得梁之援，溺於利欲[150]，必守而不走[151]。若臨以王師[152]，士民必翻然歸順，不出今年，當傳首京師。」魏主悅，命巒先發，使中山王英繼之。巒帥騎八百，倍道兼行，五日至鮑口[153]。丙子[154]，早生遣其大將胡孝智將兵七千，離城二百里逆戰，巒奮擊，大破之，乘勝長驅至懸瓠。早生出城逆戰，又破之，因渡汝水[155]，圍其城。詔加巒都督南討諸軍事。

丁丑[156]，魏鎮東參軍成景儁殺宿豫戍主[157]嚴仲賢，以城來降。時魏郢、豫二州，自懸瓠以南至于安陸[158]諸城皆沒，唯義陽一城為魏堅守。蠻帥[159]田益宗帥羣蠻以附魏，魏以為東豫州[160]刺史。上以車騎大將軍、開府儀同三司、五千戶郡公招之，益宗不從。

十一月庚寅[161]，魏遣安東將軍楊椿將兵四萬攻宿豫。○魏主聞邢巒屢捷，命中山王英趣義陽，英以眾少，累表請兵，弗許。英至懸瓠，輒與巒共攻之。十二月己未[162]，齊苟兒等開門出降，斬白早生及其黨數十人。英乃引兵前趨義陽。寧朔將軍[163]張道凝先屯楚王城，癸亥[164]，棄城走，英追擊，斬之。魏義陽太守狄道辛祥[165]與婁悅共守義陽，將軍胡武城、陶平虜攻之，祥夜出襲其營，擒平虜，斬武城，由是州境獲全。論功當賞，婁悅恥功出其下，間之於執政[166]，賞遂不行。

壬申[167]，魏東荊州[168]表「桓暉之弟叔興[169]前後招撫太陽蠻[170]，歸附者萬餘戶，請置郡十六，縣五十」，詔前鎮東府長史酈道元[171]案行置之[172]。道元，範[173]之子也。

是歲，柔然佗汗可汗[174]復遣紇奚勿六跋獻貂裘於魏，魏主弗受，報之如前[175]。

初，高車侯倍窮奇[176]為嚈噠[177]所殺，執其子彌俄突而去，其眾分散，或奔魏，或奔柔然。魏主[178]遣羽林監河南孟威[179]撫納降戶，置於高平鎮[180]。高車王阿伏至羅[181]

殘暴，國人殺之，立其宗人跋利延。嚈噠奉彌俄突以伐高車，國人殺跋利延，迎彌俄突而立之。彌俄突與佗汗可汗戰于蒲類海182，不勝，西走三百餘里。佗汗軍於伊吾北山183。會高昌184王麴嘉求內徙於魏，時孟威為龍驤將軍，魏主遣威發涼州185兵三千人迎之，至伊吾，佗汗見威軍，怖而遁去。彌俄突聞其離駭，追擊，大破之，殺佗汗於蒲類海北，割其髮186送於威，且遣使入貢於魏。魏主使東城子于亮187報之，賜遺甚厚。高昌王嘉失期不至，威引兵還。佗汗可汗子醜奴立，號豆羅伏跋豆伐可汗188，改元建昌。

宋、齊舊儀，祀天皆服衮冕189，兼著作郎高陽許懋190請造大裘191，從之。○上將有事太廟192，詔以「齋日不樂193，自今輿駕始出194，鼓吹195從而不作196，還宮如常儀197。」

【章旨】以上為第一段，寫梁武帝蕭衍天監七年（西元五〇八年）一年間的大事。主要寫了魏國的外戚權臣高肇殺害皇子元昌，又欲陷殺度支尚書元匡，致元匡被改任閒散之職；寫高肇誣陷殺害魏國的勳戚彭城王元勰，眾皆冤憤之；寫魏主之弟元愉因家庭瑣事受魏主責打，元愉在冀州發動叛亂，被魏將李平討平，魏主欲申以家人之訓，高肇乃殺之於解京途中；寫魏主不聽楊椿之言，移魏北境之降魏的柔然人到濟州居住，結果造成動亂，所在抄掠；寫魏軍佔據之郢州（義陽）、豫州（懸瓠）發生兵變，郢州刺史被圍、豫州刺史被殺，魏國的大片地區失守；寫魏派邢巒往平豫州，邢巒攻克懸瓠，殺叛者白早生，豫州得以平定；寫魏將辛祥守義陽，破殺梁將有功，刺史婁悅勾結高肇壓抑之；寫高車族幾經動亂後歸服於魏國，並大破柔然，殺佗汗可汗，遣使入貢於魏。此外還寫了汝南一帶的少數民族以豫州降魏，魏以其頭領為東豫州刺史；以及蕭衍的姪子蕭昺為領軍將軍，因在職激切，開罪於制局群小，因而不得居中，被放外任等等。

【注釋】❶潁川太守王神念　潁川是魏郡名，郡治長社，在今河南長葛東北。王神念是梁國名臣王僧辯之父，在魏為潁川太守，今投降於梁。傳見《梁書》卷三十九。❷壬子　正月二十八。❸吳平侯昺　蕭昺，也就是《梁書》卷二十四中所寫的「蕭景」，梁武帝蕭衍的堂弟，被封為吳平侯，此時任衛尉之職。所謂「蕭景」，乃是唐代的歷史家為給李淵之父李昺避諱，故給古人改名曰「景」。❹領軍將軍　將軍中權位最高者，統管全國的所有軍隊。❺十八班　十八個等級。❻班多者為貴　與品級正好相反，品級是越少越高。❼二月乙丑　二月十一。❽鎮衛將軍　鎮軍將軍、衛軍將軍。❾不登十品　十品以下的小官吏。❿置施　設置、實行。⓫外國將軍　少數民族歸附的，與外國前來投降的軍官。⓬凡一百九號　共有一百零九個名號。⓭庚午　二月十六。⓮州望郡宗鄉豪　州、郡、鄉三級行政區內的頭面人物。望、宗，都是眾望所歸、眾所擁戴的意思。⓯搜薦　搜求並向朝廷推薦有才德的人士。⓰乙亥　二月二十一。⓱南兗州刺史呂僧珍　梁國南兗州的州治廣陵，即今江蘇揚州。呂僧珍是蕭衍的開國功臣。傳見《梁書》卷十一。⓲孝建　宋孝武帝劉駿的年號（西元四五四—四五六年）。⓳制局　也稱「制局監」，官署名，屬尚書省，分掌軍事。實際是皇帝派出的監軍或特派員一類的人物，級別不高但權力甚大。⓴典事以上　任命典事以上的官吏。典事是軍中的小吏名。㉑皆得呈奏　都要向皇帝請示。實則是由皇帝派來某個人員作主。㉒拱手　抱拳，無所事事，一切聽憑吩咐的樣子。㉓在職峻切　嚴格執行規章制度。㉔皆近倖　都是皇帝身邊的一些寵幸小人。㉕不堪命　受不了蕭昺的嚴格約束。㉖不得久留中　不能在朝廷、在宮中長期幹下去。中，朝內；宮內。㉗丙子　二月二十二。㉘雍州　梁國的雍州州治即今湖北襄樊的襄陽區。㉙三月戊子　三月初五。㉚魏皇子昌　魏主元恪的兒子元昌，即上卷所書之于皇后所生者。上卷寫了宮嬪高氏殺害了于皇后，今又殺了于皇后所生之子元昌。㉛高肇　魏國特寵專權的外戚，魏主宣武帝之舅，又是宣武帝寵妃高氏的叔叔。傳見《魏書・外戚傳下》。㉜四月乙卯　四月初二。㉝皇太子納妃　梁武帝蕭衍的太子蕭統納妃。㉞五月己亥　五月十七。㉟宗正太僕大匠鴻臚　皆朝官名，宗正在秦漢時代為九卿之一，管理皇族事務；太僕也是九卿之一，為皇帝趕車，並管理宮廷的車馬等項；大匠全稱「將作大匠」，原屬於少府，主管朝廷的土木建築；鴻臚也稱「大鴻臚」，主管朝廷與宗廟的禮儀等事。㊱太府　猶今所謂「國庫」，為朝廷管錢、管物的經濟機關。㊲太舟　朝官名，為朝廷掌管航運、河務等事。㊳仍先為十二卿　加上先前所置共為十二卿。梁代的十二卿為太常、宗正、司農、太府、少府、太僕、衛尉、廷尉、大匠、光祿、鴻臚、太舟。按，梁朝設立十二卿是新制度，本句中的「仍」字是「乃」的意思，與現在作「仍舊」講的含意不同。㊴癸卯　五月二十一。㊵安成王秀　蕭秀，梁武帝蕭衍之弟，被封為安成王，此前為平南將軍、江州刺史。傳見《梁書》卷二十二。㊶巴陵馬營蠻　巴陵郡的少數民族名，巴陵郡上屬於荊州，郡治即今湖南岳陽。㊷防閤文熾　蕭秀王府的衛隊長姓文名熾。胡三省曰：「上宮、東宮置『直閤』，王公置『防閤』。」閤，音義皆與「閣」字相同。防閤，即公館的護衛長官。㊸七月甲午　七月十三。㊹減削封秩　降低魏國宗室王公的封爵和俸祿。㊺抑黜勳人　壓抑對國家立有功勳的人。㊻元匡　景穆帝拓跋晃之孫，廣平王拓跋洛侯之子，被封為濟南王。傳見《魏書》卷十九上。㊼聽事　衙門裡的正堂，接待下屬與處理公事的場所。㊽輿棺詣闕　用車拉著棺材上朝，準備豁出一死。㊾劉芳　魏國的儒學之臣，此時任太常之職，主管朝廷禮法、制度方面的事務。傳見《魏書》卷五十五。㊿議權量事　商量度量衡方面的事情。權，秤錘，這裡即指重量方面的制度，如斤、兩等等。量，指容積方面的制度，如升、斗一類的量器等等。(51)主芳議　贊成劉芳的意見。主，贊成；力挺。(52)喧競　大聲爭吵。(53)指鹿為馬　為秦朝丞相趙高故意與秦二世爭辯事，見《史記・秦始皇本紀》。後代遂用以比喻擅權專橫，故意顛倒黑白。(54)光祿大夫　沒有具體職責的閒散官名。(55)八月癸丑　八月初二。(56)竟陵壯公　曹景宗生前被封為竟陵郡公，死後謚曰壯。(57)京兆王愉　元愉，魏宣武帝之弟，此時為護軍將軍。傳見《魏書》卷二十二。(58)推按　審問、追查其不法行為。(59)二弟　指清河王元懌與廣平王元懷。傳皆見於《魏書》卷二十二。(60)頓辱　侮辱。(61)譖　在魏主前說其壞話。(62)癸亥　八月十二。(63)清河王懌密疏　清河王元懌上給魏主的祕密表章。(64)高肇弒逆　高肇陰謀弒君叛亂。(65)信都　古城名，冀州的州治所在地，即今河北冀州。(66)在北州鎮　指冀州以北的魏國各州、各軍鎮。(67)安樂王詮　元詮，文成帝拓跋濬之孫，拓跋長樂之子，繼其父位為安樂王。傳見《魏書》卷二十。元詮時為定州刺史，定州的州治即今河北定州。(68)乙丑　八月十四。(69)李平　魏國的儒學之臣，此時任度支尚書。傳見《魏書》卷六十五。(70)崇　李崇，魏國的儒學之臣。傳見《魏書》卷六十六。(71)丁卯　八月十六。(72)永平　魏宣武帝的第三個年號（西元五〇八—五一一年）。(73)平原　魏郡名，郡治在今山東聊城東北。(74)清河房亮　清河郡的郡治在今河北清河縣東。房亮是魏國的文學之臣。有作為的地方官，清河郡人，此時任平原太守。傳見《魏書》卷七十二。(75)經縣　縣治在今河北巨鹿東南。(76)蠻兵數千　李平部下的蠻人士兵，受元愉策動而舉行叛亂者。(77)斫平營　從內部掀起對李平軍營的攻擊。(78)平堅臥不動　自己堅臥不動，以安眾心，而派軍中之糾察、司法人員以削平之，古名將例皆如此，如周亞夫之平七國，張遼威震逍遙津，皆是也。[79]九月辛巳朔　九月初一是辛巳日。[80]壬辰　九月十二。[81]癸巳　九月十三。[82]皇子績　蕭績，梁武帝蕭衍的第四子，二十五歲時病死。傳見《梁書》卷二十九。[83]南康王　南康郡王，南康郡的郡治在今江西贛州的東北側。[84]長樂　魏郡名，郡治也在信都。按，《魏書·彭城王勰傳》於此作「以其舅僧固為冀州樂陵太守」，與《通鑑》小異。[85]脅僧固與之同　威脅潘僧固與其一同造反。胡三省曰：「冀州與長樂郡同治信都，故僧固為元愉所脅。」[86]南招蠻賊　招引洛陽以南各州、郡的蠻族人。按，伊闕以南，到淮、汝、江、沔流域，有很多蠻族聚居的郡縣，經常發生動亂。[87]彭城郎中令　彭城王元勰封地上的屬官，其職責是護衛王府的安全。[88]前防閤高祖珍　曾經在元勰屬下當過侍衛長的高祖珍。[89]希肇提擢　希望得到高肇的提拔。[90]構成其事　有理有據地給元勰編織好了一套罪名。[91]以聞　以此向魏主報告。[92]左衛　左衛將軍的簡稱。左衛將軍是皇帝禁軍的統領者之一。[93]戊戌　九月十八。[94]高陽王雍廣陽王嘉　元雍、元嘉，都是孝文帝元宏之弟。傳見《魏書》卷二十一上。[95]清河王懌廣平王懷　元懌、元懷，都是孝文帝之子，宣武帝之弟。傳見《魏書》卷二十二。[96]中使　宮中派出的使者，即皇帝身邊的太監。[97]消息　意即休息。消散酒氣，恢復精神。[98]築　砸；用鈍物砍。[99]大言　大聲；高聲。[100]向晨　將近早晨。[101]東堂　宮廷中的東堂，與正殿相對而言，不是舉行典禮或處理政事的正規場所。[102]高令公　高肇這時為尚書令，所以被稱為高令公。[103]癸卯　九月二十三。[104]申以家人之訓　像平民人家那樣用家庭之內的規矩教訓他一頓。按，元恪此舉可謂虛偽之極，元愉可申以家人之訓，元勰那樣的勳戚獨不可申以家人之訓？[105]野王　魏縣名，即今河南沁陽，當時為河內郡的郡治所在地。[106]崔光　魏國的儒學之臣，此時任中書令。傳見《魏書》卷六十七。[107]刑至刳胎　意即用刑其母而連及胎兒，沒人性之極。刳胎，剖腹挖出胎兒。[108]桀紂所為　相傳殷紂王寵愛妲己，妲己說她能透視孕婦胎兒之男女，紂王遂剖孕婦以驗之。[109]錄事參軍高顥　錄事參軍是將軍的屬官名，掌管軍中文書簿記等事。高顥是魏國儒學之臣高祐之孫，高顥原在冀州刺史元愉屬下任別駕之職，李平打敗元愉後，引高顥為自己的部下。傳見《魏書》卷五十七。[110]原免　赦免。[111]宜為表陳　應上書向皇帝說明情況，請示處理意見。[112]高植　高肇之子，此時任濟州刺史，濟州的州治盧縣，在今山東長清南。高植為官有能名，號為「良刺史」。傳見《魏書》卷八十三。[113]致效　貢獻一些力量；做出一些成績。[114]加李平散騎常侍　在李平原有官職的基礎上，又特加散騎常侍之職。散騎常侍是皇帝的侍從官員，雖無具體職權，但活動在皇帝身邊，地位重要。[115]隱截官口　把應抄沒入官的叛黨家屬據為己有。[116]除平名　從出入宮門的名冊上除掉李平的名字，意即剝奪他出入宮門的資格。[117]高平薄骨律　魏之二軍鎮名，高平鎮在今寧夏固原，薄骨律鎮在今寧夏靈武西南。[118]太和之末　孝文帝的太和末年。太和是孝文帝的第三個年號（西元四七七—四九九年）。[119]太中大夫　皇帝的侍從官員，上屬郎中令，掌議論。[120]太僕卿楊椿　太僕卿是朝官名，為皇帝趕車並為朝廷主管車馬。楊椿是魏國名將。傳見《魏書》卷五十八。[121]邊徼　邊界線上。徼，邊界線上所立的柵欄。[122]招附殊俗　吸引、招納其他的外族人前來歸降。殊俗，指外族人，這裡指柔然民族。[123]別異華戎　以保持他們與魏國本族人的界限，意即不讓他們進入內地，與魏國的內地人混雜在一起。華，北魏人的自稱。戎，指魏國以外的少數民族，這裡指柔然。[124]此屬　此輩；這些人。[125]便寒　習慣於住在寒冷的地方。[126]殲盡　滅絕；死光。[127]藩衛　守衛；屏蔽。藩，屏障，這裡用如動詞。[128]中夏　中原內地，即指上文所說的淮北。[129]緣河處之　安排他們住在黃河兩岸。[130]浮河赴愉　乘船沿水路投奔元愉。按，「浮河赴愉」四字有語病，依當時的形勢而論，由濟州（今山東長清南）北往冀州（今河北冀州）可以輾轉乘船前往，但不可能由黃河乘船直達。[131]所在抄掠　這些人走到哪裡搶到哪裡。[132]庚子　九月二十。[133]魏郢州　魏國此時的郢州州治即在當時的義陽，今河南信陽。[134]三關　當時義陽城南的三座關塞，即平靖關、武陽關、黃峴關。[135]中山王英　元英，魏國的名將，前因鍾離之敗被削職為民，今重起用之。傳見《魏書》卷十九下。[136]汝南　魏郡名，郡治上蔡，也稱「懸瓠城」，即今河南汝南縣。當時為魏國豫州的州治所在地。[137]懸瓠軍主　懸瓠城駐軍的統領。[138]司州刺史馬仙琕　當時梁國的司州州治即今湖北孝昌，亦即當時所謂的「南義陽」。馬仙琕是當時梁國的名將，此時任司州刺史。傳見《梁書》卷十七。當時司州刺史馬仙琕所駐守的孝昌縣，在三關之南，離三關不遠。[139]安成王秀為都督　當時安成王蕭秀為荊州刺史，司州在其所督的範圍之內。[140]仙琕籤求應赴　馬仙琕派典籤到都督蕭秀處請求准許往援白早生。籤，典籤，州刺史的僚屬，主管聯絡皇帝與刺史之間，故又像上監軍。[141]參佐　蕭秀身邊的僚屬。[142]臺報　朝廷的批示。臺，即指朝廷。因朝廷的決策機構曰臺、曰省。[143]彼　他；他們。指歸降者白早生。[144]待敕雖舊　等待朝廷的批示雖然是平時的制度。[145]楚王城　也稱「楚王戍」，具體方位不詳，據形勢分析，應在今河南信陽的東北方。[146]丙寅　十月十六。[147]張稷　原在南齊為州刺史，又為衛尉，蕭衍率軍圍建康城，張稷乃殺蕭寶卷率朝臣投降蕭衍。曾任度支尚書、領軍將軍等職。傳見《梁書》卷十六。[148]尚書邢巒　魏國的名臣，破蜀地、破宿預之梁軍皆有大功。傳見《魏書》卷六十五。[149]成禽　現成的俘虜，極言其無能之狀。禽，同「擒」。[150]溺於利欲　因梁國賜給他的名利而陶醉。[151]守而不走　堅守懸瓠而不撤退。[152]臨以王師　魏國的大軍一旦到達城下。[153]鮑口　地址不詳，依形勢分析，應在今河南汝南縣之北方。[154]丙子　十月二十六。[155]汝水　淮水的支流，流經汝南縣城北。[156]丁丑　十月二十七。[157]宿豫戍主　駐守宿豫城的魏軍統領。宿豫原是南朝的北部軍鎮，在此之前已被魏軍佔領。此時是魏國南徐州的州治所在地，在今江蘇宿遷西南。[158]安陸　郡名，郡治即今湖北安陸。[159]蠻帥　生活在今河南息縣一帶的少數民族頭領。[160]東豫州　魏國的東豫州州治即今河南息縣。[161]十一月庚寅　十一月十一。[162]十二月己未　十二月初十。[163]寧朔將軍　梁國的寧朔將軍。[164]癸亥　十二月十四。[165]狄道辛祥　狄道是古縣名，即今之甘肅臨洮。辛祥是魏國名將辛紹先之孫，狄道縣人，此時任義陽太守。傳見《魏書》卷四十五。[166]間之於執政　在魏國的當權人物高肇跟前說辛祥的壞話。間，挑撥。[167]壬申　十二月二十三日。[168]魏東荊州　當時魏國的東荊州州治在今河南泌陽。[169]桓暉之弟叔興　桓叔興，東晉末年的亂黨桓玄之孫，桓誕之子，桓暉之弟。桓玄在東晉作亂兵敗被殺後，其子桓誕等逃入蠻族，當了蠻民的酋長，孝文帝時歸附於魏。傳見《魏書》卷一百一。[170]太陽蠻　也寫作「大陽蠻」，當時居住在今湖北北部與陝西交界地區的少數民族名。[171]酈道元　字善長，當時著名的地理學家，《水經注》的作者。曾任鎮東將軍府的長史、東荊州刺史、御史中尉。傳見《魏書》卷八十九。[172]案行置之　巡行考察並相應地設立郡縣。[173]範　酈範，拓跋燾與元宏時代的著名人物，協助慕容白曜平齊地有功，官至青州刺史。傳見《魏書》卷四十二。[174]佗汗可汗　庫者可汗之子，西元五〇六—五〇七年在位。傳見《魏書》卷一百三。[175]報之如前　意即如要歸附稱臣是可以的，如想彼此平等那不可能。[176]高車侯倍窮奇　高車族的太子名叫窮奇。高車是當時俄羅斯境內的少數民族名，又名「鐵勒」、「敕勒」，祖先是匈奴人，居住在柔然的北面。侯倍是高車語，意思就是「太子」、「儲君」。[177]嚈噠　當時的西域古國名，在今阿富汗境內。[178]魏主　即現時的魏主宣武帝元恪。[179]河南孟威　河南郡的孟威。河南郡的郡治即今洛陽。孟威是孝文帝、宣武帝時代的重要將領，官至驃騎大將軍。傳見《魏書》卷四十四。[180]高平鎮　魏國北部的軍鎮名，即今寧夏固原。[181]阿伏至羅　窮奇的堂兄弟，原本也是一個高車部落的頭領，後稱為高車王。[182]蒲類海　今名巴里坤湖，在今新疆巴里坤哈薩克自治縣境內。[183]伊吾北山　伊吾軍事據點以北的山區。古代的伊吾戍在今新疆哈密西北，與現今的伊吾相距甚遠。[184]高昌　西域古國名，故址在今新疆吐魯番東，尚有古城遺址巍然屹立。[185]涼州　魏州名，州治即今甘肅武威。[186]割其髮　以頭髮代首級。[187]東城子于亮　于亮是魏國的有功之臣，因功被封為東城子。「子」是爵位名。[188]豆羅伏跋豆伐可汗　名醜奴，繼其父位為可汗，西元五〇八—五二〇年在位。傳見《魏書》卷一百三。[189]袞冕　帝王祭祀時穿戴的禮服與禮帽。[190]許懋　齊梁時期的儒學禮法之臣，此時為著作郎。傳見《梁書》卷四十。[191]大裘　黑羔裘。胡三省引鄭眾注：「大裘，黑羔裘，服以祀天，示質。」[192]有事太廟　意即祭祀太廟。[193]齋日不樂　齋戒的日子不奏樂。[194]輿駕始出　從皇帝出門前往太廟的開始。[195]鼓吹　演奏宗廟雅樂的樂隊，其樂器有鼓、鉦、簫、笳等。郭茂倩《樂府詩集》中有「鼓吹曲辭」一類，蓋此樂隊所演奏者也。[196]從而不作　只是跟在隊伍裡走，不演奏樂曲。[197]還宮如常儀　等祭祀完畢，車駕回宮的時候，再照常演奏帝王出行的音樂。

【校 記】①內 據章鈺校，十二行本、乙十一行本皆作「中」。②壯公 據章鈺校，孔天胤本作「莊公」。③不 據章鈺校，十二行本、孔天胤本皆作「弗」。④戶 原作「口」。據章鈺校，十二行本、乙十一行本、孔天胤本皆作「戶」，張敦仁《通鑑刊本識誤》同，今據改。⑤救 據章鈺校，十二行本、乙十一行本皆作「援」，張敦仁《通鑑刊本識誤》同。⑥刺史 原無此二字。據章鈺校，十二行本、乙十一行本、孔天胤本皆有此二字，張敦仁《通鑑刊本識誤》、張瑛《通鑑校勘記》同，今據補。

【語 譯】高祖武皇帝三

天監七年（戊子 西元五〇八年）

春季，正月，魏國擔任潁川郡太守的王神念來投降梁國。〇二十八日壬子，梁武帝蕭衍任命擔任衛尉的吳平侯蕭昺兼任領軍將軍。〇梁武帝下詔令擔任吏部尚書的徐勉主持將文武百官的九品劃分為十八個等級，等級越多的就越高貴。二月十一日乙丑，又在原有九品的基礎上增設了鎮軍將軍、衛軍將軍以下為十品，總計為二十四個等級；十品以下的小官吏，又另設八個等級。又專門為少數民族歸附的以及從外國前來投降的軍官設置了二十四個等級，共有一百零九個名號。〇十六日庚午，梁武帝下詔令每個州設置一名州望、每個郡設置一名郡宗、每個鄉設置一名鄉豪，專門掌管搜求並向朝廷舉薦有才德的人士。

二月二十一日乙亥，梁武帝任命擔任南兗州刺史的呂僧珍為領軍將軍。領軍將軍負責掌管中央和地方的軍事大權，自從宋孝武帝劉駿孝建年間以來，由制局監掌管軍事，與領軍將軍分別掌管兵權，任命典事以上的官員都要向皇帝請示報告，因此領軍將軍並無事情可做，一切聽憑吩咐而已。等到吳平侯蕭昺擔任領軍將軍之後，嚴格執行規章制度，官府才呈現出一片辦事嚴肅認真的氣象。制局監裡的官員都由皇帝身邊受寵幸的那些小人擔任，他們忍受不了蕭昺的嚴格管理，蕭昺因此便無法在朝廷、在宮中繼續幹下去。二十二日丙子，梁武帝把吳平侯蕭昺調離朝廷到雍州去擔任刺史。

三月初五日戊子，魏國宣武帝元恪的兒子元昌死了，是由於擔任侍御師的王顯治療不當造成的，當時的人都認為王顯是秉承了高肇的旨意。〇夏季，四月初二日乙卯，梁國的皇太子蕭統娶太子妃，梁國因此實行大赦。

五月十七日己亥，梁武帝下詔，重新設置宗正、太僕、大匠、鴻臚等官職，又增設太府、太舟兩個職位，加上先前所設置的太常、司農、少府、衛尉、廷尉、光祿共為十二卿。〇二十一日癸卯，梁武帝任命安成王蕭秀為荊州刺史。先前的時候，巴陵郡境內被稱為馬營蠻的少數民族沿著長江兩岸到處為寇，沿江各州郡對他們簡直無可奈何，安成王蕭秀派遣在自己王府中擔任防閤的文熾率領部眾放火燒毀了馬營蠻盤踞地區的林木，馬營蠻失去了林木的庇護，無處藏身，荊州境內便再也沒有馬營蠻的騷擾了。

秋季，七月十三日甲午，魏宣武帝立高貴嬪為皇后，尚書令高肇的地位因此更加顯貴，手中的權勢也就更大。高肇將先朝舊有的制度更改了很多，他降低、減少了魏國宗室王公的封爵和俸祿，壓制、貶退那些對國家立有功勳的人，因此招致怨聲載道。朝中的文武群臣和宗室人員都對高肇卑躬屈膝，只有擔任度支尚書的元匡敢於與高肇相抗衡，元匡預先為自己準備好了棺木，並把棺木放在衙門裡的正堂上，準備用車拉著棺木到朝廷上揭發高肇的罪惡，然後以自殺的行動對宣武帝進行規勸。尚書令高肇聽說此事以後，對元匡非常厭惡。正巧碰上元匡與擔任太常的劉芳在一起討論有關度量衡方面的事情，因為高肇支持劉芳的意見，於是便引發了一場元匡與高肇的大聲爭吵，元匡於是上表給宣武帝，指責高肇就像秦朝時期的趙高，擅權專橫、顛倒黑白。擔任御史中尉的王顯趁機上奏章給宣武帝，彈劾元匡誣陷詆毀宰相高肇，朝廷有關部門的官員遂判處元匡死刑，宣武帝下詔赦免了元匡的死罪，將元匡貶為光祿大夫。

八月初二日癸丑，梁國的竟陵壯公曹景宗去世。

當初，魏宣武帝為京兆王元愉娶了于皇后的妹妹為王妃，元愉不喜歡于王妃，而喜歡自己的小妾李氏，李氏生的兒子叫元寶月。于皇后將李氏召入皇宮，用棍棒責打李氏。元愉驕奢淫逸，貪婪放縱，所作所為大多都屬於違法亂紀。宣武帝也將元愉召入皇宮，追查、審問他的不法行為，並用刑杖責打了元愉五十下，然後把元愉逐出京城去擔任冀州刺史。元愉認為自己在排行中年紀最大，而權勢和地位卻趕不上自己的兩個弟弟清河王元懌與廣平王元懷，心中不免感到有些慚愧和怨恨。再加上自身與小妾李氏多次受到侮辱，尚書令高肇又多次在宣武帝面前說自己兄弟幾個人的壞話，元愉於是不勝憤怒。八月十二日癸亥，元愉便殺死了在自己屬下擔任長史的羊靈引、擔任司馬的李遵，詐稱收到清河王元懌上奏給宣武帝的祕密表章，說「高肇陰謀弒君叛亂」。於是便在信都城南修築了壇臺，即皇帝位，實行大赦，改年號為建平元年，立小妾李氏為皇后。擔任法曹參軍的崔伯驥不肯遵從元愉的命令，元愉就殺死了崔伯驥。魏國冀州以北的各州、各軍鎮都懷疑朝廷發生了政變，擔任定州刺史的安樂王元詮把詳細情況告訴了他們，各州、各軍鎮才安定下來。十四日乙丑，魏宣武帝任命擔任尚書的李平為都督北討諸軍事、代理冀州刺史，率軍討伐元愉。李平，是李崇的堂弟。

八月十六日丁卯，魏國實行大赦，改年號為永平元年。〇魏國京兆王元愉派遣使者前往遊說擔任平原太守的清河郡人房亮，房亮殺死了元愉的使者。元愉又派手下的將領張靈和率軍攻擊房亮，被房亮打敗。李平到達經縣的時候，各路大軍雲集經縣。夜間，李平軍中的數千名蠻人士兵受元愉的策動而進行叛亂，他們從內部發起對李平軍營的攻擊，箭都射到了李平的營帳，李平鎮定自若，一直躺著沒動，沒過多長時間混亂就自行平息了。九月初一日辛巳，元愉在信都城南的草橋迎戰李平軍，李平奮勇反擊，把元愉打得大敗。元愉脫身逃回城中，李平率軍跟進，遂包圍了信都城。十二日壬辰，安樂王元詮在信都城北把元愉打敗。〇十三日癸巳，梁武帝立皇子為南康王。

魏宣武帝在立高氏為皇后的時候，彭城武宣王元勰堅決勸阻，魏宣武帝就是不肯聽從。因此，尚書令高肇非常痛恨元勰，他多次在魏宣武帝面前說元勰的壞話，魏宣武帝沒有聽信高肇的讒言。元勰推薦自己的舅舅潘僧固當了長樂郡太守，京兆王元愉造反的時候，曾經脅迫潘僧固與他一同造反，高肇遂誣陷元勰與北邊的元愉暗中串通謀反，並招引洛陽以南各州、各郡的蠻族人。在彭城王封地上擔任郎中令的魏偃、曾經在彭城王屬下擔任過防閤將軍的高祖珍希望能得到尚書令高肇的提拔，便一同給元勰編織了一套罪名。尚書令高肇讓擔任侍中的元暉將元勰的所謂罪行報告給魏宣武帝，元暉沒有答應；高肇又讓擔任左衛的元珍將此事奏報給了宣武帝。魏宣武帝拿這件事情去詢問侍中元暉，元暉證明元勰沒有那些事情；宣武帝又去詢問高肇，高肇便引魏偃、高祖珍出來作證，宣武帝遂相信了高肇。九月十八日戊戌，宣武帝召請彭城王元勰和高陽王元雍、廣陽王元嘉、清河王元懌、廣平王元懷、尚書令高肇一同入宮參加宴會。當時元勰的王妃李氏正在生孩子，所以他堅決推辭不去赴宴。宮中的使者便一個接一個地前來召請，元勰迫不得已，與李妃訣別上了車。元勰進入東掖門，過了一座小橋，拉車的牛就不肯向前走了，車夫用鞭子打了牛好長時間，牛就是不向前走，又有使者趕來責備元勰來得太遲，元勰於是卸下牛，用人拉著車子進入皇宮。宣武帝在宮中擺宴與諸王宴飲，到了夜晚，大家都喝醉了，於是各自到別的處所休息。不一會兒左衛元珍就帶著武士拿著毒酒來到元勰的面前，元勰說：「我無罪，我希望和皇帝見一面，就是死了也沒有遺憾！」元珍說：「你怎麼可能再見到皇帝？」元勰說：「皇帝聖明，他不應該無故殺死我，我請求皇帝允許我與誣告我的人當面對質，看看到底誰是誰非！」武士就用刀環擊打元勰，元勰大聲說：「冤枉啊！老天爺，忠心耿耿的人反而要被殺死！」武士又用刀環擊打元勰，元勰只得喝下元珍帶來的毒酒，武士上前殺死了彭城王元勰。將近天亮的時候，他們用褥子裹住元勰的屍體，用車子把元勰運回了他的府第，對元勰的家人說彭城王元勰是因為醉酒而死。彭城王妃李氏一面號啕大哭一面大聲地說：「高肇理屈殺人，天道有靈，他一定不得好死！」魏宣武帝在宮廷的東堂為彭城王元勰舉行了哀悼儀式，所追贈的官職、舉行的葬禮都優待加等。朝廷中的大小官員，莫不垂頭喪氣，路上的男女行人都流著眼淚說：「尚書令高肇屈殺了賢王。」朝廷內外的人更加憎惡高肇。

京兆王元愉守不住信都，九月二十三日癸卯，元愉放火燒毀了信都城門，攜帶著李氏和四個兒子帶著一百多名騎兵突圍逃走。李平進入信都城，他殺死了元愉所任命的冀州牧韋超等人，又派遣擔任統軍的叔孫頭追擊、擒獲了元愉，把元愉囚禁在信都，然後上報給魏宣武帝。群臣都請求殺掉元愉，而魏宣武帝不同意，他命令用鎖鏈把元愉押送到洛陽，準備像平民家庭那樣用家庭之內的規矩教訓他一頓完事。然而當元愉被押送到野王縣境內的時候，高肇已經偷偷派人殺死了元愉。元愉的兒子們回到洛陽之後，魏宣武帝全都赦免了他們。

魏宣武帝準備殺死元愉的小妾李氏，擔任中書令的崔光勸阻說：「李氏正懷有身孕，對李氏用刑就會連及她腹中的胎兒，這乃是夏桀、商紂的所作所為，殘酷而不合法度。請等李氏生下孩子之後，再將她處死不遲。」魏宣武帝聽從了崔光的意見。〇李平逮捕了元愉的一千多名黨羽，準備把他們全部殺死，擔任錄事參軍的高顯說：「這些人都是元愉的脅從，以前既然已經答應赦免他們，現在就應該上表給皇帝說明情況，請示處理意見。」李平聽從了高顯的建議，這些人於是都免於被殺。高顯，是高祐的孫子。○魏國擔任濟州刺史的高植率領濟州軍隊攻打造反的京兆王元愉，有功應當受到封賞，高植不肯接受賞賜，他說：「我們高家蒙受皇帝厚恩，我為國效力，乃是為臣應有的品節，怎麼敢請求皇帝的封賞？」高植，是高肇的兒子。○魏宣武帝加授李平為散騎常侍。高肇和御史中尉王顯一向厭惡李平，王顯遂上疏彈劾李平在冀州時把應該抄沒入官的叛黨家屬據為己有，高肇則奏請從出入宮門的名冊上除去李平的名字。

當初，魏顯祖拓跋弘時期，有一萬多戶柔然人投降了魏國，魏國把他們分別安置在高平、薄骨律二個軍鎮之內，等到孝文帝的太和末年，這些投降過來的柔然人相繼背叛逃走，只剩下一千多戶還留在當地。擔任太中大夫的王通請求把他們遷移到淮河以北地區，以杜絕他們繼續叛變逃走，魏宣武帝下詔令擔任太僕卿的楊椿持節前往負責那一千多戶柔然人的遷徙工作，楊椿上書說：「先朝把那些投降過來的柔然人安置在邊境地區居住，目的不僅是為了讓他們吸引、招納其他的外族人前來歸降，而且也是為了保持他們與魏國本族人的界限。如今新歸附的居民戶數很多，如果他們看到原來歸附的人被遷移，那麼新歸附的人一定會感到不安，這就等於驅使他們，令他們叛逃。況且這些人是穿毛皮吃肉的種族，習慣於住在寒冷的北方，而南方氣候潮溼悶熱，如果把他們遷徙到那裡居住一定會死光了。進一步說那樣做不僅得不到歸附的人擁護，而且對屏衛中原也沒有什麼好處，如果把他們安置在中原地區居住，還有可能產生後患，這可不是什麼好辦法。」魏宣武帝沒有採納楊椿的意見，遂把那一千多戶柔然人遷徙到了濟州境內，安排他們住在黃河兩岸。等到京兆王元愉叛亂稱帝的時候，這些柔然人全都乘船沿著水路投奔了元愉，所到之處無不搶奪抄掠，正像楊椿當初所預料的那樣。

九月二十日庚子，魏國擔任郢州司馬的彭珍等人背叛了魏國，暗中引導著梁國的軍隊趕赴義陽，義陽城南的平靖關、武陽關、黃峴關三個軍事據點的駐軍頭領侯登等人也獻出城池向梁國投降。魏國擔任郢州刺史的婁悅據城堅守，魏國朝廷任命中山王元英為都督南征諸軍事，率領三萬步兵、騎兵從汝南出發前往解救義陽之危。

冬季，十月，魏國懸瓠城的駐軍首領白早生殺死了豫州刺史司馬悅，自稱平北將軍，他向梁國擔任司州刺史的馬仙琕請求出兵援助。當時擔任荊州刺史的安成王蕭秀為都督，馬仙琕派遣典籤到都督蕭秀那裡請求允許出兵援助白早生。安成王蕭秀身邊的僚屬全都認為應當等待朝廷的批覆，蕭秀說：「白早生等待我們的支援才能獲得保全，我們應該迅速派軍隊前往增援；等待朝廷的批示雖然是平時的制度，但不是應急的辦法。」蕭秀立即派兵趕赴懸瓠城增援白早生。梁武帝也下詔令司州刺史馬仙琕出兵救援白早生。馬仙琕率軍進駐楚王城，他派遣副將齊苟兒率領二千士兵協助白早生守衛懸瓠城。梁武帝下詔任命白早生為司州刺史。〇十六日丙寅，梁武帝任命擔任吳興太守的張稷為尚書左僕射。

魏國朝廷任命擔任尚書的邢巒為代理豫州刺史，率領軍隊去攻打叛變的白早生。魏宣武帝向邢巒詢問說：「依你看來，白早生是逃走呢，還是堅守呢？你什麼時候能夠把白早生消滅？」邢巒回答說：「白早生並沒有深謀大智，只是因為豫州刺史司馬悅暴虐無道，白早生利用眾人的憤怒情緒而作亂，那裡的老百姓也是迫於司馬悅的兇殘威嚴，不得已才跟隨白早生叛亂。即使梁軍進入懸瓠城內，由於水路不通，糧食供應不上，他們也會成為我軍的俘虜。白早生得到梁軍的支援，陶醉於梁國賜給他的名利當中，一定會堅守懸瓠城而不撤退。如果朝廷的大軍一旦兵臨城下，懸瓠城內的士民一定會反過來歸順朝廷，在今年之內，應當能把白早生的人頭送到京城洛陽。」魏宣武帝非常高興，命令邢巒先行出發，令中山王元英率軍隨後進發。邢巒率領八百名騎兵，以加倍的速度，一天趕兩天的路程，只用了五天就到達了鮑口。十月二十六日丙子，白早生派遣手下的大將胡孝智率領七千名士兵，在距離懸瓠城二百里的地方迎戰邢巒的八百名騎兵，邢巒奮勇反擊，把胡孝智打得大敗，然後乘勝長驅直入，抵達懸瓠。白早生親自率軍出城迎戰，又被邢巒打敗，邢巒趁機渡過汝水，包圍了懸瓠城。魏宣武帝下詔加授邢巒為都督南討諸軍事。

十月二十七日丁丑，魏國擔任鎮東參軍的成景儁殺死了駐守宿豫城的魏軍統領嚴仲賢，獻出宿豫城投降了梁國。當時魏國郢州、豫州二州，從懸瓠以南一直到安陸郡，沿途各城全部落入梁國人之手，只有義陽一個城還被魏軍所堅守。生活在這一帶的少數民族頭領田益宗率領那些少數民族歸附了魏國，魏國朝廷遂任命田益宗為東豫州刺史。梁武帝用車騎大將軍、開府儀同三司、五千戶郡公的頭銜和爵位招引田益宗投降梁國，遭到田益宗的拒絕。

十一月十一日庚寅，魏國朝廷派遣擔任安東將軍的楊椿率領四萬軍隊進攻宿豫。〇魏宣武帝聽到邢巒屢戰屢捷的消息，遂命令中山王元英率軍趕赴義陽，元英因為軍隊數量太少，多次上表請求增兵，魏宣武帝都沒有答應。元英到達懸瓠，就與都督南討諸軍事邢巒一同攻打懸瓠城。十二月初十日己未，齊苟兒打開城門出來向魏軍投降，魏軍殺死了白早生和他的數十名黨羽。元英這才率領軍隊趕往義陽救援。梁國擔任寧朔將軍的張道凝此前屯駐在楚王城，十四日癸亥，張道凝棄城逃走，元英率軍追擊，把張道凝殺死。魏國擔任義陽太守的狄道縣人辛祥與擔任郢州刺史的婁悅共同守衛義陽，梁國將領胡武城、陶平虜率軍攻打義陽城，辛祥在夜間率軍出城偷襲梁軍的軍營，擒獲了陶平虜，殺死了胡武城，郢州境內這才獲得保全。論功辛祥應當受到獎賞，而婁悅卻為自己的功勞不及辛祥而感到羞恥，於是就在魏國的當權人物高肇面前說辛祥的壞話，辛祥因此而沒有得到朝廷的獎賞。

十二月二十三日壬申，魏國東荊州的官員上表給魏國朝廷說「桓暉的弟弟桓叔興前後招撫太陽蠻，因此太陽蠻歸順魏國的有一萬多戶，請求設置十六個郡，五十個縣」，魏宣武帝下詔令曾經擔任過鎮東將軍府長史的酈道元前往巡行考察並相應地設立郡縣。酈道元，是酈範的兒子。

這一年，柔然佗汗可汗再次派遣紇奚勿六跋為使者向魏宣武帝進獻貂皮大衣，魏宣武帝沒有接受柔然的禮物，而是把上次關於要歸附稱臣是可以的，如想彼此平等是不可能的意思重申了一遍。

當初，高車族的太子窮奇被嚈噠所殺，嚈噠抓獲了窮奇的兒子彌俄突之後便揚長而去，高車的民眾四散奔逃，有的投奔了魏國，有的投奔了柔然。魏宣武帝派遣擔任羽林監的河南郡人孟威去安撫、接納前來歸附的高車人，孟威把他們安置在高平軍鎮內居住。高車王阿伏至羅為人殘忍暴虐，高車的貴族因此殺死了阿伏至羅，擁立他的族人跋利延為國王。嚈噠打著擁護彌俄突的旗號討伐高車人，高車的貴族又殺死了跋利延，迎接彌俄突回國立為高車國王。高車國王彌俄突與柔然佗汗可汗在蒲類海交戰，彌俄突作戰失敗，於是向西撤退了三百多里。柔然佗汗可汗把軍隊駐紮在伊吾軍事據點以北的山區。正趕上高昌王麴嘉向魏國請求遷移到魏國境內居住，當時孟威為龍驤將軍，魏宣武帝便派孟威從涼州徵調三千人前往迎接高昌王麴嘉，孟威率軍到達伊吾，柔然佗汗可汗見到孟威所率領的軍隊，心生恐懼而逃走。高車王彌俄突聽到柔然佗汗可汗驚懼逃走的消息，就率領著高車人進行追擊，把柔然軍打得大敗，在蒲類海以北地區把佗汗可汗殺死，他把佗汗可汗的頭髮割下來送給魏國的龍驤將軍孟威，並派遣使者前往魏國進貢。魏宣武帝派東城子于亮回訪高車國，賞賜給高車國王彌俄突的禮物非常豐厚。而高昌王麴嘉卻沒有按照約定的日期到達約定的地點，龍驤將軍孟威只得率軍返回。柔然佗汗可汗的兒子醜奴繼承了可汗的職位，號稱豆羅伏跋豆伐可汗，改年號為建昌元年。

按照宋國、齊國舊有的禮儀，皇帝在祭天的時候都要穿禮服、戴禮帽，兼任著作郎的高陽人許懋請求製作黑羊羔皮大衣，專供皇帝祭天的時候穿，梁武帝批准了許懋的請求。〇梁武帝準備到太廟祭祀祖先，他下詔說「齋戒的日子不奏樂，從皇帝御駕出宮前往太廟開始，演奏宗廟雅樂的樂隊只是跟隨在隊伍裡而不演奏音樂，等到祭祀完畢，皇帝車駕回宮的時候再照常演奏皇帝出行的音樂。」

八年（己丑　西元五〇九年）

春，正月辛巳❶，上祀南郊，大赦。時有請封會稽、禪國山❷者，上命諸儒草封禪儀❸，欲行之❹。許懋建議❺，以為「舜柴岱宗❻，是為巡狩❼。而鄭引孝經鉤命決❽云：『封于太山，考績柴燎；禪乎梁甫，刻石紀號❾』，此緯書之曲說❿，非正經之通義⓫也。舜五載一巡狩⓬，春夏秋冬周徧四嶽⓭，若為封禪，何其數也⑭？又如管夷吾所說七十二君⑮，燧人⑯之前，世質民淳，安得泥金檢玉⑰？結繩而治⑱，安得鐫文告成⑲？夷吾又云：『唯受命之君⑳然後得封禪。』周成王非受命之君㉑，云何得封太山禪社首㉒？神農即炎帝㉓也，而夷吾分為二人，妄亦甚矣。若聖主，不須封禪㉔；若凡主，不應封禪。蓋齊桓公欲行此事，夷吾知其不可，故舉怪物以屈之㉕。秦始皇嘗封太山㉖，孫皓㉗嘗遣兼司空董朝至陽羨㉘封禪國山，皆非盛德之事，不足為法㉙。然則封禪之禮，皆道聽所說，失其本文㉚，由主好名於上㉛，而臣阿旨於下㉜也。古者祀天祭地，禮有常數㉝，誠敬之道，盡此而備㉞，至於封禪，非所敢聞㉟。」上嘉納之，因推演懋議㊱，稱制旨以答請者㊲，由是遂止。

魏中山王英至義陽，將取三關，先策㊳之曰：「三關相須㊴如左右手，若克一關，兩關不待攻而破。攻難不如攻易，宜先攻東關㊵。」又恐其并力於東，乃使長史李華帥五統㊶向西關㊷，以分其兵勢，自督諸軍向東關。

先是，馬仙琕使雲騎將軍馬廣屯長薄㊸，軍主胡文超屯松峴㊹。丙申㊺，英至長薄，戊戌㊻，長薄潰，馬廣遁入武陽，英進圍之。上遣冠軍將軍彭甕生、驃騎將軍徐元季將兵援武陽，英故縱之使入城，曰：「吾觀此城形勢易取。」甕生等既入，英促兵攻之，六日而拔，虜三將及士卒七千餘人。進攻廣峴(47)[1]，太子左衛率李元履棄城走；又攻西關，馬仙琕亦棄城走。上使南郡太守韋叡(48)將兵救仙琕，叡至安陸(49)，增築城二丈餘，更開大塹，起高樓。眾頗譏其示[2]怯，叡曰：「不然，為將當有怯時，不可專勇。」中山王英急追馬仙琕，將復邵陽之恥(50)，聞叡至，乃退。上亦有詔罷兵。

初，魏主遣中書舍人鮦陽董紹(51)慰勞叛城(52)，白早生襲而囚之，送於建康。魏主既克懸瓠，命於齊苟兒等四將(53)之中分遣二人(54)，敕揚州為移(55)，以易紹及司馬悅首(56)。移書未至，領軍將軍呂僧珍與紹言，愛其文義(57)，言於上，上遣主書(58)霍靈超謂紹曰：「今聽卿還，今卿通兩家之好，彼此息民，豈不善也(59)！」因召見，賜衣物，令舍人(60)周捨慰勞之，且曰：「戰爭多年，民物(61)塗炭，吾是以不恥先言與魏朝通好，比亦有書(62)，全無報者，卿宜備申此意。今遣傳詔周靈秀(63)[3]送卿至國，遲有嘉問(64)。」又謂紹曰：「卿知所以得不死不？今者獲卿，乃天意也。夫立君以為民也，凡在民上，豈可以不思此乎！若欲通好，今以宿豫還彼(65)，彼當以漢中見歸(66)。」紹還魏言之，魏主不從。

三月，魏荊州刺史元志(67)將兵七萬寇潺溝(68)，驅迫羣蠻，羣蠻悉渡漢水來降，雍州刺史吳平侯昺(69)納之。綱紀(70)皆以蠻累為邊患(71)，不如因此除之，昺曰：「窮來歸我(72)，誅之不祥。且魏人來侵，吾得蠻以為屏蔽，不亦善乎！」乃開樊城受其降，命司馬朱思遠等擊志於溳溝，大破之，斬首萬餘級。志，齊之孫也。夏，四月戊申(73)，以臨川王宏(74)為司空，加車騎將軍王茂(75)開府儀同三司。○丁卯(76)，魏楚王城主李國興以城降。○秋，七月癸巳(77)，巴陵王蕭寶義(78)卒。九月辛巳(79)，魏封故北海王詳子顥(80)為北海王。○魏公孫崇造樂尺，以十二黍為寸(81)，劉芳非之，更以十黍為寸。尚書令高肇等奏：「崇所造八音之器及度量皆與經傳不同，詰其所以然，云『必依經文，聲則不協。』請更令芳依周禮造樂器，俟成，集議並呈，從其善者。」詔從之。○冬，十月癸丑(82)，魏以司空廣陽王嘉(83)為司徒。

十一月己丑(84)，魏主於式乾殿為諸僧及朝臣講維摩詰經(85)。時魏主專尚釋氏(86)，不事經籍(87)，中書侍郎河東裴延儁(88)上疏，以為「漢光武、魏武帝(89)雖在戎馬之間，未嘗廢書；先帝(90)遷都行師，手不釋卷。良以(91)學問多益，不可暫輟故也。陛下升法座(92)，親講大覺(93)，凡在瞻聽，塵蔽俱開(94)。然五經治世之模楷(95)，應務之所先(96)，伏願經書互覽(97)，孔、釋兼存，則內外俱周(98)，真俗斯暢(99)矣。」

時佛教盛於洛陽，中國[4]沙門(100)之外，自西域來者三千餘人，魏主別為之立永明寺(101)千餘間以處之。處士(102)南陽馮亮(103)有巧思(104)，魏主使與河南尹甄琛(105)、沙門統僧暹(106)擇嵩山形勝之地(107)立閒居寺(108)，極巖壑土木之美。由是遠近承風，無不事佛，比及延昌(109)，州郡共有一萬三千餘寺。

是歲，魏宗正卿元樹(110)來奔，賜爵鄴王。樹，翼之弟也。時翼為青、冀二州刺史(111)，鎮郁洲(112)。久之，翼謀舉州降魏，事泄而死。

九年（庚寅　西元五一〇年）

春，正月乙亥(113)，以尚書令沈約為左光祿大夫(114)，右光祿大夫王瑩(115)為尚書令。約文學(116)高一時，而貪冒榮利(117)，用事十餘年，政之得失，唯唯而已。自以久居端揆(118)，有志台司(119)，論者亦以為宜，而上終不用(120)，乃求外出(121)，又不許。徐勉(122)為之請三司之儀(123)，上不許。○庚寅(124)，新作緣淮塘(125)，北岸起石頭迄東冶(126)，南岸起後渚籬門迄三橋(127)。

三月丙戌(128)，魏皇子詡(129)生，大赦[5]。詡母胡充華(130)，臨涇(131)人，父國珍(132)襲武始伯(133)。充華初選入掖庭(134)，同列以故事祝之(135)曰[6]：「願生諸王、公主，勿生太子(136)。」充華曰：「妾之志異於諸人，柰何畏一身之死而使國家無嗣乎！」及有娠，同列勸去之，充華不可，私自誓曰：「若幸而生男，次第當長[137]，男生身死，所不憾也。」既而生詡。

先是，魏主頻喪皇子，年漸長，深加慎護[138]，擇良家宜子者[139]以為乳保[140]，養於別宮，皇后、充華皆不得近。

己丑[141]，上幸國子學，親臨講肄[142]。乙未[143]，詔皇太子以下及王侯之子年可從師者皆入學。

舊制：尚書五都令史[144]皆用寒流[145]。夏，四月丁巳[146]，詔曰：「尚書五都[147]職參政要[148]，非但總領眾局[149]，亦乃方軌二丞[150]；可革用士流[151]，秉此羣目[152]。」於是以都令史視奉朝請[153]，用太學博士[154]劉納兼殿中都[155]，司空法曹參軍劉顯兼吏部都[156]，太學博士孔虔孫兼金部都[157]，司空法曹參軍蕭軌兼左右戶都[158]，宣毅墨曹參軍[159]王顒兼中兵都[160]，並以才地兼美[161]，首膺其選[162]。

六月，宣城郡吏吳承伯挾妖術聚眾，癸丑[163]，攻郡，殺太守朱僧勇，轉屠旁縣。閏月己丑[164]，承伯踰山，奄至吳興[165]。東土人素不習兵，吏民恇擾[166]奔散。或勸太守蔡撙[167]避之，撙不可，募勇敢閉門拒守。承伯盡銳攻之，撙帥眾出戰，大破之，臨陳，斬承伯。撙，興宗[168]之子也。承伯餘黨入新安[169]，攻陷黟、歙[170]諸縣，太守謝覽遣兵拒之，不勝，逃奔會稽[171]。臺軍討賊，平之。覽，瀹[172]之子也。

冬，十月，魏中山獻武王英[173]卒。○上即位之三年，詔定新曆，員外散騎侍郎祖暅奏其父沖之[174]考古法為正[175]，曆不可改[176]。至八年，詔太史課新舊二曆[177]，新曆密，舊曆疏[178]，是歲，始行沖之大明曆[179]。

魏劉芳等[7]奏「所造樂器及教文、武二舞[180]、登歌[181]、鼓吹曲[182]等已成，乞如前敕集公卿、羣儒議定，與舊樂參呈[183]。若臣等所造，形制合古[184]，擊拊會節[185]，請於來年元會[186]用之。」詔：「舞[187]可用新，餘且仍舊[188]。」

【章　旨】以上為第二段，寫梁武帝蕭衍天監八年（西元五〇九年）、九年共兩年間的大事。主要寫了梁武帝聽從群臣建議，準備到宜興去封禪國山，後聽儒臣許懋勸阻，遂取消此舉；寫了梁國宣城郡的郡吏吳承伯挾妖術聚眾作亂，騷擾數郡，蔡撙討殺之；寫魏將元英攻得義陽三關，梁將馬仙琕等敗走；至梁派南郡太守韋叡率軍到來時，魏將元英聞之而退，梁主蕭衍通過交換戰俘，請魏臣董紹回魏傳達講和停戰之意，魏主不從；寫魏主元恪迷戀佛法，甚至親身升座給僧俗宣講佛經；寫洛陽地區的佛教寺廟興盛，遠近承風，魏各州郡共有寺廟一萬三千餘所；此外還寫了蕭衍與沈約之間的矛盾，以及魏國胡充華生子的特別經歷，為日後胡太后專魏政做了伏筆等等。

【注　釋】❶正月辛巳　正月初三。❷封會稽禪國山　意即到會稽山祭天，到國山祭地。封、禪，是帝王祭祀天地的典禮。在某山山頭築壇加土以祭天曰「封」；在某小山除地為場以祭地曰「禪」。會稽山在今浙江紹興東南；國山在今江蘇宜興。過去秦始皇、漢武帝的封禪都封泰山、禪梁父，如今泰山、梁父都落入魏人之手，南朝的皇帝再想玩這一套把戲，也就只好在長江以南就地取材了。❸草封禪儀　起草一套祭天、祭地所行典禮的具體步驟與禮節儀式。❹欲行之　意即諸儒已經起草完畢，皇帝馬上就要付諸實行。❺建議　提出了不同的主張。❻舜柴岱宗　虞舜曾經祭過泰山。柴，燒柴以祭天，古代祭祀的一種。岱宗，泰山的別稱。❼是為巡狩　是他在外出巡狩的時候順便所做的一件事。巡狩，意同「巡守」，即今所謂視察。天子到各地去巡視諸侯為天子守土盡職的情況。❽鄭引孝經鉤命決　鄭玄在注釋《尚書・舜典》中的「東巡守至於岱宗，柴望秩於山川」時曾經引用《孝經鉤命決》的話說。鄭玄是東漢著名的經學家，《後漢書》卷六十五有他的傳。《孝經鉤命決》是戰國或西漢時期出現的一種注釋《孝經》的緯書，充滿著荒誕迷信的東西。❾封于太山四句　此四句是《孝經鉤命決》中敘述虞舜封泰山的原話。意思是說：舜在封泰山時，曾考核諸侯的成績，而後燔柴祭天；在禪梁甫的時候，曾在梁甫山刻石記下了自己的年號。太山，也就是泰山，在今山東泰安城北。是秦始皇、漢武帝登封過的名山。梁甫，泰山東南側的小山名，也寫作「梁父」，在今山東泰安的東南方。❿曲說　瞎編出來的話，是不合事實的捏造。⓫非正經之通義　不是真正儒家傳授下來的通行四海的道理。⓬舜五載一巡狩　舜帝五年巡迴視察天下一次。⓭春夏秋冬周徧四嶽　要在一年的時間裡巡遍天下各地。四嶽，可以指四方的名山，諸如東嶽泰山、南嶽衡山、西嶽華山、北嶽恆山；也可以指四方的諸侯，四嶽就是四方的諸侯之長。舜的這種巡狩，都是為了檢查工作。⓮若為封禪二句　如果像緯書所說是為了封禪，那豈不太頻繁、太密集了麼。數，頻繁；密集。⓯管夷吾所說七十二君　管仲所說的封泰山的七十二家君主。這也是後人以管仲的名義所編造的謊言。管夷吾就是管仲，春秋時代齊桓公的宰相。事跡詳見《左傳》與《史記・管晏列傳》。《史記・封禪書》也有所謂「管仲曰『古者封泰山、禪梁父者七十二家，而夷吾所記者十有二焉』」云云。⓰燧人　燧人氏，相傳是古代發明鑽木取火的一位帝王。⓱泥金檢玉　極言封禪皇帝所使用的祭天的策書文告之貴重華麗。泥金，用金末做泥以塗飾祭天刻文的筆道。檢玉，用玉做成的盒子把祭天的策文收裝起來。⓲結繩而治　在古代沒有文字以前，據說那時的人們是用結繩來幫助記事。⓳安得鐫文告成　意思是（既然那時連文字都沒有，）封禪的帝王又怎麼能夠把文字刻在金策上向天神報告自己的事業成功呢。鐫，刻。⓴受命之君　指一個王朝開國的帝王。古代凡是推翻舊王朝，開創一個新王朝的人，總把自己說成是奉上帝之命來結束那個罪惡的舊王朝，來解救黎民百姓於水火的，如商湯、周文王、周武王等。㉑周成王非受命之君　周成王名誦，是周武王的兒子，是繼承其父的王位統治天下的，所以說他不是受命之君。㉒封太山禪社首　古代帝王的封禪，祭天的所謂「封」總是在泰山頂上進行；至於祭地的所謂「禪」，則不是固定的一處，有的在梁父、有的在云云、有的在社首。都是泰山周遭的小山，距離泰山不遠。社首山在今山東泰安西南。㉓神農即炎帝　說神農與炎帝是一個人，這是古代傳說的一種，流傳還比較廣，但司馬遷寫〈五帝本紀〉沒有取這種說法。〈五帝本紀〉說「黃帝者，少典之子，姓公孫，名曰軒轅」；又說「軒轅之時，神農氏世衰。諸侯相侵伐，暴虐百姓，而神農氏弗能征，於是軒轅乃習用干戈，以征不享」；又說「炎帝欲侵陵諸侯，諸侯咸歸軒轅，軒轅乃修德振兵，與炎帝戰於阪泉之野」云云。㉔不須封禪　用不著封禪，用不著向上帝祈求什麼。㉕舉怪物以屈之　說在齊桓公時代的社會上還沒有出現若干表現祥瑞的東西，因此您還不太夠格兒。據《史記・封禪書》載管仲說：「古之封禪，鄗上之黍，北里之禾，所以為盛；江淮之間，一茅三脊，所以為藉也。東海致比目之魚，西海致比翼之鳥，然後物有不召而自至者十有五焉。今鳳皇麒麟不來，嘉穀不生，而蓬蒿藜莠茂，鴟梟數至，而欲封禪，毋乃不可乎？」㉖秦始皇嘗封太山　過程詳見《史記・秦始皇本紀》二十八年。㉗孫皓　三國時代吳國的末代之君，西元二六四—二八〇年在位。傳見《三國志》卷四十八。㉘陽羨　三國時代的陽羨，即現今的宜興。吳主孫皓派兼司空董朝至陽羨代替自己前去封禪國山事，見《三國志・吳書・三嗣主傳》天璽元年（西元二七五年）。㉙不足為法　不配做我們的榜樣。㉚失其本文　已經離開了本來的真相。㉛主好名於上　做皇帝的帶頭追求這麼一種熱鬧。㉜臣阿旨於下　於是做臣子的就在下頭迎合奉承地折騰起來。㉝禮有常數　都有一定的規矩制度。㉞盡此而備　能做好這些也就夠了。㉟非所敢聞　謙詞，實際意思是這些說法都是沒有道理的。㊱推演懋議　引用並發揮許懋的說法。演，引申；發揮。㊲稱制旨以答請者　以皇帝聖旨的形式謝絕了繼續請求封禪的人。制旨，皇帝的命令。㊳策　分析、估計形勢。㊴相須　相互需要；相互依存。㊵東關　即義陽三關中的武陽關，在今湖北大悟西北。㊶帥五統　率領著五個統軍所管的士兵。㊷西關　指義陽三關的平靖關，在武陽關的西北方，相距不遠。㊸長薄　地名，具體方位不詳，應在三關附近。㊹松峴　地名，具體方位不詳，應在三關附近。《梁書・馬仙琕傳》直言「遣馬廣會超守三關」。㊺丙申　正月十八。㊻戊戌　正月二十。㊼廣峴　即義陽三關中的黃峴關，在武陽關的東北方，今湖北境內。㊽南郡太守韋叡　韋叡是梁朝名將，上卷曾寫其大破魏將元英於鍾離城下，此時任南郡太守。傳見《梁書》卷十二。梁朝的南郡郡治即今湖北荊州江陵區。㊾安陸　梁郡名，郡治在今湖北安陸，北距三關百餘華里。㊿復邵陽之恥　報邵陽洲失敗之恥。天監六年（西元五〇七年），元英進攻鍾離，在邵陽洲被梁軍打得大敗事，見本書上卷。(51)董紹　魏國的文學之臣，曾任殿中侍御史、國子助教、中書舍人等職。傳見《魏書》卷七十九。(52)慰勞叛城　到郢州的州治義陽與豫州的州治懸瓠這些有魏軍叛亂的地方慰勞軍隊，意即鼓勵為魏堅守者，規勸叛亂歸梁者。(53)齊苟兒等四將　齊苟兒是梁將馬仙琕的部下，奉命往助叛變的魏將白早生駐守懸瓠城，魏將邢巒攻克懸瓠城，白早生被殺，齊苟兒等人降魏。事見上卷。(54)分遣二人　從投降的四個人裡選出兩個。(55)敕楊州為移　讓駐守壽春的魏國的楊州刺史給梁國朝廷寫一封信。敕，讓；命令。為移，寫一封公開信。

「移」是文體名，意思與「檄」相近，是布告一類的公開信。魏國朝廷不自己寫，而讓楊州刺史代寫，這是為表示身分的區別。56以易紹及司馬悅首　以換回董紹與被白早生所殺的豫州刺史司馬悅的人頭。57愛其文義　喜歡許紹的文章與義理。這種「文義」既表現在說，也表現在寫。58主書　中書省裡的官名，主管為皇帝起草文件。59豈不善也　「也」字同「耶」，反問語氣。60舍人　即中書通事舍人，掌管起草詔令。61民物　猶言黎民百姓。物，也是「人」的意思。62比亦有書　在此以前我也給魏主寫過信。63傳詔周靈秀　傳達詔命的使者周靈秀。64遲有嘉問　我在這裡靜候你們的好消息。遲，等待。嘉問，嘉音。問，意思同「聞」。65以宿豫還彼　我把去年佔領的你們的宿豫城還給你們。宿豫原是魏國南部邊防重鎮，在今江蘇宿遷東南。在上年宿豫守將嚴仲賢被其部下成景雋所殺，成景雋率宿豫城降梁。66彼當以漢中見歸　你們應把漢中郡還給我們。漢中郡長期以來是南朝西北部的邊防重鎮，郡治即今陝西西南部的漢中。天監三年（西元五〇四年）梁國的梁州刺史夏侯道遷率梁州叛降於魏，屬魏已經五年。67元志　元齊之子，烈帝拓跋翳槐的後代，此時任魏國的荊州刺史。傳見《魏書》卷十四。魏國的荊州州治即今河南魯山縣。68潺溝　漢水北側的小支流，向南匯入漢水。69吳平侯昺　吳平侯蕭昺，也就是《梁書》卷二十四所說的「蕭景」。因唐朝人為李淵的父親避諱，改稱之蕭景。時任雍州刺史。梁國的雍州州治即今湖北襄樊的襄陽區。70綱紀　蕭昺部下的主要僚屬。綱、紀都是網上的大繩，引申為起主要作用的人員。71累為邊患　屢次騷擾邊疆。累，屢次。72窮來歸我　活不下去了來投奔我們。窮，走投無路。73四月戊申　四月初一。74臨川王宏　蕭宏，梁武帝蕭衍之弟，前喪師辱國不受懲處，而又屢屢加官晉爵。傳見《梁書》卷二十二。75王茂　蕭衍的開國元勳。傳見《梁書》卷九。76丁卯　四月二十。77七月癸巳　七月十七。78巴陵王蕭寶義　齊明帝蕭鸞的長子，從降生就是個廢人，沒法說話、沒法見人，也正因此蕭衍篡國後，也不被蕭衍視為威脅，而封之為巴陵王，一直到死。傳見《南齊書》卷五十。79九月辛巳　九月初六。80北海王詳子顥　北海王元詳的兒子元顥。傳見《魏書》卷五十。元詳是孝文帝元宏之弟，魏主元恪之叔，為人貪淫邪惡，於天監元年被殺。81以十二黍為寸　古代確定長度的方法之一，排列若干黍子的長度為寸。82十月癸丑　十月初九。83廣陽王嘉　元嘉，太武帝拓跋燾之孫，拓跋建之子。傳見《魏書》卷十八。84十一月己丑　十一月十五。85維摩詰經　宣傳大乘教義的一種佛教經書。86專尚釋氏　專門崇尚佛教。87不事經籍　不用心於儒家的經典。88裴延儁　魏國的文學之臣，此時任中書侍郎。傳見《魏書》卷六十九。89漢光武魏武帝　漢光武即劉秀，東漢的開國皇帝。事跡詳見《後漢書·光武紀》。魏武帝即曹操。事跡詳見《三國志·魏書·武帝紀》。90先帝　指孝文帝元宏。91良以　實在是因為。92法座　佛教講經的講壇。93大覺　佛教語，意思是佛的覺悟。這裡即佛教的經書。94凡在瞻聽二句　凡是瞻仰和聆聽講經的人，心中的疑惑一掃而光。95模

楷　即楷模、典範，必須遵照實行的金科玉律。(96)應務之所先　應對世務首先需要遵循的。(97)伏願經書互覽　希望您能佛經、儒典同時並舉，二者等量齊觀。(98)內外俱周　修身養性與治理國家同時兼顧。(99)真俗斯暢　追求出世與管好世俗兩方面都不耽誤。(100)中國沙門　魏國本地的和尚。(101)永明寺　當時洛陽城內新修的寺廟，詳情見《洛陽伽藍記》。(102)處士　意同隱士，有才幹而不進入官場的人。(103)馮亮　原是梁朝人，元英所率的魏軍佔領義陽後，馮亮便北行到嵩山隱居。傳見《魏書》卷九十。(104)有巧思　有出類拔萃的構思與設計才能。(105)河南尹甄琛　河南尹等於是河南郡的太守，但因為河南郡是魏國都城洛陽所在的郡，故而其太守遂稱為河南尹，其郡名也叫河南尹。甄琛好圍棋，徹夜不止，後入仕侍孝文帝為御史中尉，宣武帝時為河南尹。傳見《魏書》卷六十八。(106)沙門統僧暹　管理佛教事務的和尚法名僧暹。(107)形勝之地　風景優美的地方。(108)閒居寺　嵩山上的寺廟名。(109)延昌　宣武帝元恪的第四個年號（西元五一二—五一五年）。(110)元樹　咸陽王元禧之子，元翼之弟。元禧是孝文帝之弟，性貪婪，宣武帝親政後，因小人挑動，元禧謀反被殺。事見《魏書》卷二十一上。(111)翼為青冀二州刺史　元禧被殺後，其子元翼多次上書請求宣武帝為其父平反，宣武帝不從，元翼遂攜其弟元昌一道降梁，被梁任為青、冀二州刺史。當時梁國的青、冀二州共設一個刺史，州治僑設在今江蘇海州的郁州區。後來又圖謀舉州降魏，事洩被殺。事見《魏書》卷二十一上。(112)郁洲　當時是今海州東大海中的島嶼，稱作郁洲，後來逐漸與大陸相連，在今江蘇海州東的雲臺山一帶，齊、梁時期是南朝東北部地區邊防重鎮。(113)正月乙亥　正月初二。(114)以尚書令沈約為左光祿大夫　光祿大夫是加官名，只是一種虛銜，雖然品級不低，但沒有實權，而尚書令則是宰相一級的實權人物。沈約由尚書令變為光祿大夫，表現了蕭衍對他的裁抑。(115)王瑩　劉宋時代的駙馬，南齊時代的高官，入梁後又為尚書僕射、丹陽尹，今又為尚書令，其實就是一個繡花枕頭。傳見《梁書》卷十六。(116)文學　文章才華。(117)貪冒榮利　爭名奪利。(118)久居端揆　長期居於群臣之首，指做尚書令。端揆，猶言「首輔」。(119)有志台司　一心想得個三公的稱號。台司，三台、三司，指司徒、司馬、司空，當時是最高榮譽的加官。(120)上終不用　蕭衍對沈約幫著自己篡取帝位所做的種種努力是感謝的，但對沈約在這些活動中所表現出的狠毒又感到討厭，故有這種表現。(121)求外出　請求離開朝廷去做地方官。沈約知道蕭衍對他的態度，心存恐懼，故有這種表現。(122)徐勉　梁朝盡職盡責的幹練之吏，此時任吏部尚書。傳見《梁書》卷二十五。(123)三司之儀　梁朝的加官名，全稱是「開府同三司之儀」，位在「開府儀同三司」之下。(124)庚寅　正月十七。(125)緣淮塘　秦淮河的第二道大堤。塘，這裡是「堤壩」的意思。(126)起石頭迄東冶　由石頭城修到東冶。石頭城在當時建康城的西北側，即今南京之石頭城公園一帶，東冶是當時冶煉廠，是奴隸、囚犯集中勞動之處，也是駐兵之所在。(127)起後渚籬門迄三橋　後渚籬門的位置應在石頭城的對岸，三橋的方位不詳。(128)丙戌　三月十四。(129)皇子詡　元詡，即後來的魏肅宗。傳見《魏書》卷九。(130)胡充華　即後來的胡太后。傳見《魏書》卷十三。充華，嬪妃的封號名。(131)臨涇　縣名，在今甘肅涇川縣北。(132)國珍　胡太后之父。傳見《魏書》卷八十三下。(133)襲武始伯　襲其父之爵為武始縣伯。其父胡淵原為北夏赫連氏之臣，因及早投降魏國有功，被封武始伯。(134)掖庭　意即宮廷。(135)以故事祝之　按著過去的慣例祝福她。故事，慣例。(136)勿生太子　因為魏國的后妃一旦生了太子，其母照例就得被賜死。(137)次第當長　按次序應最年長，意即將為太子。(138)慎護　小心保護。(139)良家宜子者　家世清白而又善於生養孩子的女人。(140)乳保　即今所謂「奶媽」。(141)己丑　三月十七。(142)講肄　講習。肄，研習。(143)乙未　三月二十三。(144)尚書五都令史　尚書省內五曹的都令史，即各曹（亦即後來的各部）的令史之長。(145)皆用寒流　一律選用寒門的人士充任。寒流，寒門，與世家豪門相對而言，不一定是窮人。(146)四月丁巳　四月十六。(147)尚書五都　即上文所說的「尚書五都令史」。(148)職參政要　他們的職務都涉及到國家大事。(149)總領眾局　總管尚書省的各個部門。局，曹，也就是後來的各部。(150)方軌二丞　與尚書左、右二丞的職責不相上下。方軌，兩車前行，比喻地位不相上下。(151)革用士流　改用出身門第高的人士前來擔任。士流，世家大族出身的人。(152)秉此羣目　執掌這幾個部門的工作。秉，掌管；主持。(153)視奉朝請　與奉朝請的級別一樣。視，比；和……一樣。奉朝請，官名，以安置閒散人員。在一定節日有資格隨群臣進朝拜見皇帝。(154)太學博士　太學裡的教官。(155)殿中都　殿中曹的都令史。殿中是尚書省內的一個曹（部）。(156)吏部都　吏部曹的都令史，等於是吏部尚書的祕書長。(157)金部都　金部曹的都令史。金部後來屬於度支，主管財政收支。(158)左右戶都　左右戶部曹的都令史。戶部管全國的戶籍、賦稅等。(159)宣毅墨曹參軍　宣毅將軍屬下的墨曹參軍。(160)中兵都　中兵曹的都令史。(161)才地兼美　本人的才幹與其門第出身都好。(162)首膺其選　第一個當選。膺，受；當。(163)癸丑　六月十三。(164)閏月己丑　閏六月十九。(165)奄至吳興　突然地攻入吳興郡。吳興郡的郡治即今浙江湖州。吳興郡在宣城郡之東側。(166)恇擾　驚慌失措。(167)蔡撙　蔡興宗之子，在齊曾任中書侍郎，入梁後為吳興太守。傳見《梁書》卷二十一。(168)興宗　蔡興宗，劉宋時期的著名人物，曾為光祿大夫，開府儀同三司。傳見《宋書》卷五十七。(169)新安　梁郡名，郡治在今浙江淳安西北。(170)黟歙　二縣名，黟縣的縣治在今安徽黟縣西，歙縣的縣治即今安徽歙縣。(171)會稽　即今浙江紹興。(172)瀹　謝瀹，假隱士謝朏之弟，在齊居吏部尚書之職，朝廷發生政變而能在家下棋睡覺而不問。傳見《南齊書》卷四十三。(173)中山獻武王英　元英生前被封為中山王，獻武是其死後的謚。(174)沖之　祖沖之，我國古代的大科學家。宋孝武帝大明六年（西元四六二年）上表請改曆法，未能施行。傳見《南齊書》卷五十二。(175)考古法為正　驗證古曆而制定的新曆法是正確的。(176)曆不可改　祖沖之的曆法不容置疑，不可改變。(177)課新舊二曆　考核比較新舊兩種曆法。舊曆，指劉宋元嘉以來所採用的何承天的曆法。新曆，指大明六年祖沖之已經制定而未被採用的曆法。178 新曆密二句　祖沖之的新曆法比較細緻，何承天的舊曆法比較粗疏。179 大明曆　因此曆法於大明六年已經完成，故仍稱之《大明曆》，而不以付諸實行之今年為名。180 文武二舞　宣揚皇帝的文治與其征伐武功的兩個歌舞。181 登歌　祭典與朝會開始時所演奏的樂曲。182 鼓吹曲　用於皇帝出行或舉行軍事演練時使用的樂曲。183 參呈　一併呈上。184 形制合古　樣子與規格如果符合古代的規定。185 擊拊會節　演奏起來合乎古代節律。拊，拍；敲。186 來年元會　明年正月初一的朝會盛典。187 舞　指新編的文武二舞。188 餘且仍舊　其餘如所造樂器與登歌、鼓吹曲等等暫時還用舊的。

【校　記】[1] 廣峴　嚴衍《通鑑補》改作「黃峴」。[2] 示　據章鈺校，十二行本、乙十一行本皆無此字。[3] 周靈秀　原作「霍靈秀」。嚴衍《通鑑補》改作「周靈秀」，今據改。[4] 中國　原無此二字。據章鈺校，十二行本、乙十一行本、孔天胤本皆有此二字，今據補。[5] 大赦　原無此二字。嚴衍《通鑑補》云：「『生』下脫『大赦』二字。」當是，今據補。[6] 日　原無此字。據章鈺校，十二行本、乙十一行本、孔天胤本皆有此字，今據補。[7] 等　原無此字。據章鈺校，十二行本、乙十一行本、孔天胤本皆有此字，今據補。

【語　譯】八年（己丑　西元五〇九年）

春季，正月初三日辛巳，梁武帝蕭衍到南郊舉行祭天典禮，實行大赦。當時有人建議梁武帝到會稽山祭天、到國山祭地，梁武帝命令諸位儒生起草一套舉行祭天、祭地典禮的具體步驟與禮節儀式，準備進行封禪。擔任著作郎的許懋對此提出了不同的意見，許懋認為「虞舜曾經在泰山上燒柴祭天，那是虞舜在外出巡守的時候順便做的一件事情。而鄭玄在注釋《尚書・舜典》中的『東巡守至於岱宗，柴望秩於山川』時曾經引用《孝經鉤命決》的話說：『舜在封泰山時，曾考核諸侯的成績，而後燔柴祭天；在禪梁甫的時候，曾在梁父山刻石記下自己的年號』，這些都是漢代人在給經書做注釋的書中瞎編出來的話，並不是真正儒家傳授下來的通行四海的道理。舜帝每五年到全國巡迴視察一次，要在一年的時間內巡遍天下各地，如果舜帝的這種巡視確實像緯書所說是為了到泰山封禪，那麼封禪的次數豈不是太頻繁、太密集了麼？又如春秋時代齊桓公的宰相管仲說，古代封泰山的有七十二家君主，在發明鑽木取火的燧人氏之前，世上物質樸實、民風淳厚，到哪裡去弄塗飾刻石的泥金和收藏祭天策文的玉盒？在沒有文字以前的那種需要靠結繩來幫助記事的時代，封禪的帝王又怎麼能夠把文字刻在金策上向天神報告自己事業的成功呢？管仲還說：『只有奉上帝之命開創了一個新王朝的君主才能夠舉行封禪。』周成王姬誦並不是一代開國的君主，為什麼他就能夠在泰山上祭天，在社首山祭地？神農氏就是炎帝，而管仲卻把神農氏和炎帝說成是兩個人，簡直是荒謬之極。如果是聖明的君主，就用不著封禪；如果是平凡的君主，就不應該封禪。大概是齊桓公想要前往泰山進行封禪，而管仲知道齊桓公不應該去泰山封禪，所以管仲就舉出種種不適宜封禪的怪異現象來阻止齊桓公封禪。秦始皇曾經到泰山封禪，三國時期吳國的末代皇帝孫皓曾經派遣兼任司空的董朝代替自己到陽羨境內的國山舉行封禪，這些都不是道德隆盛的事情，不足以作為榜樣來效法。如此看來所謂封禪的禮儀，都是道聽途說，已經離開了本來的真相，原本是由於做皇帝的帶頭追求這麼一種熱鬧，於是作為臣子的就在下面迎合奉承地折騰起來。古時候祭祀天地，都有一定的規矩制度，真誠敬畏天地的道理，便都包含在這些規矩制度當中了，至於封禪，實在是沒有什麼道理可講。」梁武帝很贊成許懋的見解，便採納了許懋的建議，並在許懋見解的基礎上加以發揮，最後以皇帝聖旨的形式謝絕了繼續請求封禪的人，從此以後便不再有人提出封禪的請求。

魏國的中山王元英率軍到達義陽，準備奪取三關，便先對形勢進行了一番分析說：「三關互相依存，就像人的左右手，如果我們攻克了其中的一關，其餘的兩個關不等我們進攻就將自行崩潰。進攻難攻的不如進攻容易攻的，所以我們應該首先攻取東關。」元英又擔心梁國的軍隊會集中力量增援東關，於是就命令擔任長史的李華率領著五個統軍所管的士兵進攻西關，以分散梁軍的兵力，元英則親自統領各軍進攻東關。

此前，梁國擔任振遠將軍的馬仙琕派遣擔任雲騎將軍的馬廣率軍屯駐在長薄，派擔任一支軍隊統領的胡文超率軍屯駐在松峴。正月十八日丙申，元英率軍到達長薄，二十日戊戌，長薄的守軍崩潰，駐守長薄的雲騎將軍馬廣逃入武陽關，元英率軍挺進，包圍了武陽關。梁武帝派遣擔任冠軍將軍的彭甕生、擔任驍騎將軍的徐元季率軍救援武陽關，元英故意放他們進入武陽關城，元英說：「我看武陽關城所處的地勢很容易被攻取。」等到彭甕生等進入武陽城之後，元英立即督促軍隊加緊攻城，只用了六天的時間就攻克了武陽城，俘虜了梁國的三位將領和七千多名士兵。元英轉過身來開始進攻武陽關東北方的黃峴關，梁國負責守衛黃峴關的太子左衛率李元履棄城逃走；元英又進攻平靖關，平靖關的守將馬仙琕也棄城逃走。梁武帝派遣擔任南郡太守的韋叡率軍救援馬仙琕，韋叡到達安陸之後，就把安陸城的城牆加高了二丈多，又開挖了一條寬大的護城河，造起高樓。眾人都譏笑韋叡的行為是向魏軍示弱，韋叡說：「你們的看法不對，作為將領就應該有膽怯的時候，不可能一味地勇敢。」魏國的中山王元英急速追趕馬仙琕，想要洗雪上次邵陽洲作戰失敗的恥辱，當他聽到韋叡率軍來到的消息，就停止追擊，率軍撤退。梁武帝也下詔停止用兵。

當初，魏宣武帝元恪派遣擔任中書舍人的鮦陽人董紹到郢州的州治義陽與豫州的州治懸瓠這些有魏軍叛亂的地方去慰勞軍隊，遭到白早生的襲擊和囚禁，白早生把董紹押送到梁國的都城建康。魏宣武帝的軍隊攻克了懸瓠城之後，命令從梁國投降過來的齊苟兒等四名將領中選出兩個人來，令魏國駐守壽春的楊州刺史給梁國朝廷寫一封公開信，要求交換中書舍人董紹和被白早生所殺的豫州刺史司馬悅的人頭。魏國楊州刺史的公開信還沒有送達的時候，梁國擔任領軍將軍的呂僧珍通過與董紹的接觸，很喜愛董紹的文章與義理，於是就報告了梁武帝，梁武帝派遣擔任主書的霍靈超去對董紹說：「現在允許你回到魏國，讓你互通兩國的和平友好，彼此停止戰爭，讓百姓得到休養生息，難道不是很好的事情嗎！」梁武帝還召見了董紹，賞賜給董紹衣物，又讓擔任中書通事舍人的周捨慰勞董紹，並對董紹說：「兩國之間經過多年的戰爭，導致生靈塗炭，我並不把首先提出與魏國朝廷互通友好看做是一種恥辱，在此之前我也給魏國皇帝寫過信，然而全都沒有得到答覆，你回國之後應該充分轉達我的意見。我現在派負責傳達詔命的周靈秀為使者送你回國，我在這裡靜候你們的好消息。」又對董紹說：「你知道自己為什麼沒有被殺死嗎？現在讓我得到你乃是上天的旨意。國家設立君主是為了人民，凡是在人民之上的官員，豈能不想著人民！如果魏國想與我們梁國互通友好，現在我就把去年攻佔你們的宿豫城歸還給你們，你們也應當把漢中郡歸還給我國。」董紹回到魏國之後將梁武帝的意思轉達給魏宣武帝，宣武帝不同意。

三月，魏國擔任荊州刺史的元志率領七萬軍隊進犯潺溝，驅逐逼迫居住在那一帶的少數民族，那些少數民族全都渡過漢水來投降梁國，梁國擔任雍州刺史的吳平侯蕭昺接納了他們。蕭昺手下的主要僚屬都因為那些投降過來的少數民族曾經多次騷擾邊境、製造邊患，因而主張不如趁機把他們除掉，蕭昺說：「這些少數民族在活不下去的情況下前來投奔我們，如果趁人之危除掉他們是不吉祥的。況且如果魏國人前來侵略我們，我們得到這些少數民族作為屏障，不是也很好嗎！」於是打開樊城城門接受了少數民族的投降，同時命令擔任司馬的朱思遠等人率軍前往溽溝攻打率軍入侵的魏國荊州刺史元志，把元志打得大敗，斬下了魏軍將士的一萬多顆人頭。元志，是元齊的孫子。

夏季，四月初一日戊申，梁武帝任命臨川王蕭宏為司空，加授車騎將軍王茂開府儀同三司。〇二十日丁卯，魏國楚王城的駐軍首領李國興獻出楚王城投降了梁國。〇秋季，七月十七日癸巳，梁國的巴陵王蕭寶義去世。

九月初六日辛巳，魏宣武帝封已故的北海王元詳的兒子元顥為北海王。〇魏國擔任太樂令的公孫崇所製造的樂尺，以十二顆黍粒排在一起的長度作為一寸，劉芳否定了公孫崇所制定的樂尺的標準，改為以十顆黍粒排列在一起的長度為一寸。擔任尚書令的高肇等人向宣武帝奏報說：「公孫崇所製造的八音之器以及度量衡都與經傳所記載的不一樣，責問他為什麼要這樣做，他卻說『如果一定要依照經文所記載的那樣做，聲音就不協調了。』請求陛下改令太常卿劉芳依照《周禮》的規定製造樂器，等他們製造出樂器之後，再集中商議，一同呈報，採納其中好的推廣使用。」魏宣武帝下詔批准了高肇等人的請求。〇冬季，十月初九日癸丑，魏宣武帝任命擔任司空的廣陽王元嘉為司徒。

十一月十五日己丑，魏宣武帝在式乾殿為各位僧人和朝中群臣講解《維摩詰經》。當時魏宣武帝專門崇尚佛教，而不用心於儒家經典，擔任中書侍郎的河東郡人裴延雋上疏給宣武帝，認為「漢光武帝劉秀、魏武帝曹操即使是騎著馬打仗的時候，從來都沒有忘記讀書；先帝孝文帝無論是在遷都的過程中還是行軍打仗，都手不釋卷。實在是因為學問多了對自己有很多好處的緣故，所以才抓緊一切時間讀書。陛下登上佛教講經說法的講壇，親自講解佛教的經書，凡是瞻仰和聆聽講經的人，心中的疑惑便一掃而光。然而《五經》是治理國家必須遵照實行的金科玉律，是應對世務首先需要遵循的，希望陛下能夠將佛經、儒典同時並舉，二者等量齊觀，把孔子的學說與釋迦牟尼的學說同時兼顧並存，那麼就可以修身養性與治理國家同時兼顧，追求出世與管好世俗兩方面都不耽誤了。」

當時魏國的都城洛陽盛行佛教，除了魏國本土的和尚以外，從西域來的和尚還有三千多人，魏宣武帝專門為他們建造了一座具有一千多間房舍的永明寺來安置他們。當時的隱士南陽人馮亮有出類拔萃的巧妙構思和設計才能，魏宣武帝就讓馮亮與擔任河南尹的甄琛、管理佛教事務的和尚僧暹到嵩山選擇風景優美的地方建立了一座閒居寺，極盡巖石溝壑土木的優美。因此遠近繼承這一風氣，無不侍奉佛教，等到宣武帝延昌年間，州郡共有一萬三千多座寺廟。

這一年，魏國擔任宗正卿的元樹來投奔梁國，梁武帝封元樹為鄴王。元樹，是元翼的弟弟。當時元翼正在梁國擔任青、冀二州刺史，鎮守郁洲。過了很久以後，元翼陰謀獻出青、冀二州投降魏國，陰謀洩露後被殺。

九年（庚寅　西元五一〇年）

春季，正月初二日乙亥，梁武帝任命擔任尚書令的沈約為左光祿大夫，任命擔任右光祿大夫的王瑩為尚書令。沈約的文章才華高過當代的其他任何人，然而爭名奪利，擔任重要職務十多年，卻對政務的得失，只會唯唯諾諾。他自以為長期擔任尚書令，位居群臣之首，一心想得到一個三公的稱號，社會輿論也是這樣認為的，然而梁武帝卻始終沒有任用他為司徒、司馬、司空中的任何一職，於是沈約向梁武帝提出希望離開朝廷去做地方官的請求，梁武帝又不批准。擔任吏部尚書的徐勉請求梁武帝授予沈約開府同三司之儀，梁武帝依然沒有批准。〇十七日庚寅，梁國開始在秦淮河兩岸修建第二條大堤壩，北岸從石頭城開始一直修到東治，南岸從後渚籬門開始一直修到三橋。

三月十四日丙戌，魏宣武帝的兒子元詡降生，魏國實行大赦。元詡的母親胡充華，是臨涇縣人，她的父親胡國珍承襲了自己父親胡淵武始伯的爵位。胡充華剛剛被選入宮廷的時候，與胡充華身分相同的那些嬪妃依照過去的慣例祝福她說：「希望你將來能夠生下諸王、公主，千萬不要生下太子。」胡充華卻說：「我的志向與你們不一樣，我怎麼能因為自己一個人怕死而使國家沒有儲君呢！」等到胡充華懷有身孕之後，其他的妃嬪便勸說胡充華打掉胎兒，胡充華不同意，她私下裡發誓說：「如果我有幸生下一個男孩，按次序應該被立為太子，如果我生下男孩就被處死，我也死無遺憾。」後來胡充華便生下了皇子元詡。

此前，魏宣武帝的皇子曾經多次夭亡，隨著皇子元詡的年齡逐漸長大，宣武帝更加小心地保護著元詡，他選擇家世清白而又善於生養孩子的女子做元詡的乳母，讓乳母帶著元詡住在別的宮室裡，就連皇后和元詡的生母胡充華都不能接近元詡。

三月十七日己丑，梁武帝到國子學視察，親自到課堂聽講。二十三日乙未，梁武帝下詔令皇太子以下以及王侯的兒子凡是到了學習的年齡都要入學跟著老師學習。

按照舊有的制度規定：尚書省內五曹的都令史一律選用出身寒門的人士充任。夏季，四月十六日丁巳，梁武帝下詔說：「尚書省內五曹的都令史，他們的職責都涉及到國家大事，不僅是總管尚書省內的各個部門，也與尚書左右二丞的職責不相上下；可以改用世家大族出身的人士來擔任，執掌這幾個部門的工作。」於是把都令史的級別提高到與奉朝請相同的級別，任用擔任太學博士的劉納兼任殿中曹的都令史，任命擔任司空法曹參軍的劉顯兼任吏部曹的都令史，任用擔任太學博士的孔虔孫兼任金部曹的都令史，任用擔任司空法曹參軍的蕭軌兼任左右戶部曹的都令史，任用擔任宣毅將軍屬下墨曹參軍的王顒兼任中兵曹的都令史，這幾個人都是因為本人的才幹與門第出身都好而首先當選。

六月，梁國的宣城郡內一個名叫吳承伯的官吏用妖術聚眾造反，十三日癸丑，吳承伯率領著自己的信徒進攻宣城郡城，殺死了擔任宣城太守的朱僧勇，接著轉向別的縣進行屠殺。閏六月十九日己丑，吳承伯翻過山嶺，突然攻入吳興郡。東部地區的人一向不熟習用兵打仗，因此一見到突然殺來的吳承伯等，無論是官吏還是普通百姓全都驚慌失措地四散奔逃。有人勸說擔任吳興太守的蔡撙暫且避一避，蔡撙認為不可以這樣做，他招募勇敢之士關閉城門據守。吳承伯調集了手下所有的精兵進攻吳興郡城，吳興太守蔡撙親自率眾出城迎戰，把吳承伯打得大敗，並親臨陣前斬殺了吳承伯。蔡撙，是蔡興宗的兒子。吳承伯的餘黨進入新安郡，攻陷了黟、歙等縣，擔任新安太守的謝覽派兵抵抗吳承伯餘黨的進攻，沒有取勝，謝覽失敗後逃往會稽郡。梁國朝廷出兵討伐叛賊，把這場叛亂平息下去。謝覽，是謝瀹的兒子。

冬季，十月，魏國的中山獻武王元英去世。○梁武帝即位後的第三年，下詔制定新曆法，擔任員外散騎侍郎的祖暅上書給梁武帝，他認為自己的父親祖沖之驗證古代曆法而制定的新曆法是正確的，祖沖之制定的新曆法不可以改變。等到梁武帝登基後的第八年，下詔令太史考核比較新舊兩種曆法，考核的結果證明祖沖之的新曆法比較細緻嚴密，而何承天的舊曆法比較粗疏，這一年，開始採用祖沖之制定的新曆法《大明曆》。

魏國劉芳等人上奏章給宣武帝，稱「所製造的樂器以及表現皇帝文治武功的兩個歌舞、祭典與朝會開始時所演奏的登歌、用於皇帝出行或舉行軍事演練時使用的鼓吹曲等都已經完成，請求陛下還像上次那樣召集公卿大臣和各位儒生共同商議決定，連同舊有的樂曲一併呈上。如果我等所製作的樂器樣式與規格符合古代的規定，演奏起來合乎古代的節律，請求陛下在明年正月初一的朝會盛典上使用新樂器、演奏新樂曲。」魏宣武帝下詔說：「表現文治武功的舞蹈可以採用新的，其他的如樂器、登歌、鼓吹曲等暫時還用舊的。」

十年（辛卯　西元五一一年）

春，正月辛丑❶，上祀南郊，大赦。○尚書左僕射張稷❷，自謂功大賞薄❸，嘗侍宴樂壽殿，酒酣，怨望形於辭色。上曰：「卿兄殺郡守❹，弟殺其君❺，有何名稱❻！」稷曰：「臣乃無名稱，至於陛下❼，不得言無勳。東昏❽暴虐，義師❾亦來伐之，豈在臣而已❿！」上捋其須，曰：「張公可畏人⓫！」稷既懼且恨，乃求出外⑫，癸卯⑬，以稷為青、冀二州刺史。

王珍國⑭亦怨望⑮，罷梁、秦二州刺史⑯還，酒後於坐啓云⑰：「臣近入梁山便哭。」上大驚曰：「卿若哭東昏，則已晚；若哭我，我復未死！」珍國起拜謝⑱，竟不答⑲，坐即散，因此疏退，久之，除都官尚書⑳。

丁巳㉑，魏汾州山胡㉒劉龍駒聚眾反，侵擾夏州㉓，詔諫議大夫薛和發東秦、汾、華、夏㉔四州之眾以討之。○辛酉㉕，上祀明堂㉖。

三月，琅邪㉗民王萬壽殺東莞、琅邪二郡太守劉晣㉘，據朐山㉙，召魏軍。○壬戌㉚，魏廣陽懿烈王嘉㉛卒。

魏徐州刺史盧昶㉜遣郯城戍副㉝張天惠、琅邪戍主㉞傅文驥相繼赴朐山，青、冀二州刺史張稷遣兵拒之，不勝。夏，四月，文驥等據朐山，詔振遠將軍馬仙琕擊之。魏又遣假安南將軍蕭寶寅㉟、假平東將軍天水趙遐㊱將兵據朐山，受盧昶節度。○甲戌㊲，魏薛和破劉龍駒，悉平其黨，表置東夏州㊳。

五月丙辰㊴，魏禁天文學㊵。○以國子祭酒張充㊶為尚書左僕射。充，緒㊷之子也。

馬仙琕圍朐山，張稷權頓六里㊸以督饋運㊹，上數發兵助之。秋，魏盧昶上表請益兵六千，米十萬石，魏主以兵四千給之。冬，十一月己亥[45]，魏主詔揚州刺史李崇[46]等治兵壽陽[47]，以分朐山之勢。盧昶本儒生，不習軍旅。朐山城中糧樵俱竭，傅文驥以城降。十二月庚辰[48]，昶引兵先遁，諸軍相繼皆潰，會大雪，軍士凍死及墮手足者三分之二，仙琕追擊，大破之。二百里間，僵尸相屬[49]，魏兵免者什一二，收其糧畜器械，不可勝數。昶單騎而走，棄其節傳、儀衛[50]俱盡。至郯城，借趙遐節以為軍威[51]。魏主命黃門侍郎甄琛馳馹[52]鎖昶，窮其敗狀，及趙遐皆免官。唯蕭寶寅全軍而歸。

盧昶之在朐山也，御史中尉游肇[53]言於魏主曰：「朐山蕞爾[54]，僻在海濱，卑濕難居，於我非急，於賊為利。為利，故必致死以〔1〕爭之；非急，故不得已而戰。以不得已之眾擊必死[55]之師，恐稽延歲月[56]，所費甚大。假令得朐山，徒致交爭[57]，終難全守，所謂無用之田[58]也。聞賊屢以宿豫求易朐山，若必如此，持此無用之地，復彼舊有之疆[59]，兵役時解[60]，其利為大。」魏主將從之，會昶敗，遷肇侍中。肇，明根[61]之子也。

馬仙琕為將，能與士卒同勞逸，所衣不過布帛，所居無幃幕衾屏，飲食與廝養[62]最下者同。其在邊境，常單身潛入敵境，伺知[63]壁壘村落險要處，所攻戰多捷，士卒亦樂為之用。

魏以甄琛為河南尹，琛表曰：「國家居代[64]，患多盜竊，世祖發憤[65]，廣置主司里宰[66]，皆以下代令、長[67]及五等散男[68]有經略者[69]乃得為之。又多置吏士為其羽翼，崇而重之[70]，始得禁止[71]。今遷都已來，天下轉廣[72]，四遠赴會[73]，事過代都[74]；五方雜沓[75]，寇盜公行。里正職輕任碎，多是下材，人懷苟且[76]，不能督察[77]。請取武官八品將軍已下幹用貞濟[78]者，以本官俸恤領里尉之任[79]，高者領六部尉[80]，中者領經途尉[81]，下者領里正。不爾，請少高里尉之品[82]，選下品中應遷者進而為之。督責有所[83]，輦轂可清[84]。」詔曰：「里正可進至勳品[85]，經途從九品，六部尉正九品。諸職中簡取[86]，不必武人。」琛又奏以羽林為游軍[87]，於諸坊巷[88]司察[89]盜賊，於是洛城清靜，後常踵[90]焉。

是歲，梁之境內有州二十三，郡三百五十，縣千二十二。是後州名浸多[91]，廢置離合，不可勝記。魏朝亦然。

上敦睦九族[92]，優借朝士[93]，有犯罪者，皆屈法申之[94]。百姓有罪，則案之如法[95]，其緣坐[96]則老幼不免，一人逃亡〔2〕，舉家質作[97]，民既窮窘[98]，姦宄益深[99]。嘗因郊祀[100]，有秣陵[101]老人遮車駕[102]言曰：「陛下為法，急[103]於庶民，緩於權貴，非長久之道。誠能反是[104]，天下幸甚。」上於是思有以寬之。

十一年（壬辰　西元五一二年）

春，正月壬辰[105]，詔：「自今逋讁之家[106]及罪應質作[107]，若年有老小，可停將送[108]。」○以臨川王宏為太尉，驃騎將軍王茂為司空、尚書令。

丙辰[109]，魏以車騎大將軍、尚書令高肇為司徒，清河王懌[110]為司空，廣平王懷[111]進號驃騎大將軍，加儀同三司。肇雖登三司，猶自以去要任[112]，怏怏[113]形於言色，見者嗤之。尚書右丞高綽[114]、國子博士封軌[115]，素以方直自業[116]，及肇為司徒，綽送迎往來[117]，軌竟不詣肇[118]。綽顧不見軌，乃遽歸，歎曰：「吾平生自謂不失規矩，今日舉措，不如封生遠矣。」綽，允[119]之孫。軌，懿[120]之族孫也。

清河王懌有才學、聞望[121]，懲彭城之禍[122]，因侍宴謂肇曰：「天子兄弟詎有幾人[123]，而翦之幾盡[124]！昔王莽[125]頭禿，藉渭陽之資[126]，遂篡漢室。今君身曲，亦恐終成亂階[127]。」會大旱，肇擅錄囚徒[128]，欲以收眾心。懌言於魏主曰：「昔季氏旅於泰山[129]，孔子疾之。誠以君臣之分，宜防微杜漸，不可瀆[130]也。減膳錄囚[131]，乃陛下之事，今司徒行之，豈人臣之義[132]乎？明君失之於上，姦臣竊之於下，禍亂之基[133]，於此在矣。」帝笑而不應。

夏，四月，魏詔尚書與羣司[134]鞫理[135]獄訟，令飢民就穀[136]燕、恆二州[137]及六鎮[138]。

○乙酉[139]，魏大赦，改元延昌[140]。

冬，十月乙亥[141]，魏立皇子詡為太子，始不殺其母[142]。以尚書右僕射郭祚領[143]太子少師。祚嘗從魏主幸東宮，懷黃甂[144]以奉太子；時應詔左右[145]趙桃弓深為帝所信任，祚私事[146]之，時人謂之「桃弓僕射」、「黃甂少師」。

十一月乙未[147]，以吳郡太守袁昂兼尚書右僕射。

初，齊太子步兵校尉[148]平昌伏曼容[149]表求制一代禮樂[150]，世祖[151]詔選學士十人修五禮[152]，丹楊尹王儉[153]總之。儉卒，以事付國子祭酒何胤[154]。胤還東山[155]，齊明帝敕尚書令徐孝嗣[156]掌之。孝嗣誅，率多散逸[157]，詔驃騎將軍何佟之掌之。經齊末兵火，僅有在者[158]。帝即位[159]，佟之啓審省置之宜[160]，敕使外詳[161]。時尚書以為庶務權輿[162]，宜俟隆平[163]，欲且省禮局[164]，併還尚書儀曹[165]。詔曰：「禮壞樂缺，實宜以時修定[166]。但頃之[167]修撰不得其人，所以歷年不就，有名無實。此既經國所先[168]，可即撰次[169]。」於是尚書僕射沈約等奏「請五禮各置舊學士[170]一人，令自舉學古一人相助抄撰。其中疑者[171]，依石渠、白虎故事[172]，請制旨斷決[173]。」乃以右軍記室參軍[174][3]明山賓等分掌五禮，佟之總其事。佟之卒，以鎮北諮議參軍伏晅代之。晅，曼容之子也。至是，五禮成，列上之175，合八千一十九條，詔有司遵行。

己酉176，臨川王宏以公事左遷177驃騎大將軍。○是歲，魏以桓叔興為南荊州刺史，治安昌178，隸東荊州179。

【章　旨】以上為第三段，寫梁武帝天監十年（西元五一一年）、十一年共兩年間的大事。主要寫了魏國汾州的山胡為亂，侵擾其西側的夏州，魏派薛和統軍平息之，在其地設立了東夏州；寫梁國的琅邪人殺琅邪、東莞二州刺史，招引魏兵，魏之徐州刺史盧昶派兵接應，入據朐山；梁派馬仙琕率軍討之；魏主又派蕭寶寅、趙遐等前往支援，結果由於盧昶不習武事，被梁將馬仙琕擊敗，魏軍慘敗，免者什一二，伏屍二百里；寫梁武帝蕭衍對親族、對朝士皆禮敬有加，有犯罪者多屈法以申之，而對百姓則異常嚴厲，當連坐者老幼不免，一人逃亡，全家罰作勞改，因而導致社會動盪不安；此外還寫魏主取消了立太子而殺其母的殘酷制度；寫了魏清河王元懌論高肇之奸，魏主不予理睬；以及梁武帝即位後組織人繼續從事早從南齊就已經開始的制定五禮，至此終於編成，遂命有司遵行之等等。

【注　釋】❶正月辛丑　正月初四。❷張稷　劉宋官僚張永之子，原在南齊任衛尉，蕭衍兵圍宮城時，張稷派人殺了齊主蕭寶卷，率領合朝文武投降蕭衍，入梁後為左僕射。傳見《梁書》卷十六。❸自謂功大賞薄　張稷有殺死蕭寶卷為蕭衍清道的大功，但蕭衍也正因此認為張稷為人善變而薄情寡義，對之存有戒心。❹卿兄殺郡守　張稷之兄張瓌，在劉宋末期為散騎常侍。時蕭道成掌權，宗室大臣劉秉欲謀殺蕭道成，與其弟時任吳郡太守的劉遐相互聲援，張瓌時在吳郡，遂組織同黨為蕭道成襲殺了吳郡太守劉遐。事見本書卷一百三十四。❺弟殺其君　即指張稷殺了齊末的皇帝蕭寶卷。❻有何名稱　能有什麼好名聲流傳於世。❼至於陛下　至於對陛下您來說。❽東昏　指齊末皇帝蕭寶卷，因其被殺後，被貶為東昏侯。❾義師　敬稱蕭衍的軍隊。這裡其實如同說「您」。⑩豈在臣而已　難道就是我一個人反對東昏侯嗎。⑪張公可畏人　你張先生是個令人望而生畏的人。這倒的確是說出了蕭衍的心裡話。⑫求出外　離開朝廷去任地方官。⑬癸卯　正月初六。⑭王珍國　原是南齊的將軍，蕭衍軍隊圍建康後，王珍國與張稷聯合殺死蕭寶卷，率群臣投降蕭衍。傳見《梁書》卷十七。⑮亦怨望　也對蕭衍憤憤不平。望，也是恨的意思。胡三省曰：「王珍國與張稷同殺東昏侯，其怨望之心與稷同。」⑯梁秦二州刺史　當時南朝的梁、秦二州共設一個刺史，州治即今陝西漢中。⑰啓云　向蕭衍啟奏說。⑱拜謝　道歉自己失言。⑲竟不答　蕭衍什麼話都沒有說。⑳除都官尚書　被任為都官尚書。除，選任。都官尚書，尚書省內分管都城事務的長官。㉑丁巳　正月二十。㉒汾州山胡　汾州境內山區的匈奴族人。魏國汾州的州治在今山西隰縣。㉓夏州　魏州名，州治統萬，在今陝西橫山縣西。夏州在汾州的西側，隔黃河相對。㉔東秦汾華夏　魏國的四州名，東秦州的州治曰中部，在今陝西黃陵南。中部是郡名。華州的州治即今陝西蒲城。㉕辛酉　正月二十四。㉖明堂　儒家所倡導的一種禮儀性質的建築，供皇帝祭天、講禮、尊賢與發布政令諸事之用。㉗琅邪　梁國的僑置郡名，當時的東莞與琅邪合設一個僑置郡，郡治朐山城，在今江蘇海州的西部。㉘劉晣　據《梁書·馬仙琕傳》，應作「劉晰」。㉙朐山　當時的朐山不僅是梁國東莞、琅邪二郡的郡治，而且這裡還是青、冀二州的州治所在地，州治在朐山城的東側，其東又有郁州，當時在海島上，三城相距甚近，都有現今的海州範圍。㉚壬戌　三月二十六。㉛廣陽懿烈王嘉　元嘉，元建之子，生前被封為廣陽王，懿烈是死後的諡。傳見《魏書》卷十八。㉜盧昶　魏國儒臣盧淵之孫，盧度世之子，此時任徐州刺史。傳見《魏書》卷四十七。㉝郯城戍副　郯城駐軍的副統領。當時的郯城是魏國東南方的重要軍事據點，在今山東郯城縣城的西北側，東據梁國佔據的朐山不到一百公里。㉞琅邪戍主　琅邪駐軍的統領。當時魏國的琅邪郡郡治即丘，在今山東臨沂西，在郯城的北方，東南距朐山一百多公里。㉟假安南將軍蕭寶寅　蕭寶寅是齊明帝蕭鸞之子，南齊的末帝蕭寶卷之弟，蕭衍滅齊稱帝後，屠殺蕭鸞諸子，蕭寶寅逃歸魏國，經常率魏軍攻梁，此時任假安南將軍。「假」的意思是「代理」。㊱趙遐　赤城鎮將趙逸的後代，孝文、宣武時期的著名將領，此時任滎陽太守。傳見《魏書》卷五十二。㊲甲戌　四月初九。㊳表置東夏州　上表請求設立了東夏州，東夏州的州治在今陝西延安的東北側。㊴五月丙辰　五月二十一。㊵魏禁天文學　因魏主迷信佛教，天文學所講與佛教迷信不合故也。㊶國子祭酒張充　國子祭酒即太學的管理官員，猶如今之大學校長。張充為學多所該覽，尤好老莊，在梁先為吏部尚書，後為國子祭酒。傳見《梁書》卷二十一。㊷緒　張緒，齊人，以才學知名，曾為特進，金紫光祿大夫。傳見《南齊書》卷三十三。㊸權頓六里　臨時寄住在六里。六里是地名，以其距朐山六里故也。張稷原是青冀二州刺史，也駐兵於朐山，因被魏軍打敗，狼狽失據，故寄住於六里。㊹以督饋運幫著馬仙琕督運糧草。(45)十一月己亥　十一月初七。(46)李崇　魏國的名臣、名將，著功於孝文、宣武二代，此時任楊州刺史。傳見《魏書》卷六十六。(47)治兵壽陽　在壽陽調集兵馬，做出向南進攻的姿態。壽陽在當時是魏國楊州的州治所在地。(48)十二月庚辰　十二月十九。(49)僵尸相屬　魏兵的屍體在地上一個挨一個。僵尸，猶言伏屍。僵字是動詞。相屬，相連。(50)節傳儀衛　朝廷授予的旌節、符傳，以及表現其身分的儀仗隊、衛隊。節，指旌節，以竹為之，以旄牛尾為之飾。傳，證明身分的信物，以竹、木、金、玉或絲織品製成。(51)以為軍威　以表現他在軍中的地位權威。(52)馳馹　乘驛馬急行。馹，驛馬。(53)游肇　魏國的儒學之臣，曾為廷尉卿、御史中尉。傳見《魏書》卷五十五。(54)蕞爾　形容其極小的樣子。(55)必死　為守衛其地而不惜拚命相搏，根本就沒想能再活到事後。(56)稽延歲月　時間拖得很長。(57)徒致交爭　白白地引起今後的反覆爭奪。(58)無用之田　又稱「石田」。語見《左傳》哀公十一年：「吳將伐齊，子胥諫曰：『得志於齊，猶獲石田也，無所用之。』」(59)復彼舊有之疆　收回我們原有的宿豫鎮。宿豫原被魏國長期佔有，於天監七年（西元五〇八年）宿豫的守軍兵變殺其將嚴仲賓南降於梁，現為梁國所有。(60)兵役時解　雙方的軍事爭奪可以立時結束。(61)明根　游明根，孝文帝時代的儒學之臣，官至大鴻臚卿。傳見《魏書》卷五十五。(62)廝養　幹雜活的僕役，諸如餵馬、燒火等等。(63)伺知　暗中打探明白。(64)國家居代　魏國過去建都平城的時候。(65)發憤　下決心。(66)主司里宰　專管清查逮捕盜賊的里長。《宋書・百官志》：「十什為里。」十戶為一什。(67)下代令長　官爵低於代縣令、長的人。(68)五等散男　公、侯、伯、子、男五等爵位中的散男爵。所謂「散」是與開國受封者相對而言，如經由世襲或其他途徑而來。這種爵位比開國而來者低一級。(69)有經略者　有幹材、有謀略的人。(70)崇而重之　提高他們的名位與身分。(71)始得禁止　這才達到了平息盜賊的效果。(72)天下轉廣　國家管轄的地盤越來越大。(73)四遠赴會　四面八方的人員都要到京城來辦事。(74)事過代都　要辦的事情比起當年在平城的時候要複雜得多了。(75)五方雜沓　現在洛陽城裡的人，五花八門，魚龍混雜。(76)人懷苟且　每個人都是浮浮衍衍，得過且過。苟且，湊合。(77)不能督察　不能嚴格地盡職盡責。(78)幹用貞濟　有才幹而又公正廉潔。(79)以本官俸恤領里尉之任　仍享受原來的較高待遇而來兼任這名位較低的里尉之職。俸恤，胡三省曰：「魏官既給俸，又給恤親之祿，故謂之『俸恤』。」里尉，管理城市街道治安的武官。(80)領六部尉　充當洛陽城六個區域的治安長官。胡三省曰：「魏分洛陽城中為六部，置六部尉。」(81)經途尉　洛陽城裡各大主幹道的治安長官。經途，一個城市的主幹道。(82)少高里尉之品　稍稍提高一些城市基層治安人員的行政級別。(83)督責有所　基層的治安一旦有了專人負責。(84)輦轂可清　京城的治安狀況就會好了。輦轂，原指皇帝的車駕，後來即用以代指京城。(85)可進至勳品　可以達到勳品的最低一級。勳品，即舊時朝廷命官的品級，通常即九品。九品以下的小吏，就不算是官員了。(86)諸

職中簡取　對於這些治安人員的選任。簡，選。(87)為游軍　放流動哨，四出巡行視察。(88)坊巷　城市住宅區的里巷之間。坊，城市住宅區的分部名。(89)司察　巡邏檢查。司，同「伺」。(90)後常踵　後世經常沿用這些做法。踵，跟從；仿效。(91)浸多　越來越多。(92)敦睦九族　對本家族的人親厚和睦。九族，泛指本家族。(93)優借朝士　寬待滿朝的群臣士大夫。優借，敬重；優待。主要指態度而言。(94)屈法申之　放寬法度為他們開脫。申，同「伸」。舒展，這裡是「開脫」的意思。(95)案之如法　按照法律條文進行追究。案，處置。(96)緣坐　意即「連坐」，因有親屬關係而受牽連。(97)舉家質作　全家充當人質，被罰勞役。作，勞役。(98)窮窘　被逼得走投無路。(99)姦宄益深　犯法作亂的人越來越厲害。姦宄，舊說謂「在外曰姦，在內曰宄」，通常即泛指作亂的人。(100)郊祀　皇帝到南郊祭天，到北郊祭地。(101)秣陵　當時建康城郊的縣名，屬丹陽郡，在今南京城區的秦淮河以南。(102)遮車駕　攔著皇帝的車子。(103)急　嚴厲；苛刻。(104)反是　反過來，變為「急於權貴，緩於庶民」。(105)正月壬辰　正月初一。(106)逋讁之家　家有犯罪逃亡和被判為流放的人家。(107)罪應質作　受牽連應逮捕為質與應被罰苦役的人。(108)可停將送　可不再遣送。將，也是「送」的意思。(109)丙辰　正月二十五。(110)清河王懌　元懌，孝文帝之子，宣武帝之弟。傳見《魏書》卷二十二。(111)廣平王懷　元懷，孝文帝之子，宣武帝之弟。傳見《魏書》卷二十二。(112)去要任　離開了重要的職任，指尚書令。(113)怏怏　失落、不滿意的樣子。(114)高綽　魏國的儒學名臣高允之孫，此時任尚書右丞。傳見《魏書》卷四十八。(115)封軌　魏國儒學名臣封懿的族孫，此時任國子博士。傳見《魏書》卷三十二。(116)以方直自業　以端方正直的原則要求自己。(117)送迎往來　殷勤相待的樣子。(118)不詣肇　不與高肇相接觸。(119)允　高允，魏國正直、博學的名臣，歷仕於太武帝拓跋燾與其以下四朝，封咸陽公。傳見《魏書》卷四十八。(120)懿　封懿，先仕於後燕，後歸降於魏，是魏國有名的儒學之臣。傳見《魏書》卷三十二。(121)聞望　名望；聲望。(122)懲彭城之禍　有感於彭城王元勰被高肇所害的悲慘事實。懲，接受……的教訓；有感於……的事實。(123)詎有幾人　一共能有幾個。詎，表示反問的語氣。(124)翦之幾盡　都快一個個地殺光了。宣武帝的長兄元恂前於孝文帝時被殺，宣武帝之弟元愉不久前又被高肇所害。(125)王莽　西漢末年的外戚，先壟斷朝政，最後廢掉孝平帝，自己篡得帝位，改稱新朝。傳見《漢書・王莽傳》。(126)藉渭陽之資　憑藉他是孝平皇帝的舅舅。渭陽，隱稱甥舅關係，因《詩經・渭陽》寫了秦康公給其舅父晉文公送別的情景，故後人遂多以「渭陽」以比甥舅。而如今的高肇又是宣武帝元恪的舅舅。(127)終成亂階　日後恐怕也要走上篡位的道路。亂階，作亂的基礎；作亂的階梯。(128)擅錄囚徒　擅自複查罪犯，為含冤者平反。錄囚徒，也寫作「慮囚徒」，是皇帝在某種情況下要做的事。(129)季氏旅於泰山　事見《論語》。季氏，又稱季孫氏，是春秋時代魯國的權臣，世代掌管魯國政權。旅於泰山，就是祭祀泰山。祭祀泰山是魯國諸侯應做的事情，而季氏去做，這就是「僭越」，是有不臣之心。(130)不可瀆　不能混淆；不能破壞。(131)減膳錄囚　當一個國家發生重大災難性事件，該國的君主為了向上帝表示請罪，因而就做出一些特殊的規定，如「減膳」，即降低自己的伙食標準；如「錄囚」，即複查囚犯，為含冤者平反等等。(132)人臣之義　做臣子的所應為。義，宜也。(133)禍亂之基　大禍的開始。基，始；開頭。(134)尚書與羣司　尚書省與其他各有關部門。(135)鞫理　意同審理。鞫，盤問。(136)就穀　到……地方找飯吃。(137)燕恆二州　魏國的二州名，燕州的州治即今河北涿鹿，恆州的州治平城，在今山西大同的東北側。(138)六鎮　魏國北部沿邊的六個軍事駐防區，即禦夷鎮，在今河北赤城北，懷荒鎮，即今河北張北縣，柔玄鎮，在今內蒙古興和西北，撫冥鎮，在今內蒙古四子王東南，武川鎮，在今內蒙古武川縣西，懷朔鎮，在今內蒙古固陽西南側。(139)乙酉　四月二十五。(140)延昌　魏宣武帝元恪的第四個年號（西元五一二—五一五年）。(141)十月乙亥　十月十八。(142)始不殺其母　魏國自拓跋珪開始，凡立某個兒子為太子，必將其生母殺死，將這個嬰兒交由另一個女人撫養長大。此喪盡天良的制度歷經百餘年，至此宣告廢除。拓跋珪立拓跋嗣為太子，殺其母劉貴人事，見《魏書》卷三。(143)領　兼任。以位高兼低職曰「領」，或曰「攝」。(144)黃瓤　一種黃色的甜瓜。(145)應詔左右　在皇帝身邊聽候呼喚的侍者。(146)私事　私下向其討好，為之做事。(147)十一月乙未　十一月初九。(148)太子步兵校尉　官名，掌管太子宮門的衛兵。(149)平昌伏曼容　平昌郡人姓伏名曼容。(150)表求制一代禮樂　上表請求讓他主導來制定一套齊朝的禮樂。(151)世祖　指齊武帝蕭賾，西元四八三—四九三年在位。(152)五禮　指吉、凶、軍、賓、嘉五種禮儀制度。吉者指朝廷之禮與祭祀天地宗廟等，凶者指喪葬之禮，軍者指兵陣之禮與行軍之禮等，賓者指接待國內、國外的賓客之禮，嘉者指冠禮、婚禮等等。(153)王儉　世代為劉宋的顯貴，其母是宋室的公主，後來王儉卻積極地幫著蕭道成篡取劉氏的政權，入齊後官居尚書令、丹楊尹等要職。傳見《齊書》卷二十三。(154)何胤　劉宋時期的大官僚何尚之的孫子，在齊曾任中書令，齊明帝蕭鸞篡位後，何胤歸隱於會稽山。傳見《南齊書》卷五十四。(155)東山　東方之山，即指會稽若邪山。(156)徐孝嗣　齊武帝蕭賾時代的權臣，齊武帝死後，受遺命輔佐幼主蕭昭業，結果徐孝嗣卻幫著蕭鸞篡取了蕭昭業的政權。最後又被蕭鸞的兒子蕭寶卷所殺。傳見《南齊書》卷四十四。(157)散逸　指人員散逸，也指整理的資料散失。(158)僅有在者　意即倖存者只有一點點。(159)帝即位　蕭衍篡取帝位後。(160)啓審省置之宜　啟稟皇帝重新審察他們這個機構，看是該取消，還是該保留。省，取消。置，保留。(161)使外詳　交給大臣們認真討論。(162)庶務權輿　各種新制度的創始與興辦。權輿，意即開頭、初辦的意思。《詩經・秦風》中有〈權輿〉一篇，其中有所謂「不承權輿」，意思即不如開始的時候。(163)宜俟隆平　應該等社會更加繁榮昌盛的時候再辦。(164)且省禮局　暫且把這個研究禮樂問題的機構撤銷。(165)併還尚書儀曹　把他們現有的這個制禮局的人員與事務，都併到尚書省的儀曹中去。(166)以時修定　意即立刻修定。以時，應時；及時。(167)頃之　原有的；過去的。(168)經國所先　治理國家應該首先要抓的。(169)可即撰次　可以馬上就開始編定。(170)舊學士　指南齊時已經參加該項工作的學士。(171)其中疑者　過程中遇到疑難問題。(172)依石渠白虎故事　可以像過去的石渠閣、白虎觀那樣組織討論。石渠閣是西漢宮中藏書的地方。漢宣帝甘露三年（西元前五一年）曾組織儒生在這裡討論經書。白虎觀是東漢時代的殿閣名。建初四年（西元七九年）漢章帝曾組織儒生在這裡討論《五經》同異，最後形成了一部《白虎通德論》。(173)請制旨斷決　遇爭論不休的問題，最後由皇帝做出定論。制旨，皇帝的詔命。(174)右軍記室參軍　右軍將軍的記室參軍。右軍將軍是皇帝禁軍的統領者之一，記室參軍是將軍部下的僚屬。(175)列上之　抄寫清楚、排列整齊地進呈給皇帝。(176)己酉　十一月二十三。(177)以公事左遷　由於處理公事的重大失誤被降職。左遷，降職，由司徒降為驃騎大將軍。(178)安昌　魏縣名，縣治在今河南確山縣南。(179)隸東荊州　屬東荊州管轄。魏國的東荊州州治，即今河南泌陽。

【校　記】[1]以　據章鈺校，十二行本、乙十一行本皆作「而」。[2]逃亡　據章鈺校，十二行本、乙十一行本二字皆互乙。[3]參軍　原無此二字。據章鈺校，十二行本、乙十一行本皆有此二字，今據補。

【語　譯】十年（辛卯　西元五一一年）

春季，正月初四日辛丑，梁武帝蕭衍到建康南郊舉行祭天典禮，實行大赦。〇梁國擔任尚書左僕射的張稷，認為自己有殺死東昏侯蕭寶卷為梁武帝登基清道的大功，而梁武帝給自己的賞賜太輕，張稷曾經在樂壽殿侍奉梁武帝飲酒，當飲酒飲到最暢快的時候，張稷心裡埋藏的怨恨便禁不住流露於言語和臉色上。梁武帝說：「你的哥哥為蕭道成殺死了吳郡太守劉遐，而你這個弟弟殺死了他的君主蕭寶卷，你們能有什麼好名聲流傳於世！」張稷說：「我是沒有什麼好名聲，但我對於陛下，不能說沒有功勳。東昏侯蕭寶卷為人暴虐，陛下不是也率領義兵前來討伐他，難道只是我一個人反對東昏侯嗎！」梁武帝用手捋著自己的鬍鬚，說：「張先生真是一個令人望而生畏的人！」張稷此時的心裡真是又恐懼又憤恨，於是便請求讓自己離開朝廷去做地方官，初六日癸卯，梁武帝任命張稷為青、冀二州刺史。

王珍國也對梁武帝心懷怨恨，他卸任梁、秦二州刺史返回朝廷之後，在一次宴會後，他坐在座位上向梁武帝奏報說：「我最近進入梁山就忍不住大哭。」梁武帝不禁大吃一驚，說：「你如果是哭東昏侯蕭寶卷，則為時已晚；如果你是哭我，我現在還沒死呢！」王國珍站起身來向梁武帝道歉自己的失言，竟然沒有答理他，宴會散了之後，梁武帝從此便疏遠了王珍國，很久以後，才任命王珍國為都官尚書。

正月二十日丁巳，魏國汾州境內山區的匈奴人劉龍駒聚眾造反，侵略騷擾夏州，魏宣武帝元恪下詔令擔任諫議大夫的薛和徵調東秦州、汾州、華州、夏州四州的兵力去討伐劉龍駒。〇二十四日辛酉，梁武帝到明堂祭祀。

三月，梁國琅邪郡的百姓王萬壽殺死了擔任東莞、琅邪二郡太守的劉晰，佔據朐山，招引魏軍。〇二十六日壬戌，魏國的廣陽懿烈王元嘉去世。

魏國擔任徐州刺史的盧昶派遣郯城駐軍的副統領張天惠、琅邪駐軍的統領傅文驥相繼趕往朐山增援王萬壽，梁國擔任青、冀二州刺史的張稷派兵抵抗魏軍，沒有獲勝。夏季，四月，傅文驥等人佔據了朐山，梁武帝下詔令擔任振遠將軍的馬仙琕率軍攻打佔據朐山的魏國軍隊。魏國又派遣擔任代理安南將軍的蕭寶寅、擔任代理平東將軍的天水人趙遐率軍據守朐山，令他們接受盧昶的統一指揮調度。〇初九日甲戌，魏國擔任諫議大夫的薛和打敗了聚眾造反的匈奴族人劉龍駒，消滅了劉龍駒的全部黨羽，上表請求魏宣武帝設置了東夏州。

五月二十一日丙辰，魏宣武帝下令禁止研究天文學。〇梁武帝任命擔任國子祭酒的張充為尚書左僕射。張充，是張緒的兒子。

梁國的振遠將軍馬仙琕包圍了魏軍佔領的朐山，擔任青、冀二州刺史的張稷臨時寄住在距離朐山六里的地方幫助馬仙琕督運糧草，梁武帝多次派遣軍隊幫助他們。秋季，魏國擔任徐州刺史的盧昶上表給魏宣武帝請求為自己增派六千人，十萬石糧食，魏宣武帝只給盧昶增派了四千人。冬季，十一月初七日己亥，魏宣武帝下詔給擔任楊州刺史的李崇等人，令其在壽陽調集人馬，用以分散包圍朐山的梁軍的兵力。盧昶本來是一位儒生，根本不熟悉行軍打仗之事。朐山城中魏軍的糧食柴草全都用光了，琅邪駐軍統領傅文驥獻出朐山城投降了梁軍。十二月十九日庚辰，盧昶首先率軍逃跑，其他各路人馬於是全部相繼崩潰，又恰好遭遇天降大雪，魏軍士卒被凍死以及被凍掉手腳的佔了全軍的三分之二，馬仙琕趁勢率軍追擊，把魏軍打得大敗。二百里之內，地上魏軍的屍體一具挨著一具，魏軍能夠倖存下來的只有十分之一二，馬仙琕所繳獲的魏軍糧食、牲畜、器械，多得無法統計。盧昶單人匹馬逃走，他把朝廷授予他的旌節、符信以及代表身分的儀仗、衛隊全部丟失得一乾二淨。盧昶到達郯城，便借用代理平東將軍趙遐的旌節以表現他在軍中的地位和權威。魏宣武帝命令擔任黃門侍郎的甄琛騎乘驛馬急速趕往郯城鎖拿盧昶，嚴格追查盧昶作戰失敗的情況，連同代理平東將軍趙遐全都被免去官職。只有代理安南將軍蕭寶寅所率領的軍隊沒受任何損失地平安返回。

盧昶在朐山的時候，擔任御史中尉的游肇對魏宣武帝說：「朐山只有屁股大的一點地方，又是處在偏僻的海濱，地勢低窪潮溼，很難適合居住，對我們來說奪取朐山不是當務之急，而對於敵人而言卻非常重要有利。朐山對敵人有利，所以敵人一定會拼死爭奪朐山；攻取朐山不是我們的當務之急，所以我軍只有在迫不得已的情況之下才與敵人作戰。用迫不得已而戰的軍隊去對付為守衛朐山不惜拼命相搏的軍隊，恐怕時間會拖得很長，花費也會很巨大。即使我們佔領了朐山，只會白白地引起今後的反覆爭奪，最終我軍也很難將其守住，所以朐山對於我們來說，就像那種毫無用處的石田。我聽說敵方曾經多次請求用宿豫來交換朐山，如果真是這樣的話，我們用這塊無用的地方換回我們原有的宿豫鎮，敵我雙方的軍事爭奪就可以立即結束，這樣做對我們的好處很大。」魏宣武帝正準備採納游肇的意見，就遇到了盧昶的失敗，宣武帝提升游肇為侍中。游肇，是游明根的兒子。

振遠將軍馬仙琕作為將領，能與士卒同甘共苦，他身上所穿的衣服全都是用布帛製成的，所居住的地方也沒有帷帳屏幕，飲食與最下等的那些幹雜活的僕役相同。馬仙琕在邊境，經常一個人偷偷地潛入敵人境內，暗中打探明白敵軍的營壘、村落以及險要的去處，他所指揮的戰鬥多數都能夠獲勝，士卒也都樂意為他效力。

魏國朝廷任命黃門侍郎甄琛為河南尹，甄琛上表給宣武帝說：「國家過去建都平城的時候，總是擔憂越來越多的盜賊，世祖下決心要消滅盜賊，於是便設置了很多專管清查逮捕盜賊的里長，這些里長都是由官爵低於代縣令、長以及公、侯、伯、子、男五等爵位中的散男爵而且是有才幹有謀略的人來擔任。又設置了很多官吏作為里長的助手，以提高里長的地位和身分，這才達到了平息盜賊的效果。自從遷都洛陽以來，國家管轄的地盤越來越大，四面八方的人都要到京城來辦事，要辦的事情比起當年在平城的時候要複雜得多；現在洛陽城裡的人五花八門、魚龍混雜，賊寇和強盜公開行動。里正的職位低微、事務瑣碎，擔任里正的人多數才能庸劣，他們每個人辦起事來都是敷衍了事、得過且過，不能嚴格地盡職盡責。請求陛下任用武官當中八品將軍以下級別的有才幹而又公正廉潔的人，讓他們仍然享受原來較高的薪俸和恤親之祿來兼任這種名位較低的里尉之職，令其中級別較高的武官充當洛陽城六個區域的治安長官六部尉，令其中中等級別的武官充任洛陽城裡各大主幹道的長官經途尉，立其中級別最低的武官充當里正。不然的話，也請稍微提高一些城市基層治安人員的行政級別，可以從級別低下而又應該得到升遷的人員中挑選一些人來擔任，基層的治安一旦有了專人負責，京城的治安狀況就會好了。」魏宣武帝下詔說：「里正的級別可以提高到勳品的最低一級，經途尉的級別可以定為從九品，六部尉的級別可以定為正九品。在各種職務中都可以選任這些治安人員，不一定非要從武官中選任。」甄琛又上奏給宣武帝請求令羽林軍作為流動部隊，在京城住宅區的里巷之間巡邏視察抓捕打擊盜賊，於是洛陽城內的社會治安良好，後世經常沿用這種辦法。

這一年，梁國境內有二十三個州，三百五十個郡，一千零二十二個縣。此後州的名稱越來越多，有的州被廢置、有的州被分開、有的州被合併，這種情況多得數也數不清。魏國也是這種情況。

梁武帝對本家族的人親厚和睦，寬待滿朝的文武官員和士大夫，上述這些人如果犯了罪，梁武帝全都放寬法度為他們開脫罪責。平民百姓要是犯了罪，則嚴格按照法律條文進行追究懲辦，那些因親屬關係而受到牽連的人即使是老年人和孩童都不能倖免，如果有一個人逃亡，全家人都要充當人質，被罰去作勞役，百姓既然被逼得走投無路，犯法作亂的現象也就越來越厲害。曾經有一位秣陵縣的老人趁著梁武帝到建康南郊祭天到北郊祭地的機會，攔住梁武帝的車駕，這位老人對蕭衍說：「陛下執法，對平民百姓嚴厲苛刻，而對那些有權有勢的人則放寬法度，這不是使國家政權能夠維持長久的辦法。如果陛下能夠反過來執法，變成急於權貴，緩於庶民，天下的人都會感到非常高興。」梁武帝於是考慮放寬對百姓的執法力度。

十一年（壬辰　西元五一二年）

春季，正月初一日壬辰，梁武帝下詔說：「從今以後家中有犯罪逃亡和被判為流放的人家以及因為受牽連應被逮捕充當人質與罰做苦役的人，如果是老人或是小孩兒，可以停止遣送。」〇梁武帝任命臨川王蕭宏為太尉，任命擔任驃騎將軍的王茂為司空、尚書令。

正月二十五日丙辰，魏國朝廷任命擔任車騎大將軍、尚書令的高肇為司徒，任命清河王元懌為司空，廣平王元懷進號為驃騎大將軍，加授開府儀同三司。擔任了司徒的高肇雖然已經登上了三司的高位，卻因為離開了尚書令這樣權重的職位而心懷不滿，其不滿的情緒經常在臉色和話語中表現出來，看見高肇這種樣子的人都嗤之以鼻。擔任尚書右丞的高綽、擔任國子博士的封軌，一向以端方正直自勉，等到高肇擔任了司徒的時候，高綽對高肇迎來送往、殷勤備至，而封軌竟不與高肇相接觸。高綽四顧不見封軌的影子，於是趕緊返回，他喟然長歎了一聲說：「我平生自認為不失規矩，而今天的行為舉止，和封軌比起來真是差得太遠了。」高綽，是高允的孫子。封軌，是封懿的族孫。

魏國的清河王元懌有才學、名望，他有感於彭城王元勰被高肇所害的悲慘事實，於是就藉著侍奉魏宣武帝飲宴的機會對高肇說：「天子的兄弟一共能有幾個人，一個一個地都快被殺光了！過去西漢末年的外戚王莽是一個禿子，借助他是孝平皇帝劉衎舅舅的身分，竟然篡奪了漢室江山。如今先生是個駝背的人，日後恐怕你也要走上篡位的道路。」碰巧遇到大旱，高肇擅自複查囚徒罪犯，為含冤者平反，想藉此收買民心。元懌於是對魏宣武帝說：「過去春秋時期魯國的權臣季孫氏祭祀泰山，孔子因為季孫氏的行為超越了自己的本分而憎恨季孫氏。因為君臣之間確實應該有嚴格的區別，要防微杜漸，不可混淆，不能破壞。當國家發生重大災害的時候，降低自己的伙食標準、複查囚犯、為含冤者平反等等，這些都應該是陛下所做的事情，如今司徒高肇卻擅自做了這些事情，這難道是人臣應該做的嗎？明君在上面有所失誤，奸臣就會在下面竊權，大禍的開始，就在這裡面了。」宣武帝只是笑笑而沒有說什麼。

夏季，四月，魏宣武帝下詔令尚書省與其他各有關部門負責審理訴訟、平反冤假錯案，讓飢民到燕州、恆州以及禦夷鎮、懷荒鎮、柔玄鎮、撫冥鎮、武川鎮、懷朔鎮等糧食豐收的地方去找飯吃。○二十五日乙酉，魏國實行大赦，改年號為延昌元年。

冬季，十月十八日乙亥，魏宣武帝立元詡為皇太子，開始廢除實行了將近一百年的立某個皇子為太子，一定要將太子生母殺死的殘酷制度。宣武帝任命擔任尚書右僕射的郭祚兼任太子少師。郭祚曾經跟隨魏宣武帝前往東宮巡視，私下裡揣著黃甑獻給太子品嘗；當時在宣武帝身邊聽候招呼的侍者趙桃弓非常受宣武帝的信任，郭祚便私下裡向趙桃弓討好，為趙桃弓做事，當時的人於是管郭祚叫做「桃弓僕射」、「黃甑少師」。

十一月初九日乙未，梁武帝任命擔任吳郡太守的袁昂兼任尚書右僕射。

當初，齊國擔任太子步兵校尉的平昌郡人伏曼容上表請求令自己牽頭來制定一套齊國的禮樂，齊世祖蕭賾於是下詔從儒家學者中選擇十個人修定吉、凶、軍、賓、嘉五種禮儀制度，由擔任丹楊尹的王儉充當總負責人。王儉去世之後，就把這件事情交付給了擔任國子祭酒的何胤。何胤回到會稽的若邪山隱居之後，齊明帝蕭鸞下詔令擔任尚書令的徐孝嗣掌管這件事情。徐孝嗣被東昏侯蕭寶卷殺死之後，負責制定齊國禮樂的那些人員散逸，所整理的各種資料大多也都散失了，東昏侯蕭寶卷下詔令擔任驃騎將軍的何佟之負責繼續此事。後來經過齊國末年的戰亂之後，倖存下來的只有一點點。梁武帝即位之後，何佟之向梁武帝請示這個負責制定禮樂的機構是取消還是繼續保留，梁武帝批示把這件事情交給朝廷的大臣進行認真討論後再做決定。當時的尚書省認為各種新制度正在始創與興辦階段，應該等到國家更加太平昌盛的時候再辦，主張把這個研究禮樂問題的機構暫時撤銷，把這個機構的現有人員與事務合併到尚書省的儀曹中去。梁武帝下詔說：「禮儀被破壞，雅樂殘缺不全，確實應該及時修定。但是過去修定禮樂時因為用人不當，所以歷年修定都沒有結果，這個機構也就成了徒有其名的擺設。這件事情既然是治理國家應該首先要抓的，現在就應該立即開始著手進行。」擔任尚書僕射的沈約等人於是上書給梁武帝「請求在吉、凶、軍、賓、嘉五種禮儀制度中分別設置一名南齊時已經參加該項工作的學士，讓他們各自舉薦一位學習古代禮儀的人幫助他們抄錄撰寫，在撰寫的過程中如果遇到疑難問題，就依照漢宣帝組織儒生在石渠閣討論經書、漢章帝組織儒生在白虎觀討論《五經》

同異的做法，最後請皇帝下詔做出定論。」於是任命擔任右軍記室參軍的明山賓等人分別負責五種禮儀的修定工作，何佟之為總負責人。何佟之去世之後，就令擔任鎮北諮議參軍的伏暅接替何佟之。伏暅，是伏曼容的兒子。到現在，《五禮》總算修定、編纂成功，然後抄寫清楚、排列整齊地進呈給梁武帝過目，總計有八千零一十九條，梁武帝下詔給有關部門遵照實行。

十一月二十三日己酉，梁國的臨川王蕭宏因為處理公事的重大失誤而被降職，由原來的司徒降為驃騎大將軍。○這一年，魏國朝廷任命桓叔興為南荊州刺史，治所設在安昌縣，隸屬於東荊州管轄。

十二年（癸巳　西元五一三年）

春，正月辛卯❶，上祀南郊，大赦。○二月辛酉❷，以兼尚書右僕射袁昂❸為右[1]僕射。○己卯❹，魏高陽王雍❺進位太保。

鬱洲迫近魏境，其民多私與魏人交市❻；朐山之亂❼，或陰與魏通，朐山平，心不自安。青、冀二州刺史張稷不得志，政令寬弛，僚吏頗多侵漁❽。庚辰❾，鬱洲民徐道角等夜襲州城，殺稷，送其首降魏，魏遣前南兗州刺史樊魯❿將兵赴之。於是⓫魏饑，民餓死者數萬。侍中游肇諫，以為「朐山濱海，卑濕難居，鬱洲又在海中，得之尤為無用。其地於賊要近⓬，去此閒遠⓭，以閒遠之兵攻要近之眾，不可敵也。方今年饑民困，唯宜安靜，而復勞以軍旅，費以饋運，臣見其損，未見其益。」魏主不從，復遣平西將軍奚康生⑭將兵逆⑮之。未發，北兗州刺史康絢⑯遣司馬霍奉伯討平之。

辛巳⑰，新作⑱太極殿。○上嘗與侍中、太子少傅建昌侯沈約各疏栗事⑲，約少上三事⑳，出，謂人曰：「此公護前㉑，不則羞死！」上聞之怒，欲治其罪，徐勉固諫而止。上有憾於張稷㉒，從容㉓與約語及之，約曰：「左僕射㉔出作邊州㉕，已往之事，何足復論！」上以為[2]約與稷昏家相為㉖，怒曰：「卿言如此，是忠臣邪！」乃輦歸內殿。約懼，不覺上起，猶坐如初。及還，未至牀而憑空㉗，頓於戶下㉘，因病。夢齊和帝㉙以劍斷其舌㉚，乃呼道士奏赤章於天㉛，稱「禪代之事，不由己出㉜。」上遣主書㉝黃穆之視疾，夕還，增損不即啓聞㉞，懼罪，乃白赤章事。上大怒，中使譴責者數四㉟。約益懼，閏月乙丑㊱，卒。有司謚曰「文」，上曰：「情懷不盡㊲曰隱。」改謚隱侯。

夏，五月，壽陽久雨，大水入城，廬舍皆沒。魏揚州刺史李崇勒兵泊㊳於城上，水增未已，乃乘船附於女牆㊴，城不沒者二板㊵。將佐勸崇棄壽陽保北山㊶，崇曰：「吾忝守藩岳㊷，德薄致災，淮南萬里，繫于吾身。一旦動足，百姓瓦解，揚州之地，恐非國物，吾豈愛一身，取愧王尊㊸！但憐此士民無辜同死，可結筏隨高[44]，人規自脫[45]，吾必與此城俱沒，幸諸君勿言！」楊州治中[46]裴絢帥城南民數千家汎舟南走[47]，避水高原，謂崇還北[48]，因自稱豫州刺史[49]，與別駕[50]鄭祖起等送任子[51]來請降。馬仙琕遣兵赴之[52]。崇聞絢叛，未測虛實，遣國侍郎[53]韓方興單舸召之。絢聞崇在，悵然驚恨，報曰：「比因大水顛狽[54]，為眾所推。今大計已爾[55]，勢不可追，恐民非公民，吏非公吏，願公早行，無犯將士。」崇遣從弟寧朔將軍神等將水軍討之，絢戰敗，神追拔其營。絢走，為村民所執，還，至尉升湖[56]，曰：「吾何面見李公乎！」乃投水死。絢，叔業[57]之兄孫也。鄭祖起等皆伏誅。崇上表以水災求解州任，魏主不許。

崇沈深[58]寬厚，有方略，得士眾心。在壽春十年，常養壯士數千人，寇來無不摧破，鄰敵謂之「臥虎」。上屢設反間以疑之，又授崇車騎大將軍、開府儀同三司、萬戶郡公，諸子皆為縣侯；而魏主素知其忠篤，委信不疑。

六月癸巳[59]，新作太廟。○秋，八月戊午[60]，以臨川王宏為司空。

魏恆、肆二州[61]地震、山鳴，踰年不已，民覆壓死傷甚眾。○魏主幸東宮[62]，以中書監崔光[63]為太子少傅，命太子拜之，光辭不敢當，帝不許。太子南面再拜，詹事[64]王顯啓請從太子拜，於是宮臣[65]皆拜，光北面立，不敢答，唯西面拜謝[66]而出。

十三年（甲午　西元五一四年）

春，二月丁亥(67)，上耕藉田(68)，大赦。宋、齊藉田皆用正月，至是始用二月，及致齋祀先農(69)。

魏東豫州刺史田益宗(70)衰老，與諸子孫聚斂無厭(71)，部內(72)苦之，咸言欲叛。魏主遣中書舍人劉桃符慰勞(73)益宗，桃符還，啟益宗侵擾之狀。魏主賜詔曰：「桃符聞卿息魯生(74)在淮南貪暴，為爾不已(75)，損卿誠效(76)。可令魯生赴闕(77)，當加任使(78)。」魯生久未至，詔徙益宗為鎮東將軍、濟州(79)刺史。又慮其不受代(80)，遣後將軍李世哲與桃符帥眾襲之，奄入廣陵(81)。魯生與其弟魯賢、超秀皆奔關南(82)，招引梁兵，攻取光城(83)已南諸戍。上以魯生為北司州(84)刺史，魯賢為北豫州(85)刺史，超秀為定州(86)刺史。三月，魏李世哲擊魯生等，破之，復置郡戍(87)。以益宗還洛陽，授征南將軍、金紫光祿大夫。益宗上表稱為桃符所讒，及言魯生等為桃符逼逐使叛，乞攝(88)桃符與臣對辯虛實。詔不許，曰：「既經大宥(89)，不容方更為獄(90)。」

秋，七月乙亥(91)，立皇子綸(92)為邵陵王，繹(93)為湘東王，紀(94)為武陵王。○冬，十月庚辰(95)，魏主遣驍騎將軍馬義舒慰諭柔然。

魏王足之入寇[96]也，上命寧州刺史涪人李略禦之，許事平用為益州。足退，上不用，略怨望，有異謀，上殺之。其兄子苗[97]奔魏。步兵校尉泰山淳于誕[98]嘗為益州主簿，自漢中入魏，二人共說魏主以取蜀之策，魏主信之。

辛亥[99]，以司徒高肇為大將軍、平蜀大都督，將步騎十五萬寇益州；命益州刺史傅豎眼出巴北[100]，梁州刺史羊祉[101]出涪城[102]，安西將軍奚康生出綿竹[103]，撫軍將軍甄琛出劍閣。乙卯[104]，以中護軍元遙為征南將軍、都督，鎮遏梁、楚[105]。游肇諫，以為「今頻年[106]水旱，百姓不宜勞役。往昔開拓，皆因城主歸款[107]，故有征無戰。今之陳計[108]者真偽難分[109]，或有怨於彼，不可全信。蜀地險隘，鎮戍無隙，豈得虛承浮說[110]而動大軍？舉不慎始，悔將何及！」不從，以淳于誕為驍騎將軍，假[111]李苗龍驤將軍，皆領鄉導統軍[112]。

魏降人王足[113]陳計，求堰淮水[114]以灌壽陽，上以為然。使水工陳承伯、材官將軍[115]祖暅視地形，咸謂「淮內沙土漂輕不堅實，功不可就。」上弗聽，發徐、楊民[116]率二十戶取五丁[117]以築之，假太子右衛率康絢都督淮上諸軍事，并護堰作[118]於鍾離。役人及戰士合二十萬，南起浮山[119]，北抵巉石[120]，依岸築土[121]，合脊於中流[122]。

魏以前定州刺史楊津(123)為華州刺史，津，椿之弟也。先是，官受調絹(124)，尺度特長(125)，任事因緣，共相進退(126)，百姓苦之。津令悉依公尺(127)，其輸物尤善(128)者，賜以杯酒；所輸少劣(129)，亦為受之，但無酒以示恥。於是人競相勸(130)，官調更勝舊日。

魏太子尚幼，每出入東宮，左右乳母而已(131)，宮臣皆不知之(132)[3]。詹事楊昱(133)上言：「乞自今召太子必降手敕(134)，令臣等翼從(135)。」魏主從之，命宮臣在直(136)者從至萬歲門(137)。

魏御史中尉王顯(138)謂治書侍御史陽固(139)曰：「吾作太府卿(140)，府庫充實，卿以為何如？」固曰：「公收百官之祿四分之一，州郡贓贖(141)，悉輸京師，以此充府，未足為多(142)。且『有聚斂之臣，寧有盜臣(143)』，可不戒哉！」顯不悅，因事奏免固官。

【章旨】以上為第四段，寫梁武帝蕭衍天監十二年（西元五一三年）、十三年共兩年間的大事。主要寫了梁國的鬱洲人殺了青、冀二州刺史張稷，送其首級於魏，請魏派兵佔領朐山，結果魏兵未至，鬱洲之亂被梁之北兗州刺史康絢討平；寫了魏之揚州刺史李崇在管理壽陽，與壽陽被大水漂城時的忠貞表現，令人敬佩；寫了梁寧州刺史李略之姪李苗，與原益州主簿淳于誕投魏後，為魏主劃伐蜀之策，受魏主信任，魏主遂命高肇統領大軍，以李苗、淳于誕為鄉導，數路大舉伐蜀，游肇諫之，不從；與梁武帝蕭衍用魏降人王足之謀，發動徐、揚二州的民工在鍾離修築攔河大壩，企圖壅淮水以灌魏人所據之壽陽，皆埋下後果即將不妙之伏線；此外還寫了魏臣楊津為華州刺史在徵收調絹時，嚴格使用公尺，以禁止有關官員使用長尺盤剝百姓；以及梁臣沈約與梁武帝蕭衍間的矛盾與沈約患病被折磨而死等等。

【注釋】❶正月辛卯　正月初六。❷二月辛酉　二月初六。❸袁昂　宋代軍閥袁顗之子，在齊為御史中丞，號為正直，入梁曾為吏部尚書，代理右僕射。傳見《梁書》卷三十一。❹己卯　二月二十四。❺高陽王雍　元雍，孝文帝之弟，魏主元恪之叔，被封為高陽王。傳見《魏書》卷二十一上。❻交市　交易；做買賣。❼朐山之亂　事在天監十年，見本段前文。❽侵漁　貪佔他人財物。❾庚辰　二月二十五。❿前南兗州刺史樊魯　曾任南兗州刺史的魏人樊魯。魏國的南兗州州治即馬頭郡，今安徽蒙城。⓫於是　當時。⓬於賊要近　對於梁朝來說，地勢既重要，又離著其都城建康較近。⓭去此閒遠　離著我們的都城就相隔遙遠了。⓮奚康生　魏國的名將。傳見《魏書》卷七十三。⓯逆　迎，迎徐道角人魏。⓰北兗州刺史康絢　梁國的北兗州刺史姓康名絢。梁國的北兗州州治淮陰，即今江蘇淮安淮陰區。⓱辛巳　二月二十六。⓲新作　重新建造。⓳各疏栗事　各自寫出有關栗子的成語典故。疏，列出。據《梁書．沈約傳》，沈約侍宴，正好豫州獻栗，長一寸半，蕭衍覺得新奇，於是與沈約一起回憶有關栗子的典故。⓴少上三事　故意少寫了三條典故。㉑此公護前　蕭衍這個人好逞能，不願在人前暴露自己的短處，不願讓別人表現出比他強。胡三省曰：「帝每集文學之士策經史事，群臣多引短推長，帝乃悅。」㉒有憾於張稷　對張稷有不滿於心。即前注所說的既為齊帝蕭寶卷之大臣，又狠毒地將其殺死。憾，恨。㉓從容　自然，故意裝作漫不經心地。㉔左僕射　敬稱張稷，張稷在出任青、冀二州刺史前，在朝為尚書左僕射。㉕出作邊州　出去任青、冀二州刺史。㉖上以為約與稷昏家相為　蕭衍認為沈約是由於他和張稷是親戚，所以才這麼為張稷說話。昏家，兒女親家。昏，同「婚」。㉗未至牀而憑空　還沒有走到座位前就落座，結果坐空了。牀，坐具。憑空，坐空了。㉘頓於戶下　一頭摔在房門旁。胡三省曰：「踣而首先至地為頓。」㉙齊和帝　即蕭寶融，蕭衍初起兵時，被蕭衍與蕭穎胄擁立為皇帝，以反齊末帝蕭寶卷。蕭衍攻下建康後，蕭寶融隨即讓位於蕭衍，蕭衍封蕭寶融為巴陵王。但沒過三天，蕭衍就在沈約的慫恿下將蕭寶融殘酷地殺害了。㉚以劍斷其舌　意即痛恨他說壞話以害人。㉛奏赤章於天　用紅紙寫一道表章焚之以告上帝，分辯殺齊和帝不是自己的罪過。㉜禪代之事二句　蕭衍篡奪齊國的政權，不是自己出的主意。㉝主書　皇帝身邊的侍從人員，皇帝有何說話，隨即記錄下來。㉞增損不即啓聞　有關沈約病情的好、壞沒有及時向上稟報。增損，重輕，指病情的變化。㉟中使譴責者數四　宮中皇帝多次派使者譴責沈約。㊱閏月乙丑　閏三月十一。㊲情懷不盡　一個人的思想感情不實在、不專一。㊳泊　停靠。㊴女牆　城上的垛口小牆。㊵二板　只還存有四尺高。板，築牆的夾板，一板二尺。㊶北山　壽陽城北的八公山，當年淮南王劉安與其賓客一起著書、生活過的地方。㊷忝守藩岳　意即愧為楊州刺史之職。忝，謙詞，無資格以居此職。藩岳，藩籬、四嶽，古代以稱大邦諸侯。南北朝時代的刺史位高權重，相當於古代的諸侯。㊸取愧王尊　與古代的優秀地方官王尊相比，自感有愧。王尊是西漢後期人，在任東郡（今河南濮陽）太守時，洪水氾濫，王尊為安民心，立堤上始終未曾離開。事見《漢書》卷七十六。㊹結筏隨高　紮起木筏，隨水勢向高處轉移。㊺人規自脫　大家都想辦法各自謀取生路。規，謀劃；尋求。㊻楊州治中　楊州刺史李崇的僚屬。治中是刺史手下的高級僚屬，主管刺史府的主要事務。㊼南走　向南投奔梁王朝。㊽謂崇還北　說是李崇已經離開壽陽，回魏國的都城去了。㊾自稱豫州刺史　胡三省曰：「自宋以來，置豫州於壽陽，絢乘災聚民，自稱豫州刺史，以求梁應援。」㊿別駕　刺史手下的高級僚屬，其地位比治中還要略高，隨刺史出行時能自乘一輛車，故稱「別駕」。(51)送任子　送自己的兒子前去做人質。(52)遣兵赴之　派兵前往迎接、撫慰。(53)國侍郎　李崇封地的管理官員。李崇是李誕之子，襲其父爵為陳留郡公。管理郡公封地事務的官員有國侍郎。這裡的所謂「國」，即指公侯的封地。(54)顛狽　同「顛沛」。匆忙；混亂。(55)大計已爾　指投降梁國已成事實。(56)尉升湖　湖泊名，方位不詳，應在壽春城的南方。(57)叔業　裴叔業，原是南齊的名將，齊末時率部投降魏國。傳見《南齊書》卷五十一。裴叔業是裴絢的叔祖。(58)沈深　性格深沉。沈，同「沉」。(59)六月癸巳　六月初十。(60)八月戊午　八月癸未朔，無戊午。《梁書・武帝紀》作「九月戊午」，當是。九月戊午，九月初七。(61)恆肆二州　恆州的州治平城，肆州的州治在今山西忻州城北。(62)幸東宮　到太子所住的宮殿視察。(63)崔光　魏國的著名儒學之臣，此時任中書監。傳見《魏書》卷六十七。(64)詹事　管理太子宮中事務的官員。(65)宮臣　在太子宮任職的所有官員。(66)西面拜謝　面向西方拜謝稱不敢當。(67)二月丁亥　二月初八。(68)上耕藉田　皇帝蕭衍親自到示範田上去進行耕作表演。藉田，皇帝親自耕種那塊農田。這是起源很早的一種儀式，用以表現皇帝重視農業，以身示範，鼓勵全國。(69)致齋祀先農　在耕藉田的同時，皇帝還要齋戒並祭祀農神。古代的所謂「農神」，即神農氏。有說神農氏即炎帝，《史記・五帝本紀》以為神農氏早於炎帝。(70)田益宗　原是豫鄂邊界的少數民族頭領，因率眾降魏，被魏主任為東豫州刺史，盤據在今河南息縣一帶。(71)聚斂無厭　無限制地搜刮民財。(72)部內　統轄區內，即今息縣一帶。(73)慰勞　撫問，這裡實指勸告、安撫。(74)卿息魯生　您的兒子田魯生。息，兒子。(75)為爾不已　這個樣地對百姓搜刮個沒完。(76)損卿誠效　使你降魏的功勞大大受損。

(77)赴闕　意即回朝，返回朝廷。(78)當加任使　意即另作安排。(79)濟州　濟州的州治盧縣，在今山東東阿西北。(80)不受代　不接受新的任命，也不允許新官來接替他的原來職務。(81)奄入廣陵　出其不意地衝進了廣陵城。此「廣陵」即新息縣的廣陵邑。(82)關南　東豫州的城關以南。(83)光城　魏郡名，郡治即今河南光山縣。(84)北司州　在田魯生新佔有的地區設立北司州。(85)北豫州　在田魯賢新佔有的地區設立北豫州。胡三省曰：「北司、北豫，因各人所統之地而授以刺史。」(86)定州　胡三省引魏收〈志〉曰：「定州治蒙蘢城，領弋陽、汝陰、安定、新蔡、北建寧郡，皆蠻郡也。」都在今河南南部與湖北之東北部交界地區。(87)復置郡戍　在一度被梁人佔去的光城郡以南諸戍，又重新設立起魏國的郡與各個駐兵點。(88)攝　拘捕。(89)既經大宥　已經赦免了田益宗以往的罪過。(90)方更為獄　重新再鬧起一場官司。獄，爭訟；官司。(91)七月乙亥　七月二十九。(92)綸　蕭綸，蕭衍的第六子。傳見《梁書》卷二十九。(93)繹　蕭繹，即後來的梁元帝，蕭衍的第七子。傳見《梁書》卷五。(94)紀　蕭紀，蕭衍的第八子，後因謀反被殺。傳見《梁書》卷五十五。(95)十月庚辰　十月初五。(96)魏王足之入寇　此天監四年事，當時魏將邢巒、王足率軍攻入劍門，勢如破竹地攻下了梁國的許多郡縣，見本書前文卷一百四十六。(97)其兄子苗　李略的姪子李苗，為人有文武材。其叔李略被梁所殺後，為報仇而投魏國。傳見《魏書》卷七十一。(98)淳于誕　在齊曾為益州主簿，在梁曾為步兵校尉，入魏後為魏國經營梁、益一帶，頗有功效。傳見《魏書》卷七十一。(99)辛亥　當為十一月辛亥，即十一月初六。(100)巴北　巴郡以北。(101)羊祉　父祖皆曾為劉宋吏，羊祉降魏後，先後為益州刺史、秦梁二州刺史。傳見《魏書》卷八十九。(102)出涪城　經由涪城。涪城，今四川綿陽。(103)綿竹　梁縣名，在今四川綿竹東南。(104)乙卯　十一月初十。(105)鎮遏梁楚　駐兵鎮守在古代的梁國與楚國的交界線。胡三省曰：「此梁、楚，謂古梁、楚大界汴、汝之間也。」按，戰國時期梁國與楚國的交界線，一度曾在今河南南部的信陽一帶地區。(106)頻年　連年。(107)城主歸款　守城的官長自動投誠。(108)陳計　獻策；給君主出主意。(109)真偽難分　不是真正瞭解敵方的情況。(110)虛承浮說　順著他們那些不真實的情報。承，順從。(111)假　授予。(112)皆領鄉導統軍　都是統領各路嚮導人員的官。(113)魏降人王足　王足原是魏國的名將，在天監四年與邢巒統軍伐蜀，攻入劍閣，勢如破竹。邢巒給魏主上書請求增兵一舉拔取益州，魏主不從；邢巒又請在已經奪取的地區設立州郡，派兵鞏固所得，魏主又不從。致使邢巒等退兵，前功盡棄，王足一怒降梁。事見本書前文卷一百四十六天監四年。(114)堰淮水　修築攔河壩以提高淮河的水位。堰，遮擋；堵塞。(115)材官將軍　管理土木工程的武官。(116)徐楊民　徐、楊二州的百姓。梁國的徐州州治在鍾離，今安徽蚌埠東，楊州的州治在建康。(117)率二十戶取五丁　差不多是每四家出一個勞工。率，大概。(118)護堰作　監督修築攔河大壩的工程。(119)浮山　山名，在當時的鍾離城東，今江蘇盱眙城西，處於淮河的南側。浮山北對巉石山。(120)巉石　山名，處於淮河的北側，與南岸的浮山隔河相對。胡三省引《水經注》曰：「淮水自鍾離縣又東逕浮山，山北對巉石山。」(121)依岸築土　從岸邊向河中央逐漸填土築壩。(122)合脊於中流　最後在河中央大壩合龍。脊，壩身。(123)前定州刺史楊津　楊津是魏國名將楊播與楊椿之弟，先曾任岐州刺史。傳見《魏書》卷五十八。此云「前定州刺史」，與《魏書》本傳不合。《魏書》是說楊津先在華州任職優秀，其後乃任定州刺史，正與本書所敘顛倒。(124)官受調絹　官府在接受百姓向官府上交調稅絹帛的時候。調，是當時賦稅的一種，指每個成年男子每年向官府應交的絹帛。(125)尺度特長　官府收調絹所用的尺子與一般市面上用的尺子不同，特別長。這當然是官吏們慣用的盤剝百姓的手段之一。(126)任事因緣二句　具體經手這件事情的人員又趁機與主管官員狼狽為奸，進一步地共同作惡。任事，任事者，具體管理這項事務的人員。因緣，趁機會；鑽空子。(127)公尺　國家規定的尺子；大家共同使用的尺子。(128)輸物尤善　上交絹帛，質地優良。(129)少劣　稍微差一點。少，同「稍」。(130)競相勸　彼此相互勉勵，都越做越好。(131)左右乳母而已　跟在太子身邊的只有乳母和幾個侍候太子的人。(132)皆不知之　都不知道應該跟在身後，共同出入。(133)楊昱　楊椿之子，楊津之姪，此時任詹事。傳見《魏書》卷五十八。(134)必降手敕　必須皇帝親自下手諭。(135)翼從　跟從在身後與兩側。(136)在直　正在值班的太子身邊的官員。(137)萬歲門　胡三省曰：「洛陽宮城之東門。」(138)王顯　一個懂得醫術，而又廉直奉公的官員，曾任太府卿，又為御史中尉。傳見《魏書》卷九十一。(139)陽固　魏國文學之臣陽尼的姪孫，為人正直，不媚權貴。傳見《魏書》卷七十二。此時任御史中尉王顯的僚屬，為其掌管文書。(140)太府卿　掌管國家倉庫的官員。(141)贓贖　犯罪官員為贖罪所交的錢財。(142)未足為多　不值得稱讚。多，讚美。(143)有聚斂之臣二句　語出《禮記・大學》：「與其有聚斂之臣，寧有盜臣。」意思是與其有搜刮民財的官員，還不如有土匪強盜那樣的官員了。聚斂，搜刮民財。因為用規章制度搜刮民財所造成的危害，比土匪強盜直接搶奪所造成的危害還要大。

【校　記】①右　據章鈺校，孔天胤本作「左」，張敦仁《通鑑刊本識誤》同。②為　原無此字。據章鈺校，十二行本、乙十一行本皆有此字，今據補。③知之　據章鈺校，十二行本、乙十一行本二字皆互乙。

【語　譯】十二年（癸巳　西元五一三年）

春季，正月初六日辛卯，梁武帝蕭衍到建康城的南郊舉行祭天典禮，實行大赦。〇二月初六日辛酉，梁武帝任命兼任尚書右僕射的袁昂為尚書右僕射。〇二十四日己卯，魏國的高陽王元雍進位為太保。

梁國管轄之下的鬱洲迫近於魏國邊境，鬱洲的很多百姓都私下裡與魏國人做買賣，梁、魏雙方互相爭奪朐山的時候，鬱洲就有人暗中與魏軍相勾結；朐山爭奪戰平息之後，這些人心裡感到很不安。擔任青、冀二州刺史的張稷由於政治上感到不得志，因而就沒有嚴格執行國家的各項規章制度，他屬下的那些僚佐、官吏便趁機侵奪霸佔他人的財物。二月二十五日庚辰，鬱洲的百姓徐道角等人在夜間襲擊州城，殺死了刺史張稷，並把張稷的人頭送往魏國向魏國投降，魏國朝廷派遣曾經擔任過南兗州刺史的樊魯率領軍隊火速前往接管鬱洲。當時魏國正在鬧饑荒，百姓被餓死的有數萬人。擔任侍中的游肇進行勸阻，游肇認為「朐山靠近海邊，地勢低窪潮溼，難以居住，鬱洲又在海中，得到鬱洲對我們更是一點用處也沒有。鬱洲對於梁朝來說，不僅地理位置很重要，又離著他們的都城建康比較近，而距離我們的都城洛陽就相隔遙遠了，我們用距離遙遠的士兵去進攻敵人地理位置既重要又距離都城較近的軍隊，是不可能取勝的。如今我國年景不好，百姓飢餓、貧困，只求國內能夠穩穩當當、平平靜靜，反而倒要勞煩士兵去行軍打仗，增加運送糧草的花費，我只看到國家的利益會因此受到損失，而看不到有任何的好處。」魏宣武帝元恪沒有聽從游肇的勸告，他又派遣擔任平西將軍的奚康生率領軍隊前去迎接徐道角人魏。奚康生還沒有出發，梁國擔任北兗州刺史的康絢已經派遣擔任司馬的霍奉伯平定了徐道角的叛亂。

二月二十六日辛巳，梁國重新建造了太極殿。〇梁武帝曾經要求與擔任侍中、太子少傅的建昌侯沈約各自寫出有關栗子的成語典故，沈約故意少寫了三條典故，他出宮以後便對人說：「蕭衍這個人好逞能，不願意在別人面前暴露自己的短處，否則他就會羞死！」梁武帝聽到這話以後惱羞成怒，就想治沈約的罪，擔任吏部尚書的徐勉極力進行勸阻，梁武帝才打消了處置沈約的念頭。梁武帝對張稷懷有不滿之心，曾經故意裝作漫不經心似的與沈約談論起張稷，沈約說：「尚書左僕射張稷現在已經離開朝廷到邊境地區擔任青、冀二州刺史，以往的事情，何必再談論！」梁武帝認為沈約與張稷是兒女親家，所以才這麼為張稷說話，於是怒氣沖沖地對沈約說：「你竟然說出這樣的話，你還算得上是忠臣嗎！」說完就乘坐著輦車回到內殿。沈約受到梁武帝的呵斥，心裡非常恐懼，就連梁武帝起身離去都沒有發覺，還像原先那樣坐著一動不動。沈約精神恍惚地回到家中，還沒有走到坐榻跟前就一屁股坐了下去，結果坐了個空，一頭摔倒在房門旁邊，竟因此而生起病來。沈約夢見齊和帝蕭寶融用劍割斷了自己的舌頭，於是就讓道士用紅紙寫了一道表章焚之以告上帝，為自己慫恿梁武帝殺死齊和帝進行辯解，他說「梁武帝篡奪齊國政權之事，不是自己出的主意。」梁武帝派遣擔任主書的黃穆之到沈約的家中探病，黃穆之一直到晚上才回來，他沒有及時地把沈約病情的好壞稟報梁武帝，懼怕自己因此得罪，於是就把沈約召道士用紅紙寫奏章以告上帝的事情向梁武帝做了彙報。梁武帝聽後不禁大怒，於是多次從宮中派使者譴責沈約。沈約更加恐懼，閏三月十一日乙丑，沈約在充滿恐懼之中離開了人世。有關部門的官員奏請給沈約的謚號為「文」，梁武帝說：「一個人的思想感情不實在、不專一叫做隱。」於是有關部門的官員便將沈約的謚號改為隱侯。

夏季，五月，壽陽地區因為長時間降雨，大水灌入壽陽城中，房舍全都被大水淹沒。魏國擔任楊州刺史的李崇統率軍隊把船隻停靠在城牆邊上，大水不停地上漲，李崇就把船緊靠在有垛口的小牆上，城牆只剩下兩板高還沒有被水淹沒。李崇手下的將佐全都勸說李崇放棄壽陽城退往北山堅守，李崇對將佐們說：「我愧為楊州刺史，由於我的品行不高而給壽陽人帶來災禍，淮南地面方圓一萬里，責任全都擔在我一個人肩上。只要我一旦動身撤退，百姓就會立即土崩瓦解，楊州這塊地方，恐怕就不會再屬於我國所有，我豈能因為愛惜自己的生命，而使我在西漢後期擔任東郡太守的王尊面前自感有愧呢！我只是同情這裡無辜的士民將要和我一同死去，你們可以紮起木筏隨著水勢向高處轉移，大家都要想辦法脫離這場災難，我一定要與這座壽陽城共存亡，希望你們大家不要再勸阻我！」

在李崇屬下擔任楊州治中的裴絢率領著壽陽城南的數千家百姓乘船向南逃走，到高原躲避水災，他以為李崇已經離開壽陽回到北方魏國的都城洛陽，於是就自稱豫州刺史，與擔任別駕的鄭祖起等人將自己的兒子送到梁國做人質請求投降。梁國擔任振遠將軍的馬仙琕立即派軍隊趕往壽陽迎接、安撫裴絢等。李崇聽說裴絢叛變投降的消息後，不知道是真是假，就派遣擔任國侍郎的韓方興乘坐著一艘小船去召喚裴絢。裴絢聽說李崇還在壽陽城內，不禁悵然若失，又驚訝又悔恨，他回答說：「近來因為大水成災，在顛沛流離之際，被眾人推舉為帶頭人投降了梁國。如今投降梁國已經成為事實，是無法挽回的事情，恐怕百姓不再是刺史李崇的百姓，官吏也不再是刺史李崇的屬下官吏了，希望刺史李崇趕緊離開壽陽，不要觸犯將士。」李崇派遣擔任寧朔將軍的堂弟李神等率領楊州的水軍討伐裴絢，裴絢戰敗，李神搗毀了裴絢的營寨。裴絢逃跑，被村民捉住，在押送壽陽途中，當走到尉升湖地面的時候，裴絢說：「我還有什麼臉面去見楊州刺史李崇啊！」於是跳入水中而死。裴絢，是裴叔業的姪孫子。鄭祖起等人都受到法律的制裁被殺死。李崇因為壽陽發生水災導致了裴絢等叛變投敵而上表給魏宣武帝請求解除自己楊州刺史的職務，魏宣武帝沒有批准。

李崇性格深沉，對百姓寬厚仁慈，有一套治理地方的辦法和謀略，因而得到官吏和百姓的擁護。他在壽春任職十年，曾經恩養著數千名身強體健的壯士，賊寇入侵時無不被他打敗，鄰近的敵人都稱李崇是一隻「臥虎」。梁武帝曾經多次用反間計離間魏宣武帝對李崇的信任，還授予李崇為車騎大將軍、開府儀同三司、萬戶郡公，李崇的幾個兒子也都被授予縣侯，想藉此收買他；而魏宣武帝一向深知李崇的忠誠篤信，照舊委任李崇為楊州刺史，對李崇一點也不懷疑。

六月初十日癸巳，梁國重新修建了太廟。○秋季，八月戊午日，梁武帝任命臨川王蕭宏為司空。

魏國所屬的恆州、肆州發生地震、山鳴，已經持續了一年多的時間還沒有停止，很多百姓被倒塌的房屋壓死、壓傷。○魏宣武帝到皇太子所居住的東宮視察，他任命擔任中書監的崔光為太子少傅，令太子元詡叩拜崔光，崔光推辭，不敢接受太子的叩拜，宣武帝不答應。皇太子元詡於是面朝南向崔光拜了兩拜，擔任詹事的王顯奏請宣武帝請求跟著太子一同叩拜崔光，於是在東宮任職的所有官員全都向崔光行了叩拜禮，崔光面朝北站立，不敢答禮，只是面向西方拜謝，表示不敢當，而後告辭退出東宮。

十三年（甲午　西元五一四年）

春季，二月初八日丁亥，梁武帝親自到藉田進行耕作表演，宣布大赦。宋國、齊國的時候，皇帝都是在正月裡到藉田進行表演，從這一年開始，梁朝的皇帝選在二月到藉進行耕作，在耕作藉田的同時，皇帝還要進行齋戒並祭祀農神。

魏國擔任東豫州刺史的田益宗已經年老體衰，卻仍然與自己的子孫們毫無限制地搜刮民脂民膏、聚斂錢財，在他統治的區域內百姓苦不堪言，全都說要叛變。魏宣武帝派遣擔任中書舍人的劉桃符前往安撫、勸說田益宗，劉桃符回到洛陽之後，便將田益宗侵擾百姓的情況向宣武帝做了彙報。魏宣武帝遂賜詔書給田益宗說：「中書舍人劉桃符聽說你的兒子田魯生在淮南貪婪暴虐，對百姓搜刮個沒完沒了，做出這樣的事情將會使你降魏的功勞大大受損。你應該讓田魯生返回朝廷，我將對他另作安排。」過了很久田魯生也沒有前往洛陽，宣武帝於是下詔調田益宗為鎮東將軍、濟州刺史。又擔心田益宗不接受任命，也不允許新任官員來接替他東豫州刺史的職務，於是就派遣擔任後將軍的李世哲與中書舍人劉桃符一同率軍前往襲擊田益宗，李世哲等出其不意地衝進了廣陵城。田魯生與他的弟弟田魯賢、田超秀全都逃往東豫州的城關以南，他們招來梁國的軍隊，引導著梁軍攻打光城以南的各個軍事據點。梁武帝任命田魯生為北司州刺史，任命田魯賢為北豫州刺史，任命田超秀為定州刺史。三月，魏國的李世哲等率軍襲擊田魯生等，把田魯生等打敗，在一度被梁軍佔領的光城以南地區重新設立魏國的郡與軍事據點。李世哲等把田益宗帶回洛陽，宣武帝授予田益宗征南將軍、金紫光祿大夫。田益宗上表給宣武帝控告劉桃符進讒言迫害自己，並說田魯生等人是受到劉桃符的逼迫追逐，在不得已的情況下他們才反叛朝廷，請求逮捕劉桃符與我當面對質，辨明真假。魏宣武帝下詔表示不同意，宣武帝說：「既然已經赦免了田益宗謀叛的罪行，就不允許再鬧起一場新的官司。」

秋季，七月二十九日乙亥，梁武帝立皇子蕭綸為邵陵王，蕭繹為湘東王，蕭紀為武陵王。〇冬季，十月初五日庚辰，魏宣武帝派遣擔任驍騎將軍的馬義舒前往撫慰、曉諭柔然人。

當初魏國將領王足率軍入侵益州的時候，梁武帝命令擔任寧州刺史的涪城人李略率兵抵禦魏軍的入侵，許諾戰事結束以後任用李略為益州刺史。王足撤兵以後，梁武帝沒有兌現對李略的承諾，李略因此心懷怨恨，就準備發動叛亂，梁武帝於是殺死了李略，李略的姪子李苗投奔了魏國。擔任步兵校尉的泰山人淳于誕曾經擔任過益州主簿，他從漢中進入魏國，李略和淳于誕二人共同出謀劃策勸說魏宣武帝奪取益州，魏宣武帝很信任他們。

十一月初六日辛亥，魏宣武帝任命擔任司徒的高肇為大將軍、平蜀大都督，率領十五萬步兵、騎兵進犯梁國的益州；命令擔任益州刺史的傅豎眼攻取巴郡以北地區，令擔任梁州刺史的羊祉率軍攻取涪城，令擔任安西將軍的奚康生率軍攻取綿竹，令擔任撫軍將軍的甄琛率軍攻取劍閣。初十日乙卯，魏宣武帝任命擔任中護軍的元遙為征南將軍、都督，駐兵鎮守在古代梁國與楚國的交界線。擔任侍中的游肇進行勸阻，游肇認為「如今連年遭遇水旱災害，百姓不應該再去服勞役。以往開拓疆土都是因為梁國守城的將領主動投誠，所以大軍雖然遠行出征卻無戰鬥。如今給皇帝出謀劃策的人並不真正瞭解敵方的情況，他們有可能因為自己對梁國有怨恨，想借助我軍的力量進行報復，所以對他們的話不可以完全相信。通往蜀地的道路艱險狹隘，沿途鎮守的軍事據點防守嚴密，難道能夠根據他們那些不真實的情報就輕易地出動大軍遠征？如果開始行動的時候就不夠慎重，等到後悔的時候哪裡還來得及！」魏宣武帝沒有聽從游肇的勸阻，宣武帝任命投誠過來的淳于誕為驍騎將軍，授予李苗龍驤將軍之職，令他們充當各路嚮導人員的統領。

從魏國投降梁國的王足獻計，請求在淮河上修建攔河壩以提高淮河的水位，然後將淮河水灌入壽陽城內，梁武帝認為這個辦法可行。於是就令水利工程師陳承伯、管理土木工程的武官祖暅察看地形，他們全都認為「淮河裡都是沙土，泥沙鬆散流動，不堅實，無法修築攔河壩。」梁武帝沒有聽從他們的意見，便從徐州、揚州按照大約每二十戶抽調五個民夫的標準抽調民夫去修築淮河大壩，梁武帝授予擔任太子右衛率的康絢為都督淮上諸軍事，並且在鍾離負責監督修築淮河攔河大壩的工程。民夫和士兵合計起來有二十萬人，南邊從浮山開始，北邊到達巉石山，從兩岸向河中央逐漸填土築壩，最後在淮河中央大壩合龍。

魏國朝廷任命曾經擔任過定州刺史的楊津為華州刺史，楊津，是楊椿的弟弟。先前，官府在接受百姓上交調稅絹帛的時候，所用的尺子與一般市面上所通用的尺子相比特別長，具體經手辦理這件事情的人員又趁機與主管官員狼狽為奸，共同作惡坑害百姓，百姓苦不堪言。楊津下令一律使用國家所規定的標準尺進行計量，納稅人所繳納的絹帛如果質量特別好，官府就賞賜給納稅人一杯美酒；如果納稅人所繳納的絹帛質量稍微差一點，也照樣接受，只是不再賞賜給他美酒，令其知道這是一種可恥的行為。於是人們彼此之間相互勉勵，都是越做越好，因此官府收上來的調絹質量更加勝過往日。

魏國的皇太子元詡年紀還很小，每次出入東宮，跟隨在太子身邊的只有乳母和幾個侍奉太子的人，東宮的官員都不知道應該跟隨在太子身後共同出入。擔任詹事的楊昱上書給宣武帝說：「請求陛下從今以後召見太子一定要親自下達手諭，令我等跟從在太子的身後。」魏宣武帝採納了楊昱的意見，命令在東宮值班的官員必須把太子護送到萬歲門。

魏國擔任御史中尉的王顯對擔任治書侍御史的陽固說：「我在擔任太府卿的時候，府庫一直都很充實，你認為是不是這樣？」陽固回答說：「你徵收文武百官四分之一的俸祿，還把州郡犯罪官員為贖罪所繳納的錢財全部送到京師，你用這種辦法來充實府庫，並不值得稱讚。而且《禮記．大學》有這樣的話『與其有用規章制度搜刮民財的官員，還不如有土匪強盜那樣的官員呢』，怎麼可以不引以為戒呢！」王顯很不高興，於是就找了一個機會上奏宣武帝免去了陽固的官職。

【研析】本卷寫梁武帝蕭衍天監七年（西元五〇八年）至十三年共七年間南梁與北魏兩國的大事。其中除寫了梁國與魏國雙方在義陽（今河南信陽）、懸瓠（今河南汝陽）、朐山（今江蘇海州）一些地區的互相爭奪，彼此互有得失，梁主通過交換戰俘向魏主提出停戰休兵，而魏主不從，仍在調集大軍，一方面進攻益州、一方面進援壽陽外，其他方面的重要事件有魏國的元勳宗室老臣元勰被外戚高肇所殺，梁國蕭衍的功臣沈約、張稷與蕭衍的矛盾尖銳，最終導致沈約被折磨而死、張稷在外任被殺等等，其中值得議論的有如下幾方面：

其一，元勰是魏孝文帝的親兄弟，宣武帝元恪的叔父，為人既忠貞無二，又才幹超群，在孝文帝後期執掌魏政，為朝廷內外所擁戴。拋開其他的一切功勞不談，單是在孝文帝患病於南征前線，最後死於返回洛陽的歸途中，當時太子不在身邊，權位之爭的形勢險惡，是元勰付出了巨大的努力，最後才順順當當的把政權交到太子元恪手中。應該說單是這一條就足夠元恪感激一輩子了。再說，早在孝文帝臨終前，元勰就向孝文帝請求，日後太子即位後，自己辭去一切職務，在家當平民。孝文帝無法勸止，最後還給太子留下了一封允許元勰辭官為民的遺詔。當南朝名將裴叔業攜壽陽歸魏時，淮南地區的形勢複雜艱辛，是宣武帝元恪違背元勰的心願把他請出來，任以為楊州刺史，以鞏固壽陽地區的大好形勢。待壽陽地區的形勢穩定後，元勰又請求辭官家居，是元恪不准，又改換職務把他留了下來。就是這樣一位既有勳勞，又不慕榮利，一心嚮往林泉的老人，最後竟被高肇等人糾集元勰的部下編織罪名將其殺害了。其手段就是收買了元勰的兩個老部下，答應給他們加官晉爵，讓他們出來做偽證，跟當年呂后殺韓信、殺彭越的方法差不多。關鍵的是宣武帝元恪怎麼就會相信這些東西，元勰可是個請求放棄一切權勢而自甘當平民的人哪！

其二，在被高肇殺害的魏國王公中還有一個元愉，元愉被殺的罪名與其死前的表現都很奇特。元愉是宣武帝的親兄弟，元愉犯罪的緣起是：「魏主為京兆王愉納于后之妹為妃，愉不愛，愛妾李氏，生子寶月。于后召李氏入宮，棰之。愉驕奢貪縱，所為多不法，帝召愉入禁中推按，杖愉五十，出為冀州刺史。」魏主硬把他的妻妹嫁給元愉，元愉不愛，另愛其妾李氏，而且生了兒子。於是魏主就憑著他們是皇帝、皇后，就把這一對苦命鴛鴦捉進宮去給每個人都狠狠地揍了一頓，弄到外頭去當冀州刺史了。元愉在宣武帝的諸弟之中年齡最大，不僅受的待遇比別人差，而且挨打受罵，貶到了地方還不算完，外戚高肇還在整天說他的壞話不已，於是忍無可忍的元愉以討伐高肇為名起兵造反了，其結果當然是很快地被朝廷平定，這都是沒有懸念的事情。但令人刮目相看的是，元愉和李氏這一對苦命鴛鴦在兵敗被俘，被押解向洛陽的途中，仍然表現得一往情深，《魏書‧元愉傳》對此說：「愉每止宿亭傳，必攜李手，盡其私情。雖鎖縶之中，飲食自若，略無愧懼之色。」元愉的悲劇故事，就和西漢時被呂后殺害的趙共王劉恢、趙幽王劉友的故事差不多。而元愉對其所愛的平民女子竟如此忠貞執著，更為劉恢、劉友所不及。尤其在今天講人性、講愛情的時代，更令人對之同情感慨不已。

其三，本卷敘事到天監十一年十月十八日，在敘述魏國的事情時有一條一句話的新聞，即「魏立皇子詡為太子，始不殺其母。」別看就一句話，其所關係的事實卻相當重大。原來魏國自道武帝拓跋珪開始，凡是準備立哪個兒子為皇太子，就預先把他的生母殺死。據說這條規定是拓跋珪讀古書，從漢武帝那裡學來的。《魏書》卷三載拓跋珪立其子拓跋嗣為太子，殺太子之母劉貴人的情景說：「初，帝母劉貴人賜死，太祖告帝曰：『昔漢武帝將立其子而殺其母，不令婦人後與國政，使外家為亂。汝當繼統，故吾遠同漢武，為長久之計。』」漢武帝將立其子劉弗陵，預先殺了劉弗陵之母鉤弋夫人的故事，見《史記．外戚世家》的褚少孫所補續的部分。而且其中還說：「故諸為武帝生子者，無男女，其母無不譴死。」漢武帝為立劉弗陵而預先殺了鉤弋夫人，此事的確不假；但若說「故諸為武帝生子者，無男女，其母無不譴死」，這就沒有任何根據了。想不到漢武帝的這種做法後來竟得到了鮮卑族拓跋珪的欣賞，並奉為圭臬，在魏國將這種慘無人道的章程奉行了七代皇帝，歷時一百多年。其實拓跋珪在其童年的時候，魏國大亂，父親早死，六歲的拓跋珪完全是靠著他的母親賀氏帶著他輾轉流離、投親靠友，憑著這個女人縱橫捭闔的手段最後終於將其年幼的兒子拓跋珪扶上了北方統治者的王位。照理說，拓跋珪應該比任何人都對母親的偉大體會更深，但卻偏偏是他竟在魏國立下了這樣狠毒的章程。元恪本來不是一個英明的君主，單是在本卷與上卷所敘述的有關魏國的史實中，就記載了他一連串的決策失誤，諸如他不能聽邢巒的建議對梁國的益州及時下手；不能聽邢巒的勸阻致使元英在鍾離被梁人打得大敗；不能聽兄弟元懌的規勸而縱容高肇的連續作惡，又昏聵地殺害了其叔元勰，以及不聽梁主蕭衍提出的停戰講和，以息兩國之民的和平建議。使人意想不到的是魏國居然在他生命即將結束之前，做出了這樣一條立太子「始不殺其母」的規定，從而使讀者的眼睛為之一亮。

其四，魏國早在英武的拓跋燾時代，曾經採取過一次要滅絕佛教的舉動，那是在太平真君五年（西元四四四年），拓跋燾下令說：「自王、公已下至庶人，有私養沙門、師巫及金銀工巧之人在其家者，皆遣詣官曹，不得容匿。限今年二月十五日，過期不出，巫師、沙門身死，主人門誅」（《魏書．世祖紀》），這就是我國古代歷史上有名的三次滅佛活動的第一次。過了六、七年，到文成帝拓跋濬時代，佛教又開始復蘇。當時有一個名叫曇曜的和尚，建議拓跋濬在武州山開鑿五個石窟，每窟給一位魏國的皇帝雕為佛身，令全國供奉。《魏書．釋老志》對此說「曇曜白帝，於京城西武州塞鑿山石壁，開窟五所，鐫建佛像各一。高者七十尺，次六十尺，雕飾奇偉，冠於一世。」文中講述的五所佛窟，即今雲岡第十六—二十窟，學者稱之為「曇曜五窟」，大約建立於拓跋濬和平年間（西元四六〇—四六五年）。從而使武州山石窟寺升格為北魏皇室的家廟，神聖不得侵犯。利用宗教赤裸裸地為皇權服務，魏國登峰造極，也是佛教史上的一大「奇觀」。接著是馮太后專權與孝文帝執政，他們所提倡、所遵行的是儒學的一套。尤其是孝文帝，他對儒家所講的東西爛熟於心，說話、為文處處引經據典，其日常修養、其遵行熟練的程度，連以尊儒聞名的漢代皇帝們也遠遠不如。但他們對佛教也並不排斥，對於那些著名的和尚也都以禮相待。到了宣武帝元恪的時代，情況就大大不同了，《魏書・釋老志》說：「世宗篤好佛理，每年常於禁中親講經論，廣集名僧，標明義旨。沙門條錄，為《內起居》焉。上既崇之，下彌企尚。至延昌中，天下州郡僧尼寺，積有一萬三千七百二十七所，徒侶逾眾。」在本卷《通鑑》中也說：「時佛教盛於洛陽，中國沙門之外，自西域來者三千餘人，魏主別為之立永明寺千餘間以處之。處士南陽馮亮有巧思，魏主使與河南尹甄琛、沙門統僧暹擇嵩山形勝之地立閒居寺，極巖壑土木之美。由是遠近承風，無不事佛，比及延昌，州郡共有一萬三千餘寺。」又說：「魏主於式乾殿為諸僧及朝臣講《維摩詰經》。時魏主專尚釋氏，不事經籍，中書侍郎河東裴延雋上疏，以為『漢光武、魏武帝雖在戎馬之間，未嘗廢書；先帝遷都行師，手不釋卷。良以學問多益，不可暫輟故也。陛下升法座，親講大覺，凡在瞻聽，塵蔽俱開。然《五經》治世之模楷，應務之所先，伏願經書互覽，孔、釋兼存，則內外俱周，真俗斯暢矣。』」明代敖清江對此讚許說：「裴延雋可謂善於開導君心矣。蓋好佛乃魏主之錮蔽，使延雋厲言正色以諫曰『此佛法不可尚也』，延緩方溺意於此，豈肯從而遽絕之哉？今乃勸其互覽兼存，使魏主讀書日久，則雅正可分、鼠璞自辨。」這是魏國政治發展的新階段，也就是敗亂現象叢生，政權日趨衰朽的表現。記載魏國當時這種腐朽現狀的名著有一部《洛陽伽藍記》，作者楊衒之。從這部書中可以詳細地看到當時洛陽與其四周的寺廟之多，與其窮奢極麗的糜爛、浪費之驚人，當時這種畸形的佛教興盛與魏國國家政權的衰敗正好成反比。

卷第一百四十八

梁紀四

起旃蒙協洽（乙未 西元五一五年），盡著雍閹茂（戊戌 西元五一八年），凡四年。

【題 解】本卷寫梁武帝蕭衍天監十四年（西元五一五年）至天監十七年共四年間南梁與北魏兩國的大事。主要寫了魏宣武帝元恪死，七歲的太子元詡繼位，高太后違背宣武帝的前旨欲殺太子之母胡貴嬪，太監劉騰與大臣于忠、崔光、侯剛等人救護之；寫高氏的黨羽詹事王顯與孫伏連等圖謀政變，被于忠所殺，于忠引任城王元澄與高陽王元雍共同管理朝政，中外悅服；寫魏人殺外戚高肇，廢高太后使居於瑤光寺為尼；寫魏臣裴植、郭祚忌恨于忠專權，聯合元雍欲出之，結果裴植、郭祚被于忠所殺，元雍被罷職；寫魏國的胡貴嬪進為胡太妃，又進為胡太后，與魏臣于忠、劉騰、侯剛等聯手掌權；寫權臣于忠被斥離朝廷，罷去封土，往任冀州刺史；寫胡太后濫封其妹為新平郡君，任以為女侍中；其姪女之夫元謐剛被罷益州，回朝又任以為大司農卿；其父胡國珍任侍中、封安定郡公，進入魏國的決策集團；寫太后父胡國珍死，太后追贈其父為太上秦公，追贈其母為太上秦君；寫胡太后因天變而殺死高太后；寫魏臣請殺于忠，請處死擅自打死羽林的侯剛，胡太后皆護持之；寫宦官劉騰因受胡太后寵信而專權枉法，貪賄無厭的河間王元琛為求自己的跌而復起，竟認劉騰為養父，遂得從罪臣中步步高升；寫胡太后好佛，大修瑤光寺、永寧寺於皇宮旁，又修石窟寺於伊闕口，極盡壯麗；寫魏臣李瑒指斥佛教的種種弊病，並稱佛教為「鬼教」；寫任城王元澄上表痛斥佛教僧徒之惡，稱其為「釋氏之糟糠，法王之社鼠」，建議將眾多廟宇遷出城外；寫了梁將趙祖悅襲取魏之硤石城，因駐守之，魏使崔亮、李崇攻之，二將不協無功；魏使李平往督，遂攻下硤石，胡太后令李平等乘勝進攻南朝，因崔亮不服節制，李平只好退兵；寫了梁將張齊與魏將傅豎眼在陝蜀邊境的反覆爭奪，最後東益州一帶重新落入魏人之手；寫了梁朝為截斷淮水以淹壽陽而築浮山堰之勞民傷財、天怒人怨；寫了梁國築壩截淮後夾淮兩岸被淹者數百里，壽陽之民逃依崗隴，李崇築魏昌城於八公山以守；而梁國的淮壩亦終致崩塌，遂使緣淮下游的城戍村落十餘萬口皆漂流入海，蕭衍之惡極矣；又寫蕭衍因信佛而用大脯代替三牲，又用大餅代替大脯，終致祭祀天地、宗廟完全改用素食；此外還寫了魏國冀州的妖僧作亂，最後被討平；柔然民族在伏跋可汗（醜奴）的帶領下打敗高車，使柔然重又強大等等。

高祖武皇帝四

天監十四年（乙未　西元五一五年）

春，正月乙巳朔❶，上冠太子❷於太極殿，大赦。○辛亥❸，上祀南郊。甲寅❹，魏主有疾。丁巳❺，殂于式乾殿。侍中、中書監、太子少傅崔光❻、侍中、領軍將軍于忠❼、詹事王顯、中庶子代人侯剛❽迎太子詡❾於東宮，至顯陽殿。王顯欲須明❿行即位禮，崔光曰：「天位不可暫曠⓫，何待至明！」顯曰：「須奏中宮⓬。」光曰：「帝崩，太子立，國之常典，何須中宮令也！」於是，光等請太子止哭，立於東序⓭；于忠與黃門郎元昭⓮扶太子西面哭十餘聲止。光攝太尉⓯，奉策⓰進璽綬，太子跪受，服袞冕之服⓱，御太極殿，即皇帝位。光等與夜直羣官⑱立庭中，北面稽首稱萬歲。昭，遵⑲之曾孫也。

高后⑳欲殺胡貴嬪㉑，中給事㉒譙郡劉騰㉓以告侯剛，剛以告于忠。忠問計於崔光，光使置貴嬪於別所，嚴加守衛，由是貴嬪深德四人。戊午㉔，魏大赦。己未㉕，悉召西伐、東防兵㉖。

驃騎大將軍廣平王懷㉗扶疾入臨㉘，徑至太極西廡㉙，哀慟，呼侍中、領軍、黃門[1]、二衛㉚，云：「身欲上殿哭大行㉛，又須入見主上㉜。」眾皆愕然相視，無敢對者。崔光攘衰振杖㉝，引漢光武崩㉞趙熹扶諸王下殿㉟故事，聲色甚厲，聞者莫不稱善。懷聲淚俱止，曰：「侍中以古義裁我㊱，我敢不服！」遂還，仍頻遣左右致謝㊲。

先是高肇擅權，尤忌宗室有時望㊳者，太子太傅[2]任城王澄㊴數為肇所譖，懼不自全，乃終日酣飲，所為如狂，朝廷機要無所關豫㊵。及世宗殂，肇擁兵於外㊶，朝野不安。于忠與門下㊷議，以肅宗幼，未能親政，宜使太保高陽王雍㊸入居西柏堂，省決庶政㊹，以任城王澄為尚書令，總攝百揆㊺，奏皇后請即敕授㊻。王顯素有寵於世宗，恃勢使威，為眾[3]所疾，恐不為澄等所容，與中常侍孫伏連等密謀寢門下之奏㊼，矯皇后令㊽，以高肇錄尚書事㊾，以顯與勃海公高猛㊿同為侍中。

于忠等聞之，託以侍療無效[51]，執顯於禁中，下詔削爵任。顯臨執呼冤，直閤[52]以刀鐶撞其掖下[53]，送右衛府，一宿而死。庚申[54]，下詔如門下所奏，百官總己[55]聽於二王，中外悅服。

二月庚辰[56]，尊皇后為皇太后。○魏主稱名[57]為書告哀於高肇[58]，且召之還。肇承變[59]憂懼，朝夕哭泣，至於羸悴，歸至瀍澗[60]，家人迎之，不與相見[61]。辛巳[62]，至闕下，衰服號哭，升太極殿盡哀。高陽王雍與于忠密謀，伏直寢[63]邢豹等十餘人於舍人省[64]下，肇哭畢，引入西廡[65]，清河諸王[66]皆竊言目之。肇入省，豹等搤殺之，下詔暴其罪惡[67]，稱肇自盡，自餘親黨悉無所問，削除職爵，葬以士禮。逮昏，於廁門[68]出尸歸其家。

魏之伐蜀也，軍至晉壽[69]，蜀人震恐。傅豎眼將步兵三萬擊巴北[70]，上遣寧州刺史任太洪自陰平[71]間道入其州[72]，招誘氐、蜀[73]，絕魏運路。會魏大軍北還，太洪襲破魏東洛[74]、除口[75]二戍，聲言梁兵繼至，氐、蜀翕然從之。太洪進圍關城[76]，豎眼遣統軍姜喜等擊太洪，大破之，太洪棄關城走還。

癸未[77]，魏以高陽王雍為太傅、領太尉，清河王懌為司徒，廣平王懷為司空。○甲午[78]，魏葬宣武皇帝于景陵，廟號世宗。己亥[79]，尊胡貴嬪為皇太妃。三月甲辰朔[80]，以高太后為尼[81]，徙居金墉[82]瑤光寺，非大節慶，不得入宮。

魏左僕射郭祚[83]表稱：「蕭衍狂悖，謀斷川瀆[84]，役苦民勞，危亡已兆[85]，宜命將出師，長驅撲討。」魏詔平南將軍楊大眼督諸軍鎮荊山[86]。

魏于忠既居門下[87]，又總宿衛[88]，遂專朝政，權傾一時。初，太和中[89]，軍國多事[90]，高祖以用度不足，百官之祿四分減一。忠悉命歸所減之祿[91]。舊制：民稅絹一匹別輸綿[92]八兩，布一匹別輸麻十五斤，忠悉罷之[93]。乙丑[94]，詔文武羣官各進位一級。

夏，四月，浮山堰成而復潰，或言蛟龍能乘風雨破堰，其性惡鐵[95]，乃運東、西冶鐵器[96]數千萬斤沈之，亦不能合。乃伐樹為井幹[97]，填以巨石，加土其上。緣淮百里內木石無巨細皆盡，負擔[98]者肩上皆穿，夏日疾疫，死者相枕，蠅蟲晝夜聲合[99]。○魏梁州刺史薛懷吉[100]破叛氐於沮水[101]。懷吉，真度之子也。五月甲寅[102]，南秦州[103]刺史崔暹又破叛氐，解武興之圍[104]。

六月，魏冀州沙門法慶以妖幻惑眾，與勃海人李歸伯[4]作亂，推法慶為主。法慶以尼惠暉為妻，以歸伯為十住菩薩[105]、平魔軍司、定漢王，自號大乘。又合[106]狂藥，令人服之，父子兄弟不復相識，唯以殺害為事。刺史蕭寶寅遣兼長史崔伯驎擊之，伯驎敗死。賊眾益盛，所在毀寺舍，斬僧尼，燒經像，云「新佛出世，除去眾魔。」秋，七月丁未[107]，詔假右光祿大夫元遙征北大將軍[108]以討之。

魏尚書裴植[109]，自謂人門[110]不後王肅[111]，以朝廷處之不高，意常怏怏，表請解官隱嵩山[112]，世宗不許，深怪[113]之。及為尚書，志氣驕滿，每謂人曰：「非我須尚書，尚書亦須我[114]。」每入參議論[115]，好面譏毀[116]羣官，又表[117]征南將軍田益宗，言：「華、夷異類[118]，不應在百世衣冠[119]之上。」于忠、元昭見之切齒[120]。

尚書左僕射郭祚，冒進[121]不已，自以東宮師傅，列辭尚書[122]〔5〕，望封侯、儀同[123]，詔以祚為都督雍・岐・華三州諸軍事、征西將軍、雍州刺史。

祚與植皆惡于忠專橫，密勸高陽王雍使出之[124]。忠聞之，大怒，令有司誣奏其罪。尚書奏[125]：「羊祉告[126]植姑子皇甫仲達云『受植旨[127]，詐稱被詔[128]，帥合部曲[129]欲圖于忠。』臣等窮治，辭不伏引[130]，然眾證明昞[131]，準律當死[132]。眾證雖不見植[133]，皆言『仲達為植所使，植召仲達責問而不告列[134]』。推論情狀，不同之理不可分明[135]，不得同之常獄，有所降減，計同仲達[136]處植死刑。植親帥城眾，附從王化[137]，依律上議[138]，乞賜裁處。」忠矯詔曰：「凶謀既爾，罪不當恕。雖有歸化之誠，無容上議，亦不須待秋分[139]。」八月己亥[140]，植與郭祚及都水使者杜陵韋儁[141]皆賜死。儁，祚之昏家也。忠又欲殺高陽王雍，崔光固執不從，乃免雍官，以王還第。朝野冤憤，莫不切齒。

丙子[142]，魏尊胡太妃為皇太后，居崇訓宮。于忠領崇訓衛尉[143]，劉騰為崇訓太僕[144]，加侍中，侯剛為侍中、撫軍將軍。又以太后父國珍[145]為光祿大夫。

庚辰[146]，定州刺史田超秀[147]帥眾三千降魏。○戊子[148]，魏大赦[149]。己丑[150]，魏清河王懌進位太傅，領太尉；廣平王懷為太保，領司徒；任城王澄為司空。庚寅[151]，魏以車騎大將軍于忠為尚書令，特進崔光為車騎大將軍，並加[152]開府[6]儀同三司。

魏江陽王繼[153]，熙之曾孫也，先為青州刺史，坐以良人為婢[154]奪爵。繼子乂[155]娶胡太后妹，壬辰[156]，詔復繼本封[157]，以乂為通直散騎侍郎，乂妻為新平郡君[158]，仍拜女侍中[159]。

羣臣奏請太后[7]臨朝稱制[160]，九月乙未[161]，靈太后[162]始臨朝聽政，猶稱令以行事，羣臣上書稱殿下。太后聰悟，頗好讀書屬文，射能中針孔，政事皆手筆自決[163]。加胡國珍侍中，封安定公[164]。

自郭祚等死，詔令生殺皆出于忠，王公畏之，重足脅息[165]。太后既親政，乃解忠侍中、領軍、崇訓衛尉，止為儀同三司、尚書令。後旬餘，太后引門下侍官[166]於崇訓宮，問曰：「忠在端揆[167][8]，聲望何如？」咸曰：「不稱厥任[168]。」乃出忠為都督冀・定・瀛[169]三州諸軍事、征北大將軍、冀州刺史；以司空澄領尚書令。澄奏：「安定公宜出入禁中，參諮大務。」詔從之。

甲寅[170]，魏元遙破大乘賊，擒法慶并渠帥[171]百餘人，傳首洛陽。○左遊擊將軍趙祖悅襲魏西硤石[172]，據之以逼壽陽。更築外城，徙緣淮之民以實城內。將軍田道龍等散攻諸戍，魏揚州刺史李崇分遣諸將拒之。癸亥[173]，魏遣假鎮南將軍崔亮攻西硤石，又遣鎮東將軍蕭寶寅決淮堰。

冬，十月乙酉[174]，魏以胡國珍為中書監、儀同三司，侍中如故。○甲午[175]，弘化[176]太守杜桂舉郡降魏。

初，魏于忠用事，自言世宗許其優轉[177]，太傅雍等皆不敢違，加忠車騎大將軍。忠又自謂新故之際[178]有定社稷之功，諷百僚令加己賞，雍等議封忠常山郡公。忠又難於獨受，乃諷朝廷，同在門下者皆加封邑。雍等不得已，復封崔光為博平縣公。而尚書元昭等上訴不已[179]，太后敕公卿再議。太傅懌等上言：「先帝升遐[180]，奉迎乘輿，侍衛省闥[181]，乃臣子常職，不容以此為功。臣等前議授忠茅土[182]，正以[183]畏其威權，苟免暴戾[184]故也。若以功過相除[185]，悉不應賞，請皆追奪。」崔光亦奉送章綬茅土[186]，表十餘上，太后從之。

高陽王雍上表自劾，稱「臣初入柏堂[187]，見詔旨之行一由門下[188]，臣出君行[189]，深知其[9]不可而不能禁。于忠專權，生殺自恣，而臣不能違。忠規欲[190]殺臣，賴在事執拒[191]。臣欲出忠於外，在心未行，返[192]為忠廢。忝官尸祿[193]，孤負恩私[194]，請返私門[195]，伏聽司敗[196]。」太后以忠有保護之功，不問其罪。十二月辛丑[197]，以雍[10]為太師，領司州牧[198]，尋復錄尚書事，與太傅懌、太保懷、侍中胡國珍入居門下，同釐庶政[199]。

己酉[200]，魏崔亮至硤石，趙祖悅逆戰而敗，閉城自守，亮進圍之。○丁卯[201]，魏主及太后謁景陵。○是冬，寒甚，淮、泗盡凍，浮山堰士卒死者什七八。

魏益州刺史傅豎眼，性清素，民、獠懷之。龍驤將軍元法僧[202]代豎眼為益州刺史，素無治幹[203]，加以貪殘，王、賈諸姓，本州士族，法僧皆召為兵。葭萌民任令宗[204]因眾心之患魏[205]也，殺魏晉壽太守，以城來降，民、獠多應之。益州刺史鄱陽王恢[206]遣巴西、梓潼二郡[207]太守張齊將兵三萬迎之。法僧，熙之曾孫也。

魏岐州刺史趙郡王[11]謐[208]，幹之子也，為政暴虐。一旦，閉城門大索[209]，執人而掠之[210]，楚毒備至。又無故斬六人，闔城[211]兇懼。眾遂大呼，屯門[212]。謐登樓毀梯以自固。胡太后遣游擊將軍王靖馳駟[213]諭城人，城人開門謝罪，奉送管籥，乃罷謐刺史。謐妃，太后從女[214]也。至洛，除大司農卿[215]。

太后以魏主尚幼，未能親祭，欲代行祭事，禮官博議以為不可。太后以問侍中崔光，光引漢和熹鄧太后[216]祭宗廟故事[217]，太后大悅，遂攝行祭事[218]。○魏南荊州刺史桓叔興表請不隸東荊州[219]，許之。

【章旨】以上為第一段，寫梁武帝蕭衍天監十四年（西元五一五年）一年間的大事。主要寫了魏宣武帝元恪死，七歲的太子元詡繼位，崔光為防衛太子的安全，嚴格阻止宗室諸王接近太子；寫高太后違背宣武帝的前旨欲殺太子之母胡貴嬪，太監劉騰與侯剛、于忠、崔光等人救護之；寫高氏的黨羽詹事王顯與孫伏連等圖謀政變，被于忠所殺，于忠引任城王元澄與高陽王元雍共同管理朝政，中外悅服；寫魏人殺外戚權臣高肇，廢高太后使居於瑤光寺為尼；寫魏臣裴植、郭祚忌恨于忠專權，聯合元雍欲出之，結果被于忠誣以欲謀害大臣，將郭祚、裴植處死，將元雍罷職；寫魏國的胡貴嬪進為胡太妃，又進為胡太后，與魏臣于忠、劉騰、侯剛等聯手掌權；寫于忠被胡太后斥離朝廷，罷去封土，往任冀州刺史；寫胡太后濫封其妹為新平郡君，任以為女侍中；其姪女之夫元謐剛被罷岐州，回朝又任以為大司農卿；其父胡國珍任侍中、封安定郡公，進入魏國的決策集團；寫元雍重被胡太后任以為錄尚書事，與元懌、元懷等同居門下。此外還寫了梁人因築浮山堰勞民傷財、天怒人怨，魏派傅豎眼駐兵於荊山以相機攻梁，以及魏之冀州有妖僧作亂，刺史蕭寶寅討之不能勝，魏派元遙往討之等等。

【注釋】❶正月乙巳朔　正月初一是乙巳日。❷上冠太子　梁武帝蕭衍親手把帽子給太子蕭統戴在頭上，表示蕭統已到成人。時蕭統虛歲十八。❸辛亥　正月初七。❹甲寅　正月初十。❺丁巳　正月十三。❻崔光　世宗時代的魏國大臣，曾任中書令，此時任中書監、太子少傅。傳見《魏書》卷六十七。❼于忠　魏國功臣于栗磾的曾孫，于烈之子。此時任領軍將軍。傳見《魏書》卷三十一。❽侯剛　以善烹飪侍高祖、世宗、肅宗三帝，此時任城門校尉、通直散騎常侍。傳見《魏書》卷九十三。❾太子詡　元詡，宣武帝元恪的第二子，即日後的魏肅宗。初繼位時年僅七歲。❿須明　等待天明。須，等待。⓫不可暫曠　一刻也不能空缺。暫，片刻；一會兒。⓬須奏中宮　應該稟明皇后。中宮，指皇后。⓭東序　大殿上的東側。⓮元昭　魏昭成帝什翼犍的後代，此時任黃門侍郎之職。傳見《魏書》卷十五。⓯攝太尉　暫時以太尉的身分。攝，代理。⓰策老皇帝傳位於太子的詔書。⓱袞冕之服　皇帝的龍袍與冠冕。⓲夜直羣官　守夜值勤的一應官員。⓳遵　拓跋遵，昭成帝什翼犍之子，被封為略陽王。傳見《魏書》卷十五。⓴高后　宣武帝元恪的高皇后，高肇的姪女。傳見《魏書》卷十三。㉑欲殺胡貴嬪　胡貴嬪是新皇帝元詡的生母，高皇后是想仍奉行老皇帝拓跋珪時代的規矩，凡立為太子者殺其母。㉒中給事　官名，在宮內侍候帝后的宦官。㉓劉騰　孝文帝時入宮，後逐漸有權，至因救胡貴嬪有功，遂擅朝政。傳見《魏書》卷九十四。㉔戊午　正月十四。㉕己未　正月十五日。㉖悉召西伐東防兵　命令西伐益州與東援壽陽的兩支軍隊撤回。㉗廣平王懷　元懷，前魏主元恪之弟。傳見《魏書》卷二十二。㉘扶疾入臨　強支撐著病體入宮以哭魏主。臨，哭悼死者。㉙太極西廡　太極殿的西廊。時魏主停靈於太極殿。㉚二衛　左衛、右衛將軍。㉛大行　指已經去世，正在辦喪事而尚未安葬的皇帝。大行，一去不返。㉜主上　指新繼位的小皇帝。㉝攘袞振杖　挽起喪服，舉起喪杖。㉞漢光武崩　漢光武劉秀是東漢王朝的開國皇帝。傳見《後漢書・光武紀》。漢光武帝死於西元五七年。㉟趙熹扶諸王下殿　趙熹是東漢初期的太監。傳見《後漢書》卷五十六。漢光武帝劉秀死後，在辦理喪事的時候，眾皇子與皇太子共坐在一席，趙熹認為這不合規矩，於是正色橫劍，扶諸王下殿，以明尊卑。㊱以古義裁我　引證古代的禮節來批評我的失誤。裁，壓制；批評。㊲頻遣左右致謝　一連幾次地派人向崔光為自己的莽撞表示歉意。按，崔光之嚴格不准諸王上殿與接近太子，是擔心有人心懷不軌，傷及太子，故採取防範如此。㊳時望　指有名望，而被當時的朝野人士所歸心。㊴任城王澄　元澄，拓跋雲之子，景穆帝拓跋晃之孫，是魏國有功勳有幹略的老臣。為小皇帝的曾祖父一輩。傳見《魏書》卷十九中。㊵無所關豫　一概不過問、不關心。豫，干預；參加。㊶擁兵於外　高肇當時為大將軍，都督各路伐蜀的軍隊。㊷門下　門下的主要官員，指侍中崔光等。㊸高陽王雍　元雍，孝文帝之弟，宣武帝之叔，小皇帝的叔祖。傳見《魏書》卷二十一上。㊹省決庶政　過問、裁決國家的各項大政方針。㊺總攝百揆總領百官，管理好文武群臣。攝，管理。百揆，百官。㊻即敕授　立刻下手令給二王。敕，命令。㊼寢門下之奏　把門下省上報的文件壓下。寢，壓下。㊽矯皇后令　假傳元恪高皇后的命令，此高皇后即高肇的姪女。㊾錄尚書事　兼管尚書省的各項事務，一下子就使真正的尚書令變得無權了。錄，兼管；分管。㊿高猛　高肇之姪，世宗元恪的妹婿。傳見《魏書》卷八十三下。(51)託以侍療無效　給王顯加了一個給宣武帝治病無效的罪責。(52)直閤　皇帝身邊值勤的侍衛武官，應是于忠的老部下。(53)掖下　同「腋下」。(54)庚申　正月十六。(55)總己　約束自己。意即老老實實地服從。(56)二月庚辰　二月初七。(57)稱名　直稱高肇之名，這是一種嚴肅的不講客氣的態度。(58)告哀於高肇　向高肇通報宣武帝元恪的死訊。(59)承變　知道了朝廷的變化。(60)瀍澗　這裡即指當時洛陽城西的瀍水，舊址已到今洛陽城內。(61)不與相見　家人前往迎接，而高肇不與家人相見，這是表現一種公家的大事未辦，不能先忙個人私事的禮節。(62)辛巳　二月初八。(63)直寢　在皇帝臥室周圍值勤的武官。(64)舍人省　即中書省。中書省的長官為中書監、中書令，其僚屬有中書舍人數名。(65)西廡　太極殿的西側房，即舍人省的辦公所在地。(66)清河諸王　清河王元懌等人，皆宣武帝的兄弟，小皇帝之叔。(67)暴其罪惡　公布高肇罪行。暴，公布；宣布。(68)廁門　同「側門」。(69)晉壽　郡名，郡治在今四川劍閣東北，當時是魏將益州刺史傅豎眼的駐兵之地。(70)巴北　指當時的北巴西郡，郡治即今四川閬中。(71)陰平　縣名，縣治在今四川劍閣西。(72)入其州　進入了傅豎眼所佔據的益州州治，即晉壽郡。(73)氐蜀　指當地的氐族人與梁國人和魏國人。(74)東洛　軍事據點名，在當時的白水縣（今四川廣元西北）。(75)除口　也寫作蒢口，是當時的蒢溪入漢水的匯口。(76)關城　即白水關城，在今四川青川縣的東北方、廣元的西北方。(77)癸未　二月初十。(78)甲午　二月二十一。(79)己亥　二月二十六。(80)三月甲辰朔　三月初一是甲辰日。(81)以高太后為尼　以高太后曾殺死皇子昌，又殺死前皇后于氏，又為人妒忌，多殺皇子故等等。(82)金墉　當時洛陽城西北角的小城名。(83)郭祚　孝文、宣武時代的魏國名臣，與翟光同受信任，此時任左僕射。傳見《魏書》卷六十四。(84)謀斷川瀆　指從上卷蕭衍聽王足建議為壅水以灌壽陽而修築浮山堰截斷淮河。瀆，大河。(85)兆　徵兆；苗頭。(86)荊山　在今安徽懷遠西南，當時屬魏。(87)居門下　指任侍中之職。門下，即門下省，其最高長官即侍中，皇帝的心腹謀臣。(88)總宿衛　總管朝廷的所有警衛部隊，指任領軍將軍。領軍將軍既總管朝廷的警衛部隊，也總管全國所有的軍隊。(89)太和中　太和是孝文帝的第三個年號（西元四七七—四九九年）。(90)軍國多事　指多次與南朝、柔然作戰。(91)歸所減之祿　從此給各官僚發全額的俸祿。(92)綿　絲綿。(93)悉罷之　全部免去外加的絲與麻。(94)乙丑　三月二十二。(95)其性惡鐵　據說蛟龍的生性害怕鐵。惡，討厭；害怕。(96)東西冶鐵器　東西兩個冶鐵場所鑄造的鐵器。東冶、西冶都在當時的建康城內。(97)為井幹　用木槓做成井欄的形狀。意即做成各種形狀的大木籠。井幹，井口的圍欄，常做成四角或八角形。(98)負檐　同「負擔」。扛石頭與挑土。檐，通「擔」。用扁擔挑東西。(99)晝夜聲合　一天到晚叫聲不停。(100)薛懷吉　薛安都之姪，薛真度之子，此時任魏之益州刺史。傳見《魏書》卷六十一。薛安都、薛真度原來都是劉宋的將領，由於宋明帝劉彧的政策荒謬而率部北投魏國。(101)沮水　沔水的上游，在今陝西勉縣西。(102)甲寅　五月十二。(103)南秦州　魏國的南秦州，州治駱谷城，在今甘肅成縣西。(104)解武興之圍　武興是魏郡名，郡治在今陝西略陽，時有叛亂的氐人圍困武興，故刺史崔暹擊破之。(105)十住菩薩　據《魏書·元遙傳》，殺一人為一住菩薩，殺十人為十住菩薩。按，這是法慶自定的佛名。(106)合　配製。(107)七月丁未　七月初六。(108)假右光祿大夫元遙征北大將軍　假……征北大將軍，任命……為代理征北大將軍。假，任其為暫時代理。元遙，景穆帝拓跋晃之孫，此前原任閒散的右光祿大夫之職。傳見《魏書》卷十九上。(109)裴植　南朝的降將裴叔業之姪，隨其叔降魏後，曾為兗州刺史、度支尚書。傳見《魏書》卷七十一。(110)人門　自己的人品與出身門第。(111)不後王肅　不在王肅之下。王肅是南齊大官僚王奐之子，因其父被齊武帝蕭賾所殺而逃歸魏國，深受孝文帝的賞識與器重，比作劉備與諸葛亮。曾任豫州刺史、尚書令等職。傳見《魏書》卷六十三。(112)嵩山　古代所稱的五嶽之一，在今河南登封北，洛陽東南方。(113)怪　不理解；不知他為什麼。(114)尚書亦須我　意思是這個度支尚書非我不行。(115)入參議論　入宮在魏主身邊議論某人。(116)面譏毀　當眾嘲笑、詆毀被議論的官員。(117)表　上表對皇帝評議某人。(118)華夷異類　少數民族與中原人不是同類人。古有「非我族類，其心必異」之語。(119)衣冠　中原士大夫的穿戴。冠，禮帽。後多指士大夫、官紳。這裡的「衣冠」是指漢族人與鮮卑人。當時魏人早以華人自居。但若說「百代衣冠」則含義更窄，就把鮮卑人也排斥在外了。田益宗是豫鄂交界地區的蠻族人，因率眾降魏，此時被任征南將軍、金紫光祿大夫。雖無多少實權，但職位顯要，故裴植以為他不該居於自己這個「百代衣冠」之上。(120)于忠元昭見之切齒　于忠、元昭這兩位正在當權的魏國人，雖然現在都以華人自居，但他們畢竟是北來的鮮卑人，故對裴植說這種話非常惱火。(121)冒進　貪圖進位、晉升。冒，貪婪。(122)自以東宮師傅二句　以為自己既然當了太子少師，便應該辭去尚書省的官職。(123)望封侯儀同　希望被封為公侯，被授以開府儀同三司。(124)出之　讓他離開朝廷，到地方上任職。(125)尚書奏　此出面揭發裴植罪行的尚書一定是被于忠收買的郭祚的部下。(126)羊祉告　據羊祉揭發報告。羊祉的父祖皆曾為劉宋官吏，羊祉降魏後，先後為益州刺史、秦梁二州刺史。傳見《魏書》卷八十九。(127)受植旨　接受裴植的指使；稟承裴植的意旨。(128)詐稱被詔　假說是奉了皇帝的命令。(129)帥合部曲　率領部下。部曲，指部下的士兵與私家的黨羽。(130)辭不伏引　意即拒不認罪。伏引，服罪；認罪。(131)眾證明昞　意即證據確鑿。昞，同「炳」。清楚；明確。(132)準律當死　按照法律應判死刑。準，按照。(133)雖不見植　雖然沒有親眼見到裴植的活動。(134)植召仲達責問而不告列　都說裴植曾召仲達詢問過情況，但沒有對人說是問了什麼。[135]不同之理不可分明　沒有辦法證明裴植與仲達不是同夥。不同，不參與其中；不是同夥。[136]計同仲達　我們打算把裴植與仲達同等對待。[137]植親帥城眾二句　指當年裴植曾與其叔父裴叔業一道率領壽陽的軍民投降魏國。事見本書前文卷一百四十三。[138]依律上議　按規定應由朝廷再組織大臣進行合議。當時魏國對重要人物或對事關重大的案件有所謂「八議之律」。八議是指由尚書省的八位長官共同合議。[139]不須待秋分　不必等到秋分後再執行死刑，意即立即處死。[140]八月己亥　八月二十九日。按，《魏書・肅宗紀》作「乙亥」，八月初五日。[141]韋儁　韋閬之子，曾任荊州治中、都水使者，所在有聲，因與郭祚是親戚，遂被于忠所害。傳見《魏書》卷四十五。[142]丙子　八月初六。[143]領崇訓衛尉　兼任崇訓宮的禁衛軍統領，意在控制太后，總攬朝權。[144]崇訓太僕　為皇太后趕車的官。[145]國珍　胡國珍。傳見《魏書・外戚傳下》。[146]庚辰　八月初十。[147]定州刺史田超秀　田超秀是降魏的蠻族頭領田益宗之子，上年因被魏將劉桃符所襲，與其兄弟田魯生、田魯賢一齊降梁，梁任田魯生為北司州刺史，任田魯賢為北豫州刺史，任田超秀為定州刺史。此處所謂「北司州」、「北豫州」、「定州」，即他們當時所佔之地以稱之，與實際地名沒有關係。[148]戊子　八月十八。[149]魏大赦　因胡氏為太后故也。[150]己丑　八月十九。[151]庚寅　八月二十。[152]並加　指于忠、崔光二人同時都加授開府儀同三司。[153]江陽王繼　元繼，道武帝拓跋珪的後裔，陽平王元熙的曾孫，過繼給江陽王元根，襲江陽王爵。傳見《魏書》卷十六。[154]坐以良人為婢　因為掠取平民家的女子為奴婢。[155]繼子乂　元乂，小字夜叉，魏國的亂臣。傳見《魏書》卷十六。[156]壬辰　八月二十二。[157]復繼本封　恢復其原有的江陽王位。[158]新平郡君　此女以胡太后之妹得封為新平君，食邑為新平郡。漢武帝曾封其同母異父姐為修成君，異姓女子如此受封者歷史上尚不多見。[159]仍拜女侍中　任命胡太后之妹為女侍中。如此封拜為以前所未有，呂后當年曾封其妹為林光侯，但未聞授其職權。仍，此處的意思同「乃」。[160]臨朝稱制　以代理皇帝的姿態臨朝執政，以皇帝的名義發號施令。[161]九月乙未　九月初五。[162]靈太后　即胡太后，死後謚曰靈，這裡是預支使用。[163]手筆自決　親手寫出對一些事情的決定。[164]安定公　安定郡公，封地為安定郡。[165]重足脅息　皆言其小心害怕，一點兒不敢動、大氣不敢出的樣子。重足，併著腳站立。脅息，胡三省曰：「屏氣鼻不敢息，唯兩脅潛動以舒氣息耳。」[166]門下侍官　門下省的主要官員，指侍中、散騎常侍、侍郎。[167]端揆　猶言「首輔」，朝廷的一號大臣。[168]不稱厥任　與其職務不相稱。厥，其。[169]冀定瀛　魏國的三州名，冀州的州治即今河北冀州，定州的州治即今河北定州，瀛州的州治即今河北河間。[170]甲寅　九月十四。[171]渠帥　大首領。[172]西硤石　軍事據點名，在當時壽陽城西北方的淮水西岸，在今安徽鳳臺城的南側。胡三省引《水經注》曰：「淮水東過壽春縣北，又北逕山峽中，謂之峽石。對岸山上結二城，以防津要。在淮水西岸者謂之西峽石。」[173]癸亥　九月二十三。[174]十月乙酉十月十六。(175)甲午　十月二十五。(176)弘化　梁郡名，郡治不詳。胡三省曰：「蓋亦緣邊蠻郡也。」(177)許其優轉　答應把他的官職往上提。(178)新故之際　新老皇帝的交替之間。(179)上訴不已　元昭當時也在門下省，同有擁立之功，卻沒有封爵，因此不斷上訴。(180)先帝升遐　指宣武帝元恪去世。升遐，升天遠去，猶今所謂「仙逝」。(181)侍衛省闥　守衛宮廷。闥，宮門。(182)授忠茅土　即封于忠為常山郡公。古代天子分封某人為諸侯，都要取國家社稷壇上的一包代表那個方向的土，用茅草包起來，交給受封的人帶著到他受封的那個地方去立社祭祀。(183)正以　只是因為。正，僅；只。(184)苟免暴戾　以免他發脾氣逞兇。(185)相除　相互抵消。(186)奉送章綬茅土　把印章、綬帶、茅土都交回了朝廷。(187)柏堂　即前文所說的「西柏堂」，諸國執政大臣的議事廳。(188)一由門下　完全是由門下省的人說了算。(189)臣出君行　于忠出的主意，以皇帝的名義頒行。臣，指于忠。(190)規欲　圖謀；打算。(191)賴在事執拒　多虧了在位主事的大臣堅持反對。在位主事的大臣指崔光。執拒，堅定地拒絕。(192)返　此處同「反」。(193)忝官尸祿　空居其官，白享其祿。忝，猥居；不當居而居。尸，像尸一樣享受祭祀。尸是古代祭祀時裝作神靈的巫覡，亦如現時的木偶、泥胎、靈牌等等。(194)孤負恩私　辜負了朝廷的恩典。恩私，恩情。(195)私門　家門。(196)伏聽司敗　等待國家司法部門的懲處。司敗，周朝的官名，猶如後代的廷尉、刑部尚書等。(197)十二月辛丑　本年的十二月無「辛丑」日，辛丑日是閏十二月的初三。(198)司州牧　首都洛陽所在州的行政長官。歷來北方的各朝都把都城洛陽所在的州稱作「司州」。(199)同釐庶政　共同處理各項政務。(200)己酉　閏十二月十一。(201)丁卯　閏十二月二十九。(202)元法僧　陽平王元熙的曾孫。傳見《魏書》卷十六。(203)治幹　治政的才幹。(204)葭萌民任令宗　葭萌城裡的百姓姓任名令宗。葭萌是古城名，當時為晉壽郡的郡治所在地，在今四川廣元南。(205)患魏　討厭魏國人。(206)鄱陽王恢　蕭恢，梁武帝蕭衍之弟，此時任益州刺史，居成都。傳見《梁書》卷二十二。(207)巴西梓潼二郡　當時梁國的巴西、梓潼二郡合設一個太守，郡治即今四川綿陽。(208)趙郡王謐　元謐，拓跋幹之子，宣武帝元恪的堂兄弟，此時任岐州刺史。傳見《魏書》卷二十一。岐州的州治雍縣，在今陝西寶雞東北。(209)大索　大肆搜捕。(210)執人而掠之　捉起人來嚴刑拷打。掠，拷打。(211)闔城　滿城。(212)屯門　奪取、佔領了岐州城各面的城門。(213)馳馹　乘驛車前往。馹，驛車。(214)從女　姪女。(215)除大司農卿　以見胡太后的任人唯親，不講一點原則。(216)漢和熹鄧太后　漢和帝的皇后，死後謚曰熹的鄧氏女人。此人在漢和帝死後，因繼位者年幼，曾臨朝稱制十七年。傳見《後漢書》卷十。(217)祭宗廟故事　鄧太后在臨朝稱制期間，曾代替皇帝祭祀過劉氏宗廟。(218)攝行祭事　代替小皇帝祭祀了魏國的宗廟。胡三省曰：「史言崔光逢女主之惡。」(219)桓叔興表請不隸東荊州　桓叔興是東晉末年的亂黨桓玄之孫，桓誕之子，桓暉之弟。桓玄在東晉作亂兵敗被殺後，其子桓誕等逃入豫鄂邊境地區之蠻族，當了蠻民的酋長，孝文帝時歸附於魏。傳見《魏書》卷一百一。

天監十一年，魏任桓叔興為南荊州刺史，但使之受東荊州刺史管轄。

【校　記】①領軍黃門　據章鈺校，十二行本、乙十一行本皆作「黃門領軍」，張瑛《通鑑校勘記》同。②傅　據章鈺校，十二行本、乙十一行本皆作「保」。③眾　據章鈺校，十二行本、乙十一行本皆作「世」。④李歸伯　據章鈺校，十二行本、乙十一行本、孔天胤本「伯」下皆有「等」字。⑤列辭尚書　原無此四字。據章鈺校，十二行本、乙十一行本、孔天胤本皆有此四字，張敦仁《通鑑刊本識誤》、張瑛《通鑑校勘記》同，今據補。⑥開府　據章鈺校，十二行本、乙十一行本皆無此二字。⑦太后　據章鈺校，十二行本、乙十一行本「太」上皆有「皇」字。⑧揆　據章鈺校，十二行本、乙十一行本、孔天胤本皆作「右」。⑨其　據章鈺校，十二行本、乙十一行本皆無此字。⑩雍　原作「忠」。據章鈺校，十二行本、乙十一行本皆作「雍」，今據改。按，與《魏書·肅宗紀》亦作「雍」。⑪趙郡王　原作「趙王」。胡三省注云：「此於『王謐』之上逸『郡』字。」嚴衍《通鑑補》改作「趙郡王」，今據補。

【語　譯】高祖武皇帝四

天監十四年（乙未　西元五一五年）

春季，正月初一日乙巳，梁武帝蕭衍在太極殿親自為皇太子蕭統主持加冠儀式，表示皇太子已經長大成人，實行大赦。〇初七日辛亥，梁武帝到建康城的南郊舉行祭天典禮。

正月初十日甲寅，魏宣武帝元恪開始身患重病。十三日丁巳，魏宣武帝在式乾殿駕崩。擔任侍中、中書監、太子少傅的崔光，擔任侍中、領軍將軍的于忠，擔任詹事的王顯，擔任中庶子的代郡人侯剛前往東宮把皇太子元詡迎接到顯陽殿。詹事王顯主張等到天明再為皇太子元詡舉行即位典禮，崔光說：「天子的位置一刻也不能空缺，怎麼可以等待天明呢！」王顯說：「這件事情需要奏明中宮的高皇后。」崔光說：「皇帝駕崩，太子即位，這是國家的一般法典，哪裡需要高皇后的懿旨！」於是，崔光等人勸說皇太子元詡停止哀哭，站立在大殿的東側；侍中、領軍將軍于忠、黃門郎元昭攙扶著皇太子元詡面向西哭了十幾聲之後止住哭聲。崔光暫時以太尉的身分，捧著先帝傳位於太子的詔書和皇帝的璽印進獻給太子元詡，太子元詡跪著接受了詔書、璽印，然後身穿皇帝的袞龍袍，頭上戴著皇冠，來到太極殿，坐上皇帝的寶座。崔光等人與在宮中守夜值勤的文武官員全都站在殿庭當中，面朝北跪拜磕頭，高呼萬歲。黃門郎元昭，是元遵的曾孫。

魏國的高皇后想依照魏國的先例殺死新皇帝元詡的生身母親胡貴嬪，在宮中擔任中給事的宦官譙郡人劉騰把這件事情告訴了中庶子侯剛，侯剛又告訴了侍中、領軍將軍于忠。于忠向崔光請教該怎麼辦，崔光讓人把胡貴嬪安置在一個安全的地方，派兵嚴加防護守衛，胡貴嬪因此事非常感謝劉騰、侯剛、于忠、崔光這四個人。正月十四日戊午，魏國實行大赦。十五日己未，魏國朝廷把西伐益州和東援壽陽的兩路軍隊召回。

魏國擔任驃騎大將軍的廣平王元懷勉強支撐著病體入宮哭悼宣武帝，他逕直來到太極殿的西廊，哀聲痛哭，他召呼侍中、領軍將軍、黃門郎、左衛將軍、右衛將軍，然後對他們說：「我想上殿去哭弔大行皇帝，還必須得進去拜見新皇帝。」眾人對元懷提出的要求感到非常吃驚，大家面面相覷，沒有人敢回答他。崔光挽起喪服，舉起哭喪杖，按照漢光武帝劉秀駕崩時，趙熹將各王扶持下殿的故事，聲色非常嚴厲地拒絕了元懷的要求，聽到的人全都稱讚崔光處置此事處置得很恰當。元懷馬上停住了哭聲止住了眼淚，說：「侍中崔光引用古代的禮節來批評我的失誤，我怎敢不服！」於是出宮回家，回家之後還一連幾次地派人為自己的莽撞行為向崔光表示歉意。

此前一直是高肇專擅朝權，他特別忌恨宗室當中那些有名望而使當時朝野人士所歸心的人，擔任太子太傅的任城王元澄多次受到高肇讒言的誣陷，他懼怕自己的身家性命不能保全，於是就整天酗酒，行為舉止就像一個瘋子，他對朝廷的機要事務一概不聞不問、漠不關心。等到世宗去世的時候，高肇正以大將軍的身分統領著各路伐蜀大軍，朝野人士對此都感到非常不安。侍中、領軍將軍于忠與門下省的主要官員商議，認為肅宗年紀尚幼，還沒有親自執掌朝政的能力，應該讓擔任太保的高陽王元雍入居西柏堂，檢查、裁決國家的各項政務，任命任城王元澄為尚書令，總領百官，奏請高皇后立即下手令給高陽王元雍、任城王元澄二人。詹事王顯一向受到魏世宗的寵愛與信任，他曾經倚仗自己的權勢大耍威風，因而遭到眾人的嫉恨，他擔心自己不能被元澄等人所容納，就與擔任中常侍的孫伏連等人密謀把門下省上奏的文件壓下來，然後假傳奉了高皇后的命令，任命大將軍高肇為錄尚書事，任命詹事王顯與勃海公高猛同時擔任侍中。于忠等人聽到這個消息之後，就給王顯加上了一個給宣武帝治病無效的罪名，在宮中把王顯逮捕起來，然後下詔削奪了王顯的爵位和官職。王顯被逮捕的時候大聲呼喊自己冤枉，在皇帝身邊值勤的直閤侍衛官用刀環猛撞王顯的腋下，把王顯押送到右衛府，過了一夜，王顯就死了。正月十六日庚申，宮中下詔批准了門下省的奏章，朝中的文武百官全都老老實實地聽命於高陽王元雍和任城王元澄，朝廷內外對這樣的安排全都心悅誠服。

二月初七日庚辰，魏國孝明帝元詡尊奉高皇后為皇太后。〇魏孝明帝寫信給大將軍高肇，向他通報宣武帝的死訊，元詡在書信中直稱高肇之名，並且召高肇馬上返回洛陽。高肇知道朝廷的情況已經發生了變化，內心非常憂愁恐懼，一天到晚只知道哭泣，以至於身形消瘦面容憔悴，當他到達洛陽城西的瀍水邊，家人去迎接他的時候，他都沒有與家人相見。初八日辛巳，高肇來到皇宮門口，他身穿喪服號啕大哭，登上太極殿，在宣武帝的靈前極盡悲哀。高陽王元雍與于忠密謀，讓在皇帝臥室周圍值勤的武官邢豹等十幾個人埋伏在中書省，高肇哭弔完畢，便被人引到太極殿的西側房，清河王元懌等人全都竊竊私語，並不時的用眼睛掃視著高肇。高肇進入中書省，邢豹等人立刻上前掐死了高肇，孝明帝下詔公布高肇的罪行，宣稱高肇是自殺身亡，而對於高肇的其他親戚朋黨全都不再予以追究，削除了高肇的職務和爵位，允許其家中用士大夫之禮安葬高肇。天黑以後，派人從側門把高肇的屍體運出中書省，送回他的家中。

魏國在西伐蜀地的時候，軍隊到達晉壽時，蜀地的人非常震驚恐慌。益州刺史傅豎眼率領三萬步兵攻取北巴西郡，梁武帝派遣擔任寧州刺史的任太洪率軍從陰平縣抄小路進入傅豎眼所佔據的益州境內，招引、誘導那裡的氐族人、蜀人，截斷了魏軍的糧食運輸補給線。又恰好遇到魏國伐蜀的大軍奉命北撤，寧州刺史任太洪便趁機率軍攻破了魏國東洛、除口兩個軍事據點，並揚言說梁國的大軍將會相繼到達，於是那些氐族人、蜀人全都俯首貼耳地服從了任太洪。任太洪率軍進圍了關城，傅豎眼派遣擔任統軍的姜喜等人進擊任太洪，把任太洪打得大敗，任太洪放棄了包圍關城逃回了寧州。

二月初十日癸未，魏國朝廷任命高陽王元雍為太傅、兼任太尉，任命清河王元懌為司徒，廣平王元懷為司空。〇二十一日甲午，魏國把宣武帝安葬在景陵，廟號世宗。二十六日己亥，孝明帝尊奉自己的生母胡貴嬪為皇太妃。三月初一日甲辰，令高太后削髮為尼，讓她搬出皇宮到金墉城內的瑤光寺居住，除非遇到特大的節日慶典，否則不許入宮。

魏國擔任尚書左僕射的郭祚上表給朝廷說：「蕭衍狂妄悖謬，企圖修築浮山堰以截斷淮河之水，役使百姓辛苦勞作，梁國的危亡已經顯露出徵兆，現在應該令將領率軍出征，長驅直入去討伐消滅他。」魏國朝廷下詔令擔任平南將軍的楊大眼統領各軍鎮守荊山。

魏國的于忠已經擔任了門下省的最高長官侍中，又擔任領軍將軍，統領著朝廷所有的警衛部隊，於是得以專擅朝政，權勢壓倒了當時所有的朝臣。當初，孝文帝元宏太和年間，國家多事，軍隊多次與南朝和柔然作戰，孝文帝因為國庫費用不足，就把百官的俸祿減少了四分之一，于忠命令把減少的官員俸祿全部發還。按照魏國舊有的制度：百姓每向國家交納一匹絹的賦稅，國家就向他們增加徵收八兩絲綿，每交納一匹布的賦稅，國家就向他們增加徵收十五斤麻，于忠把向百姓增加徵收的絲綿和麻全部免除。三月二十二日乙丑，朝廷下詔，文武百官各晉升一級。

夏季，四月，梁國在浮山修建的淮河大壩合龍之後又潰決了，有人說蛟龍能夠藉著風雨毀壞堤堰，據說蛟龍生性怕鐵，於是就把建康城內東、西兩個冶鐵場所鑄造的數千萬斤鐵器運到浮山沉入水中，大壩仍然不能合龍。於是又砍伐樹木，採用把木槓楔入水中圍成井欄的形狀，中間填上大石頭，上面再加上土的辦法修築攔河大壩。沿著淮河一百里的範圍內，所有的木材、石頭不論大小全部用光了，扛石頭、挑土的人肩膀都被磨破了，夏季瘟疫流行，死人的屍體互相枕壓著，蒼蠅蟲子晝夜圍著屍體嗡嗡地叫個不停。○魏國擔任梁州刺史的薛懷吉在沮水一帶打敗了叛變作亂的氐族人。薛懷吉，是薛真度的兒子。五月十二日甲寅，擔任南秦州刺史的崔暹再一次把叛變的氐族人打敗，解除了叛軍對武興郡城的包圍。

六月，魏國冀州境內的和尚法慶用妖術蠱惑民眾，與勃海人李歸伯一同起兵作亂，眾人推舉法慶為盟主。法慶娶了尼姑惠暉做妻子，任命李歸伯為十住菩薩、平魔軍司、定漢王，自己則稱大乘。又配製能使人發狂的藥，讓人喝下去之後，即使是父子兄弟也都變得互不相識，只知道一味地殺人。魏國擔任冀州刺史的蕭寶寅派遣兼任長史的崔伯驎率軍去消滅他們，崔伯驎作戰失敗，陣亡。賊人的勢頭更加旺盛、氣焰更加囂張，所到之處毀壞寺廟僧舍，殺死和尚尼姑，燒毀佛經佛像，他們宣揚說「新佛已經降臨人世，需要除去眾妖魔。」

秋季，七月初六日丁未，魏國朝廷下詔授予右光祿大夫元遙為征北大將軍率軍前往討伐法慶亂軍。

魏國擔任尚書的裴植，認為自己的人品和出身門第並不比王肅低下，覺得朝廷給自己的職位不高，心裡常常怏怏不樂，於是上表給宣武帝請求辭去官職到嵩山隱居，世宗沒有批准他的請求，而且對他這樣做也感到很不理解。等到裴植擔任了度支尚書以後，便趾高氣揚、驕傲自滿起來，他經常對別人說：「不是我非要擔任度支尚書這個職務，是度支尚書這個職務非我來當不可。」每次入宮在皇帝身邊參與討論，總喜歡當面譏諷、詆毀其他的官員，又上表詆毀征南將軍田益宗，說：「中原地區的人和那些少數民族不是同類人，田益宗的職位不應該居於百代都是官僚士大夫家庭出身的中原人之上。」擔任侍中、領軍將軍的于忠和擔任黃門郎的元昭看到裴植如此都對他恨得咬牙切齒。

擔任尚書左僕射的郭祚，不停地貪圖能晉升職位，他以為自己既然擔任了太子師傅，就應該辭去尚書左僕射的職務，並希望被封為侯爵、被授以開府儀同三司，魏孝明帝下詔任命郭祚為都督雍、岐、華三州諸軍事、征西將軍、雍州刺史。

郭祚與度支尚書裴植都很厭惡于忠的專權驕橫，於是就祕密勸說高陽王元雍令于忠離開朝廷到地方上去任職。于忠得知這個消息以後，不禁大怒，他命令有關部門的官員給他們捏造罪名然後上奏給皇帝。一名擔任尚書的官員遂上奏說：「根據梁州刺史羊祉的揭發報告，裴植姑媽的兒子皇甫仲達說自己『接受了裴植的指使，假說是奉皇帝的命令，準備率領自己的部下去除掉于忠。』我等雖然經過徹底追查審問，裴植就是拒不認罪，然而各種證據確鑿，依照法律應該判處裴植死刑。眾多證人雖然沒有親眼看到裴植的活動，卻都認為『皇甫仲達是受了裴植的指使，裴植曾經召見皇甫仲達詢問過情況，卻沒有對人說詢問了什麼問題』。以此推論，沒有辦法證明裴植和皇甫仲達不是同夥，不應把它看成是一件平常的案件，而在量刑上予以輕判，我們準備把裴植和皇甫仲達同等對待，全都判處死刑。只是裴植跟隨他的叔叔裴叔業一道率領壽陽的軍民投降了我們魏國，按照法律規定這件事應該由朝廷組織大臣進行合議，請陛下進行裁決。」于忠假傳皇帝的命令說：「他們的罪惡陰謀既然證據確鑿，對他們就不應該有一點寬恕。雖然他過去有率眾歸降的功勞，也用不著再組織大臣合議，也不必等到秋分後再執行死刑，可以立即將其處死。」八月二十九日己亥，裴植與郭祚以及擔任都水使者的杜陵人韋儁一同被賜死。韋儁，是郭祚的兒女親家。于忠又想殺害高陽王元雍，崔光堅決不同意，于忠這才免去了高陽王元雍太傅兼太尉的職務，元雍以高陽王的身分回到自己的府第閒居。朝野都對這件冤案感到憤恨，莫不切齒痛恨于忠。

八月初六日丙子，魏國孝明帝尊奉自己的生母胡太妃為皇太后，讓她居住在崇訓宮。于忠兼任負責統領崇訓宮禁衛軍的衛尉，劉騰則成了為居住在崇訓宮的皇太后趕車的太僕，並加授侍中之職，擔任中庶子的侯剛被任命為侍中、撫軍將軍。又任命皇太后的父親胡國珍為光祿大夫。

八月初十日庚辰，梁國擔任定州刺史的田超秀率領三千人投降了魏國。〇十八日戊子，魏國實行大赦。十九日己丑，魏國清河王元懌進位為太傅，兼任太尉之職；廣平王元懷進位為太保，兼任司徒，任城王元澄為司空。二十日庚寅，魏國任命擔任車騎大將軍的于忠為尚書令，特別晉升崔光為車騎大將軍，于忠與崔光同時加授開府儀同三司。

魏國的江陽王元繼，是元熙的曾孫子，先前曾經擔任過青州刺史，因為掠取平民家的女子為奴婢被判有罪而被剝奪了官職和爵位。元繼的兒子元乂娶了胡太后的妹妹為妻，因為這層關係，八月二十二日壬辰，朝廷下詔恢復元繼的江陽王爵位，同時任命元乂為通直散騎侍郎，封元乂的妻子胡氏為新平郡君，還任命她為女侍中。

魏國朝中的文武大臣上書請求胡太后代表皇帝臨朝執政，九月初五日乙未，胡太后開始臨朝聽政，胡太后所下的命令稱為令而不稱詔，群臣上書也都稱胡太后為殿下。胡太后很聰明，理解能力很強，非常喜歡讀書寫文章，射箭能夠射中針眼兒，對於政事她都要親筆寫出決定。胡太后加授胡國珍為侍中，並封胡國珍為安定公。

自從郭祚等人被賜死之後，朝廷所發布的詔書、命令以及讓誰生讓誰死都出自于忠之手，王公大臣因此都非常懼怕于忠，處處小心謹慎，連口大氣都不敢出。胡太后親政以後，才解除了于忠所擔任的侍中、領軍將軍、崇訓宮衛尉等職務，只給于忠保留了開府儀同三司的待遇和尚書令的職務。過了十多天之後，胡太后在崇訓宮召見門下省的主要官員，向他們詢問說：「于忠位居朝廷首輔之位，他的聲望怎麼樣？」門下省的官員都說：「和他的職位很不相稱。」於是胡太后將于忠調離朝廷讓他去擔任都督冀、定、瀛三州諸軍事、征北大將軍、冀州刺史；任命擔任司空的任城王元澄兼任尚書令。元澄上奏說：「應該讓安定公胡國珍出入皇宮，參與制定軍國大計。」胡太后下詔採納了元澄的建議。

九月十四日甲寅，魏國征北大將軍元遙打敗了自稱大乘的妖僧法慶所領導的賊軍，活捉了法慶和賊軍的一百多名大頭領，把他們斬首後又將他們的人頭傳送到洛陽示眾。〇梁國擔任左遊擊將軍的趙祖悅率軍襲擊並佔領了魏國的西硤石軍事據點，更加逼近壽陽城。他又在西硤石軍事據點城外修築了一道城牆，把淮河沿岸的百姓遷入城內，以充實城內的力量。將軍田道龍等則分頭率軍去進攻魏國其他的軍事據點，魏國擔任揚州刺史的李崇派遣諸將分別率軍去抵抗梁軍的入侵。二十三日癸亥，魏國朝廷派遣代理鎮南將軍崔亮率軍進攻剛剛佔領西硤石的趙祖悅，又派遣鎮東將軍蕭寶寅去決開梁國人在浮山修築的攔淮大壩。

冬季，十月十六日乙酉，魏國朝廷任命安定公胡國珍為中書監、開府儀同三司，侍中的職位依然保留。〇二十五日甲午，梁國擔任弘化太守的杜桂獻出弘化郡投降了魏國。

當初，魏國于忠掌管政權的時候，說世宗皇帝曾經答應提升他的官職，當時擔任太傅的高陽王元雍等都不敢違背他，於是加授于忠為車騎大將軍。于忠又認為在老皇帝去世、新皇帝即位的時候自己有安定社稷的功勞，於是就暗示文武百官給自己增加封賞，元雍等經過商議決定封于忠為常山郡公。于忠又覺得只有自己一個人受封賞不合適，於是又暗示朝臣，凡是在門下省任職的官員都要給增加封邑。元雍等在迫不得已的情況下，又封崔光為博平縣公。而當時同在門下省任職並有擁立之功的尚書元昭等人由於沒有得到封爵而不停地上訴，胡太后下令公卿大臣再次進行商議。擔任太傅的清河王元懌等人上書說：「先帝升天遠去，到東宮奉迎太子回到皇宮登基稱帝，擔任警衛守衛宮廷，這是臣子的一般職責，不允許把這樣的事情作為自己的功勞而要求升遷。我等以前曾經商議封于忠為常山郡公，只是因為畏懼他的威權，暫且避免他發脾氣逞兇而已。如果把他們的功勞和過失互相抵消，他們全都不應該受到封賞，請把給他們的封賞全部追奪回來。」崔光也請求把封賞給自己的印章、綬帶、封邑全部交回朝廷，奏章先後呈遞了十多次，胡太后這才同意了崔光的請求。

高陽王元雍上表自己彈劾自己，他說「我當初進入西柏堂任職的時候，看到詔書、聖旨的執行都是由門下省的人說了算，于忠出的主意，卻以皇帝的名義頒布實行，我明明知道這樣做不可以卻又沒有能力禁止。于忠專擅朝權，讓誰生讓誰死全都憑他一句話，而我不能違背。于忠原本打算害死我，多虧了在位主事的大臣堅決反對，我才得以倖免。我如果要把于忠調出朝廷到地方去任職，恐怕我剛一有這種想法還沒有來得及去實行，自己反倒先被于忠罷官了。我空佔著官位，白白享受著國家的俸祿，辜負了朝廷的恩典，請允許我回到自己家中閉門思過，聽候國家司法部門對我的懲處。」胡太后因為于忠有保護自己沒有被高皇后殺死的功勞，就沒有追究于忠的罪責。十二月辛丑日，任命元雍為太師，兼任司州牧，不久又任命元雍為錄尚書事，與擔任太傅的清河王元懌、擔任太保的廣平王元懷、擔任侍中的胡國珍全都到門下省供職，共同處理各種政務。

閏十二月十一日己酉，魏國代理鎮南將軍崔亮率軍到達硤石，梁國左遊擊將軍趙祖悅率軍出城迎戰崔亮，失敗後退入城內固守，崔亮進兵包圍了硤石戍。〇二十九日丁卯，魏孝明帝和胡太后前往拜謁景陵。〇這年的冬天，天氣特別寒冷，淮河、泗水全部結了冰，梁國在浮山修築堤堰的士兵凍死了十分之七八。

魏國擔任益州刺史的傅豎眼，品性清廉樸素，漢民和被稱為獠人的那些少數民族都很擁護他。後來擔任龍驤將軍的元法僧接替傅豎眼擔任了益州刺史，元法僧原本沒有什麼治政的才幹，再加上他為人貪婪殘暴，王、賈各大姓以及益州本土的名門望族，從來不服勞役，元法僧卻把他們的子弟全部招去當兵。葭萌城內的百姓任令宗借助於民眾全都討厭魏國貪官汙吏的心理，便殺死了魏國的晉壽太守，獻出晉壽郡城前來投降梁國，很多的漢民、少數民族全都起來響應任令宗。梁國擔任益州刺史的鄱陽王蕭恢派遣擔任巴西、梓潼二郡太守的張齊率領著三萬軍隊前往葭萌迎接任令宗。元法僧，是元熙的曾孫。

魏國擔任岐州刺史的趙郡王元謐，是元幹的兒子，統治手段極其暴虐殘忍。一天早晨，他關閉城門大肆搜捕，捉住人後就嚴刑拷打，各種酷刑無所不用其極。還無緣無故地殺死了六個人，全城的人全都非常驚慌恐懼。民眾於是大呼一聲，很快就奪取、佔領了岐州城各面的城門。元謐登上高樓拆毀了樓梯藉以自保。胡太后派遣擔任游擊將軍的王靖乘驛車前往勸說岐州城內舉行暴動的百姓，城裡的百姓這才打開城門向朝廷請罪，他們送回了各城門的鑰匙，胡太后於是罷免了元謐岐州刺史的職務。元謐的王妃，是胡太后的姪女。元謐回到洛陽之後，立即被任命為大司農卿。

胡太后因為孝明帝元詡年紀還小，不能親自主持祭祀，就想代替孝明帝來主持祭祀，禮官經過廣泛議論之後認為不可以這樣做。胡太后就去詢問擔任侍中的崔光，崔光還引用漢代和熹鄧太后在臨朝稱制期間曾經代替皇帝祭祀過宗廟的例子說明胡太后可以主持祭祀宗廟，胡太后非常高興，於是就代替小皇帝元詡祭祀了魏國的宗廟。〇魏國擔任南荊州刺史的桓叔興上表請求不再隸屬於東荊州管轄，朝廷批准了他的請求。

十五年（丙申　西元五一六年）

春，正月戊辰朔❶，魏大赦，改元熙平。〇魏崔亮攻硤石未下，與李崇約水陸俱進，崇屢違期不至。胡太后以諸將不壹，乃以吏部尚書李平為使持節、鎮軍大將軍、兼尚書右僕射，將步騎二千赴壽陽，別為行臺❷，節度諸軍，如有乖異❸，以軍法從事。蕭寶寅遣輕車將軍劉智文等渡淮，攻破三壘。二月乙巳❹，又敗將軍垣孟孫[5]等於淮北。李平至硤石，督李崇、崔亮等刻日[6][1]水陸進攻，無敢乖互[7]，戰屢有功。

上使左衛將軍昌義之[8]將兵救浮山，未至，康絢已擊魏兵，卻之。上使義之與直閤王神念泝淮救硤石。崔亮遣將軍博陵崔延伯[9]守下蔡[10]，延伯與別將伊甕生夾淮為營。延伯取車輪去輞[11]，削銳其輻[12]，兩兩接對，揉竹為絙[13]，貫連相屬，並十餘道，橫水為橋，兩頭施大鹿盧[14]，出沒隨意，不可燒斫。既斷趙祖悅走路[15]，又令戰艦不通，義之、神念屯梁城[16]不得進。李平部分[17]水陸攻硤石，克其外城。乙丑[18]，祖悅出降，斬之，盡俘其眾。

胡太后賜崔亮書，使乘勝深入。平部分諸將，水陸並進，攻浮山堰，亮違平節度，以疾請還，隨表輒發[19]。平奏處亮死刑，太后令曰：「亮去留自擅，違我經略[20]，雖有小捷，豈免大咎！但吾攝御萬機[21]，庶幾惡殺[22]，可特聽[2]以功補過。」魏師遂還。

魏中尉元匡[23]奏彈于忠「幸國大災[24]，專擅朝命，裴、郭受冤[25]，宰輔黜辱[26]。又自矯旨為[27]儀同三司、尚書令、領崇訓衛尉，原其此意[28]，欲以無上自處[29]。既事在恩後[30]，宜加顯戮[31]，請遣御史一人就州行決[32]。自去歲世宗晏駕[33]以後，皇太后未親覽[34]，以前諸不由階級[35]，或發門下詔書[36]，或由中書宣敕[37]，擅相拜授者，已經恩宥，正可免罪[38]，並宜追奪。」太后令曰：「忠已蒙特原，無宜追罪，餘如奏。」

匡又彈侍中侯剛掠殺羽林[39]「剛本以善烹調為尚食典御[40]，凡三十年，以有德於太后，頗專恣用事，王公皆畏附之。」廷尉處剛大辟[41]，太后曰：「剛因公事掠人，邂逅致死[42]，於律不坐[43]。」少卿陳郡袁翻[44]曰：「『邂逅』謂情狀已露[45]，隱避不引[46]，考訊以理[47]者也。今此羽林，問則具首[48]，剛口唱打殺[49]，撾築非理[50]，安得謂之『邂逅』！」太后乃削剛戶三百，解尚[3]食典御[51]。

三月戊戌朔[52]，日有食之。○魏論西硤石之功，辛未[53]，以李崇為驃騎將軍、加儀同三司，李平為尚書右僕射，崔亮進號鎮北將軍。亮與平爭功於禁中，太后以亮為殿中尚書。

魏蕭寶寅在淮堰，上為手書誘之，使襲彭城，許送其國廟[54]及室家諸從[55]還北，寶寅表上其書於魏朝[56]。

夏，四月，淮堰成，長九里，下廣[57]一百四十丈，上廣四十五丈，高二十丈，樹以杞柳[58]，軍壘列居其上。

或謂康絢曰：「四瀆[59]，天所以節宣其氣[60]，不可久塞，若鑿湫東注[61]，則游波寬緩[62]，堰得不壞。」絢乃開湫東注。又縱反間於魏曰：「梁人所懼開湫[63]，不畏野戰[64]。」蕭寶寅信之，鑿山深五丈，開湫北注[65]，水日夜分流猶不減，魏軍竟罷歸。水之所及，夾淮方數百里。李崇作浮橋於硤石戍間，又築魏昌城於八公山[66]東南以備。壽陽城壞，居民散就岡隴[67]，其水清徹，俯視廬舍冢墓，了然在下。

初，堰起於徐州境內[68]，刺史張豹子宣言，謂己必掌其事。既而康絢以他官來監作[69]，豹子甚慙。俄而敕豹子受絢節度，豹子遂譖絢與魏交通，上雖不納，猶以事畢徵絢還。

魏胡太后追思于忠之功，曰：「豈宜以一謬棄其餘勳[70]！」復封忠為靈壽縣公，亦封崔光為平恩縣侯。

魏元法僧遣其子景隆將兵拒張齊[71]，齊與戰於葭萌，大破之，屠十餘城，遂圍武興。法僧嬰城自守，境內皆叛，法僧遣使間道告急於魏。魏驛召[72]鎮南軍司傅豎眼於淮南，以為益州刺史、西征都督，將步騎三千以赴之。豎眼入境，轉戰三日，行二百餘里，九遇皆捷。五月，豎眼擊殺梁州刺史任太洪。民、獠聞豎眼至，皆喜，迎拜於路者相繼。張齊退保白水[73]，豎眼入州[74]，白水以東民皆安業。

魏梓潼太守苟金龍領關城戍主[75]，梁兵至，金龍疾病[76]，不堪部分，其妻劉氏帥厲[77]城民，乘城拒戰，百有餘日，士卒死傷過半。戍副高景謀叛，劉氏斬景及其黨與數十[4]人，自餘將士，分衣減食，勞逸必同，莫不畏而懷[78]之。井在城外，為梁兵所據，會天大雨，劉氏命出公私布絹及衣服懸之，絞而取水，城中所有雜物[79]悉儲之。豎眼至，梁兵乃退，魏人封其子為平昌縣子。

六月庚子[80]，以尚書令王瑩[81]為左光祿大夫、開府儀同三司；尚書右僕射袁昂為左僕射；吏部尚書王暕[82]為右僕射。暕，儉[83]之子也。

張齊數出白水，侵魏葭萌，傅豎眼遣虎威將軍強虯攻信義將軍楊興起，殺之，復取白水。寧朔將軍王光昭又敗於陰平[84]，張齊親帥驍勇二萬餘人與傅豎眼戰，秋，七月，齊軍大敗，走還，小劍、大劍諸戍[85]皆棄城走，東益州[86]復入于魏。

八月乙巳[87]，魏以胡國珍為驃騎大將軍、開府儀同三司、雍州刺史。國珍年老，太后實不欲令出，止[88]欲示以方面之榮[89]，竟不行。

康絢既還，張豹子不復修淮堰。九月丁丑[90]，淮水暴漲，堰壞，其聲如雷，聞三百里，緣淮城戍、村落十餘萬口皆漂入海。初，魏人患淮堰，以任城王澄為大將軍、大都督、南討諸軍事，勒眾十萬，將出徐州來攻堰，尚書右僕射李平以為「不假兵力(91)，終當自壞。」及聞破，太后大喜，賞平甚厚，澄遂不行。

壬辰(92)，大赦。◯魏胡太后數幸宗戚勳貴之家，侍中崔光表諫曰：「禮，諸侯非問疾弔喪而入諸臣之家，謂之君臣為謔(93)。不言王后夫人(94)，明無適臣家之義(95)。夫人，父母在有歸寧(96)，沒則使卿寧(97)。漢上官皇后將廢昌邑(98)，霍光，外祖也(99)，親為宰輔(100)，后猶御武帳以接羣臣(101)，示男女之別也。今帝族方衍(102)，勳貴增遷(103)，祗請遂多(104)，將成彝式(105)。願陛下簡息(106)遊幸，則率土屬賴(107)，含生(108)仰悅矣。」

任城王澄以北邊鎮將選舉彌輕(109)，恐賊虜闚邊，山陵(110)危迫，奏求重鎮將之選，修警備之嚴。詔公卿議之。廷尉少卿袁翻議，以為「比(111)緣邊州郡，官不擇人(112)，唯論資級。或值貪汙之人，廣開戍邏(113)，多置帥領，或用其左右姻親，或受人貨財請屬(114)，皆無防寇之心，唯有聚斂之意。其勇力之兵，驅令抄掠，若遇彊敵，即為奴虜；如有執獲(115)，奪為己富。其羸弱老小之輩，微解金鐵之工，少閑草木之作(116)，無不搜營窮壘(117)，苦役百端(118)。自餘或伐木深山，或芸草平陸(119)，販貿往還(120)，相望道路。此等祿既不多，貲亦有限，皆收其實絹(121)，給其虛粟(122)。

窮其力，薄其衣，用其功，節其食，綿冬歷夏[123]，加之疾苦，死於溝瀆者什常七八。是以鄰敵[124]伺間，擾我疆埸[125]，皆由邊任[126]不得其人故也。愚謂自今已後，南北邊諸藩[127]，及所統郡縣府佐、統軍至于戍主，皆令朝臣王公已下各舉所知，必選其才，不拘階級[128]。若稱職及敗官[129]，并所舉之人[130]隨事賞罰。」太后不能用。及正光[131]之末，北邊盜賊羣起[132]，遂逼舊都[133]，犯山陵，如澄所慮。

冬，十一月，交州[134]刺史李畟斬交州反者阮宗孝，傳首建康。

初，魏世宗作瑤光寺未就，是歲，胡太后又作永寧寺，皆在宮側。又作石窟寺於伊闕口[135]，皆極土木之美[136]。而永寧尤盛，有金像高丈八者一，如中人[137]者十，玉像二。為九層浮圖[138]，掘地築基，下及黃泉[139]。浮圖高九十丈，上剎[140]復高十丈，每夜靜，鈴鐸[141]聲聞十里。佛殿如太極殿，南門如端門[142]。僧房千間，珠玉錦繡，駭人心目[143]。自佛法入中國[144]，塔廟之盛未之有也。揚州刺史李崇上表，以為「高祖遷都垂三十年[145]，明堂[146]未修，太學荒廢，城闕府寺[147]頹壞，非所以[148]追隆堂構[149]，儀刑萬國[150]者也。今國子[151]雖有學官之名，而無教授[152]之實，何異兔絲、燕麥[153]、南箕、北斗[154]！事不兩興，須有進退，宜罷尚方雕靡之作[155]，省永寧土木之功，減瑤光材瓦之力，分石窟鐫琢[156]之勞，及諸事役非急者。於三時農隙[157]修此數條[158]，使國容嚴顯[159]，禮化興行，不亦休哉[160]！」太后優令答之[161]，而不用其言。

太后好事佛，民多絕戶為沙門[162]，高陽王友李瑒[163]上言：「三千之罪莫大於不孝，不孝之大無過於絕祀[164]，豈得輕縱[165]背禮之情[166]，肆[167]其向法[168]之意。一身親老[169]，棄家絕養，缺當世之禮，而求將來之益[170]。孔子云：『未知生，焉知死[171]？』安有棄堂堂之政[172]而從鬼教[173]乎？又，今南服未靜[174]，眾役仍煩[175]，百姓之情，實多避役。若復聽之，恐捐棄孝慈，比屋[176]皆為沙門矣。」都統[177]僧暹等忿瑒謂之「鬼教」，以為謗佛，泣訴於太后。太后責之，瑒曰：「天曰神，地曰祇，人曰鬼。傳曰：『明則有禮樂，幽則有鬼神。』然則明者為堂堂，幽者為鬼教。佛本出於人，名之為鬼，愚謂非謗。」太后雖知瑒言為允，難違暹等之意，罰瑒金一兩。

魏征南大將軍田益宗求為東豫州[178]刺史，以招二子[179]，太后不許，竟卒於洛陽。

柔然伏跋可汗[180]壯健善用兵，是歲，西擊高車[181]，大破之，執其王彌俄突，繫其足於駑馬[182]，頓曳[183]殺之，漆其頭為飲器[184]。鄰國先羈屬柔然[185]後叛去者，伏跋皆擊滅之，其國復彊。

【章旨】以上為第二段，寫梁武帝蕭衍天監十五年（西元五一六年）一年間的大事。主要寫了梁將趙祖悅襲取魏之硤石城，因駐守之，魏使崔亮、李崇攻之，二將不協無功；魏使李平往督，遂攻下硤石，胡太后令李平等乘勝進攻南朝，因崔亮不服節制，李平只好退兵；寫了梁國築壩截淮以淹壽陽，壽陽之民逃依崗隴，李崇築魏昌城於八公山以守，夾淮兩岸被淹者數百里，到處一片澤國；而梁國的淮壩亦終致崩塌，於是使緣淮下游的城戍村落十餘萬口皆漂入海；寫了梁將張齊與魏將傅豎眼在陝蜀邊境的反覆爭奪，最後東益州一帶重新落入魏人之手；寫魏臣元澄建議整頓腐敗的邊防，建議加強對邊將的考察與任用，胡太后不聽，終於導致後患；寫魏臣又請殺于忠，請處死擅自打死羽林的侯剛，胡太后皆護持之；胡太后數幸戚勳之家，崔光上表以諫；寫胡太后好佛，大修瑤光寺、永寧寺於皇宮旁，又修石窟寺於伊闕口，極盡壯麗，李崇諫之，不聽；此外還寫了柔然民族在伏跋可汗（醜奴）的帶領下打敗高車，使柔然重又強大起來等等。

【注釋】❶正月戊辰朔　正月初一是戊辰日。❷別為行臺　臨時建立了一個中央的派出機構。行臺，臨時的朝廷，有如皇帝親臨。❸乖異　不服從命令。❹二月乙巳　二月初八。❺垣孟孫　梁將名。❻刻日　定好日期。❼乖互　同前「乖異」，自行其是，不服從指揮。❽昌義之　蕭衍的開國功臣，梁朝的著名將領，此時任左衛將軍。傳見《梁書》卷十八。❾崔延伯　魏國名將，博陵（今河北蠡縣南）人，官至右衛將軍。❿下蔡　古城名，即今安徽鳳臺，在當時壽陽城的北方，夾淮水築有新舊兩城。⓫輞　車輪的外圈。⓬輻　車輪的輻條。⓭揉竹為絙　用竹子擰成大繩索。⓮鹿盧　今寫作「轆轤」。可用來汲水或舉重物的裝置。⓯走路　乘船逃走之路。⓰梁城　梁郡的郡治所在地，在今安徽壽縣東北，鳳陽西南。⓱部分　指揮、派遣。⓲乙丑　二月二十八。⓳隨表輒發　剛上表請假，不等回覆就離開了崗位。發，動身。⓴經略　方略、總體規劃。㉑攝御萬機　代理皇帝職權。㉒庶幾惡殺　盡量地爭取不殺人。胡三省曰：「亮，崔光之族弟也，故平奏不行。」㉓元匡　景穆帝拓跋晃之孫，廣平王拓跋洛侯之子，被封為濟南王。此時任御史中尉之職。傳見《魏書》卷十九上。㉔幸國大災　趁國家有難之際，指世宗死，新君剛繼位。幸，正好趕上。㉕裴郭受冤　指裴植、郭祚被于忠所殺。㉖宰輔黜辱　指元雍被免職。㉗矯旨為　假傳聖旨任命自己為……。㉘原其此意　推斷他本來的意思。㉙以無上自處　以地位最高自居。無上，上邊再沒有比他地位高的人。㉚事在恩後　事情發生在大赦之後。㉛宜加顯戮　應該給予公開的懲處。㉜就州行決　到冀州去把他殺死。此時于忠任冀州刺史。㉝晏駕　宮車晚出，隱稱皇帝之死。㉞未親覽　未過問朝廷政事以前。㉟不由階級　不是按等級一步步升上來的官員。㊱發門下詔書　由門下省發布的皇帝命令。㊲由中書宣敕　由中書省派人口傳的皇帝命令。㊳正可免罪　只可免去他們個人的罪責，意即不能再讓他們繼續為此官職。正，此處的意思同「只」。㊴掠殺羽林　將羽林衛士拷打致死。㊵尚食典御　官名，胡三省曰：「掌調和御食，溫涼寒熱，以時供進則嘗之。」典御，保證能讓皇帝合適地進用。御，用。㊶大辟　殺頭；處死。㊷邂逅致死　偶然致人死命。㊸不坐　不定罪。㊹袁翻　陳郡（郡治在今河南淮陽）人，官至中書令。傳見《魏書》卷六十九。㊺情狀已露　犯罪的事實已經顯露。㊻隱避不引　但他就是隱瞞不承認。㊼考訊以理　審問者就是為了讓他說出實情。㊽具首　全部招認。㊾口唱打殺　口中高喊打死他。㊿搗築非理　不合理的用刑。(51)解尚食典御　解除了他尚食典御的職務。(52)三月戊戌朔　三月戊辰朔，無戊戌日。疑記載有誤。(53)辛未　三月初四。(54)國廟　齊國宗廟裡所供奉的列祖列宗的靈牌。(55)室家諸從　蕭寶寅留在南方的家室與諸位堂兄弟。(56)上其書於魏朝　把蕭衍的來信送交了魏國朝廷，以表示自己絕不與梁朝有任何牽連。(57)下廣　大壩的底寬。(58)杞柳　樹名，與柳樹的性質接近，容易成活，枝條柔韌，可編織箱筐等物。(59)四瀆　古代所稱的四條大河，即長江、黃河、淮水、濟水。(60)節宣其氣　以調節大自然陰陽二氣的收斂與散發。節宣，猶言吐納。(61)鑿黎東注　在攔河大壩上鑿出一個深洞放水向東流。黎，通「湫」。洞穴；潭穴。(62)游波寬緩　大壩所阻攔的淮河水就不那麼洶湧了。(63)開黎　指放淮水以淹梁人。(64)不畏野戰　不怕與魏人在平原上作戰。(65)開黎北注　在魏國人佔領的區域裡也放滿了水，以阻止梁人的進攻。(66)八公山　在壽陽城正北方的不遠處，當年淮南王劉安曾在此山招集賓客文人以修《淮南子》與煉丹製藥等等。(67)岡隴　山崗與高丘。(68)堰起於徐州境內　截淮築壩的地段是在徐州刺史的管轄區域。梁國徐州的州治鍾離，在今安徽蚌埠東南，鳳陽的東北側。而康絢率軍築壩的浮山就在鍾離城的東側不遠。(69)康絢以他官來監作　康絢在來此監護築壩前在朝任太子右衛率。(70)以一謬棄其餘勳　胡三省曰：「胡后以于忠擁護有功，若忠之專橫，其謬固非一也。」(71)張齊　梁武帝蕭衍的開國功臣，與張稷、王珍國共謀並親手殺了南齊的末帝蕭寶卷，入梁後，曾任歷陽太守，此時受益州刺史蕭恢命率軍救葭萌。傳見《梁書》卷十七。(72)驛召　由驛站車馬急召。按，此時傅豎眼任崔亮軍司，駐淮南。(73)白水　梁郡名，郡治在今四川廣元西北，即白水關。(74)入州　即進駐到武興城。當時魏國益州州治即武興。

(75)領關城戍主　兼任白水關城駐軍統領。(76)疾病　病重。(77)帥厲　率領並激勵。厲，同「勵」。(78)懷　歸心，意即擁護。(79)雜物　指各種能盛水的罈罈罐罐。(80)六月庚子　六月初五。(81)王瑩　先是劉宋皇帝的駙馬，後為南齊的侍中，入梁後又任尚書令。傳見《梁書》卷十六。(82)王暕　王儉之子，在齊曾為駙馬，入梁後曾為吏部尚書。傳見《梁書》卷二十一。(83)儉　王儉，南齊蕭道成的開國功臣，官居尚書令。傳見《南齊書》卷二十三。(84)陰平　梁郡名，郡治在今四川劍閣西北，白水郡的西南方。(85)小劍大劍諸戍　指小劍山、大劍山上的各軍事據點。大劍山在今四川劍閣北，小劍山在大劍山的西北方。(86)東益州　魏國曾設立過的州名，州治即上文所說的「武興」，亦即今陝西略陽。胡三省曰：「領武興、仇池、盤頭、廣長、廣業、梓潼、洛叢七郡。」(87)八月乙巳　八月十一。(88)止　通「只」。(89)方面之榮　主持一方軍政的榮耀。(90)九月丁丑　九月十三。(91)不假兵力　用不著出兵動武。假，借；使用。(92)壬辰　九月二十八。(93)君臣為謔　語見《禮記・禮運》。謔，戲謔。胡三省引《禮記》注曰：「無故而相之，是戲謔也，陳靈公與孔寧、儀行父數如夏氏，以取弒焉。」(94)不言王后夫人　沒有說天子的王后與諸侯的夫人也可以因為問疾弔喪而入諸臣之家。在西周與春秋時代，周天子的正妻稱王后，諸侯的正妻稱夫人。(95)無適臣家之義　沒有到諸臣家裡去的道理。適，去；前往。(96)歸寧　回家探視父母。寧，向父母問安。(97)沒則使卿寧　諸侯夫人的父母已經去世，如再問候其家，則由朝廷派卿一級的大臣前往。《左傳》襄公十二年，「楚司馬子庚聘於秦，為夫人寧，禮也。」(98)上官皇后將廢昌邑　當漢昭帝的皇后要宣布廢黜新繼位的小皇帝劉賀為昌邑王的時候。漢昭帝死後，由於他本人無後，朝廷選立了他的姪子劉賀為皇帝。在位十七天，霍光又看著他不行，於是讓漢昭帝的皇后出面宣布把劉賀廢掉了。漢昭帝的皇后是上官桀的女兒，霍光的外孫女。劉賀是老昌邑王劉髆的兒子，漢武帝的孫子。劉賀被從皇帝座位上趕下後，只好又回去當他原來的昌邑王了。(99)霍光二句　霍光是漢昭帝上官皇后的外祖父，當時西漢政權的實際把持者。先是受漢武帝的委任輔佐漢武帝的小兒子漢昭帝劉弗陵。劉弗陵又短命而死，沒有後代，於是先找來了劉弗陵的姪子劉賀；結果劉賀又被霍光廢掉，重又從民間找來了被漢武帝所殺的原太子劉據的孫子劉詢，立以為帝，即歷史上所說的漢宣帝。過程詳見《漢書・霍光傳》與《漢書・武五子傳》。(100)親為宰輔　是如此親近的人身為執政大臣。(101)后猶御武帳以接羣臣　但上官皇后在接見群臣宣布命令的時候仍要躲在帳子後面以示男女有別。御武帳，坐在設有武裝防護的帳子裡。(102)帝族方衍　皇帝元氏家族不斷有生子之慶。衍，降生。(103)勳貴增遷　勳臣貴戚都屢有升官增俸之喜。(104)祗請遂多　敬請您前去參加的事情會越來越多。祗，恭敬。胡三省曰：「謂宗戚勳貴之家凡有吉慶，皆請太后臨幸。」(105)將成彝式　這些發展下去都會成為章程。彝，章程；法式。(106)簡息　簡少、停止。(107)率土屬賴　舉國上下都將託您的福。率土，整個國家的疆土。率，循；沿著。屬賴，依托。(108)含生　凡有生命的，泛指一切人，甚至一切動植物。曹植的〈對酒行〉有詩曰「含生蒙澤，草木茂延」。[109]選舉彌輕　被選鎮將的資歷越來越淺。[110]山陵　指魏國先王的陵墓。魏顯祖拓跋弘以上諸帝的陵墓都在雲中郡，郡治在今內蒙古的和林格爾城北。[111]比近來。[112]不擇人　不管其本人的實際能力如何。[113]廣開戍邏　大規模地擴展邊防哨所與巡邏人員。[114]請屬　請託，走後門；求人幫著辦事。[115]執獲　捉到了敵兵、奪得了敵財。[116]少閑草木之作　稍微熟習一些養花種樹的技術。閑，同「嫻」。熟習。[117]搜營窮壘　從營房、堡壘之中把他們找來。[118]苦役百端　讓他們從事各種痛苦的勞動。[119]芸草平陸　到平原上割草。[120]販貿往還　更有些是讓他們去走南闖北地做買賣。[121]收其實絹　讓他們交納的是真正的錢財。絹，南北朝與隋唐時期用絹帛充當貨幣使用。[122]給其虛票　發給他們的是一張寫有糧食若干的支票。[123]綿冬歷夏　從冬到夏。綿，接連不斷。[124]鄰敵　指柔然人。[125]疆埸　邊疆。[126]邊任　防守邊疆的職官。[127]諸藩　各州的刺史。藩，古代以稱各國諸侯，南北朝時即指各州刺史，因其兼掌軍政，雄據一方，有如古之諸侯是也。[128]不拘階級　不論他們原來的職務是多麼低微。[129]敗官　敗壞了國家的公務，即不稱職。[130]所舉之人　舉薦他們任職的人。[131]正光　魏肅宗的第三個年號（西元五二〇—五二五年）。[132]盜賊羣起　胡三省曰：「正光四年，破六韓拔陵、衛可孤等反；孝昌初年，雲中沒矣。」[133]舊都　指平城，今山西大同。[134]交州　梁州名，州治龍編，在今越南河內東北。[135]伊闕口　伊闕山的兩山相對如門處，伊水在其下流過。伊闕在今河南洛陽城南。所謂「石窟寺」即今之龍門石窟。[136]極土木之美　是建築藝術中的佼佼者。[137]如中人　和平常人一樣大小。[138]九層浮圖　佛塔九層。[139]下及黃泉　挖坑打地基，挖到出水的深度。胡三省引杜預曰：「地中之泉，故曰黃泉。」[140]上剎　胡三省曰：「剎，柱也，浮圖上柱，今謂之『相輪』。」[141]鈴鐸　塔上風鈴。鐸，大鈴。[142]端門　皇帝宮殿的南大門。[143]駭人心目　華貴得讓人吃驚。[144]自佛法入中國　據記載佛教傳入中國是在西漢末期，中國的第一座寺廟建於東漢明帝時期，即今洛陽的白馬寺。[145]垂三十年　將近三十年。魏國自孝文帝太和十七年（西元四九三年）從平城遷都到洛陽。[146]明堂　儒家所宣傳的古代帝王進行祭祀、講禮、尊賢與發布政令的場所。[147]城闕府寺　國都的城牆與各中央官府的衙門。府寺，猶言府衙。這裡的「寺」字與宗教無關。[148]非所以　還不是……的時候。[149]追隆堂構　在先帝已有舊物的基礎上大肆發展光大。《尚書・周書・大誥》有所謂「若考作室，既厎法，厥子乃弗肯堂，矧肯構？」意思是父親（考）為蓋房子畫出了藍圖（厎法），但做兒子的連修築堂基都不肯，更何況讓他建造屋宇了。後來人們遂以「堂構」比喻祖先的遺業。「追隆堂構」即大肆擴張祖業。[150]儀刑萬國　給國內的各地區與其境外的其他邦國作模範。[151]國子　國子學，這裡即指「太學」。[152]教授　教課授徒，以教書育人。[153]兔絲燕麥　以比喻徒有其名，而無實際用途的東西。兔絲是蔓生植物，雖名曰絲，不能織布。燕麥是一種野生植物，名雖為麥，不可以做飯吃。(154)南箕北斗　二星名，名為箕、斗，卻不可以當做實際物件應用。《詩經》有所謂「維南有箕，不可以簸揚；維北有斗，不可以挹酒漿」，都比喻不能起實際作用，名存實亡。(155)罷尚方雕靡之作　停止為宮廷服務的機構再製造沒有實用而白白耗費人力物力的東西。尚方，尚方署，為宮廷製造器物的機構。(156)鐫琢　雕金曰鐫，雕玉石曰琢。(157)三時農隙　春、夏、秋三個務農季節的空閒時間。(158)修此數條　指明堂、太學、城闕、府寺等國家的急需之所。(159)嚴顯　莊嚴、顯赫。(160)不亦休哉　這豈不是更好嗎。休，美好。(161)優令答之　下詔書予以肯定、表揚，但就是不採納。優令，意同「優詔」，用好話安慰之。(162)絕戶為沙門　一個兒子也不留，不顧家庭的滅絕而去當和尚。(163)高陽王友李瑒　高陽王元雍的僚屬李瑒。友是閒散官名，如同幕僚、賓客。李瑒是秦州刺史李孝伯的從孫，曾任尚書僕射、冀州刺史。傳見《魏書》卷五十三。(164)絕祀　沒有後代。古語有所謂「不孝有三，無後為大」。(165)輕縱　隨意地放縱。(166)背禮之情　指不守孝道，拋家去當和尚。(167)肆　放任；隨其便。(168)向法　崇尚佛法。(169)一身親老　一個兒子的家庭，父母又已年老。(170)求將來之益　胡三省曰：「佛法以今世修種為來生因果。」即希望下一輩子享福。(171)未知生二句　連活著的事情都無法預知，又怎麼能知道死後的事呢。這是孔子回答子路的話，見《論語・先進》。(172)堂堂之政　光明正大的政教，指儒家倡導的規章。(173)鬼教　因佛教講來生、講輪迴，故稱之鬼教。(174)南服未靜　南方戰線尚未平靜。南服，指江南的梁國政權。服，指王畿以外的地域。(175)眾役仍煩　兵役、勞役接連不斷。仍煩，猶言頻煩、繁多。(176)比屋　一家挨一家。(177)都統　官名，掌管佛教與僧尼的官員。(178)東豫州　魏州名，州治即今河南息縣。(179)以招二子　田益宗的三個兒子田魯生、田魯賢、田超秀於天監十三年一同降梁，皆被授為刺史，其中田超秀於上年又叛降歸魏。此時在梁朝的是田魯生與田魯賢。(180)伏跋可汗　名醜奴，伏圖可汗之子，西元五〇八—五二〇年在位。傳見《魏書》卷一百三。(181)高車　也稱「鐵勒」、「敕勒」，北方的少數民族名，當時活動在柔然民族的北方，約當今之蒙古國與俄羅斯的鄰近地區。傳見《魏書》卷一百三。(182)駑馬　劣馬。(183)頓曳　拖拉。(184)飲器　溺器。《淮南子・道應》：「大敗知伯，破其頭以為飲器。」高誘注：「飲，溺。」按，溺器是一解，其實作飲水、飲酒之器，也無不可，皆有證可查。(185)羈屬柔然　大體上服從於柔然。羈屬，羈縻屬之，意即鬆散地服從。

【校　記】①刻日　原無此二字。據章鈺校，十二行本、乙十一行本皆有此二字，今據補。②特聽　原作「聽特」。據章鈺校，十二行本、乙十一行本、孔天胤本二字皆互乙，今據改。按，《魏書・崔亮傳》作「特聽」。③尚　原作「當」。嚴衍《通鑑補》改作「尚」，今據以校正。④十　原作「千」。胡三省注云：「『數千』當作『數十』。」嚴衍《通鑑補》正作「十」，今據以校正。

【語　譯】十五年（丙申　西元五一六年）

春季，正月初一日戊辰，魏國實行大赦，改年號為熙平元年。○魏國代理鎮南將軍崔亮率軍進攻硤石軍事據點，沒有成功，於是就與擔任楊州刺史的李崇約好從水路陸路同時向硤石成發起進攻，李崇竟然多次違背約定，到期卻沒有出兵。胡太后因為各將領不能採取統一行動，於是任命擔任吏部尚書的李平為使持節、鎮軍大將軍、兼任尚書右僕射，率領二千步兵、騎兵奔赴壽陽，建立了一個臨時的朝廷派出機構，負責調度、指揮各路將領協同作戰，如果有人不服從命令、指揮，就按照軍法的規定對他們進行懲處。冀州刺史蕭寶寅派遣擔任輕車將軍的劉智文等率軍渡過淮河，攻佔了梁軍的三個營壘。二月初八日乙巳，劉智文等又在淮北地區打敗了梁國的將軍垣孟孫等。李平到達硤石，督促李崇、崔亮等定好日期從水路陸路同時向梁軍發動進攻，沒有人敢自行其是，不服從指揮，因此在與梁軍的交戰中多次獲得了勝利。

梁武帝蕭衍派遣擔任左衛將軍的昌義之率軍前往救援浮山，昌義之還沒有到達浮山，擔任北兗州刺史的康絢已經率軍把魏軍打退。梁武帝令左衛將軍昌義之與擔任直閤將軍的王神念率軍沿著淮河逆流而上去救援硤石守軍。魏國崔亮派遣將軍博陵人崔延伯守衛下蔡城，崔延伯與另一位名叫伊甕生的將領分別在淮河兩岸修築起營寨。崔延伯找來很多車輪，把車輪的外圈去掉，輻條削得非常尖銳，使其就像齒輪那樣兩兩相對起來，再把竹子破成細絲擰成大繩，用這樣的大繩把車輪串聯起來，總共有十多道，橫在淮河水面上當做橋樑，橋樑的兩端掛在淮河兩岸特製的大轆轤上，只要轉動轆轤，就能隨意地把這座橋樑浸在水中或者吊出水面，使梁軍沒有辦法把它燒毀也不能把它砍斷。這樣一來既阻斷了趙祖悅逃走時的去路，又能阻擋梁國增援硤石的戰艦通過，前來增援硤石的昌義之、王神念因為無法前進，只得率軍屯紮在梁城。李平派遣部隊從水路陸路同時向硤石城發動進攻，很快就攻克了硤石城的外城。二月二十八日乙丑，趙祖悅出城向魏軍投降，李平將趙祖悅斬首，把趙祖悅的部眾全部俘虜。

胡太后賜書給代理鎮南將軍崔亮，讓崔亮乘勝深入敵境。李平指揮諸將，從水路陸路齊頭並進，進攻梁國的浮山堰，崔亮竟然違背李平的命令指揮，以身體有病為由請求返回，他剛上表請假，不等批覆就擅自離開了自己的崗位。李平上奏朝廷請求判處崔亮死刑，胡太后下令說：「崔亮擅自作主，想去就去，想留就留，違背了我的總體規劃，雖然他打過小的勝仗，豈能因此而抵消他的大過失！只是我剛剛代表皇帝臨朝執政，日理萬機，希望盡量地不要殺人，可以破例允許他將功補過。」魏軍於是班師。

魏國擔任中尉的元匡上書彈劾于忠「趁國家有難之機，專擅朝權，致使度支尚書裴植與郭祚受迫害而死，擔任太傅兼太尉職務的高陽王元雍遭受被免職家居的屈辱。又假傳聖旨任命自己為開府儀同三司、尚書令、兼任崇訓宮衛尉，推斷他的本來用意，是想以地位最高自居。既然這些事情都是發生在朝廷實行大赦之後，就應該把于忠予以公開懲處，請朝廷派遣一位御史到冀州去把于忠就地處死。自從去年世宗皇帝駕崩之後，皇太后還沒有過問朝政以前，那些不按照等級一步步升上來，或是由門下省發布的皇帝詔書，或是由中書省派人口頭傳達的皇帝命令，凡是被于忠擅自授予官爵的人，雖然已經蒙受皇恩得到寬宥，只可以免去他們個人的罪責，而他們的官爵則應該全部免除。」胡太后下令說：「于忠已經蒙受特赦，就不要再追究他的罪過；其餘的請求一律批准。」

中尉元匡又上疏彈劾擔任侍中的侯剛將羽林衛士拷打致死之事「侯剛本來是因為善於烹調而擔任了尚食典御，前後共達三十年之久，他認為自己對太后有保護之功，所以任事非常專橫放肆，王公大臣全都懼怕他、巴結他。」廷尉判處侯剛死刑，胡太后說：「侯剛是為了公事才拷問羽林衛士，致人死命則純屬偶然，按照法律規定不應該被判罪。」擔任少卿的陳郡人袁翻說：「所謂的『邂逅致死』，是指犯人犯罪的事實已經顯露出來，而犯罪之人極力隱瞞就是不認罪，審問者為了讓他說出實情而將其拷打致死。如今這個被拷打致死的羽林衛士，一經審問就全部招供了，而侯剛口中還是高喊著打死他，對其進行不合理的用刑而導致死亡，怎麼能說是『邂逅』呢！」胡太后於是將侯剛的封地削減了三百戶，解除了侯剛尚食典御的職務。

三月戊戌朔，發生日蝕。○魏國朝廷對攻破西硤石的將領論功行賞，初四日辛未，任命楊州刺史李崇為驃騎將軍、加授儀同三司，任命李平為尚書右僕射，代理鎮南將軍崔亮進號為鎮北將軍。崔亮與李平在宮中爭功，胡太后任命崔亮為殿中尚書。

魏國鎮東將軍蕭寶寅奉命率軍正準備破壞梁國在淮河上修建的攔河大壩，梁武帝親筆寫信給蕭寶寅想引誘他，讓他率軍替梁國去襲擊魏國佔領下的彭城，許諾事成之後就把齊國宗廟裡所供奉的列祖列宗的牌位以及蕭寶寅留在南方的家屬和諸位堂兄弟送往北方與蕭寶寅團聚，蕭寶寅把梁武帝寫給自己的親筆信交給了魏國朝廷。

夏季，四月，梁國在淮河上所修建的攔河大壩竣工，這個大壩長九里，大壩的底寬一百四十丈，上寬四十五丈，高二十丈，並在大壩上種植了杞柳，梁軍的營壘就排列在大壩上，由士兵日夜輪流看守著大壩。

有人對擔任都督淮上諸軍事的康絢說：「長江、黃河、淮水、濟水這四條大河，是上天用以調節大自然陰陽二氣的收斂與散發的，不可以長時間地將河道堵塞，如果在攔河大壩上鑿出一個深洞放水向東流，那麼被大壩所阻擋的淮河水就不會那麼洶湧了，攔河大壩所受到的壓力減小之後就不會潰決。」康絢採納了那個人的意見，於是挖掘了一個洩洪通道讓淮水向東流。康絢又派人到魏國行使反間計說：「梁國人最怕的是魏國人挖開攔淮大壩放淮水淹灌梁人，而不怕與魏軍在野外作戰。」魏國的鎮東將軍蕭寶寅聽信了梁國人所放出的這個假信息，於是真的在浮山挖開了一道五丈深的大溝，決開淮河使水向北流去，大水將魏國人所佔領的區域淹沒，雖然日夜分流還是不見水位降低，魏軍竟因此而撤走。淮水所到之處，淹沒了淮河兩岸方圓數百里的地方。魏國楊州刺史李崇在硤石戍之間製造起一座橫跨淮河的浮橋，又在八公山東南修建了魏昌城作為後撤的避難所。壽陽城內也被洪水浸泡，城內的居民全都逃到山崗與高丘上躲避洪水，大水清澈透明，從高處往下看，被淹沒在水下的房舍、墳墓，全都可以看得清清楚楚。

當初，淮河大壩從徐州境內開始修起，梁國擔任徐州刺史的張豹子宣稱說朝廷一定會任命自己擔任監修大壩的職位。然而不久之後朝廷卻任命了擔任太子右衛率的康絢為都督淮上諸軍事，張豹子非常羞愧。不久梁武帝又下令讓張豹子接受康絢的調度指揮，張豹子於是暗中向梁武帝進讒言，誣陷康絢與魏國人相勾結，梁武帝雖然沒有聽信張豹子的讒言，但在攔淮大壩修成之後還是將康絢調回了京師建康。

魏國胡太后追念于忠當初保護自己的功勞，她說：「怎麼能因為他的一個錯誤就把他的其他功勳埋沒呢！」於是又封于忠為靈壽縣公，同時也封崔光為平恩縣侯。

魏國擔任益州刺史的元法僧派自己的兒子元景隆率軍抵抗張齊，張齊在葭萌與元景隆交戰，把元景隆打得大敗，屠殺了魏軍的十多座城，隨即包圍了益州州治武興城。元法僧據城自守，益州境內的人全部背叛了元法僧，元法僧派使者抄小路向魏國朝廷緊急求救。魏國朝廷派使者乘驛站車馬緊急趕往淮南去召擔任鎮南軍司的傅豎眼，任命傅豎眼為益州刺史、西征都督，傅豎眼率領三千步騎兵奔赴益州。傅豎眼進入益州境內，連續轉戰了三天，行軍二百多里，路上與梁軍發生了九次遭遇戰，全都取得了勝利。五月，傅豎眼進攻梁國擔任梁州刺史的任太洪，將任太洪殺死。當地那些漢人、少數民族聽說原任益州刺史傅豎眼回來了，都非常高興，前來路上迎接叩拜他的人接連不斷。張齊率軍退往白水郡堅守，傅豎眼進入益州州治武興城，白水郡以東的百姓全都安定下來各自從事自己原來的職業。

魏國擔任梓潼太守的苟金龍同時兼任著白水關城的駐軍統領，梁軍到來的時候，苟金龍正身患重病，無力承擔部署、指揮將士抵抗梁軍的重任，苟金龍的妻子劉氏便挺身而出，她率領並激勵城中的軍民，登上城牆抵抗梁軍的進攻，一直堅守了一百多天，士卒死傷已經超過了一半。駐軍副統領高景密謀叛變降梁，劉氏殺死了高景以及高景的數十名黨羽，對於其他的將士則愛護有加，她把自家的衣服拿出來分給他們穿，減少自己的飲食分給其他將士吃，堅持與將士們同甘共苦，因此沒有一個人不敬畏她、擁護她。水井都在城外，已經被梁軍所佔有，城內缺乏飲水，恰好天降大雨，劉氏就命令拿出官府和私人的布匹絹帛以及衣物張掛起來讓雨淋溼，然後擰下衣物上的水以供飲用，城中所有能夠用來盛水的罈罈罐罐全都拿出來儲滿了水。等到益州刺史傅豎眼到來之後，梁軍才退去，魏國朝廷封劉氏的兒子為平昌縣子爵。

六月初五日庚子，梁武帝任命擔任尚書令的王瑩為左光祿大夫、開府儀同三司；任命擔任尚書右僕射的袁昂為左僕射；任命擔任吏部尚書的王暕為尚書右僕射。王暕，是王儉的兒子。

張齊多次從白水郡出兵，侵擾魏國的葭萌，傅豎眼派遣擔任虎威將軍的強虯進攻梁國擔任信義將軍的楊興起，把楊興起殺死，又奪取了白水關。梁國擔任寧朔將軍的王光昭又在陰平與魏軍的作戰中遭遇失敗，張齊遂親自率領二萬多名驍勇之士與傅豎眼展開激戰，秋季，七月，張齊軍被傅豎眼所率領的魏軍打得大敗，張齊率領著屬下的殘兵敗將逃走，小劍山、大劍山上的各個軍事據點的梁國守軍全都棄城逃走，東益州再次落入魏國人之手。

八月十一日乙巳，魏國朝廷任命胡國珍為驃騎大將軍、開府儀同三司、雍州刺史。當時胡國珍已經年老，胡太后實際上並不是真想讓胡國珍離開朝廷到地方上任職，只是想讓胡國珍享受一下主持一方軍政的榮耀，所以胡國珍並沒有真正的去雍州擔任刺史。

康絢回到朝廷之後，徐州刺史張豹子並沒有繼續維修淮河大壩。九月十三日丁丑，淮河水位暴漲，堤堰崩潰，發出的聲響像打雷，三百里以內的人都聽見了大壩崩潰的聲音，沿著淮城軍事據點、周圍的村落全部被洪水淹沒，十多萬人隨洪水漂入大海。當初，魏國人擔憂淮河大壩會給魏國帶來災難，遂任命任城王元澄為大將軍、大都督、南討諸軍事，率領十萬大軍準備從徐州出兵前來奪取大壩，擔任尚書右僕射的李平認為「用不著出兵動武，大壩最終會自己崩壞。」等到聽說淮河大壩崩潰的消息之後，胡太后非常高興，賞賜給李平的財物非常豐厚，任城王元澄因此沒有成行。

九月二十八日壬辰，梁國實行大赦。〇魏國的胡太后曾經多次到宗室、親戚、功勳、權貴人家中巡視，擔任侍中的崔光上表勸諫胡太后說：「《禮記・禮運》上說，諸侯如果不是為了探問疾病、弔唁死者而無緣無故到臣子的家中去，等於是君與臣在開玩笑。雖然沒有提到天子的王后與諸侯的夫人，說明王后與夫人也沒有到臣子家裡去的道理。至於諸侯的夫人，當她的父母還健在的時候，夫人可以回家探視自己的父母，一旦她的父母去世，如果再要問候其家，就應該由朝廷派卿一級的大臣前往。西漢時期上官皇后將要廢掉新即位的小皇帝劉賀為昌邑王的時候，當時輔佐朝政的霍光是上官皇后的外祖父，如此親近的人擔任宰輔，但上官皇后在接見群臣宣布命令的時候，仍然要躲在帳子後面以示男女有別。如今皇帝家族不斷有生子之慶，功勳貴戚屢有升官增俸之喜，敬請您前去參加的事情會越來越多，這樣發展下去就會形成章程。希望陛下停止巡遊臨幸，那麼舉國上下都將託您的福，所有的生靈都會感到由衷的喜悅。」

任城王元澄因為朝廷對北邊鎮將的選拔越來越不重視，恐怕賊虜伺機侵擾邊境，致使魏國遠在雲中郡的先帝陵墓受到威脅，於是奏請朝廷對北邊鎮將的選拔任用工作給以足夠的重視，要加強邊防警戒。胡太后下詔令公卿大臣商討這件事情。擔任廷尉少卿的袁翻建議「近來那些靠近邊境的州郡，任命官吏的時候根本不管其人的實際能力如何，只看重人選的資歷級別。如果遇到的是個貪官汙吏，就會大規模地擴展邊防哨所與巡邏人員，大量安置將帥統領，有的任用自己的左右姻親擔任將帥，有的因為接受了別人的錢財，於是就走後門，把他們安排進來擔任軍隊的統領，這些人全都沒有防備賊寇的心思，只知道一門心思地為自己聚斂財物。那些勇敢有力的士兵，都被將帥統領們驅趕著到敵人境內去抄掠，如果遇到強大的敵人，這些士兵就被敵人所俘虜；如果捉到了敵兵，奪得了敵人的財物，就被那些將帥統領奪去據為己有。那些身體羸弱的老幼之人，其中稍微懂得一點煉鐵冶銅技術的，或者稍微熟悉一點養花種樹的技術的，沒有一個不被從軍營中搜索出來，派去從事各種痛苦的勞動。其他的士兵有的被派到深山裡去砍伐木材，有的被派到平原上去割草，還有的被派去走南闖北地做買賣，路途之上被派去做買賣的人一撥兒接著一撥兒，相互都能看得見。這些人的俸祿原本不多，所用資本也很有限，而將帥、統領們向他們收繳的都是真正的錢財，而付給他們的是一張寫有糧食若干的支票。用盡了他們的力氣，剝削了他們的勞動成果，卻又不讓他們穿暖吃飽，就這樣從冬到夏，再加上疾病勞苦，死於溝壑的就佔了十分之七八。鄰近的柔然人所以敢伺機侵擾我國的邊境，都是由於防守邊境的官員選用不當造成的。我愚蠢地認為，從今以後，凡是靠近南北邊境的各州刺史、鎮將，以及所管轄的郡縣府佐、統軍以至於軍事據點的駐軍頭領，都要由朝廷中王公以下的大臣各自舉薦自己所瞭解的人，一定要選拔適合的人才去充任，不論他們原來的職務是多麼低微。如果被舉薦的人稱職，那麼舉薦他的大臣與他一同受獎賞；如果被舉薦的人因為不稱職而敗壞了國家公務，那麼舉薦他的大臣就與他一同受處罰。」胡太后沒有採用袁翻的建議。等到孝明帝正光末年，北部邊境一帶盜賊蜂擁而起，逼近舊都平城，踐踏了皇家陵寢，果真像任城王元澄當初所擔憂的那樣。

冬季，十一月，梁國擔任交州刺史的李畟斬殺了交州境內起兵叛亂的阮宗孝，把阮宗孝的首級傳送到建康示眾。

當初，魏世宗曾經建造瑤光寺沒有建成，這一年，胡太后又開始建造永寧寺，瑤光寺與永寧寺都在皇宮旁邊。又在伊闕山口建造石窟寺，都極盡建築藝術的精美。而永寧寺的規模尤其盛大，寺內有高一丈八尺的金佛像一尊，像平常人一樣大小的佛像十尊，玉製的佛像二尊。還建造了一座九層的佛塔，佛塔的地基挖得深入到地下有水的地方。佛塔高九十丈，佛塔的上柱又高出十丈，每到夜深人靜的時候，佛塔上的風鈴叮噹作響，聲音能夠傳出十里遠。佛殿就像太極殿一樣宏偉壯麗，佛殿的南門就像皇帝宮殿的南大門。永寧寺有一千間供僧人居住的房舍，都是用珠玉錦繡綢緞做裝飾，華貴到令人感到吃驚的程度。自從佛教傳入中國之後，佛塔寺廟規模的盛大從來沒有像現在這樣。楊州刺史李崇上表給胡太后，李崇認為「自從高祖遷都洛陽以來到現在已經將近三十年，就連供皇帝進行祭祀、講禮、尊賢與發布政令的明堂都沒有修建，太學已經荒廢，國都的城牆與朝廷各官府的衙門也有很多都已經傾頹破損，現在還不是大力擴張祖業、給國內的其他各地與境外的其他各邦國做模範的時候。如今國子學雖然掛著一個學府的名號，卻沒有教課授徒、教書育人的實際，這和兔絲、燕麥，南箕、北斗這些徒有其名而無實際用途的東西有什麼兩樣！當事情不能保證兩全其美的時候，就應該有所取捨、有所為有所不為，現在應該令為宮廷服務的尚方署停止製造那些沒有實用價值而白白耗費人力物力的東西，縮小永寧寺土木工程的規模，減少建造瑤光寺使用的木材磚瓦，停止石窟寺雕琢奢靡的勞作，以及其他各種不是當務之急的工程。在春、夏、秋三個農忙季節的空閒時間應開工修建明堂、太學、城闕、府衙等幾項國家急需的項目，使國家的面貌莊嚴顯赫，禮儀教化興盛推廣，這豈不是更好嗎！」胡太后下詔對李崇的意見予以了肯定和表揚，然而卻沒有採納他的意見。

胡太后喜歡侍奉佛教，因此民間有很多百姓寧可不顧家庭斷絕子嗣的危險而令自己的兒子進入佛寺去當和尚，高陽王元雍的僚屬李瑒於是上書給朝廷說：「三千種大罪當中最大的一種罪就是不孝，而不孝之罪中最大的一種就是沒有後代，豈能輕易地縱容百姓違背孝道，放任他們為了崇尚佛法。在父母已經年老需要贍養的情況下，唯一的兒子還要拋棄家庭，斷絕對父母的贍養去做和尚，這種行為有損於當代禮儀規定，卻只為祈求下輩子能得到幸福。孔子說：『連活著的事情都無法預知，又怎麼能知道死後的事情呢？』豈能拋棄光明正大的儒家所提倡的政教而去從事佛家所提倡的鬼教呢？再有，如今南方戰事還沒有平靜，各種勞役接連不斷，百姓所以要出家當和尚，實際上大多數都是為了逃避勞役。如果再聽之任之，恐怕都要捐棄子孝父慈的天倫之樂，挨家挨戶都成了和尚了。」擔任都統的僧暹等人對李瑒把佛教稱為「鬼教」的說法感到十分氣憤，認為李瑒是在誹謗佛教，就到胡太后面前進行哭訴。胡太后為此責備了李瑒，李瑒說：「天稱為神，地稱為祇，人死後稱為鬼。《禮記》記載說：『光明的地方則有禮儀音樂，幽暗的地方則有鬼怪神靈。』如此說來光明正大的是政教，幽暗的就是鬼教。佛祖本來是人身，死了則稱他為鬼，我認為這不是誹謗。」胡太后雖然知道李瑒說的很在理，但難以違背僧暹等人的心意，於是罰了李瑒一兩黃金。

魏國擔任征南大將軍的田益宗請求擔任東豫州刺史，以招引自己投降梁國的兩個兒子田魯生、田魯賢返回魏國，胡太后沒有同意，田益宗後來死在了洛陽。

柔然伏跋可汗身體健康強壯，很善於用兵打仗，這一年，伏跋可汗兩次率軍向西進攻高車人，把高車人打得大敗，活捉了高車王彌俄突，他把彌俄突的雙腳捆住拖在劣馬的身後，讓劣馬拖著彌俄突奔跑，一直把彌俄突拖死，然後他把彌俄突的頭骨用油漆塗飾之後當做尿壺使用。鄰近那些原先曾經服從於柔然而後叛離了柔然的小國，全都被伏跋可汗所消滅，柔然國在伏跋可汗的統治下再次強大起來。

十六年（丁酉　西元五一七年）

春，正月辛未❶，上祀南郊。○魏大乘餘賊復相聚，突入瀛州❷，刺史宇文福之子員外散騎侍郎延帥奴客❸拒之。賊燒齋閤❹，延突火❺抱福出外，肌髮皆焦，勒眾苦戰，賊遂散走，追討，平之。◯甲戌❻，魏大赦。

魏初，民間皆不用錢，高祖太和十九年❼，始鑄太和五銖錢，遣錢工在所❽鼓鑄；民有欲鑄錢者，聽就官鑪，銅必精練❾，無得殽雜。世宗永平三年❿，又鑄五銖錢，禁天下用錢不依準式⓫者。既而洛陽及諸州、鎮所用錢各不同，商貨不通。尚書令任城王澄上言，以為「不行之錢⓬，律有明式⓭，指謂雞眼、鐶鑿⓮，更無餘禁⓯。計⓰河南諸州今所行者[1]悉非制限⓱，昔來繩禁⓲，愚竊惑焉。又河北既無新錢，復禁舊者，專以單絲之縑⓳、疏縷之布⓴，狹幅促度㉑，不中常式㉒，裂匹為尺㉓，以濟有無㉔，徒成杼軸之勞㉕，不免飢寒之苦，殆非所以救恤凍餒㉖，子育黎元㉗之意也。錢之為用，貫繈相屬㉘，不假度量，平均簡易，濟世之宜，謂為深允㉙。乞並下㉚諸方州、鎮，其太和與新鑄五銖及古諸錢方俗所便用㉛者，但內外全好㉜，雖有大小之異，並得通行，貴賤之差㉝，自依鄉價。庶貨環海內㉞，公私無壅。其雞眼、鐶鑿及盜鑄、毀大為小、生新巧偽㉟不如法者，據律罪之。」詔從之。然河北少錢，民猶用物交易，錢不入市。

魏人多竊冒㊱軍功，尚書左丞盧同閱吏部勳書㊲，因加檢覈，得竊階㊳者三百餘人，乃奏：「乞集吏部、中兵二局勳簿(39)，對句奏案(40)，更造兩通，一關吏部(41)，一留兵局(42)。又，在軍斬首成一階(43)以上者，即令行臺、軍司(44)給券(45)，當中豎裂，一支付勳人(46)，一支送門下(47)，以防偽巧。」太后從之。同，玄(48)之族孫也。中尉元匡(49)奏請〔2〕：「取景明元年(50)已來內外考簿(51)、吏部除書(52)、中兵勳案(53)，并諸殿最(54)，欲以案校竊階盜官之人(55)。」太后許之。尚書令任城王澄表以為「法忌煩苛，治貴清約，御史之體(56)，風聞是司(57)。若聞有冒勳妄階，止應攝其一簿(58)，研檢虛實，繩以典刑。豈有移一省之案(59)，尋兩紀之事(60)，如此求過，誰堪其罪？斯實聖朝所宜重慎也。」太后乃止。又以匡所言數不從，慮其辭解(61)，欲獎安之，乃加鎮東將軍。二月丁未(62)，立匡為東平王。

三月丙子(63)，敕織官，文錦(64)不得為仙人、鳥獸之形，為其裁翦(65)，有乖仁恕。○丁亥(66)，魏廣平文穆王懷(67)卒。

夏，四月戊申(68)，魏以中書監胡國珍為司徒。○詔以宗廟用牲〔3〕，有累冥道(69)，宜皆以麪為之(70)。於是朝野諠譁，以為宗廟去牲(71)，乃是不復血食(72)，帝竟不從。八坐(73)乃議以大脯(74)代一元大武(75)。

秋，八月丁未(76)，魏詔(77)〔4〕太師高陽王雍入居門下(78)，參決尚書奏事(79)。○冬，十月，詔以宗廟猶用脯脩(80)，更議代之，於是以大餅代大脯，其餘盡用蔬果。又起至敬殿、景陽臺，置七廟座(81)，每月中再設淨饌(82)。○乙卯(83)，魏詔：「北京士民未遷者(84)，悉聽留居為永業(85)。」○十一月甲子(86)，巴州(87)刺史牟漢寵叛，降魏。

○十二月，柔然伏跋可汗遣俟斤尉比建(88)等請和於魏，用敵國(89)之禮。

是歲，以右衛將軍馮道根(90)為豫州刺史。道根謹厚木訥(91)，行軍能檢敕(92)士卒，諸將爭功，道根獨默然。為政清簡，吏民懷之。上嘗歎曰：「道根所在，令朝廷不復憶有一州(93)。」○魏尚書崔亮奏請於王屋(94)等山採銅鑄錢，從之。是後民多私鑄，錢稍(95)薄小，用之益輕(96)。

十七年（戊戌　西元五一八年）

春，正月甲子(97)，魏以氐酋楊定(98)為陰平王(99)。○魏秦州羌(100)反。

二月癸巳(101)，安成康王秀(102)卒。秀雖與上布衣昆弟(103)，及為君臣，小心畏敬，過於疏賤(104)，上益以此賢之。秀與弟始興王憺(105)尤相友愛，憺久為荊州刺史[5]，常中分其祿(106)以給秀，秀稱心(107)受之，亦不辭多也。

甲辰(108)，大赦(109)。○己酉(110)，魏大赦，改元神龜(111)。○魏東益州氐(112)反。

魏主引見柔然使者，讓(113)之以藩禮不備(114)，議依(115)漢待匈奴故事(116)，遣使報之。

司農少卿張倫上表，以為「太祖經啟帝圖[117]，日有不暇[118]，遂令豎子遊魂一方[119]，亦由中國多虞[120]，急諸華[121]而緩夷狄也。高祖方事南轅[122]，未遑北伐[123]。世宗遵述遺志[124]，虜使之來，受而弗答[125]。以為大明臨御[126]，國富兵彊，抗敵之禮[127]，何憚而為之[128]？何求而行之[129]？今虜雖慕德而來，亦欲觀我彊弱，若使王人[130]銜命虜庭[131]，與為昆弟[132]，恐非祖宗之意也。苟事不獲已，應為制詔[133]，示以上下之儀[134]，命宰臣致書[135]，諭以歸順之道，觀其從違[136]，徐以恩威進退[137]之，則王者之體正矣。豈可以戎狄兼并[138]，而遽虧典禮[139]乎？」不從。倫，白澤[140]之子也。

三月辛未[141]，魏靈壽武敬公于忠[142]卒。○魏南秦州氐反，遣龍驤將軍崔襲持節諭之。

夏，四月丁酉[143]，魏秦文宣公胡國珍[144]卒，贈假黃鉞[145]、相國、都督中外諸軍事、太師，號曰太上秦公[146]，加九錫[147] [6]，葬以殊禮，贈送儀衛[148]，事極優厚。又迎太后母皇甫氏之柩與國珍合葬，謂之太上秦孝穆君。諫議大夫常山張普惠[149]以為「前世后父無稱『太上』者，『太上』之名不可施於人臣。」詣闕上疏陳之，左右莫敢為通。會胡氏穿壙[150]，下有磐石[151]，乃密表，以為「天無二日，土無二王，『太上』者因『上』而生名[152]也。皇太后稱『令』以繫『敕』下[153]，蓋取三從之道[154]，遠同文母[155]列於十亂[156]。今司徒為『太上』，恐乖繫敕之意。孔子稱『必也正名[157]乎！』比克吉定兆[158]，而以淺改卜[159]，亦或天地神靈所以垂至戒[160]、啓聖情[161]也。伏願停逼上之號[162]，以邀謙光之福[163]。」太后乃親至國珍宅，召集五品以上博議。王公皆希太后意[164]，爭詰難普惠[165]，普惠應機辯析，無能屈者。太后使元乂宣令於普惠曰：「朕之所行，孝子之志；卿之所陳，忠臣之道。羣公已有成議，卿不得苦奪朕懷[166]。後有所見[167]，勿難言也[168]。」○太后為太上君[169]造寺，壯麗埒於永寧[170]。

尚書奏復徵[171]民綿麻之稅，張普惠上疏，以為「高祖廢大斗、去長尺、改重稱[172]，以愛民薄賦。知軍國須綿麻之用，故於絹增稅綿八兩，於布增稅麻十五斤，民以稱尺所減，不啻綿麻[173]，故鼓舞供調[174]。自茲以降[175]，所稅絹布，浸復長闊[176]，百姓嗟怨，聞於朝野。宰輔[177]不尋其本在於幅廣度長，遽罷綿麻[178]。既而尚書以國用不足，復欲徵斂。去天下之大信，棄已行之成詔，追前之非[179]，遂後之失[180]。不思庫中大有綿麻[181]，而羣臣共竊之也。何則？所輸之物，或斤羨百銖[182]，未聞有司依律以罪州郡；或小有濫惡[183]，則坐戶主[184]，連及三長[185]。是以在庫絹布，踰制[186]者多，羣臣受俸[187]，人求長闊厚重[188]，無復準極[189]，未聞以端幅有餘[190]還求輸官[191]者也。今欲復調緜麻[192]，當先正稱尺[193]，明立嚴禁，無得放溢，使天下知二聖之心愛民惜法如此，則太和之政[194]復見於神龜[195]矣。」

普惠又以魏主好遊騁苑囿，不親視朝，過崇佛法，郊廟之事[196]多委有司[197]，上疏切諫，以為「殖不思之冥業[198]，損巨費於生民。減祿削力[199]，近供無事之僧；崇飾雲殿[200]，遠邀[201]未然之報[202]。昧爽之臣[203]稽首於外[204]，玄寂之眾[205]遨遊於內[206]，愆禮忤時[207]，人靈未穆[208]。愚謂修朝夕之因[209]，求祇劫之果[210]，未若收萬國之懽心以事其親，使天下和平，災害不生也。伏願淑慎威儀[211]，為萬邦作式[212]。躬致郊廟之虔[213]，親紆朔望之禮[214]。釋奠成均[215]，竭心千畝[216]，量撤[217]僧寺不急之華，還復[218]百官久折之秩[219]。已造者務令簡約速成，未造者一切不復更為。則孝弟可以通神明[220]，德教可以光四海，節用愛人，法俗俱賴[221]矣。」尋敕外議釋奠之禮，又自是每月一陛見羣臣[222]，皆用普惠之言也。

普惠復表論時政得失，太后與帝引普惠於宣光殿，隨事詰難。

臨川王宏妾弟吳法壽殺人而匿於宏府中，上敕宏出之[223]，即日伏辜[224]。南司[225]奏免宏官，上注[226]曰：「愛宏者兄弟私親，免宏者王者正法。所奏可。」五月戊寅[227]，司徒、驃騎大將軍、揚州刺史臨川王宏免。

宏自洛口之敗[228]，常懷愧憤，都下每有竊發[229]，輒以宏為名[230]，屢為有司所奏，上每赦之。上幸光宅寺[231]，有盜伏於驃騎航[232]，待上夜出。上將行，心動，乃於朱雀航過。事發，稱為宏所使。上泣謂宏曰：「我人才勝汝百倍，當此[233]猶恐不堪，汝何為者？我非不能為漢文帝[234]，念汝愚耳！」宏頓首稱無之，故因匿法壽免宏官。

宏奢僭過度[235]，殖貨無厭[236]。庫屋垂百間，在內堂之後，關籥甚嚴[237]，有疑是鎧仗[238]者，密以聞。上於友愛[239]甚厚，殊不悅。佗日，送盛饌與宏愛妾江氏曰：「當來就汝懽宴。」獨攜故人射聲校尉[240]丘佗卿往，與宏及江大飲，半醉後，謂曰：「我今欲履行汝後房[241]。」即呼輿[242]徑往堂後，宏恐上見其貨賄[243]，顏色怖懼。上意益疑之，於是屋屋檢視，每錢百萬為一聚，黃榜標之，千萬為一庫，懸一紫標，如此三十餘間。上與佗卿屈指計，見錢三億餘萬，餘屋貯布、絹、絲、綿、漆、蜜、紵、蠟等雜貨，但見滿庫，不知多少。上始知非仗，大悅，謂曰：「阿六，汝生計大可[244]！」乃更劇飲[245]至夜，舉燭而還。兄弟方更敦睦。

宏都下有數十邸[246]，出懸錢立券[247]，每以田宅、邸店懸上文契[248]。期訖[249]，便驅券主奪其宅[250]，都下、東土百姓[251]，失業[252]非一。上後知之，制懸券[253]不得復驅奪，自此始。

侍中、領軍將軍吳平侯昺(254)，雅有風力(255)，為上所重，軍國大事皆與議決，以為安右將軍(256)，監揚州(257)。昺自以越親居揚州(258)，涕泣懇讓(259)，上不許。在州尤稱明斷，符教(260)嚴整。

辛巳(261)，以宏為中軍將軍、中書監。六月乙酉(262)，又以本號行司徒(263)。

臣光曰：「宏為將則覆(264)三軍，為臣則涉大逆(265)，高祖貸(266)其死罪可矣。數旬之間，還為三公，於兄弟之恩誠厚矣，王者之法果安在哉？」

初，洛陽有漢所立三字石經(267)，雖屢經喪亂而初無損失(268)。及魏馮熙、常伯夫(269)相繼為洛州刺史(270)，毀取(271)以建浮圖精舍(272)，遂大致頹落(273)，所存者委於榛莽(274)，道俗(275)隨意取之。侍中、領國子祭酒(276)崔光請遣官守視，命國子博士(277)李郁等補其殘缺，胡太后許之。會元乂、劉騰作亂(278)，事遂寢(279)。

秋，七月，魏河州羌卻鐵忽(280)[7]反，自稱水池王(281)。詔以主客郎源子恭(282)為行臺以討之。子恭至河州，嚴勒(283)州郡及諸軍，毋得犯民一物，亦不得輕與賊戰，然後示以威恩，使知悔懼。八月，鐵忽等相帥(284)詣子恭降，首尾不及二旬。子恭，懷(285)之子也。

魏宦者劉騰[286]，手不解書[287]，而多姦謀，善揣人意。胡太后以其保護之功[288]，累遷至侍中、右光祿大夫，遂干預政事，納賂為人求官，無不效者。河間王琛[289]，簡[290]之子也；為定州[291]刺史，以貪縱著名，及罷州還，太后詔曰：「琛在定州，唯不將中山宮來[292]，自餘無所不致，何可更復敘用[293]！」遂廢于家。琛乃求為騰養息[294]，賂騰金寶鉅萬[295]計。騰為之言於太后，得兼都官尚書[296]，出為秦州刺史。會騰疾篤[297]，太后欲及其生而貴之，九月癸未朔[298]，以騰為衛將軍[299]，加儀同三司。

魏胡太后以天文有變[300]，欲以崇憲高太后當之[301]。戊申[302]夜，高太后暴卒。冬，十月丁卯[303]，以尼禮[304]葬於北邙[305]，諡曰順皇后。百官單衣邪巾[306]，送至墓所，事訖而除[307]。○乙亥[308]，以臨川王宏為司徒。

魏胡太后遣使者宋雲與比丘惠生[309]如西域[310]求佛經。司空任城王澄奏：「昔高祖遷都，制城內[311]唯聽置僧、尼寺各一，餘皆置於城外，蓋以道俗殊歸[312]，欲其淨居塵外[313]故也。正始三年[314]，沙門統惠深[315]始違前禁，自是卷詔不行[316]，私謁彌眾[317]，都城之中，寺踰五百，占奪民居，三分且一[318]，屠沽塵穢，連比[319]雜居。往者代北有法秀之謀[320]，冀州有大乘之變[321]。太和、景明之制[322]，非徒使緇素殊途[323]，蓋亦以防微杜漸[324]。昔如來闡教[325]，多依山林。今此僧徒，戀著城邑，正以誘於利欲[326]，不能自已[327]，此乃釋氏之糟糠[328]，法王之社鼠[329]，內戒[330]所不容，國典所共棄也。臣謂都城內寺未成可徙者，宜悉徙於郭外[331]，僧不滿五十者，併小從大[332]。外州亦準此[333]。」詔從之[334][8]。然卒不能行。

是歲，魏太師雍等奏：「臨池天藏[335]，資育羣生[336]，先朝為之禁限[337]，亦非苟[338]與細民爭利。但利起天池[339]，取用無法，或豪貴封護[340]，或近民吝守[341]，貧弱遠來[342]，邈然絕望[343]。因置主司[344]，令其裁察，彊弱相兼[345]，務令得所[346]。什一之稅[347]，自古有之，所務者遠近齊平，公私兩宜耳。及甄琛啟求罷禁[348][9]，乃為繞池之民尉保光等[349]擅自固護[350]。語其障禁[351]，倍於官司[352]，取與自由[353]，貴賤任口[354]。請依先朝禁之為便。」詔從之。

【章　旨】以上為第三段，寫梁武帝蕭衍天監十六年（西元五一七年）、十七年共兩年間的大事。主要寫了魏國的胡太后追贈其父胡國珍為太上秦公、追贈其母為太上秦君，張普惠諫之，胡太后不從；寫魏國的貪官汙吏使用長尺、重秤、大斗以搜刮百姓，張普惠上書請求核正量器；張普惠又因魏主佞佛、又好遊獵、不見群臣而上言諸事；寫宦官劉騰因受胡太后寵信而專權枉法，貪賄無厭的河間王元琛為求自己的跌而復起，竟認劉騰為養父，遂得從罪臣中步步高升；寫胡太后因天變而殺死高太后；寫魏人為建築佛寺，毀取洛陽石經以為石材，致漢、魏石經所存無幾；寫魏任城王元澄繼李瑒斥佛教為鬼教後，又上表痛斥佛教僧徒之惡，稱其為「釋氏之糟糠，法王之社鼠」，建議將眾多廟宇遷出城外，皆未獲實行；

寫梁武帝因信佛而用大脯代替三牲，又用大餅代替大脯，終致祭祀天地、宗廟完全改用素食；寫梁武帝之弟蕭宏貪縱不法，不惜一切手段聚斂錢財，又以放債為誘餌，奪人房屋田產，只因未發現其他野心，於是被蕭衍大加封賞；此外還寫了魏與柔然的重新建立邦交，以及對晉南鹽池重又實行政府管理等等。

【注　釋】❶正月辛未　正月初九。❷瀛州　魏州名，州治即今河北河間。❸奴客　家奴與門客。❹齋閤　此指刺史辦公的廳堂。❺突火　冒著大火。❻甲戌　正月十二。❼太和十九年　太和是孝文帝元宏的第三個年號。太和十九年相當於齊明帝蕭鸞建武二年（西元四九五年）。❽在所　在各規定的鑄錢場所。❾精練　精純。❿永平三年　永平是宣武帝元恪的第三個年號。永平三年相當於梁武帝天監九年（西元五一〇年）。⓫準式　國家規定的標準樣式。⓬不行之錢　不准流通的銅錢。⓭律有明式　法律上有明確的標準。⓮雞眼鐶鑿　都是明令禁止通行的銅錢名。胡三省曰：「雞眼者，指錢薄小，錢眼如雞眼也。鐶鑿云者，謂鑿好以取銅，僅存其肉也。」鑿好即鑿大銅錢的孔，只剩一個外緣。⓯更無餘禁　沒有別的錢需要禁止。⓰計考慮；考慮目前的情況。⓱悉非制限　都不是過去法律所禁止的。⓲昔來繩禁　最近以來所發布的禁令。昔來，指近期以來。⓳單絲之縑　指粗織的、單薄的絲絹。⓴疏縷之布　用麻線粗織的、單薄的麻布。㉑狹幅促度　寬度長度都不夠尺寸。幅，指寬度。度，指長度。㉒不中常式　與平常的規格不相符。㉓裂匹為尺　因為不夠一匹的長度，只好分成若干塊按尺計算。㉔以濟有無　指充當貨幣使用。濟有無，交換物品。㉕徒成杼軸之勞　白白花去了織絹、織布的勞苦。杼，織布機的梭子。㉖救恤凍餒　救助挨凍受餓者。恤，哀憐。餒，飢餓。㉗子育黎元　善待黎民百姓。子育，像養育親生兒子一樣的善待。㉘貫繈相屬　用繩索串連在一起。貫、繈，都是穿錢的繩索。㉙深允　很合適；很公平。㉚並下　同時下令給……。㉛方俗所便用　為各方的百姓所喜歡使用。㉜但內外全好　只要銅錢本身沒有破損。㉝貴賤之差　各種不同的銅錢之間的貴賤比率。㉞庶貨環海內　以期能讓貨物在全國之內流通無阻。㉟生新巧偽　又生出新的弄虛作假的辦法。㊱竊冒　假冒。㊲吏部勳書　吏部所編製的記載功勳的文書。㊳竊階　偷升等級。㊴集吏部中兵二局勳簿　集……勳簿，把不同機關所掌管的記功簿調到一起。中兵二局，指五兵尚書所管的左中兵、右中兵兩個部門，都是管理京城守衛部隊的機構。㊵對句奏案　對照進行考核，而後寫出上報的結論。㊶一關吏部　一份交給吏部。關，通知，這裡即交給，交給吏部按此授勳發獎。㊷留兵局　留在中兵二局存檔。㊸斬首成一階　斬一個敵兵之首而獲升一級。這是早從商鞅變法就實行的獎賞軍功的規定。㊹行臺軍司　軍司，有人認為即是「軍司馬」一職的簡稱，實際上是軍隊中主管司法事務的高級官員，地位僅次於方面軍主將，多為中央直接任命，亦有以軍司一職統兵徵戰者。行臺，行尚書臺的簡稱，出現於魏晉之際。最初是皇帝出行、巡省時設置的流動中央政府，同時會在都城相對地設「留臺」，處理政務、軍務、祭祀等事宜。北魏後期，多設置非皇帝行臺，用於處理地方各種事務，權力極大。㊺給券　發給證明文件。㊻一支付勳人　一半發給立功應受獎的人。㊼一支送門下　另一半則同時送交門下省。按，門下省直接管理軍事，早在漢武帝時的中朝就是如此。㊽玄　盧玄，魏國著名的儒臣。傳見《魏書》卷四十七。盧同是盧玄的族孫，曾為邢巒的部下，後為尚書左丞。傳見《魏書》卷七十六。㊾中尉元匡　元匡時任御史中尉，是朝廷上主管監察的官員。㊿景明元年　宣武帝元恪的第一個年號，景明元年即西元五〇〇年。(51)內外考簿　對朝內官員與地方官員的考核記錄。(52)吏部除書　吏部任命官吏的文書。除，任命。(53)中兵勳案　中兵局所掌管的立功受獎者的檔案。(54)諸殿最　對官吏業績考核的記錄。誰是第一名、誰是最後一名。殿，最後。最，第一。(55)案校竊階盜官之人　想徹底清查一遍看有多少騙取等級與騙取官職的人。(56)御史之體　御史這個職位的主要責任。體，性；性能。(57)風聞是司　是把他所聽到的事情都搜集起來。(58)攝其一簿　對這一本都進行檢查。攝，收；控制。(59)一省之案　一個機關部門的全部文書檔案。(60)尋兩紀之事　檢查二十四年間的所有事情。古稱十二年為一紀。從世宗景明元年（西元五〇〇年）至今共十八年，「兩紀」是其約數。(61)辭解　請解官辭職。(62)二月丁未　二月十六。(63)三月丙子　三月十五。(64)文錦　有圖案花紋的絲織品。文，同「紋」。花紋。(65)裁翦　指用料時對著仙人、對著鳥獸下剪子。(66)丁亥　三月二十六。(67)廣平文穆王懷　元懷，宣武帝元恪之弟，被封為廣平王，謚曰文穆。傳見《魏書》卷二十二。(68)四月戊申　四月十八。(69)有累冥道　使祖先的威靈蒙受損失。因為佛教提倡不殺生，後人為祭祖先而殺生，這就會使祖先蒙受不慈悲之名。冥，幽，這裡指先人的鬼魂。(70)以麵為之　用麵粉做成牛豬羊之形，以代替用活的動物作供品。(71)去牲　祭祀時不用牛羊豬為供品。(72)不復血食　意即不再享受後人的祭祀，亦即國家滅亡，子孫失去了統治權力。這是從遠古以來人們就習慣於殺牲祭祀宗廟而言。(73)八坐　八位議事的國家大臣，即尚書令，尚書左右僕射，再加五部的尚書。(74)大脯　大肉乾。(75)一元大武　指祭祀所用的牛。《禮記・曲禮》：「牛曰一元大武。」一元，一頭。大武，大腳印。(76)八月丁未　八月十八。(77)魏詔　魏國的胡太后下詔。(78)入居門下　到門下省幫著太后與幾位侍中參謀政事。(79)參決尚書奏事　一起參謀決定尚書省所提出的處理諸事的意見。(80)脯脩　肉乾。(81)七廟座　蕭衍七代祖先的靈牌。(82)再設淨饌　再用素食祭祀一回。(83)乙卯　十月二十七。(84)北京士民未遷者　按當初規定，平城的百姓應該搬遷到洛陽城來的。北京，指舊都平城。(85)留居為永業　允許留在今大同為永久的居民，意即不用再搬遷了。(86)十一月甲子　十一月初七。(87)巴州　此指北巴州，州治即當時的巴西郡，即今之四川綿陽。(88)俟斤尉比建　俟斤是官位名，其人曰尉比建。(89)敵國　地位平等的國家。

敵，對；相等。(90)馮道根　梁武帝蕭衍的開國功臣，梁初的名將。傳見《梁書》卷十二。(91)木訥　不善言辭。(92)檢敕　約束；管理。(93)不復憶有一州　幾乎可以讓人忘卻這個州的存在，因為它從不給朝廷添任何麻煩，讓朝廷為之操心。(94)王屋　山名，在今山西陽城與垣曲之間。(95)稍　漸漸。(96)益輕　越來越不值錢，即所謂「貶值」。(97)甲子　正月初八。(98)楊定　當時該地區氐族世代頭領楊氏家族的後代，此前其家族的封號已被魏人所滅，今又封之為王。楊氏家族於近二百年來一直叛服於南朝、北朝之間。傳見《魏書》、《晉書》、《宋書》、《南齊書》、《梁書》。(99)陰平王　陰平郡王，陰平郡的郡治在今四川劍閣西北。(100)秦州羌　秦州地區的少數民族。魏國秦州的州治下邽，即今甘肅天水市。(101)二月癸巳　二月初七。(102)安成康王秀　蕭秀，梁武帝蕭衍之弟，被封為安成郡王，謚曰康。傳見《梁書》卷二十二。(103)布衣昆弟　平民時期的親兄弟。(104)過於疏賤　比那些遠親和地位低賤的人還要小心謹慎。(105)始興王憺　蕭憺，蕭衍與蕭秀之弟，被封為始興郡王。傳見《梁書》卷二十二。(106)中分其祿　把自己所得的俸祿分出一半。按，當時的荊州是南朝以來最大、最重要的州，俸祿收入非其他州所可比。胡三省曰：「荊州總西夏之寄，俸入優厚。」(107)稱心　安心；心安理得。(108)甲辰　二月十八。(109)大赦　大赦的主語是梁武帝蕭衍。(110)己酉　二月二十三。(111)神龜　為魏肅宗元詡的第二個年號（西元五一八—五一九年）。(112)東益州氐　東益州境內的氐族人。魏國的東益州州治武興，即今陝西略陽。(113)讓　責備、輕度地譴責。(114)藩禮不備　不像一個附屬國對待宗主國的樣子。(115)議依　計劃按照。(116)漢待匈奴故事　像西漢後期對待匈奴人的樣子。胡三省曰：「漢宣帝待呼韓邪位在諸侯王上，蓋稱臣也。」(117)太祖經啓帝圖　指拓跋珪在中原地區經營創建魏國政權。啓，開發；擴大。(118)日有不暇　沒有一點空閒。(119)令豎子遊魂一方　指在道武帝經營中原時期，柔然的首領社崙佔領了漠北一帶地區。遊魂，這裡是輕賤地喻稱柔然人的活動。(120)中國多虞　中原地區可憂慮的事情多，指晉、宋以來魏與南朝的戰爭接連不斷。(121)急諸華　把對南朝的戰爭放在第一位。(122)高祖方事南轅　孝文帝正忙於遷都洛陽，進軍淮、漢。南轅，車駕南行。(123)未遑北伐　顧不上討伐北方的柔然。未遑，無暇；沒有時間。(124)世宗遵述遺志　宣武帝元恪遵循孝文帝的遺志，繼續把與南朝的鬥爭放在第一位。遵述，遵循。述，繼續。(125)受而弗答　只是接受其朝獻而不派使回報。(126)大明臨御　英明的皇帝治理國家。大明，英明之極。(127)抗敵之禮　兩國對等的禮節。此前柔然曾多次遣使請求與魏國建立平等的國家關係。抗敵，二字的意思一樣，都是對等、平等的意思。(128)何憚而為之　有什麼懼怕而答應這樣的請求呢。宣武帝曾嚴厲地斥責了柔然人的這種請求。(129)何求而行之　有什麼必要答應這樣的條件呢。(130)王人　天子的使者。(131)銜命虜庭　奉命出使柔然。(132)與為昆弟　與其結為兄弟之邦。(133)應為制詔　應該給他們下一道詔書。(134)示以上下之儀　給他們講清魏與柔然的上下君臣關係。(135)命宰臣致書　讓輔政大臣給他們寫信。(136)覩其從違　看他們聽還是不聽。

(137)進退　鼓勵與譴責。(138)戎狄兼并　指伏跋可汗新破高車及滅鄰國叛者而使柔然國力強盛。(139)遽虧典禮　使魏國的國家地位在禮法上受到損害。按，此處《通鑑》的文字似有疏漏，據以往宣武帝對柔然的態度，與此處之「讓之以藩禮不備」看，此處的「遣使報之」，絕對應該是使柔然人稱臣；但據張倫的上書，似乎又是魏國答應了與柔然以兄弟之禮相交。二者歧異，榫卯不接。(140)白澤　張白澤，拓跋珪時代的名臣張袞的後裔，張白澤在顯祖拓跋弘與孝文帝時代都深受重視，在處理與柔然的問題上發表過重要見解。傳見《魏書》卷二十四。(141)三月辛未　三月十六。(142)靈壽武敬公于忠　于忠生前被封為靈壽郡公，諡曰武敬。(143)四月丁酉　四月十二。(144)秦文宣公胡國珍　胡國珍生前被封為秦郡公，諡曰文宣。(145)贈假黃鉞　追贈與假黃鉞的稱號。假黃鉞，即授予黃鉞，授予專征統帥的生殺之權。(146)太上秦公　至高無上的秦公。(147)加九錫　加贈給九種特殊的禮節性待遇。(148)贈禭儀衛　朝廷贈給胡國珍家的喪禮以及出殯時派出儀仗隊。禭，贈給死者的衣被，實際指贈給死者家庭的一筆財禮。(149)常山張普惠　常山郡人張普惠。常山郡的郡治在今石家莊的東北側。張普惠是魏國的儒學禮法之臣，此時任諫議大夫。傳見《魏書》卷七十八。(150)穿壙　挖墳坑。壙，墳墓。(151)下有磐石　挖地遇有巨大的石頭，意思是應該另選別的地方。(152)因上而生名　意即位在皇帝之上，如劉邦稱其父曰「太上皇」，即在劉邦之上。(153)以繫敕下　放置在皇帝的「敕」字之下。(154)三從之道　指在家從父，既嫁從夫，夫死從子。(155)遠同文母　像當年周武王的母親太姒一樣。(156)列於十亂　十位治世的賢臣。亂，治理亂世，意思即治理。當年周武王曾曰「予有亂臣十人」。此十臣是太公望、周公旦、召公奭、畢公高、榮公、太顛、閎夭、散宜生、南宮括、文母。(157)正名　要名實相副。(158)克吉定兆　能根據吉利選定墓地。兆，墓地的範圍。(159)以淺改卜　因挖坑遇到大石而改選他處。淺，指原址下有磐石，無法再向下挖。(160)垂至戒　給我們提出了嚴肅的警告。至，切實；到位。(161)啓聖情　啟發聖上的內心覺悟。(162)逼上之號　逼迫，甚至高出帝王的稱號。指太上秦公、太上秦孝穆君。(163)以邀謙光之福　以求得到謙虛的美譽。(164)希太后意　迎合胡太后的想法。(165)爭詰難普惠　爭先恐後地對張普惠提出責難，施加壓力。(166)苦奪朕懷　非要改變我的想法。(167)後有所見　日後遇到其他問題，又有什麼想法。(168)勿難言也　還是希望你能照常提出。(169)太上君　即胡太后之亡母。(170)埒於永寧　與永寧寺差不多。埒，相當；相等。(171)尚書奏復徵　尚書省建議朝廷恢復向百姓徵收……。(172)改重稱　不再使用重秤。此處「稱」字同「秤」。「重稱」與上文「大斗」、「長尺」相對，都是貪官汙吏用來搜刮百姓、獲取額外民財的手段。(173)不啻綿麻　不止在綿麻這些實物，更重要的是體現了國家的信義。(174)鼓舞供調　歡欣鼓舞地向國家交納賦稅。(175)自茲以降　從此以後。(176)浸復長闊　徵收的絹帛漸漸地又長起來了、寬起來了。(177)宰輔　當時的執政大臣，指于忠。(178)遽罷綿麻　匆忙地下令廢除了對綿麻的徵收。于忠罷綿麻事見本書上卷天監十四年。(179)追前之非　又繼續起以前的錯誤章程，指又使用起「大斗」、「長尺」、「重稱」。(180)遂後之失　又拾起了後來的錯誤辦法，指重新徵收綿麻。(181)庫中大有綿麻　國庫儲存的綿麻有的是。(182)或斤羨百銖　說是徵收一斤，實際徵來的要比公平秤多出上百銖。羨，多出。銖，一兩的二十分之一。(183)小有濫惡　稍微有點小毛病。濫惡，瑕疵。(184)坐戶主　交賦稅的戶主就要受到懲處。坐，因……而獲罪。(185)三長　指鄰長、里長、黨長。(186)踰制　超過應有的數額。(187)受俸　領取國庫裡絹帛為薪俸。(188)人求長闊厚重　誰都挑那些超過實際數額的東西拿。(189)無復準極　誰也不說我只要我應得的數量。準極，恰夠標準和質與量。(190)端幅有餘　說是幾端幾匹，實則多出好多。古代布帛六丈為一端、四丈為一匹。端幅，端指長度；幅指面寬。(191)還求輸官　還請求給官家還回去。輸官，送還有關部門。(192)復調綿麻　再收取綿麻充當賦稅。調，當時賦稅的一種。(193)先正稱尺　先把收稅用的量器測定好。稱，仍同「秤」。(194)太和之政　孝文帝太和年間的美好政治。(195)復見於神龜　又在今天的神龜年間出現了。(196)郊廟之事　南郊祭天與祭祀宗廟之事。(197)多委有司　都讓有關部門的官員代替前去。(198)殖不思之冥業　廣建了許多不可想像的宗教事業。殖，增建。冥業，指寄一切希望於來生的佛教。(199)減祿削力　減少百官的俸祿，消耗百姓的勞力。(200)崇飾雲殿　把寺院蓋得高入雲霄，又極力裝飾。(201)遠邀　遠求。(202)未然之報　未必有結果的回報。(203)昧爽之臣　天不亮就來上朝的群臣。昧爽，天未全明。(204)稽首於外　在宮門外磕頭，見不到皇帝。(205)玄寂之眾　指和尚尼姑。(206)遨遊於內　反而自在地到宮內遊玩。(207)愆禮忤時　該行的禮節不親行，該守的節令不遵守。愆，缺少，指不行祭祀天地宗廟之禮。忤，犯，動息不遵時令，指遊騁園囿。(208)人靈未穆　臣民與鬼神都不安心寧靜。(209)脩朝夕之因　搞一點眼前的修行，如吃齋、念佛等等。(210)求祇劫之果　以求不知多少年代以後的善報。祇劫，胡三省曰：「釋氏之言祇劫，猶言無數劫也。」(211)淑慎威儀　注意自己的一舉一動。淑慎，搞好；修練好。威儀，行動作派。(212)為萬邦作式　為普天下的臣民做好楷模。式，榜樣。(213)躬致郊廟之虔　該祭天地宗廟的時候要親自前往極盡虔敬之禮。(214)親紆朔望之禮　要親自參加初一、十五的祭祀天地鬼神之事。紆，纏繞，這裡指參加。(215)釋奠成均　要參加太學的活動，給太學的先師敬酒。釋奠，為禮敬先師而灑酒於地。成均，胡三省曰：「五帝之學曰成均。」(216)竭心千畝　努力做好耕種藉田的禮儀。千畝，周天子的藉田。天子耕種藉田，以表示他對國家農業的重視。(217)量撤　適當地減少。撤，裁剪。(218)還復　歸還；發給。(219)久折之秩　好久以來所剋扣的薪俸。(220)孝弟可以通神明　皇帝的孝悌之德可以感動神明。孝弟，同「孝悌」。神明，即神靈。(221)法俗俱賴　僧俗兩類皆賴以得福。(222)陛見羣臣　在朝堂上會見群臣。(223)敕宏出之　命令蕭宏交出來。(224)伏辜　伏法，指被誅。(225)南司　胡三省曰：「御史臺曰南臺，亦曰南司。」(226)注　批示。(227)五月戊寅　五月二十四。(228)洛口之敗　蕭宏為大帥統兵與魏軍相會於洛口，因其懦弱無能，單身逃脫，致使梁軍慘敗事，見本書卷一百四十六天監五年。(229)都下每有竊發　建康城裡每有事故發生。(230)輒以宏為名　總說是受蕭宏的指使。(231)光宅寺　胡三省曰：「帝以三橋舊宅為光宅寺，三橋在秣陵縣同夏里。」(232)驃騎航　臨川王蕭宏府前的浮橋。胡三省曰：「宏府面秦淮，於府前為浮橋，謂之驃騎航，以宏官名也。」當時蕭宏任驃騎大將軍。(233)當此　做這個皇帝。(234)我非不能為漢文帝　我不是不能像漢文帝殺淮南王那樣也殺死你。淮南厲王劉長是漢文帝之弟，因驕橫不法，被漢文帝流放，途中絕食而死。見《史記・淮南衡山列傳》。(235)奢僭過度　奢侈與行為放縱都超越本分。(236)殖貨無厭　聚斂財貨沒個滿足。貨，錢財。(237)關籥甚嚴　門窗鎖得嚴嚴實實。(238)鎧仗　鎧甲、兵器。(239)友愛　兄弟手足之情。(240)射聲校尉　宮廷禁衛部隊的統領之一，上屬於領軍將軍。(241)履行汝後房　看看你的宅院。履行，巡行。(242)呼輿　令屬下備轎。輿，軟轎，即今所謂滑竿。(243)貨賄　財寶。(244)汝生計大可　你這日子過得不錯。(245)劇飲　痛飲。(246)都下有數十邸　在京城裡有幾十套房子。邸，宅院；屋舍。(247)出懸錢立券　在放債與人立借據的時候。懸錢，放債以收利息。券，借據。(248)以田宅邸店懸上文契　把借債人可以做抵押的田宅邸店也寫在契約上。懸上，預先寫在上面，如曰「若到期不能還錢，則將某處房子一所，抵給放債人」云云。(249)期訖　到期之後。(250)驅券主奪其宅　意思是即使借債者有錢還也不要錢，而是硬將人家從房子裡趕走。(251)都下東土百姓　建康城裡的與建康城外的東方地區的百姓。(252)失業　被剝奪房地產。業，這裡指產業。(253)制懸券　下令所有放債的人。(254)吳平侯昺　蕭昺，梁武帝蕭衍的堂姪，因功被封為吳平侯。傳見《梁書》卷二十四。(255)風力　風骨、氣節。(256)安右將軍　胡三省曰：「帝所置百號將軍之一也。」(257)監揚州　尚未正式任之為揚州刺史，先令其監管揚州之事。(258)越親居揚州　超越了梁武帝的幾個親兄弟而當了揚州刺史。揚州刺史地位崇高，通常都由皇帝的至親擔任。(259)懇讓　懇求推讓。(260)符教　所下的各種命令。符、教，都是文體名，指王公大臣所下的各種命令。(261)辛巳　五月二十七。按，《梁書・武帝紀》作「五月辛巳」。(262)六月乙酉　六月初一。(263)以本號行司徒　以中軍將軍、中書監的稱號代理司徒之職。行，代理。司徒，是加官名，只表示地位高，沒有實際職權。(264)覆傾覆；被人消滅。(265)大逆　陰謀刺殺梁武帝。(266)貸　饒；放過。(267)三字石經　也稱《三體石經》。東漢靈帝時蔡邕用隸體書《五經》文字，刻石立於洛陽太學門外，此為《一字石經》。至魏正始（三國魏齊王曹芳的年號）年間又用古文、小篆、漢隸三種字體書寫石經，立在漢碑西側，稱《三體石經》。(268)初無損失　一點損壞也沒有。初，根本；完全。(269)馮熙常伯夫　馮熙是孝文帝時代的外戚。事跡見《魏書・外戚傳》。常伯夫的事跡不詳。(270)洛州刺史　洛州的州治即今洛陽。魏國在孝文帝遷都到洛陽之前，洛陽一直是洛州刺史的駐地。(271)毀取　指毀取刻有《五經》文字的石材。(272)浮圖精舍　即佛教寺院，僧人修練、居住的地方。(273)大致頹落　大部分被損壞。(274)委於榛莽　丟棄在雜亂叢生的草木之中。(275)道俗　僧人與平民百姓。(276)領國子

祭酒　兼任國子祭酒。國子祭酒是管理太學的行政官員。領，兼任。(277)國子博士　太學裡的教官。太學裡的學生稱博士弟子。(278)元乂劉騰作亂　事在梁武帝普通二年，見本書下卷。(279)事遂寢　事情遂被擱置起來。(280)河州羌卻鐵忽　河州地區的羌族頭領名叫卻鐵忽。河州的州治枹罕，在今甘肅臨夏東北。(281)水池王　水池是河州治下的一個縣名，上屬於洪和郡，卻鐵忽在此縣內割據稱王。(282)主客郎源子恭　主客郎是朝官名，主管接待外國、外族的賓客。源子恭是魏國元勳老臣源賀之孫，此時任主客郎。傳見《魏書》卷四十一。(283)嚴勒　嚴厲控制。(284)相帥　彼此一道。(285)懷　源懷，源賀之子，太武帝與孝文帝時代的股肱大臣。傳見《魏書》卷四十一。(286)劉騰　胡太后掌權時代的宦官，因援救胡太后有功，被胡太后寵信。傳見《魏書》卷九十四。(287)手不解書　不會寫字。解，能；會。(288)保護之功　指宣武帝死，太子元詡即位，高太后欲殺太子之母胡貴嬪，由於劉騰及時地報告給了侯剛、于忠等，從而使胡氏獲救，並當上了太后。(289)河間王琛　文成帝拓跋濬之孫。傳見《魏書》卷二十。(290)簡　文成帝拓跋濬之子，被封為齊郡王。傳見《魏書》卷二十。(291)定州　州治即今河北定州。(292)唯不將中山宮來　除了沒把中山國的王宮也搬回來之外。將，攜帶；搬取。(293)敘用　按級進用。(294)為騰養息　為劉騰做乾兒子；認劉騰為養父。(295)鉅萬　萬萬，即所謂「億」。(296)都官尚書　主管首都地區的監察與彈劾。(297)疾篤　病重。(298)九月癸未朔　九月初一是癸未日。(299)衛將軍　加官名，將軍中級別很高者，只低於驃騎將軍、車騎將軍。(300)天文有變　指日蝕、月蝕、彗星等等。(301)欲以崇憲高太后當之　想用殺死高太后的辦法來搪塞這一劫。當，搪塞。自西漢以來常有處死丞相或其他大臣以沖頂這種劫難者。高太后，已被朝廷所廢的宣武帝的皇后，諡曰崇憲。(302)戊申　九月二十六。(303)十月丁卯　十月十五。(304)以尼禮　像葬一個尼姑一樣。(305)北邙　山名，在洛陽城的北側，歷來是官僚貴族死後埋葬的地方。(306)單衣邪巾　單層布帛的長衣，斜壓在頭上的便帽，這是一種次於朝服的禮服。胡三省曰：「邪巾者，斜壓於首。捨衰絰喪冠而單衣邪巾，示不成喪也。」意即她根本不配辦喪事。(307)事訖而除　下葬後就算完事大吉了。(308)乙亥　十月二十三。(309)比丘惠生　和尚名叫惠生。比丘，和尚的另一種稱呼。(310)如西域　實際是去印度，但古代之所以說「如西域」或「上西天」，這是因為當時人們無法從雲南一帶出發前往，只能經新疆再往南繞行。而當時的新疆就是人們所說的「西域」了。(311)制城內　規定洛陽城內。(312)道俗殊歸　和尚與平民百姓走的不是一條路，各自的目標不同。(313)欲其淨居塵外　想讓他們去住在人煙罕至之處。(314)正始三年　正始是宣武帝元恪的第二個年號。正始三年即西元五〇六年。(315)沙門統惠深　洛陽佛教的頭領名叫惠深。(316)卷詔不行　把詔書收起來，不再執行孝文帝頒布的命令。(317)私謁彌眾　私自向有關官員請求建立寺廟。(318)三分且一　已經快到三分之一。(319)連比　緊挨著。(320)法秀之謀　指和尚法秀以妖術惑眾，在平城發動叛亂的事情，見本書卷一百三十五建元三年。(321)大乘之變　冀州的和尚法慶自稱

「大乘」，發動叛亂事，見本卷前文。(322)太和景明之制　孝文帝與宣武帝的兩次下詔做出規定。太和是孝文帝的年號（西元四七七—四九九年）。景明是宣武帝的年號（西元五〇〇—五〇三年）。(323)使緇素殊途　讓僧人與百姓分開居住，互不干涉。緇，黑衣；僧服。素，白衣，指士民之服。(324)防微杜漸　及時地預防各種災變的發生。(325)昔如來闡教　想當初如來佛給世人講經布道的時候。闡教，闡釋教義。(326)誘於利欲　被世俗的利益欲望所吸引。(327)不能自已　無法克制自己。(328)釋氏之糟糠　佛門中的渣滓。(329)法王之社鼠　釋迦牟尼身邊的敗類。法王，猶言佛祖。社鼠，藏在社樹洞穴中的老鼠。因為社樹是供人祭祀用的，不能對之薰燒，故老鼠有恃無恐。(330)內戒　佛教的戒律。(331)悉徙於郭外　全部搬遷到洛陽的外城之外。郭，外城。(332)併小從大　把一些小寺廟都加以歸併，合成幾個大寺廟。(333)準此　照此辦理。(334)詔從之　魏主下詔說同意照辦。(335)鹽池天藏　晉南地區的大鹽池是上天賜給人們的大寶藏。天藏，老天爺的大寶庫。(336)資育羣生　養育著遠近的黎民百姓。(337)為之禁限　為採鹽做出過一些規定。禁限，禁令、限制。(338)苟　只是。(339)利起天池　其可圖之利是鹽池自然生成的。(340)豪貴封護　被豪門貴族所控制壟斷。(341)近民吝守　被當地人貪婪地把持起來。(342)貧弱遠來　貧弱的當地人與遠來外鄉人。(343)邈然絕望　眼巴巴地看著沒有一點辦法。(344)因置主司　因此國家才設置了專門的管理官員。(345)彊弱相兼　讓那些有錢有勢的與無錢無勢的都能得到好處。(346)務令得所　各自找到自己的位置，發揮各自的作用。有錢的出錢，有力的出力。(347)什一之稅　指農業稅，農民種田向國家交稅。(348)甄琛啓求罷禁　甄琛請求朝廷取消鹽池禁令的事情，見本書前文卷一百四十六天監五年。當時的執政大臣元勰等就以為不可取。(349)繞池之民尉保光等　鹽池周圍的百姓尉保光等人。(350)擅自固護　專門保護他們一群人的利益。擅，專。(351)語其障禁　說起他們所建立的種種規章。(352)倍於官司　比起原來官府的兩倍還要多。(353)取與自由　開採多少與賣給什麼人，都由他們說了算。(354)貴賤任口　鹽價的高低都憑他們隨便說。

【校　記】[1]者　原無此字。據章鈺校，十二行本、乙十一行本、孔天胤本皆有此字，張敦仁《通鑑刊本識誤》同，今據補。[2]請　原無此字。據章鈺校，十二行本、乙十一行本皆有此字，今據補。[3]牲　據章鈺校，十二行本、乙十一行本「牲」下皆有「牢」字。[4]魏詔　原作「詔魏」。胡三省注云：「『魏』字當在『詔』字之上。」今據嚴衍《通鑑補》改作「魏詔」。[5]刺史　原無此二字。據章鈺校，十二行本、乙十一行本、孔天胤本皆有此二字，今據補。[6]加九錫　原無此三字。據章鈺校，十二行本、乙十一行本、孔天胤本皆有此三字，張瑛《通鑑校勘記》同，今據補。[7]忽　據章鈺校，十二行本、乙十一行本、孔天胤本皆作「怱」。[8]詔從之　原無此三字。據章鈺校，十二行本、乙十一行本、孔天胤本皆有此三字，張敦仁《通鑑刊本識誤》、張瑛《通鑑校勘記》皆同，今據補。⑨罷禁　原作「禁集」。據章鈺校，十二行本、乙十一行本、孔天胤本皆作「罷禁」，張瑛《通鑑校勘記》同，嚴衍《通鑑補》亦作「罷禁」，今據改。按，《魏書・食貨志》：「後中尉甄琛啟求罷禁。」

【語譯】十六年（丁酉　西元五一七年）

春季，正月初九日辛未，梁武帝蕭衍到建康城的南郊祭天。〇魏國自稱大乘的妖僧法慶的餘眾又集聚在一起，他們突然攻入瀛州境內，擔任瀛州刺史的宇文福的兒子員外散騎侍郎宇文延率領著家奴與門客進行抵抗。賊眾燒毀了刺史辦公的齋閣，宇文延衝入火中把自己的父親宇文福救了出來，自己的肌膚、頭髮都被大火燒焦了，但宇文延仍然指揮眾人拼死苦戰，賊眾這才潰散逃走，宇文延率領眾人進行追擊，終於把這夥賊眾消滅。〇十二日甲戌，魏國實行大赦。

魏國建國初期，民間都不使用錢幣，魏高祖元宏太和十九年，才開始鑄造太和五銖錢，派鑄錢的工人到國家規定的鑄錢場所鼓風冶銅鑄造銅錢；如果普通百姓想要鑄造銅錢，也允許他們到國有的鑄錢場所進行鑄錢，但所使用的銅必須精純，不得有其他雜質。世宗皇帝元恪永平三年，又開始鑄造五銖錢，同時禁止天下百姓使用那些不符合國家規定標準樣式的銅錢。後來因為洛陽與其他各州、各軍鎮所流通的錢幣各不相同，導致商品貨物無法流通。擔任尚書令的任城王元澄上書給胡太后，元澄認為「關於不准許流通的銅錢，法律上都有明確的規定，指的是那些又薄又小錢眼如雞眼的錢、以及把錢眼鑿大以取銅而僅剩外緣的錢，其他的錢幣則不需要禁止。考慮到河南各州目前所流通的銅錢都不是過去法律明令禁止的，而近來所發布的禁令卻禁止那些銅錢流通，我實在感到疑惑不解。再有，黃河以北地區目前既沒有鑄造新的銅錢，又禁止舊的銅錢流通，那裡只能以粗織的單薄的絲絹、麻線織成的紋理稀疏的麻布充當貨幣，這些絲絹、麻布的寬度和長度都不夠尺寸，與平常的布匹規格不相符，因為不夠一匹的長度，只好按照實際尺寸計算，將其分成若干塊來充當貨幣使用，進行物品交換，織布人白白花費了很多勞苦，仍然避免不了飢餓寒冷的痛苦，這恐怕不是朝廷用來救助挨餓受凍者，善待黎民百姓的本意。使用銅錢進行交易，只要用繩索把錢幣串連在一起就行了，也不需要度量，既公平又簡單易行，是幫助百姓進行物品交易的最好辦法，我認為很合適、很公平。請同時下令給各方的州、軍鎮，凡是太和五銖錢與近來鑄造的五銖錢以及古錢幣為各方的百姓所喜歡使用的，只要錢幣的內外完全沒有破損，雖然有大錢小錢的區別，都允許流通使用，各種銅錢之間的貴賤比率，自然應該按照當地的價格。希望能使貨物在全國之內流通起來，這樣做對公家與私人都有利。對那些鑄造雞眼錢的人、鑿去銅錢裡圈兒以取其銅的人，以及盜鑄的人、毀大錢為小錢的人、新生出各種辦法弄虛作假的人，一律按照法律的規定來治他們的罪。」胡太后下詔採納元澄的意見。然而河北地區由於缺少銅錢，民間還是採用以貨易貨的辦法進行交易，銅錢並沒有進入市場。

魏國有好多人假冒軍功，擔任尚書左丞的盧同查閱吏部所編製的記載功勳的文書，趁機進行了一番檢查核實，查出了偷著提升等級的竟有三百多人，於是上奏朝廷：「請求將吏部、五兵尚書所管的左中兵、右中兵兩個部門的功勞簿集中起來，對照著進行考核，然後寫出上報的結論，另外再抄寫成一式兩份，一份兒交給吏部，一份兒留在中兵二局存檔。再有，在軍隊當中因為斬下敵兵首級而獲得提升一級以上的人，要令行臺、軍司發給他們證明文書，要求將證明文書豎著一分為二，一半兒發給立功應受獎的人作為立功證明，另一半兒要同時送交門下省保存，以防偽造取巧。」胡太后採納了盧同的這個建議。盧同，是盧玄的族孫。擔任中尉的元匡上奏請求：「把宣武帝元恪景明元年以來對朝內官員的考核記錄與地方官員的考核記錄、吏部任命官員的文書、中兵局所掌管的立功受獎者的檔案，以及在對官吏的業績考核中誰是最後一名、誰是第一名的名單調集出來，想要徹底清查一遍看看到底有多少人騙取了等級與官職。」胡太后批准了元匡的奏請。擔任尚書令的任城王元澄上表給胡太后，元澄認為「法律最忌諱的是繁雜苛刻，治理國家貴在執法簡單明確，御史這個職位的主要職責，是把他所聽聞到的事情都搜集起來。如果聽到有人假冒功勳、妄加升級，也只應把與此有關的一些記錄或檔案控制起來，進行研究核查，弄清真假，對違法亂紀的人繩之以法。豈能把一個機關部門的全部檔案搬出來，核查這將近二十年間的所有事情，用這種辦法尋找過錯，誰能承受得了這樣的罪過？這實在是聖明的朝廷所應該慎重對待的。」胡太后這才不再支持元匡的做法。胡太后又因為元匡的建議已經多次不被採納，擔心元匡會因此而請求解官辭職，就想通過獎賞來安慰元匡，於是加授中尉元匡為鎮東將軍。二月十六日丁未，封元匡為東平王。

三月十五日丙子，梁武帝下令給主管紡織行業的官員，凡是帶有圖案花紋的絲織品一律不許紡織成仙人、鳥獸的圖形，因為在用料時對著仙人、鳥獸的圖形下剪子，違背了仁愛寬恕的道德準則。〇二十六日丁亥，魏國的廣平文穆王元懷去世。

夏季，四月十八日戊申，魏國朝廷任命胡太后的父親擔任中書監的胡國珍為司徒。〇梁武帝下詔認為在祭祀宗廟的時候使用牲畜做祭品，會使祖先的威靈蒙受損失，祭品都應該改用做成牛、羊、豬形狀的麵食，用以代替活的牛、羊、豬。梁武帝的這道詔令引起朝野一片譁然，人們普遍認為祭祀宗廟時不用牛、羊、豬做祭品，就意味著國家滅亡，子孫失去了統治權力，祖先不再享受後人的祭祀，蕭衍始終不為這些意見所左右。於是尚書令、尚書左僕射、尚書右僕射再加上五部尚書這八位議事的大臣經過商議提出了祭祀時用大肉乾代替一頭牛的建議。

秋季，八月十八日丁未，魏國的胡太后下詔令擔任太師的高陽王元雍到門下省任職，一起參謀決定尚書省所提出的處理諸事的意見。〇冬季，十月，梁武帝下詔認為祭祀宗廟的祭品還用大肉乾不妥，討論用別的祭品代替，於是遂用大餅代替大肉乾，其他的祭品全部改用蔬菜水果。又建造了至敬殿、景陽臺，其中安置梁武帝蕭衍七代祖先的靈牌，每月的月中再用素食祭祀一回。〇二十七日乙卯，魏國的胡太后下詔：「北方舊都平城的百姓按照當初的規定應該搬遷到洛陽來但目前還沒有搬遷的士民，全部允許他們留在平城成為那裡永久的居民。」〇十一月初七日甲子，梁國擔任巴州刺史的牟漢寵叛變，投降了魏國。〇十二月，柔然伏跋可汗派遣擔任俟斤的尉比建等人為使者到魏國請求恢復兩國間的友好關係，採用的是地位平等的國家的禮節。

這一年，梁武帝任命擔任右衛將軍的馮道根為豫州刺史。馮道根為人謹慎厚道，不善言辭，行軍的時候能夠約束士卒，在其他將領爭奪功勞的時候，只有馮道根一人默不作聲。他為政清廉簡潔，官吏和百姓都很擁護他。梁武帝曾經感歎地說：「馮道根所在的地方從來不給朝廷添任何麻煩，幾乎讓朝廷忘記了這個州的存在。」〇魏國擔任殿中尚書的崔亮上書給胡太后，奏求在王屋等山開採銅礦鑄造銅錢，胡太后批准了崔亮的請求。從此以後有很多百姓都私自鑄錢，銅錢漸漸地越來越薄越小，也就越來越不值錢。

十七年（戊戌　西元五一八年）

春季，正月初八日甲子，魏國朝廷封氐族人首領楊定為陰平王。〇魏國秦州境內的羌族人起兵造反。

二月初七日癸巳，梁國的安成康王蕭秀去世。蕭秀雖然與梁武帝蕭衍是平民時期的親兄弟，但等到蕭衍做了皇帝，蕭秀與蕭衍之間的君臣名分已定之後，蕭秀便處處小心謹慎，對梁武帝充滿敬畏，其程度超過了那些遠親和地位低賤的人，梁武帝因此更加認為蕭秀是一個賢能的人。蕭秀與弟弟始興王蕭憺之間特別友愛，蕭憺長期擔任荊州刺史，他經常把自己所得的俸祿分出一半送給蕭秀，蕭秀也心安理得地接受，從不推辭說給得太多了。

二月十八日甲辰，梁國實行大赦。〇二十三日己酉，魏國實行大赦。改年號為神龜元年。〇魏國東益州境內的氐族人起兵造反。

魏孝明帝元詡召見柔然使者，譴責柔然沒有像一個附屬國那樣對待自己的宗主國魏國，就準備像西漢後期對待匈奴人那樣對待柔然人，派遣使者前往柔然通報魏國朝廷的這個決定。擔任司農少卿的張倫上表給朝廷，張倫認為「太祖拓跋珪在中原地區經營創建魏國政權的時候，抽不出一點空閒的時間來顧及北方，遂使柔然的首領社崙像遊魂一樣佔領了漠北一帶地區，也是因為中原地區令人憂慮的事情很多，所以太祖把對南朝的戰爭放在了第一位而沒有急於對付北方的柔然人。孝文帝元宏則忙於遷都洛陽，也沒有顧得上出兵討伐北方逐漸強大起來的柔然人。世宗元恪遵循孝文帝的遺志，繼續把與南朝的鬥爭放在第一位，柔然派使者前來，世宗只是接受了柔然的朝獻而沒有派使者到柔然回訪。因為我國是由英明的皇帝治理國家，所以國富兵強，而柔然人卻請求與我國建立平等的國家關係，我們懼怕柔然人什麼而要答應他們這樣的請求呢？我們能從柔然人那裡得到什麼好處而非要答應這樣的條件不可呢？現在柔然派使者前來雖然是因為仰慕我國的德政，同時也是為了窺伺我國國力的強弱，如果皇帝的使者奉命出使柔然，與柔然結為兄弟之邦，恐怕不符合祖宗的心意。如果事情是出於不得已而需要和他們建立友好關係，也應該給他們下一道詔書，向他們講清楚魏國與柔然之間的上下君臣關係，令輔政大臣給他們寫信，勸說他們歸順魏國，看看他們是服從還是不服從，然後再慢慢地用恩德鼓勵他們歸順，用威勢擊敗他們的反抗，那麼君王的體面才光明正大。豈能因為柔然伏跋可汗新破了高車並滅掉了鄰近背叛他的小國，使柔然的國力再次強盛起來，就答應與柔然建立平等的國家關係、結為兄弟之邦，而使魏國的國家地位在禮法上受到損害呢？」胡太后沒有聽從張倫的意見。張倫，是張白澤的兒子。

三月十六日辛未，魏國的靈壽武敬公于忠去世。○魏國南秦州境內的氐族人起兵造反，魏國朝廷派遣擔任龍驤將軍的崔襲手持皇帝頒發的符節前往南秦州勸諭他們歸順朝廷。

夏季，四月十二日丁酉，魏國胡太后的父親秦文宣公胡國珍去世，胡太后追贈他假黃鉞、相國、都督中外諸軍事、太師的稱號，尊稱其為太上秦公，還加授給他九種特殊的禮遇，用非同一般的禮儀規模安葬了他，朝廷贈給胡國珍家非常優厚的喪禮，出殯時派出了龐大的儀仗隊，喪事辦得極其隆重。胡太后又將自己母親皇甫氏的靈柩迎來與胡國珍合葬在一起，尊稱皇甫氏為太上秦孝穆君。擔任諫議大夫的常山郡人張普惠認為「此前皇后的父親從來沒有被尊稱為『太上』的，『太上』這個稱呼不能用來稱呼人臣。」於是就來到皇宮門口呈遞條陳，左右的人沒有人敢替他向胡太后通報。正巧遇到胡家在為胡國珍深挖墓穴的時候，挖到一塊巨大的石頭無法再繼續向下挖而改選別處，張普惠於是祕密上表給胡太后，認為「天上沒有兩個太陽，地上沒有兩個皇帝，『太上』是因為位在皇帝之『上』而得名。皇太后所以將自己發布的旨意稱為『令』，放置在皇帝的『敕』字之下，是遵守著在家從父，既嫁從夫，夫死從子的道德標準，想像當年周武王的母親太姒一樣列於十位治世賢臣的行列。如今尊稱位為司徒的秦郡公胡國珍為『太上』，恐怕違背了太后不稱敕而稱令的本意。孔子曾經說過『一定要名實相副！』近來為秦文宣公胡國珍所選定的認為吉祥的墓地，在深挖墓穴時卻遇到大石頭無法向下挖而不得不改選他處，這也許就是天地神靈在給我們提出嚴肅的警告、啟發聖上的內心覺悟。希望太后停止使用高出帝王的太上稱號，以求得到謙虛的美譽。」胡太后於是親自到胡國珍的宅第，召集五品以上的官員就此事廣泛地聽取意見。王公大臣都迎合胡太后的想法，爭先恐後地對張普惠提出責難，施加壓力，張普惠隨機應變，分析得頭頭是道，沒有人能使張普惠理屈詞窮。胡太后讓元乂向張普惠傳達自己的詔令說：「我所以要這樣做，是為了表達一個孝子的孝心；而先生所陳述的道理，則表現了一個忠臣的為臣之道。群臣經過討論已經形成決議，先生就不要再這樣苦苦地勸說讓我改變想法。今後先生如果發現什麼問題或有什麼想法，千萬不要難於開口，還是希望能夠照常提出來。」〇胡太后為自己的母親太上君建造了一座寺院，其豪華壯麗的程度與永寧寺差不多。

魏國尚書省的官員建議朝廷恢復向百姓徵收綿、麻等賦稅，諫議大夫張普惠上書給胡太后，張普惠認為「魏高祖元宏廢掉大斗改用小斗、去掉長尺改用短尺、不再使用重秤，是為了愛護百姓，減輕百姓的賦稅。知道軍隊和國家需要綿、麻，所以在徵收絹稅的時候增收八兩稅綿，在徵收布稅的時候增收十五斤稅麻，百姓認為政府使用的新秤、短尺所減少的稅收，不止在於綿麻這些實物，更重要的是體現了國家的信義，所以百姓歡欣鼓舞地向國家交納賦稅。但自此以後，官府所徵收的絹、布，逐漸地又長起來了、寬起來了，百姓哀歎抱怨的聲音，朝野都能聽得到。當時的執政大臣于忠根本不考慮原因出在徵收的絹布幅度加寬加長上，就匆忙地下令廢除了對綿麻的徵收。後來尚書省因為國家費用不足，又想要恢復向百姓徵收稅綿、稅麻。這樣做的結果就是失去天下人的信任，拋棄已經施行的既定政策，繼續執行以前的錯誤章程，又拾起了後來的錯誤辦法。不考慮國庫中儲存的綿麻有的是，只不過是被群臣盜竊一空罷了。為什麼這樣說呢？向百姓徵收來的物品，有時說是一斤，實際上要比公平秤多出百銖，從來沒有聽說有關部門按照法律懲治過那些違反規定多向百姓徵稅的州郡官員；如果百姓所交納的物品稍微有點瑕疵，交納賦稅的戶主就要受到懲罰，還要牽連到鄰長、里長、黨長。所以國庫裡儲存的絹、布，超過應有的數額很多，群臣從國庫裡領取絹帛為薪俸，人人都挑那些超出規定長度的、幅面寬的、厚實的、分量重的絹布，誰也不說我只要我應得的數額，也從來沒有聽說過有哪一個官員因為自己領取的絹布超過了自己應得的長度和幅寬而請求把多出的部分送還給有關部門的。現在如果還想恢復向百姓收取稅綿、稅麻，就應當先把徵稅用的秤、尺測定好，明確標準，嚴格禁止使用重秤、長尺，不許隨意超過標準向百姓多徵收，要讓天下的百姓全都知道二位聖主是如此的愛護人民和尊重法律，那麼太和年間的美好政治就會重新出現在神龜年間了。」

諫議大夫張普惠又因為魏國的小皇帝元詡喜歡到苑囿中遊玩、騎馬馳騁，不親自到朝中參與主持朝政，而且過度崇奉佛法，而把到南郊祭天與到宗廟祭祀祖先的事情都讓有關部門的官員代替，於是上疏給胡太后誠懇地進行勸諫，張普惠認為「廣建那些不可想像的為來世祈福的佛教事業，耗損了本該用於國計民生的巨額費用。減少百官的俸祿，消耗百姓的體力，從近處來說只是為了供奉那些無事可做的僧眾；把寺院蓋得高入雲霄，又極力進行裝飾，目的只是為了追求遙遠的來生未必會有結果的回報。天還不亮就來上朝的群臣在宮門外磕頭卻見不到皇帝，和尚尼姑反而自在地在宮內到處遊逛，該行的禮節不親行，該守的節令不遵守，臣民與鬼神都不得安心寧靜。我愚蠢地認為與其早晚吃齋、念佛，搞點眼前的修行，以求不知多少年代以後的善報，倒不如讓億萬百姓高高興興地去孝順他們的父母，使天下得到和平，災害永不發生。但願皇帝注意自己的一舉一動，為普天之下的臣民做好榜樣。親自到南郊祭天、到宗廟祭祀祖先以盡虔敬之禮，並且親自參加初一、十五祭祀天地鬼神的活動，以及參加太學的活動，給太學的先師敬酒，努力做好耕種藉田的禮儀，適當地減少寺院並非急需的費用，發給百官長期以來所剋扣的薪俸。已經開工建造的寺廟一定要令其注意簡省快速完成，還沒有開工建造的寺廟一律不再開工建設。那麼皇帝的孝悌之德可以感動神明，道德教化可以光照四海，節約費用，愛護人民，佛教徒和凡夫俗子全都會賴以得福。」不久，孝明帝下詔令外廷討論祭奠先師的禮儀，從此以後，孝明帝每月在朝堂上會見一次群臣，這些都是採納了張普惠的建議。

諫議大夫張普惠又上表給胡太后，對時政的得失提出自己的看法，胡太后與孝明帝把張普惠召到宣光殿，對張普惠所議論的每件事情提出詰問和辯論。

梁國臨川王蕭宏小妾的弟弟吳法壽殺了人之後就躲藏到蕭宏的王府中，梁武帝敕令蕭宏把吳法壽交出來，就在蕭宏把吳法壽交出來的當天，吳法壽就被依法處死了。御史臺的官員上疏給梁武帝請求罷免蕭宏的官職，梁武帝批示說：「愛護蕭宏是我們兄弟間的私人情分，罷免蕭宏的官職則是皇帝的正當執法。批准御史臺所奏。」五月二十四日戊寅，擔任司徒、驃騎大將軍、揚州刺史的臨川王蕭宏被免去了一切官職。

蕭宏自從洛口與魏軍作戰期間因為自己的懦弱無能、單身逃脫而導致梁軍失敗以後，經常懷著一種愧疚與憤懣的心情，京師裡每當有事故發生，就總是說受蕭宏的指使，因此，蕭宏曾經多次遭到有關部門的彈劾，而梁武帝每次都赦免了他。梁武帝駕臨光宅寺，有刺客隱藏在驃騎大將軍蕭宏王府門前的驃騎橋下，等待著梁武帝夜裡出來時對梁武帝發動襲擊。梁武帝正準備出行的時候，突然感到心裡一驚，於是就沒有走驃騎橋而是改道朱雀橋。那個刺客被抓獲之後，竟然說是受蕭宏的指使。梁武帝流著眼淚對蕭宏說：「我的才能勝過你一百倍，做這個皇帝還恐怕做不好，而你這樣做到底是為了什麼？我不是不能像漢文帝殺死淮南王那樣殺死你，只是考慮你是一個愚蠢的人而已！」蕭宏給梁武帝磕頭說自己絕對沒有幹這種事，梁武帝於是藉著蕭宏藏匿吳法壽之事，罷免了蕭宏的官職。

蕭宏生活奢侈、行為放縱得超過了本分，聚積財貨沒有滿足的時候。他所擁有的庫房將近一百間，就建在王府內堂的後面，庫房的門窗全都鎖得嚴嚴實實，有人懷疑庫房裡儲藏的是鎧甲、兵器，就祕密地向梁武帝做了彙報。梁武帝非常看重兄弟之間的手足之情，卻因為這件事鬧得心裡很不高興。有一天，梁武帝派人把一桌豐富的酒宴送到蕭宏的愛妾江氏那裡，梁武帝對江氏說：「我要到你那裡高高興興地宴飲一次。」梁武帝於是獨自攜帶著自己的老朋友擔任射聲校尉的丘佗卿前往臨川王的府邸，梁武帝與蕭宏以及蕭宏的小妾江氏一起開懷暢飲，喝得半醉以後，梁武帝突然對蕭宏說：「我今天想要看一看你的後院。」於是立即命令屬下備轎，逕直來到臨川王府內堂的後院，蕭宏非常擔心梁武帝會看到自己庫房中所儲存的財寶，臉上不禁流露出驚慌恐懼的神色。梁武帝因此更加懷疑他，於是就一個屋子一個屋子的逐個進行巡視檢查，他看到屋子裡每一百萬錢聚成一堆，還用黃色的標籤標上錢的數目，每個庫房之中存滿一千萬錢，就懸掛一個紫色的標籤，像這樣堆滿一千萬錢的庫房就有三十多間。梁武帝與丘佗卿屈著手指粗略計算了一下，現錢大約有三億多萬，其他的庫房裡所儲存的都是布、絹、絲、綿、漆、蜂蜜、苧麻、蠟等各種雜貨，只見每個庫房都裝得滿滿的，卻不知道到底有多少。梁武帝這才知道庫房中儲存的不是兵器、鎧甲，心裡非常高興，於是對蕭宏說：「阿六，你這日子過得不錯啊！」於是重新開懷痛飲到深夜，梁武帝才舉著蠟燭回到皇宮。兄弟之間又重新和睦友好起來。

臨川王蕭宏在京城裡有好幾十處宅院，蕭宏每次放債與人立借據的時候，都要把借錢人用作抵押的田宅、邸店寫在契約上。到期之後，不管借錢人還得起錢還是還不起錢都將其從自家的宅院裡驅趕出去，強行奪佔別人的住宅，建康城裡與建康城東部地區的百姓，這樣被剝奪了房地產的不止一家。梁武帝後來知道了這些情況，便下令給所有放債的人不許再強行驅趕借錢人以奪取借錢人的房地產，這一規定就是從這時候開始的。

梁國擔任侍中、領軍將軍的吳平侯蕭昺，文雅而有節操，很受梁武帝的賞識，軍國大事都讓他參與討論決定，曾經任命他為安右將軍，候補揚州刺史。蕭昺認為自己超越了梁武帝的幾個同胞兄弟去擔任揚州刺史有些不合適，就流著眼淚言辭懇切地進行推讓，梁武帝沒有答應他。蕭昺在揚州刺史任內特別以精明果斷、政令嚴整而著稱。

五月二十七日辛巳，梁武帝任命蕭宏為中軍將軍、中書監。六月初一日乙酉，蕭宏又以中軍將軍、中書監的稱號代理司徒之職。

司馬光說：「蕭宏擔任將帥則使三軍被魏軍所消滅，為臣則涉嫌陰謀刺殺梁武帝，高祖蕭衍赦免他的死罪就足夠可以的了。然而卻在幾十天之內，又令蕭宏位列三公，這樣做對兄弟之恩來說確實是夠深厚的，而把國家的法律置於何地呢？」

當初，洛陽城內保存有漢魏時期用古文、小篆、漢隸三種字體寫刻的《三字石經》，雖然多次經過戰亂卻沒有造成一點損壞。等到北魏馮熙、常伯夫相繼擔任過洛州刺史時，他們毀壞了刻有《五經》文字的石材拿去建造佛教寺院和僧舍，於是《三字石經》大部分被毀壞，剩下的部分則被丟棄在雜亂叢生的草木之中，和尚與平民百姓可以隨意將其取走。擔任侍中、兼國子祭酒的崔光請求朝廷派官吏負責保管這些殘留的石經，令擔任國子博士的李郁等人將石經的殘缺部分修補起來，胡太后批准了崔光的請求。碰巧遇到元乂、劉騰作亂，這件事情遂被擱置下來。

秋季，七月，魏國河州境內的羌族人首領卻鐵忽聚眾造反，他自稱水池王。魏孝明帝下詔令擔任主客郎的源子恭建立臨時的朝廷派出機構，以朝廷的名義出兵討伐以卻鐵忽為首的羌族叛亂。源子恭到達河州之後，嚴格約束州郡以及各軍，不許他們侵奪百姓的一件東西，也不許輕易出兵與叛羌作戰，然後才向叛羌展示朝廷的威儀、施與他們恩惠，使他們知道悔改和有所畏懼。八月，羌人首領卻鐵忽等人一同來向源子恭投降，在前後不到二十天的時間裡就平定了羌族人的叛亂。源子恭，是源懷的兒子。

魏國的宦官劉騰，手雖然不會寫字，而頭腦中卻有很多的奸謀詭計，善於揣測別人的心意。胡太后因為劉騰有保護自己的功勞，於是就連續提升劉騰做了侍中、右光祿大夫，使劉騰得以干預朝政，劉騰接納賄賂，為別人求取官職，就沒有不成功的。河間王元琛，是元簡的兒子；元琛擔任定州刺史的時候，就以貪婪放縱出名，等到元琛被免去定州刺史職務回到洛陽之後，胡太后下詔說：「元琛從定州返回洛陽，唯一沒有被他帶回洛陽的就是中山國的王宮，其他的東西沒有不被他搬運回來的，這樣的人還怎麼能再被按級錄用！」元琛於是便賦閒家居。元琛於是請求做劉騰的養子，他用來賄賂劉騰的金銀財寶數以萬萬計。劉騰為元琛向胡太后求情，元琛終於得到了兼都官尚書之職，又被調離朝廷去出任秦州刺史。正遇到劉騰病重，胡太后想趁著劉騰活著的時候令他地位尊貴，九月初一日癸未，胡太后任命劉騰為衛將軍，加授開府儀同三司。

魏國的胡太后因為天象發生了異常變化，就想用殺死高太后的辦法來搪塞這一劫。九月二十六日戊申夜間，高太后突然暴病身亡。冬季，十月十五日丁卯，以安葬尼姑的儀式把高太后埋葬在洛陽城北面的邙山，諡號為順皇后。文武百官身穿單層布帛的長衣，頭上斜壓著便帽，把高太后送到墓地，下葬完畢就算萬事大吉了。〇二十三日乙亥，梁武帝任命臨川王蕭宏為司徒。

魏國的胡太后派遣宋雲為使者，與一個名叫惠生的和尚前往西域求取佛經。擔任司空的任城王元澄上書給胡太后說：「過去高祖遷都於洛陽的時候，規定洛陽城內只准許建造一座寺廟、一座尼姑庵，其他的寺廟和尼姑庵全都建在洛陽城外，因為和尚與平民百姓走的不是同一條路，想讓他們遠離塵世住在人煙罕至的地方。宣武帝正始三年，洛陽地區的佛教首領惠深開始違背以前的禁令，在洛陽城內修建寺廟，從此以後就把高祖禁止在洛陽城內修建寺廟的詔命束之高閣，沒有人再執行這道禁令，於是私自向有關部門請求建造寺廟的人越來越多，現在的洛陽城內，寺廟超過了五百座，其中霸佔搶奪民宅的已經接近三分之一，和尚、尼姑與屠戶、酒家以及其他俗世的汙穢行業緊挨著混雜而居。過去在代北曾經發生過和尚法秀以妖術惑眾，在平城發動叛亂的事情，在冀州也發生過和尚法慶以妖術惑眾，自稱大乘而起兵叛亂的事情。孝文帝太和年間、宣武帝景明年間，朝廷兩次下詔所做出的規定，不光是為了讓僧人與世俗百姓分開居住，互不干涉，也是為了防微杜漸，能夠及時預防各種災變的發生。當初如來佛在給世人講經布道的時候，大多都是在依山傍林的地方。現在這些和尚貪戀城市的繁華願意居住在城邑之中，正是被世俗的利益欲望所吸引，無法克制自己，這些僧眾都是釋迦牟尼所創建的佛門中的渣滓，是法王釋迦牟尼身邊的敗類，是佛教的戒律所不允許，國法所嚴格禁止的。我認為洛陽城內那些還沒有竣工的、可以搬遷的寺廟，應該把它們全部遷到洛陽城的外城以外，凡是寺廟中的和尚不滿五十人的小寺廟，都要進行合併，合併成幾個大的寺廟。外州也要照此辦理。」胡太后下詔批准。然而最終也沒能照此執行。

這一年，魏國擔任太師的高陽王元雍等人上書給胡太后說：「晉南地區的大鹽池是上天賜給人們的大寶藏，養育著遠近的黎民百姓，從前朝廷曾經做出過一些限制民間私人採鹽而由國家專營的規定，並不光是為了和小民爭利。而是因為鹽池是天然資源，如果沒有法律約束，任憑私人隨意開採，或許就被豪門貴族所控制壟斷，也可能會被附近的百姓貪婪地把持起來，那些貧窮老弱為了採鹽遠道而來，卻只能眼巴巴地看著沒有一點辦法。因此國家才設置了專門的管理官員，讓他們負責監督裁決，讓那些有錢有勢的豪強與無錢無勢的弱勢群體都能得到好處，務必讓他們各自找到自己的位置，發揮各自的作用。按照他們所得的十分之一進行抽稅，這是自古以來就有的，關鍵是要讓遠近的人一律平等，使公家與私人都能得到好處。等到甄琛請求朝廷取消了私人開採鹽池的禁令之後，鹽池才被周圍的百姓尉保光等人為了自己一群人的利益而擅自據為己有。說起他們所建立的種種規章，比起原來官府的兩倍還多，開採多少，賣給什麼人，都由他們說了算，至於鹽價的貴賤高低，全都憑他們隨便一說。請求朝廷還是按照先前禁止私人採鹽的詔令辦理為好。」胡太后下詔批准。

【研　析】本卷寫梁武帝蕭衍天監十四年（西元五一五年）至天監十七年共四年間南梁與北魏兩國的大事。其中最值得議論的有如下幾層：

其一是梁武帝蕭衍聽用魏國降人王足的建議，在當時的鍾離（今安徽鳳陽東北側）城東的淮河上修築攔河大壩，目的是為了提高淮河上游的水位，以求灌淹淮河南側當時被魏國人佔據的壽陽城，也就是今天的安徽壽縣。此役從天監十三年十月動工，「發徐、楊民率二十戶取五丁以築之，……役人及戰士合二十萬，南起浮山，北抵巉石，依岸築土，合脊於中流。」梁國為修築此壩可說是費了牛勁，據記載：「浮山堰成而復潰，或言蛟龍能乘風雨破堰，其性惡鐵，乃運東、西冶鐵器數千萬斤沈之，亦不能合。乃伐樹為井幹，填以巨石，加土其上。緣淮百里內木石無巨細皆盡，負檐者肩上皆穿，夏日疾疫，死者相枕，蠅蟲晝夜聲合」；「是冬，寒甚，淮、泗盡凍，浮山堰士卒死者什七八。」經過整整一年半的努力，大壩終於建成了：「長九里，下廣一百四十丈，上廣四十五丈，高二十丈，樹以杞柳，軍壘列居其上。」魏人佔領的壽陽城也的確發生了困難：「壽陽城壞，居民散就岡隴，其水清徹，俯視廬舍冢墓，了然在下。」但相比之下還是梁國人遭的罪更多，在大壩剛修完的第五個月，「九月丁丑，淮水暴漲，堰壞，其聲如雷，聞三百里，緣淮城戍村落十餘萬口皆漂入海。」清代王夫之《讀通鑑論》說：「壅水以灌人之國邑，未聞其能勝者也。幸而自敗，不幸而即以自亡。自亡者如智伯，敗者梁武也。梁人十餘萬漂入於海，而壽陽如故。天下後世至不仁者，或以此謀獻之嗜殺之君，其亦知所鑑乎？殘忍之謀愈變而愈左，勿惑其說，尚自免於敗亡乎？」明代尹起莘說：「梁主崇尚浮屠，好生惡殺，然以一淮堰之故，士卒死者不可勝數，今又漂沒十餘萬口，前後所殺不知其幾？原其本意特為一壽陽城而已。孟子所謂『爭城以戰殺人盈城，罪不容於死』，況無故糜爛其民者哉？」壽陽城自東晉以來一直是南朝北部的邊境重鎮，二百年來一直在浴血奮戰，屏蔽著歷代江南王朝的貪生苟活。如今由於南朝的腐朽而落入了魏人之手，於是蕭衍就想把它徹底淹沒，化之為澤國魚蝦！蕭衍還是人嗎？但他居然還為了信佛而在祭祀宗廟時不忍再用三牲，而換用大餅；還下令「敕織官，文錦不得為仙人鳥獸之形，為其裁翦，有乖仁恕」也。這種假惺惺不也表現得太滑稽了麼？

其二，蕭衍對百姓、對一般官吏兇得很，但對他的親屬、近臣，卻一味縱容、姑息，極盡包庇之能事。對此他的胞弟蕭宏於天監五年為大帥，前因怯懦失去戰機，後因怯懦竟棄軍而逃，造成梁軍在洛口的慘敗。對此罪不容誅之人不僅未受任何懲處，很快又成了中軍將軍、揚州刺史；不久又成了驃騎將軍、司徒、行太子太傅等等。司馬光寫《通鑑》到此說：「宏為將則覆三軍，為臣則涉大逆，高祖貸其死罪可矣。數旬之間，還為三公，於兄弟之恩誠厚矣，王者之法果安在哉？」蕭宏在戰場上膽怯如鼠，但在聚斂錢財上卻膽大包天，嗜錢如命。他在「都下有數十邸，出懸錢立券，每以田宅邸店懸上文契。期訖，便驅券主奪其宅，都下、東土百姓，失業非一。」也就是說，他是以放貸為手段，吸引人向他借錢，到該還帳時他不要人家還錢，而是趁機掠奪人家的房產地產。做法真夠損的。

有人告發他宅院後區的許多房子，關鎖甚嚴，人不得近，疑其私藏鎧甲、兵器，圖謀不軌。蕭衍也懷疑他有問題，於是揚言要到他的府上喝酒，又不由分說地要參觀他的宅院，從而闖進了他的那些密室。只見：「每錢百萬為一聚，黃榜標之，千萬為一庫，懸一紫標，如此三十餘間。上與佗卿屈指計，見錢三億餘萬，餘屋貯布、絹、絲、綿、漆、蜜、紵、蠟等雜貨，但見滿庫，不知多少。」這段描寫很生動，很像是法國小說《歐也妮．葛朗苔》寫老吝嗇鬼死後的財產多得無法計算一樣。但由於蕭衍發現他的胞弟原來只是貪錢，而沒有其他意圖，對自己的皇位沒有任何威脅後，於是喜出望外地說：「阿六，汝生計大可！」於是遂「更劇飲至夜，舉燭而還。兄弟方更敦睦」。

其三，關於鹽業的管理，國營好還是私營好。愛讀古書的人往往對經濟問題不很熟悉，如今的社會又講究「市場經濟」，於是會有人一見反對國家壟斷就心裡高興，其實未必然。魏宣武帝元恪正始三年（西元五〇六年），御史中尉甄琛向魏主建言說：「夫一家之長，必惠養子孫。天下之君，必惠養兆民，未有為人父母而吝其醯醢，富有羣生而權其一物者也。今縣官鄣護河東鹽池而收其利，是專奉口腹而不及四體也。……乞弛鹽禁，與民共之！」也就是開禁今山西南部運城一帶的鹽池，讓當地百姓自由開採、自由買賣。對此，當時魏國的元老大臣元勰、邢巒等都以為甄琛的建議是「坐談則理高，行之則事闕」，以為「古之善治民者，必污隆隨時，豐儉稱事，役養消息以成其性命。若任其自生，隨其飲啄，乃是芻狗萬物，何以君為？是故聖人斂山澤之貨以寬田疇之賦；收關市之稅以助什一之儲，取此與彼，皆非為身，所謂資天地之產，惠天地之民也。今鹽池之禁，為日已久，積而散之，以濟軍國，非專為供太官之膳羞，給後宮之服玩。既利不在己，則彼我一也。然自禁鹽以來，有司多慢，出納之間，或不如法。是使細民嗟怨，負販輕議，此乃用之者無方，非作之者有失也。一旦罷之，恐乖本旨。一行一改，法若弈棋。參論理要，宜如舊式。」元勰、邢巒的這段說理是很重要的。他們說清了前代為什麼要實行鹽業官營，也講清了政策本身與執行中的問題兩者應該分開，不能因噎廢食。可惜魏主元恪聽不進去，於是「卒從琛議」，從正始三年四月起，「罷鹽池禁」。結果實行了十五年，到魏肅宗元詡神龜二年（西元五一八年）實在亂得非整治不可了，太師元雍等上表說：「鹽池天藏，資育羣生，先朝為之禁限，亦非苟與細民爭利。但利起天池，取用無法，或豪貴封護，或近民吝守，貧弱遠來，邈然絕望。因置主司，令其裁察，彊弱相兼，務令得所。什一之稅，自古有之，所務者遠近齊平，公私兩宜耳。及甄琛啓求罷禁，乃為繞池之民尉保光等擅自固護。語其障禁，倍於官司，取與自由，貴賤任口。請依先朝禁之為便。」王夫之《讀通鑑論》說：「弛鹽禁以任民之採，徒利一方之豪民，而不知廣國儲以寬農，其為稗政也無疑。甄琛，姦人也，元恪信之，罷鹽禁，而元勰、邢巒之言不用。夫琛之欺主而恪聽其欺，固以琛為利民之大惠，而損己以從之也。人君之大患，莫甚於有惠民之心，而小人資之以行其姦私。夫琛之言此，非自欲乾沒，則受富商豪民之賂而為之言爾。於國損，於民病，奚恤哉？」大片的鹽池，又是關係國計民生的重要產業，國家一旦放手不管，必然要被當地的土豪、惡霸以及當地的官員所把持、所壟斷；即使將其化整為零，公平地分配給當地小民，小民也還得合夥經營，這與農村的各自耕種一小塊土地是完全不同的。當年桑弘羊實行鹽鐵官營，具體操作中的一些弊病是應該不斷完善的，關鍵在於加強管理，而不是要廢除它。

卷第一百四十九

梁紀五

起屠維大淵獻（己亥　西元五一九年），盡昭陽單閼（癸卯　西元五二三年），凡五年。

【題　解】本卷寫梁武帝蕭衍天監十八年（西元五一九年）至普通四年（西元五二三年）共五年間南梁與北魏兩國的大事。主要寫了魏征西將軍張彝之子張仲瑀建言壓抑武人，不令武人「豫清品」，結果引發朝廷禁衛部隊明目張膽的暴亂，張彝的府第被抄，張彝活活被打死，足見魏國的刑政之混亂；寫了魏臣崔亮任吏部尚書，唯按任職時間的長短以提拔官員，後世又相繼成習，以見魏國選舉制度之衰敗；寫了魏國皇室與官僚貴族的生活奢華，寫了河間王元琛與高陽王元雍之鬥富，恰如西晉的王愷與石崇，以見魏國統治階級之糜爛；寫了魏國的中尉元匡直正敢觸權貴，前與外戚高肇相鬥，差點被殺，今與元澄相鬥，又被陷罪幾死；寫魏國的動臣楊椿之子楊昱向胡太后報告了元乂的貪贓受賄，元乂即羅織罪名害楊椿一家，胡太后發現將之救下，但對元乂等人絲毫不予懲治，以見胡太后之養患釀亂；寫了魏之幸臣劉騰、元乂編織罪名殺害了清河王元懌、禁閉了胡太后、控制起小皇帝元詡，政無巨細，悉決於二人之手；寫河南王元琛無恥地自求給劉騰當養子，汝南王元悅賣身投靠元乂，又反過來喪心病狂地欺陵其兄元懌之子元亶；寫相州刺史元熙起兵於鄴城以討劉騰、元乂，但很快地失敗被殺；寫魏將奚康生先是參與了劉騰、元乂之謀，與之深相委託，後來又欲結胡太后謀誅元乂、劉騰，結果被元乂等所殺；寫柔然內亂，伏跋可汗被殺，新可汗阿那瓌又被打敗逃往魏國，而奪得政權的示發旋又被阿那瓌的堂兄弟婆羅門打敗；不久，婆羅門可汗又被嚈噠人打敗，也逃歸魏國，魏人權衡得失，遂兩立阿那瓌、婆羅門皆為可汗，分治東西，使之與高車相互制約，以減少魏國北部邊境的壓力；寫被魏國安置在居延澤的婆羅門可汗遁投嚈噠，魏將出兵討擒之；寫魏之元孚出使勞慰阿那瓌可汗，阿那瓌竟挾持元孚以侵掠魏邊，最後被魏將李崇、元纂所打敗；寫魏宦官劉騰之死，魏廷為之治喪如失考妣；寫元繼、元乂父子之貪婪，致使請託公行，魏國人心思亂；寫魏人破六韓拔陵作亂，殺沃野鎮將，圍武川、攻懷朔，北方諸鎮多陷混亂之中；此外還寫了魏國遣人到西域乾羅國取經，兩年後返回洛陽；梁蕭宏之子蕭正德因未能當上皇太子而逃到魏國，又因不受魏人重視而返回梁國，蕭衍竟不加懲治，仍復其原職；以及寫了高歡的出世，為其日後的故事埋下伏線等等。

高祖武皇帝五

天監十八年（己亥　西元五一九年）

春，正月甲申❶，以尚書左僕射袁昂為尚書[1]令❷，右僕射王暕❸為左僕射，太子詹事徐勉❹為右僕射。○丁亥❺，魏主下詔，稱「皇[2]太后臨朝踐極❻，歲將半紀❼，宜稱『詔』以令宇內❽。」○辛卯❾，上祀南郊。

魏征西將軍、平陸文侯[3]張彝❿之子仲瑀上封事⓫，求銓別[4]選格⓬，排抑武人，不使豫清品⓭。於是喧謗⓮盈路，立榜大巷⓯，克期會集⓰，屠害其家，彝父子晏然不以為意[17]。二月庚午[18]，羽林、虎賁[19]近千人，相帥至尚書省詬罵，求[20]仲瑀兄左民郎中始均[21]不獲，以瓦石擊省門。上下懾懼[22]，莫敢禁討[23]。遂持火掠道中薪蒿，以杖石為兵器，直造其第[24]，曳彝堂下，捶辱極意，唱呼動地[25]，焚 5
其第舍。始均踰垣走，復還拜賊，請其父命，賊就毆擊，生投之火中。仲瑀重傷走免，彝僅有餘息[26]，再宿[27]而死。遠近震駭。胡太后收掩[28]羽林、虎賁凶彊者八人斬之，其餘不復窮治[29]。乙亥[30]，大赦以安之[31]，因令武官得依資入選。識者知魏之將亂矣。

時官員既少，應選者多，吏部尚書李韶[32]銓注不行[33]，大致怨嗟，更以殿中尚書崔亮為吏部尚書。亮奏為格制[34]，不問士之賢愚，專以停解月日[35]為斷，沈滯者[36]皆稱其能。亮甥司空諮議劉景安與亮書曰：「殷、周以鄉塾貢士[37]，兩漢由州郡薦才[38]，魏、晉因循，又置中正[39]，雖未盡美，應什收六七[40]。而朝廷貢才[41]，止求其文[42]，不取其理；察孝廉唯論章句[43]，不及治道[44]；立中正不考才行，空辯氏姓[45]。取士之途不博，沙汰[46]之理未精。舅屬當銓衡[47]，宜改張易調[48]，如何反為停年格[49]以限之，天下士子誰復脩厲[50]名行哉！」亮復書曰：「汝所言乃有深致[51]。吾昨[52]為此格，有由而然。古今不同，時宜須異[53]。昔子產鑄刑書[54]以救弊，叔向譏之以正法[55]，何異汝以古禮難權宜[56]哉！」洛陽令代人薛琡[57]上書言：「黎元[58]之命，繫於長吏，若以選曹唯取年勞[59]，不簡能否，義均行鴈，次若貫魚[60]，執簿呼名，一吏足矣，數人而用[61]，何謂銓衡？」書奏，不報。後因請見，復奏「乞令王公貴臣薦賢以補郡縣[62]」，詔公卿議之，事亦寢。其後甄琛等繼亮為吏部尚書，利其便己，踵[63]而行之，魏之選舉失人，自亮始也。

初，燕燕郡太守高湖[64]奔魏，其子謐[65]為侍御史，坐法徙懷朔鎮[66]，世居北邊，遂習鮮卑之俗[67]。謐孫歡[68]，沈深有大志，家貧，執役[69]在平城。富人婁氏女見而奇之，遂嫁焉，始有馬，得給鎮為函使[70]。至洛陽，見張彝之死，還家，傾貲[71]以結客。或問其故，歡曰：「宿衛相帥[72]焚大臣之第，朝廷懼其亂而不問，為政如此，事可知矣，財物豈可常守邪！」歡與懷朔省事[73]雲中司馬子如[74]、秀容劉貴[75]、中山賈顯智[76]、戶曹史咸陽孫騰[77]、外兵史[78]懷朔侯景[79]、獄掾善無尉景[80]、廣寧蔡儁[81]特相友善，並以任俠[82]雄於鄉里[83]。

夏，四月丁巳[84]，大赦。○五月戊戌[85]，魏以任城王澄[86]為司徒，京兆王繼[87]為司空。

魏累世彊盛，東夷[88]、西域[89]貢獻不絕，又立互市[90]以致南貨，至是府庫盈溢。

胡太后嘗幸絹藏[91]，命王公、嬪主[92]從行者百餘人各自負絹[93]，稱力取之[94]，少者不減百餘匹[95]。尚書令・儀同三司李崇、章武王融[96]負絹過重，顛仆於地，崇傷腰，融損足，太后奪其絹，使空出，時人笑之。融，太洛之子也。侍中崔光止取兩匹，太后怪其少，對曰：「臣兩手唯堪兩匹。」眾皆愧之。

時魏宗室權倖之臣，競為豪侈，高陽王雍，富貴冠一國，宮室園圃，侔於禁苑[97]，僮僕六千，妓女五百，出則儀衛[98]塞道路，歸則歌吹連日夜，一食直錢數萬。李崇富埒於雍[99]而性儉嗇，嘗謂人曰：「高陽一食[100]，敵我千日[101]。」河間王琛[102]，每欲與雍爭富，駿馬十餘匹，皆以銀為槽，窗戶之上，玉鳳銜鈴，金龍吐旆[103]。嘗會諸王宴飲，酒器有水精鍾[104][6]，馬腦椀[105]，赤玉卮[106]，制作精巧，皆中國[107]所無。又陳女樂、名馬及諸奇寶，復引諸王歷觀府庫，金錢、繒布[108]，不可勝計，顧謂章武王融曰：「不恨我不見石崇[109]，恨石崇不見我！」融素以富自負，歸而惋歎，臥疾[7]三日。京兆王繼聞而省之[110]，謂曰：「卿之貨財計不減於彼[111]，何為愧羨乃爾！」融曰：「始謂富於我者獨高陽耳，不意復有河間！」繼曰：「卿似袁術在淮南[112]，不知世間復有劉備[113]耳。」融乃笑而起。

太后好佛，營建諸寺，無復窮已[114]，令諸州各建五級浮圖[115]，民力疲弊。諸王、貴人、宦官、羽林各建寺於洛陽，相高以壯麗[116]。太后數設齋會[117]，施僧物動以萬計，賞賜左右無節，所費不貲[118]，而未嘗施惠及民。府庫漸虛，乃減削百官祿力[119]。任城王澄上表，以為「蕭衍常蓄窺覦之志[120]，宜及國家彊盛，將士旅力[121]，早圖混壹[122]之功。比年以來，公私貧困，宜節省浮費[123]以周急務。」太后雖不能用，常優禮之。

魏自永平[124]以來，營明堂、辟雍[125]，役者多不過千人，有司復借以脩寺及供它役，十餘年竟不能成。起部郎[126]源子恭[127]上書，以為「廢經國之務，資不急之費[128]，宜徹減諸役[129]，早圖就功[130]，使祖宗有嚴配[131]之期，蒼生[132]有禮樂之富[133]。」詔從之，然亦不能成[134]也。

魏人陳仲儒請依京房[135]立準[136]以調八音[137]。有司詰仲儒：「京房律準[138]，今雖有其器，曉之者鮮[139]。仲儒所受何師？出何典籍？」仲儒對言：「性頗愛琴，又嘗讀司馬彪續漢書[140]，見京房準術[141]，成數昞然[142]。遂竭愚思，鑽研甚久，頗有所得。夫準者本[8]以代律[143]，取其分數，調校樂器[144]。竊尋調聲之體[145]，宮、商宜濁[146]，徵、羽宜清[147]。若依公孫崇[148]，止以十二律聲[149]，而云還相為宮[150]，清濁悉足[151]。唯黃鍾管最長[152]，故以黃鍾為宮[153]，則往往相順[154]。若均之八音[155]，猶須錯采眾音[156]，配成其美。若以應鍾為宮，蕤賓為徵，則徵濁而宮清[157]，雖有其韻，不成音曲[158]。若以中呂為宮，則十二律中全無所取[159]。今依京房書，中呂為宮[160]，乃以去滅[161]為商，執始[162]為徵，然後方韻[163]。而崇乃以中呂為宮[164]，猶用林鍾為徵，何由可諧？但音聲精微，史傳簡略，舊志準十三絃[165]，隱間九尺[166]，不言須柱以不[167]。又，一寸之內有萬九千六百八十三分，微細難明[168]。仲儒私曾考驗[169]，準當施柱[170]，但前卻柱中[171]，以約準分[172]，則相生之韻已自應合[173]。其中絃粗細[174]，須與琴宮相類[175]，施軫[176]以調聲，令與黃鍾相合[177]。中絃下依數畫六十律清濁之節[178]。其餘十二絃須施柱如箏[179]，即於中絃按盡一周之聲[180]，度著十二絃上[181]。然後依相生之法[182]，以次運行，取十二律之商、徵[183]。商、徵既定，又依琴五調調聲之法[184]以均樂器[185]，然後錯采眾聲以文飾之[186]，若事有乖此[187]，聲則不和[188]。且燧人[189]不師資而習火[190]，延壽[191]不束脩以變律[192]，故云知之者欲教而無從[193]，心達者[194]體知而無師[195]，苟有一毫所得，皆關心抱[196]，豈必要經師受[197]然後為奇[198]哉！」尚書蕭寶寅[199]奏仲儒學不師受，輕欲制作，不合[9]依許[200]。事遂寢。

魏中尉東平王匡[201]以論議數為任城王澄所奪[202]，憤恚，復治其故棺[203]，欲奏攻澄[204]。澄因奏匡罪狀三十餘條，廷尉[205]處以死刑[206]。秋，八月己未[207]，詔免死，削除官爵，以車騎將軍侯剛[208]代領中尉。三公郎中辛雄[209]奏理匡[210]，以為「歷奉三朝[211]，骨鯁之迹[212]，朝野具知，故高祖賜名曰匡[213]。先帝既已容之於前[214]，陛下亦宜寬之於後，若終貶黜，恐杜忠臣之口[215]。」未幾，復除匡平州[216]刺史。雄，琛[217]之族孫也。

九月庚寅[218]〔10〕，胡太后遊嵩高[219]。癸巳[220]，還宮。○太后從容[221]謂兼中書舍人楊昱[222]曰：「親姻在外，不稱人心[223]，卿有聞，慎勿諱隱！」昱奏揚州刺史李崇五車載貨[224]、恆州[225]〔11〕刺史楊鈞造銀食器十具，並〔12〕餉領軍元乂[226]。太后召乂夫妻，泣而責之。乂由是怨昱。昱叔父舒妻，武昌王和[227]之妹也。和即乂之從祖。舒卒，元氏頻請別居[228]，昱父椿泣責，不聽，元氏恨之。會瀛州[229]民劉宣明謀反，事覺，逃亡。乂使和及元氏誣告昱藏匿宣明，且云：「昱父定州刺史椿，叔父華州刺史津[230]，並送甲仗[231]三百具，謀為不逞[232]。」乂復構成[233]之。遣御仗[234]五百人夜圍昱宅，收之，一無所獲。太后問其狀，昱具對為元氏所怨。太后解昱縛，處和及元氏死刑，既而乂營救之，和直[235]免官，元氏竟不坐。

冬，十二月癸丑[236]，魏任城文宣王澄[237]卒。○庚申[238]，魏大赦。

是歲，高句麗王雲[239]卒，世子安立。○魏以郎選[240]不精，大加沙汰[241]，唯朱元旭[242]、辛雄、羊深[243]、源子恭及范陽祖瑩[244]等八人以才用見留，餘皆罷遣。深，祉[245]之子也。

【章　旨】以上為第一段，寫梁武帝蕭衍天監十八年（西元五一九年）一年間的大事。主要寫了魏臣張彝之子張仲瑀建言壓抑武人，不令武人「豫清品」，結果竟由此引發朝廷禁衛部隊明目張膽的暴亂，張彝的府第被抄，張彝活活被打死，對此重大暴亂胡太后竟不敢追查元兇，只拘殺了幾個鬧事的小卒，而又下令大赦以安慰亂黨，足見魏國刑政之混亂；寫了魏臣崔亮任吏部尚書，唯按任職時間的長短以提拔官員，後世又相繼成習，以見魏國選舉制度之衰敗；寫了魏國皇室與官僚貴族的生活奢華，寫了河間王元琛與高陽王元雍之鬥富，章武王元融之腐朽，恰如西晉的王愷與石崇，以見魏國統治階級之腐朽；寫了魏國的中尉元匡直正敢觸權貴，前與外戚高肇相鬥，差點被殺，今與元澄相鬥，又被陷罪幾死；寫魏國的勳臣楊椿之子楊昱向胡太后報告了元乂的貪贓受賄，元乂即羅織罪名害楊椿一家，胡太后發現將之救下，但對元乂等人絲毫不予懲治，以見胡太后之養患釀亂。此外還寫了高歡的出世，以及其日後起家的班底；寫了魏國上下的一片佞佛，不惜一切地耗費民脂民膏，而朝廷的一個明堂、太學的一個辟雍竟連年累月而一直無法修成等等。

【注　釋】❶正月甲申　正月初四。❷袁昂為尚書令　袁昂是劉宋名臣袁顗之子，在齊曾為御史中丞，人稱正直；入梁後，曾為吏部尚書、五兵尚書、左僕射等職，今又為尚書令。傳見《梁書》卷三十一。❸王暕　齊朝的權臣王儉之子，入梁後曾為五兵尚書、右僕射，今又為左僕射。傳見《梁書》卷二十一。❹徐勉　梁朝的幹練並公正有為之臣，曾為吏部尚書、右僕射等職。傳見《梁書》卷二十五。❺丁亥　正月初七。❻踐極　猶言登基、即位。❼半紀　六年。古稱十二年為一紀。胡太后自延昌四年（西元五一五年）臨朝，至今五年，所以說「將半紀」。❽宜稱詔以令宇內　皇帝的命令稱「詔」，胡太后雖實際掌握政權，但執政以來仍是稱「令」而未稱「詔」。❾辛卯　正月十一。❿平陸文侯張彝　張彝是孝文帝、宣武帝時代的有名之臣，為秦州刺史治理州務有方，被封為平陸侯，文字是謚。此時任征西將軍。傳見《魏書》卷六十四。⑪封事　密封的奏章。⑫銓別選格　修改選拔官員的條例。⑬不使豫清品　不把武將列入高雅的人群。豫，參與；加入。按，貶抑武將是南朝士族的惡習，不想張彝北人也效此惡劣的一套。⑭喧謗　公開地攻擊誹謗。⑮立榜大巷　在街巷上豎起布告欄。榜，大牌子。⑯克期會集　約定時間大家集合。克，約定。⑰父子晏然不以為意　晏然，安然，不當一回事的樣子。胡三省曰：「方羽林、虎賁立榜克期之初，魏朝既不為之嚴加禁遏，縱彝父子欲以為意，奈之何哉？」⑱二月庚午　二月二十。⑲羽林虎賁　都是皇帝禁衛軍中的稱號名，所謂「羽林」，蓋言其行動可如飛鳥之快；所謂「虎賁」，蓋言其可如虎豹之威猛也。⑳求　尋找。㉑左民郎中始均　張始均，張仲瑀之兄，時任左民尚書屬下的郎中之職。左民尚書即後代的戶部尚書。郎中是尚書的下屬，約當現今的司局級。㉒上下慴懼　整個尚書省的官員都惶恐不安。㉓莫敢禁討　沒有人敢出來制止他們、派兵鎮壓他們。㉔直造其第　直奔張彝家。造，向；抵達。㉕唱呼動地　呼號之聲震天動地。㉖僅有餘息　僅還有些微弱的氣息。㉗再宿　第二天夜裡。㉘收掩　拘捕。㉙不復窮治　不再徹底追究。㉚乙亥　二月二十五。㉛大赦以安之　不嚴懲兇犯，反而大赦，胡氏何以如此懼怕羽林、虎賁？蓋以此次事件即由禁衛軍隊之統領所掀起也。㉜李韶　西涼王李暠的後代，李寶之孫。李寶歸降於拓跋燾後，曾被任并州刺史、鎮北將軍等職。李韶在孝文帝、宣武帝時皆受信重，曾任定州刺史、相州刺史等職。傳見《魏書》卷三十九。㉝銓注不行　不給應接受任命的官員做出鑑定、寫出評語。這裡即指不進行選官、任官的工作。不行，不採取行動；瀆職。㉞奏為格制　給朝廷訂出了一套選官的條例。㉟停解月日　即任滿後等待銓選的時間長短。㊱沈滯者　被積壓了很長時間的人。㊲以鄉塾貢士　從鄉學裡選拔人才。胡三省引《周官‧王制》：「命鄉論秀士，升之司徒，曰『選士』；司徒論秀士而升之學，曰『俊士』。」㊳由州郡薦才　按照賢良方正、秀才異等、孝廉等科目由州郡逐級向上推薦人才。㊴中正　主管評議推薦人才的官名。在州郡兩級都設此職，負責考察本地人才的品德、門第、才幹，分為九等，作為朝廷選拔官吏的依據。正式設立此官，實行九品中正制是在魏文帝黃初元年。㊵應什收六七　還是能選中個六七成吧。㊶朝廷貢才　朝廷主管部門所執行的選擇推薦人才的標準。㊷止求其文　只求文章寫得好。止，意思同「只」。㊸唯論章句　只看他對古書篇章字句的理解如何。章句，篇章、字句。㊹不及治道　不管他處理政府工作的能力如何。治道，治國平天下的本領。㊺空辯氏姓　只分析他們的家族出身如何。㊻沙汰　淘汰。㊼屬當銓衡　主管評定人才的工作，指任吏部尚書。㊽改張易調　本指調整樂器的絃，使聲音和諧。此處比喻改變選任官員的做法。㊾停年格　即此前崔亮所採取的辦法，一律按照在任官員任職年限的長短。㊿脩厲　修養磨練以求不斷提高。厲，磨練。(51)深致　深意；高境界。(52)昨　此前。(53)時宜須異　採取的措施也應該隨之而變化。《韓非子》有所謂「時移則事異，事異則備變」，此約用其意。(54)子產鑄刑書　子產是春秋末期鄭國的著名宰相，他為了讓人們都懂得法律、遵守法律，曾破天荒地把法律條文刻在了銅鼎上，以便於讓人們看到。事見《左傳》昭公六年。(55)叔向譏之以正法　叔向是春秋末期思想比較守舊的晉國官僚，他面對禮崩樂壞，舊秩序一去不返的情景很是傷感，他對子產這種具有新思想的人物持批評的態度。他反對子產的以法治國，主張用禮用樂，用忠孝仁義等等，從正面引導整個社會，比後來儒家的學說還要更加保守。正法，指禮樂治國的老生常談。(56)權宜　臨時制宜，根據時代變化採取變通的措施。(57)薛琡　宣武帝時曾為洛陽令，胡太后時為吏部郎中，後來官做得很大。傳見《北齊書》卷二十六、《北史》卷二十五。(58)黎元　黎民百姓。元，是善的意思。(59)年勞　混得年頭長，沒有功勞也有苦勞。(60)義均行鴈二句　行鴈，天空上的雁行，一個跟著一個。貫魚，穿成一串的魚，一條挨著一條。兩句都是比喻論資排輩。(61)數人而用　數著人頭任用。(62)補郡縣　以補充有空缺的郡守與縣令。(63)踵　接踵；跟在後面。意即繼續。(64)燕燕郡太守高湖　從前後燕時代的燕郡太守高湖。所謂「後燕」是指十六國時慕容垂所建立的燕國，從西元三八四年開始，到西元四〇三年結束，共歷時二十年。高湖先在後燕主慕容垂、慕容寶手下為臣，曾任燕郡太守，反對燕國與魏國作對。至慕容寶被魏國大破於參合陂之後，高湖遂率眾投降魏主拓跋珪。到拓跋燾時代，高湖幫著拓跋燾滅了北涼，被任為涼州鎮大將，甚有惠政。傳見《魏書》卷三十二。(65)其子謐　高謐，拓跋弘時代曾任蘭臺御史，執法不避權貴。傳見《魏書》卷三十二。(66)懷朔鎮　魏國北方的軍鎮名，地址在今內蒙古固陽西南。(67)遂習鮮卑之俗　魏國統治者本來就是鮮卑人，這裡說高謐長期居北邊始「習鮮卑之俗」者，因魏國統治者從很早就主動接受漢族文化，到孝文帝時更強制鮮卑人完全漢化，故而洛陽地區的鮮卑人已經變得差不多了，而北部邊境地區則相對保留了較多的鮮卑族的原有風習，這是自然的。(68)謐孫歡　高歡，一名賀六渾，亦即後來建立北齊政權的神武帝。傳見《北齊書》卷一、卷二。(69)執役　服勞役。(70)給鎮為函使　給軍鎮上當騎馬往京城送信的人。此處的軍鎮指懷朔鎮，鎮址在今內蒙古固陽的西南側。函使，胡三省曰：「凡書表皆函封，函使者，使奉函詣京師也。」(71)傾貲　花出全部家財。(72)相帥　成群結夥，一齊行動。(73)懷朔省事　懷朔軍鎮的小吏，掌管巡視、瞭解情況。(74)雲中司馬子如　雲中郡人姓司馬名子如。雲中郡的郡治在今內蒙古和林格爾的北側。司馬子如原在魏為小吏，後在北齊官至太尉。傳見《北齊書》卷十八。(75)秀容劉貴　秀容是魏郡名，郡治在今山西原平西南、忻州西北。劉貴是秀容郡人，在魏時為小吏，入東魏後官至御史中尉。傳見《北齊書》卷十九。(76)中山賈顯智　中山是魏郡名，也是州名，即今河北定州。賈顯智在胡太后時代曾為冗從僕射，魏末乘亂曾官至驃騎大將軍。傳見《魏書》卷八十。(77)孫騰　在魏時為小吏，入東魏官至司徒。傳見《北齊書》卷十八。(78)外兵史　外兵尚書屬下主管文書案卷的小吏。(79)懷朔侯景　懷朔軍鎮治下的將士侯景，初為魏將爾朱榮的部下，後歸高歡。高歡死，降梁為河南王，後舉兵叛亂，攻破建康，蕭衍（梁武帝）被困餓死。侯景自立為漢帝，史稱「侯景之亂」。傳見《梁書》卷五十六。(80)善無尉景　善無郡人姓尉名景。善無郡的郡治在今山西右玉南、左雲西。尉景是高歡的姐夫。傳見《北齊書》卷十五。(81)廣寧蔡儁　廣寧是魏郡名，郡治在今山西代縣西北、朔州東南。蔡儁在魏時為小吏，入東魏後官至楊州刺史。傳見《北齊書》卷十九。(82)任俠　以行俠尚義為己任。(83)雄於鄉里　稱雄於本鄉本土。鄉、里，都是古代居民的基層編制名。(84)四月丁巳　四月初八。(85)五月戊戌　五月二十。(86)任城王澄　元澄，魏國的宗室功勳老臣，景穆帝拓跋晃之孫，拓跋雲之子。傳見《魏書》卷十九中。(87)京兆王繼　元繼，道武帝拓跋珪的後代，南平王拓跋霄之子，過繼於京兆王元根為後，故稱京兆王。因元根改封為江陽王，故元繼實應稱江陽王。傳見《魏書》卷十六。(88)東夷　東方的少數民族政權，如契丹、庫莫奚、高句麗等。(89)西域　自古以來的西域小國，如車師、高昌、鄯善等。(90)互市　對外貿易的場所。(91)絹藏　收藏絲綢絹帛的倉庫。(92)王公嬪主　王公指魏國的宗室諸郡王，與郡王之子被封為公者，及群臣之以功勳被封為公者。嬪指魏國皇帝之諸妃妾。主，公主，指皇帝之諸姐妹、諸女。(93)負絹　扛著絹帛回家。負，背著；扛著。(94)稱力取之　盡著自己的力氣隨便扛，能扛多少是多少。稱力，量力。(95)少者不減百餘匹　最少的也不低於上百匹。古代的一匹約當現在的十丈左右。(96)章武王融　元融，景穆帝拓跋晃之孫，拓跋太洛之子。傳見《魏書》卷十九下。(97)侔於禁苑　與皇家的園林差不多。侔，相當；相比美。(98)儀衛　儀仗隊、衛隊。(99)富埒於雍　富足的程度與元雍不相上下。埒，相當；相比。(100)高陽一食　高陽王元雍家的一頓飯。(101)敵我千日　頂得上我們家的一千天。敵，頂；相等。(102)河間王琛　元琛，文成帝拓跋濬之孫，孝文帝的堂兄弟。傳見《魏書》卷二十。(103)吐旆　口中叼著下垂的飾物。旆，旗子一類的東西。(104)水精鍾　水晶製成的酒杯。水精，今作「水晶」。鍾，酒杯。(105)馬腦椀　瑪瑙製成的碗。馬腦，同「瑪瑙」。(106)赤玉卮　赤玉做成的酒杯。卮，酒杯。(107)中國　指魏國所處的中原地區。(108)繒布　絲織的絹帛與麻織品，當時都可以當錢幣使用。(109)石崇　東晉時代的大貴族，以豪富與奢靡著稱，曾與王愷鬥富。傳見《晉書》卷三十三。(110)省之　前往探看章武王元融。由此句乃知上句尤不可少「臥疾」二字。(111)計不減於彼　絕對不比河間王元琛少。(112)袁術在淮南　袁術是東漢末年的大軍閥，曾於獻帝初平四年（西元一九三年）據壽春僭稱帝號。後被曹操打敗，憤恚而死。傳見《後漢書》卷一百五。淮南，即指壽春。壽春既處淮河南側，又是西漢劉安為淮南王時的都城。(113)不知世間復有劉備　京兆王元繼說章武王元融「似袁術在淮南，不知世間復有劉備」，應有典故，今不詳。(114)無復窮已　沒完沒了。(115)五級浮圖　五層高的佛塔。(116)相高以壯麗　以壯麗相高，看誰建造得更壯麗。相高，相互競賽。(117)齋會　向僧人施捨的佛教活動。(118)不貲無法計算。[119]祿力　百官的俸祿與為之服務的人員。力，官員的侍從與奴僕。當時的各個官府中都有為之效力做工的奴僕。陶淵明為彭澤縣令，手下也有這種人員。[120]窺覦之志　伺機進攻我們的心思。窺覦，暗中找空子、找機會。[121]旅力　願意為國家出力、效力。[122]混壹　統一天下。[123]浮費　不必要的開支。[124]永平　魏世宗元恪的第三個年號（西元五〇八－五一一年）。[125]營明堂辟雍　建造國家的禮儀性建築。明堂是儒家所宣傳的古代帝王祭祀、尊賢、講禮、發布政教的場所。辟雍是古代太學裡的中心建築，是帝王親臨講學的場所。[126]起部郎　主管建築、營造的官員，相當於後代的工部尚書。[127]源子恭　魏國元勳老臣源賀之孫，曾任主客郎，此時任起部郎。傳見《魏書》卷四十一。[128]資不急之費　把錢用到不重要、不急需的項目上去。資，投資；把錢用於。[129]徹減諸役　撤銷那些營建佛寺的各種勞役。徹減，通「撤減」。撤除、削減。[130]就功　完成那些明堂、辟雍一類的工程。[131]嚴配　指享受配天之祭，也就是當皇帝祭天的時候，將自己祖先的靈牌擺在老天爺靈位的旁邊，陪著老天爺享受祭祀。《孝經》中有孔子曰：「孝莫大於嚴父，嚴父莫大於配天。昔者周公郊祀后稷以配天，宗祀文王於明堂以配上帝。」[132]蒼生　全國的黎民百姓。[133]有禮樂之富　能過上禮樂治世的幸福生活。[134]不能成　建造不成明堂與辟雍。[135]京房　西漢儒生，今文《易》學的創始人，通曉音律。傳見《漢書》卷八十八。[136]立準　製造一個定音的樂器。準，定音的樂器。[137]八音　八種用不同材質製造的樂器，即匏、土、革、木、石、金、絲、竹八類。這裡即泛指古代的一切樂器。[138]京房律準　京房製造的律準，相傳其狀如瑟。[139]曉之者鮮　明白如何使用的人很少。鮮，少。[140]司馬彪續漢書　司馬彪是西晉人，司馬懿的姪孫。傳見《晉書》卷八十二。司馬彪作有《續漢書》八十篇。其紀、傳部分已經亡失，其八志現存於范曄的《後漢書》中，乃後人取司馬彪書以補范曄書之缺。[141]見京房準術　意即陳仲儒是從司馬彪《續漢書》的〈禮樂志〉中見到了京房所製造的定音樂器的技術原理。按，司馬彪有關此問題的文字，胡三省在注釋《資治通鑑》時已經全文引入。因篇幅太長，又太瑣細，故此處不加轉錄。[142]成數昞然　各項數據都寫得清清楚楚。[143]準者本以代律　京房所以要製造一個準器，本是為了讓它代替此前所用的十二支律管。[144]調校樂器　調整校對各種樂器的音值。[145]調聲之體　調整五個音階的音值。中國古代的音階，也叫五聲、五音，指宮、商、角、徵、羽。[146]濁　音低。[147]清　音高。[148]公孫崇　當時魏國的樂師，曾製造樂尺，也是用來校正樂器音高的律器。公孫崇造樂尺事，見本書卷一百四十七天監八年。[149]止以十二律聲　只用過去的十二個律管來檢測各種樂器的音高。十二律，古代用以校定音高的十二個律管，即陽律的黃鐘、太簇、姑洗、蕤賓、夷則、亡射；與陰律的大呂、夾鐘、中呂、林鐘、南呂、應鐘。十二律各有固定的音高。[150]還相為宮　也稱旋相為宮，十二律更迭為宮。在中國古代音樂中，宮、商、角、徵、羽五聲皆可作為音階的第一級音，同時也就可以形成五種不同的調式。

但宮、商、角、徵、羽只有相對的音高，沒有絕對的音高，在實際音樂中它們的音高要用律來確定。而這種用律來定宮音，以形成多種調式的方法，叫做「還相為宮」。還，意思同「旋」。(151)清濁悉足　各種音高音低的問題就全都解決了。(152)黃鍾管最長　在十二根定音管中，黃鐘是十二律之始，聲音最洪亮。(153)以黃鍾為宮　用黃鍾來確定宮音。(154)相順　和諧流暢。(155)均之八音　如果要使用各種樂器一齊演奏時。(156)錯采眾音　意即「旋相為宮」，交叉使用各種調式。(157)則徵濁而宮清　那使得徵音低沉，宮音高飄。(158)雖有其韻二句　雖然也還有一定的韻律，但就不是和諧流暢的曲調了。(159)十二律中全無所取　十二律中的各種調式就全不成為樂音了。(160)中呂為宮　用中呂管來定宮音。中呂，也作「仲呂」，古代的十二個定音管，即所謂十二律之一。(161)去滅　京房所製六十律中的新律名。(162)執始　京房所製六十律中的新律名。(163)然後方韻　這樣才能成為和諧的曲調。(164)以中呂為宮　以中呂作為宮調。(165)舊志準十三絃　舊史書上只記載說京房的律準是十三根絃。(166)隱間九尺　琴上有九尺長的紋飾。(167)不言須柱以不　也沒有說需不需要有架絃的柱。柱是琴瑟一類的樂器上將絃架起來的支柱。以不，同「與否」。(168)微細難明　那些細密而繁多的刻度究竟是表明什麼，讓人看不明白。(169)私曾考驗　暗自研究考察。(170)準當施柱　京房的律準上應該是有柱的。(171)但前卻柱中　只要向前或向後移動柱的中心。(172)以約準分　以對好那些微細難明的刻度。(173)則相生之韻已自應合　那種合乎韻律的樂音就自然的發出來了。(174)其中絃粗細　京房律準十三根絃的中絃的粗細。(175)須與琴宮相類　大致與琴上的大絃差不多。(176)施軫　京房的律準上也要有軫的裝置。軫是控制琴絃鬆緊的轉軸。(177)令與黃鍾相合　將其中絃的聲音調得與黃鐘律的高低相一致。(178)中絃下依數畫六十律清濁之節　在緊靠中絃後面的一根絃上依五聲十二律旋相為宮的規律刻劃出六十宮調的高低刻度。六十律，五音與十二律相配的六十個樂調。(179)其餘十二絃須施柱如箏　其他的十二根絃也都裝上柱，和箏的樣子相似。(180)於中絃按盡一周之聲　先在中絃上把六十律的每個音都彈一遍。一周之聲，六十律的每一個音。(181)度著十二絃上　一一地把它們都標明在十二根絃上。(182)依相生之法　即按照三分損益法。(183)取十二律之商徵　找到十二條絃上的用十二律確定的商音與徵音的位置。(184)五調調聲之法　依宮、商、角、徵、羽五種調式調聲的方法。(185)均樂器　調定樂器。(186)錯采眾聲以文飾之　把不同樂器發出的不同音質、不同音色的聲音通通修飾一遍。(187)事有乖此　稍有一點不按這種規矩進行。(188)聲則不和　就得不到和諧、流暢的樂曲。(189)燧人　燧人氏，傳說中的發明鑽木取火的人。(190)不師資而習火　沒有向老師學習就發明了鑽木取火。不師資，沒有老師為憑藉。(191)延壽　焦延壽，京房的老師。(192)不束脩以變律　沒有拜過老師也能變十二律為六十律。束脩，一小捆乾肉，古時送給老師的薄禮。不束脩即沒有拜過老師。變律，變十二律為六十律。(193)欲教而無從　想傳授給人但沒有合適的受教者。(194)心達者　聰明而一看就懂。(195)體知而無師　沒有老師也能夠自學成才。

[196]皆關心抱　這都是通過用心思考、用心學習得來的。關，通過。[197]經師受　經過老師的傳授。受，通「授」。也可以解釋為從師受教。[198]為奇　做出奇特的貢獻。[199]尚書蕭寶寅　齊明帝蕭鸞之子，齊朝的末代皇帝蕭寶卷被蕭衍所殺，蕭衍篡位建梁後，大肆捕殺蕭鸞諸子，蕭寶寅逃到魏國，深受魏人重視，此時加官為尚書令。傳見《魏書》卷五十九。[200]不合依許　不應該准其製作。不合，不該。[201]中尉東平王匡　元匡，景穆帝拓跋晃的後代，拓跋洛侯的嗣子，被封為東平王，此時任御史中尉。傳見《魏書》卷十九上。[202]所奪　所駁回；所否定。[203]復治其故棺　又重新修理他已經做好的棺材。元匡此前曾與外戚高肇拼死相鬥，抬著棺材上朝，見本書卷一百四十七天監七年。現又準備與元澄拼死相鬥。[204]欲奏攻澄　準備向皇帝攻擊彈劾元澄。[205]廷尉　國家的最高司法長官。[206]處以死刑　處元匡以死刑，完全是秉著元澄的意旨行事。[207]八月己未　八月十二。[208]侯剛　胡太后的寵臣，因護持胡太后有功，此時任車騎將軍。傳見《魏書》卷九十三。[209]三公郎中辛雄　當時正直敢言的官吏，先曾為清河王元懌的部下，後元懌進為太尉，辛雄遂任三公郎中。傳見《魏書》卷七十七。[210]奏理匡　上書為元匡辯冤、申訴。[211]歷奉三朝　指先後在孝文帝元宏、宣武帝元恪、今之魏帝元詡麾下為臣。[212]骨鯁之迹　正直剛強的形象。[213]高祖賜名曰匡　孝文帝給元匡改掉舊名，讓他叫元匡事，見《魏書》卷七十七。[214]容之於前　元匡前與高肇以死相拼，被高肇一黨定為死罪，宣武帝赦之，將其降為光祿大夫。[215]杜忠臣之口　讓忠正之臣日後不敢說話。杜，堵塞。[216]平州　魏州名，州治肥如，在今河北遷安東北。[217]琛　辛琛，當時的直正敢言之臣，先後為元麗、李崇之屬下，多有可稱，見《魏書》卷七十七。[218]九月庚寅　九月十四。[219]嵩高　即中嶽嵩山，在今河南登封北。[220]癸巳　九月十七。[221]從容　平和、隨意的樣子。[222]楊昱　魏國的功勳大臣楊椿之子，為人直正敢言，時為太尉掾，兼中書舍人。傳見《魏書》卷五十八。[223]不稱人心　不合人意，被人所憎恨。[224]五車載貨　極言其向人行賄所用的財貨之多。[225]恆州　魏州名，州治平城，即今山西大同。[226]並餉領軍元乂　一起給領軍將軍元乂送禮。餉，饋贈，這裡即指行賄。元乂，《魏書》作「元叉」，魏江陽王元繼之子，胡太后的妹夫。憑著胡太后的勢力飛黃騰達，任領軍將軍之職。傳見《魏書》卷十六。[227]武昌王和　元和，道武帝拓跋珪的後代，拓跋曜的曾孫。傳見《魏書》卷十六。[228]頻請別居　一再地請求分家搬出去住。[229]瀛州　魏州名，州治即今河北河間。[230]華州刺史津　楊津，楊椿之弟，先後為岐州刺史、華州刺史。傳見《魏書》卷五十八。華州的州治在今陝西蒲城東。[231]甲仗　鎧甲與兵器。[232]謀為不逞　即陰謀造反。不逞，不快；不滿意。這裡即指「謀反」。[233]構成　編織罪名。[234]御仗　御林軍。[235]直僮。[236]十二月癸丑　十二月初八。[237]任城文宣王澄　元澄被封為任城郡王，死後謚曰文宣。[238]庚申　十二月十五。[239]高句麗王雲　高句麗是朝鮮族的古國名，自北燕滅亡以來一直臣屬於魏。都城即今平壤。其國王名雲，是老國王璉之孫。傳見《魏

書》卷一百。(240)郎選　朝廷各部門郎官一職的選拔與委任。當時朝廷各部門如尚書省、中書省、門下省、祕書省等都有郎、郎中等職。(241)沙汰　猶今所謂淘汰。胡三省曰：「以水淘去沙石，謂之沙汰，故以喻去不肖。」(242)朱元旭　當時的才能之臣，曾為太學博士、度支郎中。傳見《魏書》卷七十二。(243)羊深　羊祉之子，當時的才學幹練之臣，此前曾任騎兵郎、駕部郎等職，後官至車騎大將軍。傳見《魏書》卷七十七。(244)范陽祖瑩　范陽是郡名，郡治即今河北涿州。祖瑩是當時著名的秀才與文學之士，曾為國子博士、戶部郎中等職，後官至車騎大將軍。又因幫助高歡遷東魏有功，進爵為伯。傳見《魏書》卷八十二。(245)祉　羊祉。羊祉在魏宣武帝正始年間（西元五〇四—五〇七年）曾任梁、益二州刺史。

【校記】[1]書　原無此字。據章鈺校，十二行本、乙十一行本、孔天胤本皆有此字，張瑛《通鑑校勘記》同，今據補。[2]皇　原無此字。據章鈺校，十二行本、乙十一行本、孔天胤本皆有此字，張敦仁《通鑑刊本識誤》同，今據補。按，肅宗孝明帝即位後即尊皇太妃胡氏為皇太后。《魏書・肅宗紀》亦載此詔，稱胡氏為皇太后。[3]平陸文侯　原無此四字。據章鈺校，十二行本、乙十一行本、孔天胤本皆有此四字，張敦仁《通鑑刊本識誤》、張瑛《通鑑校勘記》同，今據補。[4]別　原作「削」。嚴衍《通鑑補》改作「別」，今據改。按，《魏書・張彝傳》作「銓別選格」。[5]唱呼動地　原無此四字。據章鈺校，十二行本、乙十一行本、孔天胤本皆有此四字，張敦仁《通鑑刊本識誤》、張瑛《通鑑校勘記》同，今據補。[6]鍾　原作「鋒」。胡三省注云：「一本『鋒』作『鍾』。」今據改。按，嚴衍《通鑑補》改作「鉢」。[7]臥疾　原無此二字。據章鈺校，十二行本、乙十一行本、孔天胤本皆有此二字，張敦仁《通鑑刊本識誤》、張瑛《通鑑校勘記》同，今據補。[8]本　原作「所」。據章鈺校，十二行本、乙十一行本、孔天胤本皆作「本」，今據改。按，《魏書・樂志》云：「至於準者，本以代律。」其意甚明，言立準式，初其本心。[9]合　原作「敢」。據章鈺校，十二行本、乙十一行本、孔天胤本皆作「合」，今據改。[10]庚寅　原作「庚寅朔」。據章鈺校，十二行本、乙十一行本、孔天胤本皆無「朔」字，張敦仁《通鑑刊本識誤》同，今據刪。按，天監十八年九月丁丑朔，庚寅為十四日。[11]恆州　原作「相州」。據章鈺校，十二行本、乙十一行本、孔天胤本皆作「恆州」，今據改。按，《魏書・楊播傳附椿子昱傳》載楊鈞為「恆州刺史」。[12]十具並　原無此三字。據章鈺校，十二行本、乙十一行本、孔天胤本皆有此三字，張敦仁《通鑑刊本識誤》云：「『器』下脫『十具』二字。」今從章校補。按，《魏書・楊播傳附椿子昱傳》載：「恆州刺史楊鈞造銀食器十具，並餉領軍元义。」

【語　譯】高祖武皇帝五

天監十八年（己亥　西元五一九年）

春季，正月初四日甲申，梁武帝蕭衍任命擔任尚書左僕射的袁昂為尚書令，任命擔任尚書右僕射的王暕為尚書左僕射，任命擔任太子詹事的徐勉為尚書右僕射。○初七日丁亥，魏國的孝明帝元詡下詔，說「皇太后坐在皇帝的寶座上代替皇帝執政，時間已經將近六年，應該把皇太后所發布的指令改稱為『詔』，以號令全國。」○十一日辛卯，梁武帝到建康城的南郊舉行祭天典禮。

魏國擔任征西將軍的平陸文侯張彝的兒子張仲瑀向胡太后呈遞了一本密封的奏章，請求修改選拔官員的條例，他主張排擠壓制武將，不把武將列入高雅的人群。消息傳出去之後，社會輿論便公開地對張仲瑀進行攻擊誹謗，指責的聲音充滿了大街小巷，有人在街巷樹立起布告欄，張貼告示，約定時間大家集合，一起去屠殺張彝全家，張彝父子安然自若全不把它當一回事。二月二十日庚午，皇帝禁衛軍中有將近一千名的羽林軍、虎賁軍，相繼來到尚書省高聲詬罵，尋找張仲瑀的哥哥擔任左民郎中的張始均，沒有找到，這些人就用磚瓦石頭猛砸尚書省的大門。整個尚書省的大小官員都惶恐不安，沒有人敢出來制止他們、派兵鎮壓他們。於是這些人手持火把，沿途搶奪百姓的柴薪蒿草，把木棍石塊當做武器，逕直衝向張彝的宅第，他們把張彝拖到堂下，百般捶擊陵辱，呼號之聲震天動地，又用帶來的柴草縱火焚燒了張彝的府第房舍。張始均翻越圍牆逃走，後來又返回來給這些暴徒下跪，請求饒恕自己父親的一條老命，暴徒湧上前來毆打張始均，把張始均活活地扔到大火中燒死。張仲瑀受了重傷逃走，張彝僅僅還有一些微弱的氣息，第二天夜裡就死了。遠近的人聽到這個消息都感到非常的震驚和恐懼。胡太后下詔將羽林軍、虎賁軍中帶頭鬧事的最兇暴最強橫的八個人拘捕起來，將其斬首，而對其餘的人則沒有再進行徹底的追究。二十五日乙亥，胡太后宣布大赦，以安撫那些參與對張彝一家實施暴行的羽林軍、虎賁軍，並趁機令武官可以依照資格入選清品。有遠見卓識的人知道魏國就要發生內亂了。

當時的官員已經很少，而應選的人很多，擔任吏部尚書的李韶卻不給那些準備接受任命的官員做出鑑定、寫出評語，因此招致了很多的抱怨，胡太后便將擔任殿中尚書的崔亮改任為吏部尚書。崔亮給胡太后遞交了一套選官的條例，不管候選的官員是賢能還是愚蠢，只以任滿後等待銓選的時間長短為標準，那些任滿後長期沒有得到重新任命的人都稱讚崔亮很有才幹。崔亮的外甥擔任司空諮議的劉景安寫信給崔亮說：「殷、周時期是從鄉學裡選拔人才，兩漢時期是由州郡逐級向上推薦人才，魏、晉在沿用前代這一做法的基礎上，又在州、郡兩級設立了主管評議、推薦人才的中正官，專門負責考察本地人才的品德、門第、才幹，並將他們分為九等，作為朝廷選拔官吏的依據，雖然這種制度未必盡善盡美，還是能夠選中六七成吧。而朝廷主管部門所執行的選舉推薦人才的標準，只求文章寫得好，而不管文章的內容是否行得通；考察孝廉，只看他對古書篇章、字句的理解能力如何，而不管他是否具備處理政務的能力；而所設立的中正對所舉薦的人也不考察他們的才能品行，只分析他們的姓氏和門第出身如何。選舉人才的途徑不廣泛，淘汰不合格人才的辦法不精確。舅父主管著評定人才的工作，本來應該改絃更張制定出更好的選任官員的辦法，為什麼反倒以官員任滿離職後等待銓選的年限作為唯一的條件，如此一來天下的讀書人誰還會再去修養磨練以求不斷提高自己的名節品行呢！」崔亮回信說：「你所說的話很有深意。我此前所制定的這一套選官條例，也是事出有因才只得這樣做的。古今時代不同了，採取的措施也應該隨之而有所改變。春秋末期鄭國著名的宰相子產把法律條文刻在銅鼎上，以便讓人們都能看到法律、遵守法律，而晉國思想守舊的大官僚叔向卻用禮樂治國的老一套做法譏諷子產的以法治國，這和你用古禮來責難我根據時代變化所採取的變通措施有什麼區別呢！」擔任洛陽縣令的代地人薛琡上書給胡太后說：「黎民百姓的命運，全都掌握在官吏的手中，如今選任官員只把混得年頭很長，雖然沒有功勞也有苦勞作為唯一標準，而不管他有沒有執政的才能，這就好像是天空飛行的大雁，一個跟著一個，又像穿成一串的魚，一個挨著一個，按照這種辦法，只需要一個官吏手裡拿著名簿按照先後次序叫名就足夠了，如果這樣數著人頭任用，還叫什麼衡量選拔？」奏章報上去之後，如同石沉大海沒有得到任何答覆。後來薛琡因為有其他的事情需要請求胡太后召見，就又趁機向胡太后建議「請求讓那些王公貴臣向朝廷舉薦賢才以補充有空缺的郡守與縣令」，胡太后下詔讓公卿大臣就薛琡的建議進行商議，事情過後也沒有人再提起。後來甄琛等人接替崔亮先後擔任吏部尚書的時候，覺得以論資排輩的辦法提拔任用官吏對自己有利，於是繼續沿用崔亮制定的這套辦法，魏國在選拔任用官吏方面丟失人才，就是從崔亮開始的。

當初，慕容氏所建立的後燕時期，擔任燕郡太守的高湖率眾投降了魏國，高湖的兒子高謐擔任魏國的侍御史，因為犯法被判處流放懷朔鎮，於是高謐的後代遂世代居住在魏國的北方，並逐漸習慣了當地鮮卑族原有的風俗習慣。高謐的孫子高歡，為人深沉穩重，胸懷大志，因為家裡貧窮，遂到平城服勞役。有一戶姓婁的富家女兒看到高歡長得相貌非凡而感到驚異，於是就嫁給了高歡，高歡這才有了一匹馬，得以在懷朔軍鎮擔任一名騎馬往京城洛陽送信的人。他在洛陽親眼看見了張彝被羽林軍、虎賁軍毆打致死的情景，回到家中以後，他把家裡所有的家財拿出來結交賓客。有人問他為什麼要這樣做，高歡說：「在皇宮擔任警衛的人成群結夥地一起焚燒了大臣張彝的府第，朝廷懼怕他們作亂而不敢對其進行追查審問，執政執成了這種樣子，事情的結果就可想而知了，家裡的財產難道還能長期保有嗎！」高歡與在懷朔軍鎮擔任小官吏的雲中郡人司馬子如、秀容郡人劉貴、中山郡人賈顯智、擔任戶曹史的咸陽人孫騰、在懷朔軍鎮治下擔任外兵史的侯景、擔任獄掾的善無郡人尉景、廣寧郡人蔡儁之間的關係特別友好親密，他們都以行俠仗義而稱雄於本鄉本土。

夏季，四月初八日丁巳，梁國實行大赦。〇五月二十日戊戌，魏國朝廷任命任城王元澄為司徒，任命京兆王元繼為司空。

魏國已經一連幾代國力強盛，東方的少數民族政權、古代西域的那些小國一直向魏國進貢，從來沒有斷絕過，魏國又設立了對外的貿易場所以吸引南方的貨物，此時魏國的府庫中儲存的各種財貨已經滿得快流出來了。胡太后曾經到朝廷儲藏綢緞的倉庫裡進行視察，她讓陪同自己視察的那些王公、皇帝的嬪妃、公主以及隨身的侍從等一百多人各自盡著自己的力氣扛著絹帛回家，扛得最少的人也不少於一百多匹。擔任尚書令・開府儀同三司的李崇、章武王元融由於扛的絹帛太多太重，以至於摔倒在地上，李崇摔傷了腰，元融摔傷了腳，胡太后奪下了他們所扛的絹帛，讓他們空著手離開了收藏絹帛的倉庫，當時的人都譏笑他們貪財而不要命。元融，是元太洛的兒子。擔任侍中的崔光只拿了兩匹絹，胡太后對他只拿這麼少感到有些奇怪，就問他為什麼只拿兩匹，崔光回答說：「我這兩隻手只拿得動兩匹。」與他相比，眾人都感到很慚愧。

當時魏國宗室中那些有權勢、受寵幸的大臣，全都互相攀比，看誰最豪華奢侈，高陽王元雍，其家中的富有和尊貴在全國範圍內名列第一位，宮室苑囿與皇家的園林差不多，他家有六千個僮僕，五百名歌舞女，每當出門的時候，儀仗隊、衛隊塞滿了道路，回家之後便夜以繼日地歌舞、吹奏，一頓飯就要花費數萬錢。李崇富足的程度和元雍不相上下，而他生性節儉吝嗇，他曾經對人說：「高陽王家一頓飯所花的錢，頂得上我們家一千天的飯錢。」

河間王元琛總想與高陽王元雍家比闊氣，他家有十多匹駿馬，全都用銀質的槽子餵養，門窗上懸掛著的是用玉石雕刻的鳳鳥，鳳鳥的口中叼著鈴鐺；用純金打造的金龍口中叼著一種類似旗子的飾物。元琛曾經邀請諸位親王到自己的家中聚會宴飲，使用的飲酒器皿有用水晶製成的酒杯，用瑪瑙製成的碗，用赤玉製成的酒杯，件件器皿都製作得精巧絕倫，全都是中原地區所沒有的。又陳列女子樂隊、名馬以及各種奇珍異寶，他又領著各位親王逐個地參觀自己的府庫，只見府庫中儲存的金錢、絲織的絹帛與麻織品多得不可勝數，元琛回過頭來對章武王元融說：「沒有見過石崇並不令我感到遺憾，遺憾的是石崇沒有見過我！」元融一向以富有而自負，他回到家裡之後，認為自家比不上河間王家富有而悵恨、歎息，竟因此而病了三天。京兆王元繼聽到消息之後就到元融的家中進行探望，他對元融說：「你家的財富絕對不比河間王元琛家的少，為什麼竟會慚愧、羨慕到如此的地步！」元融回答說：「早先我還認為比我富有的人只有高陽王元雍一家，沒想到竟然還有河間王元琛！」元繼說：「你就像當年袁術在淮南稱帝的時候，竟然不知道世間還有一個劉備。」元融這才笑著從床上爬了起來。

胡太后信奉佛教，便沒完沒了地大肆營建寺廟，她還下令各州都要建造五層高的佛塔，弄得百姓精疲力盡。那些諸侯王、地位顯貴的人、宦官、羽林軍都在洛陽城內建立寺廟，全都攀比著看誰建造的寺廟更壯麗。胡太后多次舉辦向僧人施捨的佛教活動，她施捨給僧人的財物動不動就有上萬錢，賞賜給身邊侍從的財物也多得毫無限度，用在這些方面的花費簡直多得無法計算，卻從來沒有把財物施惠給平民百姓。國家的府庫漸漸空虛起來，胡太后就削減百官的俸祿與為之服務的人員。任城王元澄上書給胡太后，元澄認為「梁武帝蕭衍常常蓄謀伺機進攻我們，我們應該趁著國家強盛，將士願意為國家出力的時機，早日謀劃出兵消滅梁國、完成統一天下的大業。近年以來，國家和私人都很貧困，應該節省那些不必要的開支，把財力用到急需要辦的事務上。」胡太后雖然沒有採納元澄的建議，卻經常對他優禮相待。

魏國自從宣武帝元恪永平年間以來，國家出資建造的供帝王祭祀、尊賢、講禮、發布政令的明堂，帝王親臨講學的太學裡的辟雍，所用的民夫最多的時候也不超過一千人，有關部門又藉口修建寺廟以及別處需要勞役而將人員調走，因此雖然花費了十多年的時間也沒有將明堂、辟雍建成。擔任起部郎的源子恭上書給胡太后，源子恭認為「廢弛治理國家的當務之急，卻把錢財用於不重要、不急需的項目上去，應該削減那些營建佛寺的各種勞役，早日把明堂、辟雍建成，使祖宗早日享受配天之祭，使全國的黎民百姓能過上禮樂治世的幸福生活。」胡太后下詔批准源子恭的意見，然而明堂、辟雍還是沒有建成。

魏國人陳仲儒請求朝廷以西漢儒生京房所製造的定音樂器為標準來調整匏、土、革、木、石、金、絲、竹這八類樂器。有關部門的官員責難陳仲儒說：「京房所制定的定音樂器，現在雖然還有，但懂得如何使用的人卻很少。你陳仲儒接受的是哪一位師傅的指教？又是出自哪種經典著作？」陳仲儒回答說：「我天生的喜歡彈琴，又曾經讀過西晉司馬彪所著的《續漢書》，從《續漢書．禮樂志》中見到過京房所制定的定音樂器的技術原理，各項數據都寫得清清楚楚。於是我就竭力思考，鑽研了很久，很有收穫。京房所以要製作一個定音樂器，本是為了讓它代替此前所使用的十二支律管，可以用其分數的辦法調整校對各種樂器的音值。我尋思調整五個音階的音值，宮音、商音的音值應該是低音，徵音、羽音的音值應該是高音。如果依照太樂令公孫崇的意見，只用過去的黃鐘、太簇、姑洗、蕤賓、夷則、亡射、大呂、夾鐘、中呂、林鐘、南呂、應鐘這十二個律管來檢測各種樂器的音高，而稱之為還相為宮，這樣各種音高音低的問題就全都解決了。而在十二根定音管中，黃鐘管聲音最洪亮，所以用黃鐘管來確定宮音，則往往和諧流暢。如果要使用各種樂器一齊演奏時，還得需要交叉使用各種調式，才能配成美妙的音樂。如果用應鐘管來確定宮音，用蕤賓管來確定徵音，就會形成徵音低沉而宮音高飄的現象，雖然也還有一定的韻律，但卻不是和諧流暢的曲調了。如果用中呂管來確定宮音，那麼十二律中的各種調式就全不成為樂音了。如果按照京房所著書中的規定，用中呂管來確定宮音，用去滅為商音，用執始為徵音，這樣才能成為和諧的曲調。而公孫崇卻是用中呂管來確定宮音，還用林鐘管來確定徵音，怎麼可能使曲調和諧流暢呢？但是五音、十二調精深微妙，歷史留傳下來的記載又很簡略，舊史書上只記載說京房的律準是十三根絃，琴上有九尺長的紋飾，沒有說明樂器上需不需要有架絃的柱。還有，一寸之內有一萬九千六百八十三分，那些細密而繁多的刻度究竟表明什麼，也讓人看不明白。我曾經私下裡研究考察過，京房的定音樂器上應該是有柱的，只要向前或向後移動柱的中心，對好那些微細難明的刻度，那種合乎韻律的樂音就自然地發出來了。京房律準十三根絃的中絃的粗細，大概與琴上的大絃差不多，律準上也要有軫的裝置來調整聲調，把中絃的聲調調整得與黃鐘律的高低相一致。在緊靠中絃後面的一根絃上依五聲十二律旋相為宮的規律刻劃出六十律的高低刻度，其他的十二根絃也都需要裝上柱，就像箏那樣，就在中絃上把六十律的每個音都彈一遍，再一一地把它們都標明在十二根絃上。然後按照三分損益法，依次運行，在十二根絃上找到用十二律確定的商音與徵音的位置。商音、徵音的位置確定之後，再依照琴的宮、商、角、羽、徵五種調式調聲的方法來調定樂器，然後把不同樂器發出的不同音質、不同音色的聲音通通修飾一遍，如果稍微有一點不按這種規律進行，就得不到和諧流暢的樂曲。況且燧人氏沒有向老師學習就發明了鑽木取火，京房的老師焦延壽沒有拜過老師也能變十二律為六十律，所以說有知識的人想把自己的知識傳授給人卻沒有合適的受教者，聰明而且一看就懂的人沒有老師的教導也能自學成才，即使只是一絲一毫的收穫，都是經過認真思考、用心學習得來的，難道非要經過老師的傳授然後才能做出奇特的貢獻嗎！」擔任尚書令的蕭寶寅上書給胡太后，奏稱陳仲儒的學問沒有經過老師的傳授，就輕易地想要製作，不應該批准他的請求。這件事於是就被擱置下來。

魏國擔任中尉的東平王元匡因為自己的建議多次被任城王元澄否決，心裡非常氣憤惱怒，就又把他原來準備的那口棺材重新修理了一番，準備給胡太后上奏章彈劾攻擊元澄。元澄藉機上奏了元匡的三十多條罪狀，廷尉秉承任城王的旨意判處元匡死刑。秋季，八月十二日己未，胡太后下詔免除元匡的死罪，剝奪了元匡的官職和爵位，任命擔任車騎將軍的侯剛代替元匡兼任中尉之職。擔任三公郎中的辛雄上書給孝明帝元詡為東平王元匡辯冤，辛雄認為「東平王元匡曾經先後在孝文帝、宣武帝、孝明帝三位皇帝駕下為臣，其正直剛強的形象，朝中無人不知，民間無人不曉，所以高祖給他賜名元匡。從前先帝孝文帝既然能夠寬容地對待東平王元匡，陛下現在也應該能夠寬恕元匡，如果最終貶黜了元匡，恐怕會讓忠正之臣今後不敢再說話。」時過不久，朝廷就又任命東平王元匡為平州刺史。辛雄，是辛琛的族孫。

九月十四日庚寅，胡太后前往嵩山遊覽。十七日癸巳，胡太后返回洛陽的皇宮。○胡太后很隨意似的對兼任中書舍人的楊昱說：「皇室的一些姻親在外地做官，可能會有不盡如人意而被人憎恨的地方，你如果聽到了什麼就說什麼，千萬不要避諱隱瞞！」楊昱於是奏稱楊州刺史李崇用五輛車拉著財貨、恆州刺史楊鈞打造了銀質食器十套，一起給擔任領軍將軍的元乂送禮。胡太后將元乂夫婦召來，流著眼淚責備了他們一番。元乂因此非常怨恨楊昱。楊昱叔父楊舒的妻子，是武昌王元和的妹妹。元和就是元乂的叔祖父。楊舒去世以後，楊舒的妻子元氏一再請求分家搬出去住，楊昱的父親楊椿流著眼淚責備元氏不應該這樣做，元氏不但不聽，反而因此對楊椿懷恨在心。碰巧遇到瀛州的百姓劉宣明聚眾謀反，事情被發覺之後，劉宣明就逃跑了。領軍將軍元乂遂慫恿武昌王元和和楊舒的妻子元氏誣告中書舍人楊昱藏匿了劉宣明，而且說：「楊昱的父親是擔任定州刺史的楊椿，楊昱的叔父是擔任華州刺史的楊津，他們每個人都送給劉明宣三百套鎧甲與兵器，陰謀造反。」元乂又給楊昱編織了一套罪名以坐實楊氏的罪行。胡太后聽信了他們的讒言，遂派遣五百名御林軍連夜包圍了楊昱的住宅，先將楊昱拘捕起來，又將楊昱的家仔細地搜查了一遍，卻什麼違禁的東西也沒有搜查出來。胡太后親自審問楊昱，楊昱便把招致元氏怨恨的緣故詳細地向胡太后講述了一遍。胡太后立即為楊昱鬆了綁，判處武昌王元和以及楊舒的妻子元氏死刑，後來因為領軍將軍元乂出面進行營救，武昌王元和僅被免去了官職，楊舒的妻子元氏竟然沒有受到任何處罰。

冬季，十二月初八日癸丑，魏國的任城文宣王元澄去世。○十五日庚申，魏國實行大赦。

這一年，高句麗王高雲去世，世子高安繼位為高句麗王。○魏國朝廷認為各部門郎官一職的任命沒有經過精心選擇，於是就大量地淘汰郎官，只有朱元旭、辛雄、羊深、源子恭以及范陽郡人祖瑩等八個人因為確實有才幹而被留用，其餘的人全部被罷免遣送回家。羊深，是羊祉的兒子。

普通元年（庚子　西元五二〇年）

春，正月乙亥朔❶，改元❷，大赦。○丙子❸，日有食之。○己卯❹，以臨川王宏為太尉、揚州刺史，金紫光祿大夫王份❺為尚書左僕射。份，奐❻之弟也。

左軍將軍豫寧威伯馮道根❼卒。是日上春❽，祠二廟❾，既出宮，有司以聞❿。上問中書舍人朱异曰：「吉凶同日⓫，今可行乎⓬？」對曰：「昔衛獻公聞柳莊死⓭，不釋祭服而往⓮。道根雖未為社稷之臣⓯，亦有勞王室⓰，臨之⓱，禮也。」上即幸其宅，哭之甚慟。

高句麗世子安遣使入貢⓲。二月癸丑⓳，以安為寧東將軍、高句麗王，遣使者江法盛授安衣冠劍佩。魏光州⓴兵就海中執之，送洛陽。

魏太傅、侍中清河文獻王懌㉑美風儀，胡太后逼而幸之㉒。然素有才能，輔政多所匡益，好文學，禮敬士人，時望甚重㉓。侍中、領軍將軍元乂在門下㉔，兼總禁兵，恃寵驕恣，志欲無極，懌每裁之以法㉕，乂由是怨之。衛將軍、儀同三司劉騰㉖，權傾內外，吏部希騰意㉗，奏用騰弟為郡㉘，人資乖越㉙，懌抑而不奏，騰亦怨之。龍驤府長史宋維㉚，弁之子也，懌薦為通直郎㉛，浮薄無行。乂許維以富貴，使告司染都尉㉜韓文殊父子謀作亂立懌㉝。懌坐禁止㉞，按驗，無反狀，得釋，維當反坐㉟。乂言於太后曰：「今誅維，後有真反者，人莫敢告。」乃黜維為昌平郡守㊱。

乂恐懌終為己害，乃與劉騰密謀，使主食中黃門㊲胡定自列㊳云：「懌貨定㊴使毒魏主，若己得為帝，許定以富貴。」帝時年十一，信之。秋，七月丙子㊵，太后在嘉福殿㊶，未御前殿，乂奉帝御顯陽殿，騰閉永巷門㊷，太后不得出。懌入，遇乂於含章殿㊸後，乂厲聲不聽懌入㊹，懌曰：「汝欲反邪？」乂曰：「乂不反，正欲縛反者耳！」命宗士㊺及直齋㊻執懌衣袂，將入㊼含章東省㊽，使人防守之。騰稱詔㊾集公卿議，論懌大逆㊿。眾咸畏乂，無敢異者，唯僕射新泰文貞公游肇(51)抗言(52)以為不可，終不下署(53)。

乂、騰持公卿議入奏(54)[1]，俄而得「可」(55)，夜中殺懌(56)。於是詐為太后詔，自稱有疾，還政於帝。幽(57)太后於北宮宣光殿，宮門晝夜長閉，內外斷絕，騰自執管鑰，帝亦不得省見(58)，裁聽傳食(59)而已。太后服膳俱廢，不免飢寒，乃歎曰：

「養虎得噬，我之謂矣。」乂[2]使中常侍酒泉[3]賈粲(60)侍帝書(61)，密令防察動止。乂遂與太師高陽王雍等同輔政，帝謂乂為姨父。乂與騰表裏擅權，乂為外禦，騰為內防，常直禁省(62)，共裁刑賞(63)，政無巨細，決於二人，威振內外，百僚重跡(64)。朝野聞懌死，莫不喪氣，胡夷為之剺面(65)者數百人。游肇憤邑(66)而卒。

己卯(67)，江、淮、海並溢。○辛卯(68)，魏主加元服(69)，大赦，改元正光(70)。

魏相州刺史中山文莊王熙(71)，英之子也，與弟給事黃門侍郎略、司徒祭酒纂(72)，皆為清河王懌所厚，聞懌死，起兵於鄴(73)，上表欲誅元乂、劉騰，纂亡奔鄴(74)。後十日，長史柳元章(75)等帥城人(76)鼓譟而入，殺其左右，執熙、纂并諸子置於高樓。八月甲寅(77)，元乂遣尚書左丞盧同就斬熙於鄴街，并其子弟。

熙好文學，有風義(78)，名士多與之遊，將死，與故知書曰：「吾與弟俱蒙皇太后知遇，兄據大州(79)，弟則入侍(80)，殷勤言色(81)，恩同慈母。今皇太后見廢北宮(82)，太傅清河王橫受屠酷，主上幼年，獨在前殿。君親(83)如此，無以自安，故帥兵民欲建大義於天下。但智力淺短，旋見囚執(84)，上慚朝廷，下愧相知。本以名義干心(85)，不得不爾，流腸碎首，復何言哉！凡百君子，各敬爾儀(86)，為國為身，善勗名節(87)！」聞者憐之。熙首至洛陽，親故莫敢視，前驍騎將軍刁整(88)獨收其尸而藏之。整，雍[89]之孫也。盧同希乂意，窮治熙黨與，鎖濟陰內史[90]楊昱赴鄴，考訊百日，乃得還任。乂以同為黃門侍郎[91]。

元略亡抵故人河內司馬始賓[92]，始賓與略縛荻筏夜渡孟津[93]，詣屯留栗法光[94]家，轉依西河[95]太守刁雙，匿之經年。時購略[96]甚急，略懼，求送出境。雙曰：「會有一死[97]，所難遇者為知己死耳，願不以為慮[98]。」略固求南奔，雙乃使從子昌送略渡江，遂來奔[99]，上封略為中山王。雙，雍之族孫也。乂誣刁整送略，并其子弟收繫[100]之，御史王基等力為辯雪，乃得免。

甲子[101]，侍中、車騎將軍永昌嚴侯韋叡[102]卒。時上方崇釋氏，士民無不從風而靡，獨叡自以位居大臣[103]，不欲與俗俯仰[104]，所行略如平日[105]。

九月戊戌[106]，魏以高陽王雍為丞相，總攝內外，與元乂同決庶務。

初，柔然佗汗可汗納伏名敦之妻候呂陵氏，生伏跋可汗及阿那瓌等六子。伏跋既立，忽亡[107]其幼子祖惠，求募不能得。有巫地萬[108]言祖惠今在天上，我能呼之[109]，乃於大澤中施帳幄，祀天神，祖惠忽在帳中，自云恆在天上[110]。伏跋大喜，號地萬為聖女，納為可賀敦[111]。地萬既挾左道[112]，復有姿色，伏跋敬而愛之，信用其言，干亂國政。如是積歲[113]，祖惠浸長[114]，語其母曰：「我常[115]在地萬家，未嘗上天，上天者地萬教我也。」其母具以狀告伏跋，伏跋曰：「地萬能前知未然(116)，勿為讒也(117)。」既而地萬懼，譖祖惠於伏跋(118)而殺之。侯呂陵氏遣其大臣具列(119)等絞殺地萬。伏跋怒，欲誅具列等。會阿至羅(120)入寇，伏跋擊之，兵敗而還。侯呂陵氏與大臣共殺伏跋，立其弟阿那瓌為可汗。阿那瓌立十日，其族兄示發帥眾數萬擊之，阿那瓌戰敗，與其弟乙居伐(121)輕騎奔魏。示發殺侯呂陵氏及阿那瓌二弟。

魏清河王懌死，汝南王悅(122)了無(123)恨元乂之意，以「桑落酒」候之(124)，盡其私佞(125)。乂大喜，冬，十月乙卯(126)，以悅為侍中、太尉。悅就懌子亶求懌服玩(127)，不時稱旨(128)，杖亶百下，幾死(129)。

柔然可汗阿那瓌將至魏，魏主使司空京兆王繼、侍中崔光等相次迎之，賜勞甚厚。魏主引見阿那瓌於顯陽殿，因置宴，置阿那瓌位於親王之下。宴將罷，阿那瓌執啓(130)立於座後(131)，詔引至御座前，阿那瓌再拜言曰：「臣以家難，輕來詣闕(132)，本國臣民，皆已逃散。陛下恩隆天地，乞兵送還本國，誅翦叛逆，收集亡散(133)，臣當統帥遺民(134)，奉事陛下。言不能盡，別有啓陳(135)。」仍以啓(136)授中書舍人常景(137)以聞。景，爽之孫也。

十一月己亥(138)，魏立阿那瓌為朔方公、蠕蠕王，賜以衣服、軺車(139)，祿恤儀衛[140]，一如親王。時魏方彊盛，於洛水橋南御道東作四館，道西立四里：有自江南來降者處之金陵館[141]，三年之後賜宅於歸正里；自北夷降者處燕然館[142]，賜宅於歸德里；自東夷降者處扶桑館[143]，賜宅於慕化里；自西夷降者處崦嵫館[144]，賜宅於慕義里。及阿那瓌入朝，以燕然館處之。阿那瓌屢求返國，朝議異同不決[145]，阿那瓌以金百斤賂元乂，遂聽北歸。十二月壬子[146]，魏敕懷朔都督[147]簡銳騎[148]二千護送阿那瓌達境首[149]，觀機招納[150]。若彼迎候，宜賜繒帛、車馬，禮餞而返[151]；如不容受，聽還闕庭[152]。其行裝資遣，付尚書量給[153]。

辛酉[154]，魏以京兆王繼為司徒[155]。◯魏遣使者劉善明來聘[156]，始復通好[157]。

二年（辛丑　西元五二一年）

春，正月辛巳[158]，上祀南郊[159]。◯置孤獨園於建康，以收養窮民。◯戊子[160]，大赦。◯魏南秦州氐[161]反。

魏發近郡兵[162]萬五千人，使懷朔鎮將楊鈞將之，送柔然可汗阿那瓌返國[163]。

尚書左丞張普惠上疏，以為：「蠕蠕久為邊患，今茲天降喪亂，荼毒其心[164]，蓋欲使之知有道[165]之可樂，革面稽首以奉大魏[166]也。陛下宜安民恭己[167]以悅服其心。阿那瓌束身歸命[168]，撫之[169]可也。乃更先自勞擾，興師郊甸[170]之內，投諸荒裔[171]之外，救累世之勍敵[172]，資天亡之醜虜[173]，臣愚未見其可也。此乃邊將貪竊一時之功[174]，不思兵為凶器，王者不得已而用之。況今旱暵[175]方甚，聖慈降膳[176]，乃以萬五千人使楊鈞為將，欲定蠕蠕，干時[177]而動，其可濟乎！脫有顛覆之變，楊鈞之肉，其足食乎！宰輔專好小名，不圖安危大計，此微臣所以寒心者也。且阿那瓌之不還，負何信義[178]！臣賤不及議[179]，文書所過[180]，不敢不陳。」弗聽[4]。阿那瓌辭於西堂，詔賜以軍器、衣被、雜采[181]、糧畜，事事優厚，命侍中崔光等勞遣[182]於外郭。

阿那瓌之南奔也，其從父兄婆羅門帥眾數萬入討示發，破之，示發奔地豆干[183]，地豆干殺之，國人推婆羅門為彌偶可社句[184]可汗。楊鈞表稱：「柔然已立君長，恐未肯以殺兄之人郊迎其弟。輕往虛返，徒損國威。自非廣加兵眾，無以送其入北。」二月，魏人使舊嘗奉使柔然者牒云具仁[185]往諭婆羅門，使迎阿那瓌。

辛丑[186]，上祀明堂。○庚戌[187]，魏使假撫軍將軍[188]邴虯討南秦叛氐。

魏元乂、劉騰之幽胡太后也，右衛將軍奚康生[189]預其謀[190]，乂以康生為撫軍大將軍、河南尹[191]，仍使之領左右[192]。康生子難當[193]娶侍中、左衛將軍侯剛女，剛子，乂之妹夫也，乂以康生通姻，深相委託[194]，三人率多俱宿禁中，時或迭出[195]，以難當為千牛備身[196]。康生性粗武[197]，言氣高下[198]，乂稍憚之，見于顏色[199]，康生亦微懼不安。

甲午[200]，魏主朝太后于西林園，文武侍坐，酒酣迭舞，康生乃為力士舞[201]。及折旋[202]之際，每顧視太后，舉手蹈足、瞋目頷首[203]，為執殺之勢[204]，太后解其意而不敢言。日暮，太后欲攜帝宿宣光殿，侯剛曰：「至尊已朝訖[205]，嬪御在南[206]，何必留宿？」康生曰：「至尊陛下之兒，隨陛下將東西[207]，更復訪誰[208]！」羣臣莫敢應。太后自起援帝臂[209]，下堂而去。康生大呼，唱萬歲[210]。帝前入閤[211]，左右競相排[212]，閤不得閉。康生奪難當千牛刀，斫直後元思輔[213]，乃得定。帝既升宣光殿，左右侍臣俱立西階下。康生乘酒勢將出處分[214]，為乂所執，鎖於門下[215]。光祿勳賈粲[216]紿太后[217]曰：「侍官懷恐不安，陛下宜親安慰。」太后信之，適下殿[218]，粲即扶帝出東序[219]，前御顯陽殿，還[5]閉太后於宣光殿。至晚，乂不出，令侍中、黃門、僕射、尚書等十餘人就康生所[220]訊其事[221]，處康生斬刑，難當絞刑。乂與剛並在內，矯詔決之[222]。康生如奏，難當恕死從流[223]。難當哭辭父，康生慷慨不悲，曰：「我不反死[224]，汝何哭也[225]？」時已昏闇，有司驅康生赴市，斬之。尚食典御[226]奚混與康生同執刀入內，亦坐絞。難當以侯剛壻，得留百餘日，竟流安州(227)。久之，又使行臺盧同(228)就殺之。以劉騰為司空。八坐(229)、九卿(230)常旦造騰宅(231)，參其顏色(232)，然後赴省府(233)，亦有歷〔6〕日不能〔7〕見者。公私屬請(234)，唯視貨多少；舟車之利(235)，山澤之饒(236)，所在榷固(237)，刻剝六鎮(238)，交通互市(239)，歲入利息以巨萬萬(240)計，逼奪鄰舍以廣其居，遠近苦之。

京兆王繼自以父子權位太盛，固請以司徒讓車騎大將軍、儀同三司崔光。夏，四月庚子(241)，以繼為太保，侍中如故，繼固辭，不許。壬寅(242)，以崔光為司徒，侍中、祭酒、著作(243)如故。

魏牒云具仁至柔然，婆羅門殊驕慢，無遜避(244)心，責具仁禮敬(245)，具仁不屈，婆羅門乃遣大臣丘升頭(246)等將兵二千隨具仁迎阿那瓌。五月，具仁還鎮(247)，具道其狀，阿那瓌懼，不敢進，上表請還洛陽。

辛巳(248)，魏南荊州刺史桓叔興(249)據所部來降(250)。

六月丁卯(251)，義州(252)刺史文僧明、邊城(253)太守田守德擁所部降魏，皆蠻酋也。魏以僧明為西豫州刺史，守德為義州刺史。○癸卯(254)，琬琰殿火(255)，延燒後宮三千間。

秋，七月丁酉(256)，以大匠卿裴邃(257)為信武將軍，假節，督眾軍討義州，破魏義州刺史封壽於檀公峴[258]，遂圍其城；壽請降，復取義州。魏以尚書左丞張普惠為行臺，將兵救之，不及。

以裴邃為豫州刺史，鎮合肥。邃欲襲壽陽，陰結壽陽民李瓜花等為內應。邃已勒兵為期日[259]，恐魏覺之，先移魏[8]揚州[260]云：「魏始於馬頭置戍[261]，如聞[262]復欲脩白捺故城[263]，若爾，便相侵逼[264]，此亦須營歐陽[265]，設交境[266]之備。今板卒已集[267]，唯聽信還[268]。」揚州刺史長孫稚[269]謀於僚佐，皆曰：「此無脩白捺之意，宜以實報之。」錄事參軍楊侃[270]曰：「白捺小城，本非形勝[271]，邃好狡數[272]，今集兵遣移[273]，恐有他意。」稚大寤曰：「錄事可亟作移報之[274]。」侃報移曰：「彼之纂兵[275]，想別有意，何為妄構白捺[276]！『佗人有心，予忖度之[277]』，勿謂秦無人[278]也。」邃得移，以為魏人已覺，即散其兵。瓜花等以失期，遂相告發，伏誅者十餘家。稚，觀[279]之子。侃，播[280]之子也[9]。

初，高車王彌俄突死，其眾悉歸嚈噠[281]。後數年，嚈噠遣彌俄突弟伊匐帥餘眾還國。伊匐擊柔然可汗婆羅門，大破之，婆羅門帥十部落詣涼州[282]，請降於魏。柔然餘眾數萬相帥迎阿那瓌，阿那瓌表稱：「本國大亂，姓姓別居，迭相抄掠。當今北人鵠望待拯[283]，乞依前恩，賜[10]給臣精兵一萬，送臣磧北[284]，撫定荒民。」

詔付中書、門下博議，涼州刺史袁翻以為「自國家都洛以來，蠕蠕、高車迭相吞噬，始則蠕蠕授首(285)，既而高車被擒(286)。今高車自奮於衰微之中，克雪讎恥，誠由種類繁多，終不能相滅。自二虜交鬭，邊境無塵數十年矣，此中國之利也。今蠕蠕兩主(287)相繼歸誠，雖戎狄禽獸，終無純固(288)之節，然存亡繼絕(289)，帝王本務。若棄而不受，則虧我大德；若納而撫養，則損我資儲。或全徙內地，則非直(290)其情不願，亦恐終為後患，劉、石(291)是也。且蠕蠕尚存，則高車猶有內顧之憂(292)，未暇窺窬上國(293)；若其全滅(294)，則高車跋扈(295)之勢，豈易可知？今蠕蠕雖亂而部落猶眾，處處棋布，以望舊主，高車雖彊，未能盡服也。愚謂蠕蠕二主並宜存之，居阿那瓌於東，處婆羅門於西，分其降民，各有攸屬(296)。阿那瓌所居非所經見(297)，不敢臆度(298)；婆羅門請修西海故城(299)以處之。西海在酒泉之北，去高車所居金山(300)千餘里，實北虜往來之衝要(301)，土地沃衍(302)，大宜耕稼。宜遣一良將，配以兵仗，監護婆羅門，因令屯田(303)，以省轉輸(304)之勞。其北則臨大磧，野獸所聚，使蠕蠕射獵，彼此相資(305)，足以自固。外以輔蠕蠕之微弱，內亦防高車之畔援(306)，此安邊保塞之長計也。若婆羅門能收離聚散，復興其國者，漸令北轉，徙度流沙，則是我之外藩，高車勍敵(307)，西北之虞(308)可以無慮。如其姦回反覆(309)，不過為逋逃之寇[310]，於我何損哉？」朝議是之。

九月，柔然可汗俟匿伐詣懷朔鎮請兵，且迎阿那瓌。俟匿伐，阿那瓌之兄也。

冬，十月，錄尚書事高陽王雍等奏：「懷朔鎮北吐若奚泉，原野平沃，請置阿那瓌於吐若奚泉，婆羅門於故西海郡，令各帥部落，收集離散。阿那瓌所居既在境外，宜少優遣[311]，婆羅門不得比之。其婆羅門未降以前蠕蠕歸化者[312]，悉令州、鎮部送懷朔鎮以付阿那瓌。」詔從之。

十一月癸丑[313]，魏侍中、車騎大將軍侯剛加儀同三司。○魏以東益、南秦氐皆反，庚辰[314]，以秦州刺史河間王琛為行臺[315]以討之。琛恃劉騰之勢[316]，貪暴無所畏忌，大為氐所敗。中尉彈奏，會赦，除名，尋復王爵。○魏以安西將軍元洪超[317]兼尚書行臺，詣敦煌[318]安置柔然婆羅門。

【章旨】以上為第二段，寫梁武帝蕭衍普通元年（西元五二〇年）、二年共兩年間的大事。主要寫了魏之幸臣劉騰、元乂編織罪名殺害了清河王元懌，禁閉了胡太后，控制起小皇帝元詡，拉高陽王元雍與之一起把持魏國政權，政無巨細，悉決於劉騰、元乂之手；寫河間王元琛無恥地自求給劉騰當養子，汝南王元悅賣身投靠元乂，又反過來喪心病狂地欺陵其姪元懌之子元亶；寫相州刺史元熙起兵於鄴城以討劉騰、元乂，但很快地被其長史柳元景打敗被殺，其弟元略在眾義士的幫助下，逃入梁朝；寫魏將奚康生先是參與了劉騰、元乂之謀，與之深相委託，後來奚康生又欲結胡太后謀誅元乂、劉騰，結果被元乂等所殺；寫柔然內亂，伏跋可汗被殺，新可汗阿那瓌又被打敗逃往魏國，而奪得政權的示發旋又被阿那瓌的堂兄弟婆羅門打敗，國人立婆羅門為可汗；不久，婆羅門可汗又被嚈噠人打敗，也逃歸魏國，魏人權衡得失，遂立阿那瓌、婆羅門皆為可汗，分治東西，使之與高車相互制約，以減少魏國北部邊境的壓力；此外還寫了魏派使者與梁朝修復停戰友好；寫了梁國義州、邊城的守將叛變降魏，梁將裴邃破魏兵復取義州；梁將裴邃又據合肥欲襲壽陽，結果被魏將楊侃識破遂取消計畫；以及寫梁將馮道根卒，蕭衍祭祀時聞喪，不釋服而往弔之等等。

【注釋】❶正月乙亥朔　正月初一是乙亥日。❷改元　改年號「天監」為「普通」。❸丙子　正月初二。❹己卯　正月初五。❺王份　齊朝大官僚王奐之弟，在齊曾為中書侍郎、黃門侍郎，入梁後為散騎常侍、起部尚書，今又為左僕射。傳見《梁書》卷二十一。❻奐　王奐，在劉宋時曾任吏部尚書，入齊後為右僕射，又為雍州刺史，因謀叛被齊武帝所殺。傳見《南齊書》卷四十九。❼豫寧威伯馮道根　馮道根是梁初的著名將領，初為王茂的部下，破建康有功；又隨討陳伯之有功，此時為豫州刺史。傳見《梁書》卷十八。馮道根生前被封為豫寧縣伯，諡曰威。❽上春　農曆正月。❾祠二廟　梁武帝往祭太廟及太祖太夫人的小廟。胡三省曰：「帝立太廟，祀太祖文皇帝以上為六親廟，皆同為一堂，共庭而別室。又有小廟，太祖太夫人廟也，非嫡，故別立廟。皇帝每祭太廟訖，乃詣小廟，亦以一太牢，如太廟禮。」❿有司以聞　有關官員將馮道根死的消息報告梁武帝。⓫吉凶同日　祭祀太廟、小廟算是吉禮；馮道根死，前往弔唁，這算凶禮，二者發生在同一天。⓬今可行乎　今天可以去弔唁馮道根嗎。⓭衛獻公聞柳莊死　衛獻公是春秋時代的衛國諸侯，靈公之子，西元前四七九－前四七八年在位。事跡見於《史記・衛康叔世家》。柳莊是衛國的太史，一位主管祭祀的官員。⓮不釋祭服而往　沒有換下祭祀的禮服，就去弔唁柳莊了。因為柳莊的官雖不大，但衛莊公認為他是社稷之臣，故而當衛莊公正在祭祀，聽到柳莊去世的消息時，就採取了這種匆忙的措施。事見《禮記・檀弓》。⓯雖未為社稷之臣　雖然稱不上是與國家政權同生死、共命運的骨幹大臣。⓰有勞王室　對國家政權做過貢獻，立有功勞。王室，帝王的家庭。⓱臨之　帝王前去哭弔。臨，哭弔死者。⓲遣使入貢　高句麗王的世子名安，上年其父（名雲）死，今年世子安剛即王位，故派使者到宗主國來告新王即位，這是應有的禮節。⓳二月癸丑　二月初九。⓴光州　魏州名，州治即今山東萊州。㉑清河文獻王懌　元懌，孝文帝元宏之子，宣武帝元恪之弟，被封為清河王，死後謚曰文獻。傳見《魏書》卷二十二。(22)逼而幸之　逼著清河王與她發生了性關係。(23)時望甚重　在當時的社會上威望很高。(24)門下　指門下省，皇帝最貼身的辦事機構，主管皇帝詔命的發出。當時元义在門下省任侍中。(25)裁之以法　以正當的禮法對之有所裁抑。裁，抑制；約束。(26)劉騰　宣武帝元恪時代的宦官，宣武帝死，皇太子剛即位時，因護持胡太后有功，被任太僕、衛將軍、加官侍中。傳見《魏書》卷九十四。(27)希騰意　迎合著劉騰的心思。(28)為郡　意即為郡太守。(29)人資乖越　人品與資歷都與條件不合。胡三省曰：「人非其才曰乖，資非其次曰越。」(30)龍驤府長史宋維　宋維是孝文帝時的大臣宋弁之子，前因諂事高肇被貶為益州龍驤將軍府長史，後被薦為通直郎。傳見《魏書》卷六十三。(31)通直郎　是通直散騎侍郎的簡稱。(32)司染都尉　官名，上屬太府寺，主管為宮廷染練為采色。(33)立懌　意即立元懌為皇帝。(34)懌坐禁止　元懌因此被禁閉宮中。(35)維當反坐　宋維理應以誣告治罪。(36)昌平郡守　昌平郡的太守。當時的昌平郡治在今河北蔚縣東北。(37)主食中黃門　為皇帝主管飲食的宦官。(38)自列　坦白自首。(39)貨定　用錢收買胡定。(40)七月丙子　七月初四。(41)嘉福殿　後宮裡的殿名。(42)永巷門　由前殿通往後宮的門。永巷，後宮中的長巷。(43)含章殿　宮廷前部的殿名。(44)不聽懌入　不許元懌進入後宮。不聽，不許；不讓。(45)宗士　宗師手下的吏士。宗師，職猶宗正，掌管皇帝家族事務的官員。元懌是皇族的大臣，要動他必須通過宗師，故元义事先就安排了這方面的人。(46)直齋　意同「直閤」，在皇帝辦公的殿閣周圍值勤的武官。(47)將入　拉入；挾持進。(48)含章東省　含章殿東側的門下省，亦即元义等人上班議事的地方。(49)稱詔　假借皇帝的名義。(50)論懌大逆　判定元懌要造反。論，判；治罪。(51)新泰文貞公游肇　游肇是魏國的儒學老臣游明根之子，為官清正，忠直敢言，此時任尚書右僕射。傳見《魏書》卷五十四。游肇生前被封為新泰縣公，死後謚曰文貞。(52)抗言　毫不掩飾地說。(53)不下署　不在文件上簽名。(54)持公卿議入奏　拿著群臣討論的意見入奏小皇帝元詡。(55)俄而得可　很快地就得到了小皇帝的批准。(56)夜中殺懌　在半夜殺了元懌。(57)幽　禁閉。(58)省見　進見問候。省，看視；請安。(59)裁聽傳食　只允許給胡太后送去一些吃的。裁，通「才」。只。(60)中常侍酒泉賈粲　酒泉人賈粲為中常侍之職。中常侍是受寵太監所任的官名，經常在皇帝的身邊服務。酒泉是郡名，郡治即今甘肅酒泉市。賈粲的簡單事跡見《魏書》卷九十四。(61)侍帝書　陪著皇帝讀書。(62)常直禁省　經常在門下省、中書省值班。禁省，皇帝所居與國家的決策部門所在地。(63)共裁刑賞　共同決定殺誰賞誰的大事。(64)重跡　猶言「重足」、「疊足」，都是恭恭敬敬、不敢亂動的樣子。(65)剺面　悲傷時用刀劃臉，是某些少數民族的一種風俗。(66)憤邑　憤怒、悲傷。(67)己卯　七月初七。(68)辛卯　七月十九。(69)加元服　行加冠禮。元服，冠；帽子。古代帝王行加冠禮多在十六歲，此時魏主元詡只有十一歲。元义等急於幹此事，無非是想把他們的一些罪行移到小皇帝頭上而已。(70)正光　魏肅宗元詡的第三個年號

(西元五二〇—五二四年)。(71)中山文莊王熙　元熙,繼其父元英為中山王,文莊二字是謚。曾任祕書監,此時任相州刺史。傳見《魏書》卷十九下。(72)司徒祭酒纂　元纂,為司徒元懌的屬官。胡三省曰:「自曹魏以來,公府有東、西閣祭酒。」元纂與元略之傳並見於《魏書》卷十九下。(73)鄴　古城名,在今河北臨漳西南。當時為相州的州治所在地。(74)亡奔鄴　從洛陽逃到鄴城以就其兄。(75)長史柳元章　相州刺史元熙的長史柳元章。長史為三公、督軍以及刺史的高級僚屬,為諸史之長。(76)城人　鄴城裡的兵民。(77)八月甲寅　八月十三。(78)有風義　有風采、講義氣。(79)據大州　指為相州刺史,相州為上等州。(80)入侍　指元略為給事黃門侍郎,服務於皇帝、太后身邊。(81)殷勤言色　親熱懇切的語言與態度。(82)見廢北宮　被廢黜、被囚禁於北宮。(83)君親　指皇帝元詡。(84)旋見囚執　很快地被亂黨所擒。旋,轉眼之間。(85)本以名義干心　我之所以發動起義,乃是出於一種心存大義,想維護正當的名分。干心,繫心;存於心中。(86)各敬爾儀　都注意你們的行動舉止吧。敬,謹慎。儀,儀範;舉止。(87)善勗名節　好好注意自己的名聲與節操。勗,勉勵。(88)刁整　刁雍之孫,刁遵之子,此時在魏為郎中,又任驍騎將軍。傳見《魏書》卷三十八。刁整的弟婦是元熙之姐。刁整至東魏時官至衛大將軍。(89)雍　東晉末期人,因其伯父刁逵曾責打劉裕,劉裕掌權後遂誅刁氏一門,刁雍被人掩護,逃入後秦,又轉入魏國,從此一心為魏反劉宋,給劉宋的北部邊境造成了許多麻煩。傳見《魏書》卷三十八。(90)濟陰內史　濟陰郡的內史。內史是官名,職同太守。當時凡一般的郡,其長官稱太守;如是某王、某公的封地,則其長官稱內史。盧同之所以迫害楊昱,是因為元乂此前即加害過楊氏,因胡太后發現楊氏冤枉,故將其釋放。現盧同又為討好元乂而加害楊昱。(91)黃門侍郎　皇帝的侍從官員,上屬於門下省。(92)河內司馬始賓　河內郡人姓司馬名始賓。河內郡的郡治野王,即今河南沁陽。(93)孟津　也稱盟津,黃河渡口名,在今河南孟州南的黃河邊上。(94)屯留栗法光　屯留縣的栗法光。屯留是古縣名,縣治即山西襄垣,在長治的北方。(95)西河　魏郡名,郡治即今山西汾陽。(96)購略　懸賞捉拿元略。(97)會有一死　人總是要有一死的。會,必;一定。(98)願不以為慮　希望你不要怕連累我。(99)遂來奔　遂逃到了梁王朝。(100)收繫　拘捕、關押。(101)甲子　八月二十三。(102)永昌嚴侯韋叡　韋叡是梁朝的名將,在與魏國的邊境戰鬥中屢著功勳。傳見《梁書》卷十二。韋叡生前封永昌縣侯,死後謚曰嚴。(103)位居大臣　韋叡一生曾任豫州刺史、江州刺史、雍州刺史、散騎常侍、護軍將軍。(104)與俗俯仰　義同隨世浮沉、隨波逐流。(105)略如平日　還和從前當平民、當小官的時候一樣。胡三省曰:「史言韋叡於事佛之朝,矯之以正,幾於以道事君者。」(106)九月戊戌　九月二十七。(107)亡　丟失。(108)巫地萬　巫女名地萬。(109)我能呼之　我能喊他回來。(110)恆在天上　一直住在天上。(111)可賀敦　可汗正妻的名號,猶如中原的皇后。(112)挾左道　會使巫術。左道,旁門邪道。(113)積歲　過了一些年。(114)浸長　漸漸長大了。(115)常　通「嘗」。曾經。(116)前知未然　預先知道還沒有發生的事情。(117)勿為讒也　你不要說她的壞話。(118)譖祖惠於伏跋　在伏跋跟前說祖惠的壞話。譖，在尊長面前說壞話以害人。(119)具列　人名。(120)阿至羅　當時的少數民族部落名。胡三省曰：「阿至羅，虜之別種，居北河之東，世附於魏。」所謂「北河」即內蒙古河套地區的黃河北道，在今內蒙古杭錦後旗與五原的北側。(121)乙居伐　人名。(122)汝南王悅　元悅，孝文帝之子，清河王元懌之弟，被封為汝南郡王。傳見《魏書》卷二十二。(123)了無　一點也沒有。(124)以桑落酒候之　帶著桑落酒前去拜見元乂。桑落酒，當時河東郡（郡治即今山西永濟）出產的一種美酒名。候，拜訪；請安。(125)盡其私佞　極盡其諂媚討好之能事。佞，說好話；討好。(126)十月乙卯　十月十五。(127)求懌服玩　討要元懌生前的服飾與玩賞之物。(128)不時稱旨　元亶沒有及時地滿足他的要求。稱旨，滿意；合他的心思。(129)幾死　差點沒把元亶打死。(130)執啓　拿著一份奏章。(131)立於座後　不想退席，像是有話要說的樣子。(132)輕來詣闕　匆忙地來到貴國宮前。輕，匆忙；草率。不具備一個國家首腦的來訪之禮。(133)收集亡散　重新聚合起奔逃四散的舊日臣民。(134)遺民　亡國之民。(135)別有啓陳　還有一封奏章做詳細說明。(136)仍以啓　於是把奏章……。仍，意思同「乃」，與今「仍舊」的「仍」意思不同。(137)常景　魏國的著名儒生常爽之孫，此時在魏任中書舍人之職。傳見《魏書》卷八十二。其祖常爽傳見《魏書》卷八十四。(138)十一月己亥　十一月二十九。(139)軺車　一馬拉的輕便車。(140)祿恤儀衛　當時魏國給貴族、大臣的優厚待遇。祿指俸祿，即今所謂工資、薪水。恤指照顧家庭老幼的補貼錢。儀指出行時所用的儀仗隊。衛指警衛人員。(141)金陵館　金陵是古代南京的別稱，用以名館表示裡面所住的都是來自江南王朝的人。(142)燕然館　燕然山是今蒙古國烏蘭巴托東南的大山，西漢名將霍去病大破匈奴後曾在此山刻石勒銘，用以名館是表示住在裡面的都是來自北方諸民族的人。(143)扶桑館　扶桑是古代傳說中的神樹，是紅日升起的地方，用以名館是表示住在裡面的都是來自東方各民族的人。(144)崦嵫館　崦嵫也是傳說中的山名，是落日西沉的地方，用以名館是表示住在裡面的都是來自西方各國、各民族的人。有關扶桑、崦嵫的說法，見《山海經》、《淮南子》、《十洲記》。按，魏國統治者的這種浮誇、炫耀，與當年秦始皇滅六國後，在渭水河北建造六國都城以安置六國降王的意思相似。(145)異同不決　有人同意放他走，有人反對放他走，彼此爭論不休。(146)十二月壬子　十二月十三。(147)懷朔都督　懷朔鎮的駐軍統帥。懷朔鎮在今內蒙古固陽西南，今包頭的正北方。(148)簡銳騎　挑選精銳的騎兵。簡，選拔。(149)境首　國境邊上。(150)觀機招納　看機會量情進行招撫工作。(151)禮餞而返　按禮節給他們治宴送他們回去。(152)聽還闕庭　任由阿那瓌返回洛陽。(153)量給　酌情供給。按，此時魏國正由元乂、元雍兩個壞蛋執政，但對於這些事務的處理竟井井有條，情景可觀。(154)辛酉　十二月二十二。(155)魏以京兆王繼為司徒　京兆王元繼是元乂之父，於是元乂夫妻、父子一門雞犬升天。(156)來聘　前來進行友好訪問。聘，兩國間的禮節性互訪。(157)始復通

好　又恢復了平等友好的兩國關係。按，南北兩朝近十幾年來的戰爭不息是始自齊明帝建武二年（西元四九五年）的魏軍大舉南伐，其後雙方在東線的鍾離、壽陽，中路的義陽，西路的南陽等地一直爭奪不休。入梁後武帝蕭衍曾乘交換戰俘之際，向魏主元恪提出停戰講和，元恪頑固不聽。今之元乂、元雍當政，竟實現了南北議和，不失為一項良政。(158)正月辛巳　正月十二。(159)上祀南郊　梁武帝蕭衍到南郊祭天。(160)戊子　正月十九。(161)南秦州氐　南秦州境內的少數民族。魏國南秦州州治駱谷城，也就是當時的仇池郡，在今甘肅成縣西。(162)近郡兵　京師洛陽附近的武裝力量。胡三省曰：「近郡，近輔諸郡也。」(163)送柔然可汗阿那瓌返國　前文既云「魏敕懷朔都督簡銳騎二千護送阿那瓌達境首」，今又云「發近郡兵萬五千人，使懷朔鎮將楊鈞將之，送柔然可汗阿那瓌返國」，為何作如此變動，史文缺乏交代。參看《魏書・蠕蠕傳》，大概是上次命令下於不知柔然境內已有新主，此次是知道柔然這時已有新可汗婆羅門上臺，慮其不會讓位，故增派重兵。(164)荼毒其心　意即老天爺故意要給這些野蠻人一點苦頭嘗嘗。荼毒，殘害。(165)有道　指講仁義道德的國家政權，即魏國。(166)以奉大魏　尊崇魏國、聽從魏國的管轄。(167)安民恭己　安定民心，皇帝自己也遵禮守道，意即先要治好自己的魏國。(168)束身歸命　指前來投順魏國。(169)撫之　好好地接待他、安慰他。(170)興師郊甸　即前所謂「發近郡兵萬五千人」。(171)投諸荒裔　把他們扔到荒無人煙的地方上去。(172)累世之勍敵　多少代以來的強大敵人。古稱三十年為「一世」，或稱「一代」。(173)醜虜　群盜；野蠻人。醜，眾；類。(174)邊將貪竊一時之功　據張普惠此文，邊將是指楊鈞，似乎是楊鈞建議要徵兵，要深入柔然。但據《魏書・蠕蠕傳》，知楊鈞亦反對此事，二者關係不清。(175)旱暵　乾旱。(176)聖慈降膳　連慈善的皇帝都降低了伙食標準。聖慈，即慈聖。(177)干時　逆時。干，忤逆。(178)負何信義　我們有什麼對不起他。(179)臣賤不及議　我的官小沒資格參加討論。胡三省曰：「漢自議郎以上皆得預朝廷大議，尚書二丞，於當時位不為卑，而以為賤不及議，蓋自曹魏以後朝廷大議止及八座以上。」(180)文書所過　文書經過我的手。按，當時的朝廷文件都要經尚書左、右二丞過目。(181)雜采　各種絹帛。(182)勞遣　慰勞送行。(183)地豆干　據《魏書・高句麗傳》，「干」當作「于」。地豆于是古國名，在今內蒙古東烏珠穆沁旗一帶。(184)彌偶可社句　當時鮮卑語所稱的柔然可汗的名號，意思是「安靜」。(185)牒云具仁　人名，姓牒云，名具仁。(186)辛丑　二月初三。(187)庚戌　二月十二。(188)假撫軍將軍　代理撫軍將軍。假，臨時充任。(189)奚康生　當時魏國的名將，原任右衛將軍，是宮廷禁衛軍隊的統領之一。傳見《魏書》卷七十三。(190)預其謀　參與謀劃這件事。預，參加。(191)河南尹　國都洛陽所在郡的行政長官，職同太守。但因它是首都所在郡，故地位崇高，名聲顯要，得參與朝政。(192)領左右　統領皇帝身邊的禁兵。(193)難當　奚難當，《魏書・奚康生傳》作「奚難」。傳見《魏書》卷七十三。(194)深相委託　緊密勾結。(195)時或迭出　有時輪流出去。迭，更替；輪流。(196)千牛備身　侍衛官的一種名號，配帶千牛刀以侍衛於宮中。千牛刀，一種鋒利的刀，意思是取《莊子》語稱其刀可以解千牛而刃不鈍。[197]粗武　粗放、強硬。[198]言氣高下　言談氣勢隨意高低，缺乏克制。[199]見于顏色　臉上時而表現出不高興的樣子。[200]甲午　三月二十六。依例應在「甲午」前增「三月」二字。[201]力士儛　一種表現勇猛、壯健的舞蹈。儛，同「舞」。[202]折旋　回身、旋轉。[203]舉手蹈足瞋目頷首　一揚手、一跺腳、一瞪眼、一點頭。[204]為執殺之勢　意思是讓胡太后下令把元乂、劉騰等人抓起來殺掉。[205]朝訖　朝見太后已畢。[206]嬪御在南　侍候皇帝的女人都在南院。當時胡太后被禁閉在北宮，魏主元詡被挾持居住在南宮。[207]隨陛下將東西　意即隨太后之意領著去哪裡都行。將，攜；領。[208]更復訪誰　還有什麼必要徵求別人的意見。訪，問。奚康生的立場是希望太后與皇帝在一起。[209]援帝臂　拉著皇帝的胳膊。援，引；拉著。[210]唱萬歲　高呼萬歲，贊成太后做得好。[211]帝前入閤　實即胡太后與皇帝都進入了宣光殿。閤，殿門。[212]競相排　相互擁擠推搡。[213]斫直後元思輔　砍倒了直後元思輔。直後是在皇帝身後擔任警衛的官名，與直齋、直閤相類似。元思輔是元乂、劉騰的一黨。[214]處分　安排；布置。[215]鎖於門下　鎖在了門下省。[216]光祿勳賈粲　光祿勳是主管守衛宮廷門戶的官員。賈粲是元乂、劉騰的一黨。[217]紿太后　欺騙胡太后。紿，哄騙。[218]適下殿　剛剛走下宣光殿。[219]出東序　由宣光殿的東側屋走出。序，正屋兩側的小屋。[220]就康生所　到關押奚康生的地方。[221]訊其事　審問他究竟想要幹什麼。[222]矯詔決之　假託皇帝的命令做出決定。[223]恕死從流　饒過死罪改為流放。[224]我不反死　我不是因為造反而被殺。[225]汝何哭也　你有什麼可哭的呢。也，同「耶」。反問語氣。[226]尚食典御　皇帝的近侍人員，負責為皇帝先嘗入口的東西。[227]安州　州治即今河北隆化。[228]行臺盧同　行臺是朝廷的派出機構，代表朝廷行使某種職權。胡三省曰：「魏太祖既得中山，將北還，慮中原有變，乃於鄴、中山置行臺，後因之。」盧同是元乂的死黨。[229]八坐　又作「八座」，即尚書八座，指尚書令、左右僕射及五部尚書。[230]九卿　原是秦、漢時代的朝廷官名，指太常、郎中令、衛尉、太僕、廷尉、大行令、宗正、大司農、少府。南北朝時沒有實際的九卿一詞，這裡提到九卿，大約相當今之部長一級。[231]旦造騰宅　每天早晨趕到劉騰府上。[232]參其顏色　摸摸他的心思。[233]赴省府　再到各自的部門。省府，各省、各府，指朝廷的各種辦事機構。[234]屬請　請託；請求代為辦事。[235]舟車之利　意即控制水路、陸路各碼頭、各關口的稅收。[236]山澤之饒　各種山林湖海的出產。[237]所在榷固　在上述的各個領域都進行壟斷，實行專買專賣。榷，本指獨木橋，借用為壟斷之意。[238]刻剝六鎮　剋扣緣邊各軍鎮的軍餉，逼迫軍鎮給他們進貢送禮。[239]交通互市　開展邊境貿易，收取關稅。[240]巨萬萬　巨萬即億，巨萬萬即萬億。古書行文常用「以巨萬計」形容財富之多，今曰「以巨萬萬計」，略嫌生澀，《魏書．劉騰傳》作「以巨萬計」，或當然也。[241]四月庚子　四月初三。[242]壬寅　四月初五。[243]祭酒著作　二官名，祭酒是主管太學的行政長官，著作是主管國家史館的官員，二職皆為崔光所兼任。(244)遜避　自己退位，讓位於阿那瓌。(245)責具仁禮敬　要求牒云具仁向他行禮。責，要求。(246)丘升頭　人名。(247)還鎮　回到懷朔鎮。(248)辛巳　五月十四。(249)南荊州刺史桓叔興　桓叔興，東晉末年的亂黨頭子桓玄之孫，桓誕之子。桓玄在東晉作亂稱帝失敗被殺，桓誕逃入鄂豫邊境的少數民族，被推為頭領，桓叔興後來率此少數民族部眾投降於魏，魏人任以為南荊州刺史，以今河南確山縣為其州治，但讓他隸屬於東荊州。桓叔興不樂意，魏遂允其獨立存在。事見本書上卷。(250)據所部來降　據《梁書·武帝紀》，桓叔興據南荊州投降梁朝事在本年的七月。司馬光《通鑑考異》曰：「〈梁帝紀〉：『七月叔興帥眾降』，蓋記奏到之日，今從〈魏帝紀〉。」(251)六月丁卯　六月初一。(252)義州　梁州名，州治在今河南光山縣東南。(253)邊城　梁郡名，郡治在今河南固始東南。(254)癸卯　六月無「癸卯」日，此處疑記載有誤。(255)琬琰殿火　梁國的琬琰殿失火被焚。《梁書·武帝紀》敘此事於本年五月。(256)七月丁酉　七月初一。(257)大匠卿裴邃　原是南齊的官吏，被裴叔業裹脅降魏，後於戰場逃回，為梁國破魏軍有功，被任大匠卿。傳見《梁書》卷二十八。(258)檀公峴　山名，在當時的邊城郡境內。(259)期日　約定好日期。(260)移魏揚州　向魏國的揚州發出通告說。魏國揚州的州治壽陽即今安徽壽縣。移是文體名，與檄的性質相似，約當今之「通告」、「告……書」。(261)始於馬頭置戍　起先是在馬頭建立了軍事據點。魏國的馬頭郡即今安徽蒙城，在蚌埠的西北方。(262)如聞　近來彷彿聽說。如，表示不確定。(263)白捺故城　胡三省曰：「白捺當在馬頭東北或東南。」(264)若爾二句　假如果真如此，這就是你們對我方進行威脅。侵逼，做出了一種進攻的姿態。(265)此亦須營歐陽　我方也要在歐陽建立軍事據點。歐陽，具體方位不詳，應在今合肥的北方，靠近壽縣一帶。(266)交境　邊境；兩國的交界地帶。(267)板卒已集　建築工事的士兵已經集合好。板，夯土築城使用的工具。(268)唯聽信還　我們靜候你們的回答。信，使者。還，給予回音。(269)長孫稚　魏國的楊州刺史姓長孫，名稚。長孫稚是魏國名將長孫道生的曾孫，長孫觀之子。傳見《魏書》卷二十五。(270)楊侃　魏國名將楊播之子。傳見《魏書》卷五十八。(271)本非形勝　本來就不是什麼重要的地方。形勝，指地形條件優越。(272)好狡數　善於耍猾頭，玩陰謀詭計。狡數，狡猾的伎倆。(273)集兵遣移　集結軍隊，發出檄文。(274)亟作移報之　趕緊寫一篇檄文回應他。(275)彼之纂兵　你們的集結軍隊。彼，你，此稱對方。與現代文之稱第三方的意思不同。纂，集結。(276)妄構白捺　憑空編造出我們在白捺屯兵的說法。(277)佗人有心二句　別人的心思，我能猜得出來。語見《詩經·巧言》。這裡是說你們的陰謀詭計騙不了人。佗，通「它」。(278)勿謂秦無人　春秋時代晉國人對秦國進行欺詐，秦國的決策者沒有體察，秦國的大夫繞朝在給晉國人送行時說：「勿謂秦無人，吾謀適不用也。」事見《左傳》文公十三年與《史記·晉世家》。這裡的意思是你不要覺得魏國沒有人，不能識破你們想玩的那一套！(279)觀　長孫觀，魏顯祖與孝文帝時期的名將，兩次平定吐谷渾有大功。傳見《魏書》卷二十五。(280)播　楊播，楊椿之兄，兄弟皆孝文帝時代的名將，楊播隨孝文帝攻鍾離、攻鄧城皆有大功。傳見《魏書》卷五十八。(281)嚈噠　西域小國名，約在今新疆北部的阿勒泰一帶地區。(282)涼州　魏州名，州治即今甘肅武威。(283)鵠望待拯　伸長脖子盼望解救。鵠，天鵝。天鵝的脖子長，以形容人的急切盼望之態。(284)磧北　大漠以北。磧，沙石地。(285)蠕蠕授首　指高車族幾經動亂後歸服於魏國，並大破柔然，殺佗汗可汗，遣使入貢於魏。事見本書卷一百四十七天監七年，與《魏書》卷一百三。(286)高車被擒　指高車頭領彌俄突被柔然主醜奴打敗被擒殺害事。事見本書上卷天監十五年。(287)兩主　指阿那瓌與婆羅門。(288)純固　純潔、堅定。(289)存亡繼絕　使滅亡之國得存，使斷絕之嗣得續。(290)非直　不只。(291)劉石　劉淵、石勒。劉淵是匈奴族人，石勒是羯族人，由於漢王朝打敗匈奴與羯族等少數民族後，都把他們遷到漢帝國的境內居住，結果到西晉內部發生混戰時，這些少數民族遂乘隙而起，前後建立了許多少數民族的政權，如劉淵建立了漢，後又稱趙；石勒建立了後趙，其他還有前燕、後燕、前秦、後秦等等，歷史上有所謂「五胡十六國」。(292)內顧之憂　實即背後之憂，因為高車在柔然的北方。(293)未暇窺窬上國　顧不上乘機進攻我們魏國。窺窬，窺測時機。窬，縫隙；時機。上國，大國；宗主國。魏人自稱。(294)若其全滅　若柔然被徹底消滅。(295)跋扈　蠻橫霸道。(296)各有攸屬　各有所屬，每人分一半。(297)瓌所居非所經見　阿那瓌所居住的地方我們沒有親眼見過。(298)不敢臆度　不敢瞎猜。臆，心想。(299)西海故城　指漢代在居延澤修築的城堡，在今內蒙古額濟納旗東南，今酒泉市的東北方。西海，古稱居延澤。(300)金山　即今新疆北部的阿勒泰山，在居延澤的西北方。(301)衝要　要衝；必經之地。(302)沃衍　肥沃而寬廣。(303)屯田　令軍隊且耕且守。(304)轉輸　指運輸糧草等各種給養。(305)彼此相資　彼此互補。(306)畔援　跋扈的樣子。胡三省曰：「《韓詩》云：『畔援，武強也。』鄭玄云：『跋扈也。』」(307)高車勍敵　高車族的強大敵人。勍，強勁。(308)西北之虞　對西北地區的種種憂慮。虞，慮。(309)姦回反覆　邪惡、叛變。回，險惡。(310)逋逃之寇　一夥子毛賊逃跑了。逋，逃。(311)宜少優遣　應該較多的饋送他一些東西。(312)歸化者　投奔魏國的人。(313)十一月癸丑　十一月十九。(314)庚辰　十一月乙未朔，無庚辰，疑為十二月。《魏書．肅宗紀》作「十二月庚辰」，即十二月十七日。(315)為行臺　打著朝廷的名義。行臺是朝廷的派出機構。(316)恃劉騰之勢　因河間王元琛曾無恥地自求給劉騰當了養子。(317)元洪超　昭成帝什翼犍的後代。傳見《魏書》卷十五。(318)詣敦煌　魏朝廷要安排婆羅門居住在居延故城，而居延故城乃上屬於涼州；今乃曰「詣敦煌」者，或居延一帶的軍事上屬於敦煌軍鎮管轄。

【校　記】[1]奏　原無此字。據章鈺校，十二行本、乙十一行本、孔天胤本皆有此字，張瑛《通鑑校勘記》同，今據補。[2]乂原作「又」。嚴衍《通鑑補》改作「乂」，當是，今從改。③酒泉　原無此二字。據章鈺校，十二行本、乙十一行本、孔天胤本皆有此二字，今據補。④弗聽　原無此二字。據章鈺校，十二行本、乙十一行本、孔天胤本皆有此二字，張敦仁《通鑑刊本識誤》同，今據補。⑤還　原無此字。據章鈺校，十二行本、乙十一行本、孔天胤本皆有此字，張敦仁《通鑑刊本識誤》同，今據補。按，《魏書・閹官賈粲傳》載：「還閉太后於宣光殿。」⑥歷　原作「終」。據章鈺校，十二行本、乙十一行本、孔天胤本皆作「歷」，張敦仁《通鑑刊本識誤》同，今據改。按，《魏書・閹官劉騰傳》作「歷」。⑦能　原作「得」。胡三省注云：「『得』或作『能』。」據章鈺校，十二行本、乙十一行本、孔天胤本皆作「能」，張敦仁《通鑑刊本識誤》同，今據改。⑧魏　原無此字。據章鈺校，十二行本、乙十一行本、孔天胤本皆有此字，張瑛《通鑑校勘記》同，今據補。⑨也　原無此字。據章鈺校，十二行本、乙十一行本、孔天胤本皆有此字，張敦仁《通鑑刊本識誤》同，今據補。⑩賜　原無此字。據章鈺校，十二行本、乙十一行本、孔天胤本皆有此字，今據補。按，《魏書・蠕蠕傳》云：「賜給精兵一萬。」

【語　譯】普通元年（庚子　西元五二〇年）

春季，正月初一日乙亥，梁國改年號天監為普通元年，實行大赦。〇初二日丙子，發生日蝕。〇初五日己卯，梁武帝蕭衍任命臨川王蕭宏為太尉、楊州刺史，任命擔任金紫光祿大夫的王份為尚書左僕射。王份，是王奐的弟弟。

梁國擔任左軍將軍的豫寧威伯馮道根去世。馮道根去世的這一天是在正月，梁武帝在同一天前往祭祀太廟以及太祖太夫人的小廟，梁武帝已經離開了皇宮，有關部門的官員才向他報告馮道根的死訊。梁武帝向擔任中書舍人的朱异詢問說：「祭廟這樣的吉禮和馮道根去世前往弔唁這樣的凶禮發生在同一天，今天可以去弔唁馮道根嗎？」朱异回答說：「春秋時期的衛獻公聽到擔任太史的柳莊去世的消息，沒有換下祭祀的禮服就去弔唁柳莊了。馮道根雖然稱不上是與國家政權同生死、共命運的骨幹之臣，但對國家也是做出過貢獻、立有功勞的大臣，陛下親自到他的家中進行弔唁，是合乎禮法的。」梁武帝立即到馮道根的家中進行弔喪，哭得很悲慟。

高句麗的世子高安剛剛繼承了王位就派使者來到梁國報告新王即位的消息，並向梁國進貢。二月初九日癸丑，梁武帝任命高安為寧東將軍、高句麗國王，並派江法盛為使者前往高句麗授予高句麗王高安王者的衣冠和佩劍。魏國光州的士兵在海上逮捕了江法盛，把江法盛押送到了魏國的都城洛陽。

魏國擔任太傅、侍中的清河文獻王元懌儀表堂堂，風度翩翩，胡太后逼著元懌與自己發生了性關係。然而元懌一向很有才能，輔佐朝政做出了很多貢獻，他愛好文學，敬重士人，在當時享有很高的聲望。擔任侍中、領軍將軍的元乂在門下省任職，同時兼管著禁衛軍，他仗著胡太后對自己的恩寵而態度傲慢行為放縱，他的野心和欲望大得沒邊，元懌每每用正當的禮法對他有所裁抑，元乂因此對元懌懷恨在心。擔任衛將軍、開府儀同三司的劉騰，權傾朝野，吏部迎合著劉騰的心意，向朝廷奏請任用劉騰的弟弟為郡守，而劉騰弟弟的人品與資歷都不夠擔任郡守的條件，元懌便扣留了吏部的奏章而沒有上奏，因此劉騰也怨恨元懌。擔任龍驤府長史的宋維，是宋弁的兒子，元懌舉薦宋維擔任了通直散騎侍郎，宋維為人輕浮，品行不佳。元乂許諾事成之後令宋維享受榮華富貴，他指使宋維控告擔任司染都尉的韓文殊父子陰謀作亂，準備擁立清河王元懌為皇帝。元懌因此受到牽連而被禁閉宮中，經過調查審問，沒有查出清河王有絲毫造反的跡象，元懌這才被釋放回家，宋維理當以誣告被治罪。元乂對胡太后說：「如果誅殺了宋維，以後再有真謀反的人，就沒有人敢告發了。」胡太后就將宋維貶為昌平郡守。

元乂擔心元懌終究會成為自己的禍害，就與衛將軍劉騰密謀，讓擔任主食中黃門的胡定出來坦白自首說：「元懌曾經用金錢收買我，讓我下毒毒死皇帝，如果元懌自己能夠當上皇帝，許諾賞賜給我榮華富貴。」孝明帝元詡當時只有十一歲，便相信了胡定對元懌的栽贓陷害。秋季，七月初四日丙子，胡太后在後宮的嘉福殿，沒有到前殿理事，元乂侍奉著小皇帝元詡來到顯陽殿，衛將軍劉騰關閉了由前殿通往後宮的永巷門，令胡太后不能出宮。元懌進宮，在含章殿的後面遇到了元乂，元乂嚴厲地呵止元懌不許他進入後宮，元懌責問元乂說：「你要造反嗎？」元乂反駁說：「元乂不想造反，元乂正準備捉拿造反的人！」元乂於是命令宗師手下的吏士以及在皇帝辦公的殿閣周圍值勤的武官揪住元懌的衣袖，把元懌挾持到含章殿東側的門下省，派人嚴加看守。劉騰假借皇帝的名義召集公卿大臣進行議論，判定元懌陰謀造反，犯了大逆不道之罪。眾臣全都畏懼元乂的權勢，沒有人敢提出不同意見，只有擔任尚書右僕射的新泰文貞公游肇高聲認為不可以這樣對待清河王元懌，他始終沒有在元乂等人所擬定的文件上簽名。

元乂、劉騰拿著公卿大臣討論的意見入奏小皇帝元詡，不一會兒的工夫就獲得了小皇帝手詔「可」的批覆，於是便在半夜殺死了元懌。元乂、劉騰等又偽造胡太后的詔書，稱胡太后身體有病，把執掌朝政的權力交還給小皇帝。元乂等人把胡太后禁閉在北宮的宣光殿，宮門晝夜關閉，使胡太后斷絕了與外界的任何聯繫，劉騰親自掌管著宮門的鑰匙，就連小皇帝也不能進宮問候胡太后，只允許給胡太后送去一些吃的。胡太后的衣服膳食等供應全部被廢止，免不了要忍受飢寒，她這才歎息著說：「豢養老虎的人反而被老虎吃掉，說的就是我了。」元乂讓擔任中常侍的酒泉郡人賈粲陪著小皇帝讀書，祕密令賈粲防範、觀察小皇帝的一舉一動。元乂遂與擔任太師的高陽王元雍等一同輔佐朝政，小皇帝稱元乂為姨父。元乂與劉騰內外專權，元乂防禦宮廷以外，劉騰防禦宮廷以內，他們二人經常在門下省、中書省值班，共同決定處死誰和獎賞誰的大事，政令不管大小，全都由他們二人決定，其權勢震懾了朝廷內外，文武百官全都戰戰兢兢、小心翼翼，不敢亂說亂動。朝野人士聽到清河王元懌被殺死的消息，無不垂頭喪氣，就連那些少數民族為了表達對元懌之死的悲哀而用刀劃破自己臉的就有數百人之多。游肇因為過度悲憤、抑鬱而死。

七月初七日己卯，長江、淮河、湖海全都氾濫成災。〇十九日辛卯，魏國掌權的元乂、劉騰等人為小皇帝元詡舉行了加冠典禮，實行大赦，改年號為正光元年。

魏國擔任相州刺史的中山文莊王元熙，是中山王元英的兒子，他與自己的弟弟擔任給事黃門侍郎的元略、擔任司徒祭酒的元纂，都曾經得到過清河王元懌的厚愛，他們聽到元懌被殺的消息，就在鄴城準備起兵，他先上表給魏國朝廷請求誅殺元乂、劉騰，擔任司徒祭酒的元纂逃離京城前往鄴城投奔自己的哥哥元熙。過了十天，在相州刺史元熙手下擔任長史的柳元章等人率領鄴城的兵民吶喊著衝入元熙的刺史府，殺死了元熙身邊的侍從，活捉了元熙、元纂以及元熙的幾個兒子，把他們囚禁在高樓上。八月十三日甲寅，權臣元乂派遣擔任尚書左丞的盧同來到鄴城，在鄴城的大街上把元熙斬首，同時被斬首的還有元熙的兒子、元熙的弟弟元纂。

元熙喜好文學，有風采、講義氣，很多有名的人士都與他有交往，元熙臨死的時候給自己的老朋友寫信說：「我與弟弟元略、元纂全都受到皇太后的知遇之恩，我這個當哥哥的擔任相州刺史，弟弟元略擔任給事黃門侍郎，在皇太后、皇帝身邊服務，胡太后對我們親熱懇切的語言與態度，恩同慈母。如今皇太后被廢黜、囚禁在北宮，擔任太傅的清河王元懌橫遭殘酷殺害，小皇帝元詡還很年幼，獨自在前殿。皇帝處在如此孤立無援的境地，我的內心實在無法得到安寧，所以我才率領軍民準備建大義於天下。但由於我智力短淺，很快就被亂黨所拘捕囚禁，對上我有愧於朝廷，對下有愧於知己。我所以要發動起義，乃是出於一種心存大義，想維護正當的名分，不得不這樣做，即使我被流腸碎首，還有什麼話好說呢！但願各位君子，都注意你們的行動舉止吧，為了國家社稷也是為了自己，好好注意自己的名聲與節操！」聽說此事的人都很同情元熙。元熙的人頭被傳送到洛陽，親戚朋友沒有人敢去看望，曾經擔任過驍騎將軍的刁整獨自收殮了元熙的屍體並埋藏起來。刁整，是刁雍的孫子。尚書左丞盧同為了迎合元义的心意，於是嚴厲追究元熙的同黨，他用鎖鏈把擔任濟陰內史的楊昱鎖起來押赴鄴城，拷打審問了一百天，始終沒有從楊昱的身上抓到任何把柄，才不得不把楊昱釋放回任所。元义任命盧同為黃門侍郎。

擔任給事黃門侍郎的元略逃到自己的老朋友河內郡人司馬始賓那裡，司馬始賓與元略用蘆葦捆成筏子連夜從孟津渡過黃河，投奔到屯留縣的栗法光家裡，後來又輾轉來到西河郡，依附於擔任西河太守的刁雙，他在刁雙那裡躲藏了一年多。當時朝廷到處懸賞捉拿元略，情況非常危急，元略非常恐懼，就請求刁雙把自己送出魏國國境。刁雙說：「人都會有一死，所難遇到的是能為知己者而死，希望你不要怕連累我。」元略堅持請求向南投奔梁國，刁雙只好派自己的姪子刁昌護送元略渡過長江，元略遂逃亡到了梁國，梁武帝封元略為中山王。刁雙，是刁雍的族孫。元义誣陷刁整護送元略渡江投奔梁國，就把刁整以及他的子弟抓捕、關押起來，擔任御史的王基等人極力為刁整辯護昭雪，刁整才免於被殺。

八月二十三日甲子，梁國擔任侍中、車騎將軍的永昌嚴侯韋叡去世。當時梁武帝正在尊奉佛教，全國的官吏和百姓無不聞風而動，跟著信奉佛教，只有韋叡認為自己位居大臣，不願意隨波逐流，他的行為舉止還和從前的時候差不多。

九月二十七日戊戌，魏國朝廷任命高陽王元雍為丞相，總攬內外朝政，與領軍將軍元乂共同裁決各項政務。

當初，柔然佗汗可汗將伏名敦的妻子候呂陵氏接入宮中，候呂陵氏生下了伏跋可汗和阿那瓌等六個兒子。伏跋可汗繼位以後，他的小兒子祖惠突然丟失了，雖經懸賞也沒有找到。有一個名叫地萬的女巫對伏跋可汗說祖惠如今在天上，我能喊他從天上回來，於是就在沼澤地中搭建起帳幄，祭祀天神，祖惠突然出現在帳中，他說自己一直住在天上。伏跋可汗非常高興，稱地萬為聖女，並將地萬接入宮中封為可賀敦。可賀敦地萬既會使用巫術，人又長得漂亮，伏跋可汗對地萬既尊敬又寵愛，對地萬所說的話深信不疑、無不採納，於是地萬得以干預擾亂國政。這樣過了幾年之後，祖惠也漸漸長大了，祖惠告訴自己的母親說：「我曾經在地萬家裡居住，從來沒有上過天，我說在天上是地萬教我這樣說的。」祖惠的母親就把祖惠所說的事情詳細地告訴了伏跋可汗，伏跋可汗說：「地萬能預先知道還沒有發生的事情，你不要說她的壞話。」後來地萬知道了這件事，她感到很害怕，就在伏跋可汗面前說祖惠的壞話，伏跋可汗就把祖惠殺死了。候呂陵氏派大臣具列等人絞死了地萬。伏跋可汗非常憤怒，就要殺死具列等人。碰巧遇到阿至羅部落入侵柔然，伏跋可汗親自率軍前往迎敵，結果是大敗而回。候呂陵氏與大臣共同殺死了自己的兒子伏跋可汗，立伏跋可汗的弟弟阿那瓌為柔然可汗。阿那瓌即位才十天，他的堂兄示發便率領著數萬部眾進攻阿那瓌，阿那瓌戰敗後，與自己的弟弟乙居伐騎著裝備輕便、行動迅速的馬投奔了魏國。示發殺死了候呂陵氏和阿那瓌的兩個弟弟。

魏國清河王元懌被元乂所害，元懌的弟弟汝南王元悅卻一點也不憎恨元乂，反而攜帶著「桑落酒」去拜訪元乂，在元乂面前極盡其諂媚討好之能事。元乂看到元悅如此，不禁喜形於色，冬季，十月十五日乙卯，元乂任命元悅為侍中、太尉。元悅到元懌的家中向元懌的兒子元亶索要元懌生前的服飾與玩賞之物，元亶沒有及時地滿足元悅的要求，元悅就用棍棒重打了元亶一百下，差一點兒沒把元亶打死。

柔然可汗阿那瓌即將到達魏國，魏孝明帝元詡令擔任司空的京兆王元繼、擔任侍中的崔光等人相繼前往迎接，賞賜慰勞給阿那瓌的財物非常豐厚。魏孝明帝在顯陽殿召見阿那瓌，並擺設宴席招待他，把阿那瓌的坐席安排在親王的下首。宴會將要結束的時候，阿那瓌手裡拿著一份奏章站在座位後面，像是有話要說的樣子，孝明帝下詔讓把阿那瓌領到自己的御座前，阿那瓌拜了兩拜說：「我因為家族內部發生了內亂，所以匆匆忙忙地來到貴國的宮門之下，我國的臣民，都已經四處逃散。陛下對我的恩德大如天地，請求陛下派兵把我送回柔然，誅滅叛逆，重新聚合起四散奔逃的舊日臣民，我一定會率領著亡國之民前來侍奉陛下。言語不能盡情表達，我還有一份奏章做詳細的說明。」於是就把手中的奏章交給中書舍人常景，由常景轉奏給孝明帝。常景，是常爽的孫子。

十一月二十九日己亥，魏國朝廷封阿那瓌為朔方公、蠕蠕王，並賞賜給他衣服、軺車，阿那瓌所享受的薪俸、家庭生活補貼、儀仗隊、衛隊等待遇都與親王一樣。當時魏國正處在強盛時期，所以在洛水橋南御道的東側建造了四座館驛，在御道的西側設立了四個里巷：從江南投降過來的人都暫時被安置在金陵館，三年之後再把位於御道西側的歸正里的宅院賞賜給他們居住；來自北方各國、各民族的人都暫時被安置在燕然館，三年之後再把位於御道西側的歸德里的宅院賞賜給他們居住；來自東方各民族的人都暫時被安置在扶桑館，三年之後再把位於御道西側的慕化里的宅院賞賜給他們居住；來自西方各國、各民族的人都暫時被安置在崦嵫館，三年之後再把位於御道西側的慕義里的宅院賞賜給他們居住。等到阿那瓌入朝之後，就把他安置在了燕然館之內。阿那瓌多次請求回國，朝中的大臣有人同意放他走，有人反對放他走，彼此爭論不休，阿那瓌遂用百金賄賂了元乂，朝廷這才同意放阿那瓌返回柔然。十二月十三日壬子，魏孝明帝令懷朔鎮的駐軍統領挑選二千名精銳的騎兵護送阿那瓌到達魏國的邊境，找機會進行招撫工作。如果柔然人前來迎接阿那瓌，就把綢緞、布帛、車馬賞賜給他們，按照禮節為阿那瓌設宴送他們回去；如果柔然人不接受阿那瓌回國，就任由阿那瓌返回洛陽，至於阿那瓌的行裝以及路上所需的費用，就由尚書省酌情供給。

十二月二十二日辛酉，魏國朝廷任命京兆王元繼為司徒。〇魏國派遣劉善明為使者到梁國進行友好訪問，梁、魏兩國又開始恢復了平等友好的國家關係。

二年（辛丑　西元五二一年）

春季，正月十二日辛巳，梁武帝到南郊舉行祭天典禮。〇梁國在建康城內設置孤獨園，用來收養孤獨窮苦的百姓。〇十九日戊子，梁國實行大赦。〇魏國南秦州境內的氐族人起兵造反。

魏國發動京師洛陽附近各郡的武裝力量一萬五千人，派懷朔軍鎮的駐軍將領楊鈞率領，護送柔然可汗阿那瓌返回柔然。擔任尚書左丞的張普惠上書給朝廷，張普惠認為：「蠕蠕長期以來一直在北部製造邊患，今年上天給他們降下了亡國之亂，觸動他們的心靈、讓他們嘗點苦頭，是想讓他們知道講究仁義道德的魏國人生活是多麼的幸福快樂，讓他們洗心革面、磕著頭來侍奉偉大的魏國。皇帝陛下應該安定民心、尊禮守道、治理好自己的國家，讓他們對我們魏國感到心悅誠服。阿那瓌隻身前來投順魏國，只要我們好好地接待他、安慰他就可以了。現在反而先煩勞起自己來，在畿輔各郡興師動眾，把他們派往荒無人煙的地方，去救助多少代以來的強大敵人，資助老天想要滅亡的野蠻人，我生性愚蠢，看不到這樣做會有什麼好處。這是邊防將領貪圖一時的立功受獎，而沒有考慮到出動軍隊是兇器，君主只有在迫不得已的情況下才使用它。何況現在我國的乾旱十分嚴重，連慈善的皇帝都降低了自己的伙食標準，在這個時候卻派遣楊鈞為將領率領一萬五千人，想要去平定蠕蠕的內亂，逆時而動，豈能成功！如果遭到意外的失敗，楊鈞的那身肉，夠他們吃嗎！宰輔專好博取一些小的名聲，不考慮國家安危的大計，這是令我這個地位低微的小臣感到寒心的地方。況且，即使阿那瓌回不了柔然，我們有什麼對不起他！我的官小沒有資格參加朝廷討論，但文書經過我的手，我不敢不把自己的看法上奏給朝廷知道。」朝廷沒有採納他的意見。阿那瓌在西堂向孝明帝告辭，孝明帝下詔賜給阿那瓌軍器、衣服被褥、各種絹帛、糧食牲畜，事事都很優厚，並令侍中崔光等人到洛陽城外慰勞阿那瓌，為他送行。

阿那瓌向南投奔魏國的時候，他的堂兄婆羅門率領著數萬人討伐示發，把示發打敗，示發兵敗後逃往地豆干，地豆干殺死了示發，柔然人推舉婆羅門為彌偶可社句可汗。楊鈞上表給魏國朝廷說：「柔然現在已經有了君主，恐怕那個殺死其堂兄的人不會到郊外來迎接他的堂弟。我們輕率地出兵護送阿那瓌回國，卻徒勞往返，白白地損害了我國的聲威。除非增加大量軍隊，否則無法把阿那瓌送回北方的柔然。」二月，魏國派遣過去曾經奉命出使過柔然的牒云具仁為使者，前往柔然勸說婆羅門，讓婆羅門迎接阿那瓌回國。

二月初三日辛丑，梁武帝到明堂祭祀祖先。○十二日庚戌，魏國派遣擔任代理撫軍將軍的邴虬率軍去討伐南秦州境內造反的氐族人。

魏國的領軍將軍元乂、衛將軍劉騰在囚禁胡太后的時候，擔任右衛將軍的奚康生參與謀劃了這件事，所以元乂任命奚康生為撫軍大將軍、河南尹，仍然讓奚康生統領皇帝身邊的禁衛軍。奚康生的兒子奚難當娶了侍中、左衛將軍侯剛的女兒為妻，而侯剛的兒子又是元乂的妹夫，元乂因為奚康生與自己有這層姻親關係，所以與奚康生緊密勾結在一起，他們三個人多數情況下都住在宮裡，有時輪流出宮，任命奚難當為千牛備身。奚康生性情粗放、強硬，言談氣勢隨意高低，元乂因此對奚康生稍微有些忌憚，臉上經常表現出不高興的樣子，奚康生也因此而稍微有些畏懼和不安。

三月二十六日甲午，魏孝明帝在西林園朝見胡太后，文武大臣在旁邊陪坐，當酒喝得正盡興的時候，大臣輪番起舞，奚康生便跳起了力士舞，每當旋轉的一瞬間，他就用眼睛示意胡太后，一舉手、一踩腳、一瞪眼、一點頭，都在暗示胡太后趕緊下令逮捕元乂、劉騰，將他們殺掉，胡太后瞭解奚康生的心思卻不敢說話。天色暗下來了，胡太后想要帶著小皇帝元詡住在宣光殿，侯剛說：「皇帝已經朝拜完太后，侍候皇帝的嬪妃都在南宮，太后何必要留皇帝住在宣光殿呢？」奚康生反駁侯剛說：「皇帝是太后陛下的兒子，跟隨太后願意去哪就去哪，有什麼必要非得徵得別人的同意！」在座的群臣沒有人敢回應他。胡太后趁機站起身來拉著小皇帝的手臂，下堂而去。奚康生高呼萬歲。小皇帝跟隨胡太后走在前邊先進入了宣光殿，左右的侍從也都爭先恐後地往宣光殿裡擠，導致閤門無法關閉。奚康生伸手從奚難當的手中奪過千牛刀，砍倒了在皇帝身後擔任警衛的元思輔，混亂局面才安定下來。小皇帝已經登上宣光殿，皇帝身邊的侍臣都站立在西側臺階的下面。奚康生藉著酒力準備挺身而出發號施令，卻被元乂當場捉住，鎖在了門下省。擔任光祿勳的賈粲欺騙胡太后說：「侍衛的官員現在心裡都恐懼不安，太后陛下應該親自去安慰他們。」胡太后相信了賈粲的話，才剛剛走下宣光殿，賈粲就挾持著小皇帝從宣光殿的東側屋走出，前往顯陽殿，仍舊把胡太后關閉在宣光殿。到了晚上，元乂沒有出宮，他令侍中、黃門侍郎、尚書僕射、尚書等十多名高級官員到關押奚康生的地方審問奚康生為什麼要這樣做，判處奚康生斬刑，兒子奚難當絞刑。元乂與侯剛全在宮內，他們假傳皇帝的命令對判決予以批准。奚康生就像奏請中的判決那樣即將被斬首，奚難當則被免除死刑改為流放。奚難當哭著和父親告別，奚康生一點也不悲痛，他慷慨地說：「我並不是因為造反而被殺，你哭什麼？」當時天色已經昏暗下來，有關部門的官員押解著奚康生來到鬧市，將奚康生斬首。擔任尚食典御的奚混與奚康生一同帶刀入宮，因而受到牽連被判處了絞刑。奚難當因為是侯剛的女婿，才得以在京城停留了一百多天，最後被流放到了安州。過了很長時間，元乂讓在行臺任職的盧同前往安州就地把奚難當殺死。任命劉騰為司空。尚書令、尚書左僕射、尚書右僕射，以及五部尚書這八個議政大臣以及九卿等高級官員經常在早晨到劉騰的府中進行拜訪，先摸摸劉騰的心思，然後再到各自的部門上班，也有一整天也不能見到劉騰的時候。不論是官府還是私人，凡是請求劉騰代辦某事，劉騰辦與不辦只看賄賂的多少；他全面控制著水路、陸路各碼頭、關口的稅收，山林湖海的出產，對上述各個領域都進行壟斷，剋扣緣邊各軍鎮的軍餉，開展邊境貿易獲取稅收，每年所獲取的利益以萬億計，還逼迫強佔鄰家的住宅以擴大自己的住宅，遠近的百姓被他搞得痛苦不堪。

京兆王元繼因為自己與元乂父子二人的權力太大職位太高，堅決請求把自己司徒的職位讓給擔任車騎大將軍、開府儀同三司的崔光。夏季，四月初三日庚子，魏國朝廷改任京兆王元繼為太保，侍中的職位依然保留，元繼堅決推辭，沒有獲得批准。初五日壬寅，任命崔光為司徒，侍中、祭酒、著作等官職依然如故。

魏國奉命出使柔然的牒云具仁到達柔然，柔然現任可汗婆羅門態度特別傲慢，沒有一點準備退位、將可汗的位置讓給阿那瓌的意思，卻要求牒云具仁向他行禮致敬，牒云具仁不肯屈服，婆羅門這才派遣大臣丘升頭等人率領二千名士兵跟隨著牒云具仁前來迎接阿那瓌。五月，牒云具仁回到懷朔鎮，他詳細地講述了會見婆羅門的情況，阿那瓌心裡很害怕，不敢繼續前進，他上表給魏國朝廷請求返回洛陽。

五月十四日辛巳，魏國擔任南荊州刺史的桓叔興率眾前來投降梁國。

六月初一日丁卯，梁國擔任義州刺史的文僧明、擔任邊城太守的田守德率領自己的部眾投降了魏國，這兩個人都是少數民族的首領。魏國任命文僧明為西豫州刺史，任命田守德為義州刺史。○癸卯日，梁國的琬琰殿發生火災，大火向四周蔓延，燒毀了後宮的三千間房屋。

秋季，七月初一日丁酉，梁武帝任命擔任大匠卿的裴邃為信武將軍，假節，統領眾軍討伐叛梁降魏的義州刺史文僧明等，裴邃在檀公峴打敗了魏國擔任義州刺史的封壽，乘勝包圍了義州州城；封壽向裴邃請求投降，梁國重新奪回了義州。魏國令擔任尚書左丞的張普惠代表朝廷建立一個臨時的辦事機構，率軍去救援義州，張普惠還沒有到達義州，義州刺史封壽就已經向梁軍投降了。

梁武帝任命裴邃為豫州刺史，駐守合肥。裴邃準備襲擊魏國佔領下的壽陽，於是就暗中結交壽陽城內的百姓李瓜花等人，令他們為自己做內應。裴邃已經集合好軍隊，約定了襲擊壽陽的日期，由於擔心被魏軍發覺，就先向魏國的楊州發出通告說：「魏國起初在馬頭設立軍事據點，近來彷彿聽說你們又想在白捺故城修建軍事據點，如果真是這樣的話，就是你們在對我方進行威脅，現在我們也要在歐陽建立軍事據點，加強兩國交界地帶的邊防。現在我們建築軍事據點的士卒已經集合好，我們敬候你們的答覆。」魏國擔任楊州刺史的長孫稚與自己的僚佐進行商議，那些僚佐們都說：「我們並沒有在白捺故城修建軍事據點的想法，應該把我們的真實情況告訴他們。」擔任錄事參軍的楊侃說：「白捺只是一個小城，本來就不是什麼重要的地方，裴邃善於耍滑頭、搞陰謀詭計，現在他調動軍隊，派人來下通告，恐怕是有別的用意。」長孫稚突然醒悟過來，說：「錄事參軍應該趕緊寫一篇檄文回應他。」楊侃於是寫了一篇公文答覆裴邃說：「你們的集結軍隊，想來是另有打算，為什麼憑空編造出我們要在白捺故城屯兵的說法！『別人的心思，我能夠猜得出來』，你不要認為魏國沒有人能識破你們想玩的那一套。」裴邃得到楊州魏國人發布的通告，以為魏國人已經察覺了自己的用意，於是就解散了已經集結起來的軍隊。在壽陽城內準備為梁軍做內應的李瓜花等人因為無法在約定的日期起事，於是就互相告發，被誅殺的有十多家。長孫稚，是長孫觀的兒子。楊侃，是楊播的兒子。

當初，高車王彌俄突被柔然伏跋可汗殺死的時候，他的部眾全都歸順了嚈噠國。過了幾年，嚈噠國王派遣彌俄突的弟弟伊匐率領手下殘存的部眾返回高車。伊匐率領部眾攻擊柔然可汗婆羅門，把婆羅門打得大敗，婆羅門率領著十個部落來到涼州，請求投降魏國。其餘的數萬名柔然人互相跟隨著來迎接阿那瓌回國，阿那瓌上書給魏國朝廷說：「我國國內已經大亂，國民全都按照姓氏分開居住，彼此之間互相抄掠。如今北方的柔然人正像天鵝那樣伸長脖子急切地盼望著被解救出來，乞求皇帝陛下依照以前對我的恩德，恩賜撥給我一萬精兵，護送我回到大漠以北，去安撫那些因為戰亂而荒蕪了的土地上的人民。」孝明帝下詔給中書省、門下省，令他們就此事進行廣泛的討論，擔任涼州刺史的袁翻認為「自從國家遷都洛陽以來，蠕蠕、高車兩個國家互相吞噬，開始的時候是蠕蠕的佗汗可汗被高車人殺死，後來高車國王彌俄突被柔然伏跋可汗所擒獲、殺死。如今的高車國王伊匐發憤圖強，從衰微中崛起，報了被滅國的深仇大恨、雪了奇恥大辱，確實是由於這兩個國家部落繁多，最終誰也滅不了誰。自從這兩個少數民族國家相互爭鬥以來，我國北部的邊境上已經有幾十年沒有戰爭的煙塵了，這對中國是有利的。如今蠕蠕的兩位首領阿那瓌和婆羅門先後歸降我國，即使戎狄是禽獸一般的野蠻人，終究不會有純潔、堅定的節操，然而使滅亡之國得以復存、使斷絕之嗣得以延續，是帝王的根本要務。如果我們拋棄了他們，不接受他們的投誠，我們的高尚道德就會受到傷害；如果我們護送他們回到他們的本土，對他們進行撫養，就會耗損我國的資財儲備。如果把他們全部遷移到我們的境內居住，不只是他們心裡不願意，我們也擔心他們將來會成為我國的禍患，劉淵、石勒就是前車之鑑。而且，如果蠕蠕國繼續存在，那麼高車人還有背後之憂，因而就顧不上趁機進攻我國；如果蠕蠕被徹底消滅，那麼高車國將會蠻橫霸道到什麼程度，豈是容易預料得到的呢？如今蠕蠕雖然發生了內亂，然而部落仍然還有很多，就像棋盤中的棋子那樣到處分布著，他們殷切地盼望著舊日的主人早日回國，高車雖然很強大，卻不能徹底征服蠕蠕。我認為應該讓蠕蠕的二個主子同時並存，把阿那瓌安置在蠕蠕的東部，把婆羅門安置在蠕蠕的西部，把投降過來的蠕蠕人一分為二，每人分得一半。阿那瓌所居住的地方我沒有親眼見過，不敢妄加猜測；而婆羅門請求修復西海故城作為自己的居住地。西海在酒泉以北，距離高車國所居住的金山有一千多里路，確實是北方少數民族往來的必經之地，那裡的土地肥沃而寬廣，非常適宜耕種。我們應該派遣一位優秀的將領，配給他軍隊武器，讓他負責監護婆羅門，並讓他們在那裡屯田，這樣就可以節省往那裡運輸糧草等各種給養的勞役。那裡北邊接近大沙漠，是野獸聚集出沒的地方，讓蠕蠕人進行射獵，與我軍彼此互補，完全可以長期在那裡堅守。對外可以幫助微弱的蠕蠕，對內也可以防止飛揚跋扈的高車人的侵擾，這是安定邊境、保護邊塞的長久之計。如果婆羅門能夠將離散的蠕蠕人收聚起來，復興他的國家，就讓他逐漸向北遷移，渡過大沙漠，他就成了我國外部的一道藩籬，也會是高車族的強大敵人，那麼我國西北方面的種種擔憂就可以消除了。如果他們心懷邪惡、反覆無常，也不過就是一夥毛賊逃跑了，對我們有什麼損害呢？」朝中參與討論的人都同意他的意見，認為可行。

九月，柔然可汗俟匿伐到魏國的懷朔鎮請求魏國出兵援助，同時迎請阿那瓌回國。俟匿伐，是阿那瓌的哥哥。冬季，十月，擔任錄尚書事的高陽王元雍等人上書給朝廷說：「懷朔鎮以北的吐若奚泉一帶，地勢平坦、土地肥沃，請把阿那瓌安置在吐若奚泉，把婆羅門安置在過去的西海郡，讓他們各自率領自己的部落，收集離散的蠕蠕人。阿那瓌所居住的地方既然處在邊境以外，就應該稍微多饋送給他一些東西，婆羅門不能與阿那瓌相攀比。那些在婆羅門沒有投降以前就已經投奔魏國的蠕蠕人，全部讓州、鎮率領著護送到懷朔鎮交給阿那瓌。」魏孝明帝下詔批准。

十一月十九日癸丑，魏國擔任侍中、車騎大將軍的侯剛加授開府儀同三司。〇魏國因為東益州、南秦州境內的氐族人全都起兵造反，庚辰日，令擔任秦州刺史的河間王元琛以朝廷的名義出兵討伐叛逆的氐族人。元琛倚仗著劉騰的權勢，貪婪殘暴得無所顧忌，被氐族人打得大敗。中尉上表彈劾元琛，碰巧遇到朝廷實行大赦，元琛只被除了名，然而不久又恢復了元琛河間王的爵位。〇魏國朝廷令擔任安西將軍的元洪超兼任尚書行臺，前往敦煌安置柔然可汗婆羅門。

三年（壬寅　西元五二二年）

春，正月庚子❶，以尚書令袁昂為中書監，吳郡太守王暕為尚書左僕射。○辛亥❷，魏主耕籍田❸。

魏宋雲與惠生❹自洛陽西行四千里，至赤嶺❺，乃出魏境；又西行，再朞❻，至乾羅國❼而還。二月，達洛陽，得佛經一百七十部。

高車王伊匐遣使入貢于魏。夏，四月庚辰❽，魏以伊匐為鎮西將軍、西海郡公、高車王。久之，伊匐與柔然戰敗，其弟越居殺伊匐自立。

五月壬辰朔❾，日有食之，既❿。癸巳⓫，大赦⓬。

冬，十一月甲午⓭，領軍將軍始興忠武王憺⓮卒。○乙巳⓯，魏主祀圜丘⓰。

初，魏世宗⓱[1]以玄始曆⓲浸疏⓳，命更造新曆。至是，著作郎崔光表取盪寇將軍張龍祥⓴等九家所上曆，候驗得失，合為一曆，以壬子為元㉑，應魏之水德㉒，命曰正光曆。丙午㉓，初行正光曆，大赦。

十二月乙酉㉔，魏以車騎大將軍、尚書右僕射元欽㉕為儀同三司，太保京兆王繼為太傅，司徒崔光為太保。

初，太子統㉖之未生也，上養臨川王宏之子正德㉗為子。正德少粗險㉘，上即位，正德意望東宮㉙。及太子統生，正德還本㉚，賜爵西豐侯。正德怏怏不滿意，常蓄異謀。是歲，正德自黃門侍郎為輕車將軍，頃之，亡奔魏，自稱廢太子避禍而來。魏尚書左僕射蕭寶寅上表曰：「豈有伯㉛為天子，父㉜作揚州，棄彼密親，遠投他國？不如殺之。」由是魏人待之甚薄。正德乃殺一小兒，稱為己子，遠營葬地㉝，魏人不疑。明年，復自魏逃歸。上泣而誨㉞之，復其封爵。

柔然阿那瓌求粟為種，魏與之萬石㉟。◯婆羅門帥部落叛魏，亡歸嚈噠。魏以平西府長史代人費穆㊱兼尚書右丞、西北道行臺，將兵討之，柔然遁去。穆謂諸將曰：「戎狄之性，見敵即走，乘虛復出，若不使之破膽㊲，終恐疲於奔命㊳。」乃簡練㊴精騎，伏於山谷，以步兵之羸㊵者為外營，柔然果至，奮擊，大破之。婆羅門為涼州軍所擒，送洛陽。

四年（癸卯　西元五二三年）

春，正月辛卯㊶，上祀南郊，大赦。丙午㊷，祀明堂。二月乙亥㊸，耕藉田。

柔然大饑，阿那瓌帥其眾入魏境，表求賑給。己亥㊹，魏以尚書左丞元孚㊺為行臺尚書，持節撫諭柔然。孚，譚之孫也。將行，表陳便宜㊻，以為「蠕蠕久來彊大，昔在代京，常為重備。今天祚大魏㊼，使彼自亂亡，稽首請服。朝廷鳩其散亡(48)，禮送令返，宜因此時善思遠策。昔漢宣(49)之世，呼韓款塞(50)，漢遣董忠、韓昌領邊郡士馬送出朔方(51)，因留衛助(52)。又，光武(53)時亦使中郎將(54)段彬置安集掾史(55)，隨單于所在，參察動靜。今宜略依舊事，借其閒地，聽其田牧，粗置官屬(56)，示相慰撫。嚴戒邊兵，因令防察，使親不至矯詐(57)，疏不容反叛(58)，最策之得(59)者也。」魏人不從。○柔然俟匿伐入朝于魏。

三月，魏司空劉騰卒。宦官為騰義息(60)重服(61)者四十餘人，衰絰(62)送葬者以百數，朝貴送葬者塞路滿野。

夏，四月，魏元孚持白虎幡(63)勞阿那瓌於柔玄、懷荒二鎮(64)之間。阿那瓌眾號三十萬，陰有異志，遂拘留孚，載以轀車(65)。每集其眾，坐孚東廂(66)，稱為行臺，甚加禮敬。引兵而南，所過剽掠，至平城，乃聽孚還。有司奏孚辱命，抵罪(67)。甲申(68)，魏遣尚書令李崇、左僕射元纂(69)帥騎十萬擊柔然。阿那瓌聞之，驅良民二千、公私馬牛羊數十萬北遁。崇追之三千餘里，不及而還。

纂使鎧曹參軍于謹(70)帥騎二千追柔然，至郁對原(71)，前後十七戰，屢破之。謹，忠之從曾孫也，性深沈，有識量，涉獵經史。少時，屏居(72)田里，不求仕進。或勸之仕，謹曰：「州郡之職(73)，昔人所鄙(74)，台鼎之位(75)，須待時(76)來。」纂聞其名而辟[77]之。後帥輕騎出塞覘候[78]，屬[79]鐵勒[80]數千騎奄至[81]，謹以眾寡不敵，退必不免[82]，乃散其眾騎，使匿叢薄[83]之間，又遣人升山指麾[84]，若部分[85]軍眾者。鐵勒望見，雖疑有伏兵，自恃其眾，進軍逼謹[86]。謹以常乘駿馬，一紫一騧[87]，鐵勒所識，乃使二人各乘一馬突陣而出，鐵勒以為謹也，爭逐之。謹帥餘軍擊其追騎，鐵勒遂走，謹因得入塞[88]。

李崇長史鉅鹿魏蘭根[89]說崇曰：「昔緣邊初置諸鎮，地廣人稀，或徵發中原彊宗[90]子弟，或國之肺腑[91]，寄以爪牙[92]。中年[93]以來，有司號為『府戶』[94]，役同廝養[95]，官婚班齒[96]，致失清流[97]。而本來族類[98]，各居榮顯，顧瞻彼此，理當憤怨。宜改鎮立州，分置郡縣，凡是『府戶』，悉免為民，入仕次敘[99]，一準其舊，文武兼用，威恩並施。此計若行，國家庶無北顧之慮矣。」崇為之奏聞，事寢，不報。

初，元乂既幽胡太后，常入直於魏主所居殿側，曲盡佞媚[100]，帝由是寵信之。乂出入禁中，恆令勇士持兵以自先後[101]。時[102]出休於千秋門外，施木欄楯[103]，使腹心防守以備竊發[104]，士民求見者，遙對之而已。其始執政之時，矯情自飾[105]，以謙勤接物[106]，時事得失，頗以關懷。既得志，遂自驕慢，嗜酒好色，貪吝寶賄，與奪任情[107]，紀綱壞亂。父京兆王繼尤貪縱，與其妻、子各受賂遺，請屬有司[108]，莫敢違者。乃至郡縣小吏亦不得公選[109]，牧、守、令、長[110]率皆貪污之人。由是百姓困窮，人人思亂。

武衛將軍于景，忠之弟也，謀廢乂，乂黜為懷荒鎮將。及柔然入寇，鎮民請糧，景不肯給，鎮民不勝忿，遂反，執景，殺之。未幾，沃野鎮民破六韓拔陵[111]聚眾反，殺鎮將，改元真王，諸鎮華、夷之民往往響應，拔陵引兵南侵，遣別帥衛可孤[112]圍武川鎮[113]，又攻懷朔鎮[114]。尖山賀拔度拔[115]及其三子允、勝、岳皆有材勇[116]，懷朔鎮將楊鈞擢度拔為統軍，三子為軍主以拒之。

魏景明[117]之初，世宗命宦者白整[118]為高祖及文昭高后[119]鑿二佛龕於龍門山[120]，皆高百尺。永平[121]中，劉騰復為世宗鑿一龕，至是二十四年，凡用十八萬二千餘工而未成。

秋，七月辛亥[122]，魏詔：「見在朝官[123]，依令七十合解[124]者，可給本官半祿，以終其身。」○九月，魏詔侍中、太尉汝南王悅入居門下，與丞相高陽王雍參決尚書奏事。○冬，十月庚午[125]，以中書監、中衛將軍袁昂為尚書令，即本號開府儀同三司。

魏平恩文宣公崔光[126]疾篤，魏主親撫視之，拜其子勵為齊州刺史，為之撤樂，罷遊眺。丁酉[127]，光卒，帝臨，哭之慟，為減常膳。

光寬和樂善，終日怡怡[128]，未嘗忿恚。于忠、元乂用事，以光舊德[129]，皆尊敬之，事多咨決，而不能救裴、郭、清河之死，時人比之張禹、胡廣[130]。光且死，薦都官尚書賈思伯為侍講，帝從思伯受春秋。思伯雖貴，傾身[131]下士。或問思伯曰：「公何以能不驕？」思伯曰：「衰至便驕[132]，何常之有？」當時以為雅談。

十一月癸未朔[133]，日有食之。○甲辰[134]，尚書左僕射王暕卒。

梁初唯揚、荊、郢、江、湘、梁、益七州[135]用錢，交、廣[136]用金銀，餘州雜以穀帛交易。上乃鑄五銖錢[137]，肉好，周郭[138]皆備。別鑄無肉郭[139]者，謂之「女錢」。民間私用古[2]錢[140]交易，禁之不能止，乃議盡罷銅錢。十二月戊午[141]，始鑄鐵錢。

○魏以汝南王悅為太保。

【章　旨】以上為第三段，寫梁武帝蕭衍普通三年（西元五二二年）、四年共兩年間的大事。主要寫了魏國遣人到西域乾羅國取經，兩年後返回洛陽；寫被魏國安置在居延澤的柔然可汗婆羅門逃投嚈噠，魏將出兵討擒之；寫魏之元孚出使勞慰柔然可汗阿那瓌，阿那瓌挾持元孚以侵掠魏邊，結果元孚以辱命被判罪，魏將李崇、元纂出兵伐柔然，所戰皆捷；寫魏蘭根上書言軍鎮制度之弊病、所存矛盾之尖銳，魏之執政皆不聽；寫魏宦官劉騰之死，魏廷為之治喪，如失考妣；寫元繼、元乂父子為政之貪婪，致使請託公行，魏國人心思亂；寫魏人破六韓拔陵作亂，殺沃野鎮將，圍武川、攻懷朔，北方諸鎮多陷混亂之中；寫梁蕭宏之子蕭正德因未能為皇太子而逃到魏國，又因不受魏人重視而返回梁國，蕭衍對此竟不加懲治，仍復其原職，以及梁國廢止一切銅錢，改鑄鐵錢等等。

【注釋】❶正月庚子　正月初七。❷辛亥　正月十八。❸籍田　皇帝的農業示範田，皇帝親自在籍田上勞動，一是表示自己對農業的重視，二是想通過自己的示範作用，鼓勵全國農民積極從事農業生產。據說籍田上收穫的糧食用以祭祀宗廟。❹宋雲與惠生　二人是奉魏國胡太后之命前往西域取經的人，宋雲是魏國的使者，惠生是魏國的和尚。二人奉命西行事見本書上卷天監十七年。❺赤嶺　今名日月山，在青海的湟源西，因土石皆赤，不生草木而得名。❻再朞　一共經過兩週年。❼乾羅國　地址不詳，他處亦未見此國之名。❽四月庚辰　四月十九。❾五月壬辰朔　五月初一是壬辰日。❿既　盡；日全蝕。⓫癸巳　五月初二。⓬大赦　梁國宣布大赦。⓭十一月甲午　十一月初六。⓮始興忠武王憺　蕭憺，梁武帝蕭衍之弟，被封為始興郡王，忠武二字是諡。始興郡的郡治在今廣東韶關市西南側。⓯乙巳　十一月十七。⓰圜丘　皇帝祭天的壇臺。今北京市天壇公園之圜丘就是清代皇帝祭天的地方。⓱魏世宗　即宣武帝元恪，廟號世宗。西元五〇〇—五一五年在位。⓲玄始曆　魏國此前使用的曆法，自宋文帝元嘉二十九年（西元四五二年）開始使用。⓳浸疏　差得越來越多。⓴張龍祥　有本作「張農祥」。㉑以壬子為元　以壬子年作為新曆法推算的開端。㉒應魏之水德　目的是與魏國的以水德稱帝相應。秦漢時代的方士們用五行相生相剋的道理來附會王朝命運的興廢。鮮卑人也學這一套，因他們是興起於北方，故自稱「水德」。胡三省曰：「壬癸，水也，水旺於子，故以壬子為元。」㉓丙午　十一月十八。㉔十二月乙酉　十二月二十七。㉕元欽　景穆帝拓跋晃之孫，陽平王拓跋新成之子。傳見《魏書》卷十九上。㉖太子統　梁武帝蕭衍的太子蕭統，未繼位而死，諡曰昭明。傳見《梁書》卷八。㉗正德　蕭正德，臨川王蕭宏的第三子。侯景叛亂，立正德為天子，後被殺。傳見《梁書》卷五十五。㉘少粗險　自幼粗魯陰險。㉙意望東宮　希望當皇太子。㉚還本　又回到了他原來的生父蕭宏那裡。㉛伯　指蕭衍。㉜父　指蕭宏。㉝遠營葬地　離開洛陽遠遠地出去為其子尋覓地點、建造墳墓，其實是準備逃跑。㉞誨　教導；訓導。㉟石　重量單位，一百二十斤為一石。㊱代人費穆　代郡人費穆，此時任平西將軍府的長史。代郡的郡治即今山西大同。㊲破膽　以喻恐懼之極，此處指令其吃到苦頭，接受教訓。㊳終恐疲於奔命　難免日後老得前來征討它。㊴簡練　挑選。㊵羸　瘦弱；病弱。㊶正月辛

卯　正月初四。㊷丙午　正月十九。㊸二月乙亥　二月十八。㊹己亥　二月戊午朔，無己亥，恐記載有誤。《魏書・肅宗紀》作「己卯」，二月二十二。㊺元孚　太武帝拓跋燾之曾孫，臨淮王元譚之孫。元孚此時任尚書左丞。傳見《魏書》卷十八。㊻陳便宜　提出了臨時制宜的解決辦法。㊼天祚大魏　老天爺保佑我們魏國。祚，福，這裡用為動詞，意即保佑。㊽鳩其散亡　把逃散的柔然人集合起來。鳩，集；聚合。㊾漢宣　漢宣帝，名詢，漢武帝的曾孫，西元前七三—前四九年在位。㊿呼韓款塞　匈奴呼韓邪單于前來歸降漢王朝。當時匈奴內亂不已，國內有數單于並立，呼韓邪單于被其他部落打敗，於是投歸漢王朝，尋求幫助。事在漢宣帝甘露二年（西元前五二年），見本書卷二十七與《漢書・匈奴傳》。款塞，叩邊關的門，這裡即指歸降、投誠。51送出朔方　送呼韓邪單于北出朔方郡回匈奴。朔方，漢郡名，郡治在今內蒙古烏拉特前旗東南。52因留衛助　兩員漢將就在呼韓邪的駐地留下來，幫助與保護呼韓邪單于開展各項活動。53光武　光武帝劉秀，東漢的開國皇帝，西元二五—五七年在位。54中郎將　中郎將是皇帝的衛隊長，上屬於郎中令。55置安集掾史　設立了一個協助匈奴單于維持所部秩序的官員。掾史，古代官吏級別不很高的類名。東漢初期的匈奴局勢仍像西漢後期一樣混亂，大體說來是分成兩大部分，南邊靠近漢王朝的部分，稱作「南匈奴」，基本上是依附於漢王朝；靠北的部分稱作「北匈奴」，比較兇狠好戰，經常發動對南匈奴與漢王朝邊境的戰爭。劉秀派段彬出使南匈奴，為南匈奴設立安集掾史的一回，是在建武二十六年。當時的南匈奴居住在今內蒙古河套一帶，經常受到北匈奴的侵擾，請求漢王朝給予保護。於是漢王朝設立了匈奴中郎將，率軍駐紮在南匈奴地區。詳情見本書卷四十四與《後漢書・匈奴傳》。56粗置官屬　大體設立一個相應的辦事衙門。粗，大致地。57親不至矯詐　關係最密近時也要防備不要被它欺騙。58疏不容反叛　關係最疏遠時也要掌握別讓它叛變。59最策之得　最好不過的狀態就是如此。60義息　義子；乾兒子。61重服　親緣關係近的孝服，最重的孝服即斬衰。62衰絰　身穿喪服，腰繫麻繩。衰，喪服，有齊衰、斬衰之分。絰，麻織的帶子，繫在頭上與腰間。63白虎幡　繡有白虎圖像的豎旗，朝廷的使者持之以宣布皇帝的詔令。64柔玄懷荒二鎮　魏國北部邊境上的兩個軍鎮名，柔玄鎮的駐地在今河北尚義西，懷荒鎮的駐地即今河北張北縣。65輼車　也稱輼涼車，可以防寒防曬、可坐可臥的車子。66坐孚東廂　讓元孚坐在大堂的東側。東廂，這裡即指坐在東側，面向西。67抵罪　處以辱命之罪。抵，當；判處。68甲申　四月二十八。69左僕射元纂　魏中山王元英之子，元熙之弟。傳見《魏書》卷十九下。70于謹　魏國大臣于忠的姪曾孫，當時的名將，後以定關西之功屢任要職，在周封燕國公。傳見《周書》卷十五。71郁對原　具體方位不詳。72屏居　隱居；不問世事地居住在……。屏，排除。73州郡之職　指在州郡當小吏，絕不是指任太守、刺史那種方面大員。74昔人所鄙　過去是被人瞧不起的。東漢時的梁竦曾說：「州郡之職，徒勞人耳。」

意思是做州郡的小吏，只是令人煩勞而已。事見《後漢書》卷六十四。75台鼎之位　指朝廷上的三公。過去常以三公與天上的三台星，鼎的三足相比，極言其地位之崇高與作用之重大。76時　時機；機遇。77辟　聘任，聘任于謹當自己的僚屬。78覘候　伺探敵情。覘、候，都是窺視、伺探的意思。79屬　正好；正好碰上。80鐵勒　也稱「敕勒」，高車族的別稱。81奄至　突然而至。82不免　不能逃脫，死路一條。83叢薄　草木叢生的地方。84升山指麾　爬到山上去做出一種像是指揮下面士兵行動的樣子。升，登；爬上。指麾，意同「指揮」。85部分　分配；調動。86逼謹　向著于謹圍攏過來。87騧　身黃嘴黑的馬。88入塞　回到魏國的邊境之內。塞，國境上的邊防工事。89鉅鹿魏蘭根　鉅鹿是魏郡名，郡治曲陽，在今河北晉州西側。魏蘭根此時為李崇做僚屬，後官至尚書右僕射。傳見《北齊書》卷二十三。90彊宗　豪族；有權勢的人家。91國之肺腑　帝王的近親。92寄以爪牙　把他們當做得力的將領，把邊鎮的安全寄託給他們。爪牙，以喻猛將，語出《詩經・祈父》：「祈父！予王之爪牙。」93中年　中期。94號為府戶　有人稱這些軍鎮管轄區內的百姓叫做府戶。95役同廝養　這些在軍鎮管轄下生活的人如同奴僕。廝、養，都是奴僕的意思，只是分工不同而已。《公羊傳》韋昭注：「析薪為廝，炊烹為養。」96官婚班齒　做官、聯姻都要講究門第高低，行伍出身或從事軍隊工作的官員都被人瞧不起。97致失清流　不被列入清流。「清流」指清正儒雅的上流人。本卷開頭寫張彝因提此主張而被禁軍打死，可見矛盾之尖銳。不入清流的家族在進入官場、與人通婚等問題上都將受到嚴重的歧視。98本來族類　那些沒有投身軍界、沒在軍鎮任職的家族。99入仕次敘　進入官場與職位的升遷。次敘，按資格提升。敘，提升；任用。100佞媚　花言巧語、獻媚討好。101以自先後　在自己的前後護衛。102時　有時。103施木欄楯　在自己休息的處所四圍架起木欄杆。104竊發　暗中突然發生事變。105矯情自飾　掩飾真情，外表裝得好好的。106謙勤接物　謙虛禮貌的對待人。107與奪任情　封賞誰與罷免誰全憑自己的愛憎。108請屬有司　讓各部門按照他們的心思辦事。請屬，要求與囑託。屬，同「囑」。109不得公選　沒法秉公任用。110牧守令長　州刺史、郡太守、縣令、縣長。凡大縣的長官稱令，小縣的長官稱長。111破六韓拔陵　匈奴單于的後代，姓破六韓，名拔陵。破六韓，又稱「破洛汗」。112別帥衛可孤　另派出的一支軍隊其頭領名衛可孤。113武川鎮　鎮址在今內蒙古武川縣西。114懷朔鎮　鎮址在今內蒙古固陽西南側。115尖山賀拔度拔　尖山縣人名賀拔度拔。尖山縣屬神武郡，在今內蒙古武川縣一帶。賀拔度拔與其三子賀拔允、賀拔勝、賀拔岳，皆見於《北齊書》卷十九、《周書》卷十四。116材勇　體格與勇力。117景明　宣武帝元恪的第一個年號（西元五〇〇—五〇三年）。118白整　魏孝文帝、宣武帝時代的宦官，曾被任為長秋卿，卒贈平北將軍、并州刺史。傳見《魏書》卷九十四。119文昭高后　孝文帝元宏的高皇后，諡曰文昭。傳見《魏書》卷十三。120龍門山　也稱「伊闕」，在今洛陽城南。所謂「佛龕」即今之龍門石窟。(121)永平 宣武帝元恪的第三個年號（西元五〇八—五一一年）。(122)七月辛亥 七月二十七。(123)見在朝官 現在在職的朝廷官員。(124)七十合解 年滿七十應該退休的人。解，解除職務。(125)十月庚午 十月十七。(126)平恩文宣公崔光 崔光生前被封為平恩郡公，死後諡曰文宣。(127)丁酉 十一月十五。按，依例「丁酉」上應有「十一月」三字，《魏書・肅宗紀》作「十一月丁酉」。(128)怡怡 和悅的樣子。(129)舊德 德高望重的老臣。(130)張禹胡廣 漢代的兩個佞幸之臣。張禹在西漢成帝時為丞相，當時外戚王氏專政，張禹雖然是帝師，也只唯諾逢迎，只求保有自己的富貴。傳見《漢書》卷八十一。胡廣歷侍東漢六帝，官至太傅。當時朝廷衰微，外戚宦官專政，胡廣只圖自保。當時京中有諺語說：「萬事不理問伯始，天下中庸有胡公。」傳見《後漢書》卷七十四。(131)傾身 猶言「盡心」。《魏書・賈思伯傳》作「輕身下士」，輕卑自身，禮待士人。(132)衰至便驕 當一個人衰敗到一定火候他就要驕傲了。(133)癸未朔 十一月初一。(134)甲辰 十一月二十二。(135)楊荊郢江湘梁益七州 楊州的州治建康，即今南京，荊州的州治江陵，即今湖北江陵西北的紀南城，郢州的州治夏口，即今武漢的漢口區，江州的州治湓城，即今江西九江市，湘州的州治即今湖南長沙，梁州的州治即今陝西漢中，益州的州治即今成都。(136)交廣 梁之二州名，交州的州治龍編，在今越南河內的東北，廣州的州治即今廣州。(137)五銖錢 銅錢的重量為五銖。當時以二十銖為一兩。(138)肉好二句 銅錢的錢體稱肉，銅錢的方孔稱好，銅錢周邊厚起的部分稱郭。(139)無肉郭 光有錢體而沒有厚起的周邊。(140)古錢 前代流傳下來的銅錢。(141)十二月戊午 十二月初六。

【校 記】[1]魏世宗 原作「魏世祖」。據章鈺校，十二行本、乙十一行本、孔天胤本皆作「魏世宗」，今據改。按，《魏書・律曆志》載魏世祖平涼州得《玄始曆》，世宗景明中命更造新曆。[2]古 原作「女」。據章鈺校，十二行本、乙十一行本、孔天胤本皆作「古」，今據改。

【語 譯】三年（壬寅 西元五二二年）

春季，正月初七日庚子，梁武帝蕭衍任命擔任尚書令的袁昂為中書監，任命擔任吳郡太守的王暕為尚書左僕射。〇十八日辛亥，魏國的小皇帝元詡到專門供皇帝進行農事活動的那塊農田裡進行耕作。

魏國奉命前往西域取經的使者宋雲與和尚惠生從洛陽向西走了四千里路，到達赤嶺，這才走出了魏國國境；他們繼續西行，一共走了兩年，然後到達乾羅國，在乾羅國求取了佛家經典之後就往回返。二月，宋雲與惠生回到洛陽，一共帶回了一百七十部佛家經典。

高車王伊匐派遣使者到魏國進獻貢品。夏季，四月十九日庚辰，魏國朝廷任命高車王伊匐為鎮西將軍、西海郡公、高車王。很久以後，高車王伊匐在與柔然人的作戰中失敗，伊匐的弟弟越居殺死了伊匐自立為王。

五月初一日壬辰，發生日全蝕。初二日癸巳，梁國實行大赦。

冬季，十一月初六日甲午，梁國擔任領軍將軍的始興忠武王蕭憺去世。〇十七日乙巳，魏國的小皇帝在圜丘舉行祭天典禮。

當初，魏國世宗皇帝元恪因為《玄始曆》在實際應用中差得越來越多，因而下令編製新曆法。到現在，擔任著作郎的崔光上表，請求採用盪寇將軍張龍祥等九家所進呈的曆法，經過觀測驗證，各取所長，然後合併成為一種曆法，以壬子年作為新曆法推算的開端，目的是與魏國的以水德稱帝相應，命名為《正光曆》。十一月十八日丙午，開始使用《正光曆》，同時實行大赦。

十二月二十七日乙酉，魏國朝廷任命擔任車騎大將軍、尚書右僕射的元欽為開府儀同三司，任命擔任太保的京兆王元繼為太傅，任命擔任司徒的崔光為太保。

當初，梁國的皇太子蕭統還沒有出生的時候，梁武帝過繼了臨川王蕭宏的兒子蕭正德為子嗣。蕭正德自幼就粗魯陰險，等到梁武帝做了皇帝以後，蕭正德就希望能立自己為太子。等到皇太子蕭統出生之後，蕭正德就回到了他的生父蕭宏那裡，梁武帝封賞蕭正德為西豐侯。蕭正德怏怏不樂，很不滿意，經常想著搞點陰謀詭計。這一年，蕭正德由黃門侍郎升為輕車將軍，過了不久，蕭正德就逃奔到魏國去了，他自稱是被廢的皇太子，為了躲避災禍才逃到魏國來。在魏國擔任尚書左僕射的蕭寶寅上表給小皇帝說：「豈有自己的伯父做皇帝，自己的父親擔任楊州刺史，卻拋棄與自己關係最親最近的人，遠投別國的道理呢？不如把他殺死。」因此魏國人對蕭正德非常瞧不起。蕭正德就殺害了一個小孩子，說是自己的兒子死了，要到遠處去買一塊地來埋葬他，因此沒有引起魏國人的懷疑。第二年，蕭正德又從魏國逃回了梁國。梁武帝流著眼淚教導了蕭正德一番之後，就又恢復了蕭正德的爵位。

柔然可汗阿那瓌向魏國請求糧種，魏國給了他一萬石的糧食做種子。〇柔然可汗婆羅門率領著自己的部落背叛了魏國，逃奔了嚈噠。魏國任命擔任平西府長史的代郡人費穆兼任尚書右丞、西北道行臺，率軍討伐柔然可汗婆羅門，婆羅門聞訊後逃走。費穆對屬下的各將領說：「柔然人生性狡猾，他們看見敵人就逃跑，看到有機可乘就又出來侵擾，如果不把他們嚇破膽，恐怕我們日後總要為征討他們而疲於奔命。」於是費穆就挑選出一些精銳的騎兵，預先埋伏在山谷中，然後令步兵當中那些年老體弱的士兵駐紮在明顯的地方來引誘柔然人，柔然人果然來攻，等他們進入了伏擊圈以後，預先埋伏的精銳騎兵奮勇出擊，把柔然人打得大敗。柔然可汗婆羅門被魏國的涼州軍活捉，送往洛陽。

四年（癸卯　西元五二三年）

春季，正月初四日辛卯，梁武帝到建康城的南郊舉行祭天典禮，實行大赦。十九日丙午，梁武帝到明堂祭祀祖先。己亥日，梁武帝到藉田進行耕種。

柔然國內發生了嚴重的饑荒，可汗阿那瓌率領自己的部眾進入魏國境內，他上表給魏國朝廷請求給與賑濟。二月二十二日己卯，魏國任命擔任尚書左丞的元孚為行臺尚書，持節前往安撫柔然人。元孚，是元譚的孫子。元孚即將出發的時候，上表給朝廷，提出了臨時制宜的解決辦法，元孚認為「蠕蠕長期以來一直都很強大，過去我們把平城作為都城的時候，經常要對他們嚴加戒備。如今上天保佑我們魏國，使柔然人發生內亂而導致衰亡，這才迫使他們向我們磕頭請求臣服。朝廷把逃散的柔然人聚合起來，以禮相送，讓他們返回自己的國土，我們應該趁著這個大好時機好好地考慮出一個長遠的對策。過去漢宣帝的時候，匈奴呼韓邪單于前來歸降漢王朝，漢宣帝派遣董忠、韓昌率領著邊郡的人馬護送呼韓邪單于北出朔方郡回到匈奴，董忠、韓昌遂在呼韓邪單于的駐地留了下來，幫助與保護呼韓邪單于開展各項活動。還有，漢光武帝時期也曾派遣擔任中郎將的段彬為匈奴設立了安集掾史以協助匈奴單于維持所部的秩序，跟隨在單于身邊，隨時觀察匈奴單于的動向。現在我們也應該大體按照這些舊的做法，借給他們閒散的土地，允許他們在上面種田放牧，大體設置一個相應的辦事衙門，表示對他們的慰問和安撫。嚴厲告誡守邊的士兵，讓他們對柔然人加強防守與觀察，使關係最親密時不至於被他們所欺騙，關係最疏遠時不要令他們背叛，最好的辦法就是如此。」魏國朝廷沒有聽從元孚的建議。〇柔然可汗俟匿伐親自到魏國朝見魏明帝。

三月，魏國擔任司空的宦官劉騰去世。宦官當中為劉騰做乾兒子而身穿重孝的有四十多人，身穿喪服、腰中繫著麻繩為劉騰送葬的有上百人，朝廷顯貴前來為劉騰送葬的更是多得堵塞了道路，充滿了田野。

夏季，四月，魏國尚書左丞元孚奉命手持繡有白虎圖案的豎旗來到柔玄鎮、懷荒鎮之間柔然可汗阿那瓌的駐地進行慰問。阿那瓌的部眾號稱三十萬，阿那瓌暗中已經懷有謀反之心，他拘留了元孚，將元孚軟禁在轀車裡，載著他一起行動。阿那瓌每次集合部眾，就讓元孚坐在大堂的東廂，宣稱元孚代表魏國朝廷，對元孚表現得非常恭敬有禮。阿那瓌率兵南行，所過之處無不大肆擄掠，到達平城的時候，阿那瓌才將元孚放回。有關部門的官員上書彈劾元孚有辱使命，元孚遂被判罪。二十八日甲申，魏國派遣擔任尚書令的李崇、擔任尚書左僕射的元纂率領十萬騎兵奔襲叛變的柔然可汗阿那瓌。阿那瓌聽到消息以後，就驅趕著擄掠來的二千名良家子弟、幾十萬頭公家和私人的馬、牛、羊向北逃走。李崇向北追趕了三千多里，也沒有追上阿那瓌，無功而返。

尚書左僕射元纂派遣擔任鎧曹參軍的于謹率領二千騎兵追擊柔然阿那瓌，一直向北追到郁對原，前後歷經十七次戰鬥，多次把柔然人打敗。于謹，是于忠的堂曾孫，性格深沉穩重，有膽識有氣度，廣泛閱讀過經史書籍。于謹年輕的時候，隱居在田間，不求做官。有人勸他出去做官，于謹說：「在州裡、郡裡當個小吏，過去是被人瞧不起的，如果想在朝廷上位列三公，則需要等待時機的到來。」元纂聽說了于謹的名聲遂聘任于謹當自己的僚屬。後來于謹率領輕騎兵出塞去偵察敵情，正巧碰著鐵勒人的數千騎兵突然到來，于謹因為自己兵力太少，肯定打不過人數眾多的敵人，如果撤退必然是死路一條，於是他就讓手下的騎兵分散開來，分別隱藏在草木叢生的地方，又派人爬到山上指指點點，做出一種像是在分配、調度、指揮下面士兵採取行動的樣子。鐵勒的軍隊看到以後，雖然懷疑魏軍在此處設有埋伏，但他們仗著自己人多勢眾，繼續向著于謹逼近過來。于謹把自己經常騎的鐵勒士兵都認識的兩匹馬，一匹紫色的、一匹身黃嘴黑的，讓二個士兵分別騎著衝出敵人的軍陣，鐵勒的軍隊誤認為是于謹突出了包圍，便都爭先恐後地跟去追擊。于謹率領著餘下的那些騎兵追擊鐵勒的追兵，鐵勒騎兵於是逃走，于謹這才得以平安回到魏國的邊境之內。

在尚書令李崇屬下擔任長史的鉅鹿郡人魏蘭根對李崇說：「過去在邊境地區開始設置各軍鎮的時候，邊境地區還是地廣人稀，有時候就從中原地區徵調那些豪族、有權勢人家的子弟，或是徵調帝王的近親，把他們當做得力的將領，把邊鎮的安全寄託給他們。中期以來，有關部門把這些軍鎮管轄區域內的百姓叫做『府戶』，把他們看做奴僕一樣任意役使，而做官、聯姻都要講究門第高低，行伍出身或從事軍隊工作的官員則被人瞧不起，不被列入清流。原來那些沒有投身軍界、沒有在軍鎮任職的家族子弟，又都各自佔據著榮耀顯赫的地位，相互對比，相差太懸殊，按理說這些投身軍界、在軍鎮任職的豪族、有權勢人家的子弟以及帝王的近親心懷不滿與怨恨是情有可原的。現在應該把軍改為州，在州中設置郡、縣，凡是『府戶』，都要把他們當做平民對待，進入官場與職位的升遷，一律以他們投身軍界以前的出身門第為準，文武兼用，恩威並施。如果能夠照此辦理，國家或許才能沒有北顧之憂了。」李崇將魏蘭根的意見代為上奏，奏章竟被擱置起來，沒有得到任何批覆。

當初，元乂囚禁了胡太后以後，就經常到小皇帝所居住的宮殿旁邊值勤，在小皇帝面前花言巧語、百般獻媚討好，小皇帝因此而寵信元乂。元乂出入宮中，經常命令勇士手持兵器在自己的前後護衛。有時出宮到千秋門外休息，就在自己休息的處所四周架起木欄杆，讓自己的心腹人員站崗放哨，防備暗中突然發生事變，凡是有士民前來求見，都只能遠遠地看看他而已。元乂開始執政的時候，為了掩飾自己的真實面目，就偽裝成一副謙遜勤謹的樣子接人待物，對於時政的得失，也很放在心上。等到自己得志以後，就逐漸地態度傲慢起來，喜歡喝酒、愛好美色，貪婪吝嗇、收受賄賂，封賞誰、罷免誰全憑自己的愛憎，致使國家的法律法規被破壞，社會秩序陷於混亂。元乂的父親京兆王元繼尤其貪婪放縱，他與自己的妻子、兒子全都收受賄賂、接受饋贈，他要求各部門都要按照他的心思辦事，沒有人敢違背他。以至於連郡裡、縣裡的小官吏也不能秉公任用，州刺史、郡太守、縣令、縣長大體上都是貪汙受賄之人。因此百姓困苦貧窮，人人都想造反。

擔任武衛將軍的于景，是于忠的弟弟，圖謀廢掉元乂，元乂就把于景貶為懷荒鎮將。等到柔然人侵魏國的時候，懷荒軍鎮管轄區域內的百姓向于景請求發放糧食賑災，于景不肯，鎮民不勝憤怒，於是起來造反，他們活捉了于景，把于景殺死。不久，沃野軍鎮管轄區域內的鎮民破六韓拔陵聚眾造反，他們殺死了沃野鎮將，改年號為真王元年，各軍鎮內的漢人、少數民族到處起來響應，破六韓拔陵率領著這些跟隨自己造反的士兵向南侵略，他派遣另外一支頭領名叫衛可孤的部隊包圍了武川鎮，又進攻懷朔鎮。尖山縣人賀拔度拔和他的三個兒子賀拔允、賀拔勝、賀拔岳都有強健的體格和勇力，懷朔鎮鎮將楊鈞提拔賀拔度拔為統軍，賀拔度拔的三個兒子為軍主，一同抵抗衛可孤的進攻。

魏宣武帝景明初年，世宗元恪命令宦官白整在龍門山為高祖和高祖的文昭高皇后開鑿了兩個佛龕，兩個佛龕都高達百尺。宣武帝永平中期，宦官劉騰又在龍門山為世宗開鑿佛龕，從那時到現在已經過去了二十四年，總共花費了十八萬二千多個工時還沒有鑿成。

秋季，七月二十七日辛亥，魏國的小皇帝下詔：「現在在職的朝廷官員，依照法律規定，年滿七十應該解職退休的人，可以發給他們原來一半的俸祿，用來頤養天年。」〇九月，魏國的小皇帝下詔，命令擔任侍中、太尉的汝南王元悅到門下省任職，與擔任丞相的高陽王元雍一同參與裁決尚書省的奏章。〇冬季，十月十七日庚午，梁武帝任命擔任中書監、中衛將軍的袁昂為尚書令，以尚書令的名號開府儀同三司。

魏國的平恩文宣公崔光病勢沉重，魏國的小皇帝親自到他的府上安慰他、探望他，並任命崔光的兒子崔勵為齊州刺史，因為崔光病重之事，小皇帝還取消了奏樂，停止了遊覽。十一月十五日丁酉，崔光去世，小皇帝親自到崔光的靈前弔唁，哭得非常悲慟，因為崔光的去世，小皇帝減少了每天的正常飲食。

平恩文宣公崔光為人寬厚和氣、樂於為善，每天都是一副和顏悅色的樣子，從來沒有流露過自己的憤怒與怨恨。于忠、元乂先後掌握大權，因為崔光是位德高望重的老臣，都很尊敬他，很多事情都先徵求崔光的意見然後再做決定，然而崔光卻沒能挽救裴植、郭祚以及清河王元懌之死，當時的人遂把崔光比作是漢朝的張禹、胡廣。崔光在臨死的時候，向孝明帝推薦擔任都官尚書的賈思伯為侍講，孝明帝跟隨賈思伯學習《春秋》。賈思伯雖然地位高貴了，卻謙卑自身、禮待士人。有人問賈思伯說：「先生是怎麼做到不驕傲的？」賈思伯回答說：「當一個人衰敗到一定火候的時候他就要驕傲了，富貴怎麼能夠常有呢？」當時的人認為他說話高雅。

十一月初一日癸未，發生日蝕。○二十二日甲辰，梁國擔任尚書左僕射的王暕去世。

梁國初年只有楊州、荊州、郢州、江州、湘州、梁州、益州這七個州在做交易的時候使用銅錢，交州、廣州使用的是金銀，其他的州則用糧食、布帛、綢緞做交易。於是梁武帝就下令鑄造五銖錢，新鑄造的五銖錢錢體、錢眼、錢郭都很完好齊備。而另行鑄造的只有錢體而沒有厚起的周邊的錢則被稱為「女錢」。民間私自用古錢進行交易，朝廷雖然明令禁止使用古錢，但卻禁而不能止，於是決定全部禁止使用銅錢。十二月初六日戊午，開始鑄造鐵錢。○魏國朝廷任命汝南王元悅為太保。

【研　析】本卷寫梁武帝蕭衍天監十八年（西元五一九年）至普通四年（西元五二三年）共五年間南梁與北魏兩國的大事。其中可議論的有如下幾點：

其一是魏國征西將軍張彝之子身為給事中的張仲瑀向朝廷建言，要求修改選拔官員的條例，要求「排抑武人，不使豫清品」。消息傳開，罵聲四起，反應最迅速、最強烈的是京城裡的禁衛部隊，他們公開地張貼告示，集合人馬，約定時間要同時動手以搗毀張氏家族。結果朝廷上下竟置若罔聞，沒有一個人出來干涉一聲；而張氏家族竟也「父子晏然，不以為意」。於是一場暴亂發生了：暴亂分子們「羽林、虎賁近千人，相帥至尚書省詬罵」，捉拿張仲瑀之兄左民郎中張始均，沒有抓到，暴徒們遂「以瓦石擊省門」，而整個尚書省的官員竟「上下懾懼，莫敢禁討」。接著暴亂分子們「遂持火掠道中薪蒿，以杖石為兵器」，蜂擁地殺向張彝家。他們「曳彝堂下，捶辱極意，唱呼動地，焚其第舍。始均踰垣走，復還拜賊，請其父命，賊就毆擊，生投之火中。仲瑀重傷走免，彝僅有餘息，再宿而死。」結果是老臣張彝被打死，大兒子張始均被投入火中燒死，張仲瑀受重傷逃脫。這場暴亂發生在皇帝腳下、宮掖跟前，活活打死官居一品的朝廷大臣，可以說是亙古所未聞。胡太后是怎麼處理的呢？她先是「收掩羽林、虎賁凶彊者八人斬之，其餘不復窮治。」只殺了幾個最冒尖的小卒以搪塞事端，其他一概不問。接著又宣布「大赦以安之」，讓其他諸多的暴亂分子們安下心來；接著又宣布張仲瑀的建議不算數，而「令武官得依資入選。」

這裡邊的問題有兩方面，一個是自命清高儒雅的朝野士族輕視職業軍人、職業武將的問題，這個問題首先發生在南朝。東晉以來的南朝軍隊軟弱怯懦，不堪一擊，造成這種現實的原因很多，但軍人的待遇可憐，等同於奴隸；將軍的地位低下，被整個上流社會所鄙視，則是其中重要的原因之一。錢穆《國史大綱》曾說：「兵卒在當時的社會上變成一種特殊卑下的身分，固與貴族封建時代兵隊即是貴族者有異；亦與西漢定制，凡國家公民皆需服兵役者不同。軍人的地位只與奴隸、罪犯相等，從軍只是苦役。」全國的軍隊如此，而駐守邊疆的軍隊與將軍的身分，尤其受人歧視。北朝的制度是亦步亦趨地效法南朝，北朝氏族之蔑視邊方鎮將的程度比起南朝還要更令人憎惡。這是造成魏國後來那些邊鎮紛起作亂的重要原因。這是一個尖銳矛盾的火藥桶，貴族成性的張仲瑀不小心失手點燃了它，引起了一場毀滅家族的暴亂；而愚蠢的張彝竟在臨死前還堅持說：「臣第二息仲瑀所上之事，益治實多，既曰有益，寧容默爾？通呈有日，未簡神聽；豈圖眾忿，乃至於此！」（《魏書・張彝傳》）作亂者是禁衛部隊的士兵，背後站著的是一群大大小小的軍中的將領。胡太后知道問題的嚴重性，她不敢得罪人太多，因此只好和稀泥；張彝竟至死不悟，真是活該！至於問題鬧到如此地步，以及最後如此解決，則也的確說明北魏王朝已經是病入膏肓了。

其二，本卷寫了魏國上自帝后，下至王公貴族普遍貪婪、自私、奢侈、腐朽的驚人。文章寫帝后與上流社會無限度地興建佛寺說：「太后好佛，營建諸寺，無復窮已，令諸州各建五級浮圖，民力疲弊。諸王、貴人、宦官、羽林各建寺於洛陽，相高以壯麗。太后數設齋會，施僧物動以萬計，賞賜左右無節，所費不貲，而未嘗施惠及民。」文章寫胡太后以府庫之物賞賜群臣說：「魏累世彊盛，東夷、西域貢獻不絕，又立互市以致南貨，至是府庫盈溢。胡太后嘗幸絹藏，命王公、嬪主從行者百餘人各自負絹，稱力取之，少者不減百餘匹。尚書令・儀同三司李崇、章武王融負絹過重，顛仆於地，崇傷腰，融損足，太后奪其絹，使空出，時人笑之。融，太洛之子也。侍中崔光止取兩匹，太后怪其少，對曰：『臣兩手唯堪兩匹。』眾皆愧之。」尤其令人憎惡的是文章還寫了魏國王公大臣的鬥富：「時魏宗室權倖之臣，競為豪侈，高陽王雍，富貴冠一國，宮室園圃，侔於禁苑，僮僕六千，妓女五百，出則儀衛塞道路，歸則歌吹連日夜，一食直錢數萬。李崇富埒於雍而性儉嗇，嘗謂人曰：『高陽一食，敵我千日。』河間王琛，每欲與雍爭富，駿馬十餘匹，皆以銀為槽，窗戶之上，玉鳳銜鈴，金龍吐旆。嘗會諸王宴飲，酒器有水精鍾，馬腦椀，赤玉卮，制作精巧，皆中國所無。又陳女樂、名馬及諸奇寶，復引諸王歷觀府庫，金錢、繒布，不可勝計，顧謂章武王融曰：『不恨我不見石崇，恨石崇不見我！』融素以富自負，歸而惋歎，臥疾三日。京兆王繼聞而省之，謂曰：『卿之貨財計不減於彼，何為愧羨乃爾？』融曰：『始謂富於我者獨高陽耳，不意復有河間！』」想不到當初《世說新語》中王愷、石崇相互鬥富的情景，又在北魏出現了。由此可見這些少數民族的貴族社會竟腐朽、空虛到了何種的程度！

其三，本卷用大量的篇幅寫了柔然內部的矛盾、混亂與相互篡殺；寫了柔然與高車族的相互鬥爭與相互消長，以及魏國對其背後的北方民族所採取的政策等等。這裡邊寫到了柔然可汗又背信叛魏，魏将于謹奉命追擊柔然，「前後十七戰，屢破之。」而後又加敘了一個于謹鎮守邊城與鐵勒作戰的故事說：「後帥輕騎出塞覘候，屬鐵勒數千騎奄至，謹以眾寡不敵，退必不免，乃散其眾騎，使匿叢薄之間，又遣人升山指麾，若部分軍眾者。鐵勒望見，雖疑有伏兵，自恃其眾，進軍逼謹。謹以常乘駿馬，一紫一騧，鐵勒所識，乃使二人各乘一馬突陣而出，鐵勒以為謹也，爭逐之。謹帥餘軍擊其追騎，鐵勒遂走，謹因得入塞。」這段文章的框架，是模仿《史記·李将軍列傳》所寫的李廣追殺射雕者而突遇匈奴大軍的情景；所不同的在這裡是于謹派人上山假做指麾、調度之狀以迷惑敵軍；又派人騎自己之馬突圍，吸引敵兵追趕，而自己從後追擊之，此又與《三國志》所寫的趙雲的破敵方法相似。皆見作者的文章技巧之高。

卷第一百五十

梁紀六

起閼逢執徐（甲辰 西元五二四年），盡旃蒙大荒落（乙巳 西元五二五年），凡二年。

【題解】本卷寫梁武帝蕭衍普通五年（西元五二四年）、六年共兩年間南梁與北魏兩國的大事。主要寫了魏國北部的變民領袖破六韓拔陵連續打敗臨淮王元彧所率領的朝廷軍，隨後又攻下了武川、懷朔二鎮；接著高平鎮的百姓又反，以應破六韓拔陵，北方州鎮全部落入了破六韓拔陵之手；寫柔然王阿那瓌助魏討伐破六韓拔陵，屢破其兵；寫魏將元淵用參軍于謹之謀，招得鐵勒三萬戶來降，又大敗破六韓拔陵之眾；寫了魏國西部的二夏、豳、涼地區民變並起，殺其刺史李彥、崔遊，變民領袖莫折大提與其子莫折念生先後相繼稱王，其部將莫折天生攻陷岐州，擒殺魏將元志與刺史裴芬之，又攻涇州，打敗了光祿大夫薛巒；寫魏將蕭寶寅、崔延伯先是打敗了莫折天生，後又被莫折念生之將万俟醜奴、宿勤明達所打敗，崔延伯戰死，魏國的朝廷為之震恐；寫了梁武帝蕭衍乘魏國北部、西部大亂之際，使其將裴邃、蕭淵藻等率軍北出，攻取了新蔡、鄭城，汝、潁之間所在響應；裴邃又大破魏軍於壽陽城下，斬首萬餘級；又攻取狄城、曲陽、秦墟、東莞、馬頭諸城，成景儁又攻拔睢陵、彭寶孫又攻拔琅邪，致使魏之諸將多棄城走，東海太守、荊山戍主皆以城降；梁國中路的李國興又取魏之三關，進圍義陽；西路的梁將曹義宗又攻取了魏國的順陽郡；其中影響巨大而又充滿戲劇性的是魏國的徐州刺史元法僧率部降梁，梁使名將陳慶之、成景儁等接應之，魏將元鑒往討元法僧，被元法僧打敗，從而使徐州落入梁人之手；接著身任徐州刺史的梁武帝蕭衍之子蕭綜公然背叛蕭衍，竟以徐州刺史的身分投降了魏國，致使徐州的梁軍損失十之七八，魏國又不費吹灰之力拿回了徐州；此外還寫了魏之亂臣元乂對胡太后禁防漸緩，胡太后遂與魏主元詡定謀，解除了元乂的一切職務，重新恢復攝政，接著便發劉騰之墓，誅其養子，又依次罷去侯剛，殺死賈粲，又在群臣的堅持下殺了元乂，罷黜了元繼，使亂黨基本肅清，但胡太后又寵幸鄭儼、徐紇，二人勾結，群臣附之，魏政日益混亂；還寫了梁朝名將裴邃病死軍中，以及在魏國的頻繁叛亂中斛律金、爾朱榮、高歡等紛紛顯露頭角，為他們日後的叱吒風雲做了鋪墊。

高祖武皇帝六

普通五年（甲辰　西元五二四年）

春，正月辛丑❶，魏主祀南郊。

三月，魏以臨淮王彧❷都督北討諸軍事，討破六韓拔陵❸。

夏，四月，高平鎮民赫連恩❹等反，推敕勒❺酋長胡琛為高平王，攻高平鎮以應拔陵。魏將盧祖遷擊破之，琛北走。

衛可孤❻攻懷朔鎮經年，外援不至，楊鈞❼使賀拔勝❽詣臨淮王彧告急。勝募敢死少年十餘騎，夜伺隙潰圍出，賊騎追及之，勝曰：「我賀拔破胡❾也！」賊不敢逼。勝見彧於雲中❿，說之曰：「懷朔被圍，旦夕淪陷，大王今頓兵不進，懷朔若陷，則武川⑪亦危，賊之銳氣百倍，雖有良、平⑫，不能為大王計矣。」彧許為出師。勝還，復突圍而入。鈞復遣勝出覘⑬武川，武川已陷。勝馳還，懷朔亦潰，勝父子俱為可孤所虜。

五月，臨淮王彧與破六韓拔陵戰於五原⑭，兵敗，彧坐削除官爵。安北將軍隴西李叔仁又敗於白道⑮，賊勢日盛。

魏主引丞相、令、僕、尚書、侍中、黃門於顯陽殿，問之曰：「今寇連恆、朔⑯，逼近金陵⑰，計將安出？」吏部尚書元脩義⑱請遣重臣督軍鎮恆、朔⑲以捍寇。帝曰：「去歲阿那瓌叛亂，遣李崇北征，崇上表求改鎮為州，朕以舊章難革⑳，不從其請。尋㉑崇此表，開鎮戶㉒非冀之心㉓，致有今日之患。但既往難追，聊復略論㉔耳。然崇貴戚重望㉕，器識㉖英敏，意欲還[1]遣崇行，何如？」僕射蕭寶寅等皆曰：「如此，實合羣望。」崇曰：「臣以六鎮遐僻，密邇寇戎㉗，欲以慰悅彼心，豈敢導之為亂！臣罪當就死，陛下赦之。今更遣臣北行，正是報恩改過之秋。但臣年七十，加之疲病，不堪軍旅，願更擇賢材。」帝不許。脩義，天賜之子也。

臣光曰：「李崇之表，乃所以銷禍於未萌，制勝於無形㉘。魏肅宗既不能用，及亂生之後，曾無愧謝之言㉙，乃更以為崇罪，彼不明之君，烏可與謀哉！詩云：『聽言則對，誦言如醉，匪用其良，覆俾我悖㉚』，其是之謂矣。」

壬申㉛，加崇使持節、開府儀同三司、北討大都督，命撫軍將軍崔暹㉜、鎮軍將軍廣陽王淵㉝[2]皆受崇節度。淵，嘉之子也。

六月，以豫州刺史裴邃㉞督征討諸軍事以伐魏。

魏自破六韓拔陵之反，二夏㉟、豳、涼㊱寇盜蜂起。秦州㊲刺史李彥，政刑殘虐，在下皆怨，是月，城內薛珍等聚黨突入㊳州門，擒彥，殺之，推其黨莫折大提為帥，大提自稱秦王。魏遣雍州刺史元志㊴討之。

初，南秦州㊵豪右㊶楊松柏兄弟，數為寇盜，刺史博陵崔遊㊷誘之使降，引為主簿，接以辭色㊸，使說下羣氐㊹，既而因宴會盡收斬之，由是所部㊺莫不猜懼。遊聞李彥死，自知不安，欲逃去，未果。城民張長命、韓祖香、孫掩等攻遊，殺之，以城應大提。大提遣其黨卜胡襲高平，克之，殺鎮將赫連略、行臺高元榮。大提尋卒，子念生自稱天子，置百官，改元天建。○丁酉㊻，魏大赦。

秋，七月甲寅㊼，魏遣吏部尚書元脩義兼尚書僕射，為西道行臺，帥諸將討莫折念生。

崔暹違李崇節度，與破六韓拔陵戰于白道，大敗，單騎走還。拔陵并力攻崇，崇力戰，不能禦，引還雲中，與之相持。

廣陽王淵上言：「先朝都平城，以北邊為重，盛簡親賢(48)，擁麾作鎮(49)，配以高門子弟(50)，以死防遏。非唯不廢仕宦(51)，乃更獨得復除(52)，當時人物，忻慕為之。太和(53)中，僕射李沖(54)用事，涼州土人(55)悉免廝役(56)；帝鄉舊門(57)，仍防邊戍，自非得罪當世，莫肯與之為伍。本鎮驅使(58)，但為虞候、白直(59)，一生推遷，不過軍主(60)，然其同族留京師者得上品通官。在鎮者即為清途所隔(61)，或多逃逸，乃峻邊兵之格(62)，鎮人不聽浮遊在外(63)，於是少年不得從師，長者不得遊宦(64)，獨為匪人(65)，言之流涕。自定鼎伊、洛(66)，邊任益輕，唯底滯凡才(67)，乃出為鎮將，轉相模習(68)，專事聚斂。或諸方姦吏(69)，犯罪配邊，為之指蹤(70)，政以賄立(71)，邊人無不切齒。及阿那瓌背恩縱掠(72)，發奔命追之(73)，十五萬眾度沙漠，不日而還(74)。邊人見此援師，遂自意輕中國(75)。尚書令臣崇求改鎮為州，抑亦先覺(76)，朝廷未許。而高闕戍主御下失和，拔陵殺之(77)，遂相帥為亂，攻城掠地，所過夷滅，王師屢北(78)，賊黨日盛。此段之舉，指望銷平，而崔暹隻輪不返，臣崇與臣逡巡復路(79)，相與還次雲中(80)，將士之情莫不解體。今日所慮，非止西北，將恐諸鎮尋亦如此，天下之事，何易可量！」書奏，不省。

詔徵崔暹繫廷尉(81)，暹以女妓、田園賂元乂，卒得不坐(82)。

丁丑(83)，莫折念生遣其都督楊伯年等[3]攻仇鳩、河池二戍(84)，東益州(85)刺史魏子建遣將軍伊祥等擊破之，斬首千餘級。東益州本氐王楊紹先(86)之國，將佐皆以城民勁勇(87)，二秦(88)反者皆其族類，請先收其器械。子建曰：「城民數經行陣(89)，撫之足以為用，急之(90)則腹背為患(91)。」乃悉召城民，慰諭之，既而漸分其父兄子弟外戍諸郡，內外相顧，卒無叛者。子建，蘭根(92)之族兄也。◯魏涼州幢帥(93)于菩提等執刺史宋穎，據州反。

八月庚寅(94)，徐州刺史成景儁拔魏童城(95)。◯魏員外散騎侍郎李苗上書曰：「凡食少兵精，利於速戰；糧多卒眾，事宜持久。今隴賊(96)猖狂，非有素蓄(97)，雖據兩城(98)，本無德義，其勢在於疾攻，日有降納(99)，遲則人情離沮(100)，坐待崩潰。夫飈至風舉(101)，逆者求萬一之功(102)；高壁深壘(103)，王師有全制之策(104)。但天下久泰(105)，人不曉兵，奔利(106)不相待，逃難(107)不相顧，將無法令，士非教習，不思長久之計，各有輕敵之心。如令隴東(108)不守，汧軍(109)敗散，則兩秦(110)遂彊，三輔(111)危弱，國之右臂(112)於斯廢矣。宜敕大將堅壁勿戰，別命偏裨(113)帥精兵數千，出麥積崖(114)以襲其後，則汧、岐[4]之下，羣妖自散。」

魏以苗為統軍，與別將淳于誕俱出梁、益，隸魏子建[5]。未至，莫折念生遣其弟高陽王天生將兵下隴(115)。甲午(116)，都督元志與戰於隴口，志兵敗，棄眾東保岐州(117)。

東西部敕勒皆叛魏，附於破六韓拔陵，魏主始思李崇及廣陽王淵之言。丙申(118)，下詔「諸州鎮軍貫(119)非有罪配隸(120)者，皆免為民，改鎮為州。」以懷朔鎮為朔州，更命朔州曰雲州(121)。遣兼黃門侍郎酈道元(122)為大使，撫慰六鎮。時六鎮已盡叛，道元不果行。

先是，代人遷洛者，多為選部所抑，不得仕進(123)。及六鎮叛，元乂乃用代來寒[6]人(124)為傳詔(125)以慰悅之。廷尉評(126)代人山偉奏記(127)，稱乂德美(128)，乂擢偉為尚書二千石郎(129)。

秀容(130)人乞伏莫于聚眾攻郡，殺太守，丁酉(131)，南秀容牧子(132)萬于乞真反(133)[7]，殺太僕卿(134)陸延，秀容酋長爾朱榮(135)討平之。榮，羽健之玄孫也。其祖代勤(136)，嘗出獵，部民射虎，誤中其髀(137)，代勤拔箭，不復推問，所部莫不感悅。官至肆州(138)刺史，賜爵梁郡公，年九十餘而卒，子新興立。新興時，畜牧尤蕃息(139)，牛羊駝馬，色別為羣[140]，彌漫川谷，不可勝數。魏每出師，新興輒獻馬及資糧以助軍，高祖[141]嘉之。新興老，請傳爵於子榮，魏朝許之。榮神機明決[142]，御眾[143]嚴整。時四方兵起，榮陰有大志，散其畜牧、資財，招合驍勇，結納豪桀，於是侯景[144]、司馬子如、賈顯度[145]及五原段榮[146]、太安竇泰[147]皆往依之。顯度，顯智之兄也。

戊戌[148]，莫折念生遣都督竇雙攻魏盤頭郡[149]，東益州刺史魏子建遣將軍竇念祖擊破之。

九月戊申[150]，成景儁拔魏睢陵[151]。戊午[152]，北兗州[153]刺史趙景悅圍荊山[154]。裴邃帥騎三千襲壽陽，壬戌[155]夜，斬關而入，克其外郭。魏楊州刺史長孫稚禦之，一日九戰，後軍蔡秀成失道不至，邃引兵還。別將擊魏淮陽[156]，魏使行臺酈道元、都督河間王琛救壽陽，安樂王鑒[157]救淮陽。鑒，詮之子也。

魏西道行臺元脩義得風疾[158]，不能治軍。壬申[159]，魏以尚書左僕射齊王蕭寶寅為西道行臺、大都督，帥諸將討莫折念生。

宋穎密求救於吐谷渾王伏連籌，伏連籌自將救涼州，于菩提棄城走，追斬之。城民趙天安等復推宋穎為刺史。

河間王琛軍至西硤石[160]，解渦陽[161]圍，復荊山戍。青、冀二州[162]刺史王神念與戰，為琛所敗。冬，十月戊寅(163)，裴邃、元樹攻魏建陵城(164)，克之，辛巳(165)，拔曲沭(166)[8]；掃虜將軍彭寶孫拔琅邪(167)。

魏營州(168)城民劉安定、就德興(169)執刺史李仲遵，據城反。城民王惡兒斬安定以降。德興東走，自稱燕王。

胡琛遣其將宿勤明達(170)寇豳、夏、北華(171)三州，壬午(172)[9]，魏遣都督北海王顥(173)帥諸將討之。顥，詳之子也。

甲申(174)，彭寶孫拔檀丘(175)。辛卯(176)，裴邃拔狄城(177)。丙申(178)，又拔甓城(179)，進屯黎漿(180)。壬寅(181)，魏東海(182)太守韋敬欣以司吾城(183)降。定遠將軍曹世宗拔曲陽(184)，甲辰(185)，又拔秦墟(186)，魏守將多棄城走。

魏使黃門侍郎盧同持節詣營州慰勞，就德興降而復反。詔以同為幽州刺史兼尚書行臺，同屢為德興所敗而還。

魏朔方胡(187)反，圍夏州刺史源子雍(188)，城中食盡，煮馬皮而食之，眾無貳心。子雍欲自出求糧，留其子延伯守統萬，將佐皆曰：「今四方離叛，糧盡援絕，不若父子俱去。」子雍泣曰：「吾世荷國恩，當畢命此城，但無食可守，故欲往東州(189)，為諸君營數月之食。若幸而得之，保全必矣。」乃帥羸弱詣東夏州運糧，延伯與將佐哭而送之。子雍行數日，胡帥曹阿各拔[190]邀擊，擒之。子雍潛遣人齎書，敕城中努力固守。闔城憂懼，延伯諭之曰：「吾父吉凶未可知，方寸焦爛。但奉命守城，所為者重，不敢以私害公。諸君幸得此心[191]。」於是眾感其義，莫不奮勵。子雍雖被擒，胡人常以民禮事之，子雍為陳禍福，勸阿各拔降。會阿各拔卒，其弟桑生竟[192]帥其眾隨子雍降。子雍見行臺北海王顥，具陳諸賊可滅之狀，顥給子雍兵，令其先驅[193]。時東夏州闔境皆反，所在屯結[194]，子雍轉鬬而前，九旬之中，凡數十戰，遂平東夏州，徵稅粟以饋統萬，二夏由是獲全[195]。子雍，懷之子也。

魏廣陽王淵上言：「今六鎮盡叛，高車二部[196]亦與之同，以此疲兵擊之，必無勝理。不若選練精兵守恆州諸要[197]，更為後圖。」遂與李崇引兵還平城。崇謂諸將曰：「雲中[198]者，白道之衝[199]，賊之咽喉，若此地不全，則并、肆危矣。當留一人鎮之，誰可者？」眾舉費穆，崇乃請穆[200]為雲州[10]刺史。

賀拔度拔父子及武川宇文肱[201]糾合鄉里豪傑，共襲衛可孤，殺之，度拔尋與鐵勒戰死。肱，逸豆歸[202]之玄孫也。

李崇引國子博士祖瑩[203]為長史，廣陽王淵奏瑩詐增首級，盜沒軍資，瑩坐除名，崇亦免官削爵徵還。淵專總[204]軍政。

莫折天生進攻魏岐州，十一月戊申[205]，陷之，執都督元志及刺史裴芬之，送莫折念生，殺之。念生又使卜胡等寇涇州[206]，敗光祿大夫薛巒[207]於平涼[208]東。巒，安都之孫也。

丙辰[209]，彭寶孫拔魏東莞[210]。壬戌[211]，裴邃攻壽陽之安城[212]。丙寅[213]，馬頭[214]、安城皆降。

高平人攻殺卜胡，共迎胡琛。○魏以黃門侍郎楊昱[215]兼侍中，持節監北海王顥軍，以救豳州，豳州圍解。蜀賊張映龍、姜神達攻雍州，雍州刺史元脩義請援，一日一夜，書移九通[216]。都督李叔仁遲疑不赴。昱曰：「長安，關中基本[217]，若長安不守，大軍自然瓦散，留此[218]何益！」遂與叔仁進擊之，斬神達，餘黨散走。

十二月戊寅[219]，魏荊山降。○壬辰[220]，魏以京兆王繼為太師、大將軍，都督西道諸軍以討莫折念生。

乙巳[221]，武勇將軍李國興攻魏平靖關[222]。辛丑[223]，信威長史楊乾攻武陽關[224]，壬寅[225]，攻峴關[226]，皆克之。國興進圍郢州[227]，魏郢州刺史裴詢[228]與蠻酋西郢州[229]刺史田朴特相表裏[230]以拒之。圍城近百日，魏援軍至，國興引還。詢，駿[231]之孫也。

魏汾州[232]諸胡反，以章武王融[233]為大都督，將兵討之。○魏魏子建招諭南秦諸氐，稍稍降附，遂復六郡、十二戍，斬賊帥[11]韓祖香。魏以子建兼尚書、為行臺，刺史如故，梁、巴、二益[234]、二秦[235]諸州皆受節度。○莫折念生遣兵攻涼州，城民趙天安復執刺史以應之。

是歲，侍中、太子詹事周捨坐事免，散騎常侍錢唐朱异[236]代掌機密，軍旅謀議，方鎮改易，朝儀詔敕皆典之。异好文義[237]，多藝能[238]，精力敏贍[239]，上以是任之。

【章旨】以上為第一段，寫梁武帝蕭衍普通五年（西元五二四年）一年間的大事。主要寫了魏國與柔然的矛盾糾紛未得解決，而其國內各地區紛紛爆發了反對朝廷的武裝叛亂，主要有破六韓拔陵連續打敗了臨淮王元彧所率的朝廷軍，接著又攻下了武川、懷朔二鎮；接著高平鎮的百姓又反，以應破六韓拔陵，致北方的州鎮全部落入破六韓拔陵之手；寫了西部的二夏、豳、涼地區民變並起，秦州的百姓殺了殘暴的刺史李彥，南秦州的百姓殺了其刺史崔遊，暴動者的頭領莫折大提與其子莫折念生相繼稱王，其部將莫折天生攻陷岐州，擒殺魏將元志與刺史裴芬之；又攻涇州，打敗了光祿大夫薛巒；這時東北地區營州的百姓就德興殺死了營州刺史，自稱燕王，魏使盧同討之，被打得大敗而回。在這種魏地烽煙四起，許多朝廷軍不堪一擊，許多名將紛紛敗北的情勢下，也有少數將領頗顯優異，主要有夏州刺史源懷之子源子雍平定了當地的叛亂，使二夏獲全；魏將楊昱、元顥，先解了豳州之圍，又及時地打敗了進攻雍州的蜀地武裝，從而使長安地區獲全；還有賀拔度拔父子與宇文肱等襲殺了莫折念生的大將衛可孤；東益州刺史魏子建招撫梁、益，穩定了六郡十二戍等等；寫了梁武帝蕭衍乘魏國北部、西部大亂之際，調動諸將在東線紛紛出兵，成景儁攻拔睢陵、彭寶孫攻拔琅邪、裴邃攻拔建陵、曲沭，又一度攻入壽陽的外郭；又攻取狄城、曲陽、秦墟、東莞、馬頭諸城，致使魏之諸將多棄城走，東海太守、荊山戍主皆以城降；李國與又取魏三關，進圍義陽；此外還寫了魏國的名臣李崇被罷職，元淵專總軍政，以及梁武帝蕭衍寵任佞臣朱异，從而埋下禍根等等。

【注　釋】❶正月辛丑　正月二十日。❷臨淮王彧　元彧，魏太武帝拓跋燾的後裔，襲其先人之位為臨淮王。傳見《魏書》卷十八。❸討破六韓拔陵　破六韓拔陵是魏國沃野鎮的百姓，姓破六韓，名拔陵，於上年五月率眾反，殺鎮將，又圍武川鎮，攻懷朔鎮。❹高平鎮民赫連恩　高平鎮的百姓，姓赫連，名恩。高平鎮的駐地即今寧夏固原。❺敕勒　當時的少數民族名，也稱「鐵勒」、「高車」，當時活動在柔然的北方，約當今蒙古國的烏蘭巴托以北，俄羅斯的貝加爾湖以南地區。❻衛可孤　破六韓拔陵的部將，自上年即率軍攻懷朔鎮。懷朔鎮的駐地在今內蒙古固陽的西南側。❼楊鈞　魏將名，時為懷朔鎮的鎮將。❽賀拔勝　賀拔度拔的第二子，父子四人皆在楊鈞部下效力。❾破胡　賀拔勝字破胡。❿雲中　魏郡名，郡治在今內蒙古和林格爾城北。⓫武川　也是魏國北方的軍鎮名，駐地在今內蒙古武川縣西，自上年就被破六韓拔陵的軍隊所圍困。⓬良平　張良、陳平，都是漢高祖劉邦部下的謀士，後人常用以代指最善於籌謀劃策的軍師。⓭覘　探測。⓮五原　古城名，漢時曾為五原郡的郡治所在地，在今內蒙古包頭西北。距今之五原距離甚遠。⓯白道　古道路名，胡三省曰：「武川鎮北有白道谷，谷口有白道城，自城北出有高坂，謂之白道嶺。」⓰寇連恆朔　恆州、朔州的寇盜連成一片。恆州的州治平城，即今山西大同，朔州的州治即當時雲中郡的郡治所在地，在今內蒙古和林格爾北側。⓱金陵　魏國先公先王的陵園墓地，在雲中郡境內。⓲元脩義　景穆帝拓跋晃的後代，汝陰王元天賜之子。傳見《魏書》卷十九上。⓳鎮恆朔　意即收拾、調集恆、朔二州的軍事力量。⓴革　改；改變。㉑尋　思考；推度。㉒開鎮戶　引發了鎮將與軍鎮上的各級將士。開，啟發；引起。㉓非冀之心　非分的願望。按，此可謂倒打一耙。元乂等人可惡。㉔聊復略論　不過是說說而已。㉕貴戚重望　既是貴戚，又有很高的威望。李崇是文成帝拓跋濬的元皇后之兄李誕之子。㉖器識　氣度、見識。㉗密邇寇戎　靠近敵對的戎狄之邦。密邇，挨近。㉘制勝於無形　指將禍亂解決在未爆發之前。無形，還沒有發生、沒有形成。㉙曾無愧謝之言　連句認錯道歉的話都沒有。曾，轉折語詞，相當口語中的「連個」。㉚聽言則對四句　語出《詩經・桑柔》，意思是聽到信口胡說的話就饒有興趣地與之應對不已，聽到引用《詩》、《書》的至理名言就表現得如醉如痴，不理不睬。不分好歹，不知聽取善言，等禍敗臨頭了反而說我大逆不道。㉛壬申　五月二十三。㉜崔暹　當時有名的酷吏，此前曾任南兗州刺史、瀛州刺史，嚴酷且又好利。傳見《魏書》卷八十九。㉝廣陽王淵　魏太武帝拓跋燾的曾孫，廣陽王元嘉之子。傳見《魏書》卷十八。下文同改。㉞裴邃　梁朝名將，與魏軍作戰屢立奇功，前因破取義州，被任豫州刺史，鎮合肥。傳見《梁書》卷二十八。㉟二夏　夏州與東夏州。夏州的州治統萬城，在今陝西橫山縣西北，東夏州的州治在今陝西延長西北。㊱豳涼　魏之二州名，豳州的州治即今甘肅寧縣，涼州的州治即今甘肅武威。㊲秦州　魏州名，州治即今甘肅天水市。㊳突入　衝入。㊴元志　元齊之子，烈帝拓跋翳槐的後代，此時任雍州刺史。傳見《魏書》卷十四。雍州的州治長安，在今西安西北部。㊵南秦州　魏州名，州治仇池，在今甘肅西和東南。㊶豪右　豪門世家的代表人物。㊷博陵崔遊　魏國著名文學之臣崔挺的同族，崔遊曾任涼州刺史，又任南秦州刺史。傳見《魏書》卷五十七。博陵是魏郡名，郡治即今河北安平。㊸接以辭色　和顏悅色地接待他們。㊹說下羣氐　勸說各部落的氐族人讓他們投降。下，出降。㊺所部　在他統率下的。㊻丁酉　六月十八。㊼甲寅　七月初六。㊽盛簡親賢　盡量地挑選那些與皇帝的血緣親密、又有德有能的人。㊾擁麾作鎮　手持指揮旗來做鎮將。麾，大將的指揮旗。㊿配以高門子弟　派那些出身高貴的青年人來充當僚屬。胡三省曰：「高門子弟，謂其先世與魏同起於代北者，所謂大姓九十九。」(51)非唯不廢仕宦　不僅不妨礙官職的提升。(52)乃更獨得復除　還能特別地獲得免除徭役。(53)太和　魏孝文帝的第三個年號（西元四七七—四九九年）。(54)李沖　李寶之子，孝文帝時代的親信大臣，曾任中書令、尚書僕射等職。傳見《魏書》卷五十三。(55)涼州士人　涼州地區的平民百姓。(56)悉免廝役　都能免除到軍鎮服役。胡三省曰：「李寶自敦煌入朝於魏，至子沖親貴，厚其鄉人，故涼土之人悉免廝役。」(57)帝鄉舊門　平城地區的舊族人。帝鄉，魏國皇帝的同鄉。(58)本鎮驅使　在本鎮供職的士人。(59)但為虞候白直　只能充當虞候、白直這種職務。虞候是官僚的侍從。白直是在職任事而不發給任何俸祿者。(60)一生推遷二句　在軍中服務一輩子，頂多也就是個軍主，即一支小部隊的頭領，類似連、排長。(61)為清途所隔　被清流士族所壓抑，如上卷征西將軍張彝之子張仲瑀建言「武人不得預於清流」，即其顯例之一。(62)峻邊兵之格　意即加強對軍鎮士兵的嚴格管理。峻……之格，狠狠地加強其規章制度。峻，強化；嚴厲處置。(63)不聽浮遊在外　不允許到外地漫遊。(64)遊宦　去外地謀差事。

(65)獨為匪人　獨自遭受非人的待遇。《詩經・何草不黃》有所謂「何草不玄？何人不矜？哀我征夫，獨為匪民！」「匪民」、「匪人」意思相同，後者乃唐人為避諱而改。(66)自定鼎伊洛　自從遷都洛陽以來。定鼎，將傳國之鼎安放在何處，即指建都。(67)底滯凡才　不能升遷的平庸人。(68)模習　效法、沿習。(69)諸方姦吏　各地區的為非作歹的官吏。(70)為之指蹤　有人給他們出謀劃策、指出道路。(71)政以賄立　於是他們的官位也就這樣靠著錢辦成了。(72)阿那瓌背恩縱掠　即上卷所說的魏使者元孚慰勞阿那瓌，被阿那瓌挾持，率兵大掠魏邊，直抵平城事。(73)發奔命追之　意即發騎兵追之。但稱自己的騎兵曰「奔命」，於理不合，疑是作《通鑑》者雜採誤用《魏書・元淵傳》「及阿那瓌背恩縱掠，竊奔，命師追之」之語而成。(74)不日而還　沒過幾天就回來了。(75)遂自意輕中國　胡三省曰：「師速而疾，邊人見其不能盡敵而反，意遂輕之。」(76)抑亦先覺　這也是一種先見之明。抑，轉折語詞。(77)高闕戍主御下失和二句　這裡的敘事與前文榫卯不接，前文但云「沃野鎮民破六韓拔陵聚眾反，殺鎮將，改元真王」，未言鎮將有「御下失和」事；又前文所言被殺者乃「沃野鎮將」，此處又曰「高闕戍主」，不知緣何歧異？高闕，在今內蒙古杭錦後旗北。《水經注》有所謂「其山中斷，兩岸雙闕雲舉，望若闕焉，故有高闕之名。」(78)屢北　屢敗。北，同「背」。意思即敗。(79)逡巡復路　遲疑徘徊了半天，最終又退了回來。逡巡，猶豫不前的樣子。(80)還次雲中　退回來駐守雲中郡。次，駐；駐守。(81)繫廷尉　下廷尉獄，送法庭受審。廷尉是全國的最高司法長官。(82)不坐　沒罪；不受懲處。(83)丁丑　七月二十九。(84)仇鳩河池二戍　胡三省曰：「河池即今鳳州河池縣，有河池水；仇鳩亦當與河池相近。」河池戍，在今甘肅徽縣西北。(85)東益州　魏國的東益州州治武興，即今陝西略陽。(86)氐王楊紹先　楊紹先是楊集始之子。楊氏是仇池一帶地區的氐族首領楊氏家族的後裔，二百年來在仇池一帶世代稱王，依叛於南、北朝之間。傳見《魏書》、《晉書》、《南齊書》等等。(87)城民勁勇　武興城的居民勇敢剽悍。(88)二秦　南秦州與北秦州。北秦州的州治即今甘肅天水市，南秦州的州治即仇池，在今甘肅西和東南。(89)數經行陣　都是久經戰鬥的。數，屢次。(90)急之　如果把他們逼急了。(91)腹背為患　我們將腹背受敵。因為在那一帶地區到處都是氐族人。(92)蘭根　魏蘭根，曾為李崇的僚屬，後官至尚書右僕射。傳見《北齊書》卷二十三。(93)涼州幢帥　涼州刺史屬下的軍官名，統領百餘人，當時每百人授予一幢，其頭領即稱幢帥。幢是旗幟一類的儀仗，用布做成圓筒形，用長竿從中挑起。涼州的州治即今甘肅武威。(94)八月庚寅　八月十二。(95)童城　僮縣縣城，在今江蘇沭陽西南側。(96)隴賊　指莫折念生，莫折大提之子。(97)素蓄　平時的蓄積，指糧草衣物兵器等儲備。(98)兩城　指秦州的州治即今天水市、高平鎮的駐地即今寧夏固原。(99)日有降納　每天都有人去歸附他。(100)離沮　猶言瓦解、叛散。(101)飇至風舉　猶言風起雲湧，比喻一哄而起、八方響應的突然來勢。(102)逆者求萬一之功　造反者總是像賭博一樣幻想如此成功。逆者，造反者。萬一之功，僥倖的成功。(103)高壁深壘　準備打持久戰。(104)全制之策　穩紮穩打地徹底打敗敵人。這兩句是說面對急於取勝的一哄而起的敵人，穩紮穩打才是萬全之策。(105)久泰　長期以來不打仗。(106)奔利　趨利；見到有利可圖。(107)逃難　躲避困難危險。(108)隴東　隴山以東，指當時汧水流域的汧城（即今隴縣）、雍縣（今寶雞東北）一帶地區。(109)汧軍　即當時元志所統領的軍隊。汧，河水名，從西北的隴山流來，經今陝西隴縣、千陽東南流，在寶雞東匯入渭水。(110)兩秦　此指莫折念生旗下的南、北秦州的百姓武裝。(111)三輔　古指長安一帶地區，即今西安一帶的魏國統治地區。(112)國之右臂　魏國國都西部的骨幹地區。(113)偏裨　偏將；小將。率領著小股的武裝力量。(114)麥積崖　即麥積山，在今甘肅天水市的東南方。(115)下隴　過隴山東下。(116)甲午　八月十六。(117)岐州　魏州名，州治雍縣，在今陝西寶雞東北。(118)丙申　八月十八。(119)軍貫　軍籍；軍人的身分。(120)非有罪配隸　不是由於犯罪而流放發配前來的。(121)雲州　州治盛樂，在今內蒙古托克托東北。(122)酈道元　當時著名的地理學家，著有《水經注》，曾任河南尹、御史中尉等職，為政酷烈。事見《魏書・酷吏傳》。(123)不得仕進　不能進入官場為官。(124)代來寒人　從代郡遷到洛陽的非士族人員。寒人，出身門第低微的人，與士族相對而言。(125)傳詔　官名，地位不甚高，但地位重要。(126)廷尉評　即漢代的「廷尉平」，廷尉的屬官，主管評議訴訟，後又改稱「大理評事」。(127)代人山偉奏記　代郡遷洛的人士姓山名偉者給皇帝上書。奏記，文體名，群臣給皇帝所上的奏章。(128)稱乂德美　為元乂歌功頌德。德美，操行品德高尚。(129)尚書二千石郎　尚書省的郎官，約當今之司局級，本來不到二千石，元乂特別給他定為二千石級。二千石通常為郡太守與諸侯相的級別。(130)秀容　魏郡名，郡治在今山西原平西南、忻州的西北方。(131)丁酉　八月十九。(132)南秀容牧子　南秀容的放牧者。南秀容的具體方位不詳，應距秀容郡治不遠。(133)萬于乞真反　萬于乞真是少數民族人名。(134)太僕卿　太僕的僚屬，太僕是為朝廷掌管車馬的官員。(135)爾朱榮　姓爾朱，名榮。秀容一帶的少數民族頭領，其家於數世前即為魏國皇帝的部下，率眾放牧於秀容川，其祖曾為肆州刺史，其父贈恆州刺史。爾朱榮曾率兵隸李崇北討柔然，其後招納侯景、高歡等，兵勢漸盛。後入據洛陽，殺胡太后、少帝，專斷朝政。傳見《魏書》卷七十四。(136)代勤　羽健之子，太武帝拓跋燾敬哀皇后之舅，曾任肆州刺史。羽健、代勤事並見《魏書》卷七十四。(137)髀　大腿。(138)肆州　魏州名，州治即今山西忻州。(139)蕃息　繁殖得多。(140)色別為羣　相同顏色的牲畜歸為一群。(141)高祖　指孝文帝元宏。(142)神機明決　為人英明果斷。神機，神態、心機。(143)御眾　帶兵。御，統領；指揮。(144)侯景　初為魏將爾朱榮的部下，後歸高歡。高歡死，降梁為河南王，後舉兵叛亂，攻破建康，蕭衍（梁武帝）被困餓死。侯景自立為皇帝，史稱「侯景之亂」。傳見《梁書》卷五十六。(145)賈顯度　初為薄骨律鎮的將官，後投歸爾朱榮，魏末官至驃騎大將軍。傳見《魏書》卷八十。(146)五原段榮　五原是魏郡名，郡治在今內蒙古包頭西北。段榮傳見《北齊書》卷十六。(147)太安寶泰　太安是魏郡名，胡三省曰：「時魏於懷朔鎮置朔州，並置太安郡。」寶泰天平四年（西元五三七年）與北周宇文泰作戰，兵敗自殺。傳見《北齊書》卷十五。(148)戊戌　八月二十。(149)盤頭郡　上屬東益州，在今陝西略陽附近。(150)九月戊申　九月初一。(151)睢陵　古城名，即今江蘇睢寧。(152)戊午　九月十一。(153)北兗州　梁州名，州治即今江蘇淮安之淮陰區。(154)荊山　縣名，在今安徽蚌埠西南。(155)壬戌　九月十五。(156)別將擊魏淮陽　胡三省曰：「此梁所遣別將也，非裴邃所部。」淮陽，魏郡名，郡治即上文所說的睢陵城，已被梁將成景儁所拔，此又所謂「擊淮陽」，乃擊淮陽郡之餘地。(157)安樂王鑒　元鑒，文成帝拓跋濬的曾孫，拓跋詮之子。傳見《魏書》卷二十。(158)得風疾　得了中風病。(159)壬申　九月二十五。(160)硤石　魏國的軍事要塞名，在當時壽陽城西北方的淮水西岸，在今安徽鳳臺城的南側。胡三省引《水經注》曰：「淮水東過壽春縣北，又北逕山峽中，謂之峽石。對岸山上結二城，以防津要。在淮水西岸者謂之西峽石。」(161)渦陽　即今安徽蒙城，當時為魏國馬頭郡的郡治，同時也是南兗州的州治所在地。(162)青冀二州　梁國的州名，二州共設一刺史，州治在今江蘇的連雲港市。(163)十月戊寅　十月初一。(164)建陵城　建陵是魏縣名，即今山東郯城。(165)辛巳　十月初四。(166)曲沭　《水經注》：「沭水過建陵縣故城東，又南逕陵山西，魏立大堰遏水西流，兩瀆之會，置城防之，曰曲沭城。」曲沭城應離今山東郯城不遠。(167)琅邪　魏郡名，郡治即丘，在今山東臨沂西。(168)營州　魏州名，州治即今遼寧朝陽。(169)就德興　人名，姓就，名德興。(170)宿勤明達　人名，姓宿勤，名明達。(171)豳夏北華　魏之三州名，豳州的州治安定，即今甘肅寧縣，夏州的州治統萬，在今陝西橫山縣西，北華州的州治在今陝西宜君東北。(172)壬午　十月初五。(173)北海王顥　元顥，元詳之子，孝文帝之姪。傳見《魏書》卷二十一上。(174)甲申　十月初七。(175)檀丘　具體方位不詳，應在今江蘇新沂周圍。(176)辛卯　十月十四。(177)狄城　具體方位不詳，應在今江蘇新沂周圍。(178)丙申　十月十九。(179)甓城　具體方位不詳，應在今江蘇新沂周圍。(180)黎漿　具體方位不詳，應在今江蘇新沂周圍。(181)壬寅　十月二十五。(182)東海　魏郡名，郡治司吾城，在今江蘇新沂南，上屬於魏之徐州。(183)司吾城　司吾縣的縣城，當時為魏東海郡的郡治所在地。(184)曲陽　魏縣名，後廢入今安徽定遠。(185)甲辰　十月二十七。(186)秦墟　魏之軍事據點名，應距當時的曲陽不遠。(187)朔方胡　朔州境內的匈奴族。朔州的州治盛樂，在今內蒙古托克托東北。(188)源子雍　魏國名將源賀之孫，源懷之子，此時任夏州刺史。傳見《魏書》卷四十一。(189)東州　東夏州，州治在今陝西延長西北。(190)曹阿各拔　人名，姓曹，名阿各拔。(191)幸得此心　希望能體察這種心情。(192)竟　居然；終於。(193)先驅　充當先鋒。(194)所在屯結　各處都聚眾堅守。(195)二夏由是獲全　胡三省曰：「史言源氏諸子皆有才具，而天降喪亂，終無救魏氏之衰也。」(196)高車二部　胡三省曰：「高車自阿伏至羅與窮奇分為二部，所謂東、西部敕勒也。」阿伏至羅與窮奇分為兩部在孝文帝太和十一年（西元四八七年）。197恆州諸要　恆州北部地區的各個要塞。198雲中　此指雲中郡的郡治盛樂（今內蒙古托克托東北）一帶。199白道之衝　正好對著敵方的白道。白道，柔然境內貫通南北的要道，見本段前文15。衝，交通要道；必經之地。200請穆　奏請任命費穆。201宇文肱　北周文皇帝宇文泰之父，鮮卑酋長，數代居於武川。事見《周書》卷一。202逸豆歸　鮮卑部落頭領，晉康帝建元二年（西元三四四年）被前燕主慕容皝所滅。事見《周書》卷一。203祖瑩　魏國的博雅多學之臣，曾為國子博士、國子祭酒、殿中尚書等職。傳見《魏書》卷八十二。204專總　猶言「獨攬」。205十一月戊申　十一月初二。206涇州　州治安定，即今甘肅涇川縣。207薛巒　薛安都之孫，時任光祿大夫之職。傳見《魏書》卷六十一。薛安都原是劉宋名將，後逃歸魏國。208平涼　魏郡名，郡治在今甘肅平涼西南。209丙辰　十一月初十。210東莞　魏郡名，郡治即今山東莒縣。211壬戌　十一月十六。212壽陽之安城　壽陽附近之安城縣。所以要特別提出「壽陽」，因壽陽是魏國突出於淮河以南的佔領區，四周多是梁地，而安城乃屬魏者也。213丙寅　十一月二十。214馬頭　魏郡名，魏國東南前線的軍事重鎮，郡治渦陽，即今安徽蒙城，在壽陽的西北方。215楊昱　魏國名將楊椿之子，時為黃門侍郎。傳見《魏書》卷五十八。216書移九通　發出求救的書信、移文共九件。移，文體名，與檄文的性質相近，這裡即指文告。217基本　猶言「根本」。218留此　我們駐軍在這裡。219戊寅　十二月初二。220壬辰　十二月十六日。221乙巳　十二月二十九日。按，「乙巳」當在「壬寅」後，疑文字次序有顛倒。222平靖關　在義陽郡（今河南信陽）的西南方，豫鄂交界的三關之一，當時屬魏。223辛丑　十二月二十五。224武陽關　在義陽郡（今河南信陽）的正南方，豫鄂交界的三關之一，當時屬魏。225壬寅　十二月二十六日。226峴關　又稱「黃峴關」，在義陽郡（今河南信陽）的東南方，豫鄂交界的三關之一，當時屬魏。227郢州　魏國的郢州州治即在義陽郡，今河南信陽。228裴詢　裴駿之子，曾任祕書監，此時任郢州刺史，有幹略。傳見《魏書》卷四十五。229西郢州　魏國的西郢州即今河南泌陽，在義陽的西北方。230相表裏　相互為外援。231駿　裴駿，拓跋燾時代的河東名人，有幹略，崔浩視之為「三河領袖」，曾任中書侍郎。傳見《魏書》卷四十五。232汾州　魏州名，州治蒲子城，即今山西隰縣。233章武王融　元融，景穆帝拓跋晃之曾孫，襲其父祖之爵為章武王。傳見《魏書》卷十九下。234梁巴二益　魏之四州名，實際只有少量地區屬魏，大多徒有虛名。胡三省曰：「魏置梁州於南鄭（即今陝西漢中）；置巴州於漢巴西郡（即今四川綿陽）；置益州於晉壽郡（在今四川劍閣東北）；東益州於武興郡（即今陝西略陽）。」235二秦　胡三省曰：「置秦州於上邽（今甘肅天水市）；南秦州於仇池（今甘肅西和東南）。」236朱异　錢唐（今杭州西）人，官至中領軍。後勸蕭衍納侯景投降，導致了禍亂。傳見《梁書》卷三十八。237好文義　愛好文章、義理，意即有學問、有文采。238多藝能　指算學、書法、下棋等技能。239敏贍　思維敏捷、精力充沛。

【校　記】①還　原無此字。據章鈺校，十二行本、乙十一行本、孔天胤本皆有此字，今據補。②淵　原「深」。胡三省注云：「魏收《魏書》作『廣陽王淵』，李延壽《北史》作『廣陽王深』，蓋避唐諱，《通鑑》承用之。」今據以校正。下同。③等　原無此字。據章鈺校，十二行本、乙十一行本、孔天胤本皆有此字，今據補。④岐　原作「隴」。據章鈺校，十二行本、乙十一行本皆作「岐」，張敦仁《通鑑刊本識誤》同，今據改。按，《魏書・李苗傳》作「岐」。⑤隸魏子建　原無此四字。據章鈺校，十二行本、乙十一行本、孔天胤本皆有此四字，張敦仁《通鑑刊本識誤》、張瑛《通鑑校勘記》同，今據補。⑥寒　原無此字。據章鈺校，十二行本、乙十一行本、孔天胤本皆有此字，張敦仁《通鑑刊本識誤》、張瑛《通鑑校勘記》同，今據補。⑦反　原無此字。據章鈺校，十二行本、乙十一行本、孔天胤本皆有此字，張敦仁《通鑑刊本識誤》、張瑛《通鑑校勘記》同，今據補。⑧曲沭　原作「曲木」。胡三省注云：「『曲木』當作『曲沭』。」當是，今從改。⑨壬午　原無此二字。據章鈺校，十二行本、乙十一行本、孔天胤本皆有此二字，張敦仁《通鑑刊本識誤》同，今據補。⑩雲州　原作「朔州」。胡三省注云：「時雲中已改為雲州，『朔』當作『雲』。」嚴衍《通鑑補》改作「雲州」，今據以校正。⑪賊帥　原無此二字。據章鈺校，十二行本、乙十一行本、孔天胤本皆有此二字，今據補。

【語　譯】高祖武皇帝六

普通五年（甲辰　西元五二四年）

春季，正月二十日辛丑，魏孝明帝元詡在洛陽的南郊舉行祭天典禮。

三月，魏國朝廷任命臨淮王元彧為都督北討諸軍事，率軍討伐聚眾造反的沃野鎮民破六韓拔陵。

夏季，四月，魏國高平鎮的百姓赫連恩等人起兵造反，他們推舉敕勒族的酋長胡琛為高平王，高平王胡琛率眾攻打高平鎮以響應破六韓拔陵。魏國將領盧祖遷出兵將其打敗，胡琛向北方逃走。

破六韓拔陵的部將衛可孤率軍圍攻懷朔鎮已經一年，外面的援軍一直不見蹤影，懷朔鎮將楊鈞派手下將領賀拔勝到臨淮王元彧那裡告急求救。賀拔勝招募了十多名敢死少年騎兵，利用黑夜作掩護尋找機會殺出叛賊的重圍，賊軍的騎兵追上了賀拔勝等人，賀拔勝大聲說：「我是賀拔破胡！」賊軍騎兵遂不敢向他逼近。賀拔勝到雲中郡求見臨淮王元彧，他對元彧說：「懷朔鎮被叛民圍困了一年，現在已經是危在旦夕，大王如今不肯出兵前往救援，懷朔鎮一旦落入叛賊的手中，那麼武川鎮也就危險了，到那時賊軍的銳氣就會增加一百倍，即使有張良、陳平那樣善於出謀劃策的人出來，也無法為大王想出好辦法了。」元彧這才答應出兵救援懷朔鎮。賀拔勝返回的時候，再次突破叛賊的包圍進入懷朔鎮。鎮將楊鈞又派遣賀拔勝前往探測武川鎮的情況，而武川鎮此時已經被賊軍攻陷。賀拔勝飛馬返回了懷朔鎮，懷朔鎮也很快就被叛軍攻破了，賀拔勝父子全被衛可孤俘虜。

五月，臨淮王元彧在五原與叛民首領破六韓拔陵作戰中失敗，元彧因此被剝奪了官職和爵位。擔任安北將軍的隴西人李叔仁又在白道與叛民作戰失敗，於是賊軍的聲勢越來越強大。

魏孝明帝在顯陽殿召見丞相、尚書令、尚書僕射、尚書、侍中、黃門，向他們詢問說：「如今恆州、朔州的寇盜連成一片，已經逼近先公先王的陵園金陵，你們有什麼消滅寇盜的好辦法？」擔任吏部尚書的元脩義請求派遣重要大臣統軍鎮守恆州、朔州，以抵禦那些賊寇。孝明帝說：「去年柔然可汗阿那瓌背叛魏國的時候，朝廷派李崇率軍北征，李崇曾經上表給朝廷，請求將軍鎮改為州，我當時認為舊有的規章制度很難改變，所以沒有聽從李崇的建議。令人沒有想到的是李崇的這道奏章，竟然引發了鎮將與軍鎮上各級將士的非分之想，才導致了今天的禍患。但是已經過去了的事情就很難再追回來，現在也不過是隨便說說而已。然而李崇既是貴戚，又有很高的威望，氣度、見識英明敏銳，所以我想再派遣李崇前往，你們認為怎麼樣？」擔任尚書左僕射的蕭寶寅等人都說：「如果這樣，確實符合大家的願望。」李崇說：「我因為北方六鎮遙遠偏僻，靠近敵對的戎狄之邦，主張改鎮為州是想安慰鎮將之心，讓他們高興，怎敢引導他們製造叛亂！我的罪過應當被處死，而皇帝陛下赦免了我。如今又派遣我前往北方，正是我報恩改過的好機會。只是我現在已經七十歲了，再加上疲勞多病，承受不了行軍打仗的艱辛，所以希望另外選派賢能的人前去。」孝明帝不同意李崇的意見。元脩義，是元天賜的兒子。

司馬光說：「李崇所上的請求改軍鎮為州的表章，是把災禍消滅在還沒有萌芽的狀態，把禍患解決在還沒有爆發之前的好辦法。魏肅宗當時沒有能夠採納李崇的建議，等到禍亂發生之後，竟然連句認錯道歉的話都沒有，反而更加認定是李崇的罪過，像元詡這樣一個不明是非的國君，怎麼可以和他共同籌劃國事呢！《詩經・桑柔》說：『聽到信口胡說的話就饒有興趣地與之應對不已，聽到引用《詩經》、《書經》中的至理名言就表現得如醉如痴，不理不睬。不分好歹，不知道聽取善言，等到禍敗臨頭了反而說我大逆不道』，說的就是魏孝明帝這種人。」

五月二十三日壬申，魏國朝廷加授尚書令李崇為使持節、開府儀同三司、北討大都督，命令擔任撫軍將軍的崔暹、擔任鎮軍將軍的廣陽王元淵都要接受李崇的調遣、指揮。元淵，是元嘉的兒子。

六月，梁武帝蕭衍任命擔任豫州刺史的裴邃為督征討諸軍事，統軍討伐魏國。

魏國自從破六韓拔陵造反之後，夏州和東夏州、豳州、涼州境內的寇盜蜂擁而起，擔任秦州刺史的李彥，為政殘酷暴虐，在他管轄之下的人都對他懷有深深的怨恨，這一月，城內的薛珍等人聚集黨徒突然衝入州府大門，活捉了秦州刺史李彥，把李彥殺死，隨後又推舉他的同黨莫折大提為帥，莫折大提自稱秦王。魏國朝廷派遣擔任雍州刺史的元志出兵討伐莫折大提等。

當初，南秦州境內的豪門世家楊松柏兄弟，曾經多次做強盜，擔任南秦州刺史的博陵郡人崔遊誘導楊松柏兄弟使他們投降了朝廷，拉他們做了主簿，和顏悅色地接待他們，讓他們勸說各部落的氐族人出來投降，後來卻又擺下鴻門宴把他們全部抓捕起來斬首，因此在崔遊統領下的人無不心懷猜忌恐懼。南秦州刺史崔遊聽到秦州刺史李彥被殺的消息之後，知道自己的生命安全已經沒有了保證，就準備棄職逃走，卻沒有逃成。南秦州州治仇池城內的百姓張長命、韓祖香、孫掩等人起來攻擊崔遊，把崔遊殺死，以整座城池響應自稱秦王的莫折大提。莫折大提派遣自己的黨羽卜胡率眾襲擊高平鎮，將高平攻克，殺死了高平鎮將赫連略、行臺高元榮。不久莫折大提去世，莫折大提的兒子莫折念生自稱天子，設置文武百官，改年號為天建元年。〇六月十八日丁酉，魏國實行大赦。

秋季，七月初六日甲寅，魏國朝廷派遣擔任吏部尚書的元脩義兼任尚書僕射，為西道行臺，率領各路將領前往秦州討伐莫折念生。

擔任撫軍將軍的崔暹不聽北討大都督李崇的調度指揮，在白道擅自與破六韓拔陵開戰，結果被破六韓拔

陵打得大敗，只剩自己一個人騎馬逃了回來。破六韓拔陵集中兵力進攻李崇，李崇拼力死戰也抵擋不住破六韓拔陵的攻勢，只得率軍退回到雲中郡，與破六韓拔陵展開對峙。

廣陽王元淵上書給孝明帝說：「我國早先建都平城的時候，都是以北邊的防務為重點，盡量地挑選那些與皇帝的血緣關係親密而又有德有才能的人，讓他們手持指揮旗來做鎮將，再派遣那些出身高貴的青年人來為他們充當僚屬，這些人會拼盡死力進行防守來阻遏北方的敵人。這樣一來不僅不妨礙他們官職的提升，還能特別地獲得免除徭役，當時的人都很高興，都希望能去邊鎮。孝文帝太和年間，擔任尚書僕射的李沖掌握朝政大權，他的家鄉涼州地區的平民百姓全部被免除到軍鎮服役；而皇帝的同鄉平城地區的舊族子弟，仍然要到邊鎮去服役戍邊，當時如果不是犯了罪的人，沒有人願意去邊鎮服役與他們為伍。在本鎮供職的士人，也只能充當虞候、白直這種職務，他們在軍中服務一輩子，頂多也只能當一個軍主，然而他們留在京師的同族子弟卻能得到上品通官。在軍鎮的人既然被清流士族所壓抑，因而就有很多人不得不逃離軍鎮，於是朝廷就加強對軍鎮士兵的嚴格管理，不准許軍鎮的人到外地漫遊，遂導致少年人不能到外地從師學習，年長的人不能去外地謀差事，獨自遭受非人的待遇，說起來就讓人傷心流淚。自從遷都洛陽以來，邊防的官職更加受到輕視，只有那些得不到升遷的平庸人，才出京去擔任鎮將，這些人到任之後，就轉而互相效法、互相沿襲，專門以聚斂錢財為能事。或者是各地區那些為非作歹的官吏，犯罪之後被發配到邊鎮，有人便給他們出謀劃策、指出道路，於是他們的官位也就靠著錢財辦成了，邊鎮的人對此無不痛恨得咬牙切齒。等到柔然可汗阿那瓌背棄恩義，大肆縱兵搶劫魏國的邊境，直抵平城以來，朝廷派遣擔任尚書令的李崇、擔任尚書左僕射的元纂率領騎兵奔襲柔然可汗阿那瓌，十五萬騎兵向北渡過大沙漠追趕了三千里，也沒有追上，沒過幾天就回來了。邊境的人看見這樣的增援部隊，心中就有些看不起他們。擔任尚書令的大臣李崇請求改軍鎮為州，這也許是一種先見之明，而朝廷卻沒有採納他的意見。而高闕軍事據點的駐軍頭領與自己的部下有矛盾，所以被破六韓拔陵殺死，於是便一處接著一處的發生叛亂，他們攻城略地，所過之處全部被夷為平地，朝廷的軍

隊多次被叛軍打敗，而賊黨的勢力卻一天比一天強盛。這次朝廷派遣尚書令李崇為使持節、開府儀同三司、北討大都督的軍事行動，原本指望著他們能把恆州、朔州的寇盜一舉消滅，而撫軍將軍崔暹在白道一戰竟然全軍覆沒，連一個車輪子也沒有帶回來，大臣李崇與我遲疑徘徊了半天，最後又退了回來，共同退回到雲中駐紮，將士的心情無不離散。如今我所擔憂的，不只是西北方，恐怕各軍鎮都將如此，天下的事情，估量起來談何容易！」奏章呈遞上去之後，如石沉大海，沒有得到任何回音。

魏孝明帝下詔將撫軍將軍崔暹調回京師下廷尉獄，送法庭受審，崔暹用女伎、田園向當權者元乂行賄，最終沒有受到任何懲處。

七月二十九日丁丑，自稱天子的莫折念生派遣屬下擔任都督的楊伯年等人率眾進攻仇鳩、河池兩個軍事據點，魏國擔任東益州刺史的魏子建派遣將軍伊祥等人將楊伯年打敗，斬獲了一千多顆首級。東益州本來是氐族人首領楊紹先的領地，將佐都認為武興城中的居民勇敢剽悍，秦州和南秦州境內造反的都是他們這些氐族人，就請求先收繳城中居民的器械。魏子建說：「城中的居民都是久經戰鬥的，安撫他們完全可以讓他們為我所用，如果把他們逼急了我們就會腹背受敵。」魏子建就把城中的所有居民全部召集起來，安撫他們、給他們講明道理，過後又逐漸把他們的父兄子弟分別派到各郡戍守，使他們內外互相照應，有所顧忌，從此以後便再也沒有人叛變。魏子建，是魏蘭根的堂兄。○魏國在涼州刺史屬下擔任幢帥的于菩提等逮捕了涼州刺史宋穎，佔據涼州造反。

八月十二日庚寅，梁國擔任徐州刺史的成景儁率軍攻佔了魏國的僮縣縣城。○魏國擔任員外散騎侍郎的李苗上書給孝明帝說：「凡是在糧食少、士兵精銳的情況下，採取速戰速決的辦法最為有利；而在糧食充足、士兵眾多的情況下，則適合於打持久戰。如今隴山地區的盜賊莫折念生等勢力十分猖狂，然而他們平時並沒有糧草、衣物、兵器等方面的儲備，雖然佔據了秦州、高平二城，卻根本沒有道德正義可言，他們的優勢在於猛烈攻擊，每天都有人去歸附他，如果他們的進攻遲緩就會導致人心離散、瓦解，坐著等待崩潰。叛軍的興起好像風起雲湧，他們就像賭博一樣總幻想著獲得哪怕只有萬分之一希望的成功；面對急於求勝的叛軍，朝廷軍必須要準備打持久戰，只有穩紮穩打才是克敵制勝的萬全之策。但是由於國家長期以來太平無事，人們已經不懂得戰爭，看到有利可圖的時候他們就爭先恐後誰也不等誰，而在躲避困難危險的時候他們又只顧自己而不管別人，將領不能發號施令，士兵沒有經過培養訓練，上上下下全都沒有長久的考慮，每個人卻又存在著輕敵的思想。假使隴山以東陷入叛賊之手，雍州刺史元志的軍隊也戰敗潰散，莫折念生旗下的秦州與南秦州的叛軍勢力將更加強大，長安一帶朝廷統治區就顯得很危險、力量很薄弱，國家都城西部的這條右臂就被廢掉了。朝廷應該命令大將堅壁清野，不要與叛賊交戰，另外命令偏將率領幾千名精兵，從麥積山出兵去襲擊賊軍的背後，那麼汧河、岐原一帶地區的那些叛賊就會自行潰散。」

魏國朝廷於是任命員外散騎侍郎李苗為統軍，與擔任一支獨立部隊將領的淳于誕一同從梁州、益州出兵，隸屬於東益州刺史魏子建。李苗、淳于誕還沒有到達，莫折念生已經派遣自己的弟弟高陽王莫折天生率軍越過隴山東下。八月十六日甲午，都督元志在隴口與莫折天生交戰，元志作戰失敗之後，就拋棄眾人向東逃往岐州據守。

東部敕勒與西部敕勒全都背叛了魏國，歸附了破六韓拔陵，魏孝明帝這時才開始想起尚書令李崇以及廣陽王元淵所說過的話。八月十八日丙申，孝明帝下詔說「各州各軍鎮中軍籍身分的人如果不是因為犯罪而被流放發配服役的人，都免除他們的軍人身分，恢復為平民，改軍鎮為州。」將懷朔鎮改為朔州，把原來的朔州改為雲州。派遣兼任黃門侍郎的酈道元為大使，前往沃野鎮、懷朔鎮、武川鎮、撫冥鎮、柔玄鎮、懷荒鎮六軍鎮進行安撫、慰問。當時由於六個軍鎮已經全部背叛，所以酈道元沒有去成。

先前，從代郡遷到洛陽的人，多數都受到吏部的壓制，不能進入官場為官。等到六鎮發生叛亂的時候，領軍將軍元乂就任用從代郡遷到洛陽的出身門第低微的人為傳詔，用以安慰、取悅那些從代郡遷到洛陽的人。擔任廷尉評的代郡人山偉因此上奏章給孝明帝，為領軍將軍元乂歌功頌德，元乂便提升山偉為尚書省享受二千石俸祿的郎官。

魏國秀容郡人乞伏莫于聚集民眾進攻郡城，他們殺死了秀容郡太守，八月十九日丁酉，南秀容的放牧者名叫萬于乞真的也起來造反，他殺死了擔任太僕卿的陸延，秀容一帶的少數民族頭領爾朱榮率領自己的部眾將萬于乞真消滅。爾朱榮，是爾朱羽健的玄孫。爾朱榮的祖父爾朱代勤，曾經外出打獵，他部落中的百姓在射擊老虎的時候，誤中了爾朱代勤的大腿，爾朱代勤拔出大腿上的箭頭，卻沒有追究那個人的罪責，因此他的部下沒有人不感激他、不喜歡他。爾朱代勤做官做到肆州刺史，被封為梁郡公，活到九十多歲時去世，爾朱代勤的兒子爾朱新興繼承了他的爵位。爾朱新興時期，他的牲畜繁殖得很多，他把牛、羊、駱駝、馬，按照不同的顏色分群放牧，牲畜彌漫於山川河谷，多得不可勝數。魏國軍隊每次出兵打仗，爾朱新興都捐獻馬匹以及糧食進行資助，高祖元宏為此褒獎了他。爾朱新興年老以後，請求把爵位傳給自己的兒子爾朱榮，魏國朝廷批准了他的請求。爾朱榮為人英明果斷，帶兵紀律嚴明整肅。當時四面八方都在起兵造反，爾朱榮野心勃勃，胸懷大志，他將牲畜、資產、財寶全部變賣，所換來的錢全部用於招募驍勇的武士，接納四方的英雄豪傑，於是侯景、司馬子如、賈顯度以及五原郡人段榮、太安郡人竇泰全都前往秀容依附於他。賈顯度，是賈顯智的哥哥。

八月二十日戊戌，莫折念生派遣屬下擔任都督的竇雙攻取魏國的盤頭郡，魏國擔任東益州刺史的魏子建派遣部將竇念祖率軍打敗了竇雙的進攻。

九月初一日戊申，梁國擔任徐州刺史的成景儁攻下了魏國的睢陵城。十一日戊午，梁國擔任北兗州刺史的趙景悅包圍了荊山。裴邃率領三千騎兵襲擊壽陽，十五日壬戌夜間，裴邃砍開壽陽城門攻入壽陽，佔領了壽陽城的外城。魏國擔任楊州刺史的長孫稚率軍進行抵抗，一天之內雙方就發生了九次戰鬥，因為梁國統領後續部隊的蔡秀成迷失道路沒有及時趕到增援，裴邃只好率軍退出壽陽。另外一支軍隊的將領攻擊魏國的淮陽郡，魏國派遣行臺酈道元、都督河間王元琛率軍救援壽陽，派安樂王元鑒率軍救援淮陽。元鑒，是元詮的兒子。

魏國擔任西道行臺的元脩義得了中風，不能統領軍隊。九月二十五日壬申，魏國任命擔任尚書左僕射的齊王蕭寶寅為西道行臺、大都督，統領各將討伐莫折念生。

魏國的涼州刺史宋穎祕密向吐谷渾王伏連籌求救，伏連籌親自率軍前往涼州救援宋穎，造反的幢帥于菩提棄城逃走，被追兵斬首。涼州城中的百姓趙天安等人又推戴宋穎為涼州刺史。

魏國的都督河間王元琛率軍趕往壽陽的途中到達西硤石，解除了渦陽的包圍，收復了荊山軍事據點。梁國擔任青、冀二州刺史的王神念與元琛軍交戰，被元琛軍打敗。冬季，十月初一日戊寅，裴邃與元樹一同進攻魏國的建陵城，將建陵城攻克，初四日辛巳，又攻克了曲沭城；梁國擔任掃虜將軍的彭寶孫攻佔了琅邪郡。

魏國營州城內的百姓劉安定、就德興捉住了擔任營州刺史的李仲遵，佔據營州城造反。營州城內的百姓王惡兒殺死了劉安定投降了官府。就德興向東逃走，自稱燕王。

敕勒族酋長胡琛派遣手下的部將宿勤明達率眾進攻魏國的豳州、夏州、北華州三個州，十月初五日壬午，魏國朝廷派遣擔任都督的北海王元顥率領各將前往討伐。元顥，是元詳的兒子。

十月初七日甲申，梁國的掃虜將軍彭寶孫攻下了魏國的檀丘。十四日辛卯，裴邃攻下了魏國的狄城。十九日丙申，又攻下了魏國的甓城，然後進軍，把軍隊屯紮在黎漿。二十五日壬寅，魏國擔任東海太守的韋敬欣獻出司吾城向梁軍投降。梁國擔任定遠將軍的曹世宗攻佔了魏國的曲陽縣城，二十七日甲辰，又攻佔了魏國的秦墟軍事據點，魏國的守將大多數都棄城逃跑。

魏國朝廷派遣擔任黃門侍郎的盧同手持符節前往營州去慰勞投降朝廷的就德興，然而就德興投降不久便再次發動叛亂。孝明帝下詔任命盧同為幽州刺史兼尚書行臺，盧同多次被就德興打敗之後便返回了洛陽。

魏國朔州境內的匈奴人造反，他們將夏州刺史源子雍包圍在統萬城中，城內的糧食已經吃光了，守城的將士與民眾就煮馬皮充飢，而眾人守城的決心卻毫不動搖。源子雍想自己出城去尋找糧食，留下自己的兒子源延伯守衛統萬城，將佐們都說：「如今四方對於朝廷來說已經是眾叛親離，我們處在糧盡援絕的境地，不如你們父子一同逃生去吧。」源子雍流著眼淚對眾將佐說：「我家世代蒙受國家的大恩，就應該與此城共存亡，但是沒有糧食就不能守住此城，所以我才準備前往東夏州為你們籌集幾個月的糧食。如果我僥倖能夠籌集到糧食，保住統萬城就一定沒有問題。」於是就親自率領著一些瘦弱的士兵前往東夏州運糧，源延伯與將佐哭著將源子雍送出城去。源子雍走了幾天，匈奴族人的首領曹阿各拔在半路上攔擊他們，把源子雍活捉了。源子雍暗中派人攜帶著書信，命令統萬城中的將士努力固守。全城的軍民都非常擔憂、非常恐懼，源延伯就勸他們說：「我父親的生命安危尚未可知，我的內心已經焦急得無法承受。但是我已經奉命守城，所承擔的責任無比重大，我不敢因為自己的私情而損害國家的利益。希望你們各位能夠體察我的這種心情。」於是眾人都受到他大義的感染，無不以奮勇殺敵自勉。源子雍雖然被匈奴人所擒獲，但匈奴人經常以屬下百姓對待長官的禮節對待源子雍，源子雍就為他們分析禍福以及利害得失，勸說曹阿各拔投降。碰巧此時曹阿各拔去世，他的弟弟曹桑生終於率領他的部眾向源子雍投降。源子雍參見擔任行臺的北海王元顥，為元顥詳細分析了各處叛賊可以被消滅的情況，元顥於是撥給源子雍軍隊，令源子雍充當先鋒。當時東夏州全境之內到處都在起兵造反，各處都在聚眾堅守，源子雍一邊戰鬥一邊前進，九十天當中，總共經過了數十次戰鬥，終於平息了東夏州境內所有的叛亂，他把徵收的糧食調往統萬城，夏州和東夏州因此而獲得保全。源子雍，是源懷的兒子。

魏國廣陽王元淵上書給孝明帝說：「如今北方的六個軍鎮已經全部背叛了朝廷，東西兩部的高車人也和他們一樣，我們用現在這些疲憊不堪的士兵去抗擊他們，一定沒有獲勝的道理。倒不如選拔經過訓練的精銳士兵守住恆州北部地區的各個要塞，以後再做打算。」於是與李崇一同率軍回到平城。李崇對諸將領說：「雲中郡的郡治盛樂一帶，正好對著敵方的交通要道白道，那裡是賊人的咽喉，如果這地方守不住，那麼并州、肆州就危險了。應當留下一位將領鎮守雲中，你們認為誰留下合適？」大家全都推薦費穆，李崇於是奏請朝廷任命費穆為雲州刺史。

賀拔度拔和他的兒子賀拔允、賀拔勝、賀拔岳以及武川人宇文肱糾集了鄉里的英雄豪傑，共同襲擊破六韓拔陵的部將衛可孤，把衛可孤殺死，不久，賀拔度拔在與鐵勒人的一次作戰中不幸陣亡。宇文肱，是宇文逸豆歸的玄孫。

尚書令李崇任命擔任國子博士的祖瑩為長史，廣陽王元淵向孝明帝奏報說祖瑩謊報殺敵數量，盜竊軍用物資，祖瑩於是被免職除名，李崇受到祖瑩的牽連也被免官削去爵位調回洛陽。廣陽王元淵得以獨攬軍政大權。

莫折天生奉命率軍進攻魏國的岐州，十一月初二日戊申，他們攻陷了岐州城，活捉了魏國都督元志和岐州刺史裴芬之，他們把元志和裴芬之押送到莫折念生那裡，莫折念生殺死了元志和裴芬之。莫折念生又派部將卜胡等人進犯涇州，卜胡在平涼以東打敗了光祿大夫薛巒。薛巒，是薛安都的孫子。

十一月初十日丙辰，梁國的掃虜將軍彭寶孫攻下了魏國的東莞。十六日壬戌，裴邃進攻壽陽附近的安城縣。二十日丙寅，馬頭郡、安城縣的魏國守軍全部向梁軍投降。

高平人攻打莫折念生的部將卜胡，將卜胡殺死，然後共同迎接胡琛。○魏國朝廷任命擔任黃門侍郎的楊昱兼任侍中，令他手持符節做北海王元顥的監軍，以解救被包圍的豳州，包圍豳州的亂軍隨即解除了對豳州的包圍。蜀地的叛賊張映龍、姜神達率眾進攻魏國的雍州，擔任雍州刺史的元脩義向楊昱緊急求援，一天一夜之間，連續發出了九封告急求救文書。擔任都督的李叔仁遲疑不決，沒有發兵趕去救援。楊昱說：「長安，是關中的根本所在，如果長安守不住，大軍自然就會土崩瓦解，我們留在這裡還有什麼用處呢！」於是與李叔仁一同進軍攻打張映龍、姜神達，斬殺了姜神達，其餘的黨羽全都潰散逃走。

十二月初二日戊寅，魏國荊山的守軍向梁國的軍隊投降。○十六日壬辰，魏國朝廷任命京兆王元繼為太師、大將軍，都督西道諸軍討伐秦州境內的叛民莫折念生等。

十二月二十九日乙巳，梁國擔任武勇將軍的李國興率軍進攻魏國的平靖關。二十五日辛丑，梁國擔任信威長史的楊乾率軍進攻魏國的武陽關，二十六日壬寅，進攻魏國的峴關，梁軍將平靖關、武陽關、峴關全部攻克。武勇將軍李國興繼續進兵包圍了郢州，魏國擔任郢州刺史的裴詢與擔任西郢州刺史的蠻族酋長田朴特互為外援抵抗李國興的進攻。李國興將郢州城包圍了將近一百天，魏國的援軍到來之後，李國興率軍返回。裴詢，是裴駿的孫子。

魏國汾州境內的各部匈奴人全都起來造反，魏國朝廷任命章武王元融為大都督，率軍前往討伐汾州境內造反的匈奴族人。○魏國擔任東益州刺史的魏子建招撫、勸諭南秦州境內那些造反的氐族人，那些人逐漸投降歸順了朝廷，魏國遂恢復了六郡、十二戍，斬殺了賊帥韓祖香。魏國朝廷任命魏子建兼任尚書、為行臺，仍然擔任東益州刺史，梁州、巴州、益州與東益州、秦州和南秦州全都接受魏子建的調度指揮。○叛民首領莫折念生派兵進攻涼州，涼州城內的百姓趙天安又活捉了涼州刺史宋穎以響應莫折念生。

這一年，梁國擔任侍中、太子詹事的周捨因為受到牽連而被免去了官職，擔任散騎常侍的錢唐人朱异代替周捨掌管朝廷機密，凡是有關行軍打仗方面的謀劃，方鎮官員的任免調動，朝廷禮儀、皇帝的詔書敕令全都由他主管。朱异愛好文章、義理，多才多藝，思維敏捷、精力充沛，梁武帝蕭衍因為這個原因而重用他。

六年（乙巳　西元五二五年）

春，正月丙午❶，雍州刺史晉安王綱❷遣安北長史❸柳渾破魏南鄉郡❹，司馬董當門破魏晉城❺。庚戌❻，又破馬圈❼、彫陽❽二城。○辛亥❾，上祀南郊，大赦。

魏徐州刺史元法僧❿，素附元乂，見乂驕恣，恐禍及己，遂謀反。魏遣中書舍人張文伯至彭城，法僧謂曰：「吾欲與汝去危就安，能從我乎？」文伯曰：「我寧死見文陵⓫松柏，安能去忠義而從叛逆乎！」法僧殺之。庚申⓬，法僧殺行臺高諒，稱帝，改元天啓，立諸子為王。魏發兵擊之，法僧乃遣其子景仲來降。

安東長史元顯和⓭，麗之子也，舉兵與法僧戰，法僧擒之，執其手，命使共坐，顯和不肯，曰：「與翁⑭皆出皇家，一朝以地外叛，獨不畏良史乎？」法僧猶欲慰諭之，顯和曰：「我寧死為忠鬼，不能生為叛臣。」乃殺之。

上使散騎常侍朱异使於法僧⑮，以宣城太守元略為大都督，與將軍義興陳慶之⑯、胡龍牙、成景儁等將兵應接。

莫折天生軍於黑水⑰，兵勢甚盛。魏以岐州刺史崔延伯⑱為征西將軍、西道都督，帥眾五萬討之，延伯與行臺蕭寶寅軍于馬嵬⑲。延伯素驍勇，寶寅趣之使戰，延伯曰：「明晨為公參賊勇怯⑳。」乃選精兵數千西度黑水，整陳㉑進[1]向天生營。寶寅軍于水東，遙為繼援。延伯直抵天生營下，揚威脅之，徐引兵還。天生見延伯眾少，爭開營逐之，其眾多於延伯十倍，蹙㉒延伯於水次㉓，寶寅望之失色。延伯自為後殿，不與之戰，使其眾先渡，部伍嚴整，天生兵不敢擊。須臾，渡畢，延伯徐渡，天生之眾亦引還。寶寅喜曰：「崔君之勇，關、張㉔不如。」延伯曰：「此賊非老奴敵也，明公但安坐，觀老奴破之。」癸亥㉕，延伯勒兵出，寶寅舉軍繼其後。天生悉眾逆戰，延伯身先士卒，陷㉖其前鋒，將士盡銳競進，大破之，俘斬十餘萬，追奔至小隴㉗，岐、雍及隴東皆平。將士稽留採掠，天生遂塞隴道㉘，由是諸軍不能進。

寶寅破宛川(29)，俘其民以為奴婢，以美女十人賞岐州刺史魏蘭根，蘭根辭曰：「此縣介於彊寇(30)，不能自立，故附從以救死(31)。官軍之至，宜矜而撫之，柰何助賊為虐，翦以為賤役(32)乎！」悉求其父兄而歸之。

己巳(33) [2]，裴邃拔魏新蔡郡(34)，詔侍中、領軍將軍西昌侯淵藻(35)將眾前驅，南兗州刺史豫章王綜(36)與諸將繼進。癸酉(37)，裴邃拔鄭城(38)，汝、潁(39)之間，所在響應。

魏河間王琛等憚邃威名，軍於城父(40)，累月不進，魏朝遣廷尉少卿崔孝芬(41)持節、齎齊庫刀(42)以趣(43)之。孝芬，挺之子也。琛至壽陽，欲出兵決戰。長孫稚(44)以為久雨未可出，琛不聽，引兵五萬出城擊邃。邃為四甄(45)以待之，使直閤將軍李祖憐先挑戰而偽退，稚、琛悉眾追之，四甄競發，魏師大敗，斬首萬餘級。琛走入城，稚勒兵而殿，遂閉門自固，不敢復出。

魏安樂王鑒將兵討元法僧，擊元略於彭城南，略大敗，與數十騎走入城。鑒不設備，法僧出擊，大破之，鑒單騎奔歸。將軍王希聃拔魏南陽平(46)，執太守薛曇尚(47)。曇尚，虎子之子也。甲戌(48)，以法僧為司空，封始安郡公。

魏以安豐王延明(49)為東道行臺(50)，臨淮王彧(51)為都督，以擊彭城。○魏以京兆王繼為太尉。

二月乙未[52]，趙景悅拔魏龍亢[53]。

初，魏劉騰既卒，胡太后及魏主左右防衛微緩[54]。元乂亦自寬，時出遊於外，留連不返，其所親諫，乂不納。太后察知之。去秋，太后對帝謂羣臣曰：「今隔絕我母子，不聽往來，復何用我為[55]？我當出家，脩道於嵩山閒居寺耳。」因欲自[3]下髮。帝及羣臣叩頭泣涕，殷勤苦請，太后聲色愈厲[56]。帝乃宿於嘉福殿[57]，積數日，遂與太后密謀黜乂。然帝深匿形迹[58]，太后有忿恚，欲得往來顯陽[59]之言，皆以告乂。又對乂流涕，敘太后欲出家，憂怖之心，日有數四[60]。乂殊不以為疑，乃勸帝從太后所欲。於是太后數御顯陽殿，二宮無復禁礙。乂舉元法僧為徐州，法僧反，太后數以為言[61]，乂深愧悔。

丞相高陽王雍，雖位居乂上，而深畏憚之。會太后與帝遊洛水[62]，雍邀二宮幸其第。日晏[63]，帝與太后至雍內室，從官皆不得入，遂相與定圖乂之計。於是太后謂乂曰：「元郎[64]若忠於朝廷，無反心，何故不去領軍[65]，以餘官[66]輔政？」乂甚懼，免冠求解領軍。乃以乂為驃騎大將軍、開府儀同三司、尚書令、侍中、領左右[67]。

戊戌(68)，魏大赦(69)。○壬寅(70)[4]，莫折念生遣都督楊鮓等攻仇池郡(71)，行臺魏子建擊破之。

三月己酉(72)，上幸白下城(73)，履行(74)六軍頓所(75)。乙丑(76)，命豫章王綜權頓(77)彭城，總督眾軍，并攝徐州府事(78)。己巳(79)，以元法僧之子景隆為衡州(80)刺史，景仲為廣州(81)刺史。上召法僧及元略還建康，法僧驅彭城吏民萬餘人南渡。法僧至建康，上寵待甚厚。元略惡其為人，與之言，未嘗笑。

魏詔京兆王繼班師(82)。

北梁州[5]刺史錫休儒等自魏興(83)侵魏梁州(84)，攻直城(85)。魏梁州刺史傅豎眼(86)遣其子敬紹擊之，休儒等敗還。

柔然王阿那瓌為魏討破六韓拔陵，魏遣牒云具仁齎雜物勞賜之。阿那瓌勒眾十萬，自武川西向沃野，屢破拔陵兵。夏，四月，魏主復遣中書舍人馮儁勞賜阿那瓌。阿那瓌部落浸彊，自稱敕連頭兵豆伐(87)可汗。

魏元乂雖解兵權，猶總任內外，殊不自意(88)有廢黜之理。胡太后意猶豫未決，侍中穆紹(89)勸太后速去之。紹，亮之子也。潘嬪有寵於魏主，宦官張景嵩說之云：「乂欲害嬪。」嬪泣訴於帝曰：「乂非獨欲殺妾，又[6]將不利於陛下。」帝信之，因乂出宿，解乂侍中。明旦，乂將入宮，門者不納。辛卯[90]，太后復臨朝攝政，下詔追削劉騰官爵，除乂名為民。

清河國郎中令韓子熙[91]上書為清河王懌[92]訟冤，乞誅元乂等，曰：「昔趙高柄秦[93]，令關東鼎沸[94]；今元乂專魏，使四方雲擾[95]。開逆之端[96]，起於宋維[97]；成禍之末，良由劉騰[98]，宜梟首洿宮[99]，斬骸沈族[100]，以明其罪。」太后命發劉騰之墓，露散其骨，籍沒家貲[101]，盡殺其養子[102]。以子熙為中書舍人[103]。子熙，麒麟之孫也。

初，宋維父弁常曰：「維性疏險，必敗吾家。」李崇、郭祚、游肇[104]亦曰：「伯緒[105]凶疏，終傾宋氏。若得殺身[106]，幸矣。」維阿附元乂，超遷至洛州[107]刺史，至是除名，尋賜死。

乂之解領軍也，太后以乂黨與尚彊，未可猝制[108]，乃以侯剛[109]代乂為領軍以安其意[110]。尋出剛為冀州[111]刺史，加儀同三司，未至州，黜為征虜將軍，卒於家。太后欲殺賈粲[112]，以乂黨多，恐驚動內外，乃出粲為濟州[113]刺史，尋追殺之，籍沒其家。唯乂以妹夫，未忍行誅。

先是給事黃門侍郎元順[114]以剛直忤乂意，出為齊州[115]刺史，太后徵還，為侍中。侍坐於太后，乂妻在太后側，順指之曰：「陛下柰何以一妹之故，不正元乂之罪(116)，使天下不得伸其冤憤？」太后嘿然(117)。順，澄之子也。它日，太后從容謂侍臣曰：「劉騰、元乂昔嘗[7]邀朕(118)求鐵券，冀(119)得不死，朕賴不與(120)。」韓子熙曰：「事關生殺，豈繫鐵券(121)！且陛下昔雖不與，何解今日不殺(122)！」太后憮然(123)。未幾，有告「乂及弟爪[8]謀誘六鎮降戶(124)反於定州(125)，又招魯陽(126)諸蠻侵擾伊闕(127)，欲為內應。」得其手書(128)，太后猶未忍殺之。羣臣固執不已，魏主亦以為言，太后乃從之，賜乂及弟爪死於家，猶贈乂驃騎大將軍、儀同三司、尚書令。江陽王繼廢於家，病卒。前幽州刺史盧同(129)坐乂黨除名。

太后頗事粧飾(130)，數出遊幸，元順面諫曰：「禮，婦人夫沒自稱『未亡人』，首去珠玉，衣不文采(131)。陛下母臨天下(132)，年垂不惑(133)，脩飾過甚，何以儀刑後世(134)！」太后慚而還宮，召順，責之曰：「千里相徵，豈欲眾中見辱(135)邪！」順曰：「陛下不畏天下之笑，而恥臣之一言乎？」

順與穆紹同直，順因醉入其寢所，紹擁被(136)而起，正色讓順曰：「身二十年侍中，與卿先君(137)亟連職事(138)，縱卿方進用(139)，何宜相排突(140)也？」遂謝事(141)還家，詔諭久之，乃起。

初，鄭羲之兄孫儼[142]為司徒胡國珍行參軍，私得幸於太后，人未之知。蕭寶寅之西討[143]，以儼為開府屬[144]。太后再攝政，儼請奉使還朝，太后留之，拜諫議大夫、中書舍人，領嘗[9]食典御[145]，晝夜禁中。每休沐[146]，太后常遣宦者隨之，儼見其妻，唯得言家事[147]而已。中書舍人樂安徐紇[148]，粗有文學，先以諂事趙脩[149]，坐徙枹罕[150]。後還，復除中書舍人，又諂事清河王懌。懌死，出為鴈門[151]太守。還洛，復諂事元乂。乂敗，太后以紇為懌所厚，復召為中書舍人，紇又諂事鄭儼。儼以紇有智數，仗為謀主；紇以儼有內寵，傾身承接[152]，共相表裏，勢傾內外，號為「徐、鄭」。

儼累遷至中書令、車騎將軍；紇累遷至給事黃門侍郎，仍領舍人，總攝中書、門下之事，軍國詔令莫不由之。紇有機辯、彊力，終日治事，略無休息，不以為勞。時有急詔，令數吏執筆，或行或臥，人別占之[153]，造次俱成[154]，不失事理[155]。然無經國大體[156]，專好小數[157]，見人矯為恭謹，遠近輻湊附之[158]。

給事黃門侍郎袁翻[159]、李神軌[160]皆領中書舍人，為太后所信任，時人云神軌亦得幸於太后，眾莫能明也。神軌求婚[161]於散騎常侍盧義僖[162]，義僖不許。黃門侍郎王誦[163]謂義僖曰：「昔人不以一女易眾男[164]，卿豈易之邪？」義僖曰：「所以不從者，正為此耳。從之，恐禍大而速。」誦乃堅握義僖手曰：「我聞有命，不敢以告人。」[165]女遂適他族。臨婚之夕，太后遣中使[166]宣敕停之，內外惶怖，義僖夷然[167]自若。神軌，崇之子。義僖，度世之孫也。

胡琛據高平，遣其大將万[10]俟醜奴[168]、宿勤明達等寇魏涇州，將軍盧祖遷、伊甕生討之，不克。蕭寶寅、崔延伯既破莫折天生，引兵會祖遷等於安定[169]，甲卒十二萬，鐵馬八千，軍威甚盛。醜奴軍於安定西北七里，時以輕騎挑戰，大兵未交，輒委走[170]。延伯恃其勇，且新有功，遂唱議[171]為先驅擊之。別造大盾，內為鎖柱[172]，使壯士負以趨，謂之「排城」；置輜重於中，戰士在外，自安定北緣原[173]北上。將戰，有賊數百騎詐持文書，云是降簿，且乞緩師。寶寅、延伯未及閱視，宿勤明達引兵自東北至，降賊自西競下，覆背擊之，延伯上馬奮擊，逐北徑抵其營。賊皆輕騎，延伯軍雜步卒，戰久疲乏，賊乘間得入排城，延伯遂大敗，死傷近二萬人，寶寅收眾，退保安定。延伯自恥其敗，乃繕甲兵、募驍勇，復自安定西進，去賊七里[174]結營。壬辰[175]，不告寶寅，獨出襲賊，大破之，俄頃，平其數柵。賊見軍士採掠[176]散亂，復還擊之，魏兵大敗，延伯中流矢卒，士卒死者萬餘人。時大寇未平，復失驍將，朝野為之憂恐。於是賊勢愈盛，而羣臣自外來者，太后問之，皆言賊弱，以求悅媚，由是將帥求益兵者往往不與。

五月，夷陵烈侯裴邃[177]卒。邃深沈有思略，為政寬明，將吏愛而憚之。壬子[178]，以中護軍夏侯亶[179]督壽陽諸軍事，馳驛代邃[180]。

益州刺史臨汝侯淵猷[181]遣其將樊文熾、蕭世澄等將兵圍魏益州[182]長史和安於小劍[183]，魏益州刺史邴虯遣統軍河南胡小虎[184]、崔珍寶將兵救之。文熾襲破其柵，皆擒之，使小虎於城下說和安令早降，小虎遙謂安曰：「我柵失備，為賊所擒，觀其兵力，殊不足言。努力堅守，魏行臺[185]、傅梁州[186]援兵已至。」語未終，軍士以刀毆殺之。西南道軍司淳于誕[187]引兵救小劍，文熾置柵於龍鬚山上以防歸路[188]。戊辰[189]，誕密募壯士夜登山燒其柵，梁軍望見歸路絕，皆恟懼，誕乘而擊之，文熾大敗，僅以身免，虜世澄等將吏十一人，斬獲萬計。魏子建以世澄購胡小虎之尸，得而葬之。○魏魏昌武康伯李崇[190]卒。

初，帝納齊[11]東昏侯寵姬吳淑媛[191]，七月而生豫章王綜[192]，宮中多疑之。及淑媛寵衰怨望，密謂綜曰：「汝七月生兒，安得比諸皇子！然汝太子次弟，幸保富貴，勿泄也[193]！」與綜相抱而泣。綜由是自疑，晝則談謔如常，夜則於靜室閉戶，披髮席藁[194]，私於別室祭齊氏七廟[195]。又微服至曲阿拜齊高宗[12]陵[196]，聞俗說割血瀝骨[197]，滲則為父子，遂潛發東昏侯冢，并自殺一男[198]試之，皆驗，由是常懷異志[199]，專伺時變。綜有勇力，能手制奔馬[200]。輕財好士，唯留附身故衣[201]，餘皆分施，恆致罄乏[202]。屢上便宜[203]，求為邊任，上未之許。常於內齋布沙於地，終日跣行[204]，足下生胝[205]，日能行三百里。王、侯、妃、主及外人皆知其志，而上性嚴重[206]，人莫敢言。又使通問[207]於蕭寶寅，謂之「叔父」。為南兗州刺史，不見賓客，辭訟[208]隔簾聽之。出則垂帷於輿，惡人識其面。

及在彭城，魏安豐王延明、臨淮王彧將兵二萬逼彭城，勝負久未決。上慮綜敗沒[209]，敕綜引軍還。綜恐南歸不復得至北邊，乃密遣人送降款於彧，魏人皆不之信，彧募人入綜軍驗其虛實，無敢行者。殿中侍御史濟陰鹿悆[210]為彧監軍，請行，曰：「若綜有誠心，與之盟約；如其詐也，何惜一夫[211]！」時兩敵相對，內外嚴固[212]，悆單騎間出[213]，徑趣[214]彭城，為綜軍所執，問其來狀[215]。悆曰：「臨淮王使我來，欲有交易[216]耳。」時元略已南還[217]，綜聞之，謂成景儁等曰：「我常疑元略規欲反城[218]，將[219]驗其虛實，故遣左右為略使[220]，入魏軍中，呼彼一人。今其人果來，可遣人詐為略有疾在深室，呼至戶外，令人傳言謝之[221]。」綜又遣腹心安定梁話[222]迎悆，密以意狀[223]語之。悆薄暮[224]入城，先引見[225]胡龍牙，龍牙曰：

「元中山[226]甚欲相見，故遣呼卿[227]。」又曰：「安豐、臨淮，將少弱卒[228]，規復此城[229]，容可得乎[230]？」念曰：「彭城，魏之東鄙[231]，勢在必爭，得否在天，非人所測。」龍牙曰：「當如卿言。」又引見成景儁，景儁與坐，謂曰：「卿不為刺客邪？」念曰：「今者奉使，欲返命本朝[232]，相刺之事，更卜後圖[233]。」景儁為設飲食，乃引至一所，詐令一人自室中出，為元略致意曰：「我昔有以南向[234]，且遣相呼[235]，欲聞鄉事[236]，晚來[237]疾作，不獲相見[238]。」念曰：「早奉音旨[239]，冒險祗赴[240]，不得瞻見[241]，內懷反側[242]。」遂辭退。諸將競問魏士馬多少，念盛陳有勁兵數十萬。諸將相謂曰：「此華辭[243]耳！」念曰：「崇朝可驗[244]，何華之有！」乃遣念還。景儁[13]送之於[14]戲馬臺[245]，北望城塹，謂曰：「險固如此，豈魏所能取！」念曰：「攻守在人，何論險固[246]！」念還，於路復與梁話申固盟約[247]。六月庚辰[248]，綜與梁話及淮陰苗文寵夜出，步投彧[15]軍。及旦，齋內諸閤[249]猶閉不開，眾莫知所以，唯見城外魏軍呼曰：「汝豫章王昨夜已來，在我軍中，汝尚何為？」城中求王不獲，軍遂大潰。魏人入彭城，乘勝追擊梁兵[16]，復取諸城[250]，至宿預[251]而還。將佐士卒死沒者什七八，唯陳慶之帥所部得還。

上聞之，驚駭，有司奏削綜爵土，絕屬籍[252]，更其子直姓悖氏[253]。未旬日[254]，詔復屬籍，封直為永新侯[255]。

西豐侯正德[256]自魏還，志行無悛[257]，多聚亡命[258]，夜剽掠[259]殺人[17]於道，以輕車將軍從綜北伐，弃軍輒還[260]。上積其前後罪惡，免官削爵，徙臨海[261]。未至，追赦之。

綜至洛陽，見魏主，還就館，為齊東昏侯舉哀，服斬衰[262]三年。太后以下並就館弔之，賞賜禮遇甚厚，拜司空，封高平郡公、丹楊王，更名贊。以苗文寵、梁話皆為光祿大夫。封鹿悆為定陶縣子，除員外散騎常侍[263]。

綜長史濟陽江革[264]、司馬范陽祖暅[265]之皆為魏所虜，安豐王延明聞其才名，厚遇之，革稱足疾不拜。延明使暅之作欹器、漏刻銘[266]，革唾罵暅之曰：「卿荷國厚恩，乃為虜立銘，孤負朝廷！」延明聞之，令革作大小寺碑[267]、祭彭祖[268]文，革辭不為。延明將箠[269]之，革厲色[270]曰：「江革行年六十，今日得死為幸，誓不為人執筆！」延明知不可屈，乃止。日給脫粟[271][18]飯三升[272]，僅全其生而已。

上密召夏侯亶還，使休兵合肥，俟淮堰成[273]復進。○癸未[274]，魏大赦，改元孝昌[275]。

破六韓拔陵圍魏廣陽王淵於五原[276]，軍主賀拔勝募二百人開東門出戰，斬首百餘級，賊稍退。淵拔軍向朔州，勝常為殿(277)。

雲州刺史費穆，招撫離散，四面拒敵。時北境州鎮皆沒，唯雲中一城獨存(278)。久之[19]，道路阻絕，援軍不至，糧仗俱盡，穆棄城南奔爾朱榮於秀容，既而詣闕請罪，詔原之。

長流參軍于謹(279)言於廣陽王淵曰：「今寇盜蠭起，未易專用武力勝也。謹請奉大王之威命，諭以禍福，庶幾稍可離(280)也。」淵許之。謹兼通諸國語，乃單騎詣叛胡營，見其酋長，開示恩信(281)，於是西部鐵勒酋長乜列河(282)等將三萬餘戶南詣淵降。淵欲引兵至折敷嶺(283)迎之，謹曰：「破六韓拔陵兵勢甚盛，聞乜列河等來降，必引兵邀(284)之，若先據險要，未易敵也。不若以乜列河餌之(285)，而伏兵以待之，必可破也。」淵從之，拔陵果引兵邀擊乜列河，盡俘其眾，伏兵發，拔陵大敗，復得乜列河之眾而還。

柔然頭兵可汗(286)大破破六韓拔陵，斬其將孔雀等。拔陵避柔然，南徙渡河(287)。將軍李叔仁以拔陵稍逼，求援於廣陽王淵，淵帥眾赴之。賊前後降附者二十萬人，淵與行臺元纂表「乞於恆州北別立郡縣，安置降戶，隨宜賑貸(288)，息其亂心。」魏朝不從，詔黃門侍郎楊昱分處之[20]冀、定、瀛三州(289)就食。淵謂纂曰：「此輩復為乞活[290]矣。」

秋，七月壬戌[291]，大赦。○八月，魏柔玄鎮民杜洛周聚眾反於上谷[292]，改元真王，攻沒郡縣，高歡[293]、蔡儁[294]、尉景[295]及段榮[296]、安定彭樂皆從之。洛周圍魏燕州刺史博陵崔秉[297]，九月丙辰[298]，魏以幽州刺史常景[299]兼尚書，為行臺，與幽州都督元譚討之。景，爽之孫也。自盧龍塞[300]至軍都關[301]，皆置兵守險，譚屯居庸關[302]。

冬，十月，吐谷渾[303]遣兵擊趙天安[304]，天安降，涼州復為魏。○平西將軍高徽[305]奉使嚈噠[306]，還至枹罕[307]。會河州刺史元祚卒，前刺史梁釗之子景進引莫折念生兵圍其城。長史元永等推徽行州事[308]，勒兵固守。景進亦自行州事[309]。徽請兵於吐谷渾，吐谷渾救之，景進敗走。徽，湖之孫也。

魏方有事於西北[310]，二荊、西郢[311]羣蠻皆反，斷三鵶路[312]，殺都督，寇掠北至襄城[313]。汝水有冉氏、向氏、田氏，種落最盛，其餘大者萬家，小者千室，各稱王、侯，屯據險要，道路不通。十二月壬午[314]，魏主下詔曰：「朕將親御六師，掃蕩逋穢[315]，今先討荊蠻，疆理南服[316]。」時羣蠻引梁將曹義宗等圍魏荊州[317]，魏都督崔暹將兵數萬救之，至魯陽[318]，不敢進。魏更以臨淮王彧為征南大將軍，將兵討魯陽蠻，司空長史辛雄為行臺左丞，東趣葉城[319]。別遣征虜將軍裴衍、恆農太守京兆王羆將兵一萬，自武關[320]出通三鵶路，以救荊州。

衍等未至，或軍已屯汝上[321]，州郡被蠻寇者爭來請救，或以處分道別[322]，不欲應之，辛雄曰：「今裴衍未至，王士眾已集，蠻左唐突[323]，撓亂近畿[324]，王秉麾閫外[325]，見可而進，何論別道！」或恐後有得失之責，邀雄符下[326]。雄以羣蠻聞魏主將自出，心必震動，可乘勢破也，遂符或軍，令速赴擊。羣蠻聞之，果散走。

魏主欲自出討賊，中書令袁翻諫而止。辛雄自軍中上疏曰：「凡人所以臨陳忘身，觸白刃而不憚者，一求榮名，二貪重賞，三畏刑罰，四避禍難，非此數者，雖聖王不能使其臣，慈父不能厲[327]其子矣。明主深知其情，故賞必行，罰必信，使親疏貴賤勇怯賢愚，聞鍾鼓之聲[328]，見旌旗之列，莫不奮激，競赴敵場，豈厭久生[329]而樂速死哉？利害懸於前，欲罷不能耳。自秦、隴逆節[330]，蠻左亂常[331]，已歷數載，凡在戎役數十萬人，扞禦[21]三方[332][22]，敗多勝少，跡其所由[333]，皆[23]不明賞罰之故也。陛下雖降明詔，賞不移時[334]，然將士之勳，歷稔[335]不決；亡軍之卒[336]，晏然在家[337]，是使節士無所勸慕[338]，庸人無所畏懾[339]。進而擊賊，死交而賞賒[340]；

退而逃散，身全而無罪，此其所以望敵奔沮(341)，不肯盡力者也。陛下誠能號令必信，賞罰必行，則軍威必張，盜賊必息矣。」疏奏，不省(342)。

曹義宗等取順陽(343)、馬圈(344)，與裴衍等戰於淅陽(345)，義宗等敗退。衍等復取順陽，進圍馬圈。洛州刺史董紹以馬圈城堅，衍等糧少，上書言其必敗。未幾，義宗擊衍等，破之，復取順陽。魏以王羆為荊州刺史。

邵陵王綸(346)攝南徐州事(347)，在州喜怒不恆(348)，肆行非法。遨遊市里，問賣䱇(349)者曰：「刺史何如？」對言：「躁虐！」綸怒，令吞䱇而死。百姓惶駭，道路以目(350)。嘗逢喪車，奪孝子服而著之，匍匐號叫。籤帥懼罪(351)，密以聞。上始嚴責綸，而不能改，於是遣代(352)。綸悖慢(353)逾甚，乃取一老翁[24]短瘦類上者(354)，加以袞冕(355)，置之高坐，朝以為君，自陳無罪；使就坐剝褫(356)，捶之於庭(357)。又作新棺，貯司馬崔會意(358)，以轜車挽歌(359)為送葬之法，使嫗乘車悲號。會意不能堪，輕騎還都以聞。上恐其奔逸(360)，以禁兵取之，將於獄賜盡，太子統(361)流涕固諫，得免。戊子(362)，免綸官，削爵土。

魏山胡(363)劉蠡升反，自稱天子，置百官。◯初，敕勒酋長斛律金(364)事懷朔鎮將楊鈞為軍主(365)，行兵用匈奴法，望塵知馬步多少，嗅地知軍遠近。及破六韓拔陵反，金擁眾[366]歸之，拔陵署[367]金為王。既而知拔陵終無所成，乃詣雲州降[368]，仍稍引其眾南出黃瓜堆[369]，為杜洛周所破，脫身歸爾朱榮，榮以為別將[370]。

【章　旨】以上為第二段，寫梁武帝蕭衍普通六年（西元五二五年）一年間的大事。主要寫了魏徐州刺史元法僧率部降梁，梁使名將陳慶之、成景儁等接應之，魏將元鑒往討元法僧於徐州，被元法僧打敗，從而使徐州落入梁人之手；寫了莫折念生之將莫折天生越隴山東出以侵岐、雍，被魏岐州刺史崔延伯打敗，退回隴西；寫梁使其將裴邃、蕭淵藻等率軍北出，攻取了新蔡、鄭城，汝、潁之間所在響應；裴邃又大破魏軍於壽陽城下，斬首萬餘級，魏軍據守壽陽不敢出；寫魏之亂臣元乂對胡太后的禁防漸緩，胡太后遂與魏主元詡定謀，解除了元乂的一切職務，重新恢復攝政，接著發劉騰之墓，誅其養子，又依次罷去侯剛，殺死賈粲，又在群臣的堅持下殺了元乂，罷黜了元繼，亂黨基本肅清，但胡太后又寵幸鄭儼、徐紇，二人勾結，群臣附之，魏政日益混亂；寫柔然王阿那瓌助魏討伐破六韓拔陵，屢破其兵；寫魏將元淵用參軍于謹之策，招得鐵勒三萬戶來降，又大敗破六韓拔陵之眾；寫魏將蕭寶寅、崔延伯被莫折念生之將万俟醜奴、宿勤明達所敗，崔延伯戰死，魏朝野為之憂恐；寫梁將曹義宗攻取了魏之順陽郡，梁之益州刺史派將進攻魏之小劍戍，被魏將淳于誕、魏子建等擊破之；寫鄂豫邊境地區的群蠻見魏國西部、北部的形勢緊急，遂亦趁機紛紛起兵反魏，魏將元或在其僚屬辛雄的建議下就勢擊敗了汝水流域的群蠻；寫了梁武帝蕭衍之子蕭綜的種種叛逆行動，最後竟以徐州刺史的身分投降魏國，致使徐州的梁軍損失十之七八，徐州又回歸魏國；又寫了蕭衍的另一個兒子蕭綸在南徐州刺史的任上因肆行不法而被遣代，蕭綸不思悛悔，反而更加狂悖不法，致被蕭衍下獄，廢為平民；此外還寫了梁朝名將裴邃病死軍中，以及在魏國的頻繁叛亂中，高歡、爾朱榮、斛律金等紛紛顯露頭角，為他們日後的叱吒風雲做了鋪墊。

【注 釋】❶正月丙午 正月初一。❷晉安王綱 蕭綱，蕭衍之子，即後來的梁簡文帝。傳見《梁書》卷四。❸安北長史 安北將軍蕭綱的長史。長史是官名，為將軍的高級僚屬，眾史之長。❹南鄉郡 郡治在今河南淅川縣南。❺晉城 方位不詳，應距南鄉不遠。❻庚戌 正月初五。❼馬圈 地名，在今河南鄧州北。❽彭陽 方位不詳，應距馬圈不遠。❾辛亥 正月初六。❿元法僧 道武帝拓跋珪的後代，此時任安東將軍，徐州刺史。傳見《魏書》卷十六、《梁書》卷九。⓫文陵 孝文帝的陵墓。⓬庚申 正月十五。⓭元顯和 景穆帝拓跋晃的後代，元麗之子，此時任元法僧的長史。傳見《魏書》卷十九上。⓮翁父輩。以族屬論，元法僧是元顯和的父輩。⓯使於法僧 出使到元法僧處，與之當面商談。⓰陳慶之 梁朝的名將，屢與魏戰有大功，後又大破侯景。傳見《梁書》卷三十二。⓱黑水 渭水的支流，在今陝西宜川縣北，南岸有黑城。⓲崔延伯 初為南齊小將，後投魏國，孝文帝時曾任荊州刺史，此時為征西將軍，行岐州刺史。傳見《魏書》卷七十三。⓳馬嵬 古城名，在今陝西興平西。⓴參賊勇怯 檢驗一下敵兵是勇敢還是怯懦。㉑整陳 排著整齊的行列。㉒蹙 擠；逼迫。㉓水次 水邊。㉔關張 三國時代蜀國的關羽和張飛。㉕癸亥 正月十八。㉖陷 攻入；衝進。㉗小隴 小隴山，在今陝西隴縣西。㉘隴道 岐州進入隴山以西的通道。㉙宛川 魏縣名，即陳倉縣，在今陝西寶雞西南。㉚介於彊寇 夾在強寇的中間。介，被夾在。㉛附從以救死 勉強服從以求活命。救死，求生。㉜翦以為賤役 掠之來做奴隸。翦，掠取。賤役，指做奴婢。㉝己巳 正月二十四。㉞新蔡郡 郡治即今河南新蔡。㉟淵藻 蕭淵藻，梁武帝蕭衍之姪，蕭懿之次子，《梁書》只稱作「藻」，無「淵」字，乃唐人為避諱所削也。傳見《梁書》卷二十三。㊱豫章王綜 蕭綜，蕭衍的次子，此時為南兗州刺史。傳見《梁書》卷五十五。梁朝的南兗州州治廣陵，即今揚州。㊲癸酉 正月二十八。㊳鄭城 縣名，即今安徽潁上。㊴汝潁 二水名，都由今之河南中部流入今安徽的西北部匯入淮河。㊵城父 縣名，縣治在今安徽亳州東南。㊶崔孝芬 孝文、宣武時代的正直官吏崔挺之子，此時任廷尉少卿，後官至車騎大將軍。傳見《魏書》卷五十七。㊷齋庫刀 亦稱「千牛刀」，猶如他時之所謂「尚方寶劍」。送千牛刀表示如果再停止不前，將以此斬之。㊸趣 催促。㊹長孫稚 魏國的名臣長孫觀之子，此時任楊州刺史，駐兵壽陽。傳見《魏書》卷二十五。㊺四甄 猶今所謂四面埋伏。甄，軍隊的左右兩翼。㊻南陽平 魏郡名，郡治在今安徽宿州東南。㊼薛曇尚 孝文帝時的魏國名將薛虎子之子，時為南陽平郡太守。傳見《魏書》卷四十四。㊽甲戌 正月二十九。㊾安豐王延明 元延明，文成帝拓跋濬之孫，上文所提到的元略之姪。傳見《魏書》卷二十。㊿東道行臺 朝廷派往東方的專員，代行朝廷職權。51或　太武帝拓跋燾的曾孫，繼其父為臨淮王。傳見《魏書》卷十八。52二月乙未　二月二十。53龍亢　地名，距今安徽潁上不遠。54微緩　稍稍有所放鬆。55復何用我為　還要我幹什麼。56聲色愈厲　態度越發強硬。厲，嚴；強烈。57嘉福殿　時太后被限居於此處。58深匿形迹　內心的真實想法絲毫不表現出來。59欲得往來顯陽　要求可以隨意到顯陽宮去。當時肅宗元詡居住在顯陽宮。60日有數四　每天都說上四五次。61數以為言　屢次藉此責備他。62洛水　自西南方流來，經洛陽城的南面東北流入黃河。63日晏　日暮；天傍晚。64元郎　因元乂是胡太后的妹夫，故以親暱語呼之。65去領軍　辭去領軍將軍的職務。領軍將軍是全國最高的軍事長官。66餘官　當時元乂的其他職務還有尚書令、侍中等等。67領左右　統領皇帝身邊的侍衛人員。68戊戌　二月二十三。69魏大赦　此大赦的意義有二，其一是胡太后被解除禁閉，恢復自由，甚感慶幸；其二是赦免以往的犯罪對元乂之黨能穩定其心。70壬寅　二月二十七。71仇池郡　魏郡名，郡治駱谷城，在今甘肅西和南。72三月己酉　三月初五。73白下城　在當時建康城北的長江東岸，也就是僑置琅邪郡的郡治所在地。隨著南京城的不斷擴大，現在已經到了南京下關區，白下城即在獅子山的山麓。74履行　步行巡視。75六軍頓所　皇帝禁衛軍的駐地。76乙丑　三月二十一。77權頓　暫時駐紮。78攝徐州府事　臨時代理徐州都督府的一切事務。79己巳　三月二十五。80衡州　梁朝的州名，州治在今廣東英德西北。也是當時陽山郡的郡治所在地。81廣州　州治即今廣州。82班師　回師。上年京兆王繼為大都督，節度西道諸軍，今胡太后將殺元乂，故召其父使回。83魏興　當時北梁州的州治所在地，在今陝西安康西北。84魏梁州　州治南鄭，即今陝西漢中。85直城　當時直州的州治所在地，在魏興的西北方。86傅豎眼　魏國的名將，此時任梁州刺史。傳見《魏書》卷七十。87敕連頭兵豆伐　柔然語，意思即「總攬」。88不自意　沒有感覺到。89穆紹　魏國的元勳老臣穆崇的後代，穆亮之子，此時任中書監、侍中。傳見《魏書》卷二十七。90辛卯　四月十七。91韓子熙　魏國的名臣韓麒麟之孫，韓顯宗之子，後曾為國子祭酒。傳見《魏書》卷六十。92清河王懌　元懌，宣武帝之弟，現時魏主之叔，上卷普通元年被元乂所殺。傳見《魏書》卷二十二。93趙高柄秦　趙高是秦始皇時的宦官，秦始皇死後，夥同李斯竄改詔書殺扶蘇、立胡亥，導致秦國滅亡。事見《史記·李斯列傳》。柄秦，執掌秦政之柄。94關東鼎沸　以比喻陳勝、吳廣帶頭發起的天下農民大起義之風起雲湧。關東，函谷關以東，秦國本土以外的舊時六國之地。95雲擾　亂雲翻滾，指國內國外到處起兵反魏。96開逆之端　逆亂的最先開頭。開，引頭。97宋維　孝文帝時代的親幸之臣宋弁之子，為清河王懌之僚屬，受元乂收買，誣陷清河王懌，致清河王懌被殺。傳見《梁書》卷六十三。98劉騰　宣武帝時代的宦官，宣武帝死後，太子元詡繼位，因護衛元詡的生母胡氏有功，被後來臨朝執政的胡太后所寵幸，權極一時，已於普通四年（西元五二三年）病死。傳見《魏書》卷九十四。(99)梟首洿宮　將其本人斬首，懸其首於高竿示眾；將其住所挖成大坑，灌滿汙水，以洩眾人之憤。《禮記·檀弓下》：「洿其宮而豬（瀦）焉。」孔疏：「謂掘洿其宮使水聚積。」(100)斬骸沈族　將其軀體斷為碎塊，將其家族全部滅絕。沈，同「沉」。滅絕。(101)籍沒家貲　沒收其家庭的全部財產入官。(102)盡殺其養子　劉騰本無子，但許多攀附權貴者為其當養子，河間王元琛即其中之一。(103)中書舍人　官名，中書省的官員，為皇帝起草文件、傳達詔命。(104)游肇　魏國的儒學之臣游明根之子，曾任中書令，為人正直，不畏權貴。傳見《魏書》卷五十五。(105)伯緒　宋維的字。當宋維之父的面稱宋維的字，是對其父的尊重。(106)殺身　自身被殺，意即未連累家人。(107)洛州　州治即今陝西商縣。(108)猝制　一時之間全部拿下。(109)侯剛　宣武帝元恪的寵信之臣，為嘗食之官，護衛太子元詡繼位為帝，護衛胡太后之安全皆有大功，後與元义結黨，但自身無太大罪惡。傳見《魏書》卷九十三。(110)以安其意　以穩住元义一黨的心思。(111)冀州　魏州名，州治即今河北冀州。(112)賈粲　胡太后時代的宦官，因佐助元义幽禁胡太后，被元义所親。傳見《魏書》卷九十四。(113)濟州　魏州名，州治盧縣，在今山東東阿西北，聊城東南。(114)元順　景穆帝拓跋晃之後，任城王雲之孫，任城王澄之子，繼其父位為任城王。傳見《魏書》卷十九中。胡三省曰：「任城王雲及澄，魏宗室之賢王也。」(115)齊州　魏州名，州治歷城，即今山東濟南。(116)正元义之罪　正……罪，治罪；給予應有的懲處。(117)嘿然　同「默然」。沒有作聲。(118)嘗邀朕　曾經要挾我、逼迫我。邀，這裡同「要」。要挾。(119)冀希望。(120)賴不與　幸虧沒有給他。賴，幸虧；多虧。(121)豈繫鐵券　哪在他有沒有鐵券。即使有鐵券，該殺也還得殺。(122)何解今日不殺　與今天的該殺而不殺有何關係。(123)憮然　悵然；傷心的樣子。(124)六鎮降戶　北方的六鎮所收撫的降人而被安置到定州的。魏國的北方六鎮指懷朔鎮、武川鎮、撫冥鎮、柔玄鎮、懷荒鎮、禦夷鎮。(125)定州　魏州名，州治盧奴，即今河北定州。(126)魯陽　魏郡名，郡治山北，即今河南魯山縣。(127)伊闕　山口名，在今河南洛陽西南，即今之所謂「龍門」。(128)手書親筆信。(129)盧同　魏國儒學之臣盧玄的族人，曾任尚書左丞、度支尚書，曾幫著元义殺害元熙，窮究黨羽。傳見《魏書》卷七十六。(130)事粧飾　好梳妝打扮。(131)衣不文采　不穿有花紋、有亮色的衣服。(132)母臨天下　為天下之母，管理天下之民。(133)年垂不惑　年近四十歲。孔子曰：「三十而立，四十而不惑。」(134)儀刑後世　給後代人做榜樣。儀刑，儀範、典型，都是「楷模」的意思。刑，此處同「型」。(135)眾中見辱　在大庭廣眾之中羞辱我。(136)擁被　圍裹著被子。(137)與卿先君　與您的父親元澄。(138)亟連職事　多次共事。(139)方進用　正蒙提拔、任用。(140)何宜相排突　怎麼能對人不講一點禮貌。排突，唐突；不禮貌。(141)謝事　辭職。(142)儼　鄭儼，胡太后的男寵，官至車騎將軍。傳見《魏書》卷九十三。(143)西討　西討莫折念生。(144)開府屬為蕭寶寅的屬官，時蕭寶寅為開府、西道行臺、征西大都督。(145)嘗食典御　給皇帝預先嘗食的官。(146)休沐　休假日，古代官吏在家休息、沐浴的日子。147唯得言家事　不許說別的、幹別的，因為孫儼是太后的人。148樂安徐紇　樂安郡（郡治即今山東壽光）人徐紇，胡太后的寵幸。傳見《魏書》卷九十三。149趙脩　宣武帝時代的寵臣，後被外戚高肇所殺。傳見《魏書》卷九十三。150徙枹罕　流放到枹罕。枹罕在今甘肅臨夏東北，當時為河州的州治所在地。151鴈門　魏郡名，郡治廣武，在今山西代縣的西南側。152承接　巴結；奉承。153人別占之　分別對每人口授詞句。154造次俱成　很快地就全部完成了。造次，匆忙之間；頃刻之間。155不失事理　都能合情合理。156無經國大體　沒有處理國家大事的才具。157專好小數　專門在一些小事情上耍心眼。158遠近輻湊附之　遠近的人都來趨從歸附於他。輻湊，如輻條之歸向車轂。159袁翻　魏國的文學之臣，又為胡太后所寵信，曾為中書令，與徐紇並掌文翰。傳見《魏書》卷六十九。160李神軌　魏國的名臣李崇之子，胡太后的男寵，也是當時著名的將領。傳見《魏書》卷六十六。161求婚　指為其子求婚。162盧義僖　魏國的儒學之臣盧度世之孫，盧敏之子，曾為衛尉卿、都官尚書之職。傳見《魏書》卷四十七。163王誦　孝文帝時代的名臣王肅之姪。傳見《魏書》卷六十三。164不以一女易眾男　絕不為了一個女兒的安全而犧牲好幾個兒子的性命。晉惠帝時，大臣樂廣的女兒為成都王司馬穎之妃。及司馬穎造反時，長沙王司馬乂派兵往討，有人向司馬乂進言，說樂廣與司馬穎勾結謀反。司馬乂問樂廣，樂廣神色不變地說：「廣豈以五男易一女哉？」意思是說我要是勾結司馬穎謀反，女兒是保住了，而在朝廷的五個兒子都要被朝廷所殺。事見本書前文卷八十五。易，交換。165我聞有命二句　語出《詩經・揚之水》。這裡借用詩句表示心知李神軌與魏太后的關係，而不敢明說。166中使　宮中派出的使者。167夷然　神色坦然的樣子。168万俟醜奴　姓万俟，名醜奴。169安定　古城名，即當時涇州的州治所在地，在今甘肅涇川縣北。170輒委走　總是丟下一些鎧甲兵器逃去。171唱議　同「倡議」。提議。172內為鎖柱　大盾牌的背面有立柱，並用大鎖鏈連接。173緣原　沿著平坦寬闊的高坡。174去賊七里　在離著敵營只有七里遠的地方。《魏書・崔延伯傳》作「七十里」，似乎太緩，情勢不合。175壬辰　四月十八。176採掠　收取；搶奪東西。177夷陵烈侯裴邃　裴邃生前被封為夷陵侯，死後諡曰烈。夷陵是縣名，在今湖北宜昌東南。《諡法解》：「有功安民曰烈，秉德尊業曰烈。」178壬子　五月初八。179夏侯亶　梁朝的名將，開國功臣夏侯詳之子。傳見《梁書》卷二十八。180馳驛代邃　乘驛車飛快地前往軍中接替裴邃的職務。181臨汝侯淵猷　蕭淵猷，梁武帝蕭衍之姪，蕭懿之子，蕭淵藻之弟，被封為臨汝侯，此時為益州刺史。傳見《南史》卷五十一。182魏益州　州治晉壽，在今四川劍閣東北。183小劍　即小劍山，在今四川劍閣的西北方，其地有魏國的軍事據點。184胡小虎　河南郡（郡治即今洛陽）人，魏國的忠正慷慨之士，有如《左傳》中的解揚。傳見《魏書》卷八十七。185魏行臺　指魏子建，時為行臺、征西都督、東益州刺史，駐守武興，即今陝西略陽。行臺，是尚書省設在地方的派出機構，其長官也被稱為「行臺」，猶如所謂特派員。(186)傳梁州　指傳豎眼，魏國名將，此時為梁州刺史，駐守在今陝西漢中。(187)西南道軍司淳于誕　軍司，意同「軍師」，軍中的參謀人員。晉人為避司馬師之諱而改。淳于誕是魏國名將。傳見《魏書》卷七十一。此時為奉命單出率軍援救小劍者。(188)防歸路　防守自己的退路。(189)戊辰　五月二十四。(190)魏昌武康伯李崇　李崇生前被封為魏昌伯，死後謚曰武康。魏昌是縣名，李崇的封地。伯是爵名。《謚法》：「克定禍亂曰武；溫柔好樂曰康。」(191)吳淑媛　淑媛是后妃的封號名，不是人名。胡三省注：「魏文帝置淑媛，宋明帝以淑媛為九嬪之首，齊、梁因之。」(192)豫章王綜　蕭綜。傳見《梁書》卷五十五。(193)勿泄也　不要洩露你不是蕭衍的兒子。(194)披髮席藁　披散著頭髮，睡在草席上，這是古人為父母守喪的禮節。因為他自認是齊朝末帝東昏侯的遺腹子，所以他要為他被殺的父親守喪。藁，禾稈編織的席子。(195)齊氏七廟　齊王朝的列祖列宗之廟，指齊高帝、武帝，鬱林、海陵、明帝、東昏、和帝。(196)高宗陵　齊明帝蕭鸞的陵墓。(197)割血瀝骨　割活人之血滴在死人的骨頭。瀝，滴。(198)自殺一男　殺死自己的一個兒子來進行試驗。(199)異志　推翻梁朝、恢復齊朝的心思。(200)手制奔馬　空手制服狂奔的馬。(201)附身故衣　貼身穿的舊衣服。(202)恆致罄乏　經常把自己弄得缺衣少食。罄，盡；衣食斷絕。(203)上便宜　上書給皇帝，論說國家當前的急務。(204)跣行　光著腳在沙礫上行走。(205)胝　胼胝；腳底磨出的厚皮。(206)嚴重　嚴厲；嚴肅。(207)通問　通消息。(208)辭訟　僚屬或百姓有什麼爭執不下的問題。(209)敗沒　兵敗被魏人所俘。(210)鹿悆　濟陰（今山東定陶西北）人，官至金紫光祿大夫。傳見《魏書》卷七十九。(211)一夫　一個普通人，指自己。(212)內外嚴固　營外人入營，與營內人出營都檢查得很嚴。(213)間出　猶言潛出，化裝而出。(214)徑趣　直奔。(215)來狀　來意。(216)欲有交易　有買賣要做；有東西要交換。(217)元略已南還　梁朝方面的元略與魏國方面的元或是平輩兄弟，都是魏王的宗室，故鹿悆打著元或的旗號，彷彿是找元略；而蕭綜則為了掩護自己故意把事情推到了元略頭上。(218)規欲反城　陰謀想從徐州反城降魏。規，謀劃。(219)將　為了。(220)為略使　假裝是元略的使者。(221)令人傳言謝之　假裝是元略派個人出去和他說話。(222)安定梁話　安定郡人姓梁名話，蕭綜的心腹。(223)意狀　指蕭綜欲降魏的意圖，與蕭綜為防成景儁所做出的種種表演。胡三省曰：「意者，傳綜欲降之意；狀者，告以詭與成景儁設謀之狀。」(224)薄暮　傍晚。(225)引見　引之使見。這是蕭綜為掩護自己故意的安排。(226)元中山　即元略。元略降梁後，被梁封為中山王。(227)故遣呼卿　所以派人叫你前來。(228)將少弱卒　率領著數量不多而又疲弱無力的士兵前來。(229)規復此城　想把此城再奪回去。復，收回；奪回。(230)容可得乎　那怎麼能辦得到呢。容可，豈可。(231)東鄙　東方的邊地。鄙，邊鄙；邊境。(232)欲返命本朝　還打算回朝向皇帝回報。(233)更卜後圖　另找別的機會；日後再想辦法。(234)有以南向　想要到南方去辦些事。隱指襲擊梁王朝。(235)且遣相呼　故而派人招呼你來。(236)欲聞鄉事　想聽聽家鄉的消息。隱指與魏軍協調行動。[237]晚來　後來。[238]不獲相見　沒法再與你見面了。[239]早奉音旨　早已得知你的意圖。音旨，言談意旨。[240]冒險祇赴　冒險恭敬地來到此地。祇，恭敬。[241]瞻見　拜見。瞻，仰視。[242]內懷反側　內心很是不安。[243]華辭　空話；吹牛。[244]崇朝可驗　明天早晨你就可以看到。崇朝，終朝；從天亮到吃早飯之間。比喻時間短促。崇，盡；終。[245]戲馬臺　徐州城內的一處古跡，相傳當年項羽為西楚霸王時，曾在此騎馬，並檢閱軍隊。戲馬，騎馬馳騁。[246]何論險固　險固不險固起不了作用。[247]申固盟約　牢牢地確定了盟約。[248]六月庚辰　六月初七。[249]齋內諸閤　蕭綜府內的內室之門。閤，同「閣」。內室之門。[250]復取諸城　將由於魏將元法僧叛變，隨同徐州一起歸梁的諸城重新奪回。[251]宿預　古城名，在今江蘇宿遷東側，當時徐州的東南方。[252]絕屬籍　從蕭氏皇室的宗譜上削去他的名字。[253]更其子直姓悖氏　把蕭綜的兒子蕭直改為姓「悖」。[254]未旬日　不到十天。[255]永新侯　封地永新縣，縣治在今江西永新西，當時上屬於安成郡。[256]西豐侯正德　蕭正德，梁武帝蕭衍之姪，臨川王蕭宏的第三子，因未能為皇太子曾於前年叛逃到魏國。事見本書上卷。返回後又被封為西豐縣侯。[257]志行無悛　思想行為沒有任何悔改。悛，悔改。[258]亡命　犯罪潛逃的人。[259]剽掠　搶奪。[260]弃軍輒還　隨便地扔下軍隊就自己回家了。[261]徙臨海　流放到臨海郡，臨海郡的郡治在今浙江臨海東南。[262]斬衰　子女為父母所穿的孝服，用麻布做成，衣邊不加緣飾。[263]除員外散騎常侍　除，選任；任命。員外，定額以外，有如現在的「後補」。散騎常侍，皇帝的參謀顧問人員。[264]濟陽江革　濟陽是魏郡名，郡治在今河南蘭考東北。江革自南齊有才名，受江祏等所寵任。入梁後曾任御史中丞，有正直之名，後又為蕭綜的長史。傳見《梁書》卷三十六。[265]范陽　魏郡名，郡治即今河北涿州。[266]欹器漏刻銘　欹器、漏刻上的銘文。欹器，古代的一種盛酒器皿，因其容易傾覆，故名。欹，傾斜。漏刻，一種計時器。《北齊書・方伎傳・信都芳傳》載：「芳又撰次古來渾天、地動、欹器、漏刻諸巧事，並畫圖，名曰『器準』。」則欹器、漏刻實為兩種器物。[267]大小寺碑　《通鑑考異》云：「《南史》作『丈八寺碑』，今從《梁書》。」按，百衲本《梁書・江革傳》、《南史・江革傳》皆作「丈八寺碑」，且今山西長治縣城南蔭城鎮桑梓村有寺名為「丈八寺」，寺內有塔名「丈八寺塔」，「大小」當為「丈八」之訛。[268]彭祖　傳說中的五帝之一顓頊的後代，相傳在堯時被封於彭城。胡三省曰：「彭城，大彭氏之墟也，故祭之。」[269]箠　用棍棒打人。[270]厲色　面色嚴厲。[271]脫粟　去皮的粗米。[272]三升　當時的一升約當於現在的三百毫升，當時的三升還不到現在的一升。[273]俟淮堰成　據其說話可知，梁武帝蕭衍為了淹壽陽，又在重修攔淮大壩。[274]癸未　六月初十。[275]孝昌　魏明帝的第四個年號（西元五二五—五二七年）。[276]五原　古城名，在今內蒙古包頭西北。[277]為殿　為後衛，以抵抗敵軍的追擊與騷擾。[278]雲中一城獨存　胡三省曰：「去年，李崇使費穆守雲中。」[279]長流參軍于謹　長流參軍是諸王的僚屬，胡三省曰：「長流參軍主禁防，從公府置長流參軍，小府無長流，置禁防參軍。」于謹是魏國元勳于栗磾的後代。傳見《北史》卷二十三。[280]庶幾稍可離　或許能讓他們漸漸地離開叛匪，歸向朝廷。庶幾，或許。稍，漸漸。[281]開示恩信　向他們表示出朝廷的恩典與信義。開示，展示。[282]乜列河　人名，姓乜，名列河。[283]折敷嶺　胡三省曰：「《通典》作『折敦嶺』。」具體方位不詳。[284]邀　半路截擊。[285]以乜列河餌之　把乜列河當做誘餌，吸引破六韓拔陵上鉤。餌，釣魚用的小蟲。[286]頭兵可汗　即此前所說的阿那瓌可汗，由於他的部落漸趨統一，又連敗破六韓拔陵，勢力漸大，故改號敕連頭兵豆伐可汗，意思即「把持一切」。事見《魏書》卷一百三。[287]渡河　渡過內蒙古境內的東西走向的黃河而到達鄂爾多斯一帶。[288]隨宜賑貸　根據情況進行救濟。[289]冀定瀛三州　都在今之河北境內，冀州的州治即今冀州，定州的州治即今定州，瀛州的州治即今河間。[290]乞活　猶如今之乞丐幫，遊手好閒，專以乞討為生；又名為乞討，其實連偷帶搶，甚至具有某種黑社會的性質。早在東晉時代就有這種人，成為國家的一大禍害，故此曰「復為」。[291]壬戌　七月十九。[292]上谷　郡名，郡治即今北京市延慶。[293]高歡　即日後的北齊神武帝。傳見《北齊書》卷一。[294]蔡儁　高歡的開國功臣。傳見《北齊書》卷十九。[295]尉景　高歡的開國功臣，又是高歡的姐夫。傳見《北齊書》卷十五。[296]段榮　高歡的開國功臣，又是高歡之皇后的姐夫。傳見《北齊書》卷十六。[297]崔秉　博陵安平（今河北安平）人，魏國的儒學之臣崔鑒之子，曾為燕州刺史、左光祿大夫。傳見《魏書》卷四十九。[298]九月丙辰　九月十四。[299]常景　魏國的儒學之臣常爽之孫，博聞多識。傳見《魏書》卷八十二。[300]盧龍塞　關隘名，在今河北遷安西。[301]軍都關　關隘名，在居庸關的東北方。[302]居庸關　關隘名，在今北京市昌平的西北方，離八達嶺不遠。[303]吐谷渾　當時為魏國的附屬國，國都即今青海都蘭。[304]趙天安　涼州人，於上年挾涼州刺史宋穎反魏，以應莫折念生。[305]高徽　魏國的老臣高湖之孫，高拔之弟，高歡的堂兄弟。傳見《魏書》卷三十二。[306]嚈噠　當時的西域小國名，約在今新疆北部的阿勒泰一帶地區。[307]枹罕　古城名，在今甘肅臨夏東北，當時的河州州治所在地。[308]行州事　臨時代理河州刺史。[309]亦自行州事　也自任為代理河州刺史。[310]有事於西北　西方有莫折念生作亂，北方有破六韓拔陵作亂。[311]二荊西郢　西荊州的州治上洛，即今陝西商州，北荊州的州治襄城，即今河南襄城，西郢州的州治真陽，在今河南正陽西北。[312]三鵶路　古道路名，在今河南魯山縣南，是南陽、洛陽之間最近捷的通道。[313]襄城　魏郡名，郡治即今河南襄城。[314]十二月壬午　十二月十二。[315]逋穢　逃亡在外，尚未歸案的匪盜。此指魏國境內各地的叛賊。[316]疆理南服　整頓南方的秩序。南服，南方的管轄地區。[317]魏荊州　魏國荊州的州治穰縣，即今河南鄧州。[318]魯陽　古城名，也稱魯陽關，即今河南魯山縣。[319]葉城　葉縣古城，在今河南葉縣的西南方。[320]武關　關隘名，在今陝西丹鳳東南。[321]汝上　汝水之濱。上，指水邊。[322]處分道別　與皇帝交給的任務方向不同。處分，指令、分配的任務。

道別，方向不同。(323)蠻左唐突　這個地區的蠻夷囂張橫行。胡三省曰：「自宋以來，豫部諸蠻率謂之蠻左，所置蠻郡謂之左郡。」(324)撓亂近畿　直接威脅到洛陽郊區的安全。(325)秉麾閫外　執大將的指揮旗於京城之外。閫，國都城門的門檻。(326)邀雄符下　請求辛雄頒發一道命令。當時辛雄為行臺的尚書左丞，有下達命令的權力。符，調兵的憑證，這裡即指命令。(327)厲同「勵」。勉勵；激勵。(328)鍾鼓之聲　軍中的樂器鳴奏。(329)懕久生　不想多活些時候。懕，通「厭」。厭惡。(330)秦隴逆節　指莫折大提、莫折念生發動叛亂。(331)蠻左亂常　南方的蠻夷掀起叛亂。亂常，破壞綱常，也就是「造反」的意思。(332)扞禦三方指西討秦隴之賊，北禦邊鎮之亂，南擊蠻左之叛。(333)跡其所由　追溯世事如此的原因。跡，追溯；尋根究底。(334)賞不移時毫不耽擱地及時行賞。(335)歷稔　拖延一年。稔，莊稼成熟，常用以指稱一年的時間。(336)亡軍之卒　打了敗仗，損失了軍隊的人，如蕭宏、蕭正德之流。按，「亡軍」非士卒之罪，此處似應作「亡軍之率」。(337)晏然在家　安然地待在家裡，不受任何懲處。晏然，安然；自由自在的樣子。(338)無所勸慕　得不到鼓勵，也不能讓人學習。(339)無所畏懾　不用擔心受到懲罰。(340)死交而賞賒　喪命就在眼前，而獲賞不知在何年何月。交，接觸，極言其近。賒，遙遠；沒有期限。(341)奔沮　逃跑、潰散。(342)不省　沒有看；沒有理睬。(343)順陽　魏郡名，郡治南鄉，在今河南淅川縣南。(344)馬圈　古城名，在今河南鎮平南，當時順陽郡的東方。(345)淅陽　魏郡名，郡治即今河南西峽縣，在順陽郡的北方。(346)邵陵王綸　蕭綸，梁武帝蕭衍的第六子。傳見《梁書》卷二十九。(347)攝南徐州事　代理南徐州刺史。梁國的南徐州州治即今江蘇鎮江市。(348)喜怒不恆　喜怒無常。(349)䱜　同「鱔」。一種長相像蛇的魚。(350)道路以目　胡三省曰：「道路相逢者，但以目相視而不敢言。」(351)籤帥懼罪　蕭綸的典籤怕皇帝怪罪到自己。籤帥，即典籤，諸侯、刺史的僚屬，開始地位不高，只類似一個書記員，後來變成了受皇帝委任，前來監視諸侯、刺史的特派員。因其權大，故人們稱之為「籤帥」。(352)遣代　另派了別人來代替他為刺史。(353)悖慢　荒唐野蠻。悖，反常。(354)類上者　長相像蕭衍的人。上，指蕭衍。(355)加以袞冕　給他穿上龍袍、戴上皇冠。袞冕，皇帝的禮服、禮帽。(356)使就坐剝褫打發人過去在他所坐的位子上剝下他的袞冕。褫，剝下衣服。(357)捶之於庭　在院裡用棍子打他。(358)貯司馬崔會意　把他的僚屬崔會意裝在裡頭。(359)轜車挽歌　把棺木裝上轜車，讓樂隊唱著挽歌。轜車，拉棺材的車。挽歌，送殯的歌曲。(360)奔逸　逃跑，逃到魏國。(361)太子統　蕭統，蕭衍的長子，後來未及即位而死，諡曰昭明，愛好文章，編有《文選》，即通常所說的《昭明文選》。傳見《梁書》卷八。(362)戊子　十二月十八。(363)山胡　胡三省曰：「即汾州之稽胡。」汾州的州治蒲子城，即今山西隰縣。山胡大約活動在今山西的岢嵐、興縣、嵐縣、臨縣等一帶地區。(364)斛律金　姓斛律，名金，敕勒族的酋長，初為魏國鎮將楊鈞的部下，後一度投歸破六韓拔陵，後又投歸魏將爾朱榮，最後成為高歡的功臣。傳見《北齊書》卷十七。(365)軍主一支部隊的部隊長。軍主不是軍銜，也不是固定的官名，只稱其現有的職務。366擁眾　率領部下。367署　任命。368乃詣雲州降　乃到雲州（州治盛樂，在今內蒙古和林格爾北側）歸降了魏國。當時駐守雲州的魏將是費穆，任雲州刺史。369黃瓜堆　地名，在今山西山陰東北，當時雲州的東南方。370別將　猶今所謂「獨立大隊」的長官，不在嫡系部屬的序列之內。

【校　記】[1]進　原無此字。據章鈺校，十二行本、乙十一行本、孔天胤本皆有此字，張敦仁《通鑑刊本識誤》同，今據補。[2]己巳　原作「乙巳」。據章鈺校，十二行本、乙十一行本皆作「己巳」，張敦仁《通鑑刊本識誤》同，今從改。按，是年正月無乙巳日，《梁書・武帝紀下》亦作「己巳」。[3]欲自　原作「自欲」。據章鈺校，十二行本、乙十一行本、孔天胤本二字皆互乙，張敦仁《通鑑刊本識誤》同，今據改。[4]壬寅　原作「壬辰」。胡三省注云：「以上戊戌，下三月己酉推之，『壬辰』當作『壬寅』。」嚴衍《通鑑補》改作「壬寅」，當是，今從改。[5]北梁州　原作「北涼州」。胡三省注云：「『涼』當作『梁』。」嚴衍《通鑑補》改作「北梁州」，今據以校正。[6]殺妾又　原作「害妾」。據章鈺校，十二行本、乙十一行本、孔天胤本皆作「殺妾又」，張敦仁《通鑑刊本識誤》同，今據改。[7]嘗　據章鈺校，十二行本、乙十一行本皆無此字。[8]爪　原作「瓜」。據章鈺校，十二行本、乙十一行本、孔天胤本皆作「爪」，今據改。下同。按，《魏書》、《北史》皆作「爪」。[9]嘗　張敦仁《通鑑刊本識誤》認為當作「尚」。[10]万　原作「萬」。胡三省注云：「『萬』當作『万』。」據章鈺校，十二行本、乙十一行本、孔天胤本皆作「万」，張敦仁《通鑑刊本識誤》同，今據改。[11]齊　原無此字。據章鈺校，十二行本、乙十一行本、孔天胤本皆有此字，今據補。[12]齊高宗　原作「齊太宗」。胡三省注云：「齊無太宗，當是高宗。」嚴衍《通鑑補》改作「高」，今從改。[13]景儁　原作「成景儁」。據章鈺校，十二行本、乙十一行本、孔天胤本皆無「成」字，張瑛《通鑑校勘記》同，今據刪。[14]於　原無此字。據章鈺校，十二行本、乙十一行本、孔天胤本皆有此字，今據補。[15]彧　原作「魏」。據章鈺校，十二行本、乙十一行本、孔天胤本皆作「彧」，張瑛《通鑑校勘記》同，今據改。按，《魏書・蕭寶夤傳附從子替傳》載：「與寵，話夜出，步投彧軍。」[16]梁兵　原無此二字。據章鈺校，十二行本、乙十一行本、孔天胤本皆有此二字，張敦仁《通鑑刊本識誤》同，今據補。[17]殺人　原無此二字。據章鈺校，十二行本、乙十一行本、孔天胤本皆有此二字，今據補。[18]脫粟　原作「脫粟飯」。據章鈺校，十二行本、乙十一行本、孔天胤本皆無「飯」字，今據刪。[19]久之　原無此二字。據章鈺校，十二行本、乙十一行本、孔天胤本皆有此二字，張敦仁《通鑑刊本識誤》、張瑛《通鑑校勘記》同，今據補。[20]之　據章鈺校，十二行本、乙十一行本「之」下皆有「於」字。[21]凡在戎役數十萬人扞禦　原無此十字。據章鈺校，十二行本、乙十一行本、孔天胤本皆有此十字，張敦仁《通鑑刊本識誤》同，今據補。㉒三方 原作「三方之師」。據章鈺校，十二行本、乙十一行本、孔天胤本皆無「之師」二字，張敦仁《通鑑刊本識誤》同，今據刪。㉓皆 原無此字。據章鈺校，十二行本、乙十一行本、孔天胤本皆有此字，張敦仁《通鑑刊本識誤》同，今據補。㉔翁 據章鈺校，十二行本、乙十一行本皆作「公」。

【語 譯】六年（乙巳 西元五二五年）

春季，正月初一日丙午，梁國擔任雍州刺史的晉安王蕭綱派遣自己屬下擔任安北長史的柳渾攻破了魏國的南鄉郡，派屬下擔任司馬的董當門攻破了魏國的晉城。初五日庚戌，又攻破了魏國的馬圈、彫陽二城。○初六日辛亥，梁武帝蕭衍到建康城的南郊舉行祭天典禮，實行大赦。

魏國擔任徐州刺史的元法僧，一向依附於權臣元乂，後來看到元乂越來越驕橫放縱，恐怕將來災禍會牽連到自己，於是就準備謀反。魏國朝廷派遣擔任中書舍人的張文伯來到彭城，元法僧對張文伯說：「我想與你一同遠離危險而處於平安無事之地，你能服從我嗎？」張文伯回答說：「我寧可死了去見孝文帝陵墓上的松柏，怎麼能背棄忠義地服從叛逆呢！」元法僧就殺死了張文伯。正月十五日庚申，元法僧殺死了擔任行臺的高諒，自行稱帝，改年號為天啓元年，把自己的兒子全都封為王爵。魏國朝廷發兵攻打元法僧，元法僧就派自己的兒子元景仲來到梁國請求投降。

安東長史元顯和，是元麗的兒子，他起兵與元法僧作戰，元法僧活捉了元顯和之後，便拉著元顯和的手，讓元顯和與自己坐在一起，元顯和不肯和他坐在一起，說：「我與伯父都是出身皇族，一朝之間就要獻出土地叛逃梁國，難道你就不怕優秀的史官秉筆直書使你在歷史上留下千古罵名嗎？」元法僧還想繼續安慰勸說元顯和，元顯和說：「我寧可死了做一個忠誠之鬼，也不願活著做一個背叛國家的叛臣賊子。」元法僧就殺死了元顯和。

梁武帝派遣擔任散騎常侍的朱异為使者到元法僧那裡，與元法僧當面商談有關投降梁國的事宜，又任命擔任宣城太守的元略為大都督，與將軍義興人陳慶之、胡龍牙、成景儁等率軍前往接應元法僧。

莫折天生率軍駐紮在黑水岸邊，此時他的兵勢已經非常強盛。魏國朝廷任命擔任岐州刺史的崔延伯為征西將軍、西道都督，率領五萬軍隊前往黑水討伐莫折天生，崔延伯與擔任西道行臺大都督的蕭寶寅把軍隊駐紮在馬嵬城。崔延伯一向驍勇善戰，蕭寶寅便催促崔延伯出戰，崔延伯說：「明天早晨我為你去檢驗一下賊軍是勇敢還是怯懦。」崔延伯挑選了數千名精銳的士兵向西渡過黑水，排成整齊的行列向莫折天生的軍營前進。蕭寶寅把軍隊駐紮在黑水東岸，遙相聲援。崔延伯率領著這數千名精兵逕直抵達莫折天生的營盤之前，耀武揚威地威脅了莫折天生一番之後，又慢慢地率軍返回。莫折天生的部隊看到崔延伯所率領的軍隊人數很少，便都爭著打開營門追擊崔延伯，追出來的人數比崔延伯的多十倍，追兵把崔延伯逼到黑水岸邊，蕭寶寅望見這種情形不禁大驚失色。而崔延伯則親自擔任殿後，並不與敵軍交戰，他讓屬下的數千名精兵先向東渡過黑水，部隊的行列依然莊嚴整齊，絲毫沒有驚慌失措的樣子，莫折天生的軍隊不敢向他們展開進攻。不一會兒的工夫，崔延伯的數千名士兵就全部渡過了黑水，崔延伯自己這才不慌不忙地渡過了黑水，莫折天生的追兵也都退了回去。蕭寶寅喜出望外地說：「崔先生的勇敢，就連關羽、張飛都比不上你。」崔延伯說：「這些賊軍不是我的敵手，明公你只管安坐在這裡，觀看我如何打敗他們。」正月十八日癸亥，崔延伯組織軍隊出擊，蕭寶寅率領全軍緊隨其後。莫折天生把屬下所有的軍隊全部投入戰鬥，崔延伯身先士卒，攻入敵軍的前鋒陣地，將士們全都竭盡奮勇爭相進擊，把莫折天生打得潰不成軍，僅此一戰就俘虜、斬殺了十多萬賊軍，把殘餘的敵軍一直追趕到小隴山，岐州、雍州以及隴山以東地區的叛亂於是全部被平定。將士們稽留在原地進行搜羅搶掠，莫折天生趁機堵塞了從岐州進入隴山以西的通道，因此崔延伯、蕭寶寅的軍隊無法前進。

齊王蕭寶寅攻入宛川縣，俘虜了那裡的百姓作為奴婢，並把十名美女賞賜給擔任岐州刺史的魏蘭根，魏蘭根推辭說：「宛川縣夾在強寇的中間，沒有能力自立，所以居民只好勉強服從賊寇以求活命。官軍到來之後，應該同情他們、安撫他們才是，怎麼能再助紂為虐，掠取他們來做奴婢呢！」蕭寶寅於是把他們的父兄全都找來，把掠來做奴婢的那些人送交給他們領回家去。

正月二十四日己巳，裴邃攻佔了魏國的新蔡郡，梁武帝下詔命令擔任侍中、領軍將軍的西昌侯蕭淵藻率軍充當前鋒，令擔任南兗州刺史的豫章王蕭綜與其他各將相繼進兵。二十八日癸酉，裴邃攻克了魏國的鄭城，汝水、潁水之間，到處有人起來響應裴邃。

魏國的河間王元琛等人畏懼梁國豫州刺史裴邃的威名，遂把軍隊駐紮在城父，幾個月都不敢前進一步，魏國朝廷派遣擔任廷尉少卿的崔孝芬手持符節、抱著千牛刀前來催促元琛出戰。崔孝芬，是崔挺的兒子。元琛率軍到達壽陽，準備出兵與梁軍決戰。擔任楊州刺史的長孫稚因為大雨已經持續了很長時間，認為目前不適合出兵作戰，元琛沒有聽從長孫稚的勸告，就率領五萬將士出城攻打裴邃。裴邃已經在四面設下埋伏專等元琛出來交戰，裴邃令擔任直閣將軍的李祖憐先出來向元琛挑戰而後假裝敗退，長孫稚、元琛出動全軍進行追擊，他們很快進入裴邃的伏擊圈，四面埋伏的軍隊爭先恐後地衝殺出來，魏軍立即被打得大敗，有一萬多人被梁軍砍下了腦袋。元琛率先逃入壽陽城內，楊州刺史長孫稚率軍殿後，掩護部隊撤回壽陽城，於是關閉城門進行堅守，再也不敢出城與梁軍作戰。

魏國的安樂王元鑒率軍討伐叛變投梁的徐州刺史元法僧，元鑒在彭城以南把梁國的宣城太守元略打得大敗，元略帶著數十名騎兵狼狽地逃入彭城。元鑒在毫無戒備的情況下，又被元法僧打得大敗，元鑒單人匹馬逃了回去。梁國將軍王希聃攻下了魏國的南陽平郡，活捉了南陽平太守薛曇尚。薛曇尚，是薛虎子的兒子。

正月二十九日甲戌，梁武帝任命元法僧為司空，封元法僧為始安郡公。

魏國朝廷任命安豐王元延明為東道行臺，任命臨淮王元彧為都督，前往攻打彭城。〇魏國朝廷任命京兆王元繼為太尉。

二月二十日乙未，梁國的北兗州刺史趙景悅攻佔了魏國的龍亢。

當初，魏國的權臣宦官劉騰去世以後，元乂一黨便逐漸放鬆了對胡太后以及魏孝明帝元詡的防衛。元乂自己也有些放鬆警惕，他時常出宮去遊玩，而且留戀不返，他的親信勸諫他，他又不肯採納。胡太后已經察覺到了這種變化。去年秋天，胡太后當著孝明帝的面對群臣說：「現在將我們母子隔絕，不允許我們母子自由往來，還要我幹什麼？我應當出家，到嵩山的閒居寺去修道。」於是假裝要剪掉自己的頭髮。孝明帝以及群臣全都磕頭哭泣，苦苦哀求胡太后不要這樣做，胡太后態度越發強硬。孝明帝當晚就住在了胡太后被限居的嘉福殿，並一連住了好幾天，孝明帝與胡太后趁機祕密商議準備廢黜元义。但是孝明帝的內心想法絲毫不表現出來，他只把胡太后很生氣，希望能夠允許她隨時前往顯陽殿看望兒子的話，全部告訴了元义。孝明帝又在元义面前痛哭流涕，把太后想要到嵩山閒居寺出家修道，以及自己為此而感到憂慮恐怖的心情，每天都在元义面前說上四五次。元义一點也沒有懷疑他，反而勸說孝明帝順從太后的想法。於是胡太后被解除了禁閉，她多次前往顯陽殿，胡太后與皇帝之間的往來沒有了禁令與障礙。元义舉薦元法僧為徐州刺史，元法僧叛變投降梁國以後，胡太后多次藉此責備元义，元义深感慚愧和悔恨。

魏國擔任丞相的高陽王元雍，雖然他的職位在領軍將軍元义之上，然而他的內心非常懼怕元义。碰巧遇到胡太后與孝明帝到洛水遊玩，元雍趁機邀請胡太后和孝明帝到自己的府第做客。在傍晚時分，孝明帝與胡太后來到元雍的內室休息，隨從的官員都不得入內，胡太后、孝明帝遂與元雍一起定下了除掉元义的計策。後來胡太后對元义說：「你如果忠於朝廷，沒有造反之心，為什麼不願意辭去領軍將軍的職務，而以其他的職位輔佐朝政呢？」元义非常恐懼，立即摘下頭上的帽子請求辭去領軍將軍的職務。孝明帝於是改任元义為驃騎大將軍、開府儀同三司、尚書令、侍中、統領皇帝身邊的侍從人員。

二月二十三日戊戌，魏國實行大赦。〇二十七日壬寅，莫折念生派遣屬下擔任都督的楊鮓等人進攻仇池郡，擔任尚書、行臺、東益州刺史的魏子建率軍把楊鮓打敗。

三月初五日己酉，梁武帝親自前往白下城，步行巡視了皇帝禁衛軍的駐地。二十一日乙丑，梁武帝命令豫章王蕭綜暫時駐紮在彭城，全面負責統領指揮眾軍作戰，並臨時代理徐州都督府的一切事務。二十五日己巳，梁武帝任命元法僧的兒子元景隆為衡州刺史，任命元景仲為廣州刺史。梁武帝把司空元法僧和宣城太守元略召回建康，元法僧驅趕著彭城的一萬多名官吏和百姓向南渡過長江。元法僧到達建康之後，梁武帝對他非常的寵愛，待遇也非常優厚。宣城太守元略厭惡元法僧的為人，每次與元法僧說話的時候，從來沒有露過笑臉。

魏國孝明帝下詔令京兆王元繼班師回朝。

梁國擔任北梁州刺史的錫休儒等人從魏興郡出兵入侵魏國的梁州，進攻直城。魏國擔任梁州刺史的傅豎眼派遣自己的兒子傅敬紹進攻錫休儒，錫休儒等戰敗後撤回。

柔然王阿那瓌出兵為魏國討伐破六韓拔陵，魏國派遣牒云具仁攜帶著各種雜物前往慰勞賞賜阿那瓌。阿那瓌率領十萬大軍，從武川鎮向西直指沃野鎮，多次打敗破六韓拔陵的軍隊。夏季，四月，魏孝明帝又派遣擔任中書舍人的馮儁去慰勞賞賜阿那瓌。阿那瓌的部落由此逐漸強盛起來，遂自稱敕連頭兵豆伐可汗。

魏國的權臣元义雖然被解除了領軍將軍的職務，失去了兵權，但仍然掌握著朝廷內外的大權，管理著宮廷內外的事務，根本就沒有感覺到自己有被廢黜的可能。胡太后心裡還在猶豫不決，擔任侍中的穆紹勸說胡太后趕緊除掉元义。穆紹，是穆亮的兒子。潘嬪妃很受孝明帝的寵愛，宦官張景嵩對潘嬪妃說：「元义想要害死你。」潘嬪妃於是哭著向孝明帝訴說：「元义不光是想要殺我，也將做出不利於陛下的事情。」孝明帝相信了潘嬪妃的話，就趁著元义出宮回家休息的機會，解除了元义侍中的職務。第二天早晨，元义將要入宮，守衛宮門的人不讓元义進宮。四月十七日辛卯，胡太后再次臨朝攝政，她下詔追削宦官劉騰的官職和爵位，將元义從皇家名籍中除名，貶元义為平民。

在清河王封國內擔任郎中令的韓子熙上書給孝明帝，為清河王元懌申訴冤屈，請求朝廷誅殺元义等人，韓子熙說：「過去宦官趙高掌握秦朝權柄的時候，引起函谷關以東地區以陳勝、吳廣為首的農民大起義，終於推翻了秦朝的統治；如今元义專擅魏國朝權，致使四面八方、國內國外到處起兵反對魏國。逆亂的開端，起始於宋維誣陷清河王元懌，致使清河王元懌被殺；造成禍亂的惡果，確實是由於宦官劉騰，應該砍下劉騰的人頭，懸掛在高竿上示眾，將劉騰的住所挖成大坑，坑裡灌滿汙水，再將劉騰的軀體斬成碎塊，將劉騰的家族滅絕，以表明劉騰的罪大惡極。」胡太后接受了韓子熙的意見，下令掘開劉騰的墳墓，把劉騰的屍骨暴露在荒野之中，抄沒了劉騰的全部家產，把劉騰的養子全部殺光。胡太后任命韓子熙為中書舍人。韓子熙，是韓麒麟的孫子。

當初，宋維的父親宋弁曾經說過：「宋維性格粗疏為人陰險，一定會敗壞我家。」李崇、郭祚、游肇也曾經說過：「宋維為人兇惡殘忍，性格粗疏，最終一定毀滅了宋家。如果只是他自身被殺而不連累家人就算萬幸了。」宋維阿諛奉承、依附於元乂，被破格提升至洛州刺史，到現在才被除名，不久皇帝賜他自殺而死。

元乂解除領軍將軍職務的時候，胡太后因為元乂黨羽的勢力還很強大，不可能一下子全部把他們剷除乾淨，於是就令元乂的同黨侯剛代替元乂擔任領軍將軍以穩定元乂一黨之心。不久又將侯剛調離朝廷，任命侯剛為冀州刺史，加授侯剛開府儀同三司，侯剛離開朝廷前往冀州上任，還沒有到達冀州任所，就被貶為征虜將軍，最後死在了家中。胡太后還想殺掉元乂的心腹賈粲，因為元乂的黨羽眾多，恐怕驚動朝廷內外，於是就讓賈粲離開京師去擔任濟州刺史，不久便派人追上前去把賈粲殺死，並抄沒了賈粲的全部家產。只有元乂因為是胡太后的妹夫，胡太后不忍心將元乂殺死。

早先，擔任給事黃門侍郎的元順因為剛強正直違背了元乂的心意，便被元乂調離朝廷到齊州去擔任刺史，現在胡太后把元順徵調回朝廷，任命為侍中。元順陪侍胡太后閒坐，元乂的妻子坐在胡太后的旁邊，元順指著元乂的妻子對胡太后說：「陛下為什麼因為一個妹妹的緣故，就不給元乂以應有的懲罰，而使天下人不能申冤洩憤呢？」胡太后默然不語。元順，是元澄的兒子。有一天，胡太后很隨意地對身邊的侍臣說：「劉騰、元乂過去曾經要挾我發給他們免死鐵券，希望將來不被處死，幸虧我不給他們。」中書舍人韓子熙說：「事關生殺的大權應該掌握在皇帝手中，即使他們有免死鐵券，該殺的時候難道就不殺嗎！況且陛下過去雖然沒有發給他們免死鐵券，與今天的該殺而不殺有何關係！」胡太后表現出一副很傷心的樣子。不久，有人告發說「元乂和他的弟弟元爪陰謀引誘北方的懷朔鎮、武川鎮、撫冥鎮、柔玄鎮、懷荒鎮、禦夷鎮這六個鎮所收撫的降人在定州造反，又招引魯陽郡境內的那些少數民族侵擾伊闕，元乂為他們做內應。」同時截獲了元乂的親筆信，胡太后還是不忍心殺掉元乂。群臣堅決要求太后處死元乂，魏孝明帝也勸說胡太后處死元乂，胡太后這才同意將元乂除掉，她賜元乂和他的弟弟元爪在自己的家中自殺，元乂死後，胡太后還是追贈元乂為驃騎大將軍、開府儀同三司、尚書令。元乂的父親江陽王元繼也被免去官職，在家閒居，後來病死家中。曾經擔任過幽州刺史的盧同因為是元乂的同黨也被免官。

胡太后非常喜歡梳妝打扮，她多次外出遊覽，擔任侍中的元順當面勸諫胡太后說：「《禮記》中說，婦人的丈夫死後就稱自己為『未亡人』，頭上要去掉珠寶美玉，不穿有花紋有亮色的衣服。陛下母儀天下，管理著全國的臣民，論年紀也已經接近四十歲的不惑之年，如此地注重修飾打扮，怎麼能為後代人做榜樣！」胡太后慚愧地回到宮中，她將元順召到面前，責備元順說：「我把你從一千多里以外的地方徵調進京，難道是想讓你在大庭廣眾之中羞辱我嗎！」元順說：「陛下不畏懼天下人的恥笑，反倒把我的一句話當做恥辱嗎？」

侍中元順與同樣擔任侍中的穆紹同時在皇宮中值班，元順因為喝醉了酒而誤入穆紹的寢室，穆紹裹著被子站起身來，態度嚴肅地責備元順說：「我擔任了二十年侍中，與你的父親元澄多次共事，縱然你正受到提拔重用，怎麼能對人不講一點禮貌呢？」於是就辭職回家了，胡太后下詔勸說了很長時間，穆紹才回來任職。

當初，鄭羲的堂孫鄭儼在擔任司徒的胡國珍手下擔任行參軍，私下得到胡太后的寵幸，人們都不知道。蕭寶寅在西征莫折念生的時候，任用鄭儼為開府的屬官。胡太后再次攝政以後，鄭儼向蕭寶寅請求派自己為使者回朝，胡太后趁機把鄭儼留在身邊，任命鄭儼為諫議大夫、中書舍人，兼任嘗食典御，晝夜留在皇宮之內。每當輪到鄭儼休假回家的時候，胡太后經常派宦官跟著鄭儼，鄭儼見到自己的妻子，只能說一些有關家中的事務而不能說別的、幹別的。擔任中書舍人的樂安郡人徐紇，略微有些文學方面的修養，先前因為向趙脩諂媚取寵，趙脩被殺以後，徐紇受到牽連被流放到枹罕。後來回到洛陽，又被任命為中書舍人，他又巴結清河王元懌。元懌死了以後，徐紇被調出京師到雁門去擔任太守。回到洛陽以後，又巴結權臣元乂。元乂敗亡之後，胡太后因為徐紇曾經受到元懌的厚待，就又召徐紇為中書舍人，徐紇又開始巴結鄭儼。鄭儼因為徐紇有智謀有手段，就依靠徐紇，把徐紇作為智囊；徐紇因為鄭儼受到胡太后的寵幸，就全身心的奉承、巴結鄭儼，與鄭儼互為表裡，權勢壓倒朝廷內外，被人們號稱為「徐、鄭」。

鄭儼連續得到提升，一直做到中書令、車騎將軍；徐紇則升遷到給事黃門侍郎，仍然兼任中書舍人，總管中書省、門下省的一切事務，凡是有關軍國大事，胡太后的詔書命令無不出自徐紇之手。徐紇為人機敏、有口才、精力充沛，一天到晚地處理政務，沒有一點功夫休息，也不感到疲勞。有時需要緊急起草詔書，徐紇就讓幾個官吏同時執筆，而他有時徘徊，有時躺臥，分別給每個執筆人口授詞句，於是一份詔書很快就起草完了，而且都能合情合理。然而徐紇沒有治理國家大事的才具，專門在一些小事情上耍心眼，見到人就裝出一副恭敬謹慎的樣子，遠近的人就像輻條歸向車轂一樣都來趨從歸附於他。

擔任給事黃門侍郎的袁翻、李神軌都兼任著中書舍人的職務，受到胡太后的信任，當時的人都說李神軌也得到胡太后的寵幸，是真是假眾人誰也說不清楚。李神軌為自己的兒子向擔任散騎常侍的盧義僖求婚，盧義僖不同意。黃門侍郎王誦對盧義僖說：「過去的人絕不會為了一個女兒的安全而犧牲好幾個兒子的性命，你難道要為了一個女兒而犧牲自己的兒子們嗎？」盧義僖說：「我所以不答應這門婚事，就是為了這個原因。我如果答應了他的求婚，恐怕我的災禍會更大而且來得更快。」王誦於是緊緊地握著盧義僖的手說：「我聽從天命，不敢把這件事告訴別人。」盧義僖於是把自己的女兒嫁給了別的家族。臨近結婚的那天晚上，胡太后從宮中派來的使者宣布胡太后的敕令，令盧義僖停止出嫁女兒，盧義僖家裡家外的人都感到驚惶恐懼，盧義僖仍然神色坦然。李神軌，是李崇的兒子。盧義僖，是盧度世的孫子。

敕勒族酋長胡琛以高平鎮為根據地，他派遣屬下大將万俟醜奴、宿勤明達等人騷擾、掠奪魏國的涇州，魏國的將軍盧祖遷、伊甕生率軍對其進行討伐，沒有取勝。西道行臺大都督蕭寶寅與征西將軍、西道都督崔延伯打敗了莫折天生以後，就率領軍隊和盧祖遷等人在安定城會合，他們手下擁有十二萬全副武裝的士兵，八千匹配有鐵甲的戰馬，戰鬥力很強。万俟醜奴把軍隊駐紮在安定城西北七里遠的地方，他時常派輕騎兵前來挑戰，然而還沒等與朝廷軍交鋒就丟下一些鎧甲、兵器逃走。崔延伯依仗著自己的勇敢善戰，又剛剛打了勝仗、新立了戰功，於是提議由自己擔任前鋒去進攻万俟醜奴。他還另造了一種大型盾牌，盾牌的背面有立柱，全用大鎖鏈連接起來，讓壯勇之士抱持著向前推進，他們稱其為「排城」；把軍用物資安置在排城當中，野戰部隊則在排城以外，他們從安定城以北沿著平坦寬闊的高坡北上。在即將與敵人開戰的時候，忽然有數百名敵軍的騎兵手執詐降文書，說是前來遞交投降的名單，並請求暫緩進兵。蕭寶寅、崔延伯還沒有來得及觀看降書的內容，叛軍大將宿勤明達就已經率領軍隊從東北方向殺來，那些說要投降的叛賊從西方爭相殺來，魏國的朝廷軍腹背受敵，征西將軍崔延伯縱身上馬奮勇殺敵，追殺敗逃的敵軍一直追殺到賊軍的營寨之前。賊軍都是輕騎兵，而崔延伯的軍隊中還雜有步兵，作戰時間一長戰士都非常疲乏，賊軍趁機攻入排城，崔延伯所率的先鋒部隊於是大敗，連死帶傷的接近二萬人，蕭寶寅收拾起兵眾，退回安定城堅守。崔延伯把這次失敗看做是一種奇恥大辱，於是就修繕武器、鎧甲，招募驍勇善戰的士兵，又從安定城出發向西進軍，在距離賊軍營寨七里遠的地方安下營寨。四月十八日壬辰，崔延伯也不通知蕭寶寅，就獨自出兵去襲擊賊軍，把賊軍打得大敗，不一會兒的工夫，就摧毀了賊軍的好幾道寨柵。賊軍看到崔延伯手下的官軍到處收取、搶奪戰利品，秩序散亂，就又回過頭來進行反擊，把朝廷軍打得大敗，崔延伯中了流箭身亡，士卒死了一萬多人。當時主要的賊寇還沒有被消滅，朝廷軍中又失去了一員驍將，朝野都為之憂愁恐懼。賊軍的聲勢越來越強盛，群臣從外地入京，胡太后向他們詢問賊情的時候，他們都說賊軍的勢力很弱小，希望以此來討好胡太后，因此，前方征討叛賊的將帥向朝廷請求增兵的時候，胡太后往往不給他們增兵。

五月，梁國的夷陵烈侯裴邃在軍中去世。裴邃為人深沉，有思想有謀略，政令寬鬆明白，軍中的將士和官吏都很愛戴他、敬畏他。初八日壬子，梁武帝任命擔任中護軍的夏侯亶統領壽陽地區諸軍事，乘驛車飛速前往壽陽軍中接替裴邃的職務。

梁國擔任益州刺史的臨汝侯蕭淵猷派遣他的部將樊文熾、蕭世澄等人率軍把魏國擔任益州長史的和安包圍在小劍山的軍事據點裡，魏國擔任益州刺史的邴虬派遣擔任統軍的河南郡人胡小虎、崔珍寶率軍趕往小劍山救援和安。梁國將領樊文熾攻入了胡小虎、崔珍寶的營寨，把胡小虎等手下的魏軍全部俘虜，樊文熾讓胡小虎在小劍城下勸說益州長史和安，讓和安早日向梁軍投降。胡小虎站在小劍城下，遠遠地向和安喊話說：「我的營寨由於防守不嚴密，我已經被賊軍俘虜，我看他們的兵力，實在不值得一提。你要努力堅守，東益州刺史魏子建、梁州刺史傅豎眼率領的援軍已經到了。」胡小虎的話還沒有說完，就被梁國的士兵用刀砍死了。魏國擔任西南道軍司的淳于誕率軍來救援小劍山，樊文熾在龍鬚山上設置木柵防守自己的退路。五月二十四日戊辰，淳于誕祕密招募壯士利用黑夜作掩護登上龍鬚山燒毀了樊文熾設置的木柵，梁國的軍隊望見龍鬚山上的木柵被燒毀，退路被斷絕，都驚恐不安，淳于誕乘機向樊文熾軍發起進攻，樊文熾軍於是大敗，只有樊文熾一個人逃脫。淳于誕軍俘虜了梁國的蕭世澄等將吏十一人。殺死、俘獲的梁軍數以萬計。擔任行臺的魏子建用梁將蕭世澄換回統軍胡小虎的屍體，把胡小虎安葬。〇魏國的魏昌武康伯李崇去世。

當初，梁武帝將齊國東昏侯蕭寶卷最寵愛的吳淑媛納入自己的宮中，入宮七個月就生下了豫章王蕭綜，宮中的人都懷疑蕭綜不是梁武帝的兒子。等到吳淑媛不再受到梁武帝的寵愛，心裡就產生了怨恨，她祕密地對自己的兒子蕭綜說：「你是我入宮七個月後生下來的兒子，怎能和其他的皇子相比呢！然而你是太子的二弟，希望你能保住自己的富貴，不要把這件事情洩露出去！」說完就與蕭綜抱在一起痛哭起來。蕭綜從此以後就對自己的身世產生了懷疑，他在白天的時候還像往常一樣談笑風生，然而到了夜間就在一處安靜的房間裡關上門，披散著頭髮，睡在草席上，又暗中在別的屋子裡祭祀齊王朝的七代列祖列宗。還換上平民的衣服到曲阿祭拜齊高宗蕭鸞的陵墓，他從民間聽說把活人的鮮血滴在死人的骨頭上，如果鮮血滲入骨內，就說明是父子關係，於是蕭綜就偷偷地挖開了東昏侯蕭寶卷的墳墓，把自己的鮮血滴在蕭寶卷的枯骨上，並親手殺死了自己的一個兒子，又把自己的鮮血滴在兒子的骨頭上進行試驗，結果都得到了驗證，從此以後，蕭綜就經常想著要推翻梁朝蕭衍的統治、恢復齊王朝，他把一門心思都用在偵伺時局的變化上，以求實現自己的願望。蕭綜勇猛有力，能夠空手制服狂奔的馬。他一向輕視錢財，喜歡結交士人，只把自己貼身穿的舊衣服留下來，其餘的衣服全都分別施與別人，於是經常把自己弄得缺衣少食、一無所有。蕭綜多次上書給梁武帝論說國家當前的急務，請求到邊疆任職，梁武帝都沒有答應他。蕭綜經常在內室的地上鋪滿沙土，整天光著腳在上面行走，腳底板都磨出了一層厚厚的皮，每天能走三百里。王、侯、嬪妃、公主以及外人都知道蕭綜的志向，但由於梁武帝性情嚴厲，所以沒有人敢去對他說。蕭綜又暗中派人到魏國給齊王蕭寶寅通消息，稱蕭寶寅為「叔父」。蕭綜擔任南兗州刺史的時候，從來不會見賓客，即使遇到僚屬或普通百姓有什麼爭執不下的問題時，他也是隔著一道簾子聽取當事人的申訴。外出的時候一定要把車子的帷幔放下來，他厭惡別人看到他的臉。

等到蕭綜奉命暫時駐紮在彭城的時候，魏國擔任東道行臺的安豐王元延明，擔任都督的臨淮王元彧奉命率領二萬軍隊逼近彭城，雙方相持了很久也沒有決定出誰勝誰負。梁武帝擔心蕭綜兵敗會被魏國人所俘虜，就下令讓蕭綜率軍返回。蕭綜擔心一旦自己向南回到京師建康就很難再到北部的邊境地區了，於是就暗中派人給魏國的臨淮王元彧送交降書，魏國人都不相信蕭綜會投降魏國，元彧便招募人準備進入蕭綜的軍營查看虛實，卻沒有人敢去。在朝中擔任殿中侍御史的濟陰人鹿悆在元彧的軍中擔任監軍，他主動請求前往蕭綜的軍中去探個究竟，鹿悆對臨淮王元彧說：「如果蕭綜確實誠心誠意想要投降的話，我就與他締結盟約；如果他是詐降，何必吝惜像我這樣一位普通人的性命呢！」當時兩軍正處於交戰狀態，軍營以外的人進入軍營以及軍營內部的人離開軍營都檢查得很嚴格，鹿悆一個人騎著馬潛出軍營，逕直奔向彭城，路上他被蕭綜的軍卒所抓獲，並詢問他的來意，鹿悆回答說：「是魏國的臨淮王元彧派我前來，想要與你們做一筆買賣。」當時宣城太守元略已經回軍南下，蕭綜聽到俘獲了鹿悆的消息後，就對擔任徐州刺史的成景儁等人說：「我經常懷疑元略陰謀想把徐州送還給魏國，向魏國投降，為了驗證一下這件事情的虛實，我故意派遣我的左右假裝是元略的使者，到魏軍當中，叫他們派一個人前來接洽。如今他們果然派人來了，可以派人謊稱元略有病正在內室臥床不起，把魏國派來的人引到門外，令人假裝是元略派的人出去和他說話。」蕭綜又派遣自己的心腹安定郡人梁話去迎接鹿悆，偷偷地把蕭綜想要投降魏國的意圖以及蕭綜為防止被成景儁識破所作出的種種安排告訴了鹿悆。鹿悆在傍晚的時候進入彭城，蕭綜先派人領著鹿悆去會見了將軍胡龍牙，胡龍牙對鹿悆說：「中山王元略非常想見到你，所以派人叫你前來。」胡龍牙又說：「安豐王元延明、臨淮王元彧的軍中將少卒弱，你們想要再將彭城奪回去，怎麼能成功呢？」鹿悆回答說：「彭城，是魏國東方的邊境重鎮，無論如何我們都要來爭奪，能不能重新將彭城奪回去要看天意，不是人所能預測的。」胡龍牙說：「你說得很對。」又領著鹿悆去見徐州刺史成景儁，成景儁與鹿悆坐下之後，便對鹿悆說：「你不會是魏國派來的刺客吧？」鹿悆說：「我這次是奉命前來出使，我還準備回去向本朝的皇帝覆命，至於行刺的事情，就另找機會，日後再想辦法吧。」成景儁為鹿悆準備了飲食，鹿悆吃飽喝足之後，成景儁就把鹿悆引到一個所在，讓一個人假裝是元略的人從屋裡走出來，替元略向鹿悆致意說：「我此前本來想要到南方去辦一件事情，故而派人叫你來，想聽一聽家鄉方面的消息，後來疾病發作，就沒法再與你見面了。」鹿悆說：「我早已知道了你的意圖，所以冒著生命危險恭敬地前來赴約，卻不能拜見你，我的內心很不安。」於是告辭而退。諸將領都競相向鹿悆打聽魏軍的將士兵馬有多少，鹿悆就誇張地說魏軍有數十萬精兵銳卒，諸將相互議論說：「他這是在吹牛！」鹿悆說：「明天早晨你們就可以得到驗證，我何必要吹牛呢！」於是送鹿悆返回魏國的軍營。成景儁在戲馬臺送別鹿悆，他向北眺望著彭城的城牆與護城河，對鹿悆說：「彭城如此的險要堅固，豈是魏軍能夠奪取的！」鹿悆回答說：「進攻和防守都取決於人，城池的險固不險固起不了決定作用！」鹿悆在返回的路上，又與蕭綜的心腹之人梁話牢牢地確定了盟約。六月初七日庚辰，蕭綜與梁話和淮陰人苗文寵在夜間偷偷地離開了彭城，步行投奔了臨淮王元彧軍。等到天亮之後，蕭綜府中的內室門還關閉著沒有打開，眾人全都不知道出了什麼事情，只聽城外的魏軍大聲呼叫說：「你們的豫章王昨天夜裡已經來到我們這裡，現在他就在我們軍中，你們還能有什麼作為呢？」城中的人找不到豫章王蕭綜，軍隊立即全部潰散。魏軍進入彭城，並乘勝追殺梁國的士兵，他們把由於徐州刺史元法僧叛變降梁而失去的各城全部奪回，魏軍一直追擊到宿預才返回。梁軍的將佐士兵死亡、被俘的有十分之七八，只有將軍陳慶之率領著自己的部隊返回。

梁武帝聽到消息以後，感到非常的震驚，有關部門的官員上書請求削奪蕭綜的爵位和封國，從皇室的族籍上除去蕭綜的名字，把蕭綜的兒子蕭直改姓為悖。然而不到十天的功夫，梁武帝就又下詔恢復了蕭綜的皇族身分，並封蕭綜的兒子蕭直為永新侯。

梁國的西豐侯蕭正德曾經叛逃到魏國，又從魏國逃了回來，但他的思想行為沒有任何改變，他聚集了很多的亡命之徒，夜深人靜的時候就到路上去搶劫殺人，在梁武帝命令大軍北伐的時候，西豐侯蕭正德也以輕車將軍的身分跟隨豫章王蕭綜北伐，蕭綜投奔魏軍之後，蕭正德扔下軍隊就自己回來了。梁武帝把蕭正德前後的罪惡累積起來，於是免去了蕭正德的官職，削奪了蕭正德的爵位，把蕭正德流放到臨海郡。蕭正德還沒有到達流放地，梁武帝就已經派人追上他，赦免了他的罪惡。

蕭綜到達魏國的都城洛陽，拜見過魏孝明帝之後回到賓館，就為故齊國的東昏侯蕭寶卷舉行哀悼，他穿著子女為父母所穿的那種喪服為東昏侯守孝三年。胡太后及其以下的官員全都到蕭綜所住的賓館進行弔唁，胡太后給蕭綜的賞賜和禮節待遇都很豐厚隆重，任命蕭綜為司空，封為高平郡公、丹楊王，蕭綜改名為蕭贊。魏國任命苗文寵、梁話都為光祿大夫。封鹿悆為定陶縣子爵，並任命鹿悆為員外散騎常侍。

在蕭綜手下擔任長史的濟陽郡人江革、擔任司馬的范陽郡人祖暅之都被魏軍俘虜，魏國的安豐王元延明知道了他們的才能和名聲以後，就很厚待他們，江革對元延明說自己的腳有病不能跪拜。元延明讓祖暅之寫了欹器、漏刻銘文，江革唾罵祖暅之說：「你蒙受國家的厚恩，竟然為賊虜寫作銘文，辜負了朝廷對你的厚恩！」元延明聽說以後，就令江革寫〈大小寺碑〉、〈祭彭祖文〉，江革拒絕為元延明寫作。元延明準備用棍棒捶打江革，江革面色嚴厲地說：「我江革已經是快六十歲的人了，如果我今天被你打死了我將感到很榮幸，即使是死也絕不為你執筆寫文章！」元延明知道不能使江革屈服，於是就不再優待江革。每天只為江革提供三升粗米，僅夠維持江革的生命而已。

梁武帝祕密地把夏侯亶召回，讓他在合肥休整軍隊，等待淮河堤壩修成之後再進兵北伐。〇六月初十日癸未，魏國實行大赦，改年號為孝昌元年。

破六韓拔陵率眾把魏國的廣陽王元淵包圍在五原城，五原城中擔任軍主的賀拔勝招募二百人的敢死隊打開五原城的東門出城與賊軍作戰，殺死了一百多名賊軍，賊軍這才稍微後退了一些。元淵利用這個機會放棄了五原城拔營向朔州撤退，軍主賀拔勝經常擔任後衛。

魏國擔任雲州刺史的費穆，召集、撫慰那些離散之人，四面抵抗敵軍。當時魏國北部邊境的州鎮全部陷落，只有雲中一座孤城還屬於魏國朝廷所有。時間一久，城內與外部的交通斷絕，也沒有援軍趕來增援，雲中城內的糧食、武器全部消耗光了，費穆不得不拋棄雲中城向南投奔秀容縣的爾朱榮，後來費穆前往洛陽向朝廷請罪，胡太后寬恕了他。

擔任長流參軍的于謹對廣陽王元淵說：「如今盜賊蜂擁而起，專門依靠武力不容易取勝。我請求奉命前去對他們講明福禍利害關係，或許能使他們漸漸地離開叛匪，歸向朝廷。」元淵批准了于謹的請求。于謹精通各國語言，於是就獨自一個人騎著馬前往叛變的匈奴人的軍營，會見他們的酋長，向匈奴人酋長表示出朝廷對他們的恩典與誠信，於是西部鐵勒的酋長乜列河等便率領三萬多戶居民向南來投降廣陽王元淵。元淵想要率軍到折敷嶺去迎接乜列河等，于謹說：「破六韓拔陵的勢力非常強盛，他聽到乜列河等人率眾來降的消息，一定會率軍在半路上截擊，如果他們搶先佔據了險要的地勢，就不容易抵抗他們。倒不如把乜列河當做誘餌來引誘破六韓拔陵，我們預先設下埋伏等待破六韓拔陵前來上鉤，一定能將破六韓拔陵打敗。」元淵聽從了于謹的意見，破六韓拔陵果然率軍截擊乜列河等，把乜列河的部眾全部俘虜，元淵埋伏的軍隊突然向破六韓拔陵的軍隊發起進攻，把破六韓拔陵的軍隊打得大敗，重新奪回了乜列河的部眾，而後回師。

柔然敕連頭兵豆伐可汗阿那瓌把破六韓拔陵打得大敗，斬殺了破六韓拔陵的將領孔雀等。破六韓拔陵避開柔然的軍隊，渡過黃河向南遷徙。將軍李叔仁因為破六韓拔陵的軍隊日益逼近，就向廣陽王元淵求救，元淵率領部眾趕去救援李叔仁。賊軍當中先後向元淵投降歸順的有二十萬人，元淵與擔任行臺的元纂上表給胡太后，他們在上奏的表章中「請求朝廷在恆州以北地區另行設立郡縣，用以安置那些投降的人，再根據情況對他們進行救濟，以平息他們的叛亂之心。」魏國朝廷沒有批准他們的請求，胡太后下詔令擔任黃門侍郎的楊昱把投降、歸附的那些人分別安置在冀州、定州、瀛州境內自己去找飯吃。元淵對元纂說：「這些人又成了靠乞討為生的丐幫了。」

秋季，七月十九日壬戌，梁國實行大赦。〇八月，魏國柔玄鎮境內的百姓杜洛周在上谷郡聚眾造反，改年號為真王元年，他們到處攻打郡縣，高歡、蔡儁、尉景以及段榮、安定郡人彭樂都跟隨了杜洛周。杜洛周率領部眾包圍了魏國擔任燕州刺史的博陵人崔秉，九月十四日丙辰，魏國朝廷任命擔任幽州刺史的常景兼尚書，為行臺，與擔任幽州都督的元譚一同討伐杜洛周。常景，是常爽的孫子。從盧龍塞到軍都關，凡是險要的地方，朝廷都派兵進行防守，幽州都督元譚率軍駐守在居庸關。

冬季，十月，吐谷渾派軍隊進攻趙天安，趙天安向魏國朝廷投降，涼州重歸魏國所有。〇魏國擔任平西將軍的高徽奉命出使嚈噠，返回的時候到達枹罕。正遇上擔任河州刺史的元祚去世，前任河州刺史梁釗的兒子梁景進引領莫折念生的軍隊包圍了河州州城枹罕。擔任長史的元永等人推舉平西將軍高徽臨時代理河州刺史的職務，高徽指揮軍隊固守枹罕城。梁景進也自任為代理和州刺史。平西將軍高徽向吐谷渾請求出兵救援，吐谷渾派遣軍隊趕來救援，梁景進戰敗逃走。高徽，是高湖的孫子。

魏國西部有莫折念生作亂，北部有破六韓拔陵作亂，朝廷把主要精力放在了對付西、北方的叛亂上，而西荊州、北荊州、西郢州境內的各少數民族全都趁機起來造反，他們截斷了南陽、洛陽之間的三鵶路，殺死了都督，肆意騷擾搶奪，往北一直到達襄城。汝水一帶地區有冉氏、向氏、田氏，他們的族群勢力最為強盛，其他比較大的族群有上萬家，小的族群也有上千家，各自稱王、稱侯，佔據著險要的地勢，於是道路被切斷，不能通行。十二月十二日壬午，魏國孝明帝下詔說：「我要親自統領全國的軍隊，掃平各地的叛賊，現在首先要討伐荊州境內造反的少數民族，整頓南方的秩序。」當時那些少數民族正在引導著梁國的將領曹義宗等人包圍魏國的荊州，魏國擔任都督的崔暹率領數萬軍隊前往救援荊州，軍隊到達魯陽的時候就不敢繼續前進了。魏國改任臨淮王元彧為征南大將軍，令其率軍討伐魯陽城那些造反的少數民族，司空長史辛雄擔任行臺左丞，軍隊向著東方葉城的方向前進。另外又派遣擔任征虜將軍的裴衍、擔任恆農太守的京兆人王羆率領一萬軍隊，從武關出發去打通三鵶路，以方便解救荊州。

征虜將軍裴衍等人還沒有到達目的地，征南大將軍臨淮王元彧的軍隊已經屯紮在汝水之濱，那些遭受蠻人騷擾搶劫的州郡爭相前來向元彧求救，元彧認為出兵救援被蠻人侵擾的州郡與皇帝交給自己的任務方向不一致，就不想答應他們的請求，擔任行臺左丞的辛雄說：「現在裴衍的軍隊還沒有到來，大王您的軍隊已經在這裡集結完畢，這個地區的蠻夷囂張橫行，將直接威脅到洛陽郊區的安全，大王您在京城之外掌握著軍隊的指揮大權，看見可以進兵就應該進兵，還講什麼前進方向相同不相同！」元彧擔心如果發生失誤自己就得承擔責任，遂請求辛雄以行臺左丞的名義給自己頒發一道命令。辛雄認為那些蠻夷聽到魏國皇帝將要御駕親征的消息，心裡一定受到很大的震動，可以趁著這個機會把群蠻打敗，於是就頒發給元彧一道命令，令元彧火速派兵出擊。那些蠻夷聽到消息以後，果然四散逃走。

魏孝明帝想要親自出京去討伐叛賊，因為中書令袁翻的勸阻而沒有付諸行動。辛雄從軍中上書給胡太后說：「大凡臨陣殺敵奮不顧身，身冒白刃而毫不畏懼、毫不退縮的人，他們第一是為了求得一個光榮的名號，第二是為了得到國家的重賞，第三是懼怕臨陣逃脫會受到刑法的制裁，第四是為了躲避禍患災難，如果不是為了這幾樣，即使是聖明的君王也不能驅使他的臣子，慈愛的父親也不能勉勵他的兒子面對死亡而毫不畏懼。英明的君主深知這個道理，所以該獎賞的一定要獎賞，該懲罰的一定要懲罰，讓那些關係親近的或是疏遠的、地位尊貴的或是卑賤的、性情勇敢的或是怯懦的、智力賢能的或是愚蠢的，只要聽見軍中的鐘鼓奏響，看見旌旗的隊列，無不興奮起來、激動起來，競相奔赴殺敵的戰場，難道是他們不想多活一些時候而樂意快點去死嗎？是利害關係擺在面前，想不去赴湯蹈火也不可能罷了。自從秦州、隴山地區莫折大提、莫折念生發動叛亂，南方的蠻夷擾亂綱常以來，已經好幾年了，總計在軍隊當中服役的有數十萬人，他們西討秦、隴之賊，北禦邊鎮之亂，南擊蠻左之叛，打的敗仗多而勝仗少，追溯世事如此的原因，這些都是因為賞罰不明造成的。陛下雖然頒布了明確的詔書，毫不耽擱地及時行賞，然而將士的功勳，即使拖延一年也決定不下來；打了敗仗，損失了軍隊的人，安然地待在家裡。這是使有功的將士得不到鼓勵，不能令人羨慕他們、向他們學習，而平庸的人也不用擔心受到懲罰。奮進殺敵的人，死亡就在眼前，而獲得獎賞卻不知在何年何月；臨陣脫逃的人，身體得到保全而沒有罪過，這就是軍人望見敵人就逃跑、潰散，不肯盡力殺敵的原因。陛下如果能夠確實做到號令必信，賞罰必行，那麼軍威一定能夠得到張揚，盜賊一定被平定。」奏章呈遞上去之後，胡太后不加理睬。

梁國的將領曹義宗等人攻取了魏國的順陽、馬圈城，與魏國征虜將軍裴衍等戰於淅陽，曹義宗等失敗後撤退，裴衍等人又奪回了順陽，並乘勝進軍包圍了馬圈城。魏國擔任洛州刺史的董紹因為馬圈城堅固難攻，征虜將軍裴衍等人軍中的糧食又不充足，於是上書給魏國朝廷，說裴衍等人圍攻馬圈城一定會失敗。不久，梁將曹義宗攻擊裴衍等，果然把裴衍打敗，梁軍再次奪取了順陽。魏國朝廷任命王羆為荊州刺史。

梁國的邵陵王蕭綸代理南徐州刺史的職務，他在南徐州刺史任上喜怒無常，肆意違法亂紀。他在集市上到處遊蕩，向賣鱔魚的攤販詢問說：「你覺得現在的徐州刺史怎麼樣？」賣鱔魚的小攤販回答說：「徐州刺史急躁暴虐！」蕭綸聽了大怒，立即命令那個小攤販把鱔魚活著吞下肚去而導致小攤販死亡。百姓因此被嚇得在道路上相遇連話都不敢說，只能用眼神打個招呼。蕭綸曾經遇到一輛出殯的喪車，他奪下孝子身上的喪服就穿在自己的身上，然後趴在地上大聲嚎叫。蕭綸的典籤懼怕獲罪，就祕密地把蕭綸的所作所為奏報給梁武帝。梁武帝這才開始嚴厲地責備蕭綸，而蕭綸依然不改。梁武帝就另外派人來接替了南徐州刺史的職務。蕭綸的荒唐、反常行為更加變本加厲，他竟然找了一位和梁武帝長得很像的矮小瘦弱的老頭兒，讓老頭兒穿上皇帝的龍袍，戴上皇冠，坐在高處，蕭綸把他當做皇帝一樣進行朝拜，還向他陳述自己沒有犯罪；然後又讓人過去在座位上剝下老頭兒的袞冕，拉到庭院中用棍子打他。蕭綸又製作了一口新棺材，把擔任司馬的崔會意裝在棺材裡，然後把棺材放到輀車上，讓樂隊唱著挽歌，做送葬的遊戲，還讓老年婦女坐在車上悲哀地號哭。崔會意不堪忍受這種侮辱，就輕裝騎著馬回到建康報告了梁武帝。梁武帝擔心蕭綸逃到魏國去，就讓禁衛軍去逮捕蕭綸，準備賜蕭綸在獄中自殺，太子蕭統流著眼淚極力勸諫，蕭綸才免於一死。十二月十八日戊子，梁武帝免去了蕭綸的官職，削奪了蕭綸的爵位和封地。

魏國境內的山胡人劉蠡升聚眾造反，他自稱天子，並設置了文武百官。〇當初，敕勒酋長斛律金在魏國懷朔鎮將楊鈞手下擔任一支部隊的部隊長，行軍打仗全都按照匈奴族人的老辦法，他望見飛揚的塵土就能夠估計出敵人騎步兵有多少人，趴在地上聽聽聲音就能夠知道敵軍的遠近。等到破六韓拔陵聚眾造反的時候，斛律金就帶領著自己的部眾歸順了破六韓拔陵，破六韓拔陵任命斛律金為王。後來斛律金看到破六韓拔陵最終將一事無成，就前往雲州投降了魏國擔任雲州刺史的費穆，然後率領著自己的部下逐漸向南移動，到達雲州東南方的黃瓜堆，被叛民首領杜洛周打敗，斛律金擺脫了杜洛周的追擊之後便投奔了秀容縣的少數民族頭領爾朱榮，爾朱榮任命斛律金為一支獨立部隊的頭領。

【研　析】本卷寫梁武帝蕭衍普通五年（西元五二四年）、六年共兩年間南梁與北魏兩國的大事。其最主要的部分是寫了魏國政權的嚴重危機。其外部危機主要來自兩方面，其一是民變、兵變蜂起，首先在沃野鎮舉旗起義的是破六韓拔陵，他們先攻取了沃野、武川、懷朔三鎮，其後北方的各州鎮紛紛起而響應，前往討伐的臨淮王元彧、廣陽王元淵以及朝廷重臣李崇等等都相繼失敗，紛紛逃回。另一支是在秦州發動起義的莫折大提與其子莫折念生。他們攻陷岐州、涇州，以致使魏國名將崔延伯戰死，魏國的朝廷為之震恐。其他還有河北北部的杜洛周、河北南部的鮮于脩禮、北京一帶的葛榮，以及魏國官僚獨立稱王的元法僧、劉靈助等等，遍及全國，不勝指數。其二是梁朝的邊方諸將也相機進取，攻佔了魏國的許多城鎮，魏國的邊將紛紛向梁國投降。與此同時魏國政權的內部也變化不定，先是元乂軟禁了胡太后，接著胡太后又奪回政權，消滅了元乂一黨；接著胡太后起用了惡人鄭儼、徐紇，從而使魏國朝廷變得更加腐敗，總之一句話，魏國已到了窮途末路，不可收拾了。在這種一片混亂的情勢下，特別令人深思的有以下幾點：

首先，魏國緣何突然地陷於民變蜂起，而民變的勢力又緣何如此之大，而魏國的朝廷又緣何如此地不堪一擊？

魏國的孝文帝無疑是中國古代最英明、最賢達的皇帝之一，他所實行的政策、他所建立的功業、他的為人處事、他個人的生活、談吐，不論哪一項都應該是在繼秦皇、漢武、唐宗、宋祖之後就應該數到的為數不多的佼佼者之一。但令人奇怪的是，為什麼在他去世後僅僅過了二十四年，魏國就成了這種樣子！我想大概有如下幾方面：

其一，孝文帝南遷洛陽後，鮮卑貴族迅速地腐化墮落，他們沉靡於聲色狗馬、吃喝玩樂之中，東晉以來南朝種種最腐朽、最令人憎惡的壞章程、壞作風，諸如門閥制度、士大夫習氣，甚至連王愷、石崇鬥富那樣的腐朽典型，都被他們樂之不疲地接了過來。這樣的社會還能培養出堅強有力、奮發有為的下一代嗎？

其二，孝文帝死後，魏國一些很優秀、很有才幹、很有功勳的大臣被無辜殺害，其中最令人痛惜的是孝文帝之弟彭城王元勰，其他還有裴植、郭祚等。至於有才略、有貢獻而無辜被壓抑、被挫折的大臣如邢巒、王足等皆屢進良策而被置之不理。

其三，自宣武帝元恪起，帶頭迷信佛教，大修佛寺，大造石窟；胡太后執政，更迷戀信奉到無以復加，從此滿朝迎合取媚，致使風靡全國。本書卷一百四十八曾載：「初，魏世宗作瑤光寺未就，是歲，胡太后又作永寧寺，皆在宮側。又作石窟寺於伊闕口，皆極土木之美。而永寧尤盛，有金像高丈八者一，如中人者十，玉像二。為九層浮圖，掘地築基，下及黃泉。浮圖高九十丈，上剎復高十丈，每夜靜，鈴鐸聲聞十里。佛殿如太極殿，南門如端門。僧房千間，珠玉錦繡，駭人心目。自佛法入中國，塔廟之盛未之有也。」這種窮奢極侈的背後就是千百萬勞動人民的啼疾號寒，「取之盡錙銖，用之如泥沙」，如此的貧富對立，勞動人民怎能不造反呢？

其四，當時的一些頭腦清醒，有憂患意識的官吏，對於如此嚴重的局面，對魏國朝廷不是沒有提出過建議，但宣武帝、胡太后、魏明帝都置若罔聞。如對於引起破六韓拔陵起義的北方六鎮存在的尖銳矛盾，李崇就嚴肅地提出，要提高北方諸鎮的權益，要改鎮設州，但魏明帝不聽。等六鎮發動叛亂了，魏明帝不僅自己不承擔罪責，反而倒打一耙，說是李崇的上表勾起了六鎮的不安。司馬光對此說：「李崇之表，乃所以銷禍於未萌，制勝於無形。魏肅宗既不能用，及亂生之後，曾無愧謝之言，乃更以為崇罪，彼不明之君，烏可與謀哉！」

宋代胡寅總結魏國敗亡的原因說：「魏氏之亂，始於世宗奉佛，政事不修；重以肅宗幼弱，胡后稱制，穢德彰聞；元澄雍懌，才薄力弱，劉騰元乂，擅權黷貨，以召六州之兵。雖然其間非無忠謀至計、排難解紛者，而朝廷忽焉，如元匡、崔光諸人之言皆不聽也。然則非爾朱榮、高歡有為魏毒也，魏自亡耳。」

其次，本卷寫胡太后與梁將裴邃、梁武帝子蕭綜幾個人物較為生動，其事件亦有深刻思考價值。

胡太后是魏宣武帝的嬪妃，魏明帝元詡的生母，元詡繼位後，封之為太后。靠著劉騰、侯剛、于忠、崔光四人的救助，得免於高太后的迫害。高太后垮臺被殺時魏明帝六歲，胡太后臨朝執政。胡太后與獻文帝之母馮太后相比，有相同之處，就是她們自己為了把持政權，都曾殘酷地殺了自己的親生兒子，掌權後又都養著一些男寵。但二人的重大不同在於馮太后在政治上很有作為、很有建樹，並為孝文帝的重大改革奠定了基礎；馮太后所養的男寵沒有一個專權亂政者，相反其中的李沖就是一個既有忠心，又有才幹的治世名臣，在馮太后死後，一直受孝文帝倚重，並直到宣武帝繼位，仍擔負著朝廷的重任。胡太后則不然，政治上幾乎沒有任何建樹，開始因劉騰、侯剛等對之有恩，於是便大加重用，致使劉騰等橫極一時，後來且害及到胡太后自身。胡太后所特別寵信的幾乎沒有什麼好人，最壞的是她的妹夫元乂，此人原在蜀地任職，因貪贓敗政被查辦，調回朝廷後，反而被胡太后破格任用，後來遂成為朝廷的首輔。元乂還不滿足，遂與劉騰等發動政變，軟禁了胡太后，自己專斷朝政。後來胡太后又動腦筋，發動反政變，捕殺了元乂一黨，重新臨朝執政。胡太后二次臨朝所寵信的是她的男寵鄭儼、徐紇、李神軌。鄭儼「晝夜禁中，寵愛尤甚。儼每休沐，太后常遣閹童隨侍，儼見其妻，唯得言家事而已。儼以紇有智數，仗為謀主；紇以儼寵幸既盛，傾身承接。共相表裏，勢動中外。」後來隨著其子魏明帝的年齡漸大，胡太后感到是一種麻煩，於是就與她的寵幸們謀劃，毒死了十九歲的魏明帝，另立了一個兩歲的小傀儡，以便於他們在政事方面的操控與生活方面的為所欲為。胡太后與鄭儼、徐紇為首的這個統治集團，實在是太黑暗腐朽，太倒行逆施了，因此招致了人神共怒，爾朱榮就是在這種情況下帶領軍隊進入洛陽，把胡太后與小傀儡投進了黃河，把朝官二千人通通殺了個精光。當然，這是後話，這些要到〈梁紀八〉中才說到。

在魏國政權動亂不定，社會又民變、兵變蜂起的時候，邊境問題當然就更加沒有人過問了，這是梁朝收復中原的好時機，可惜腐朽黑暗的梁王朝根本沒有動員全國軍民大幹一場的想法與雄心，充其量他們不過是想在邊境上撈點小便宜而已，完全沒有更多的打算。在這當中，裴邃的表現是傑出的。裴邃原是南朝劉宋的小將，宋將裴叔業因恨劉宋末年政局的黑暗，在壽陽率豫州軍民投降魏國，深受魏人喜愛，在魏國名臣王肅部下為將，隨王肅鎮守壽陽，裴邃遂乘隙逃歸梁朝，梁朝任以為廬江太守，處於與魏國作戰的邊防前線，曾擊破魏將呂頗的進攻；又進攻邵陽洲，擊潰魏軍；進克羊石城，斬魏將元康；又破霍丘城，斬魏將寧永仁。普通二年，梁將義州刺史文僧明以州降魏，梁派裴邃往討，裴邃出其不意，大破魏之義州刺史封壽於檀公峴，封壽被迫降梁，義州之亂獲平，裴邃被任為豫州刺史，鎮守北方的軍事重鎮合肥。普通五年九月，裴邃率軍攻魏之壽陽，一度攻入了壽陽的外郭。接著「十月戊寅，裴邃、元樹攻魏建陵城，克之，辛巳，拔曲沭」、「辛卯，裴邃拔狄城。丙申，又拔甓城，進屯黎漿」、「（十一月）壬戌，裴邃攻壽陽之安城。丙寅，馬頭、安城皆降」。普通六年一月，裴邃攻拔魏之新蔡郡，又攻拔鄭城，汝、潁之間，所在響應。「魏河間王琛等憚邃威名，軍於城父，累月不進，魏朝遣廷尉少卿崔孝芬持節、齎齋庫刀以趣之。……琛至壽陽，欲出兵決戰。長孫稚以為久雨未可出，琛不聽，引兵五萬出城擊邃。邃為四甄以待之，使直閤將軍李祖憐先挑戰而偽退，稚、琛悉眾追之，四甄競發，魏師大敗，斬首萬餘級。琛走入城，稚勒兵而殿，遂閉門自固，不敢復出。」這是多麼勢如破竹的乘勇前進、戰勝攻取？這是多麼令人心曠神怡的長勝之兵？自晉末的劉裕以來，幾時見過南朝有如此動人的英雄名將？可惜天不假年，其年五月，裴邃卒於軍中。歷史家滿含深情地寫道：「及其卒也，淮、肥間莫不流涕，以為邃不死，洛陽不足拔也。」（《梁書·裴邃傳》）

在這魏國舉國陷於釜焦魚爛，梁國北方各鎮紛紛向魏國展開勝利進攻的時刻，梁武帝蕭衍的兒子徐州刺史豫章王蕭綜竟然拋掉徐州單身投降了魏國。這個消息不僅讓梁國的朝野無法置信，連接受其投降的魏國邊將也難以置信，因為這個事件太滑稽、太令人不可思議了，但這是千真萬確的事實。史文對此寫道：「初，帝納齊東昏侯寵姬吳淑媛，七月而生豫章王綜，宮中多疑之。及淑媛寵衰怨望，密謂綜曰：『汝七月生兒，安得比諸皇子！然汝太子次弟，幸保富貴，勿泄也！』與綜相抱而泣。綜由是自疑，晝則談謔如常，夜則於靜室閉戶，披髮席藁，私於別室祭齊氏七廟。又微服至曲阿拜齊高宗陵，聞俗說割血瀝骨，滲則為父子，遂潛發東昏侯冢，并自殺一男試之，皆驗，由是常懷異志，專伺時變。綜有勇力，能手制奔馬。輕財好士，唯留附身故衣，餘皆分施，恆致罄乏。屢上便宜，求為邊任，上未之許。常於內齋布沙於地，終日跣行，足下生胝，日能行三百里。王、侯、妃、主及外人皆知其志，而上性嚴重，人莫敢言。」蕭綜後來被任為徐州刺史，徐州是當時梁國北方最大的軍事重鎮，兵多將廣，為其他任何軍鎮所無法比擬。蕭綜日夜尋找時機與魏將暗中聯絡，但魏將無人相信。後又專門派親信潛入魏營，向魏將臨淮王元彧泣血陳情，元彧又派專人以使者的身分到徐州反覆考察，又與蕭綜的密使申固盟約。於是在「六月庚辰，綜與梁話及淮陰苗文寵夜出，步投彧軍。及旦，齋內諸閤猶閉不開，眾莫知所以，唯見城外魏軍呼曰：『汝豫章王昨夜已來，在我軍中，汝尚何為？』城中求王不獲，軍遂大潰。魏人入彭城，乘勝追擊梁兵，復取諸城，至宿預而還。將佐士卒死沒者什七八。」「綜至洛陽，見魏主，還就館，為齊東昏侯舉哀，服斬衰三年。太后以下並就館弔之，賞賜禮遇甚厚，拜司空，封高平郡公、丹楊王。」這個故事寫蕭綜對其父親南齊的末代皇帝蕭寶卷的深信不疑與感情之深都令人驚詫，也覺得異常可笑；而對蕭衍滅齊篡位，並收寵蕭寶卷的愛妃，結果竟養育了如此一個白眼狼的因果報應，也著實令人覺得玄而又玄。說實話，其真相究竟如何，誰又能說得清呢？反正歷史上有這麼一說！

卷第一百五十一

梁紀七

起柔兆敦牂（丙午　西元五二六年），盡彊圉協洽（丁未　西元五二七年），凡二年。

【題　解】本卷寫梁武帝蕭衍普通七年（西元五二六年）、大通元年（西元五二七年）共兩年間南梁與北魏兩國的大事。主要寫了魏國安州的三個軍事據點叛變以應在上谷起兵稱王的變民頭領杜洛周，魏將常景、元譚率軍往討，雙方互有勝敗；當杜洛周往攻范陽郡時，幽州城之變民縛其刺史王延年與行臺常景開城門以降杜洛周；寫了定州之流民鮮于脩禮起兵反魏，不久，鮮于脩禮被其部下所殺，領導權落入了部將葛榮之手，隨後葛榮又破殺了魏將元融、擒殺了魏將元淵，於是自立為齊王；接著葛榮又圍攻殷州，殷州刺史崔楷守城以死；魏安樂王元鑒以相州投降葛榮；其後葛榮又攻陷冀州，魏派源子邕、裴衍進救冀州，結果二將戰敗，被葛榮所殺；寫了秦州一帶的變民頭領莫折念生大破蕭寶寅於涇州，東秦州刺史以城降莫折念生，岐州變民又執其刺史魏蘭根以降，豳州刺史戰沒，接著莫折念生又進據北華州、佔領潼關，一時之間，關中大擾；但不久莫折念生被秦州民杜粲所殺，杜粲自行州事；南秦州辛琛亦自行州事，皆以城降蕭寶寅；寫了魏之雍州刺史楊椿病退，蕭寶寅接任關中大都督、雍州刺史；寫了蕭寶寅殺朝廷派往關中的大使酈道元，在長安自立為齊帝，僚屬蘇湛正言勸阻，蕭寶寅不聽；長史毛遐起兵馬祇柵以拒之，只有河東、正平二郡人起兵以應蕭寶寅；寫了梁將豫州刺史夏侯亶進攻壽陽，魏將楊州刺史李憲以壽陽降梁，梁將夏侯亶任豫州與南豫州二州刺史，撫慰二州百姓得以生息；寫梁將夏侯夔攻取了魏之平靜、穆陵、陰山三關，而後又與湛僧智合作圍攻魏之東豫州（今河南息縣），魏東豫州刺史元慶和以城降梁；接著梁將又進據安陽、楚城等地，從而使義陽與魏國的聯絡中斷，成為孤城；寫梁將陳慶之、曹仲宗、韋放等進圍魏之渦陽，陳慶之等大破魏國援軍元昭之眾於渦陽城下，渦陽城主王緯降梁；梁將成景儁等又攻得魏之臨潼、竹邑、蕭縣諸城；此外還寫胡太后以禮召回了因受元乂之害而降梁的元略，任以為大將軍、尚書令，但元略也還是不敢觸犯「徐鄭」專權的氣焰，以及秀容一帶的地方軍閥爾朱榮襲取魏之肆州，任其親信為刺史，魏主不能制的政治混亂等等。

高祖武皇帝七

普通七年（丙午　西元五二六年）

春，正月辛丑朔❶，大赦。○壬子❷，魏以汝南王悅❸領太尉。

魏安州石離、穴城、斛鹽❹三戍兵反，應杜洛周，眾合二萬，洛周自松岍❺赴之。行臺常景使別將崔仲哲屯軍都關❻以邀之，仲哲戰沒，元譚軍夜潰❼，魏以別將李琚代譚為都督。仲哲，秉❽之子也。

初，魏廣陽王淵通於城陽王徽❾之妃。徽為尚書令，為胡太后所信任。會恆州人請淵為刺史，徽言淵心不可測。及杜洛周反，五原降戶在恆州者謀奉淵為主，淵懼，上書求還洛陽❿。魏以左衛將軍楊津⓫代淵為北道大都督，詔淵為吏部尚書。徽，長壽之孫⓬[1]也。

五原降戶鮮于脩禮⑬等帥北鎮流民反於定州之左城⑭，改元魯興，引兵向州城，州兵禦之不利。楊津至靈丘⑮，聞定州危迫，引兵救之，入據州城。脩禮至，津欲出擊之，長史許被不聽，津手劍⑯擊之，被走得免。津開門出戰，斬首數百，賊退，人心少安。詔尋以津為定州刺史，兼北道行臺。魏以楊州刺史長孫稚⑰為大都督、北討諸軍事，與河間王琛⑱共討脩禮。

二月甲戌⑲，北伐眾軍解嚴⑳。◯魏西部敕勒斛律洛陽反於桑乾㉑西，與費也頭牧子㉒相連結。三月甲寅㉓，游擊將軍爾朱榮㉔擊破洛陽於深井㉕、牧子於河西㉖。

夏，四月乙酉㉗，臨川靖惠王宏㉘卒。◯魏大赦。

癸巳㉙，魏以侍中、車騎大將軍城陽王徽為儀同三司。徽與給事黃門侍郎徐紇㉚共毀侍中元順㉛於太后，出為護軍將軍、太常卿。順奉辭㉜於西遊園，紇侍側，順指之謂太后曰：「此魏之宰嚭㉝，魏國不亡，此終不死。」紇脅肩㉞而出，順抗聲㉟叱之曰：「爾刀筆小才㊱，止堪供几案㊲之用，豈應汙辱門下㊳，斁我彝倫㊴！」因振衣㊵而起。太后默然。

魏朔州㊶城民鮮于阿胡㊷等據城反。◯杜洛周南出，鈔掠薊城㊸，魏常景遣統軍梁仲禮擊破之。丁未[44]，都督李琚與洛周戰于薊城之北，敗沒。常景帥眾拒之，洛周引還上谷[45]。

長孫稚行至鄴[46]，詔解大都督，以河間王琛代之。稚上言：「鄉與琛同在淮南，琛敗臣全[47]，遂成私隙[48]，今難以受其節度[49]。」魏朝不聽。前至呼沱[50]，稚未欲戰，琛不從。鮮于脩禮邀擊稚於五鹿[51]，琛不赴救，稚軍大敗，稚、琛並坐除名。

五月丁未[52]，魏主下詔將北討[53]，內外戒嚴，既而不行。

衡州刺史元略[54]，自至江南，晨夕哭泣，常如居喪。及魏元乂死[55]，胡太后欲召之，知略因刁雙獲免[56]，徵雙為光祿大夫，遣江革、祖暅之[57]南還以求略。上備禮遣之，寵贈甚厚。略始濟淮，魏拜略為侍中，賜爵義陽王。以司馬始賓[58]為給事中，栗法光[59]為本縣令，刁昌[60]為東平[61]太守，刁雙為西兗州[62]刺史。凡略所過，一餐一宿皆賞之。

魏以丞相高陽王雍為大司馬。復以廣陽王淵為大都督，討鮮于脩禮，章武王融[63]為左都督，裴衍[64]為右都督，並受淵節度。

淵以其子自隨，城陽王徽言於太后曰：「廣陽王攜其愛子，握兵在外，將有異志。」乃赦融、衎潛為之備[65]。融、衎以赦示淵，淵懼，事無大小，不敢自決。太后使問其故，對曰：「徽銜臣次骨[66]，臣疏遠在外，徽之構臣[67]，無所不為。自徽執政以來，臣所表請[68]，多不從允。徽非但害臣而已，從臣將士有勳勞者皆見排抑，不得比它軍，仍深被憎嫉。或因其有罪，加以深文[69]，至於殊死[70]，以是從臣行者，莫不悚懼。有言臣善者，視之如仇讎；言臣惡者，待之如親戚。徽居中用事，朝夕欲陷臣於不測之誅，臣何以自安！陛下若使徽出臨外州[71]，臣無內顧之憂，庶可以畢命賊庭，展其忠力。」太后不聽。徽與中書舍人鄭儼等更相阿黨[72]，外似柔謹，內實忌克[73]，賞罰任情，魏政由是愈亂。

戊申[74]，魏燕州刺史崔秉[75]帥眾棄城奔定州。○乙丑[76]，魏以安西將軍宗正珍孫[77]為都督，討汾州反胡[78]。

六月，魏絳蜀陳雙熾[79]聚眾反，自號始建王。魏以假鎮西將軍長孫稚為討蜀都督[80]。別將河東薛脩義輕騎詣雙熾壘下，曉以利害，雙熾即降。詔以脩義為龍門鎮將[81]。

丙子[82]，魏徙義陽王略為東平王，頃之，遷大將軍、尚書令，為胡太后所委任，與城陽王徽相埒[83]，然徐、鄭用事，略亦不敢違[84]也。

杜洛周遣都督王曹紇真[85]等將兵掠薊南，秋，七月丙午[86]，行臺常景遣都督于榮等擊之於栗園[87]，大破之，斬曹紇真及將卒三千餘級。洛周帥眾南趣范陽[88]，景與榮等又破之。

魏僕射元纂以行臺鎮恆州[89]。鮮于阿胡擁朔州流民寇恆州，戊申[90]，陷平城，纂奔冀州。

上聞淮堰水盛[91]，壽陽城幾沒，復遣郢州刺史元樹[92]等自北道攻黎漿[93]，豫州刺史夏侯亶[94]等自南道攻壽陽。

八月癸巳[95]，賊帥元洪業斬鮮于脩禮，請降于魏，賊黨葛榮[96]復殺洪業自立。

魏安北將軍、都督恆・朔討虜諸軍事爾朱榮過肆州[97]，肆州刺史尉慶賓忌之，據城不出。榮怒，舉兵襲肆州，執慶賓，還秀容，署其從叔羽生為刺史，魏朝不能制。

初，賀拔允及弟勝、岳[98]從元纂在恆州，平城之陷也，允兄弟相失，岳奔爾朱榮，勝奔肆州。榮克肆州，得勝，大喜曰：「得卿兄弟，天下不足平[99]也！」以為別將[100]，軍中大事多與之謀。

九月己酉[101]，鄱陽忠烈王恢[102]卒。○葛榮既得鮮于脩禮[2]之眾，北趣瀛州[103]，魏廣陽忠武王淵自交津[104]引兵躡之。辛亥[105]，榮至白牛邏[106]，輕騎掩擊章武莊武王融，殺之。榮自稱天子，國號齊，改元廣安。淵聞融敗，停軍不進。侍中元晏密言於太后曰：「廣陽王盤桓不進，坐圖非望。有于謹[107]者，智略過人，為其謀主，風塵之際[108]，恐非陛下之純臣[109]也。」太后深然之，詔牓[110]尚書省門，募能獲謹者有重賞。謹聞之，謂淵曰：「今女主臨朝，信用讒佞，苟不明白殿下素心[111]，恐禍至無日[112]。謹請束身詣闕[113]，歸罪有司[114]。」遂徑詣牓下，自稱于謹，有司以聞。太后引見，大怒。謹備論淵忠款[115]，兼陳停軍之狀，太后意解，遂捨之。

淵引軍還，趣定州，定州刺史楊津亦疑淵有異志，淵聞之，止於州南佛寺。經二日，淵召都督毛諡等數人，交臂[116]為約，危難之際，期相拯恤[117]。諡愈疑之，密告津，云淵謀不軌。津遣諡討淵，淵走出，諡呼噪逐淵。淵與左右間行至博陵[118]界，逢葛榮遊騎[119]，劫之詣榮。賊徒見淵，頗有喜者，榮新立，惡之[120]，遂殺淵。城陽王徽誣淵降賊，錄[121]其妻子。淵府佐宋遊道為之訴理[122]，乃得釋。遊道，繇[123]之玄孫也。

甲申[124]，魏行臺常景破杜洛周，斬其武川王賀拔文興等，捕虜四百人。○就德興[125]陷魏平州[126]，殺刺史王買奴。

天水民呂伯度，本莫折念生之黨也，後更據顯親[127]以拒念生，已而不勝，亡歸胡琛，琛以為大都督、秦王，資以士馬，使擊念生。伯度屢破念生軍，復據顯親，乃叛琛，東引[128]魏軍。念生窘迫，乞降於蕭寶寅，寶寅使行臺左丞崔士和據秦州[129]。魏以伯度為涇州刺史，封平秦郡公。大都督元脩義[130]停軍隴口[131]，久不進，念生復反，執士和送胡琛，於道殺之。久之，伯度為万俟醜奴[132]所殺，賊勢益盛，寶寅不能制。胡琛與莫折念生交通[133]，事破六韓拔陵浸慢[134]，拔陵遣其臣費律至高平，誘琛，斬之，醜奴盡并其眾。

冬，十一月庚辰[135]，大赦。◯丁貴嬪[136]卒，太子水漿不入口，上使謂之曰：「毀不滅性[137]，況我在邪！」乃進粥數合[138]。太子體素肥壯，腰帶十圍[139]，至是減削過半。

夏侯亶等軍入魏境，所向皆下。辛巳[140]，魏揚州刺史李憲以壽陽降，宣猛將軍陳慶之[141]入據其城，凡降城五十二，獲男女七萬五千口。丁亥[142]，縱[143]李憲還魏，復以壽陽為豫州[144]，改合肥為南豫州[145]，以夏侯亶為豫、南豫二州刺史。壽陽久罹兵革[146]，民多離散，亶輕刑薄賦，務農省役，頃之，民戶充復[147]。

杜洛周圍范陽，戊戌[148]，民執魏幽州刺史王延年、行臺常景送洛周，開門納之[149]。○魏齊州平原[150]民劉樹等反，攻陷郡縣，頻敗州軍，刺史元欣以平原房士達為將，討平之。

曹義宗[151]據穰城[152]以逼新野[153]，魏遣都督魏承祖及尚書左丞、南道行臺辛纂[154]救之。義宗戰不利，不敢進。纂，雄之從父兄也。

魏盜賊日滋，征討不息，國用耗竭，豫徵六年租調[155]，猶不足，乃罷百官所給酒肉[156]。又稅[157]入市者人一錢，及邸店[158]皆有稅，百姓嗟怨。吏部郎中辛雄上疏，以為「華夷[3]之民相聚為亂，豈有餘憾[159]哉？正以守令不得其人，百姓不堪其命[160]故也。宜及此時早加慰撫。但郡縣選舉[161]，由來共輕[162]，貴遊儁才[163]，莫肯居此。宜改其弊，分郡縣為三等，清官選補之法[164]，妙盡才望[165]。如不可並，後地先才[166]，不得拘以停年[167]。三載黜陟，有稱職者，補在京名官；如不歷守令，不得為內職[168]。則人思自勉[169]，枉屈可申[170]，彊暴[171]自息矣。」不聽。

【章旨】以上為第一段，寫梁武帝蕭衍普通七年（西元五二六年）一年間的大事。主要寫了魏國安州的三個軍事據點叛變以應在上谷起兵稱王的變民頭領杜洛周，魏將常景、元譚率軍往討，雙方互有勝敗；當杜洛周往攻范陽郡時，幽州城之變民縛其刺史王延年與行臺常景開城門以降杜洛周；寫了定州之流民鮮于脩禮起兵反魏，刺史楊津據守州城，魏將長孫稚、元琛率軍往討，被鮮于脩禮打敗；不久，鮮于脩禮被其部將元洪業所殺，另一部將葛榮又殺了元洪業，遂據有鮮于脩禮之眾，破殺魏將元融，自立為齊王；受命往討定州叛亂的魏將元淵因被部下與定州刺史楊津所疑，合謀襲之，元淵逃離部眾，被葛榮所俘殺；寫了莫折念生因部將呂伯度叛變而被削弱，一度乞降於魏將蕭寶寅，不久，莫折念生又與胡琛聯合起來，胡琛之將万俟醜奴破殺了呂伯度，二人的勢力轉強。不久，胡琛被破六韓拔陵所誘殺，其部將万俟醜奴遂為其軍之首；寫胡太后以禮召回了因受元乂之害而降梁的元略，任以為大將軍、尚書令，但元略也還是不敢觸犯「徐鄭」專權的氣焰；寫了梁將豫州刺史夏侯亶進攻壽陽，魏將楊州刺史李憲以壽陽降梁，梁將夏侯亶任豫州與南豫州二州刺史，撫慰二州百姓得以生息；此外還寫了魏之僕射元纂鎮守恆州，被鮮于阿胡所率之朔州亂民攻入州城，元纂棄城而走；營州叛民之自稱燕王的就德興攻陷平州，殺其刺史王買奴，以及秀容一帶的地方軍閥爾朱榮襲取魏之肆州，任其親信為刺史，魏主不能制的一片混亂等等。

【注釋】❶正月辛丑朔　正月初一。❷壬子　正月十二。❸汝南王悅　元悅，孝文帝之子，宣武帝之弟。傳見《魏書》卷二十二。❹安州石離穴城斛鹽　安州境內的石離、穴城、斛鹽三個軍事據點。安州的州治燕樂，在今河北隆化，斛鹽戍，在今河北灤平南。石離、穴城二據點的方位不詳。❺松岍　有說應作「松陘」，即松陘嶺，在今遼寧建平北，當時營州（州治即今遼寧朝陽）的西北方。❻軍都關　在今居庸關的東北方。❼元譚軍夜潰　時魏幽州都督元譚駐軍於居庸關。事見本書上卷普通六年。❽秉　崔秉，魏國的儒學之臣崔鑒之子，此時為燕州刺史。傳見《魏書》卷四十九。❾城陽王徽　元徽，景穆帝拓跋晃的曾孫。傳見《魏書》卷十九下。❿求還洛陽　此時廣陽王淵駐兵在朔州。朔州的州治盛樂，在今內蒙古和林格爾城北側。⓫楊津　魏國名將楊椿之弟。傳見《魏書》卷五十八。⓬長壽之孫　長壽是景穆帝拓拔晃之子。長壽之子曰鸞，元鸞之子即元徽，元徽是長壽之孫。⓭五原降戶鮮于脩禮　五原郡的降魏之人姓鮮于，名脩禮。五原郡的郡治在今內蒙古包頭西。⓮左城　即左人城，在今河北唐縣城西。當時的定州州治即今河北定州。按，據《魏書・甄琛傳附子楷傳》、《魏書・地形志》皆作「左人城」。胡三省注云：「《水經注》，中山唐縣有左人城。」當以左人城為是。⓯靈丘　指北靈丘郡，郡治即今河北蔚縣。⓰手劍　親手揮劍。⓱長孫稚　姓長孫，名稚，魏國元勳長孫道生之孫，長孫觀之子。傳見《魏書》卷二十五。⓲河間

王琛　元琛，文成帝拓跋濬之孫，拓跋若的過繼兒子。傳見《魏書》卷二十。⑲二月甲戌　二月初五。⑳解嚴　解除軍事狀態。㉑桑乾　河水名，也是郡名。桑乾河是永定河的上游，桑乾郡的郡治在今山西山陰的城東。桑乾河就在桑乾郡的城下由西南向東北流過。㉒費也頭牧子　人名，姓費也頭，名牧子。㉓三月甲寅　三月十五。㉔爾朱榮　原是秀容郡（今山西忻州西北、原平西南）內少數民族武裝的頭領，後成為歸屬於魏國朝廷的一股武裝勢力，在與鄰近地區的反政府勢力作戰中日益強大，以致朝廷也無法管轄。傳見《魏書》卷七十四。㉕深井　具體方位不詳，應距桑乾城不遠。㉖河西　胡三省曰：「北河之西。」所謂「北河」，即流經今內蒙古五原、杭錦後旗以北的黃河北道，當時稱「北河」，現在也稱烏加河。㉗四月乙酉　四月十七。㉘臨川靖惠王宏　蕭宏，梁武帝蕭衍的六弟，生前被封為臨川王，謚曰靖惠。一個未受懲處的敗軍之將，一個嗜錢如命的吝嗇鬼。傳見《梁書》卷二十二。㉙癸巳　四月二十五。㉚徐紇　魏國的亂臣，胡太后的寵幸，與鄭儼共掌魏國朝政。傳見《魏書》卷九十三。㉛元順　景穆帝拓跋晃之後，任城王雲之孫，任城王澄之子，繼其父位為任城王。胡三省曰：「任城王雲及澄，魏宗室之賢王也。」元順是魏國的正直之臣，前曾受亂臣元乂的迫害，又對胡太后屢進正言。傳見《魏書》卷十九中。㉜奉辭　告辭；辭別。㉝宰嚭　春秋時代吳王夫差的太宰伯嚭（嚭，亦作「噽」）。為越王句踐做內奸，讒害元勳老臣伍子胥，最終使吳國滅亡。事見《史記·伍子胥列傳》。㉞脅肩　斂肩，故做謹良的樣子。脅，斂。胡三省曰：「朱元晦曰：脅肩，竦體也，小人側媚之態。」㉟抗聲　大聲；厲聲。㊱刀筆小才　只有抄抄寫寫的本事。刀筆，上古的書寫工具，用筆寫在竹木上，有錯誤則用刀削之。㊲几案　猶如今之寫字臺。㊳汙辱門下　意即你在門下省做官，是玷汙了門下省。徐紇當時任侍中，是門下省的官員。㊴斁我彝倫　敗壞我朝的綱常。斁，敗壞。彝倫，綱常；常道。㊵振衣　猶言「拂袖」、「甩袖」。㊶魏朔州　此指原來的懷朔鎮，在今內蒙古的固陽西南側，原來的朔州今已改名雲州。㊷鮮于阿胡　人名，姓鮮于，名阿胡。㊸鈔掠薊城　掠奪薊縣縣城。鈔掠，同「抄掠」。薊城，當時幽州的州治所在地，即今北京市的西南部。㊹丁未　此處疑有誤，本年的四月無「丁未」日。㊺上谷　郡名，郡治即今北京市延慶，杜洛周發動叛亂的原發之地。㊻鄴　古城名，當時魏國相州的州治所在地，在今河北臨漳西南。㊼琛敗臣全　指元琛被裴邃所敗事，見本書上卷普通六年。㊽私隙　私怨；個人之間的怨恨。㊾受其節度　意即聽他調遣、受他指揮。節度，調遣；指揮。㊿呼沱　即今之滹沱河，從河北阜平城西之太行山流來，東經定州、饒陽、河間，東北流到今天津市東南入海。(51)五鹿　地名，具體方位不詳。(52)五月丁未　五月初九。(53)將北討　意即御駕親討定州一帶的叛亂。(54)元略　魏景穆帝拓跋晃的曾孫，中山王元英之子，其兄元熙因討伐亂臣元乂失敗被殺，家族蒙難，元略逃歸梁朝。傳見《魏書》卷十九下。(55)元乂死　胡太后恢復攝政，殺死元乂事，見本書上卷普通六年。56因刁雙獲免　刁雙是元略的舊相識，元略逃梁前，曾依刁雙避之年餘，後在刁雙的幫助下逃到梁朝。57江革祖暅之　二人都是梁武帝之子蕭綜的僚屬，蕭綜在徐州叛降魏國時，江革、祖暅之亦被魏軍所擄。事見本書上卷普通六年。58司馬始賓　元略的舊相識，元略逃難時，是由司馬始賓護送他結筏渡河，到屯留縣往依栗法光。59栗法光　屯留縣人，崇尚義氣，他慷慨地接納了元略，而後將元略護送給當時任西河太守的刁雙。當時的屯留縣在今山西長治屯留東北。60刁昌　刁雙之姪，是他親自護送元略逃到梁朝。61東平　魏郡名，郡治無鹽，在今山東東平東。62西兗州　州治左城，在今河北定陶西，當時為濟陰郡的郡治所在地。63章武王融　元融，景穆帝拓跋晃之曾孫，襲其父祖之爵為章武王，為人豪富而貪婪。傳見《魏書》卷十九下。64裴衍　裴叔業之姪，此時任北道都督。傳見《魏書》卷七十一。65潛為之備　胡三省曰：「疑則勿任，任則勿疑。既以淵為大督，而又使小督備之，何以責其殄寇乎？」66銜臣次骨　對我之恨深刻至骨。銜，懷恨。次骨，至骨。67構臣　給我編織罪名。68臣所表請　凡我所上表請求的事情。69深文　故意加深加重地歪曲法律條文給人定罪。70至於殊死　直至給人定為死刑。71出臨外州　到外地去任州刺史。72更相阿黨　相互吹拍；相互勾結。73內實忌克　內心裡相互忌恨、相互敵對。74戊申　五月初十。75燕州刺史崔秉　魏國燕州的州治廣寧，即今河北涿鹿。胡三省曰：「燕州自去年八月為杜洛周所圍。」崔秉是魏國的儒學之臣崔鑒之子，此時任燕州刺史。傳見《魏書》卷四十九。76乙丑　五月二十七。77宗正珍孫　姓宗正，名珍孫。胡三省曰：「漢楚元王劉交之子郢客孫德，世為宗正，子孫因以為氏。」78汾州反胡　即劉蠡升所統領之山胡。劉蠡升率山胡造反，自稱天子，置百官，事在本書上卷普通六年。汾州的州治蒲子城，即今山西隰縣。79絳蜀陳雙熾　絳郡的蜀人，姓陳名雙熾。胡三省曰：「蜀人徙居絳郡者，謂之『絳蜀』。」絳郡的郡治在今山西絳縣的南側。80討蜀都督　以討伐絳蜀為其主要任務。81龍門鎮將　龍門要塞的駐軍統領。龍門要塞在今山西河津，西靠黃河，其西北側有龍門山。82丙子　六月初九。83相埒　相比；相等同。84略亦不敢違　胡三省曰：「魏當時宗室，略其巨擘也。史言其居淫昏之朝，不能矯正。」85都督王曹紇真　杜洛周的部將曹紇真，被封為都督王。胡三省曰：「時杜洛周、葛榮等作亂，其軍中將領無不加以王爵，曹紇真以都督加王號，故曰『都督王』。」86七月丙午　七月初九。87栗園　當在固安縣（今河北固安）。固安的栗子，在當時享有盛名。88范陽　魏郡名，郡治在今河北涿州。89恆州　魏州名，州治平城，在今山西大同的東北側。90戊申　七月十一。91淮堰水盛　胡三省曰：「觀此，蓋淮堰復成也。」92元樹　魏獻文帝拓跋弘之孫，咸陽王元禧之子，因元禧在魏叛亂被殺，元樹逃往梁國，在梁任郢州刺史。傳見《魏書》卷二十一上、《梁書》卷三十九。梁國的郢州州治夏口，即今武漢之漢口區。93黎漿　河水名，也是軍事據點名，在當時壽陽城的南方。94豫州刺史夏侯亶　梁國的豫州州治此時在合肥。夏侯亶是梁國的開國功臣夏侯詳之子，梁將裴邃病死於軍中後，夏侯亶代之為豫州刺史。傳見《梁書》卷三十九。(95)八月癸巳　八月二十七。(96)葛榮　原是魏國懷朔鎮的鎮將，後轉入了在定州起事鮮于脩禮的民軍，鮮于脩禮被殺後，葛榮奪得了此軍的頭領地位，自己獨立稱王。此後遂強大一時，最後被魏將爾朱榮所破殺。(97)肆州　魏州名，州治在今山西忻州西北。(98)賀拔允及弟勝岳　三人都是賀拔度拔的兒子，賀拔氏父子四人都以勇敢善戰聞名，他們曾打敗、殺死了莫折念生的大將衛可孤，後投歸於魏將爾朱榮的屬下。傳見於《北齊書》卷十九、《周書》卷十四。(99)天下不足平　平天下不在話下，極言其容易。(100)別將　獨當一面的將領。(101)九月己酉　九月十三。(102)鄱陽忠烈王恢　蕭恢，梁武帝蕭衍的九弟，此時為荊州刺史，傳見《梁書》卷二十二。生前被封為鄱陽王，死後謚曰忠烈。(103)瀛州　魏州名，州治即今河北的河間。(104)交津　漳水與清水的交匯處，在今河北滄州西南。(105)辛亥　九月十五。(106)白牛邏　地名，在今河北博野。(107)于謹　魏國元勳于栗磾的六世孫，先為廣陽王元淵的僚屬，後成為西魏的重臣。傳見《北史》卷二十三。(108)風塵之際　戰亂之時。(109)純臣　忠貞之臣。純，指忠貞無二心。(110)牓　同「榜」。布告。這裡用如動詞，意即張榜。(111)素心　本心；純潔之心。(112)禍至無日　猶言禍不旋踵，大禍臨頭就在頃刻之間。無日，頃刻之間。(113)束身詣闕　意即到朝廷自首。束身，自縛。(114)歸罪有司　向主管此事的部門投案。有司，有關部門。(115)忠款　忠實之心；忠誠之狀。(116)交臂　猶今握手，關係親密的樣子。(117)期相拯恤　希望能相互關心、相互救助。(118)博陵　魏郡名，郡治即今河北安平。(119)遊騎　流動的偵察騎兵。(120)惡之　對元淵很厭惡。按，葛榮見部下視元淵而喜，擔心他們會擁戴元淵，故而對他厭惡。(121)錄　拘捕。(122)訴理　申訴、解釋。(123)繇　宋繇，原是西涼王李氏之臣，後西涼被沮渠蒙遜所滅，宋繇遂屬北涼；北涼被魏所滅，宋繇又由北涼降魏，賜爵清水公。傳見《魏書》卷五十二。(124)甲申　應作「十月甲申」，十月十八。「甲申」前應增「十月」二字。(125)就德興　姓就，名德興，營州人。於普通五年囚執其刺史據城反，失敗後，東走遼東，自稱燕王。魏派盧同率兵往討，被就德興擊敗。事見本書上卷。(126)平州　魏州名，州治肥如，在今河北遷安東北。(127)顯親　縣名，在今甘肅天水市西北。(128)引　招引。(129)秦州　魏州名，州治上封，即今甘肅天水市。(130)元脩義　魏景穆帝拓跋晃之孫，拓跋天賜之子，無能而又貪婪。傳見《魏書》卷十九上。(131)隴口　隴山的山口，陝西與甘肅之間的重要通道。(132)万俟醜奴　姓万俟，名醜奴，胡琛的部將，曾大破魏將崔延伯，殺之。事見本書上卷普通六年。(133)交通　相互往來。(134)事破六韓拔陵浸慢　胡琛剛於高平興兵舉事時，曾以響應、擁戴破六韓拔陵為名。事見本書上卷普通五年。浸慢，漸漸地傲慢起來，不再把尊崇破六韓拔陵當做一回事。(135)十一月庚辰　十一月十五。(136)丁貴嬪　太子蕭統的生母。貴嬪是后妃的封號名，此女名令光。傳見《梁書》卷七。(137)毀不滅性　意思是因為父母之死而哀傷消瘦是應該的，但不能太過而危及自己的性命。語出《孝經・喪親》，是孔子說過的話。毀，因哀傷而消瘦。滅性，有損於生命。性，生也。[138]數合　極言其少。合是容量單位，一升的十分之一。[139]十圍　極言其腰圍之粗。圍，長度量詞，兩手大拇指與食指合攏的圓周長。[140]辛巳　十一月十六。[141]宣猛將軍陳慶之　宣猛將軍是將軍的名號。陳慶之是梁朝的名將，數次與魏戰皆有大功。傳見《梁書》卷三十二。[142]丁亥　十一月二十二。[143]縱　釋放；放還。[144]為豫州　作為梁國豫州的州治所在地。[145]改合肥為南豫州　早在齊將裴叔業以合肥降魏前，合肥就是南朝豫州的州治；裴叔業以合肥降魏後，合肥成了魏國的楊州州治，南朝只好將自己的豫州州治南遷到了合肥。今合肥被南朝收復，豫州州治遷回壽陽，故將合肥的州政府改稱為南豫州。[146]久罹兵革　長期地陷於戰亂之中。罹，陷入；遭遇。[147]充復　充實、恢復。[148]戊戌　應是十二月戊戌，即十二月初四。「戊戌」前依例應增「十二月」三字。[149]開門納之　胡三省曰：「常景擊杜洛周，數戰數勝，而終於為虜者，民樂於從亂而疾視其上也。」[150]齊州平原　指齊州的東平原郡。齊州的州治歷城，即今山東濟南，東平原郡的郡治梁鄒，在今山東鄒平北。[151]曹義宗　梁朝名將曹景宗之弟。傳見《南史》卷五十五。曹義宗於普通六年率軍北上，攻取了魏國的順陽郡，見本書上卷。[152]穰城　即今河南鄧州。[153]新野　魏郡名，郡治即今河南新野。新野在穰城的東南方。[154]辛纂　魏國名臣辛雄的堂兄，時為尚書左丞、南道行臺。傳見《魏書》卷七十七。[155]租調　泛稱捐稅。根據當時規定，每個成年男子每年向國家交糧食二石，是為租；交絹二丈、綿三兩，是為調。[156]百官所給酒肉　根據規定，魏國當時除發給政府官吏固定的俸祿外，還發給他們一定數量的酒肉，作為生活補貼。[157]稅　這裡用如動詞，意即徵收。[158]邸店　這裡即指旅店。邸，官邸，原指地方官員、外地的王侯在京城修建的臨時住宿之所，也可以理解為駐京辦事處，也類似國營的旅店。[159]餘憾　其他的怨恨、不滿。[160]不堪其命　在他們的管制下無法再活下去。[161]郡縣選舉　即指對郡、縣兩級官員的任命。[162]由來共輕　長期以來都極其輕視。[163]貴遊儁才　貴遊指出身高貴的名門子弟。儁才指真正有才幹的傑出人物。[164]清官選補之法　徹底整頓選任官吏的辦法。清，清理；整頓。[165]妙盡才望　要善於把那些有才能、出身好的人才選拔上來。才望，才幹與家庭的名望。[166]後地先才　把出身放在後頭，把才幹放在前面。[167]不得拘以停年　不要受任職先後與所任時間的長短為限。停年，任此職的年頭。魏國前些時候崔亮為吏部尚書，不管其人的才幹、治績如何，通通以任職年限為升遷依據，稱作「停年格」，見本書前文卷一百四十九天監十八年。[168]內職　朝廷內的官職。[169]人思自勉　為官吏者都會勉勵自己盡職盡責。[170]枉屈可申　百姓的冤枉委屈可以獲得申張昭雪。[171]彊暴　指作亂、造反的行為。

【校　記】[1]孫　原誤作「子」。據章鈺校，甲十一行本、乙十一行本皆作「孫」，今據改。按，《魏書・景穆十二王下》，長壽之子曰鸞；徽鸞之子，即為長壽之孫。②鮮于脩禮　原作「杜洛周」。胡三省注云：「魏王武泰元年葛榮方并杜洛周，此得鮮于脩禮之眾也。」嚴衍《通鑑補》改作「鮮于脩禮」，今據以校正。③夷　據章鈺校，甲十一行本、乙十一行本、孔天胤本皆作「夏」。

【語　譯】高祖武皇帝七

普通七年（丙午　西元五二六年）

春季，正月初一日辛丑，梁國實行大赦。〇十二日壬子，魏國朝廷令汝南王元悅兼任太尉一職。

魏國安州境內的石離、穴城、斛鹽三個軍事據點的士兵起來造反，以響應杜洛周，這三個軍事據點的兵力合計起來有二萬人，杜洛周從松岍趕赴安州與他們會合。擔任行臺的常景派遣另外一支部隊的統領崔仲哲率領軍隊屯紮在軍都關截擊杜洛周，崔仲哲陣亡，元譚所率領的軍隊於夜間潰散，魏國朝廷任命另外一支軍隊的首領李琚代替元譚為都督。崔仲哲，是崔秉的兒子。

當初，魏國的廣陽王元淵與城陽王元徽的王妃通姦。元徽擔任尚書令，非常受胡太后的信任。碰巧恆州人請求朝廷任命元淵為恆州刺史，元徽便在胡太后面前說元淵心不可測。等到杜洛周造反的時候，五原叛民中那些投降朝廷的人又在恆州謀劃擁戴元淵為首領，駐兵朔州的元淵非常恐懼，於是上書給朝廷請求返回洛陽。魏國朝廷任命擔任左衛將軍的楊津代替元淵為北道大都督，胡太后下詔任命元淵為吏部尚書。元徽，是元長壽的孫子。

五原郡已經向朝廷投降的叛民首領鮮于脩禮等又率領北鎮的流民在定州境內的左城造反，改年號為魯興，然後率兵向定州城進發，定州城的守軍無力抵抗叛軍的進攻。北道大都督楊津率軍到達靈丘，聽到定州城情勢危險緊迫，就率軍趕往定州援救，楊津搶先進入、佔據了定州城。叛民首領鮮于脩禮率眾到達定州以後，楊津就要率軍出城攻打鮮于脩禮，擔任長史的許被不聽指揮，楊津手握佩劍準備擊殺許被，幸虧許被逃得快才保住性命。楊津打開城門與鮮于脩禮作戰，斬殺了數百名叛賊，賊軍這才退走，定州城內的人才稍微安下心來。不久，魏孝明帝元詡下詔任命楊津為定州刺史，兼北道行臺。魏國朝廷任命擔任楊州刺史的長孫稚為大都督、北討諸軍事，與河間王元琛一同率軍討伐鮮于脩禮。

二月初五日甲戌，梁國的北伐軍解除了軍事狀態。○魏國境內的西部敕勒頭領斛律洛陽在桑乾郡西部起兵造反，與費也頭牧子互相聯合。三月十五日甲寅，擔任游擊將軍的爾朱榮率領自己的部眾在深井打敗了斛律洛陽，在北河之西打敗了費也頭牧子。

夏季，四月十七日乙酉，梁國的臨川靖惠王蕭宏去世。○魏國實行大赦。

四月二十五日癸巳，魏國朝廷任命擔任侍中、車騎大將軍的城陽王元徽為開府儀同三司。元徽與擔任給事黃門侍郎的徐紇共同在胡太后面前詆毀擔任侍中的元順，胡太后於是把元順趕出皇宮，讓元順去擔任護軍將軍、太常卿。元順在西遊園向胡太后辭別，徐紇侍奉在胡太后的身邊，元順指著徐紇對胡太后說：「他就是魏國的宰嚭，魏國不滅亡，他就不會死。」徐紇聳了聳肩膀就出去了，元順高聲斥責徐紇說：「你只有抄抄寫寫的小本事，只配在几案之前當個書童使用，讓你在門下省做官，簡直玷汙了門下省，敗壞了我朝的綱常！」說完便拂袖而起。胡太后默不作聲。

魏國朔州城的百姓鮮于阿胡等佔據州城造反。○上谷郡的叛民首領杜洛周率眾向南進發，掠奪薊縣縣城，魏國行臺常景派遣擔任統軍的梁仲禮打敗了杜洛周。丁未日，都督李琚與杜洛周在薊縣縣城以北的一次戰鬥中，戰敗身亡。行臺常景親自率軍抵抗杜洛周，杜洛周率軍退回上谷郡。

長孫稚率軍到達鄴城的時候，胡太后下詔解除了長孫稚大都督的職務，令河間王元琛代替長孫稚擔任大都督。長孫稚上書給胡太后說：「以前我與河間王元琛一同在淮南與梁將裴邃作戰，元琛因為不採納我的建議導致作戰失敗而我率軍殿後掩護部隊撤入壽陽城內，因為這個原因使我們兩人之間產生了怨恨，現在讓我接受元琛的指揮調遣，我覺得很困難。」魏國朝廷沒有聽取長孫稚的意見。大軍前進到呼沱河，長孫稚不想馬上與鮮于脩禮作戰，元琛不同意。鮮于脩禮在五鹿截擊長孫稚，元琛不肯出兵救援，導致長孫稚的失敗。長孫稚、元琛都因此獲罪而被除名。

五月初九日丁未，魏孝明帝下詔準備御駕親征定州一帶的叛亂，朝廷內外進入緊急軍事狀態，後來孝明帝卻沒有成行。

擔任衡州刺史的元略，自從逃到江南歸降梁朝以來，一天到晚總是淚流滿面，經常像居喪一樣。等到魏國的權臣元乂被殺之後，胡太后就想把元略從梁國召回來，胡太后知道元略因為靠了西河太守刁雙的保護才免於被元乂所殺，於是就將刁雙徵調到洛陽任命為光祿大夫，把江革、祖暅之遣送回南方的梁國，用他們交換元略。梁武帝蕭衍準備了一份豐厚的禮物贈送給元略，送元略返回魏國。元略剛剛向北渡過淮河，魏國朝廷就任命元略為侍中，封元略為義陽王。任命司馬始賓為給事中，任命栗法光為屯留縣令，任命刁昌為東平郡太守，任命刁雙為西兗州刺史。在元略逃難過程中所經過的地方，凡是為他提供了一餐一宿幫助的，全都得到了朝廷的封賞。

魏國朝廷任命擔任丞相的高陽王元雍為大司馬。又任命廣陽王元淵為大都督，出兵討伐定州的叛民首領鮮于脩禮，任命章武王元融為左都督，任命裴衍為右都督，全都接受大都督廣陽王元淵的調度、指揮。

廣陽王元淵讓自己的兒子跟隨在自己身邊，城陽王元徽藉機在胡太后面前詆毀元淵說：「廣陽王攜帶著自己最喜愛的兒子領軍出征，他在外手握兵權，恐怕有不可告人的野心。」胡太后於是命令左都督章武王元融、右都督裴衍暗中對元淵加強防備。元融、裴衍把胡太后的手令拿給元淵看，元淵看後非常恐懼，因此軍中的事情無論大小都向朝廷請示報告，元淵自己根本不敢做決定。胡太后派使者詢問元淵為什麼要這樣做，元淵回答說：「城陽王元徽對我之恨深刻入骨，我和皇族疏遠，又領兵在外作戰，元徽為了給我編織罪名，什麼事情都幹得出來。自從元徽掌握朝權以來，凡是我所上表請求的事情，朝廷多數都不批准。元徽不只加害我一個人，凡是跟隨我建立功勳的將士都受到元徽的排擠和壓制，根本不能和其他的軍隊相比，而且還受到元徽的憎恨與嫉妒。有時他趁我的部下犯了罪，就故意加深加重地歪曲法律條文給定成重罪，直至給其判成死刑才肯罷休，因為這個原因，跟隨我出兵打仗的人，無不心懷恐懼。如果有誰說我幾句好話，元徽就把他看得像仇敵一樣；而對於說我壞話的人，元徽對待他們就像對待自己的親戚一樣。元徽在朝中掌權，一天到晚都想陷害我，將使我遭到不可預測的殺戮，我怎麼能有安全之感呢！如果陛下讓元徽到外地去擔任州刺史，我沒有了內顧之憂，才可能為陛下效命疆場，展現我對陛下的忠心與能力。」胡太后沒有聽從元淵的意見。元徽與中書舍人鄭儼等人互相吹捧、互相勾結，表面上看好像待人很溫和、處事很謹慎，內心裡卻相互記恨敵對，他們任意賞罰，魏國的朝政因此更加混亂不堪。

五月初十日戊申，魏國擔任燕州刺史的崔秉率領自己的部下丟下燕州城跑到定州投靠了叛民首領鮮于脩禮。〇二十七日乙丑，魏國朝廷任命擔任安西將軍的宗正珍孫為都督，討伐汾州地區以劉蠡升為叛亂首領的山胡人。

六月，魏國蜀地人遷居到絳郡的陳雙熾聚眾造反，自稱始建王。魏國朝廷任命代理鎮西將軍長孫稚為討蜀都督。另一支軍隊的首領河東郡人薛脩義輕裝騎馬來到陳雙熾的營壘前，為陳雙熾分析形勢、講明利害關係，陳雙熾立即向朝廷軍投降。胡太后下詔任命薛脩義為龍門要塞的駐軍統領。

六月初九日丙子，魏國改封義陽王元略為東平王，不久，又提升東平王元略為大將軍、尚書令，元略深受胡太后重用，其程度與城陽王元徽相等，然而徐紇、鄭儼在朝中掌握大權，元略也不敢違背他們。

上谷郡的叛民首領杜洛周派遣屬下被封為都督王的曹紇真等人率軍搶掠薊縣的南部地區，秋季，七月初九日丙午，魏國擔任行臺的常景派遣都督于榮等在粟園襲擊曹紇真，把曹紇真打得大敗，斬殺了曹紇真和他的三千多名將卒。杜洛周率領部眾向南奔赴范陽郡，常景與于榮等再一次把杜洛周打敗。

魏國擔任尚書僕射的元纂以行臺的身分鎮守恆州。朔州叛民首領鮮于阿胡率領著朔州的流民攻打恆州，七月十一日戊申，鮮于阿胡攻佔了平城，元纂從恆州逃往冀州。

梁武帝聽說淮河大壩上游的水勢浩大，壽陽城幾乎被水淹沒的消息，就又派遣擔任郢州刺史的元樹等人從北道進攻魏國的黎漿軍事據點，派擔任豫州刺史的夏侯亶等從南道進攻壽陽。

八月二十七日癸巳，叛賊中的一名頭領元洪業殺死了叛民首領鮮于脩禮，向魏國朝廷請求投降，叛賊黨羽葛榮殺死了元洪業自立為王。

魏國擔任安北將軍、都督恆州、朔州討虜諸軍事的爾朱榮率軍經過肆州的時候，擔任肆州刺史的尉慶賓忌恨爾朱榮，就據守肆州城不出。爾朱榮因此大怒，立即指揮軍隊襲擊肆州，活捉了尉慶賓，把尉慶賓帶回秀容郡，並自行任命他的堂叔爾朱羽生為肆州刺史，魏國朝廷對爾朱榮的這種做法無力制止。

當初，賀拔允和他的弟弟賀拔勝、賀拔岳兄弟三人都跟隨尚書僕射元纂駐守在恆州，平城被叛民鮮于阿胡攻陷的時候，賀拔允與自己的兄弟失散，賀拔岳投奔了爾朱榮，賀拔勝投奔了肆州刺史尉慶賓。爾朱榮攻克肆州的時候，得到了賀拔勝，他非常高興地說：「我得到你們兄弟，平定天下就不在話下了！」爾朱榮任命賀拔勝為獨當一面的將領，關於軍中的大事，爾朱榮多數都與賀拔勝進行商議。

九月十三日己酉，梁國的鄱陽忠烈王蕭恢去世。○自立為王的叛民首領葛榮收編了鮮于脩禮的部眾之後，就向北進攻魏國的瀛州，魏國廣陽忠武王元淵從交津率軍尾追葛榮。十五日辛亥，葛榮到達白牛邏，他派輕騎兵偷襲了章武莊武王元融，把章武王元融殺死。葛榮自稱天子，國號齊，改年號為廣安元年。元淵聽到元融失敗被殺的消息之後，就命令軍隊停止前進。擔任侍中的元晏祕密地向胡太后報告說：「廣陽王徘徊不前，坐在那裡圖謀非分之想。在他手下有一位名叫于謹的人，他的智慧謀略超過一般人，是廣陽王的智囊，目前正值戰亂時期，恐怕廣陽王不是陛下的忠貞之臣。」胡太后認為元晏說得非常對，於是下詔令尚書省張貼布告，招募能夠抓獲于謹的人，朝廷將給予重賞。長流參軍于謹聽到這個消息之後，就對元淵說：「如今胡太后臨朝聽政，她又聽信讒言，重用奸佞，如果不明確地表達出殿下對朝廷的一片純潔之心，恐怕大禍臨頭就在頃刻之間。我請求到朝廷自首，請主管此事的部門對我進行審理。」于謹逕直來到皇榜之下，口稱我就是于謹，有關部門的官員趕緊報告了胡太后。胡太后非常憤怒地召見了于謹。于謹詳細地論證了廣陽王元淵的忠實之心、忠誠之狀，同時說明了元淵停止不前的原因，胡太后瞭解了事實真相之後，憤怒的情緒遂緩解下來，她放了于謹。

元淵率軍返回，趕赴定州，擔任定州刺史的楊津也懷疑元淵有政治野心，元淵知道這個情況之後，就停在了定州南佛寺不再前進。過了兩天，元淵把都督毛謚等幾個人召集起來，與他們握手締結盟約，希望在危難之際，能夠互相救助。毛謚對元淵更加懷疑，他祕密告訴定州刺史楊津，說元淵圖謀不軌。楊津遂派毛謚率軍討伐元淵，元淵見狀立即逃出軍營，毛謚一邊呼喊一邊追趕元淵。元淵帶著自己身邊的一些侍從抄小路來到博陵地界，正碰到葛榮派出的偵察騎兵，偵察騎兵劫持著元淵來到葛榮的駐所。賊徒看見元淵，有些人顯得很高興，葛榮剛剛自稱皇帝，看到自己的一些部下喜歡元淵，擔心他們會拋棄自己擁戴元淵，所以非常厭惡元淵，就把元淵殺死了。城陽王元徽誣陷元淵投降了反賊，就逮捕了元淵的妻兒。在元淵王府中擔任僚佐的宋遊道為元淵申訴、解釋，胡太后才把元淵的妻兒釋放。宋遊道，是宋繇的玄孫。

十月十八日甲申，魏國擔任行臺的常景率軍打敗了上谷郡的叛民首領杜洛周，殺死了杜洛周所封的武川王賀拔文興等，俘虜了四百人。〇就德興攻陷了魏國的平州，殺死了擔任平州刺史的王買奴。

天水百姓呂伯度，原本是莫折念生的同黨，後來又另起爐灶佔據顯親縣反對莫折念生，不久來作戰失利，呂伯度就投順了敕勒族酋長胡琛，胡琛任命呂伯度為大都督、秦王，資助呂伯度一些兵士、馬匹，讓他去攻打莫折念生。呂伯度多次打敗了莫折念生的軍隊，當他再次佔據了顯親縣之後，就又背叛了胡琛，到東邊聯絡魏國的朝廷軍。莫折念生面臨的形勢十分窘迫，於是就向魏國的西道行臺大都督蕭寶寅請求投降，蕭寶寅讓擔任行臺左丞的崔士和據守秦州。魏國朝廷任命呂伯度為涇州刺史，封呂伯度為平秦郡公。大都督元脩義把軍隊駐紮在隴山山口，長時間不肯進軍，莫折念生於是再次造反，他擒獲了行臺左丞崔士和，把崔士和送往敕勒族酋長胡琛那裡，卻在半路上殺死了崔士和。過了很久以後，呂伯度被胡琛的部將万俟醜奴殺死，賊軍的勢力更加強盛，蕭寶寅已經沒有辦法制服叛軍。胡琛與莫折念生互相往來，他對破六韓拔陵的態度漸漸地傲慢起來。破六韓拔陵派遣他的屬臣費律前往高平，引誘胡琛，把胡琛殺死，胡琛的部將万俟醜奴趁機全部收編了胡琛的部眾。

冬季，十一月十五日庚辰，梁國實行大赦。〇梁武帝的丁貴嬪去世，皇太子蕭統因此不吃不喝，梁武帝派人對蕭統說：「因為自己的父母去世而哀傷消瘦是應該的，但不能哀傷太過而危及自己的生命，何況我還活在世上呢！」蕭統這才喝了一點兒粥。太子蕭統的體格一向很肥壯，腰帶有十圍，到現在腰圍已經減少了一大半。

梁國擔任豫州刺史的夏侯亶等率軍進入魏國的境內，所向披靡。十一月十六日辛巳，魏國擔任楊州刺史的李憲獻出壽陽城向梁軍投降，宣猛將軍陳慶之立即率軍進駐壽陽城，魏國總共有五十二座城投降了梁國，梁軍獲得魏國男男女女總計七萬五千人。二十二日丁亥，梁軍放魏國楊州刺史李憲返回魏國，梁國重又把壽陽作為豫州州治的所在地，把合肥作為南豫州州治，梁武帝任命夏侯亶為豫州、南豫州二州刺史。壽陽長期遭受戰亂之苦，居民大多數都四處逃散，夏侯亶減省刑罰、降低民眾的賦稅，把農業生產作為首要任務，節省徭役，不久，壽陽的戶數就得到了恢復。

上谷郡叛民首領杜洛周率領部眾包圍了范陽，十二月初四日戊戌，幽州的百姓捉獲了魏國擔任幽州刺史的王延年和行臺常景，把他們押送給杜洛周，打開城門歡迎杜洛周入城。○魏國齊州轄區之內的平原郡百姓劉樹等聚眾造反，他們攻克郡縣，屢次打敗齊州的官軍，擔任齊州刺史的元欣任命平原郡人房士達為將，率軍平定了造反的劉樹等。

梁國將領曹義宗所佔據的穰城逼近新野，魏國派遣擔任都督的魏承祖和擔任尚書左丞、南道行臺的辛纂率軍前往救援新野。梁將曹義宗與辛纂作戰不利，因此不敢繼續前進。辛纂，是辛雄的堂兄。

魏國境內的盜賊日益滋生，朝廷不停地派兵征討，國家的資財因此枯竭，已經預先向百姓徵收了六年的捐稅，但還是不夠用，於是朝廷就將作為生活補貼而發給文武百官的酒肉停發了。又向進入市場做買賣的人每人徵收一錢的稅款，就連旅店都要徵稅，因而引起百姓的強烈不滿，人人都唉聲歎氣、口出怨言。擔任吏部郎中的辛雄上疏給胡太后，辛雄認為「漢族人和少數民族相互聚集在一起反抗朝廷，難道是因為有別的怨恨嗎？只是因為朝廷所委任的郡守縣令不合適，百姓在他們的治理之下無法再活下去了，所以才起來造反。應該趁著現在及早對百姓進行慰問安撫。但是朝廷長期以來一直不重視對郡、縣兩級官員的任用，出身高貴的名門子弟和真正有才幹的傑出人物，都不肯去擔任郡守縣令。應該改正這個弊端，把郡縣分成三個等級，徹底整頓選任官吏的辦法，應該善於把出身門第好的、有才能聲望的人選拔上來去擔任郡守縣令。如果二者不能兼顧，就把門第出身放在後頭，把才幹放在前面，不要再受任職先後與所任時間長短的限制。三年考核一次，該罷免的罷免、該提升的提升，對那些稱職的官員，就調到京師讓他們擔任重要的官職；如果沒有擔任郡守縣令的經歷，就不許在朝廷內擔任官職。如此一來，官吏們都會勉勵自己盡職盡責，百姓的冤枉委屈就可以得到伸張昭雪，造反、作亂的事情自然就會消失了。」胡太后沒有採納辛雄的意見。

大通元年（丁未　西元五二七年）

春，正月乙丑❶，以尚書左僕射徐勉❷為僕射❸。○辛未❹，上祀南郊。○甲戌❺，魏以司空皇甫度為司徒，儀同三司蕭寶寅為司空。

魏分定、相二州四郡置殷州❻，以北道行臺博陵崔楷❼為刺史。楷表稱：「州今新立，尺刃❽斗糧，皆所未有，乞資❾以兵糧。」詔付外量聞❿，竟無所給。或勸楷留家⓫，單騎之官，楷曰：「吾聞食人之祿者憂人之憂，若吾獨往，則將士誰肯固志哉！」遂舉家之官。葛榮逼州城，或勸減弱小以避之，楷遣幼子及一女夜出。既而悔之，曰：「人謂吾心不固，虧忠而全愛⓬也。」遂命追還。賊至，彊弱相懸，又無守禦⓭之具。楷撫勉將士以拒之，莫不爭奮，皆曰：「崔公尚不惜百口⓮，吾屬何愛一身！」連戰不息，死者相枕，終無叛志。辛未⓯，城陷，楷執節不屈，榮殺之，遂圍冀州。

魏[1]蕭寶寅出兵累年，將士疲弊，秦賊⓰擊之，寶寅大敗於涇州⓱，收散兵萬餘人，屯逍遙園。東秦州⑱刺史潘義淵以汧城⑲降賊。莫折念生進逼岐州⑳，城人執刺史魏蘭根㉑應之。豳州㉒刺史畢祖暉戰沒，行臺辛深棄城走，北海王顥軍亦敗。賊帥胡引祖據北華州㉓，叱干麒麟據豳州以應天生，關中大擾㉔。雍州刺史楊椿㉕募兵得七千餘人，帥以拒守，詔加椿侍中兼尚書右僕射，為行臺，節度關西諸將。北地功曹㉖毛鴻賓引賊抄掠渭北，雍州錄事參軍楊侃將兵三千掩擊之。鴻賓懼，請討賊自効，遂擒送宿勤烏過仁㉗。烏過仁者，明達之兄子也。莫折天生乘勝寇雍州，蕭寶寅部將羊侃隱身塹中射之，應弦而斃，其眾遂潰。侃，祉之子也。

魏右民郎㉘陽平路思令㉙上疏，以為「師出有功，在於將帥，得其人則六合㉚唾掌可清，失其人則三河㉛方為戰地。竊以比年㉜將帥多寵貴子孫，銜杯躍馬㉝，志逸氣浮㉞，軒眉攘[2]腕㉟，以攻戰自許。及臨大敵，憂怖交懷，雄圖銳氣，一朝頓盡。乃令羸弱在前以當寇，彊壯居後以衛身，兼復器械不精，進止無節㊱，以當負險之眾㊲，敵數戰之虜㊳，欲其不敗，豈可得哉？是以兵知必敗，始集而先逃，將帥畏敵，遷延㊴而不進。國家謂官爵未滿㊵，屢加寵命㊶，復疑賞賚之輕，日散金帛。帑藏㊷空竭，民財殫盡㊸，遂使賊徒益甚，生民彫弊㊹，凡以此也㊺。

夫德可感義夫，恩可勸[46]死士。今若黜陟幽明[47]，賞罰善惡[48]，簡練[49]士卒，繕修器械，先遣辯士曉以禍福[50]，如其不悛[51]，以順討逆，如此，則何異厲蕭斧而伐朝菌[52]，鼓洪爐而燎毛髮[53]哉？」弗聽。

戊子[54]，魏以皇甫度為太尉。○己丑[55]，魏主以四方未平，詔內外戒嚴，將親出討，竟亦不行。

譙州[56]刺史湛僧智圍魏東豫州[57]，將軍彭羣、王辯圍琅邪[58]，魏敕青、南青二州[59]救琅邪。司州[60]刺史夏侯夔[61]帥壯武將軍裴之禮[62]等出義陽道，攻魏平靜、穆陵、陰山三關[63]，皆克之。夔，亶之弟。之禮，邃之子也。

魏東清河郡[64]山賊羣起，詔以齊州長史房景伯[65]為東清河太守。郡民劉簡虎嘗無禮於景伯，舉家亡去，景伯窮捕[66]，禽之，署其子為西曹掾[67]，令諭山賊。賊以景伯不念舊惡，皆相帥出降。

景伯母崔氏，通經，有明識。貝丘[68]婦人列[69]其子不孝，景伯以白其母，母曰：「吾聞聞名不如見面，山民未知禮義，何足深責！」乃召其母，與之對榻共食，使其子侍立堂下，觀景伯供食。未旬日，悔過求還。崔氏曰：「此雖面慚，其心未也，且置之[70]。」凡二十餘日，其子叩頭流血，母涕泣乞還，然後聽之，卒以孝聞。景伯，法壽[71]之族子也。

二月，秦賊據魏潼關。○庚申[72]，魏東郡[73]民趙顯德反，殺太守裴烟，自號都督。

將軍成景儁攻魏彭城，魏以前荊州刺史崔孝芬為徐州行臺以禦之。先是，孝芬坐元乂黨與盧同等俱除名，及將赴徐州，入辭太后，太后謂孝芬曰：「我與卿姻戚[74]，奈何內頭元乂車中[75]，稱『此老嫗會須去之』[76]？」孝芬曰：「臣蒙國厚恩，實無斯語。假令有之，誰能得聞！若有聞者，此於元乂親密過臣遠矣。」太后意解，悵然有愧色。景儁欲堰泗水[77]以灌彭城，孝芬與都督李叔仁等擊之，景儁遁還。

三月甲子[78]，魏主詔將西討，中外戒嚴。會秦賊西走，復得潼關，戊辰[79]，詔回駕北討。其實皆不行。○葛榮久圍信都[80]，魏以金紫光祿大夫源子邕[81]為北討大都督以救之。

初，上作同泰寺，又開大通門以對之，取其反語相協[82]，上晨夕幸寺，皆出入是門。辛未[83]，上幸寺捨身[84]。甲戌[85]，還宮[86]，大赦，改元[87]。

魏齊州廣川[88]民劉鈞聚眾反，自署大行臺。清河民房項[3]自署大都督，屯據昌國城[89]。

夏，四月，魏將元斌之討東郡，斬趙顯德。○己酉[90]，柔然頭兵可汗遣使入貢於魏，且請討羣賊。魏人畏其反覆，詔以盛暑，且俟後敕[91]。

魏蕭寶寅之敗也，有司處以死刑，詔免為庶人。雍州刺史楊椿有疾求解[92]，復以寶寅為都督雍・涇等四州諸軍事、征西將軍、雍州刺史、開府儀同三司、西討大都督，自關以西皆受節度。椿還鄉里[93]，其子昱將適洛陽，椿謂之曰：「當今雍州刺史亦無踰於寶寅者，但其上佐[94]，朝廷應遣心膂重臣，何得任其牒用[95]？此乃聖朝百慮之一失也。且寶寅不藉刺史為榮[96]，吾觀其得州，喜悅特甚，至於賞罰云為[97]，不依常憲[98]，恐有異心。汝今赴京師，當以吾此意啟二聖[99]，并白宰輔[100]，更遣長史、司馬、防城都督[101]，欲安關中，正須三人耳。如其不遣，必成深憂。」昱面啓魏主及太后，皆不聽。

五月丙寅[102]，成景儁攻魏臨潼、竹邑[103]，拔之。東宮直閤蘭欽攻魏蕭城[104]、厥固[105]，拔之，欽斬魏將曹龍牙。○六月，魏都督李叔仁討劉鈞，平之。

秋，七月，魏陳郡[106]民劉獲、鄭辯反於西華[107]，改元天授，與湛僧智通謀，魏以行東豫州刺史譙國曹世表[108]為東南道行臺以討之，源子恭代世表為東豫州。

諸將以賊眾彊，官軍弱，且皆敗散之餘，不敢戰，欲保城自固。世表方病背腫，轝出[109]，呼統軍[110]是云寶[111]，謂曰：「湛僧智所以敢深入為寇者，以獲、辯皆州民之望[112]，為之內應也。鄉[113]聞獲引兵欲迎僧智，去此八十里，今出其不意，一戰可破，獲破，則僧智自走矣。」乃選士馬付寶，暮出城，比曉而至，擊獲，大破之，窮討，餘黨悉平。僧智聞之，遁還。鄭辯與子恭親舊，亡匿子恭所，世表集將吏面責子恭，收辯，斬之。

魏相州刺史安樂王鑒[114]與北道都督裴衍共救信都。鑒幸魏多故[115]，陰有異志，遂據鄴，叛降葛榮。○己丑[116]，魏大赦。

初，侍御史遼東高道穆[117]奉使相州，前刺史李世哲[118]奢縱不法，道穆按之。世哲弟神軌用事，道穆兄謙之家奴訴良[119]，神軌收謙之繫廷尉。赦將出，神軌啓太后先賜謙之死，朝士[120]哀之。

彭羣、王辯圍琅邪，自春[4]及秋，魏青州刺史彭城王劭[121]遣司馬鹿悆，南青州刺史胡平遣長史劉仁之將兵擊羣、辯，破之，羣戰沒。劭，勰之子也。

八月，魏遣都督源子邕、李神軌、裴衍攻鄴[122]。子邕行及湯陰[123]，安樂王鑒遣弟斌之夜襲子邕營，不克，子邕乘勝進圍鄴城。丁未[124]，拔之，斬鑒，傳首洛陽，改姓拓跋氏。魏因遣子邕、裴衍討葛榮。

九月，秦州城民杜粲殺莫折念生闔門皆盡，粲自行州事。南秦州城民辛琛亦自行州事，遣使詣蕭寶寅請降。魏復以寶寅為尚書令，還其舊封[125]。

譙州刺史湛僧智圍魏東豫州刺史元慶和於廣陵[126]，魏將軍元顯伯救之，司州刺史夏侯夔自武陽[127]引兵助僧智。冬十月，夔至城下，慶和舉城降。夔以讓僧智，僧智曰：「慶和欲降公，不欲降僧智，今往，必乖其意。且僧智所將[128]應募烏合之人，不可御以法[129]；公持軍素嚴，必無侵暴，受降納附，深得其宜。」夔乃登城，拔魏幟，建[130]梁幟，慶和束兵而出，吏民安堵，獲男女四萬餘口。

臣光曰：「湛僧智可謂君子矣！忘其積時攻戰[131]之勞，以授一朝新至之將，知己之短，不掩人之長，功成不取以濟國事，忠且無私，可謂君子矣！」

元顯伯宵遁，諸軍追之，斬獲萬計。詔以僧智領東豫州刺史，鎮廣陵。夔引軍屯安陽[132]，遣別將屠楚城[133]，由是義陽北道遂與魏絕。

領軍曹仲宗、東宮直閤陳慶之攻魏渦陽[134]，詔尋陽太守韋放[135]將兵會之。魏散騎常侍費穆引兵奄至[136]，放營壘未立，麾下止有二百餘人，放免胄下馬，據胡牀處分[137]，士皆殊死戰，莫不一當百，魏兵遂退。放，叡之子也。

魏又遣將軍元昭等眾五萬救渦陽，前軍至駝澗[138]，去渦陽四十里。陳慶之欲逆戰[139]，韋放以魏之前鋒必皆輕銳，不如勿擊，待其來至。慶之曰：「魏兵遠來疲倦，去我既遠，必不見疑，及其未集，須挫其氣。諸軍[5]若疑，慶之請獨取之。」於是帥麾下二百騎進擊，破之，魏人驚駭。慶之乃還，與諸將連營而進，背渦陽城與魏軍相持。自春至冬，數十百戰，將士疲弊。聞魏人欲築壘於軍後，曹仲宗等恐腹背受敵，議引軍還。慶之杖節軍門[140]曰：「共來至此，涉歷一歲，糜費極多。今諸君皆無鬭心，唯謀退縮，豈是欲立功名，直聚為抄暴[141]耳！吾聞置兵死地，乃可求生[142]，須虜大合[143]，然後與戰。審欲班師[144]，慶之別有密敕[145]，今日犯者，當依敕行之！」仲宗等乃止。

魏人作十三城，欲以控制梁軍。慶之銜枚夜出，陷其四城，渦陽城主王緯乞降。韋放簡遣降者三十餘人分報魏諸營，陳慶之陳其俘馘[146]，鼓譟隨之，魏[6]九城皆潰，追擊之，俘斬略盡，尸咽渦水[147]，所降城中男女三萬餘口。

蕭寶寅之敗於涇州也，或勸之歸罪洛陽[148]，或曰：「不若留關中立功自效。」行臺都令史河間馮景曰：「擁兵不還，此罪將大。」寶寅不從，自念[149]出師累年，糜費不貲[150]，一日覆敗，內不自安，魏朝亦疑之。

中尉酈道元(151)，素名嚴猛，司州牧(152)汝南王悅嬖人丘念(153)，弄權縱恣(154)，道元收念付獄。悅請之於胡太后，太后欲赦[7]之，道元殺之，并以劾悅。

時寶寅反狀已露，悅乃奏以道元為關右大使(155)。寶寅聞之，謂為取己(156)，甚懼，長安輕薄子弟(157)復勸使舉兵。寶寅以問河東柳楷，楷曰：「大王，齊明帝(158)子，天下所屬(159)，今日之舉，實允人望(160)。且謠言(161)『鸞生十子九子毈(162)，一子不毈關中亂(163)。』亂者，治也(164)[8]。大王當治關中，何所疑！」道元至陰盤驛(165)，寶寅遣其將郭子恢攻殺之，收殯(166)其尸，表言白賊(167)所害。又上表自理(168)，稱為楊椿父子所譖(169)。

寶寅行臺郎中武功蘇湛，臥病在家，寶寅令湛從母弟(170)開府屬(171)天水姜儉說湛曰：「元略受蕭衍旨(172)，欲見剷除(173)，道元之來，事不可測，吾不能坐受死亡，今須為身計，不復作魏臣矣。死生榮辱，與卿共之。」湛聞之，舉聲大哭。儉遽止之曰：「何得便爾(174)？」湛曰：「我百口今屠滅，云何不哭？」哭數十聲，徐謂儉曰：「為我白齊王(175)，王本以窮鳥(176)投人，賴朝廷假王羽翼(177)，榮寵至此。屬國步多虞(178)，不能竭忠報德，乃欲乘人間隙(179)，信惑(180)行路無識之語(181)，欲以羸敗之兵守關問鼎(182)。今魏德雖衰，天命未改。且王之恩義未洽於民(183)，但見其敗，未見有成，蘇湛不能以百口為王族滅[184]。」寶寅復使謂曰：「我救死不得不爾，所以不先相白[185]者，恐沮吾計[186]耳。」湛曰：「凡謀大事，當得天下奇才與之從事，今但與長安博徒[187]謀之，此有成理不？湛恐荊棘必生於齋閤[188]，願賜骸骨[189]歸鄉里，庶得病死[190]，下見先人。」寶寅素重湛，且知其不為己用，聽還武功[191]。

甲寅[192]，寶寅自稱齊帝，改元隆緒，赦其所部[193]，置百官。都督長史毛遐[194]，鴻賓之兄也，與鴻賓帥氐、羌起兵於馬祗柵[195]以拒寶寅，寶寅遣大將軍盧祖遷擊之，為遐所殺。寶寅方祀南郊[196]，行即位禮未畢，聞敗，色變，不暇整部伍，狼狽而歸。以姜儉為尚書左丞，委以心腹。文安[197]周惠達為寶寅使，在洛陽，有司欲收之，惠達逃歸長安。寶寅以惠達為光祿勳[198]。

丹楊王蕭贊[199]聞寶寅反，懼而出走，趣白馬山[200] [9]，至河橋[201]，為人所獲，魏主知其不預謀，釋而慰之。行臺郎[202]封偉伯等與關中豪桀謀舉兵誅寶寅，事泄而死。〇魏以尚書僕射長孫稚為行臺以討寶寅。

正平[203]民薛鳳賢反，宗人薛脩義亦聚眾河東[204]，分據鹽池[205]，攻圍蒲坂，東西連結以應寶寅。詔都督宗正珍孫討之。

十一月丁卯[206]，以護軍蕭淵藻[207]為北討都督，鎮渦陽。戊辰[208]，以渦陽置[10]西徐州。

葛榮圍魏[11]信都，自春及冬，冀州刺史元孚帥勵將士，晝夜拒守，糧儲既竭，外無救援。己丑[209]，城陷，榮執孚，逐出居民，凍死者什六七。孚兄祐為防城都督，榮大集將士，議其生死。孚兄弟各自引咎，爭相為死，都督潘紹等數百人，皆叩頭請就法以活使君[210]。榮曰：「此皆魏之忠臣義士。」於是同禁者五百人皆得免。

魏以源子邕為冀州刺史，將兵討榮。裴衍表請同行，詔許之。子邕上言：「衍行，臣請留；臣行，請留衍。若逼使同行，敗在旦夕。」不許。十二月戊申[211]，行至陽平[212]東北漳水曲，榮帥眾十萬擊之，子邕、衍俱敗死。相州吏民聞冀州已陷，子邕等敗，人不自保。相州刺史恆農李神[213]志氣[214]自若，撫勉將士，大小致力，葛榮盡銳攻之，卒不能克。○秦州民駱超殺杜粲[215]，請降於魏。

【章旨】以上為第二段，寫梁武帝大通元年（西元五二七年）一年間的大事。主要寫了冀、定一帶的變民頭領葛榮圍攻殷州，殷州刺史崔楷守城以死；魏安樂王元鑒以相州投降葛榮，被魏將源子邕等破殺之；葛榮攻陷冀州，魏使源子邕、裴衍進救冀州，二將戰敗，被葛榮所殺；寫了秦州一帶的變民頭領莫折念生大破蕭寶寅於涇州，東秦州刺史降莫折念生，岐州變民執其刺史魏蘭根以降，豳州刺史戰沒；念生軍又據北華州、佔領潼關，關中大擾；寫了莫折念生被秦州民杜粲所殺，杜粲自行州事；南秦州辛琛亦自行州事，以城降蕭寶寅；寫梁將夏侯夔攻取了魏之平靜、穆陵、陰山三關，梁將夏侯夔、湛僧智又合作攻魏東豫州（今河南息縣），魏東豫州刺史元慶和以城降梁；梁將又進據安陽、楚城等地，從而使義陽與魏國的聯絡中斷，成為孤城；寫梁將陳慶之、曹仲宗、韋放等進圍魏之渦陽，陳慶之等大破魏國援軍元昭之眾於渦陽城下，渦陽城主王緯降梁；梁將成景儁等攻得魏之臨潼、竹邑、蕭縣諸城；寫魏之雍州刺史楊椿病退，蕭寶寅接任關中大都督、雍州刺史，楊椿建議朝廷派心腹骨幹為其僚屬以防之，魏主不聽；寫蕭寶寅殺朝廷派往關中的大使酈道元，在長安自立為齊帝，僚屬蘇湛正言勸阻，蕭寶寅不聽；長史毛遐起兵馬祇柵以拒之，而河東、正平二郡人起兵以應蕭寶寅等等。

【注釋】❶正月乙丑　正月初一。❷徐勉　梁國的有才幹之臣。傳見《梁書》卷二十五。❸為僕射　僕射是尚書令的副職，原為左右二人，今但云「僕射」，則是特指此時就此一個，不再分設左右二人。❹辛未　正月初七。❺甲戌　正月初十。❻殷州　州治廣阿，在今河北隆堯東。其所屬之四郡為趙郡、鉅鹿、南鉅鹿、廣宗。❼崔楷　定州刺史崔辯之子，魏末名臣，曾任殷州刺史。傳見《魏書》卷五十六。❽尺刃　一尺長的小武器。❾資　資助；供應。❿付外量聞　讓該部門的主管官員量情提出一個數字，報告皇帝知道。外，與宮內的帝、后相對而言，即職能部門。量，提出一個應該撥發的數目。聞，奏明皇帝、太后。⓫留家　留下家眷，不要帶著家眷到殷州上任。⓬虧忠而全愛　對忠君之節有虧缺，對親人的安危想得周全。⓭守禦　守城、抗敵。禦，抵抗。⓮百口　代指全家老小。⓯辛未　是年正月乙丑朔，無辛未，《魏書·肅宗紀》作「辛巳」，當是。辛巳，正月十七。⓰秦賊　指莫折念生的軍隊。⓱涇州　魏州名，州治安定，在今甘肅涇川縣的西北側。⓲東秦州　魏州名，胡三省曰：「秦州既為賊所據，魏置東秦州於隴東郡，治汧城。」⓳汧城　東秦州的州治所在地，在今陝西隴縣南側。⓴岐州　魏州名，州治雍縣，在今陝西鳳翔南側。㉑魏蘭根　魏末的有識之臣，曾任岐州刺史，甚得民心。傳見《北齊書》卷二十三。㉒豳州　魏州名，州治定安，即今甘肅寧縣。㉓北華州　魏州名，即原來的東秦州，州治在今陝西宜君東北、黃陵南。㉔大擾　大亂。㉕楊椿　魏國的名將與有幹才的地方官。傳見《魏書》卷五十八。㉖北地功曹　北地是郡名，郡治在今陝西耀州東南。功曹是郡太守的僚屬，在郡主管人事。㉗宿勤烏過仁　人名，姓宿勤，名烏過仁。㉘右民郎　尚書令的屬官，略似後來的戶部尚書。㉙陽平路思令　陽平是郡名，郡治即今河北館陶。路思令是路恃慶之子，曾任南冀州刺史。傳見《魏書》卷七十二。㉚六合　猶言天下。㉛三河　指河東、河內、河南三郡，這裡借指洛陽地區，京畿之內。㉜比年　近年以來。㉝銜杯躍馬　飲酒後縱馬馳騁，富貴得志的樣子。㉞志逸氣浮　猶言心高氣傲，不可一世的情態。㉟軒眉攘腕　揚眉吐氣，振臂高呼。攘腕，振臂。㊱進止無節　以言其號令不明、紀律鬆散。㊲當負險之眾　向佔據著險要地形的敵人發起進攻。當，對；向著。負險，恃險。㊳敵數戰之虜　去對付屢經戰鬥的敵人。㊴遷延　徘徊不前的樣子。㊵官爵未滿　加官進爵還不夠。㊶屢加寵命　屢次提拔晉升不已。寵命，晉升職位的命令。㊷帑藏　國庫裡的金銀。㊸殫盡　被搜刮淨盡。㊹生民彫弊　百姓們無法生活。彫弊，同「凋弊」。㊺凡以此也　就是這樣造成的。以此，因此。㊻勸　鼓勵。㊼黜陟幽明　撤掉昏庸、晉升英明。陟，提升。㊽賞罰善惡　即賞善罰惡。㊾簡練　選拔、操練。㊿曉以禍福　給變民亂黨指明前途。(51)不悛　不思改悔。(52)厲蕭斧而伐朝菌　把磨好的大斧子向著一棵糞堆上的小蘑菇砍去，極言其不費力氣就能把它砍個稀巴爛。厲，同「礪」。磨礪。蕭斧，古代殺人用的大斧。朝菌，糞堆上長出的小蘑菇。語出《說苑・善說》：「夫以秦楚之強而報讎於弱薛，譬猶摩蕭斧而伐朝菌也。」(53)鼓洪爐而燎毛髮　拉風箱把大爐子的火吹得旺旺的去燒人的毛髮。(54)戊子　正月二十四。(55)己丑　正月二十五。(56)譙州　州治新昌，即今安徽滁州。(57)魏東豫州　州治即今河南息縣，也是汝南郡的郡治所在地。(58)琅邪　魏郡名，郡治在今山東臨沂西側。(59)青南青二州　魏國的青州州治在今山東青州東側，魏國的南青州州治即今山東沂水縣。(60)司州　梁國的司州州治本來在義陽（今河南信陽），義陽被魏人佔去後，改在今湖北孝昌。(61)夏侯夔　梁朝名將夏侯亶之弟，此時任司州刺史。傳見《梁書》卷二十八。(62)裴之禮　梁朝名將裴邃之子，曾為北徐州刺史。傳見《梁書》卷二十八。(63)平靜穆陵陰山三關　平靜即平靖關，在今信陽的西南方，地處今河南與湖北的交界線上，穆陵也寫作木陵，在今河南新縣南，也處於河南與湖北的交界線上，在義陽的東南方，陰山也稱陰山戍，在今湖北麻城東北，在穆陵關的東南方。(64)東清河郡　郡治繹幕，在今山東淄博西南。(65)房景伯　魏國著名的地方官，曾為東清河太守。傳見《魏書》卷四十三。(66)窮捕　不惜一切地全力追捕。(67)西曹掾　郡太守的僚屬。(68)貝丘　縣名，即後來的淄川縣，當時上屬於東清河郡，現屬於淄博之淄川區。(69)列　狀告。(70)且置之　暫且放一放，猶言「再等一等」。(71)法壽　房法壽，房景伯的同族。原為劉宋的將領，後與崔道固、劉休賓等一起降魏，甚受孝文帝敬重。傳見《魏書》卷四十三。(72)庚申　二月二十七。(73)東郡　魏郡名，郡治在今河南滑縣東南。(74)與卿姻戚　崔孝芬之女為肅宗元詡之妃。(75)內頭元乂車中　一頭鑽進元乂的車中，猶今所謂上了他的賊船。內，同「納」。鑽進。(76)稱此老嫗會須去之　還慫恿他說「這個老娘們必須除掉」。會須，必須。(77)堰泗水　在泗水的下游築壩以提高上游水位。又想再幹前些年蕭衍堰淮水以淹壽陽的把戲。(78)三月甲子　三月初一。(79)戊辰　三月初五。(80)信都　即今河北冀州，當時為魏國冀州的州治所在地。(81)源子邕　魏國的元勳老臣源加劇之孫，源懷之子，此前曾大破賊眾於東西二夏州，此又北討葛榮。傳見《魏書》卷四十一。子邕，《魏書》作「子雍」。(82)反語相協　用反切的字音相對仗，平仄也相對。大，同泰反。同，大通反。所謂「反」，即取上一個字的聲母，下一個字的韻母。(83)辛未　三月初八。(84)捨身　把自己的身子獻給佛教，即出家當和尚。(85)甲戌　三月十一。(86)還宮　群臣用了大批錢財把他從寺廟裡贖回。(87)改元　這年本來稱普通八年，從這天開始改為大通元年。(88)齊州廣川　齊州所屬的廣川郡，郡治在今山東淄博西北。(89)昌國城　昌國縣的縣城，即今山東臨朐。昌國縣當時屬於青州，不屬於齊州。(90)己酉　四月十七。(91)俟後敕　等待以後的命令。(92)求解　請求辭職回鄉。(93)還鄉里　返回他的故鄉華陰縣。胡三省曰：「楊椿世居華陰。」(94)上佐　高級僚屬。(95)任其牒用　聽任他自己下文書聘用。牒，任命官員的文件，即今之委任狀。(96)不藉刺史為榮　意即他的職位本來比刺史高。(97)賞罰云為　如何獎賞、如何懲罰一類的事情。云為，猶言「云云」，即今所謂「等等」。(98)不依常憲　不按平常的慣例行事。常憲，常法。(99)啓二聖　稟告給兩位聖人，指胡太后與魏肅宗。(100)并白宰輔　同時也轉告各位執政大臣。(101)長史司馬防城都督　刺史屬下的三位高級僚屬。防城都督，主管防守城池諸事。(102)五月丙寅　五月初四。(103)臨潼竹邑　魏之二郡名，臨潼郡的郡治在今安徽泗縣東南，竹邑城在今安徽宿州西北，當時為南濟陰郡的郡治所在地。(104)蕭城　蕭縣縣城，在今安徽蕭縣的西北方，當時沛郡郡治所在地。(105)厥固　古邑名，在當時的蕭縣東南。(106)魏陳郡　魏國的陳郡郡治即今河南沈丘。(107)西華　縣名，在今河南西華南，當時陳郡的西北方。(108)曹世表　魏國後期的文化人，曾為尚書右丞，行豫州刺史。傳見《魏書》卷七十二。(109)轝出　乘擔架而出。轝，軟轎，即今所謂滑竿。也通「輿」。車子。(110)統軍　帶兵者，猶言「典軍」、「軍主」。(111)是云寶　人名，姓是云，名寶。(112)州民之望　受本州百姓所擁護、所仰戴的人。(113)鼂　剛才；剛剛。(114)安樂王鑒　元鑒，魏文成帝拓跋濬的曾孫，魏國宗室裡的敗類。傳見《魏書》卷二十。(115)幸魏多故　喜歡魏國的亂子越多越好。幸，以……為幸事。(116)己丑　七月二十八日。(117)高道穆　洛陽令高崇之子，高謙之之弟，父兄皆直正的地方官。高道穆在朝為御史，糾奸惡不避權貴。傳見《魏書》卷七十七。(118)李世哲　魏國的名臣李崇之子，奸佞小人李神軌之兄。傳見《魏書》卷六十六。(119)訴良　控告其主子高謙之逼迫良民為其家當奴婢。訴，控告。胡三省曰：「調本是良民，壓為奴婢。」(120)朝士　朝廷群臣。(121)彭城王劭　元劭，彭城王元勰之子。傳見《魏書》卷二十一。(122)鄴　古城名。(123)湯陰　縣名，即今河南湯陰。(124)丁未　八月十七日。(125)還其舊封　恢復其原有的一切官位爵土。胡三省曰：「寶寅自涇州之敗，免為庶人。舊封者，寶寅自丹楊郡公徙封梁郡公。」(126)廣陵　胡三省曰：「此廣陵在新息縣界。」按，所謂「廣陵」、「新息縣」即今之河南息縣，當時為魏國的東豫州州治所在地。127武陽 武陽關，義陽三關之一，在今河南信陽的正南方。128所將 所統領。129不可御以法 無法以軍紀約束之。御，駕御；管理。130建 立；插上。131積時攻戰 長期攻戰。按，湛僧智自今年正月開始就攻圍東豫州。132安陽 古縣名，即在今河南正陽，在息縣的西北方，義陽（即今信陽）的東北方。133屠楚城 殺光了楚城的人。楚城在今河南信陽北。134渦陽 魏國的渦陽即今安徽的蒙城，在今渦陽的東南方，魏國馬頭郡的郡治所在地。135韋放 梁朝名將韋叡的兒子，曾任襄陽太守、尋陽太守，所在有良政。傳見《梁書》卷二十八。136奄至 突然而至。137據胡牀處分 坐在小椅子上指揮軍隊。138駝澗 淮河上的河灘名，在今安徽壽縣城西，在魏國渦陽的正南方。139逆戰 迎頭出擊。140杖節軍門 手秉旌節立於軍門。杖，執持。141抄暴 抄掠百姓的財物。142置兵死地二句 《孫子兵法》：「置之死地而後生。」143大合 大量的軍隊聚合起來。144審欲班師 如果你們一定要撤退。審，確實；一定要。145密敕 密令。意即要制裁那些臨陣脫逃者。146陳其俘馘 把俘虜的敵兵與所割被殺敵兵的耳朵都展覽在兩軍陣前。147尸咽渦水 屍體堵塞渦水，使河水都流之不暢。咽，堵塞。148歸罪洛陽 回洛陽向魏主請罪。149自念 自己尋思。150糜費不貲 所花費的錢財不可計算。151中尉酈道元 中尉指御史中尉，御史中丞的屬官，掌彈劾犯罪。酈道元是當時著名的地理學家，著有《水經注》。傳見《魏書》卷八十九。152司州牧 司州的行政長官，有如其他州的刺史。司州是國家首都所在的州，其長官稱牧，其地位較其他刺史高得多，可參與朝政。魏國的司州州治即今洛陽。153汝南王悅嬖人丘念 汝南王元悅的男寵姓丘名念。元悅是孝文帝之子，前曾諂媚討好亂臣元乂，得勢後又轉而欺陵其他魏國宗室。傳見《魏書》卷二十二。154弄權縱恣 意謂丘念依仗元悅的勢力招權納賄、肆意橫行。155關右大使 巡察安撫關西地區的特派大臣。156謂為取己 以為是來襲捕自己的。謂，以為。157輕薄子弟 輕浮淺薄的貴族子弟。158齊明帝 蕭鸞，殺死齊武帝蕭賾的兒子蕭昭業、蕭昭文而篡得帝位，在位時間為西元四九四—四九八年。傳見《南齊書》卷六。159天下所屬 您的一舉一動都為天下人所矚目。屬，同「矚」。矚目。160允人望 符合人們的願望。允，符合；滿足。161謠言 社會上流傳的具有某種預言性質的歌謠，即所謂「讖語」，實為一些準備作亂的野心家所編造，或者是事情在發生之後，後人編造的一種假預言，用以表現某種事件的神祕性。162鸞生十子九子毈 以比喻蕭鸞的許多兒子都已被人早早殺死。毈，將卵砸爛。163一子不毈關中亂 剩下一個不死的來削平關中地區的戰亂。164亂者二句 亂，也就是治理的意思。當年周武王有所謂「吾有亂臣十人」，即所謂治理天下的良臣。165陰盤驛 陰盤縣的驛站。當時的陰盤縣在今西安臨潼的東北方。胡三省引宋白曰：「京兆昭應縣東十三里有故城，後漢靈帝末移安定郡陰盤縣寄理於此，今亦謂之陰盤城。後魏太和九年自此復移陰盤城於今昭應縣東三十一里零水西、戲水東，司馬村故城是也。」166收殯　收其屍體裝入棺材。167白賊　當時活動在關中地區的一股土匪。胡三省曰：「秦人謂鮮卑為白虜，自苻秦之亂鮮卑之種有因而留關中者，是時亦相挺為盜，因謂之白賊。或曰：謂白地之寇也。」168自理　為自己申訴冤情。169所譖　所誣陷。譖，在權勢者跟前有目的地說人的壞話。170從母弟　姨表兄弟。171開府屬　蕭寶寅的僚屬。當時蕭寶寅的加官有開府儀同三司，有專人充當此職的僚屬。172元略受蕭衍旨　元略由南朝返回魏國時接受了蕭衍的祕密旨意。胡三省曰：「略自梁還魏，大見寵任，故寶寅託以為言。」173欲見勦除　準備消滅我們這些從南朝過來的人。勦除，消滅。174何得便爾　怎麼突然就成了這個樣子。175齊王　指蕭寶寅，蕭寶寅降魏後被魏主封為齊王。176窮鳥　走投無路的鳥。177假王羽翼　給您裝配上了翅膀，以比喻給了他政權、兵權、名譽、地位。178屬國步多虞　現在正當魏國多災多難的時刻。屬，正逢。虞，憂患。179乘人間隙　趁著人家有空子、有災難。180信惑　聽信、被迷惑。181行路無識之語　即前文所說的謠言。182守關問鼎　胡三省曰：「守關，謂寶寅欲守潼關之險，割據關中。問鼎，謂欲窺天位。成王定鼎於郟鄏，三代之世寶也，楚莊問鼎之大小輕重，欲以兵威脅取之，故以諭窺天位者。」183未洽於民　還沒有做到讓百姓都對您感恩戴德。洽，沾潤。184不能以百口為王族滅　不能讓百口之家（全家人）因為您被滅族，意即我不能跟著您去冒這個險。185不先相白　沒有事先告訴你。186沮吾計　勸解我的計畫。沮，勸解；勸阻。187長安博徒　即前文所說的「長安輕薄子弟」。博徒，賭徒。188荊棘必生於齋閣　意即您的府第今後將長滿荒草。此套用西漢伍被勸說淮南王不要造反的話。伍被當時先引伍子胥警告吳王夫差的話說「臣今見麋鹿遊姑蘇之臺也」，並說「今臣亦見宮中生荊棘，露沾衣也。」見《史記・淮南衡山列傳》。189賜骸骨　請求辭職為民的客氣說法。190庶得病死　我希望落一個病死，而不希望因造反被人所殺。庶，希望。191聽還武功　聽由他辭職回了老家武功縣。武功是魏縣名，縣治在今陝西武功西南，周至西北。192甲寅　十月二十五。193赦其所部　在他的管轄區內實行大赦。194都督長史毛遐　蕭寶寅的僚屬。胡三省曰：「寶寅都督雍、涇等四州，又為西討大都督，以遐為府長史。」195馬祗柵　具體方位不詳。196祀南郊　在其所在城的南郊舉行祭天的典禮。祀南郊是皇帝最隆重的典禮之一，蕭寶寅自己稱帝，故而也祀南郊。197文安　縣名，縣治在今河北文安東北。198光祿勳　官名，為皇宮守衛門戶，漢代稱為郎中令。199蕭贊　即蕭綜，蕭衍第二子，降魏後被魏封為丹楊王，改名蕭贊。傳見《梁書》卷五十五。200趣白馬山　向白馬山的方向逃跑。趣，同「趨」。向。白馬山，舊稱白馬坂，在洛陽的東北方。201河橋　黃河上的橋樑，在洛陽城的東北方，今孟州的城南。202行臺郎　蕭寶寅的僚屬，蕭寶寅當時為魏國朝廷的行臺，也就是朝廷的派出機構。203正平　魏郡名，郡治即今山西新絳。204河東　魏郡名，郡治蒲坂，在今山西永濟西的黃河邊。205鹽池　在今山西運城的城南，當時蒲坂的東北方。206十一月丁卯　十一月初八。(207)蕭淵藻　蕭衍之兄蕭懿的兒子，此時為護軍將軍。傳見《梁書》卷二十三。(208)戊辰　十一月初九。(209)己丑　十一月三十。(210)使君　對刺史的尊稱，此指元孚。(211)十二月戊申　十二月二十。(212)陽平　魏郡名，郡治即今河北館陶。(213)李神　恆農郡（郡治在今河南靈寶北）人，魏國後期的名將。傳見《魏書》卷七十。(214)志氣　意志、神氣。(215)秦州民駱超殺杜粲　胡三省曰：「杜粲殺莫折念生，駱超又殺杜粲，群盜互相屠滅以邀一時之利，不足怪也。」

【校　記】[1]魏　原無此字。據章鈺校，甲十一行本、乙十一行本、孔天胤本皆有此字，張敦仁《通鑑刊本識誤》同，今據補。[2]攘　原作「扼」。據章鈺校，甲十一行本、乙十一行本、孔天胤本皆作「攘」，今據改。按《魏書．路恃慶傳附弟思令傳》作「軒眉攘腕。」[3]房項　據章鈺校，甲十一行本、孔天胤本皆作「房項」，乙十一行本作「房湏」。按，《魏書．肅宗紀》、《房泫壽附崇吉從子士達傳》、《鹿悆傳》皆作「房須」，未知孰是。[4]春　原作「夏」。據章鈺校，甲十一行本、乙十一行本、孔天胤本皆作「春」，張敦仁《通鑑刊本識誤》同，今據改。[5]軍　原作「君」。胡三省注云：「『君』或作『軍』。」據章鈺校，甲十一行本、乙十一行本、孔天胤本皆作「軍」，張敦仁《通鑑刊本識誤》同，今據改。[6]魏　原無此字。據章鈺校，甲十一行本、乙十一行本、孔天胤本皆有此字，張敦仁《通鑑刊本識誤》、張瑛《通鑑校勘記》同，今據補。[7]赦　據章鈺校，甲十一行本、乙十一行本、孔天胤本皆作「赦」，張敦仁《通鑑刊本識誤》同。[8]亂者治也　原無此四字。據章鈺校，甲十一行本、乙十一行本、孔天胤本皆有此四字，張敦仁《通鑑刊本識誤》、張瑛《通鑑校勘記》同，今據補。[9]白馬山　據章鈺校，甲十一行本、乙十一行本、孔天胤本皆作「白鹿山」。[10]置　原作「為」。據章鈺校，甲十一行本、乙十一行本、孔天胤本皆作「置」，張敦仁《通鑑刊本識誤》同，今據改。[11]魏　原無此字。據章鈺校，甲十一行本、乙十一行本、孔天胤本皆有此字，張瑛《通鑑校勘記》同，今據補。

【語　譯】大通元年（丁未　西元五二七年）

春季，正月初一日乙丑，梁武帝任命擔任尚書左僕射的徐勉為尚書僕射。〇初七日辛未，梁武帝蕭衍到建康城的南郊舉行祭天典禮。〇初十日甲戌，魏國朝廷任命擔任司空的皇甫度為司徒，任命開府儀同三司蕭寶寅為司空。

魏國從定州、相州二州中將趙郡、鉅鹿、南鉅鹿、廣宗四個郡劃分出來設置為殷州，任命擔任北道行臺的博陵郡人崔楷為殷州刺史。崔楷上表給胡太后說：「殷州現在剛剛設立，州裡連一尺長的小兵器、一斗的糧食儲備都沒有，請求朝廷支援殷州一些兵器糧食。」胡太后下詔讓主管該項目的職能部門酌情提出一個數目奏報給皇帝知道，最後竟然一點兒也提供不了。有人勸說崔楷不要帶著家眷到殷州上任，只自己一個人騎馬前往赴任，崔楷答覆說：「我聽說食人俸祿的人，就要為人分擔憂愁，如果我獨自前往殷州赴任，那麼殷州的將士誰還肯安下心來固守殷州呢！」於是崔楷就攜帶著全家前往殷州任所。葛榮率眾逼近殷州城，有人勸說崔楷將自己家屬中的弱小者送出城外暫且躲避一下，崔楷就把自己最小的兒子和一個女兒連夜送出城去。過後崔楷就後悔了，他說：「人們會議論我沒有固守殷州城的決心，我這樣做雖然保全了我所愛的家人卻有虧於忠臣之節。」於是立即令人把自己的一對小兒女追回來。葛榮所率領的賊軍來到殷州城下，相比之下賊強我弱，相差懸殊，又沒有守城禦敵的兵器器械。崔楷撫慰全城的將士，勉勵他們全力抵抗賊軍的進攻，將士們無不爭先奮勇，都說：「崔公尚且不怕搭上全家一百口人的性命，我等怎麼能因為愛惜自己一人之身而不奮勇殺敵！」全城的將士發揮連續作戰的精神，他們根本顧不上休息，戰死者的屍體橫七豎八地你壓著我、我壓著你的滿地都是，卻始終沒有人叛變投敵。辛未日，殷州城被葛榮的叛軍攻陷，崔楷手持朝廷頒發的符節，誓死不屈，葛榮殺死了崔楷，隨後又率眾包圍了冀州城。

魏國蕭寶寅率軍連年在外作戰，屬下的將士已經疲憊不堪。南秦州的叛民首領莫折念生率軍攻打蕭寶寅，蕭寶寅在涇州被莫折念生打得大敗，他收集起潰散的殘兵敗將，只得到一萬多人，屯紮在逍遙園。魏國擔任東秦州刺史的潘義淵獻出汧城投降了叛賊莫折念生。莫折念生得勝之後又率眾向魏國的岐州城逼近，岐州城中的人擒獲了擔任岐州刺史的魏蘭根以響應莫折念生。擔任豳州刺史的畢祖暉在與叛軍的戰鬥中陣亡，擔任行臺的辛深棄城逃走，北海王元顥的軍隊也被叛軍打敗。賊軍的將帥胡引祖佔據了北華州，叱干麒麟又佔領了豳州以響應莫折天生，關中地區全部陷入戰亂。魏國擔任雍州刺史的楊椿招募了七千多名士兵，楊椿就率領著這些臨時招募來的士兵抵抗著叛軍的進攻，守衛著雍州城，胡太后下詔加授雍州刺史楊椿為侍中兼尚書右僕射，為行臺，全面統領指揮函谷關以西諸將與賊軍作戰。擔任北地郡功曹的毛鴻賓勾引賊軍抄掠渭水以北地區，擔任雍州錄事參軍的楊侃率領三千名士兵突然襲擊毛鴻賓。毛鴻賓非常恐懼，請求親自去討伐叛軍為國效力，毛鴻賓於是擒獲了宿勤烏過仁，將宿勤烏過仁押送給楊侃。宿勤烏過仁，是敕勒族酋長胡琛部將宿勤明達的姪子。莫折天生乘勝進攻雍州，蕭寶寅的部將羊侃隱藏在塹壕之中拉開弓向莫折天生射去，莫折天生應聲倒斃，他的部眾於是四散潰逃而去。羊侃，是羊祉的兒子。

魏國擔任右民郎的陽平郡人路思令上疏給胡太后，路思令認為「軍隊出征打仗能夠為國家立功的關鍵，完全取決於將帥的指揮，如果得到優秀的將帥，那麼廓清天下就是非常容易的事情了，如果所任用的將帥根本不是將帥的材料，那麼洛陽地區就會成為戰場。我認為近年以來的將帥大多都是由受寵的貴族子孫擔任，他們只會飲酒之後縱馬馳騁，一副心高氣傲，揚眉吐氣，不可一世的情態，以能攻善戰進行自我誇耀。等到他們面臨強大敵人的時候，憂愁、恐懼便縈繞於內心，平日裡大展宏圖的銳氣，一朝之間就已經喪失殆盡。於是就令那些羸弱的士兵衝在前面為他們抵擋賊寇，令那些身體強壯的士兵在後面保護著自己，再加上我軍武器不精，號令不明、紀律鬆散，用這樣的軍隊來面對佔據著險要地形的賊眾，去對付屢經戰鬥的強虜，即使想讓他們不打敗仗，又怎麼能夠做得到呢？所以士兵知道作戰一定會失敗，於是與賊軍剛一交戰就搶先逃跑，將帥內心畏懼敵人，所以就故意拖延而不敢前進。國家認為是給他們加官進爵不夠，於是對他們一次次地下達晉升職位的命令，朝廷又懷疑給他們的賞賜太輕，就每天從國庫中拿出金銀布帛對他們進行賞賜。導致國庫裡的金銀儲備空虛，民間的財物被搜刮得乾乾淨淨，致使賊徒日益猖獗，百姓沒法生活，都是這樣造成的。道德可以感化那些正義的人，恩惠可以鼓勵那些不怕死的人。現在如果能貶黜那些昏庸的將帥，晉升英明的將帥，做到賞善罰惡，選拔操練士卒，製造、修理兵器器械，先派遣能說善辯的人給變民亂黨講清禍福、指明出路，如果他們仍然不思悔改，就以順討逆，如此一來，就如同用磨好的大斧子去砍伐朝生暮死的小蘑菇、拉風箱把大爐子裡的火吹得旺旺的去燒毛髮一樣，哪裡還用得著費什麼力氣呢？」胡太后沒有聽從路思令的建議。

正月二十四日戊子，魏國朝廷任命皇甫度為太尉。〇二十五日己丑，魏孝明帝元詡因為四方的叛亂還沒有平息，於是下詔朝廷內外進入軍事狀態，他表示自己要御駕親征去討伐叛逆，最後卻沒有這樣去做。

梁國擔任譙州刺史的湛僧智率軍包圍了魏國的東豫州州城，梁國的將軍彭羣、王辯包圍了魏國的琅邪郡城，魏國胡太后敕令青州、南青州二州出兵援救琅邪。梁國擔任司州刺史的夏侯夔率領著擔任壯武將軍的裴之禮等經過義陽道，進攻魏國的平靜關、穆陵關、陰山關，將三關全部佔領。夏侯夔，是夏侯亶的弟弟。裴之禮，是裴邃的兒子。

魏國東清河郡境內山區的盜賊蜂擁而起，胡太后下詔任命擔任齊州長史的房景伯為東清河太守。郡中的百姓劉簡虎曾經對房景伯不禮貌，懼怕房景伯報復自己，於是就帶著全家逃走，房景伯不惜一切地全力進行追捕，終於捉住了劉簡虎，提拔劉簡虎的兒子為西曹掾，讓他去勸說山賊投降。山賊因為房景伯不念舊惡，全都相繼出來投降。

房景伯的母親崔氏，精通儒家經典著作，聰明而有見識。貝丘縣的一名婦女狀告自己的兒子不孝順，房景伯告訴了自己的母親崔氏，崔氏說：「我聽說聞名不如見面，山裡的百姓不懂得禮儀，何必深刻地去責備他呢！」崔氏就把狀告兒子的那名婦女召來，讓她坐在自己的對面與自己一同進餐，讓她的兒子每天侍立在堂下，觀看房景伯怎樣為自己的母親端茶送飯。不到十天的時間，那個兒子就知道自己錯在哪裡而請求回去。崔氏說：「他雖然表面上有些慚愧，而內心還沒有真正受到觸動，暫且再等一等。」就這樣大約過了二十多天，那個婦女的兒子磕頭流血，他的母親也痛哭流涕地請求放回她的兒子，這時候房景伯才令他們母子回家，後來那個兒子以孝行聞名於鄉里。房景伯，是房法壽的族姪。

二月，秦州境內自稱秦王的叛民莫折念生攻佔了魏國的潼關。○二十七日庚申，魏國東郡的百姓趙顯德聚眾造反，他們殺死了東郡太守裴烟，自稱都督。

梁國將軍成景儁出兵進攻魏國的彭城，魏國朝廷任命曾經擔任過荊州刺史的崔孝芬為徐州行臺抵禦成景儁的進攻。此前，崔孝芬因為是元乂的同黨與盧同等人一同被除名，等到崔孝芬準備前往徐州赴任的時候，入宮向胡太后辭行，胡太后對崔孝芬說：「我和你是姻親，你為什麼一頭鑽進元乂的車中，還慫恿他說『必須把這個老太婆除掉』？」崔孝芬解釋說：「我蒙受國家厚恩，實在沒有說過這樣的話。假如我說過這樣的話，誰能把這個話告訴太后知道呢！假如有人能夠把這樣的話告訴給太后知道，那麼這個人與元乂的關係一定遠遠勝過我與元乂的關係。」胡太后聽了之後對崔孝芬的怨恨消除，臉上流露出愧疚的神色。梁將成景儁想要在泗水下游築壩以抬高上游的水位，然後在上游放水灌入彭城，崔孝芬與都督李叔仁等率軍襲擊成景儁，成景儁逃回梁國境內。

三月初一日甲子，魏孝明帝下詔說要御駕西征，朝廷內外再次進入軍事狀態。碰巧遇到秦州的叛賊莫折念生向西逃走，官軍又收復了潼關，初五日戊辰，孝明帝下詔從西征回駕然後北征。其實他既沒有親自西征也沒有親自北征。○自稱齊王的叛民首領葛榮長期包圍著魏國的信都，魏國朝廷任命擔任金紫光祿大夫的源子邕為北討大都督率軍解救信都之圍。

當初，梁武帝建造同泰寺，又開鑿大通門和同泰寺遙遙相對，取其反切的字音相對仗，平仄也相對，梁武帝早晚前往同泰寺，都從大通門出入。三月初八日辛未，梁武帝到同泰寺出家當和尚。十一日甲戌，梁武帝從同泰寺回到皇宮。大赦天下，改年號為大通元年。

魏國齊州所屬的廣川郡百姓劉鈞聚眾造反，自封為大行臺。清河郡的百姓房項自封為大都督，率眾駐紮在昌國縣的縣城。

夏季，四月，魏國的將領元斌之率軍討伐東郡境內的賊軍，殺死了自稱都督的賊民首領趙顯德。○十七日己酉，柔然敕連頭兵豆伐可汗阿那瓌派使者向魏國朝廷進貢，同時請求出兵幫助魏國討伐境內的那些叛賊。魏國人懼怕他們反覆無常，胡太后於是下詔說目前天氣炎熱，請等待以後的命令。

魏國蕭寶寅因為在涇州被叛民首領莫折念生打得大敗，朝廷有關部門的官員判處蕭寶寅死刑，胡太后下詔將蕭寶寅貶為平民。魏國擔任雍州刺史的楊椿因為身體有病請求辭職，魏國朝廷又任命蕭寶寅為都督雍、涇等四州諸軍事、征西將軍、雍州刺史、開府儀同三司、西討大都督，從函谷關以西各州郡的軍隊全部接受蕭寶寅的調度指揮。楊椿回到自己的故鄉華陰縣，楊椿的兒子楊昱準備前往洛陽，楊椿對他的兒子楊昱說：「如今雍州刺史的人選也沒有人能勝過蕭寶寅，但是蕭寶寅的高級僚屬，應該由朝廷派遣心腹重臣去擔任，怎麼能夠聽任蕭寶寅自己下文書聘用呢？這是聖明的朝廷百慮當中的一個失誤。而且憑蕭寶寅目前的地位，他不應該把當上雍州刺史作為一種榮耀，我看到他在得到雍州刺史這個職位的時候特別喜悅，至於如何獎賞、如何懲罰一類的事情，他並不按照平常的慣例行事，恐怕他有背叛朝廷的野心。你現在就要前往京師洛陽，應當把我的這個意見稟報給胡太后和皇帝知道，同時也要轉告朝中的各位執政大臣，讓他們為蕭寶寅另行派遣長史、司馬、防城都督三位高級僚屬，想要安定關中，朝廷就得為蕭寶寅派遣這三個人。如果朝廷不為蕭寶寅派遣這三個人，蕭寶寅必然成為國家深切的憂患。」楊昱把他父親楊椿的意見當面稟告了魏孝明帝和胡太后，孝明帝和胡太后都沒有把楊椿的意見當回事。

五月初四日丙寅，梁國將領成景儁率軍進攻魏國的臨潼、竹邑，將臨潼、竹邑全部佔領。梁國擔任東宮直閤的蘭欽率軍進攻魏國的蕭城、厥固，將蕭城、厥固攻克，蘭欽斬殺了魏將曹龍牙。〇六月，魏國擔任都督的李叔仁出兵討伐劉鈞，把劉鈞消滅。

秋季，七月，魏國境內陳郡的百姓劉獲、鄭辯在西華縣造反，改年號為天授元年，他們與梁國的譙州刺史湛僧智相勾結，魏國朝廷任命代理東豫州刺史的譙國人曹世表為東南道行臺，率軍前往西華縣討伐起兵造反的劉獲、鄭辯，令源子恭代替曹世表為東豫州刺史。諸將因為賊軍勢力強大，而官軍不僅力量薄弱，而且現有的這些兵力都是打過敗仗逃散剩下來的殘兵敗將，根本就不敢和賊軍作戰，只想佔據城池進行堅守，以求保住自己的性命。新被任命為東南道行臺的曹世表正在生病，他的背部紅腫，讓人用擔架抬著，他把擔任統軍的是云寶叫到跟前，對是云寶說：「梁國的譙州刺史湛僧智所以敢於率領軍隊深入我國州境之內進行搶掠，是因為聚眾造反的劉獲、鄭辯全是受到本州百姓擁護和仰戴的人，有他們為湛僧智做內應。剛才我聽說劉獲率軍要去迎接湛僧智，他們距離這裡只有八十里路，如果我軍出其不意打他一個措手不及，一戰就可以把劉獲打敗，劉獲被打敗之後，湛僧智沒有了內應就會自動退走。」於是挑選兵馬交給統軍是云寶率領，是云寶在傍晚時分率軍出城，等到天亮時就趕到了目的地，他們突然向劉獲發起進攻，把劉獲打得大敗，又對其餘黨進行窮追猛打，把劉獲的餘黨全部消滅。湛僧智聽到劉獲全軍覆沒的消息後，就逃了回去。鄭辯與擔任東豫州刺史的源子恭是親密的老朋友，鄭辯逃到源子恭那裡躲藏起來，東南道行臺曹世表把所有的將吏招集起來，當面責備源子恭不應該藏匿反賊鄭辯，下令逮捕了鄭辯，把鄭辯殺死。

魏國擔任相州刺史的安樂王元鑒與擔任北道都督的裴衍共同率軍救援信都。元鑒把魏國越來越多的叛亂當做自己的一件幸事，暗中便有趁機奪取政權的野心，於是他佔據鄴城，背叛朝廷投降了自稱齊王的葛榮。

〇七月二十八日己丑，魏國實行大赦。

當初，魏國擔任侍御史的遼東人高道穆奉命出使相州，前任相州刺史李世哲生活奢侈、行為放縱、不遵守法紀，高道穆懲辦了李世哲。李世哲的弟弟李神軌正在朝中掌握大權，高道穆的哥哥高謙之的家奴控告他的主子高謙之逼迫良民為其家做奴婢，李神軌藉機逮捕了高謙之，把高謙之交付給廷尉進行審理。魏國朝廷即將實行大赦，高謙之遇赦後就能被釋放出獄，李神軌啟奏胡太后在大赦令發布之前先賜死了高謙之，朝廷群臣對高謙之之死全都感到很痛心。

梁國的將軍彭羣、王辯率軍圍攻魏國的琅邪城，他們從春天一直圍攻到秋天也沒有將琅邪城攻克，魏國擔任青州刺史的彭城王元劭派遣屬下擔任司馬的鹿悆，擔任南青州刺史的胡平派遣屬下擔任長史的劉仁之率軍攻打彭羣、王辯，把彭羣、王辯打敗，彭羣作戰身亡。元劭，是元勰的兒子。

八月，魏國派遣擔任都督的源子邕、李神軌、裴衍攻打佔據鄴城叛變的安樂王元鑒。源子邕率軍到達湯陰縣的時候，安樂王元鑒派遣自己的弟弟元斌之率軍在夜間偷襲了源子邕的軍營，沒有成功，源子邕乘勝進兵包圍了鄴城。十七日丁未，源子邕攻克了鄴城，殺死了安樂王元鑒，把元鑒的人頭送到洛陽示眾，將元鑒改姓為拓跋氏。魏國朝廷趁勢派遣源子邕、裴衍率軍討伐自封為齊王的叛民首領葛榮。

九月，魏國秦州城內的百姓杜粲把自稱秦王的叛民首領莫折念生的滿門家眷全部殺死，杜粲自行擔任了秦州刺史。南秦州城內的百姓辛琛也自行擔任了南秦州刺史，他派遣使者到蕭寶寅那裡請求投降。魏國朝廷再次任命蕭寶寅為尚書令，恢復蕭寶寅原有的一切官職、爵位和封地。

梁國的譙州刺史湛僧智把魏國擔任東豫州刺史的元慶和包圍在廣陵，魏國將軍元顯伯率軍前往廣陵救援元慶和，梁國擔任司州刺史的夏侯夔從武陽率軍趕往廣陵增援湛僧智。冬季，十月，夏侯夔率軍到達廣陵城下，元慶和獻出廣陵城向夏侯夔投降。夏侯夔讓譙州刺史湛僧智接收元慶和的投降，湛僧智說：「元慶和想投降你，不想投降我，如果由我去接收他的投降，一定不合他的心意。而且我所率領的軍隊都是響應招募而來的烏合之眾，難以用軍紀約束他們，你帶兵一向紀律嚴明，一定不會發生侵擾強暴的事情，由你去接收投降、招納歸附最合適。」於是夏侯夔登上廣陵城，拔除魏國的旗幟，插上梁國的旗幟，元慶和約束軍隊出城投降，廣陵城內的官吏和百姓沒有受到絲毫騷擾，秩序如同平日一般，梁軍共獲得男女四萬多口。

司馬光說：「湛僧智可以稱得上是一個君子了！湛僧智忘記了自己長期圍攻廣陵的辛勞，把接收敵人投降的功勞授予一位剛剛到來的將領，他知道自己的短處，不掩蓋別人的長處，大功告成而不以功臣自居，一心為了成就國家的統一大業，忠誠而沒有私心，這樣的人才可以稱得上是君子！」

魏將元顯伯在夜間率領所部逃走，梁國各軍趕去追殺，殺死、俘虜的魏軍人數以萬計。梁武帝下詔任命湛僧智兼任東豫州刺史，駐軍廣陵。夏侯夔率軍駐紮在安陽，他派遣另外一支軍隊的主帥率領所部殺光了楚城的人，從此以後，義陽北道與魏國的聯絡便因此而中斷。

梁國擔任領軍將軍的曹仲宗、擔任東宮直閤的陳慶之率軍進攻魏國的渦陽，梁武帝下詔令擔任尋陽太守的韋放率領軍隊前往渦陽與他們會合。魏國擔任散騎常侍的費穆率軍突然而至，韋放的營壘還沒有建好，手下只有二百多人，韋放摘下自己的頭盔、跳下戰馬，坐在小椅子上進行指揮，二百多名將士全都拼死作戰，無不以一人敵對百人，魏軍於是退走。韋放，是韋叡的兒子。

魏國朝廷又派遣將軍元昭等人率領五萬人馬救援渦陽，前鋒部隊已經到達駝澗，距離渦陽只有四十里。陳慶之就要出兵給魏軍一個迎頭痛擊，韋放認為魏國的前鋒部隊一定都是輕裝前進的精銳部隊，不如暫不出兵，等他們來到跟前的時候再出戰。陳慶之說：「魏國的軍隊遠道而來，將士一定已經疲憊不堪，他們距離我們既然還遠，一定不會懷疑到我們會出兵迎擊，趁著他們的大部隊還沒有彙集，必須先要挫敗他們的銳氣。諸位如果有什麼疑慮，我請求獨自率軍前往迎擊他們。」於是陳慶之便率領自己部下的二百名騎兵進擊魏軍的前鋒，把魏軍前鋒打敗，魏軍非常驚慌恐懼。陳慶之率軍返回之後，便與各位將領連營而進，他們背對渦陽與前來救援的魏軍展開對峙。從春天一直到冬天，梁、魏雙方經過數十百次戰鬥，將士都已經疲憊不堪。梁軍聽到魏軍準備在自己背後修築堡壘的消息，領軍將軍曹仲宗等擔心自己腹背受敵，就商議率軍撤回。陳慶之手持符節站在軍門之前說：「我們一同率軍來到這裡，經過了一年數百次的戰鬥，花費了太多的人力物力。現在各位將領全都沒有了繼續戰鬥的決心，一心只想著如何退縮，這哪裡是想建立功名，只是聚集在一起抄掠百姓的財物而已！我聽兵法上說，置之死地而後可以求得生存，我們要等到敵人大規模地聚合起來，然後再與他們決戰。如果你們一定要撤退，我這裡另有皇帝的密令，如果今天有人違抗，我就依照皇帝的密令對其進行懲處！」曹仲宗等人這才不再堅持撤退。

魏軍建造了十三座城壘，想用這些城壘控制住梁軍。陳慶之讓士兵口銜木棍利用黑夜作掩護悄悄地離開營寨，攻陷了魏軍的四個城壘，魏國渦陽城中的駐軍頭領王緯向梁軍請求投降。韋放從投降的魏軍中挑選出三十多人，讓他們分別到魏軍的各個營壘報告梁軍攻陷四城、渦陽城中的駐軍頭領王緯已經向梁軍投降的消息，陳慶之把俘虜的魏軍與從被殺死魏軍屍體上割下的耳朵排列在隊列前邊，梁軍在其後面擂鼓吶喊向前行進，魏軍其餘的九座城壘全部崩潰，梁軍窮追猛打，把魏軍俘虜、斬殺得幾乎一個不剩，魏軍的屍體堵塞了渦水，使渦水都流之不暢，城中向梁軍投降的男男女女有三萬多人。

蕭寶寅在涇州被莫折念生打敗的時候，就有人勸說蕭寶寅返回洛陽向朝廷請罪，也有人對蕭寶寅說：「不如留在關中立功贖罪。」在蕭寶寅屬下擔任行臺都令史的河間人馮景說：「統兵在外不肯回京請罪，這個罪名會更大。」蕭寶寅沒有聽從馮景的勸告，自己尋思數年來率軍出征，所花費的錢財多得無法計算，一旦覆敗，不僅自己內心很不安，朝廷也會懷疑自己。

魏國擔任御史中尉的酈道元，一向以嚴厲威猛聞名，擔任司州牧的汝南王元悅的一個名叫丘念的男寵，依仗汝南王的勢力招權納賄、肆意橫行，酈道元遂把丘念逮捕下獄。元悅為自己的男寵向胡太后求情，胡太后就想赦免丘念，酈道元堅持把丘念殺死，並以此彈劾了元悅。

當時齊王蕭寶寅叛變的跡象已經顯露出來，元悅就上奏朝廷請求任命酈道元為關右大使，去巡察安撫關西地區。蕭寶寅聽到這個消息以後，以為朝廷是派酈道元來襲捕自己，因此非常恐懼，長安那些輕浮淺薄的貴族子弟又勸說蕭寶寅起兵叛亂。蕭寶寅去徵求河東郡人柳楷的意見，柳楷說：「大王你本是齊國齊明帝蕭鸞的兒子，你的一舉一動都為天下人所矚目，今日舉兵造反，實在是符合民心的事情。而且民謠說『蕭鸞所生的十個兒子有九個被人早早地殺死，剩下一個不死的會來削平關中地區的戰亂。』所謂的亂，就是治理的意思。大王應當治理關中地區，還有什麼可以疑慮的呢！」酈道元到達陰盤縣內的驛站，蕭寶寅派自己的部將郭子恢攻殺了酈道元，蕭寶寅收殮了酈道元的屍體，向朝廷奏稱酈道元是被白賊殺害的。蕭寶寅又上表給朝廷為自己申訴冤情，說自己遭到楊椿父子的陷害。

在蕭寶寅手下擔任行臺郎中的武功人蘇湛，當時正在自己的家中養病，蕭寶寅讓蘇湛的姨表兄弟、擔任開府屬的天水人姜儉去勸說蘇湛，姜儉傳達蕭寶寅的話說：「元略從梁國返回魏國的時候接受了梁國皇帝蕭衍的祕密旨意，準備消滅我們這些從南朝過來的人，酈道元此次前來，事情是吉是凶還不可預測，我不能坐以待斃，如今我必須為保全自己做好打算，我不能再做魏國的臣子了。是死是生是榮是辱，我要與你一同承擔。」蘇湛聽了這些話以後，不禁放聲大哭。姜儉急忙制止他說：「你怎麼突然就這個樣子了？」蘇湛說：「我家的這一百口人就要被屠滅了，我怎能不哭呢？」蘇湛哭了幾十聲之後，才慢慢地對姜儉說：「你替我轉告齊王說：大王本來像是一隻走投無路的鳥逃到魏國來依靠別人，依仗著魏國朝廷給自己裝配的羽翼，大王才得以享受到如此的榮耀和寵信。現在正當魏國多災多難的時刻，大王不能竭盡忠誠報答魏國的恩德，反而想趁著魏國有空子可鑽，聽信行路之人那些毫無道理的謠言，想用手下那些羸弱且又遭受過失敗的軍隊守住潼關、割據關中、窺伺天位。如今魏國的國運雖然衰微，但是天命還沒有改變。而且大王還沒有做到讓天下的百姓都對您感恩戴德，所以我只看見大王會失敗，而看不到大王的成功，我不能讓我這百口之家因為大王您而被滅族。」蕭寶寅又派遣使者對蘇湛說：「我為了使自己不被殺死才不得不這樣去做，我所以沒有預先將準備謀反的事情告訴你，是擔心你會勸阻我，使我的計畫不能實行。」蘇湛回覆說：「凡是謀劃重大的事情，一定要得到天下的奇才，與他們共同從事才有可能獲得成功，如今大王只與長安城中那些不務正業的一群賭徒進行謀劃，怎麼會有成功的道理？我擔憂大王的府第今後將長滿荊棘，希望大王賞給我這把老骨頭回歸鄉里吧，我希望自己能落一個病死，到地下去見我的先人。」蕭寶寅一向敬重蘇湛，而且知道蘇湛最終不會為自己所用，於是就聽任蘇湛辭去了行臺郎中的職務回到了自己的老家武功縣。

十月二十五日甲寅，蕭寶寅自稱齊國皇帝，改年號為隆緒元年，在自己的轄區內實行大赦，設置文武百官。在蕭寶寅屬下擔任都督長史的毛遐，是北地郡功曹毛鴻賓的哥哥，他與毛鴻賓一起率領著那些氐族人、羌族人在馬祗柵起兵反抗蕭寶寅，蕭寶寅派遣屬下擔任大將軍的盧祖遷率軍攻打毛遐，盧祖遷被毛遐殺死。蕭寶寅正在長安城的南郊舉行祭天典禮，所進行的即位大典還沒有結束，就聽到了盧祖遷被殺的消息，嚇得臉色都改變了，他來不及整理隊伍，就狼狽地回到了長安城。蕭寶寅任命姜儉為尚書左丞，把他作為自己的心腹大臣。文安縣人周惠達作為蕭寶寅的使者，當時還留在洛陽，朝廷的有關部門正準備去逮捕周惠達的時候，周惠達已經逃回了長安。蕭寶寅任命周惠達為光祿勳。

丹楊王蕭贊聽到蕭寶寅謀反的消息，因為懼怕牽連到自己而出逃，他向白馬山方向逃跑，當跑到河橋的時候，被人捉住，魏孝明帝知道蕭贊沒有參與蕭寶寅的陰謀，就釋放了蕭贊，還安慰了蕭贊一番。在蕭寶寅屬下擔任行臺郎的封偉伯等與關中地區的那些豪傑密謀起兵誅討蕭寶寅，事情洩露被蕭寶寅殺死。〇魏國任命擔任尚書僕射的長孫稚為行臺率軍前往討伐蕭寶寅。

魏國正平郡的百姓薛鳳賢聚眾造反，薛鳳賢的族人薛脩義也在河東郡聚眾造反，他們分兵佔據了鹽池，進而包圍了蒲坂，東西連接以響應在長安自稱齊帝的蕭寶寅。魏孝明帝下詔令擔任都督的宗正珍孫率軍討伐叛亂的薛鳳賢、薛脩義等。

十一月初八日丁卯，梁武帝任命擔任護軍將軍的蕭淵藻為北討都督，駐守渦陽。初九日戊辰，梁國以渦陽置西徐州。

自稱為齊王的叛民首領葛榮出兵圍攻魏國信都，從春天一直圍攻到冬天也沒有將信都攻克，魏國擔任冀州刺史的元孚統領、鼓勵著全城的將士，不分晝夜地抵抗著叛軍的進攻，守衛著信都城，城內儲存的糧食已經吃光了，城外又沒有援軍。十一月三十日己丑，信都城遂被葛榮的叛軍攻陷，葛榮活捉了冀州刺史元孚，他將信都城中的居民全部逐出信都城，失去了住所的居民被凍死了十分之六七。元孚的哥哥元祐擔任防城都督，葛榮將所有的將士招集起來，商議決定元孚、元祐兄弟的生死。元孚兄弟都把據城堅守、不肯獻城投降的責任歸到自己身上，爭著為對方去死，擔任都督的潘紹等數百人，全都向葛榮磕頭請求處死自己，以換取冀州刺史元孚的性命。葛榮說：「這些人都是魏國的忠臣義士。」於是一同被關押的五百人全都得以幸免被殺。

魏國朝廷任命源子邕為冀州刺史，率軍去討伐葛榮。都督裴衍上表請求與源子邕一同去討伐葛榮，孝明帝下詔批准了裴衍的請求。源子邕上書給孝明帝說：「如果派裴衍去討伐葛榮，我請求陛下把我留下；如果陛下派我去討伐葛榮，請求陛下留下裴衍。如果非要逼迫我和裴衍一同前去，失敗就在旦夕。」孝明帝沒有批准源子邕的請求。十二月二十日戊申，源子邕、裴衍率軍到達陽平郡東北的漳水邊，葛榮率領十萬大軍向他們發動進攻，源子邕、裴衍全都戰敗身亡。相州的官吏和百姓聽到冀州已經陷入葛榮之手，源子邕等人戰敗身亡的消息，人心惶惶，每個人都擔心性命不保。擔任相州刺史的恆農郡人李神神態自若，他安撫、勉勵全城將士，大人小孩兒全都竭盡心力進行防守，葛榮出動所有精銳進行攻城，始終沒能將相州城攻克。〇秦州的百姓駱超殺死了杜粲，請求向魏軍投降。

【研　析】本卷寫梁武帝蕭衍普通七年（西元五二六年）、大通元年（西元五二七年）共兩年間南梁與北魏兩國的大事。其中最重要的有四點：

其一是寫了在今之河北地區發動起義，以反抗魏王朝的杜洛周與葛榮的兩支隊伍。杜洛周原是魏國柔玄鎮的一個平頭百姓。柔玄鎮在今河北張家口西北的尚義西。杜洛周因受壓迫無以為生而在上一年，在當時的上谷郡（今北京市延慶）率眾造反。形勢發展很快，後來成為名人的高歡、蔡儁、尉景、段榮等都投歸在杜洛周的部下。他們進攻魏國的郡縣，許多軍事據點的守將都紛紛向他們投降。魏國朝廷派行臺常景、都督元譚率兵往討，被杜洛周大破於軍都山。其後杜洛周南下圍攻范陽郡（今河北涿州）時，幽州城（今北京市）之變民縛其刺史王延年與行臺常景開城門以降杜洛周。這可是聳人聽聞的重大勝利！胡三省注《通鑑》注到這裡深有感慨地說：「常景擊杜洛周，數戰數勝，而終於為虜者，民樂於從亂而疾視其上也。」常景是當時魏國的名將，傳見《魏書》卷八十二，居然今天也做了杜洛周的階下囚。

葛榮原是鮮卑人，是流民領袖鮮于脩禮的部下。鮮于脩禮是當時五原郡（今內蒙古包頭西）的降戶，被魏國朝廷強制搬遷到了今河北定州一帶的左人城。由於無法忍受魏國的壓制與歧視，於西元五二六年在左人城發動了流民起義。他們進攻河北的軍事重鎮定州，魏朝廷派當時的名將長孫稚與河間王元琛往救定州，結果被鮮于脩禮邀擊於五鹿，大破長孫稚軍。不久，鮮于脩禮被其部將元洪業所殺，元洪業率部眾請降於魏。這時葛榮挺身而出，他殺了叛將元洪業，自己率眾稱王，國號曰齊。他北返進攻瀛州（即今河北河間），在白牛邏（今河北蠡縣境內）擊殺了魏將章武王元融，接著又擒斬了驃騎大將軍廣陽王元淵。次年正月，葛榮攻陷殷州（今河北隆堯東），殺了刺史崔楷；十一月又攻陷冀州，俘獲了刺史元孚。魏派當時的名將源子邕為冀州刺史，率兵進討葛榮。十二月，葛榮率十萬起義軍在陽平郡（今山東莘縣）東北的漳水邊大破魏軍，擊殺了魏將源子邕、裴衍等人。源子邕是魏國元勳源賀之孫，傳見《魏書》卷四十一；裴衍是南朝降魏的名將裴叔業之姪，傳見《魏書》卷七十一。這使河北地區起義軍的光輝事業漸漸趨向於顛峰，是讓被壓榨、被奴役的下層百姓，尤其是漢族百姓最開心、最揚眉吐氣的時刻。

其二是寫了當時的關隴，也就是今天的陝西與甘肅、寧夏一帶農民起義軍的如火如荼。關隴地區的義軍領袖首先是莫折大提。莫折大提是在北方六鎮的變民領袖破六韓拔陵起義的影響下，於西元五二四年，與薛珍等攻入秦州（今甘肅天水市），擒殺了刺史李彥，而被眾人推為秦王的。接著他們攻下了高平鎮（今寧夏固原），殺了鎮將赫連略、行臺高元榮。不久，莫折大提去世，其子莫折念生自稱為皇帝，改元天建。接著莫折念生的部將莫折天生進攻岐州，殺岐州刺史裴芬之；莫折念生的部將卜胡又破魏將薛巒於平涼（今甘肅平涼）

城東。莫折念生又派兵攻涼州（今甘肅武威），當地的百姓拘捕其刺史以降莫折念生。至西元五二五年，莫折念生曾一度被蕭寶寅、崔延伯打敗於黑水（在今陝西宜川縣北），退守於隴山以西。西元五二六年，莫折念生的部下有人反悔，一度處境狼狽，乞降於魏將蕭寶寅，但很快又脫離蕭寶寅，重整旗鼓。西元五二七年，莫折念生乘蕭寶寅軍隊的疲憊倦戰，大破蕭寶寅於涇州，於是「東秦州刺史潘義淵以汧城降賊。莫折念生進逼岐州，城人執刺史魏蘭根應之。豳州刺史畢祖暉戰沒，行臺辛深棄城走，北海王顥軍亦敗。賊帥胡引祖據北華州，叱干麒麟據豳州以應天生，關中大擾。」當此莫折念生的形勢一片大好，莫折念生的大將莫折天生乘勝進攻雍州的時刻，莫折天生不幸被蕭寶寅的部將羊侃射死；接著莫折念生又突然被秦州城民杜粲襲殺得「闔門皆盡」，於是一場轟轟烈烈的關隴農民大起義就這樣被撲滅了，說起來也真是偶然得很，顯得令人難以置信。莫折大提、莫折念生、莫折天生的起義雖然是失敗了，但他們英勇善戰的威名，他們破軍殺將的功動，他們給腐朽魏國政權的嚴重打擊，都給讀者留下了深刻的印象。他們的精神是不死的！

其三是關於蕭寶寅反覆多變的一生經歷。蕭寶寅是齊明帝蕭鸞之子，齊末帝蕭寶卷之弟。梁武帝蕭衍在雍州起兵，沿江東下，攻入建康，殺掉齊末帝蕭寶卷後，自己做了皇帝，改國號曰「梁」。蕭衍與劉裕、蕭道成一樣，在自己即位後，便大殺前朝皇帝的子孫，直到殺光才算完事。蕭寶寅是在蕭衍已經舉起屠刀開始殺人時，才在部下、門人和一些有正義感的人士的幫助下逃出羅網，抵達魏人所佔領的邊防重鎮壽陽的。在幫助蕭寶寅逃出重圍的過程中，的確有一些激動人心的見義勇為的故事，這倒不是因為蕭鸞對社會、對臣民做過什麼好事讓人感激，而是由於蕭衍的殘酷濫殺令人憎恨、令人不滿，才不由地做出了這些援助行動。蕭寶寅到達魏國後，有些表現也比較得體，從而也引起了魏國統治者和一些魏國社會人士的好感，於是對蕭寶寅封賞有加，封為齊王，招為駙馬，任為征東將軍、東揚州刺史，他作戰勇敢，從此專門與梁朝為敵。他為魏國進攻南朝充當急先鋒，幾乎任何一次邊境戰爭中都可以見到他的影子或是聽到他的聲音。即以這次莫折大提造反，為鎮壓關隴的農民暴動而言，蕭寶寅也是做出了重要貢獻的，他曾經打得莫折念生走投無路而不得不一度向他投降。歷史家對他的結論是「關中保全，寶寅之力」（《魏書・蕭寶寅傳》）。後來莫折念生重又造反，且更大破蕭寶寅，致使蕭寶寅被魏國免官。但後來莫折念生被部將杜粲所殺，杜粲重又投降蕭寶寅，於是蕭寶寅又成了魏國的英雄。但經過幾次反覆，蕭寶寅與魏國朝廷開始相互疑忌。朝廷派御史中尉酈道元到關中瞭解情況，蕭寶寅以為是前來殺己，於是殺了酈道元公開造反。朝廷派大將長孫稚等討伐蕭寶寅，蕭寶寅兵敗潛逃，投入到了農民起義軍万俟醜奴的部下，給万俟醜奴當了太傅。後万俟醜奴被魏爾朱榮的姪子爾朱天光打敗，與蕭寶寅一起被爾朱天光所擒，送到洛陽，被魏國朝廷所殺。《魏書》作者對他的評論是：「背恩忘義，梟鏡其心，此亦戎夷彯狡輕薄之常事也。天重其罪，鬼覆其門，至於母子兄弟還相殲滅，抑是積惡之義云。」竟然連一句好話也沒有，其實蕭寶寅這一生也是很不易、很可憐的。

其四是本卷還寫了魏國東清河郡太守房景伯的兩個小故事，一個是寫他如何平撫群盜，一個寫他如何改造刁民，兩個故事都很感人。關於前者史文是這樣說：「魏東清河郡山賊羣起，詔以齊州長史房景伯為東清河太守。郡民劉簡虎嘗無禮於景伯，舉家亡去，景伯窮捕，禽之，署其子為西曹掾，令諭山賊。賊以景伯不念舊惡，皆相帥出降。」由感動一個到傳出去使許多人都受感動，故事很樸實，很可信。對於後者史文是這樣說的：「景伯母崔氏，通經，有明識。貝丘婦人列其子不孝，景伯以白其母，母曰：『吾聞聞名不如見面，山民未知禮義，何足深責！』乃召其母，與之對榻共食，使其子侍立堂下，觀景伯供食。未旬日，悔過求還。崔氏曰：『此雖面慚，其心未也，且置之。』凡二十餘日，其子叩頭流血，母涕泣乞還，然後聽之，卒以孝聞。」宋代胡寅對此評論說：「民固多愚，然其心終不亡也。為人上者不知教化，何以善民？而專尚刑罰，見其不服也，則謂頑，愈益治之，民愈捍格，甚者視如寇仇焉。崔母一婦人，而知教化之原，不繁詞令而在於躬率教化之效，不取革面而在於心改，旬月之間變頑悖為孝子，孰謂民果頑哉？為人上者觀之，亦可省己而修德云。」胡氏的說話有些「性善論」的影子，未必得當，但他講到以身作則，令人看了受教育，這個原則是絕對正確的。明代袁俊德對此提出懷疑說：「教化之原固在躬行倡率，然一人不孝即命供食以愧之，且歷二十餘日之久，設州民復有相陳者一一以此為化導，將不勝其敝且勞矣。史家緣飾之筆，豈可盡信哉？」這話就說得有點迂了。首先這是一個故事，要看它的道理好不好，不能過分糾纏細節；其次，思想教育也要抓典型，教育一個不是目的，通過一個帶動一大片才是教育工作者的責任。袁俊德的評論太「膠柱鼓瑟」，太不懂「得魚忘筌」的道理了。

卷第一百五十二

梁紀八 著雍涒灘（戊申 西元五二八年），一年。

【題 解】本卷寫梁武帝大通二年（西元五二八年）一年間南梁與北魏兩國的大事。主要寫了魏胡太后多殺魏主元詡的親信，母子關係日益緊張；元詡欲引爾朱榮入朝以除奸黨，而胡太后則先發制人鴆殺了元詡，改立了三歲的元釗為帝；寫并州地區的軍閥爾朱榮收羅黨羽、勢力強大，爾朱榮抗表聲討鄭儼、徐紇的弒君之罪，帶兵進入洛陽；爾朱榮沉胡太后與小傀儡元釗於河，集朝廷百官二千餘人於河陰，全部屠滅之；爾朱榮原欲自己為帝，後來改變主意，又擁立了魏國元勳老臣元勰之子元子攸為帝，是為魏敬宗；隨後爾朱榮又表請魏主下詔恤贈被殺的朝士，又令魏主大加封賞了一批在世的魏國名臣，從而使秩序略定、人心粗安；寫了新魏主元子攸深恨爾朱榮之殘暴兇狠，但又能不露形跡，他坦然接受了爾朱榮之女為皇后，從而博得了爾朱榮的歡心；寫了魏國的定州刺史楊津堅守定州三年後被變民頭領杜洛周攻克，瀛州刺史元寧又以瀛州城投降了杜洛周；寫了起事於定州境內的變民頭領鮮于脩禮被其部將所殺，葛榮繼起統領了鮮于脩禮的部眾，接著葛榮又擊殺杜洛周，兼統起杜洛周之軍，一時之間號令了幽、冀、瀛、定的廣大地區；寫了爾朱榮以精騎七千大破葛榮數十萬眾於鄴城的精彩戰役，以見爾朱榮的有勇有謀；寫了魏北海王元顥投降梁朝，被蕭衍封為魏王，在梁朝名將陳慶之的帶兵護送下返回魏國地面，建立分裂政權，元顥首取銍城而據之；寫了佔據關中的蕭寶寅被其叛將侯終德回師擊敗，逃出長安，投降於陜、甘地區的變民頭領万俟醜奴；寫魏將長孫稚用其僚屬楊侃之謀平定了河東地區的叛亂，兩個薛姓的變民頭領向長孫稚請降；此外還寫了魏國的某些將領，如崔元珍之守平陽、王羆之守荊州，皆極忠勇；以及魏之亂臣徐紇逃依泰山太守羊侃，並勸說羊侃起兵降梁等等。

高祖武皇帝八

大通二年（戊申　西元五二八年）

春，正月癸亥❶，魏以北海王顥❷為驃騎大將軍、開府儀同三司、相州❸刺史。

魏北道行臺楊津❹守定州城❺，居鮮于脩禮、杜洛周❻之間，迭來攻圍❼。津蓄薪糧，治器械，隨機拒擊，賊不能克。津潛使人以鐵券❽說賊黨，賊黨有應津者，遺津書曰：「賊所以圍城，正為取北人❾耳。城中北人，宜盡殺之，不然，必為患。」津悉收北人內子城中❿而不殺，眾無不感其仁。

及葛榮代脩禮統眾⓫，使人說津，許以為司徒。津斬其使，固守三年⓬。杜洛周圍之，魏不能救。津遣其子遁突圍出，詣柔然頭兵可汗⓭求救。遁日夜泣請，頭兵遣其從祖吐豆發⓮帥精騎一萬南出。前鋒至廣昌⓯，賊塞隘口，柔然遂還。乙丑⓰，津長史⓱李裔引賊入，執津，欲烹之，既而捨之。瀛州⓲刺史元寧以城降洛周。

乙丑，魏潘嬪⑲生女，胡太后詐言皇子。丙寅⑳，大赦，改元武泰。

蕭寶寅圍馮翊㉑，未下。長孫稚㉒軍至恆農㉓，行臺左丞楊侃㉔謂稚曰：「昔魏武㉕與韓遂、馬超㉖據潼關相拒，遂、超之才，非魏武敵也，然而勝負久不決㉗者，扼其險要故也。今賊守禦已固，雖魏武復生，無以施其智勇。不如北取蒲反㉘[1]，度河而西，入其腹心，置兵死地㉙，則華州之圍㉚不戰自解，潼關之守㉛必內顧而走。支節㉜既解，長安可坐取也。若愚計可取，願為明公前驅。」稚曰：「子之計則善矣，然今薛脩義圍河東㉝，薛鳳賢據安邑㉞，宗正珍孫㉟守虞坂不得進㊱，如何可往？」侃曰：「珍孫行陳一夫㊲，因緣為將㊳，可為人使，安能使人！河東治在蒲反，西逼河漘㊴，封疆多在郡東㊵。脩義驅帥士民西圍郡城，其父母妻子皆留舊村，一旦聞官軍來至，皆有內顧之心，必望風自潰矣。」稚乃使其子子彥與侃帥騎兵自恆農北渡㊶，據石錐壁㊷，侃聲言：「今且停此以待步兵，且觀民情向背。命送降名者各自還村，俟臺軍舉三烽，當亦舉烽相應。其無應烽者，乃賊黨也，當進擊屠之，以所獲賞軍。」於是村民轉相告語，雖實未降者亦詐舉烽，一宿之間，火光遍數百里。賊圍城者不測其故，各自散歸。脩義亦逃還，與鳳賢俱請降。丙子㊸，稚克潼關，遂入河東。

會有詔廢鹽池稅，稚上表以為「鹽池天產之貨，密邇京畿[44]，唯應寶而守之，均贍以理[45]。今四方多虞[46]，府藏罄竭[47]，冀、定擾攘[48]，常調之絹[49]不復可收，唯仰府庫，有出無入。略論[50]鹽稅，一年之中，準絹而言[51]，不下〔2〕三十萬匹，乃是移冀、定二州置於畿甸[52]，今若廢之，事同再失[53]。臣前仰違嚴旨[54]，不先討關賊[55]，徑解河東[56]者，非緩長安而急蒲反，一失鹽池，三軍乏食。天助大魏，茲計不爽[57]。昔高祖昇平之年[58]，無所乏少，猶創置鹽官而加典護[59]，非與物競利[60]，恐由利而亂俗[61]也。況今國用不足，租徵六年之粟[62]，調折來歲之資[63]，此皆奪人私財，事不獲已[64]。臣輒符司〔3〕監將尉[65]，還帥所部，依常收稅，更聽後敕[66]。」

蕭寶寅遣其將侯終德擊毛遐。會郭子恢等屢為魏軍所敗，終德因其勢挫，還軍襲寶寅。至白門[67]，寶寅始覺，丁丑，與終德戰，敗，攜其妻南陽公主及其少子帥麾下百餘騎自後門出，奔万俟醜奴[68]，醜奴以寶寅為太傅。

二月，魏以長孫稚為車騎大將軍、開府儀同三司、雍州刺史、尚書僕射、西道行臺。

羣盜李洪攻燒鞏西闕口[69]以東，南結諸蠻，魏都督李神軌、武衛將軍費穆討之。穆敗洪於闕口南，遂平之。◯葛榮擊杜洛周，殺之，併其眾。

魏靈太后(70)再臨朝以來，嬖倖(71)用事，政事縱弛，恩威不立，盜賊蠭起，封疆日蹙(72)。魏肅宗年寖長(73)，太后自以所為不謹(74)，恐左右聞之於帝，凡帝所愛信者，太后輒以事去之，務為壅蔽(75)，不使帝知外事。通直散騎常侍昌黎谷士恢(76)有寵於帝，使領左右。太后屢諷之(77)，欲用為州(78)。士恢懷寵(79)，不願出外，太后乃誣以罪而殺之。有蜜多道人(80)，能胡語，帝常置左右，太后使人殺之於城南，而詐[4]懸賞購賊(81)。由是母子之間嫌隙(82)日深。

是時，車騎將軍、儀同三司、并・肆・汾・唐(83)[5]・恆・雲六州討虜大都督爾朱榮(84)兵勢彊盛，魏朝憚之。高歡(85)、段榮、尉景、蔡儁(86)先在杜洛周黨中，欲圖洛周不果，逃奔葛榮，又亡歸爾朱榮。劉貴(87)先在爾朱榮所，屢薦歡於榮，榮見其憔悴，未之奇(88)也。歡從榮之馬廄(89)，廄有悍馬，榮命歡翦(90)之，歡不加羈絆(91)而翦之，竟不蹄齧(92)。起，謂榮曰：「御惡人(93)亦猶是矣。」榮奇其言，坐歡於牀下，屏左右，訪以時事。歡曰：「聞公有馬十二谷，色別為羣，畜此竟何用也？」榮曰：「但言爾意！」歡曰：「今天子闇弱，太后淫亂，嬖孽擅命(94)，朝政不行。以明公雄武，乘時奮發，討鄭儼、徐紇(95)之罪以清帝側，霸業可舉鞭而成，此賀六渾(96)之意也。」榮大悅。語自日中至夜半乃出，自是每參軍謀。

并州刺史元天穆[97]，孤之五世孫也，與榮善，榮兄事之。榮常與天穆及帳下都督賀拔岳密謀，欲舉兵入洛，內誅嬖倖，外清羣盜，二人皆勸成之。

榮上書，以山東羣盜方熾，冀、定覆沒[98]，官軍屢敗，請遣[99]精騎三千東援相州。太后疑之，報以「念生梟戮，寶寅就擒，醜奴請降[100]，關、隴已定；費穆大破羣蠻，絳蜀漸平[101]。又，北海王顥帥眾二萬出鎮相州，不須出兵[102]。」榮復上書，以為「賊勢雖衰，官軍屢敗，人情危怯，恐實難用。若不更思方略，無以萬全。臣愚以為蠕蠕主阿那瓌荷國厚恩[103]，未應忘報，宜遣發兵[104]東趣下口[105]以躡其背[106]，北海之軍[107]嚴加警備以當其前。臣麾下雖少，輒盡力命。自井陘[108]以北，滏口[109]以西，分據險要，攻其肘腋。葛榮雖并洛周，威恩未著，人類差異[110]，形勢可分[111]。」遂勒兵，召集義勇，北捍馬邑[112]，東塞井陘。徐紇說太后以鐵券間榮左右[113]，榮聞而恨之。

魏肅宗亦惡儼、紇等，逼於太后，不能去。密詔榮舉兵內向，欲以脅太后。榮以高歡為前鋒，行至上黨[114]，帝復以私詔止之。儼、紇恐禍及己，陰與太后謀酖帝。癸丑[115]，帝暴殂[116]。甲寅[117]，太后立皇女為帝，大赦。既而下詔稱：「潘充華本實生女，故臨洮王寶暉世子釗[118]，體自高祖[119]，宜膺大寶[120]。百官文武加二階，宿衛加三階。」乙卯[121]，釗即位。釗始生三歲，太后欲久專政，故貪其幼而立之。

爾朱榮聞之，大怒，謂元天穆曰：「主上晏駕[122]，春秋十九，海內猶謂之幼君；況今奉未言之兒以臨天下，欲求治安，其可得乎！吾欲帥鐵騎赴哀山陵[123]，翦除〔6〕姦佞，更立長君，何如？」天穆曰：「此伊、霍[124]復見於今矣！」乃抗表[125]稱：「大行皇帝[126]背棄萬方[127]，海內咸稱酖毒致禍[128]。豈有天子不豫[129]，初不召醫[130]，貴戚大臣皆不侍側，安得不使遠近怪愕！又以皇女為儲兩[131]，虛行赦宥[132]，上欺天地，下惑朝野。已乃[133]選君於孩提[134]之中，實使姦豎[135]專朝，隳亂[136]綱紀，此何異掩目捕雀，塞耳盜鍾！今羣盜沸騰，鄰敵窺窬[137]，而欲以未言之兒鎮安天下，不亦難乎？願聽臣赴闕，參預大議，問侍臣帝崩之由，訪禁〔7〕衛不知之狀[138]，以徐、鄭之徒付之司敗[139]，雪同天[140]之恥，謝遠近之怨，然後更擇宗親以承寶祚。」

榮從弟世隆[141]，時為直閤，太后遣詣晉陽慰諭榮。榮欲留之，世隆曰：「朝廷疑兄，故遣世隆來，今留世隆，使朝廷得預為之備，非計也。」乃遣之。

三月癸未[142]，葛榮陷魏滄州[143]，執刺史薛慶之，居民死者什八九。○乙酉[144]，

魏葬孝明皇帝于定陵，廟號肅宗。

爾朱榮與元天穆議，以彭城武宣王[145]有忠勳，其子長樂王子攸[146]，素有令望[147]，

欲立之。又遣從子天光[148]及親信奚毅、倉頭王相[149]入洛，與爾朱世隆密議。天光見子攸，具論榮心，子攸許之。天光等還晉陽，榮猶疑之[150]，乃以銅為顯祖諸子 8
孫[151]各鑄像[152]，唯長樂王像成。榮乃起兵發晉陽，世隆逃出，會榮於上黨。靈太后聞之甚懼，悉召王公等入議，宗室大臣皆疾[153]太后所為，莫肯致言。徐紇獨曰：「爾朱榮小胡，敢稱兵向闕[154]，文武宿衛足以制之。但守險要以逸待勞，彼懸軍千里[155]，士馬疲弊，破之必矣。」太后以為然，以黃門侍郎李神軌為大都督，帥眾拒之，別將鄭季明、鄭先護將兵守河橋[156]，武衛將軍費穆屯小平津[157]。先護，儼之從祖兄弟也。

榮至河內[158]，復遣王相密至洛，迎長樂王子攸。夏，四月丙申[159]，子攸與兄彭城王劭、弟霸城公子正[160]潛自高渚渡河[161]，丁酉[162]，會榮於河陽[163]，將士咸稱萬歲。戊戌[164]，濟河，子攸即帝位[165]，以劭為無上王[166]，子正為始平王[167]。以榮為侍中、都督中外諸軍事、大將軍、尚書令、領軍將軍、領左右[168]，封太原王[169]。

鄭先護素與敬宗[170]善，聞帝即位，與鄭季明開城[171]納之。李神軌至河橋，聞北中[172]不守，即遁還，費穆棄眾先降於榮。徐紇矯詔夜開殿門，取驊騮廄[173]御馬十匹，東奔兗州[174]，鄭儼亦走還鄉里[175]。太后盡召肅宗後宮，皆令出家，太后亦自落髮。榮召百官迎車駕，己亥[176]，百官奉璽綬，備法駕[177]，迎敬宗於河橋。庚子[178]，榮遣騎執太后及幼主[179]，送至河陰[180]。太后對榮多所陳說，榮拂衣而起，沈太后及幼主於河。

費穆密說榮曰：「公士馬不出萬人，今長驅向洛，前無橫陳[181]，既無戰勝之威，羣情素不厭服[182]。以京師之眾，百官之盛，知公虛實，有輕侮之心。若不大行誅罰，更樹親黨，恐公還北之日，未度太行[183]而內變[184]作矣。」榮心然之，謂所親慕容紹宗曰：「洛中人士繁盛，驕侈成俗，不加芟翦，終難制馭。吾欲因百官出迎，悉誅之，何如？」紹宗曰：「太后荒淫失道，嬖倖弄權，殽亂四海，故明公興義兵以清朝廷。今無故殲夷多士[185]，不分忠佞[186]，恐大失天下之望，非長策也。」榮不聽，乃請帝[187]循河西至淘渚[188]，引百官於行宮[189]西北，云欲祭天。百官既集，列胡騎圍之，責以天下喪亂，肅宗暴崩，皆由朝臣貪虐，不能匡弼。因縱兵殺之，自丞相高陽王雍、司空元欽、儀同三司義陽王略以下，死者二千餘人。前黃門郎王遵業兄弟居父喪，其母，敬宗之從母[190]也，相帥出迎[191]，俱死。遵業，慧龍[192]之孫也，儁爽涉學，時人惜其才而譏其躁[193]。有朝士百餘人後至，榮復以胡騎圍之，令曰：「有能為禪文[194]者免死。」侍御史趙元則出應募，遂使為之。

榮又令其軍士言：「元氏既滅，爾朱氏興。」皆稱萬歲。榮又遣數十人拔刀向行宮，帝與無上王劭、始平王子正俱出帳外。榮先遣并州人郭羅剎、西部高車叱列殺鬼[195]侍帝側，詐言防衛，抱帝入帳，餘人即殺劭及子正。又遣數十人遷帝於河橋，置之幕下[196]。

帝憂憤無計，使人諭旨於榮曰：「帝王迭興，盛衰無常。今四方瓦解，將軍奮袂而起，所向無前，此乃天意，非人力也。我本相投，志在全生，豈敢妄希天位[197]？將軍見逼，以至於此。若天命有歸，將軍宜時正尊號[198]；若推而不居，存魏社稷，亦當更擇親賢[199]而輔之。」時都督高歡勸榮稱帝，左右多同之，榮疑未決。賀拔岳進曰：「將軍首舉義兵，志除姦逆，大勳未立，遽有此謀，正可速禍[200]，未見其福。」榮乃自鑄金為像，凡四鑄，不成。功曹參軍燕郡[201]劉靈助善卜筮，榮信之，靈助言天時人事未可。榮曰：「若我不吉，當迎天穆立之。」靈助曰：「天穆亦不吉，唯長樂王有天命耳。」榮亦精神恍惚，不自支持。久而方寤，深自[9]愧悔曰：「過誤[202]若是，唯當以死謝朝廷。」賀拔岳請殺高歡以謝天下，左右皆[10]曰：「歡雖復愚疏，言不思難，今四方多事，須藉武將，請捨之，收其後效。」榮乃止。夜四更，復迎帝還營，榮望馬首叩頭請死。

榮所從胡騎殺朝士既多，不敢入洛城，即欲向北為遷都之計。榮狐疑甚久，武衛將軍汎禮固諫。辛丑(203)，榮奉帝入城。帝御太極殿，下詔大赦，改元建義。從太原王將士(204)，普加五階，在京文官二階，武官三階，百姓復租役(205)三年。時百官蕩盡，存者皆竄匿不出，唯散騎常侍山偉(206)一人拜赦(207)於闕下。洛中士民草草(208)，人懷異慮，或云榮欲縱兵大掠，或云欲遷都晉陽。富者棄宅，貧者襁負(209)，率皆逃竄，什不存一二，直衛空虛，官守曠廢。榮乃上書稱：「大兵交際(210)，難可齊壹(211)，諸王朝貴，橫死者眾，臣今粉軀不足塞咎(212)，乞追贈亡者，微申私責(213)。無上王請追尊為無上皇帝，自餘死於河陰者[11]，王贈三司(214)，三品贈令、僕(215)，五品贈刺史，七品已下及[12]白民(216)贈郡、鎮(217)。死者無後聽繼(218)，即授封爵(219)。又遣使者循城勞問。」詔從之。於是朝士稍出，人心粗安(220)。封無上王之子韶(221)為彭城王。

榮猶執遷都之議，帝亦不能違。都官尚書元諶(222)爭之，以為不可。榮怒曰：「何關君事，而固執也？且河陰之事，君應知之(223)。」諶曰：「天下事當與天下論之，柰何以河陰之酷而恐元諶？諶，國之宗室，位居常伯(224)，生既無益，死復何損？正使(225)今日碎首流腸，亦無所懼！」榮大怒，欲抵諶罪(226)，爾朱世隆(227)固諫，乃止。見者莫不震悚，諶顏色自若。後數日，帝與榮登高，見宮闕壯麗，列樹成行，乃歎曰：「臣昨愚闇，有北遷之意，今見皇居之盛，熟思元尚書[228]言，深不可奪[229]。」由是罷遷都之議。諶，謐[230]之兄也。

癸卯[231]，以江陽王繼為太師；北海王顥為太傅；光祿大夫李延寔[232]為太保，賜爵濮陽王；并州刺史元天穆為太尉，賜爵上黨王；前侍中楊椿為司徒；車騎大將軍穆紹為司空，領尚書令，進爵頓丘王；雍州刺史長孫稚為驃騎大將軍、開府儀同三司，賜爵馮翊王；殿中尚書元諶為尚書右僕射，賜爵魏郡王；金紫光祿大夫廣陵王恭[233]加儀同三司。其餘起家暴貴[234]者，不可勝數。延寔，沖[235]之子也，以帝舅[236]故，得超拜。

徐紇弟獻伯為北海[237]太守，季產為青州長史，紇使人告之，皆將家屬逃去，與紇俱奔泰山[238]。鄭儼與從兄滎陽太守仲明謀據郡起兵，為部下所殺。

丁未[239]，詔內外解嚴。○魏郢州[240]刺史元顯達請降，詔郢州[241]刺史元樹[242]迎之，夏侯夔亦自楚城[243]往會之，遂留鎮[244]焉。改魏郢州為北司州，以夔為刺史，兼督司州[245]。夔進攻毛城[246]，逼新蔡；豫州刺史夏侯亶圍南頓[247]，攻陳項[248]，魏行臺源子恭[249]拒之。

庚戌[250]，魏賜爾朱榮子义羅爵梁郡王。○柔然頭兵可汗數入貢于魏，魏詔頭兵贊拜不名[251]，上書不稱臣。

魏汝南王悅[252]及東道行臺臨淮王彧[253]聞河陰之亂，皆來奔。先是，魏人降者皆稱魏官為偽，彧表啓獨稱魏臨淮王，上亦體其雅素[254]，不之責。魏北海王顥將之相州[255]，至汲郡[256]，聞葛榮南侵及爾朱榮縱暴，陰為自安之計，盤桓不進，以其舅殷州[257]刺史范遵行相州事，代前刺史李神守鄴。行臺甄密[258]知顥有異志，相帥[259]廢遵，復推李神攝州事，遣兵迎顥，且察其變。顥聞之，帥左右來奔。密，琛[260]之從父弟也。北青州[261]刺史元世儁、南荊州[262]刺史李志皆舉州來降。

【章旨】以上為第一段，寫梁武帝大通二年（西元五二八年）前四個月的大事。主要寫了魏國的定州刺史楊津堅守定州三年後被變民頭領杜洛周攻克，瀛州刺史元寧又以瀛州城投降了杜洛周；寫了起事於定州境內的變民頭領鮮于脩禮被其部將所殺，葛榮繼起統領了鮮于脩禮的部眾，接著葛榮又擊殺杜洛周，兼統起杜洛周之軍，一時之間號令了幽、冀、瀛、定的廣大地區；寫佔據關中的蕭寶寅被其叛將侯終德回師擊敗，逃出長安，投降於陝、甘地區的變民頭領万俟醜奴；寫魏將長孫稚用其僚屬楊侃之謀平定了河東地區的叛亂，兩個薛姓的變民頭領向長孫稚請降；寫胡太后多殺魏主元詡的親信，母子關係日益緊張；元詡欲引爾朱榮入朝以除奸黨，而胡太后則先發制人鴆殺了元詡，改立了三歲的元釗為帝；寫并州地區的軍閥爾朱榮收羅黨羽、勢力強大，爾朱榮抗表聲討鄭儼、徐紇的弒君之罪，帶兵進入洛陽；

寫爾朱榮沉胡太后與小傀儡元釗於河，集朝廷百官二千餘人於河陰，全部屠滅之；爾朱榮原欲自己為帝，後來改變主意，又擁立了魏國元勳老臣元勰之子元子攸為帝，是為魏敬宗；隨後爾朱榮又表請魏主下詔恤贈被殺的朝士，又令魏主大加封賞了一批在世的魏國名臣，從而使秩序略定、人心粗安；此外還寫了魏國在此劇烈動盪之際，魏國的許多宗室、許多地方官員紛紛投降梁朝等等。

【注釋】❶正月癸亥　正月初五。❷北海王顥　元顥，元詳之子，孝文帝之姪。傳見《魏書》卷二十一上。❸相州　魏州名，州治鄴城，在今河北臨漳西南。❹楊津　魏國名將楊椿之弟，此時為定州刺史、北道行臺。傳見《魏書》卷五十八。❺定州城　即今河北定州，當時為魏國定州的州治所在地。❻鮮于脩禮杜洛周　當時起兵反對魏國統治的兩個變民頭領，鮮于脩禮起事於定州境內，活動於當時的定州、冀州、相州三州地帶（約當今之河北南部）。杜洛周起兵於上谷郡，活動於當時的燕州、安州、幽州等一帶地區（約當今之河北北部與北京市一帶）。❼迭來攻圍　輪番地前來攻擊圍困。迭，更替；交相。❽鐵券　鐵頁做成的證明文件。賜給真心歸降者，持此券可赦其曾經從賊的罪過。❾取北人　捉拿北方來的人，指沒有漢化的北方民族。❿內子城中　把這些北方人保護在內城中。內，同「納」。收斂；掩蔽。子城，附於大城的小城、內城。⓫葛榮代脩禮統眾　鮮于脩禮舉兵後不久，被其部下元洪業所殺，元洪業請降於魏，又被葛榮所殺，葛榮自立為王。事見本書上卷普通七年。⓬固守三年　胡三省曰：「普通七年，津守定州，至是三年。」⓭頭兵可汗　名阿那瓌。傳見《魏書》卷一百三。⓮從祖吐豆發　阿那瓌的叔祖名叫吐豆發。⓯廣昌　魏縣名，縣治在今河北淶源北。⓰乙丑　正月初七。⓱津長史　楊津的高級僚屬。長史，官名，為諸史之長，在三公、諸王、都督、刺史屬下均有此職。⓲瀛州　魏州名，州治即今河北河間。⓳潘嬪　魏主元詡的寵妃。⓴丙寅　正月初八。㉑馮翊　魏郡名，郡治高陸，即今陝西高陵，在今西安東北。㉒長孫稚　姓長孫，名稚，魏國的名臣長孫觀之子。傳見《魏書》卷二十五。此時以尚書僕射任行臺，西討蕭寶寅。㉓恆農　也稱「弘農」，魏郡名，郡治即今河南三門峽市的西南側。㉔楊侃　魏國名將楊椿、楊津之姪，楊播之子。傳見《魏書》卷五十八。此時為長孫稚的行臺左丞。㉕魏武　指曹操。下文指他以漢獻帝丞相的身分率軍西討馬超、韓遂的西涼之軍，雙方相遇於潼關。㉖韓遂馬超　東漢末期割據於關中地區的西部軍閥，曾與劉備等共同結盟以反曹操。㉗勝負久不決　此乃婉轉語，其實曹操開始時曾被馬超在渭水河邊打得大敗，險些被馬超所捉。詳情見本書前文卷六十六建安十六年，與《三國志》之〈武帝紀〉及〈關張馬黃趙傳〉。㉘蒲反　即蒲坂，在山西永濟西的黃河邊，當時為魏國河東郡的郡治所在地。㉙置兵死地　置兵於孤立無援之地，此兵必死裡求生，奮勇作戰，即所謂「置之死地而後生」。(30)華州之圍　據《魏書・蕭寶寅傳》，當時蕭寶寅派部將張始榮圍華州刺史崔襲於華州。當時的華州州治在今陝西蒲城東。(31)潼關之守　據《魏書・蕭寶寅傳》，當時蕭寶寅曾派其部將郭子恢東攻潼關，但未言攻克。觀此言「潼關之守」云云，乃謂蕭寶寅之據守潼關之將，或即郭子恢也。(32)支節　同「肢節」。指一般城池，與其心腹之地長安相對而言。(33)薛脩義圍河東　薛脩義是河東郡的變民頭領，從上年開始組織部眾佔據鹽池，進攻河東郡的郡治蒲坂，以響應關中的蕭寶寅。蒲坂在今山西永濟西的黃河邊上。(34)薛鳳賢據安邑　薛鳳賢是薛脩義的同族，於上年在正平郡內組織部眾造反以響應薛寶寅。安邑，古縣名，縣治在今山西夏縣西北，當時屬於正平郡。正平郡的郡治即今山西新絳。(35)宗正珍孫　姓宗正，名珍孫，當時正受朝廷派遣率兵往討薛鳳賢、薛脩義。(36)守虞坂不得進　停留在虞坂不敢再向前進軍。虞坂，也稱顛陵坂，高原上的道路名，在今山西運城東，當時的安邑東南。(37)行陳一夫　軍中的普通一兵。行陳，同「行陣」。行伍。(38)因緣為將　靠著機會當了將軍。(39)西逼河濇　西靠黃河邊。濇，水邊。(40)封疆多在郡東　管轄的地盤大都在郡治的東側。封疆，地界，這裡指地盤。(41)自恆農北渡　自今之三門峽一帶北渡黃河，進入河東郡地面。(42)據石錐壁　佔據了石錐山上的軍事據點。石錐山在當時的安邑西南，今之夏縣城西。(43)丙子　正月十八。(44)密邇京畿　靠近京城洛陽。密邇，靠近。京畿，京城與其郊區，這裡即指京城。(45)均贍以理　公平合理地管好它。(46)多虞　多災多難。(47)府藏罄竭　府庫空虛。罄，盡；竭。(48)冀定擾攘　冀、定二州兵荒馬亂。當時冀、定二州被葛榮、杜洛周所輾轉攻擊。(49)常調之絹　正常的稅收應收的絹帛。(50)略論　大致估算。(51)準絹而言　折合成絹帛計算。(52)移冀定二州置於畿甸　意思是冀、定二州的賦稅全靠著鹽池給頂替了。(53)事同再失　就是第二次失計。胡三省曰：「前此宣武帝用甄琛之言廢鹽池稅，已為失計；今又廢之，是為再失。」(54)仰違嚴旨　大膽地違背皇帝的旨意。(55)關賊　關中之賊，指蕭寶寅。(56)徑解河東　直接地先來解決河東二薛的問題。(57)茲計不爽　這個做法沒出差錯。謙虛地說，如同押寶，讓我押對了。(58)高祖昇平之年　孝文帝在位時的太平年代。高祖，孝文帝元宏的尊號，在位時間為西元四七一—四九九年。(59)典護　管理。(60)非與物競利　不是想和百姓爭這幾個小錢。物，即指人。(61)由利而亂俗　如果讓百姓群爭而無管理那就會造成更嚴重的秩序混亂。(62)租徵六年之粟　魏國政府已向百姓預徵了此後六年的租糧。(63)調折來歲之資　又向百姓預收明年的絹帛。政府向成年男子徵收絲帛叫做調。(64)事不獲已　是沒有辦法，只好如此。(65)符司監將尉　給管理鹽池的將軍與校尉下令。符，下令。司監將尉，管理鹽池的部門統下的將、尉。(66)更聽後敕　胡三省曰：「調合罷與否，更聽後番敕下也。」(67)白門　長安城西出的北數第三門。(68)奔万俟醜奴　往降万俟醜奴。万俟醜奴原是變民頭領胡琛的部將，胡琛被破六韓拔陵襲殺後，万俟醜奴代領胡琛之眾。(69)鞏西闕口　鞏縣西南的伊闕口，即今之所謂龍門，在今之洛陽的城南。當時的鞏縣縣治在今之鞏義的西南側，今洛陽的正東偏北。(70)靈太后　即胡太后，魏主元詡之生母。死後諡曰靈。《諡法解》：「好祭鬼怪曰靈；極知鬼神曰靈。」(71)嬖倖　男寵。(72)封疆日蹙　能管轄的地盤越來越小。蹙，萎縮。(73)年浸長　年齡越來越大。(74)所為不謹　指其養著許多男寵事。(75)務為壅蔽　盡量地讓魏主什麼事也不知道。(76)昌黎谷士恢　昌黎郡人姓谷，名士恢。昌黎郡的郡治龍城，即今之遼寧朝陽，當時為營州的州治所在地。(77)屢諷之　多次向他吹風示意。(78)欲用為州　想派他出去任刺史。(79)懷寵　貪戀於受魏主之寵。懷，戀。(80)蜜多道人　一個名叫蜜多的和尚。(81)詐懸賞購賊　假意懸賞募人捉拿刺客。(82)嫌隙　猶今所謂矛盾，彼此相互猜疑。(83)唐　魏州名，州治即今山西臨汾。(84)爾朱榮　原是肆州秀容郡（今山西忻州西北）一帶的土豪，後來發展成為地方軍閥，又平定了周邊的一些叛亂後，被授為平北將軍，都督恆、朔討虜軍事，兵力強盛。傳見《魏書》卷七十四。胡三省曰：「爾朱榮時駐兵晉陽。」當時的晉陽即今山西太原。(85)高歡　即日後建立北齊政權的齊武帝。傳見《北齊書》卷一。(86)段榮尉景蔡儁　都是日後高歡的開國元勳。段榮傳見《北齊書》卷十六，尉景傳見《北齊書》卷十五，蔡儁傳見《北齊書》卷十九。(87)劉貴　日後高歡的開國元勳。傳見《北齊書》卷十九。(88)未之奇　沒覺得他有什麼不平常。(89)之馬廄　到馬棚看馬。之，往。(90)翦　剪馬鬃。翦，同「剪」。胡三省曰：「髦馬而鬄落之為翦。」(91)羈絆　胡三省曰：「馬絡首曰羈，繫足曰絆。」(92)竟不蹄齧　意謂這匹悍馬居然對高歡服服帖帖，不踢不咬。(93)御惡人　駕御兇惡的人。(94)嬖孽擅命　猶言「小人當道」。嬖孽，男寵；受帝王寵幸的小人。(95)鄭儼徐紇　胡太后的兩個男寵，此時正控制朝廷的一切大權。二人傳皆見《魏書》卷九十三。(96)賀六渾　高歡字賀六渾。(97)元天穆　高涼王拓跋孤的五世孫，爾朱榮的親信，此時任并州刺史，後被封為上黨王。傳見《魏書》卷十四。(98)冀定覆沒　指相繼落入杜洛周、葛榮之手。(99)請遣　請求由他爾朱榮派遣。(100)寶寅就擒二句　前文只言蕭寶寅兵敗，往投万俟醜奴，醜奴以其為太傅，無「寶寅被擒、醜奴請降」事，此處敘事榫卯不接。(101)絳蜀漸平　絳蜀指徙居於河東絳縣的蜀地之民。上卷曾有絳蜀陳雙熾聚眾反，自號「始建王」，被魏將長孫稚、薛脩義招降；本卷前文有「羣盜」攻燒闕口以東，被費穆討平，但未說這裡的群盜就是「絳蜀」，前後敘事皆榫卯不接。(102)不須出兵　指不用你爾朱榮勞心出兵。(103)阿那瓌荷國厚恩　阿那瓌之所以能當穩柔然可汗，又能有現時之強盛，都靠魏國當年的保護與援助。詳情見本書前文卷一百四十九。(104)宜遣發兵　應該讓他發兵。(105)東趣下口　東趨飛狐口。趣，同「趨」。胡三省曰：「下口蓋即飛狐口。」飛狐口在今河北蔚縣城東南，恰當太行山脈和燕山、恆山山脈的交接點。(106)以躡其背　也就是從葛榮軍隊的北側對之進行攻擊。當時葛榮正南攻相州的元顥。(107)北海之軍　據守相州（州治鄴城）的北海王元顥的軍隊。(108)井陘　井陘道，今山西與河北之間的翻越太行山的山路名，其西口即今所謂「娘子關」，在今山西陽泉市的東北方；其東口即所謂「土門關」，在今河北井陘的西北方。(109)滏口　即滏口陘，也是太行山的山道名，在今河北武安南，磁縣西北方。(110)人類差異　指杜洛周的部下與葛榮的部下，彼此生活習性不同。(111)形勢可分　其目前的優勢可以分解、削弱。胡三省曰：「杜洛周，柔玄鎮民；葛榮，鮮于脩禮之黨，本非同類，吞并為一。及其新合，亟加征討，則形勢可分也。」(112)北捍馬邑　向北抵抗來自馬邑的進攻。馬邑是古縣名，即今山西朔州。(113)間榮左右　意即收買、分化爾朱榮的左右親信。(114)上黨　魏郡名，郡治在今山西長治北。(115)癸丑　二月二十五。(116)帝暴殂　魏主突然身死。胡三省曰：「年十九。」按，魏主元詡七歲即位，在位共十三年（西元五一六—五二八年）。(117)甲寅　二月二十六。(118)寶暉世子釗　元寶暉的世子元釗。元寶暉是元愉之子，魏主元詡的堂兄弟，繼其父位為臨洮王。元釗是新死魏主元詡的堂姪。(119)體自高祖　元釗是高祖元宏的曾孫。高祖，指魏孝文帝。(120)宜膺大寶　理應繼位做皇帝。膺，接受；承當。大寶，皇位。(121)乙卯　二月二十七。(122)晏駕　時間已到而帝王的車子未能出來，隱稱帝王之死。晏，晚。(123)赴哀山陵　往洛陽痛哭去世的皇帝。山陵，喻稱皇帝的陵墓。(124)伊霍　伊尹、霍光，是古代能行廢立的兩位名臣，伊尹是商朝的大臣，其君太甲好酒沒有君道，伊尹將他廢掉，放之於桐宮；其後太甲悔過向善，伊尹又將其接回繼續為帝。事見《史記・殷本紀》。霍光是西漢的名臣，其君劉賀荒唐無道，霍光將其廢掉，改立了劉詢，即歷史上的漢宣帝。事見《漢書・霍光傳》。(125)抗表　公開上表。猶如後代的「通電」，發表公開信。(126)大行皇帝　已死而尚未安葬的皇帝。(127)背棄萬方　扔下全國的臣民百姓，喻指皇帝之死。(128)酖毒致禍　是被毒藥毒死的。酖，毒鳥，這裡即指毒藥。(129)不豫　不舒服，隱稱患病。豫，悅。(130)初不召醫　根本不傳醫生診治。初，根本；始終。(131)以皇女為儲兩　讓皇帝的女兒冒充太子。儲兩，未來的君主，即太子。(132)虛行赦宥　讓她即位稱帝，發布大赦令。新皇帝上臺通常都下大赦令，以安民心。(133)已乃　然後又……。(134)孩提　小孩子。《孟子》趙岐注：「二三歲之間，在襁褓知孩笑，可提抱者也。」孩笑，剛剛會咳、會笑。(135)姦豎　奸詐的豎子，指鄭儼、徐紇等人。(136)隳亂　毀壞、攪亂。隳，意思同「毀」。(137)鄰敵窺窬　讓鄰國的敵人趁機進攻我國。當時梁朝已趁機攻佔魏國的許多城池。窺窬，窺測間隙、伺機而動。(138)訪禁衛不知之狀　問問負責警衛的官員你們怎麼會不瞭解情況。(139)付之司敗　交由司法部門進行審判。司敗，古官名，猶如後代的廷尉、大理寺。(140)同天　猶言普天下。(141)世隆　爾朱世隆，爾朱榮的堂兄弟。傳見《魏書》卷七十五。(142)三月癸未　三月二十六。(143)滄州　魏州名，州治饒安，在今河北鹽山縣西南。(144)乙酉　三月二十八。(145)彭城武宣王　元勰，被封為彭城王，謚曰武宣，孝文帝元宏之弟，孝文與宣武兩代的有大功之臣。傳見《魏書》卷二十一下。(146)長樂王子攸　元子攸，元勰的長子，被封為長樂郡王。傳見《魏書》卷二十一下。長樂郡的郡治即今河北冀州。(147)令望　崇高的聲望。令，美好。(148)從子天光　爾朱榮的姪子爾朱天光。傳見《魏書》卷七十五。(149)倉頭王相　爾朱天光的保鏢王相。倉頭，也寫作「蒼頭」，有「奴僕」之意，也有「武士」之意，故此注釋作「保鏢」，絕不是一般的僕人。一般的僕人不必出名姓。(150)榮猶疑之　擔心不能成功。(151)顯祖諸子孫　獻文帝拓跋弘的幾個兒子，也就是孝文帝的幾個親兄弟與他們的兒子。(152)各鑄像　用金、銅給備選的幾個人鑄像，用以占卜選擇哪個人好，像成為吉，不成為凶。魏人在立太子、立皇后有猶豫時常用此法以為最後的決斷。(153)疾　痛恨。(154)稱兵向闕　舉兵殺向朝廷。稱，舉；舉起。(155)懸軍千里　越過遙遠的敵佔區域，即遠離根據地的孤軍深入。(156)河橋　洛陽東北方的黃河大橋，在今偃師城北，孟州城南。(157)小平津　古代黃河的重要渡口名，在今河南孟津東北，當時洛陽城的正北方。(158)河內　魏郡名，郡治野王，即今河南沁陽，地處黃河以北，在當時洛陽城的東北方，南離河橋不遠。(159)四月丙申　四月初九。(160)霸城公子正　元子正，元勰的第三子，被封為霸城縣公。(161)自高渚渡河　渡黃河北投爾朱榮軍。高渚，當時洛陽城北的黃河中的小島名。(162)丁酉　四月初十。(163)河陽　黃河北岸的城鎮名，在當時洛陽城的正北方，孟州的西方。(164)戊戌　四月十一。(165)子攸即帝位　即歷史上的魏孝莊帝。傳見《魏書》卷十。子攸是元勰的第三子，爾朱榮所以特別選中他，是因為子攸平常就與爾朱榮的關係好。(166)以劭為無上王　元劭是元子攸之兄，又是元勰的嫡子，元勰家族的繼承者。元子攸平地被爾朱榮拔出為帝，自己的底氣不足，故封其兄為「無上王」以安慰之。(167)始平王　始平郡王。(168)領左右　統領皇帝身邊的侍從與警衛人員。(169)太原王　太原郡王。太原郡與其周圍是爾朱榮的根據地，故以此地封之。(170)敬宗　新即位為帝的元子攸的廟號，即歷史上所稱的孝莊帝。(171)開城　打開河橋城北端的城門。(172)北中　即黃河北岸的河橋城。胡三省曰：「晉杜預建河橋於富平津。河北側岸有二城相對，魏高祖置北中郎府，徙諸從隸府戶并羽林虎賁領隊防之。北中不守，可以平行到洛陽矣。」按，宋白有所謂「北中城，即今河陽城」，此語可疑，當時的「北中」與當時的「河陽」不是一地，河陽城在北中城的西方。(173)驊騮廄　專門餵養良馬的馬棚。胡三省曰：「驊騮，駿馬也，故魏以名御馬廄。」(174)兗州　魏州名，州治瑕丘，在今山東兗州的西北側。(175)鄉里　指鄭儼的故鄉開封，鄭儼是滎陽郡開封人。(176)己亥　四月十二。(177)法駕　皇帝車駕中的一種。《史記．孝文本紀》《索隱》引《漢官儀》云：「天子鹵簿有大駕、法駕。大駕，公卿奉引，大將軍參乘，屬車八十一乘；法駕，公卿不在鹵簿中，唯京兆尹、執金吾、長安令奉引，侍中參乘，屬車三十六乘。」(178)庚子　四月十三。(179)幼主　即胡太后新立的小皇帝，元寶暉的兒子元釗，時年三歲。(180)河陰　也稱平陰，古邑名，在今河南孟津的東北側，當時洛陽城的正北偏西，地處黃河南岸，也是重要的渡口，名叫平陰津。(181)前無橫陣　前面無人阻擋。陳，同「陣」。橫陣，橫在前面的軍陣。(182)不厭服　不滿意、不心服。厭，通「饜」。滿足。(183)未度太行　不等您度過太行山。洛陽在太行、王屋之南，爾朱榮的根據地在太行、王屋之北。(184)內變　朝內掀起的反對爾朱榮的政變。(185)殲夷多士　大規模地殺戮官僚士大夫。殲夷，殺光；盡滅。《詩經·文王》有所謂「濟濟多士，文王以寧」，故通常即以「多士」泛稱士大夫。(186)忠佞　即指忠奸。佞，善說，通常即指用花言巧語搬弄是非，亂政害人。孔子又有「巧言令色鮮矣仁」之語。(187)帝　此指爾朱榮所立之皇帝元子攸。(188)淘渚　地名，在河陰城的西北三里。(189)行宮　此所謂「行宮」即元子攸臨時的歇息之處。(190)其母二句　王遵業的生母，是新皇帝元子攸的姨母。(191)相帥出迎　都是出來迎接過爾朱榮的。(192)慧龍　王慧龍，原為東晉人，其父王愉曾對劉裕無禮，後來劉裕在東晉掌權，官報私仇，將王愉殺害，王慧龍含憤奔魏，一直與南朝作對。事見《晉書》卷七十五。(193)躁　浮躁；躁進。好追逐名利。(194)禪文　自己宣布願將皇位讓給他人的文告。(195)西部高車叱列殺鬼　西部地區的高車族人，姓叱列，名殺鬼。高車，即敕勒，魏國邊境以北的少數民族名。(196)置之幕下　放在軍隊的大帳裡，派人看管。(197)妄希天位　夢想登基做皇帝。(198)宜時正尊號　請您自己及時地早日稱帝。(199)更擇親賢　更選一位既親且賢的人來充當這個角色。(200)速禍　讓大禍加速地降臨自己頭上。(201)燕郡　魏郡名，郡治即今北京城的西南部。(202)過誤　過失，指大批屠殺朝士，特別是殺害元子攸的家人。(203)辛丑　四月十四。(204)從太原王將士　凡是跟從爾朱榮來到洛陽的人。(205)復租役　免除賦稅徭役。(206)山偉　先以諂附元乂為諫議大夫，爾朱榮掌權，山偉為祕書監、著作郎。傳見《魏書》卷八十一。(207)拜赦　拜謝皇帝的頒布大赦。(208)士民草草　猶言人心惶惶。草草，擔心遭禍的樣子。(209)襁負　背後背著孩子。襁，背小孩用的布帶。(210)大兵交際　意即兵荒馬亂之時。交，交鋒；交戰。(211)難可齊壹　紀律難以嚴格掌握。齊壹，整齊劃一。(212)粉軀不足塞咎　碎屍萬段也不能補救過失。(213)微申私責　稍稍彌補一點心虧。(214)贈三司　追贈為司徒、司馬、司空。(215)令僕　尚書令與尚書左右僕射。(216)七品已下及白民　白民，猶言「白丁」，沒有官爵的平頭百姓。(217)贈郡鎮　贈予郡守或鎮將之職。(218)聽繼　允許任選繼承人。(219)即授封爵　立刻就授予他相應的職位。(220)粗安　大致安定下來。粗，略；大致。(221)韶　元韶，元劭之子。傳見《北史》卷十九。(222)都官尚書元諶　都官尚書是尚書省的官員，佐督軍事。元諶是趙郡王元幹之子。傳見《魏書》卷二十一上。(223)君應知之　恫嚇語，言外之意是你應該知道我的厲害。(224)位居常伯　都官尚書相當於古代的常伯。常伯，相當於州牧，亦即州刺史一級。也有說常伯侍應在皇帝周圍，有如侍中、散騎常侍等。(225)正使　即使。(226)欲抵諶罪　想治他一個罪名。抵，當；判處。(227)爾朱世隆　爾朱榮的堂兄弟。傳見《魏書》卷七十五。(228)元尚書　以稱元諶。(229)深不可奪　實在是不可辯駁、不可動搖。(230)謚　元謚，一個殘暴不仁的惡劣貴族，曾任州刺史，因與胡太后是親戚，故不受懲處。傳見《魏書》卷二十一上。(231)癸卯　四月十六。(232)李延寔　李沖之子，魏主元子攸的皇后之兄。傳見《魏書》卷八十三下。(233)廣陵王恭　元恭，廣陵王元羽之子，即後來的前廢帝。

傳見《魏書》卷十一。(234)起家暴貴　從一個不起眼的家庭一步登天地成了大貴族。(235)沖　李沖，孝文帝、宣武帝時代的名臣，有道德、有功業，史稱之為「固一時之秀」。傳見《魏書》卷五十三。(236)帝舅　皇帝元子攸的大舅子。(237)北海　魏郡名，郡治在今山東濰坊西南。(238)泰山　魏郡名，郡治在今山東泰安東南。(239)丁未　四月二十。(240)魏郢州　魏國郢州的州治義陽，即今河南信陽。(241)郢州　梁國的郢州州治江夏，即今湖北武漢的漢陽區。(242)元樹　魏獻文帝拓跋弘之孫，咸陽王元禧之子，因元禧在魏叛亂被殺，元樹逃往梁國，在梁任郢州刺史。傳見《魏書》卷二十一上、《梁書》卷三十九。(243)楚城　在今河南信陽北，原為魏地，上年被梁將夏侯夔所攻得。(244)留鎮　留鎮魏之郢州，即今信陽。(245)司州　梁國的司州州治本來在義陽（今河南信陽），義陽被魏人佔去後，改在今湖北安陸。(246)毛城　魏城名，在今河南正陽西北。(247)南頓　魏郡名，郡治在今河南項城西。(248)陳項　陳郡的郡治項縣，即今河南沈丘。(249)源子恭　魏國元勳老臣源賀之孫，曾任平南將軍、豫州刺史，此時任尚書行臺。傳見《魏書》卷四十一。(250)庚戌　四月二十三。(251)贊拜不名　在給皇帝行叩拜禮的時候，司儀的官員只唱叩拜人的官爵，不唱他的名字，以表示對他的格外敬重。(252)汝南王悅　元悅，孝文帝元宏之子。傳見《魏書》卷二十二。(253)臨淮王彧　元彧，太武帝拓跋燾的玄孫。傳見《魏書》卷十八。(254)雅素　這裡的意思是心口如一，怎麼想就怎麼說。(255)將之相州　元顥當時任相州刺史，準備前往州治鄴城上任。(256)汲郡　魏郡名，郡治即今河南衛輝，在當時鄴城的南方，相距不遠。(257)殷州　治所在今河北隆堯東側。(258)甄密　魏國倖臣甄琛的堂兄弟，肅宗末以行臺守鄴。傳見《魏書》卷六十八。(259)相帥　帶領眾人。(260)琛　甄琛，孝文、宣武、肅宗三朝的倖臣，曾諂事高肇，又諂事崔光。傳見《魏書》卷六十八。(261)北青州　魏州名，州治在今山東青州。但此地距梁國較遠，在今江蘇連雲港市東北，梁國曾設有南、北二青州，有人以為此地或被魏所佔，今元世儁舉之來歸。(262)南荊州　魏州名，州治在今湖北棗陽。

【校　記】①蒲反　據章鈺校，乙十一行本作「蒲坂」，張瑛《通鑑校勘記》同。②下　據章鈺校，甲十一行本、乙十一行本、孔天胤本皆作「減」。③司　原作「同」。嚴衍《通鑑補》改作「司」，當是，今從改。按，《魏書・長孫道生傳附觀子稚傳》亦作「司」。《魏書・食貨志》云：「延興末，復立監司，量其貴賤，節其賦入，於是公私兼利。」④詐　原無此字。據章鈺校，甲十一行本、乙十一行本、孔天胤本皆有此字，張敦仁《通鑑刊本識誤》、張瑛《通鑑校勘記》同，今據補。⑤唐　原作「廣」。胡三省注云：「『廣』當作『唐』。魏收〈志〉：『孝昌中置唐州，高薇建義改唐州曰晉州』。」今據改。按，《魏書・地理志》：「廣州，永安中置，治魯陽。」則此時廣州尚未置也。⑥除　據章鈺校，甲十一行本、乙十一行本、孔天胤本皆作「誅」。⑦禁　原作「侍」。據章鈺校，甲十一行本、乙十一行本、孔天胤本皆作「禁」，張敦仁《通鑑刊本識誤》同，今據改。⑧子　原無此字。據章鈺校，甲十一行本、乙十一行本、孔天胤本皆有此字，張敦仁《通鑑刊本識誤》、張瑛《通鑑校勘記》同，今據補。⑨自　原作「思」。據章鈺校，甲十一行本、乙十一行本、孔天胤本皆作「自」，張敦仁《通鑑刊本識誤》同，今據改。⑩皆　原無此字。據章鈺校，甲十一行本、乙十一行本、孔天胤本皆有此字，今據補。⑪者　據章鈺校，甲十一行本「者」下有「請」字；乙十一行本「者」下有「諸」字，張敦仁《通鑑刊本識誤》同。⑫及　原無此字。據章鈺校，甲十一行本、乙十一行本、孔天胤本皆有此字，今據補。

【語　譯】高祖武皇帝八

大通二年（戊申　西元五二八年）

春季，正月初五日癸亥，魏國朝廷任命北海王元顥為驃騎大將軍、開府儀同三司、相州刺史。

魏國擔任北道行臺的楊津駐守定州城，定州城夾在鮮于脩禮和杜洛周兩股叛賊勢力之間，他們輪番地前來進攻、圍困定州城。楊津積極地儲備柴草糧食，打造兵器器械，隨時根據形勢的變化機動靈活地抗擊賊軍的進攻，賊軍無法攻克定州城。楊津暗中派人帶著用鐵頁做成的免罪證明書到賊軍中勸說賊軍投降，賊黨中果然有人響應楊津，他們送信給楊津說：「賊軍所以要包圍定州城，只是為了要捉拿從北方過來的鮮卑人。你應該把城中所有從北方過來的鮮卑人殺光，不然的話，必有後患。」楊津把城中所有從北方過來的鮮卑人集中起來保護在內城中而沒有殺害他們，眾人無不感謝楊津的仁德。

後來葛榮殺死了元洪業，收編了鮮于脩禮的部眾，葛榮派人勸說楊津投降，許諾如果投降就讓楊津擔任司徒。楊津殺死了葛榮派來的使者，固守定州城達三年之久。杜洛周率軍包圍了定州城，魏國已經派不出軍隊來救援定州。楊津就派自己的兒子楊遁突出包圍，前往柔然敕連頭兵豆伐可汗阿那瓌那裡請求援救。楊遁到了柔然可汗那裡，日夜哭泣哀求，敕連頭兵豆伐可汗阿那瓌這才派遣自己的叔祖父吐豆發率領一萬精騎兵向南進發來救援定州。吐豆發的前鋒部隊到達廣昌的時候，賊軍堵塞了隘口，柔然的軍隊無法通過，就又返回了柔然。正月初七日乙丑，在楊津屬下擔任長史的李裔領著賊軍進入定州城，活捉了北道行臺楊津，他們原本要把楊津煮死，後來又赦免了楊津。魏國擔任瀛州刺史的元寧獻出瀛洲城向杜洛周投降。

正月初七日乙丑，魏孝明帝元詡的寵妃潘氏生了一個女兒，胡太后對外謊稱生了一位皇子。初八日丙寅，魏國實行大赦，改年號為武泰元年。

自稱齊帝的蕭寶寅出兵包圍了馮翊郡城，卻沒有將其攻克。長孫稚率軍到達恆農郡的時候，擔任行臺左丞的楊侃對長孫稚說：「過去魏武帝曹操以漢獻帝丞相的身分率軍西討韓遂、馬超的西涼軍，雙方相遇於潼關，若論韓遂、馬超的才能，遠不是魏武帝的對手，然而魏武帝卻長時間不能取勝，是因為韓遂、馬超搶先扼守了險要的緣故。如今叛賊蕭寶寅已經牢牢地守禦著險要，即使是魏武帝再生，也無法施展他的才智和勇敢。我們不如向北去奪取蒲坂，渡過黃河向西進兵，進入蕭寶寅的腹心地帶，把我軍置於孤立無援的危險境地，那麼華州的包圍不用戰鬥就會解除，蕭寶寅據守潼關的軍隊一定會因為有內顧之憂而撤走，肢節被解除之後，作為主體的長安就可以毫不費力地攻取了。如果您認為我的計策可取，我願意為您充當前鋒。」長孫稚說：「你的計策的確很好，然而現在薛脩義的軍隊正在圍攻河東郡的蒲坂，薛鳳賢的軍隊佔據著安邑縣，奉命討伐薛鳳賢、薛脩義的都督宗正珍孫還停留在虞坂不敢向前進軍，我軍如何能夠渡過黃河向西進入蕭寶寅的腹心之地呢？」楊侃說：「宗正珍孫只不過是軍中的普通一兵，靠著機會當上了將軍，只可以受人驅使，怎能去驅使別人！河東郡的郡治在蒲坂，蒲坂西邊緊靠著黃河邊，河東郡管轄的地盤大多都在郡治蒲坂的東側。薛脩義驅趕著士民向西圍攻河東郡的郡城蒲坂，而他們的父母妻子還都留在原來的村子裡，他們一旦聽到官軍到來的消息，都會顧念留在家裡的親人，必定望風而逃。」長孫稚於是派遣自己的兒子長孫子彥與楊侃一同率領騎兵從恆農北渡黃河，佔據了石錐山上的軍事據點，楊侃揚言說：「如今我們的騎兵暫且停留在這裡等待後面的步兵，而且我要觀察一下民心的向背。令那些送交了投降名單的人各自回到自己的村子裡，等看到官軍點燃三堆烽火的時候，也要在村子裡點燃烽火響應官軍。那些沒有點燃烽火響應官軍的人將被看做是賊軍的同黨，官軍就要對其發動攻擊，把他們殺光，用繳獲來的物資犒賞軍隊。」於是村民們立即互相轉告，即使那些實際上並沒有向官軍投降的人也裝作投降了官軍而點燃了烽火，一夜之間，火光遍及數百里。

那些圍攻蒲坂的賊軍鬧不清楚是怎麼回事兒，立即各自逃散回家。叛民首領薛脩義也逃回自己的家中，薛脩義與薛鳳賢都向官軍請求投降。正月十八日丙子，行臺長孫稚攻克了潼關，隨後進入河東地區。

碰巧此時朝廷下詔廢除鹽池稅，長孫稚上表給朝廷認為「鹽池出產的鹽，是天然的貨物，鹽池靠近京城洛陽，就應該把它當成寶物一樣進行守衛，公平合理地管好它。如今國家多災多難，府庫空虛，冀州、定州兵荒馬亂，按照正常的稅收應該徵收的絹帛已經徵收不上來，只有仰仗國家的府庫，而國家的府庫有出無入。大致估算一下徵收的鹽稅，一年當中，如果折合成絹帛計算，不下於三十萬匹，相當於冀、定二州的賦稅全靠京畿地區的鹽池稅給頂替了，現在如果廢除了鹽池稅，就是第二次失計。我此前大膽地違背了皇帝的旨意，沒有先去討伐佔據關中的賊人蕭寶寅，而是直接先來解決河東地區的叛賊薛脩義對蒲坂的圍困，並不是我不急於進攻長安的蕭寶寅而急於解決圍攻蒲坂的薛脩義，而是因為一旦失去鹽池，三軍就要缺乏糧食。上天幫助大魏，我這樣做沒有出什麼差錯。過去高祖在位時的太平年代，國家富裕，什麼也不缺乏，朝廷尚且還要開創設置鹽官以加強對鹽池的管理，這樣做並不是為了與百姓爭這幾個小錢，而是擔心由於百姓互相爭奪鹽池之利而朝廷缺乏管理會造成更為嚴重的秩序混亂。何況現在國家的費用嚴重不足，已經向百姓預徵了今後六年的租糧，又向百姓預徵了明年的絹帛，這些都是在剝奪人民的私有財產，是出於迫不得已。我已經以朝廷頒發給我的符節為憑證下令給管理鹽池的將軍與校尉，讓他們依然率領他們的部隊，依照以前的規定照常收取鹽池稅，以後是取消鹽池稅還是不取消鹽池稅，等待朝廷以後的命令。」

蕭寶寅派遣他的部將侯終德率軍襲擊毛遐。碰巧郭子恢等人多次被魏國的官軍打敗，侯終德趁著蕭寶寅的氣勢受挫，於是就回過頭來攻打蕭寶寅。侯終德到達長安城白門的時候，蕭寶寅才察覺到情況的不妙，正月十九日丁丑，蕭寶寅與侯終德作戰失敗，就攜帶著自己的妻子南陽公主和自己的小兒子率領部下的一百多名騎兵從後門出逃，去投奔万俟醜奴，万俟醜奴任命蕭寶寅為太傅。

二月，魏國朝廷任命長孫稚為車騎大將軍、開府儀同三司、雍州刺史、尚書僕射、西道行臺。

群盜首領李洪率眾進攻鞏西縣，他們在伊闕山口以東燒殺搶掠，還派人向南去勾結那些被稱為蠻人的少數民族，魏國擔任都督的李神軌、擔任武衛將軍的費穆率軍討伐李洪。費穆在伊闕山口以南打敗了李洪，平定了李洪的叛亂。〇自稱齊國天子的葛榮率眾襲擊杜洛周，把杜洛周殺死，兼併了杜洛周的部眾。

魏國的胡太后再次臨朝稱制以來，她的男寵掌握大權，朝政廢弛，胡太后在百姓當中既沒有威望，也沒有恩德，因此盜賊蜂擁而起，朝廷能管轄的地盤越來越小。魏肅宗年齡越來越大，胡太后因為自己所作所為不謹慎，恐怕身邊的人告訴孝明帝，於是凡是孝明帝所寵信的人，胡太后就找碴將其除掉，極力地堵塞蒙蔽孝明帝，不讓他知道外面的事情。擔任通直散騎常侍的昌黎郡人谷士恢很受孝明帝的寵信，孝明帝讓他統領身邊的警衛。胡太后多次向谷士恢吹風示意，想派谷士恢出京去擔任州刺史。谷士恢貪戀於受孝明帝之寵，不願意到地方上去做官，胡太后就誣陷谷士恢有罪而把谷士恢殺死。有一個名叫蜜多的和尚，會講匈奴話，孝明帝經常讓他跟隨在自己左右，胡太后派人在城南把蜜多和尚殺死，又裝模作樣地懸賞捉拿刺客。由於發生了這些事情，胡太后與元詡母子之間的矛盾越來越深。

此時，車騎將軍、開府儀同三司、并、肆、汾、唐、恆、雲六州討虜大都督爾朱榮的兵力十分強盛，魏國朝廷很懼怕他。高歡、段榮、尉景、蔡儁這些人原先都是上谷郡叛民首領杜洛周的部下，他們想要除掉杜洛周卻沒有成功，就逃奔了自稱齊國天子的葛榮，後來他們又逃歸了爾朱榮。劉貴原本就在爾朱榮那裡，他多次向爾朱榮舉薦高歡，爾朱榮看見高歡面容憔悴，沒覺得他有什麼不同尋常的地方。高歡跟隨爾朱榮來到馬廄看馬，馬廄裡有一匹悍馬，爾朱榮讓高歡給這匹悍馬修剪馬鬃，高歡並沒有用繩索絡住馬頭、絆住馬腿就把悍馬的馬鬃修剪整齊了，悍馬竟然對高歡服服帖帖、不踢也不咬。高歡站起身來對爾朱榮說：「駕御兇惡的人也應當是這個樣子。」爾朱榮對高歡的話感到很奇怪，就讓高歡坐在自己的座椅旁邊，屏退左右之後，便向高歡詢問對時局的看法。高歡說：「聽說你的馬匹布滿了十二條山谷，按照不同的顏色劃分成群，你養這麼多馬究竟想用牠們做什麼呢？」爾朱榮說：「只管說你的想法！」高歡說：「如今的天子昏庸懦弱，胡太后淫亂，受她寵幸的那些奸佞小人專擅朝政，朝廷政令不能推行。明公你憑藉著自己的雄才武略，抓住時機奮發圖強，出兵討伐鄭儼、徐紇的罪惡，清除皇帝身邊的佞臣，霸王之業可以舉鞭而成，這就是我的真實想法。」爾朱榮聽後非常高興。高歡和爾朱榮從日中時分一直談到半夜才出來，從此以後，高歡便經常參與爾朱榮有關軍事方面的謀劃。

魏國擔任并州刺史的元天穆，是拓跋孤的第五代孫子，他與爾朱榮關係友善，爾朱榮把元天穆當做自己的哥哥一樣對待。爾朱榮經常與元天穆和帳下擔任都督的賀拔岳一起密謀，準備起兵攻入京師洛陽，在朝廷之內誅除那些受寵幸的奸佞小人，在朝廷以外削平各地的盜賊，元天穆、賀拔岳都勸說爾朱榮去成就這項事業。

爾朱榮上書給魏國的胡太后，認為山東地區盜賊的勢力猖獗，冀州、定州相繼落入杜洛周、葛榮之手，官軍多次被叛賊打敗，請求太后陛下允許他派遣三千精銳騎兵前往東部地區去援助相州。胡太后懷疑爾朱榮另有什麼企圖，於是回覆說「莫折念生已經被殺，蕭寶寅已經被擒獲，万俟醜奴向朝廷請求投降，關中、隴山地區的盜賊已經被平定；武衛將軍費穆打敗了群蠻，平定了以李洪為首的叛亂，徙居於河東絳縣的蜀地之民陳雙熾的聚眾造反也已逐漸被平息。再有，北海王元顥已經率領二萬軍隊出京去鎮守相州，所以就不用你再出兵援助相州了。」爾朱榮又上書給胡太后，認為「叛軍的勢力雖然逐漸衰落，而官軍由於多次打敗仗，人心憂懼不安，實際上恐怕很難再用。如果不另行考慮方略，就無法保證萬無一失。我認為蠕蠕人的首領阿那瓌蒙受了國家的厚恩，不應該忘記報答，應該讓他發兵東趨飛狐口，從葛榮軍隊的北側向其發起進攻，據守相州的北海王元顥的軍隊嚴加戒備，擋在葛榮軍隊的前面。我部下的軍隊數量雖少，但會盡力拼死為國效命。我將率軍從井陘道以北，滏口陘以西，分別佔據險要地形，進攻葛榮的肘腋之地。葛榮雖然兼併了杜洛周的部眾，而他在杜洛周的部眾中威信還沒有樹立，杜洛周的部眾還沒有明顯地得到葛榮的好處，杜洛周的部下和葛榮的部下背景不同、差異很大，我們可以化解他們目前的優勢。」爾朱榮於是調動軍隊，召集義勇，向北抵抗來自馬邑的進攻，向東堵塞了井陘口。徐紇勸說胡太后用免死鐵券收買、分化爾朱榮的左右親信，爾朱榮聽後非常憎恨徐紇。

魏肅宗也非常厭惡胡太后的寵臣鄭儼和徐紇等人，但迫於胡太后的權勢，又不能把他們除去。肅宗於是祕密下詔，令爾朱榮率兵進京，準備脅迫胡太后。爾朱榮任命高歡為前鋒，高歡到達上黨郡的時候，肅宗皇帝又祕密下詔讓爾朱榮停止前進。鄭儼、徐紇懼怕災禍降臨到自己頭上，便暗中與胡太后密謀毒死肅宗。二月二十五日癸丑，肅宗突然死去。二十六日甲寅，胡太后立孝明帝的寵妃潘氏所生的女兒冒充男孩為帝，大赦天下。後來胡太后又下詔說：「潘充華所生的孩子原本是個女孩，已故臨洮王元寶暉的世子元釗，是高祖元宏的曾孫，理應繼承皇位。文武百官提升二級，宿衛提升三級。」二十七日乙卯，元釗即位做了魏國皇帝。當時元釗才三歲，胡太后想要長期把持魏國朝政，所以貪圖元釗年幼就立元釗為皇帝。

爾朱榮聽到肅宗駕崩的消息之後，不禁怒火中燒，他對并州刺史元天穆說：「小皇帝死了，他雖然已經十九歲，全國的人還要稱他為小皇帝；何況現在胡太后把一個還不能說話的孩子扶上皇帝寶座以君臨天下，想求得國家的長治久安，怎麼能做得到！我想要率領披著鐵甲的騎兵奔赴洛陽去哀悼去世的皇帝，剷除奸佞，另立年長的君主，你認為如何？」元天穆說：「這是古代能行廢立的伊尹、霍光兩位名臣又出現在今天了！」爾朱榮於是給朝廷上了一道公開的表章說：「大行皇帝拋下了全國的臣民，全國的人都說皇帝是被毒藥毒死的。難道會有天子感到不舒服，根本不傳醫生診治，貴戚大臣又都不在旁邊侍候的道理，這怎能不令遠近的人感到驚愕！又讓皇帝的女兒冒充太子，讓她即位稱帝，發布大赦令，上欺天地，下惑朝臣百姓。然後又在孩童之中選中了只有三歲的元釗立為國君，實際上是為了讓奸臣小人得以繼續專擅朝政，毀壞、擾亂國家綱紀，這和捂著眼睛逮麻雀、塞著耳朵偷鐘有什麼區別！如今海內盜賊沸騰，鄰國的敵人趁機進攻我國、侵佔我國的領土，在這樣的形勢下卻想讓一個還不會說話的小兒來鎮服安定天下，不是很困難嗎？希望陛下允許我趕赴朝廷，參與決策國家大事，向侍奉皇帝的侍臣詢問皇帝駕崩的原因，問問負責警衛的官員怎麼會不瞭解皇帝駕崩的情況，把徐紇、鄭儼之徒交由司法部門進行審判，昭雪普天之下人的恥辱，向遠近滿含怨恨的人們謝罪，然後從皇室宗親當中另行選擇繼承皇位之人以延續國脈。」爾朱榮的堂弟爾朱世隆當時在皇宮中擔任直閤將軍，胡太后派遣爾朱世隆前往晉陽慰問勸說爾朱榮。爾朱榮想把爾朱世隆留下，爾朱世隆說：「朝廷因為懷疑哥哥，所以派我前來慰勞勸說你，如果你留下我，就會使朝廷得以預先做好對付你的準備，這不是好辦法。」爾朱榮這才讓爾朱世隆返回洛陽向胡太后覆命。

三月二十六日癸未，自稱齊國天子的亂民首領葛榮率軍攻陷了魏國的滄州，活捉了擔任滄州刺史的薛慶之，滄州境內的居民在戰亂中死去的有十分之八九。○二十八日乙酉，魏國把孝明帝安葬在定陵，廟號肅宗。

爾朱榮與元天穆商議，認為彭城武宣王元勰對國家忠心耿耿，立有功勳，他的兒子長樂王元子攸，一向享有崇高、美好的聲望，於是想要立元子攸為皇帝。爾朱榮又派遣自己的姪子爾朱天光和自己的親信奚毅、保鏢王相前往洛陽，與堂弟爾朱世隆祕密商議。爾朱天光見到了長樂王元子攸，他向元子攸詳細述說了爾朱榮的想法，元子攸表示贊同。爾朱天光等人回到晉陽，爾朱榮對擁立長樂王元子攸為帝仍然心存疑慮，於是就用銅為魏顯祖拓跋弘的幾個兒孫各鑄了一座銅像來占卜究竟選立哪個人為皇帝好，只有長樂王的銅像鑄造成功。爾朱榮這才下定擁立長樂王為帝的決心，於是起兵從晉陽出發，堂弟爾朱世隆也逃出洛陽，到上黨郡與爾朱榮會合。胡太后聽到爾朱榮率軍前來洛陽的消息之後非常恐懼，她把所有的王公大臣全都召集起來入宮商議對策，宗室大臣都痛恨胡太后的所作所為，沒有人肯為她出主意。唯獨中書舍人徐紇說：「爾朱榮只是一個小小的胡人，竟敢舉兵殺向洛陽，朝廷的這些文臣武將、宮廷宿衛就完全可以制服他。只要我們守住險要，以逸待勞，他們遠離自己的老巢孤軍深入千里，士兵戰馬早已疲憊不堪，我們一定能將他們打敗。」胡太后認為徐紇說得對，就任命擔任黃門侍郎的李神軌為大都督，率領宮廷宿衛抗拒爾朱榮，派別將鄭季明、鄭先護率領自己的部下守住洛陽東北方的黃河大橋，令武衛將軍費穆率軍屯紮在小平津。鄭先護，是鄭儼的族兄弟。

爾朱榮率軍到達魏國河內郡的時候，再次派保鏢王相祕密地前往洛陽，迎接長樂王元子攸。夏季，四月初九日丙申，元子攸與自己的哥哥彭城王元劭、弟弟霸城公元子正兄弟三人偷偷地從高渚渡過黃河向北投奔爾朱榮，初十日丁酉，元子攸等人在河陽與爾朱榮會合，軍中將士全都稱呼萬歲。十一日戊戌，渡過黃河之後，元子攸即皇帝位，他封自己的哥哥元劭為無上王，封自己的弟弟元子正為始平郡王。任命爾朱榮為侍中、都督中外諸軍事、大將軍、尚書令、領軍將軍，統領皇帝身邊的侍從與警衛人員，封爾朱榮為太原王。

鄭先護一向與敬宗皇帝元子攸關係友善，他聽說元子攸做了皇帝，就與鄭季明一起打開河橋城北端的城門迎接元子攸入城。大都督李神軌率軍來到河橋，聽說黃河北岸的河橋城已經失守，就立即逃回了洛陽城，費穆丟下自己的軍隊率先投降了爾朱榮。徐紇假傳胡太后的詔命夜間打開殿門，從專門餵養良馬的馬棚裡牽出十匹御馬，向東逃往兗州，鄭儼也逃回了自己的故鄉開封。胡太后把肅宗皇帝後宮的嬪妃侍女全部召集起來，令她們全部出家去當尼姑，胡太后自己也剪掉頭髮當了尼姑。爾朱榮召集文武百官前來迎接孝莊皇帝元子攸的車駕，四月十二日己亥，洛陽朝廷中的文武百官捧著皇帝玉璽，備齊皇帝法駕，來到河橋城迎接敬宗皇帝。十三日庚子，爾朱榮派遣騎兵抓捕了胡太后和三歲的小皇帝元釗，把他們送往河陰。胡太后對爾朱榮說了很多為自己辯解的話，爾朱榮聽得不耐煩，便拂袖而起，他下令把胡太后和幼主元釗沉入黃河裡淹死。

費穆祕密地對爾朱榮說：「你手下的兵馬不超過一萬人，如今長驅進入洛陽，前進的路上並沒有遇到有人阻擋，你既沒有打勝仗的威風，眾人一向又對你不滿意、不心服。京師有眾多的人口，眾多的文武官員，他們都知道你的底細，對你都有輕視怠慢之心。你如果不誅殺、懲罰一大批人，另行樹立自己的親黨，恐怕你返回北方晉陽的時候，還沒等你度過太行山，朝廷內就會發生反對你的政變了。」爾朱榮心裡很贊同費穆的看法，就對自己的親信慕容紹宗說：「洛陽城中人士繁盛，驕奢淫佚已經形成風俗，如果不對他們加以剷除，最終將難以駕御制服他們。我想趁著朝中的文武百官出來迎接的時候，全部把他們殺死，你覺得怎麼樣？」慕容紹宗說：「胡太后荒淫無道，奸佞小人掌握權柄，致使四海之內盜賊蜂起、政局混亂，所以明公才舉義兵清理朝廷。如今明公無緣無故地大規模殺戮官僚士大夫，不分忠奸，恐怕會使天下人感到非常失望，這可不是什麼好辦法。」爾朱榮沒有聽從慕容紹宗的勸告，他請孝莊皇帝沿著黃河向西前往淘渚，爾朱榮領著文武百官來到行宮的西北，說是準備在這裡祭天。文武百官彙集之後，爾朱榮令排成隊列的胡人騎兵把百官團團圍住，把國家國土喪失、戰亂不斷，肅宗皇帝突然駕崩的責任全部歸罪於朝廷大臣，責備他們貪婪暴虐，不能挽救朝政之失、輔佐皇帝剷除奸佞。然後放縱士兵誅殺文武百官，從擔任丞相的高陽王元雍、擔任司空的元欽、開府儀同三司的義陽王元略及其以下，被殺死的有二千多人。曾經擔任過黃門郎的王遵業兄弟當時正在家中為父親守喪，他們的母親，是敬宗皇帝的姨母，他們都是出來迎接過爾朱榮的人，也全都被爾朱榮殺死。王遵業，是王慧龍的孫子，才華出眾、性格爽朗，具有各方面的才學，當時的人都很惋惜他的才華而指責他的追逐名利。有一百多名大小朝臣來晚了，爾朱榮又讓胡人騎兵包圍了他們，命令他們說：「有誰能以皇帝的口氣寫出願意將皇位讓給他人的文告的就免誰一死。」擔任侍御史的趙元則站出來應募，爾朱榮就讓趙元則撰寫禪讓的文告。爾朱榮又令他的軍隊宣揚說：「元氏已經滅亡，爾朱氏興起。」士兵都高呼萬歲。爾朱榮又派遣數十人手舉鋼刀逼向孝莊皇帝的行宮，孝莊皇帝與無上王元劭、始平郡王元子正全都走出帳外。爾朱榮先派并州人郭羅剎、西部地區的高車族人叱列殺鬼侍奉在孝莊皇帝的身邊，謊稱是為了保護皇帝，他們把孝莊皇帝強行抱入帳內，其他的人立即上前殺死了元劭和元子正。爾朱榮又派遣數十人把孝莊皇帝遷到河橋城，安置在軍隊的大帳裡，派人看管起來。

孝莊皇帝雖然憂愁憤怒卻又無計可施，他派人向爾朱榮傳達自己的諭旨說：「帝王輪番興起，盛衰變化不定。如今全國各地也分裂潰散，將軍振袖起義，無人能敵，這乃是天意，不是靠人力所能左右的。我前來投奔你，本來是想保全自己的性命，怎敢妄想登基做皇帝？將軍逼迫我，竟到了如此的地步。如果天命歸屬於將軍，將軍自己應該及時地早日稱帝；如果將軍非要推辭而不願自己稱帝，一心想要保存魏國的社稷，也應當另選一位既親且賢的人來做這個皇帝，由你來輔佐他。」當時擔任都督的高歡勸說爾朱榮稱帝，爾朱榮身邊的人大多數都贊同高歡的意見，爾朱榮卻遲疑不決。賀拔岳進前對爾朱榮說：「將軍首先舉義兵，立志為國家剷除奸邪叛逆，目前大功還沒有建立，就突然有了自己稱帝的想法，這只能讓大禍加速地降臨到自己的頭上，我看不出這樣做能帶來什麼福分。」爾朱榮就用黃金為自己鑄造金像，以此來占卜吉凶，前後鑄造了四次，都沒有鑄造成功。擔任功曹參軍的燕郡人劉靈助善於占卜，爾朱榮非常相信劉靈助，劉靈助說目前的天時、人事都不適合爾朱榮稱帝。爾朱榮說：「如果我當皇帝不吉利，就應當將元天穆迎來，擁戴他做皇帝。」劉靈助說：「元天穆做皇帝也不吉利，只有長樂王有做皇帝的命。」爾朱榮當時也是精神恍惚，快要支持不住自己。過了很久才醒悟過來，內心感到非常的羞愧和悔恨，他說：「我屠殺了大批的朝士和元子攸的家人，犯了這麼大的過失，只有以死來向朝廷請罪。」賀拔岳請求爾朱榮殺死高歡以向天下人謝罪，爾朱榮身邊的人都說：「高歡雖然愚昧淺薄，說話不考慮困難，如今正是四方多事之秋，還需要借助武將的力量，請赦免高歡，看他以後的表現。」爾朱榮這才沒有殺掉高歡。當天夜裡四更時分，爾朱榮又派人把孝莊皇帝元子攸接回自己的軍營，爾朱榮望著的馬頭磕頭，請求元子攸處死自己以謝天下。

爾朱榮所率領的胡人騎兵因為殺死了很多朝臣官僚士大夫，所以不敢進入洛陽城，他們向爾朱榮建議，想把都城遷往北方。爾朱榮猶豫不決了很久，擔任武衛將軍的汎禮極力進行勸阻。四月十四日辛丑，爾朱榮陪護著孝莊皇帝進入洛陽城。孝莊皇帝登上太極殿，下詔實行大赦，改年號為建義元年。凡是跟隨太原王爾朱榮來到洛陽的將士，每人晉升五級，在京城洛陽的文官晉升二級，武官晉升三級，百姓免除三年的賦稅徭役。當時洛陽朝廷中的文武百官幾乎被殺光了，倖存下來的少數官員全都逃竄隱藏起來根本不敢出來，只有擔任散騎常侍的山偉一個人到皇宮門口拜謝皇帝頒布的大赦令。洛陽城中的官僚百姓人心惶惶，人人心懷疑慮，有人說爾朱榮準備放縱他的士兵在洛陽城中進行大肆的掠奪，有人說爾朱榮準備把都城遷往晉陽。富有的人家丟下自己的住宅，貧窮的人家背後背著孩子，大都逃離了洛陽城，洛陽城中剩下的人口不到原來的十分之一二，宮廷內院連值班的人都找不到，官位空缺官府荒廢。爾朱榮於是上書給孝莊皇帝說：「兵荒馬亂之時，紀律難以整齊劃一，諸多親王和朝廷顯貴，被害死的人很多，我即使粉身碎骨也不能補救我的過失，請求陛下追贈死亡的人，稍稍彌補一點兒我的愧疚。請追贈無上王元劭為無上皇帝，其餘凡是在河陰被殺的人，諸王全都追贈為司徒、司空、司馬，三品的官員追贈為尚書令與尚書左右僕射，五品的官員追贈為刺史，七品以下以及沒有官爵的平民百姓追贈為郡守或是鎮將。死者如果沒有後代，允許他們任選繼承人，立即授予他們相應的官爵。再派遣使者在城內挨家挨戶進行慰問。」孝莊皇帝下詔批准了爾朱榮的奏請。於是朝臣和士大夫才逐漸露面，人心大致安定下來。封無上王元劭的兒子元韶為彭城王。

爾朱榮仍然堅持要將都城從洛陽遷往晉陽，孝莊皇帝也不能違背。擔任都官尚書的元諶與爾朱榮進行爭論，認為不可以遷都。爾朱榮發怒說：「遷都不遷都和你有什麼關係，你要堅決表示反對？況且我在河陰殺死二千多名朝臣的事情，你應該是知道的。」元諶說：「天下的事情就應當與天下人進行商量，為什麼你要用在河陰的殘酷殺戮來恐嚇我元諶呢？元諶，是魏國的宗室，職位相當於古代的常伯，我活著既然無益於國家，死了對國家又有什麼損害呢？即使今天令我頭碎腸流，我也無所畏懼！」爾朱榮怒不可遏，就想判處元諶一個罪名，爾朱榮的堂弟爾朱世隆極力進行勸阻，爾朱榮這才罷休。看見他們爭辯的人無不感到膽戰心驚，而元諶神色鎮定自若。過了幾天之後，孝莊皇帝與爾朱榮登上高處遠望，爾朱榮看到宮殿巍峨壯麗，樹木成行，景象蔚為壯觀，不禁歎息著說：「我昨天愚昧，竟然有向北遷都晉陽的想法，今天看見皇家居住的宮殿是如此的盛大美好，細想都官尚書元諶所說的話，實在是無可辯駁。」從這時起，爾朱榮才不再提起遷都的事情。元諶，是元諡的哥哥。

四月十六日癸卯，魏國朝廷任命江陽王元繼為太師；任命北海王元顥為太傅；任命擔任光祿大夫的李延寔為太保，賜封李延寔為濮陽王；任命擔任并州刺史的元天穆為太尉，賜封元天穆為上黨王；任命前任侍中楊椿為司徒；任命擔任車騎大將軍的穆紹為司空，兼任尚書令，賜封穆紹為頓丘王；任命擔任雍州刺史的長孫稚為驃騎大將軍、開府儀同三司，賜封長孫稚為馮翊王；任命擔任殿中尚書的元諶為尚書右僕射，賜封為魏郡王；任命擔任金紫光祿大夫的廣陵王元恭加授開府儀同三司。其他那些從一個不起眼的家族一步登天地成了大貴族的人，多得不可勝數。李延寔，是李沖的兒子，李延寔因為是孝莊皇帝的大舅子，所以得到越級提升。

徐紇的弟弟徐獻伯當時還在擔任北海郡太守，徐季產擔任青州長史，徐紇派人將爾朱榮率軍進入洛陽、害死了胡太后和三歲小皇帝元釗以及扶持元子攸登基做了皇帝等事情告訴了他們，徐獻伯、徐季產全都攜帶著家屬逃離了任所，與徐紇全都逃奔了泰山郡。鄭儼與自己的堂兄擔任滎陽郡太守的鄭仲明謀劃據守滎陽郡起兵造反，結果都被部下殺死。

四月二十日丁未，孝莊皇帝下詔，朝廷內外解除軍事狀態。○魏國擔任郢州刺史的元顯達向梁國請求投降，梁武帝蕭衍下詔令梁國擔任郢州刺史的元樹前往迎接元顯達，夏侯夔也從楚城前往與他們會合，梁武帝遂將夏侯夔留在魏之郢州鎮守。蕭衍把魏國的郢州改為北司州，任命夏侯夔為北司州刺史，同時兼管司州。夏侯夔率軍進攻魏國的毛城，逼近魏國的新蔡縣；梁國擔任豫州刺史的夏侯亶率軍包圍了魏國的南頓郡，出兵攻打魏國陳郡的郡治項縣，魏國擔任尚書行臺的源子恭率軍進行抵抗。

四月二十三日庚戌，魏國朝廷賜封爾朱榮的兒子爾朱义羅為梁郡王。○柔然敕連頭兵豆伐可汗阿那瓌多次向魏國朝廷進貢，魏國孝莊皇帝下詔敕連頭兵豆伐可汗阿那瓌在給魏國皇帝行叩拜禮的時候，贊禮官只唱他的官爵而不唱他的名字，以表示對他的格外敬重，上書給魏國皇帝的時候不稱自己為臣。

魏國汝南王元悅和擔任東道行臺的臨淮王元彧聽到爾朱榮在河陰大肆殺戮朝臣的消息，都來投奔梁國。先前的時候，從魏國投降到梁國的人都稱自己在魏國時的官職為偽，元彧在給梁武帝上奏章的時候則只稱自己為魏臨淮王，而沒有稱自己為偽臨淮王，梁武帝也體察到元彧是一個心口如一，怎麼想就怎麼說的人，因此也不責怪他。魏國的北海王元顥準備前往自己相州刺史的任所，當他到達汲郡的時候，聽到葛榮率軍南侵和爾朱榮大肆殺戮朝臣的暴行，便暗自考慮如何保全自己的計策，他在汲郡徘徊不前，他讓自己的舅舅擔任殷州刺史的范遵代替自己前往擔任相州刺史職務，接替前任相州刺史李神駐守鄴城。擔任行臺駐守鄴城的甄密知道元顥有反叛朝廷的志向，就帶領眾人廢掉了范遵的代理相州刺史職務，再次推舉李神為代理相州刺史，並派兵前往汲郡迎接元顥，想要進一步觀察元顥的動向。元顥聽到這些消息，就率領著自己身邊的親信來投奔梁國。甄密，是甄琛的堂弟。魏國擔任北青州刺史的元世儁、擔任南荊州刺史的李志全都帶領全州來投降梁國。

五月丁巳朔❶，魏加爾朱榮北道大行臺。以尚書右僕射元羅❷為東道大使，光祿勳元欣❸副之，巡方黜陟❹，先行後聞❺。欣，羽之子也。

爾朱榮入見魏主於明光殿，重謝❻河橋之事，誓言無復貳心❼。帝自起止之，因復為榮誓❽，言無疑心。榮喜，因求酒飲之，熟醉，帝欲誅之，左右苦諫，乃止，即以牀轝❾向中常侍省❿。榮夜半方寤，遂達旦不眠，自此不復禁中宿矣。

榮女先為肅宗嬪⓫，榮欲敬宗立以為后，帝疑未決，給事[1]黃門侍郎祖瑩⓬曰：「昔文公在秦⓭，懷嬴入侍⓮。事有反經合義⓯，陛下獨何疑焉！」帝遂從之，榮意甚悅。

榮舉止輕脫⓰，喜馳射，每入朝見，更無所為，唯戲上下馬⓱；於西林園宴射⓲，恆請皇后⓳出觀，并召王公、妃主共在一堂。每見天子射中，輒自起舞叫，將相卿士悉皆盤旋⓴，乃至妃主亦不免隨之舉袂。及酒酣耳熱，必自匡坐㉑唱虜歌。日暮罷歸，與左右連手蹋地唱回波樂㉒而出。性甚嚴暴，喜慍無常，刀槊弓矢，不離於手，每有嗔嫌㉓，輒[2]行擊射，左右恆有死憂。嘗見沙彌㉔重騎一馬㉕，榮即令相觸㉖，力窮不能復[3]動，遂使傍人以頭相擊，死而後已。

辛酉㉗，榮還晉陽，帝餞之於邙陰㉘。榮令元天穆入洛陽，加天穆侍中、錄尚書事、京畿大都督，兼領軍將軍；以行臺郎中桑乾朱瑞㉙為黃門侍郎兼中書舍人，朝廷要官，悉用其腹心為之。

丙寅㉚，魏主詔：「孝昌㉛以來，凡有冤抑無訴㉜者，悉集華林東門㉝，當親理㉞之。」時承喪亂之後，倉廩虛竭，始詔「入粟八千石者賜爵散侯㉟，白民輸五百石者賜出身㊱，沙門授本州統㊲及郡縣維那㊳。」

爾朱榮之趣洛也，遣其都督樊子鵠取唐州，唐州刺史崔元珍㊴、行臺酈惲拒守不從。乙亥㊵，子鵠拔平陽㊶，斬元珍及惲。元珍，挺㊷之從父弟也。

將軍曹義宗㊸圍魏荊州㊹，堰水灌城，不沒者數板㊺。時魏方多難，不能救，城中糧盡，刺史王羆煮粥與將士均分食之。每出戰，不擐甲冑㊻，仰天大呼曰：「荊州城，孝文皇帝所置，天若不祐國家，令箭中王羆額；不爾，王羆必當破賊！」彌歷三年，前後搏戰甚眾，亦不被傷。癸未㊼，魏以中軍將軍費穆都督南征諸軍事，將兵救之。

魏臨淮王彧聞魏主定位，乃以母老求還，辭情懇至。上惜其才而不能違，六月丁亥㊽，遣彧還。魏以彧為侍中、驃騎大將軍，加儀同三司。

魏員外散騎常侍高乾，祐㊾之從子也，與弟敖曹、季式皆喜輕俠㊿，與魏主有舊。爾朱榮之向洛也，逃奔齊州(51)，聞河陰之亂，遂集流民起兵於河、濟之間(52)，受葛榮官爵，頻破州軍。魏主使元欣諭旨，乾等乃降。以乾為給事黃門侍郎兼武衛將軍，敖曹為通直散騎侍郎。榮以乾兄弟前為叛亂，不應復居近要，魏主乃聽解官歸鄉里。敖曹復行抄掠，榮誘執之，與薛脩義同拘於晉陽[53]。敖曹名昂，以字行[54]。

葛榮軍乏食，遣其僕射任褒將兵南掠至沁水[55]。魏以元天穆為大都督、東北道諸軍事，帥宗正珍孫等討之。前幽州平北府主簿[56]河間[57]邢杲帥河北流民十萬餘戶反於青州之北海[58]，自稱漢王，改元天統。戊申[59]，魏以征東將軍李叔仁為車騎大將軍、儀同三司，帥眾討之。

辛亥[60]，魏主詔曰：「朕當親御六戎[61]，掃靜燕、代[62]。」以大將軍爾朱榮為左軍，上黨王天穆為前軍，司徒楊椿為右軍，司空穆紹為後軍。葛榮退屯相州之北。

秋，七月乙丑[63]，魏加爾朱榮柱國大將軍、錄尚書事。○壬子[64]，魏光州[65]民劉舉聚眾反於濮陽[66]，自稱皇武大將軍。○是月，万俟醜奴自稱天子，置百官。會波斯國[67]獻師子[68]於魏，醜奴留之，改元神獸。

魏泰山太守羊侃[69]，以其祖規[70]嘗為宋高祖[71]祭酒從事[72]，常有南歸之志[73]。徐紇往依之，因勸侃起兵，侃從之。兗州刺史羊敦，侃之從兄也，密知之，據州拒侃。八月，侃引兵襲敦，弗克，築十餘城守[74]之，且遣使來降。詔廣晉縣侯泰山羊鴉仁[75]等將兵應接。魏以侃為驃騎大將軍、泰山公、兗州刺史，侃斬其使者不受。

將軍王弁侵魏徐州，番郡[76][4]民續靈珍擁眾萬人攻番郡以應梁。魏徐州刺史楊昱擊靈珍，斬之，弁引還。○甲辰[77]，魏大都督宗正珍孫擊劉舉於濮陽，滅之。葛榮引兵圍鄴，眾號百萬，游兵已過汲郡，所至殘掠，爾朱榮啓求討之。九月，爾朱榮召從子肆州[78]刺史天光留鎮晉陽，曰：「我身不得至處，非汝無以稱我心。」自帥精騎七千，馬皆有副，倍道兼行。東出滏口[79]，以侯景[80]為前驅。葛榮為盜日久，橫行河北，爾朱榮眾寡非敵，議者謂無取勝之理。葛榮聞之，喜見於色，令其眾曰：「此易與[81]耳，諸人俱辦[82]長繩，至則縛取。」自鄴以北，列陳數十里，箕張而進[83]。爾朱榮潛軍山谷，為奇兵，分督將[84]已上三人為一處，處有數百騎，令所在揚塵鼓譟，使賊不測多少。又以人馬逼戰[85]，刀不如棒，勒軍士齎袖棒[86]一枚，置於馬側，至戰時慮廢騰逐[87]，不聽斬級[88]，以棒棒之而已[89]。分命壯勇所向衝突[90]，號令嚴明，戰士同奮。爾朱榮身自陷陳，出於賊後，表裏合擊，大破之。於陳擒葛榮，餘眾悉降。以賊徒既眾，若即分割，恐其疑懼，或更結聚，乃下令各從所樂，親屬相隨，任所居止。於是羣情大喜，登即四散，數十萬眾一朝散盡。待出百里之外，乃始分道押領，隨便安置[91]，咸得其宜。擢其渠帥[92]，量才授任，新附者咸安，時人服其處分機速[93]。以檻車送葛榮赴洛，冀、定、滄、瀛、殷五州皆平。時上黨王天穆軍於朝歌[94]之南，穆紹、楊椿猶未發，而葛榮已滅，乃皆罷兵。

初，宇文肱從鮮于脩禮攻定州，戰死於唐河[95]。其子泰在脩禮軍中，脩禮死，從葛榮；葛榮敗，爾朱榮愛泰之才，以為統軍。

乙亥[96]，魏大赦，改元永安。○辛巳[97]，以爾朱榮為大丞相、都督河北畿外[98]諸軍事，榮子平昌公文殊、昌樂公文暢並進爵為王，以楊椿為太保，城陽王徽[99]為司徒。

冬，十月丁亥[100]，葛榮至洛，魏主御閶闔門[101]引見[102]，斬於都市[103]。

帝以魏北海王顥為魏王[104]，遣東宮直閤將軍陳慶之[105]將兵送之還北[106]。丙申[107]，魏以太原王世子爾朱菩提為驃騎大將軍、開府儀同三司。丁酉[108]，以長樂[109]等七郡各萬戶，通前十萬戶，為太原王榮國[110]。戊戌[111]，又加榮太師，皆賞擒葛榮之功也。

王子[112]，魏江陽武烈王繼[113]卒。○魏使征虜將軍韓子熙招諭邢杲，杲詐降而復反。李叔仁擊杲於濰水[114] [5]，失利而還。○魏費穆奄至荊州，曹義宗軍敗，為魏所擒，荊州之圍始解[115]。○元顯襲[6]魏銍城[116]而據之。

魏行臺尚書左僕射于暉[117]等兵數十萬，擊羊侃於瑕丘[118]，徐紇恐事不濟，說侃請乞師於梁，侃信之，紇遂來奔。暉等圍侃十餘重，柵中[119]矢盡，南軍不進。十一月癸亥[120]夜，侃潰圍出，且戰且行，一日一夜乃出魏境，至渣口[121]，眾尚萬餘人，馬二千匹。士卒皆竟夜悲歌，侃乃謝曰：「卿等懷土，理不能相隨[122]，幸適去留[123]，於此為別。」各拜辭而去。魏復取泰山。暉，勁之子也。○戊寅[124]，魏以上黨王天穆為大將軍、開府儀同三司，世襲并州刺史。

十二月庚子[125]，魏詔于暉還師討邢杲。○葛榮餘黨韓樓復據幽州反，北邊被其患。爾朱榮以撫軍將軍賀拔勝為大都督，鎮中山[126]，樓畏勝威名，不敢南出。

【章　旨】以上為第二段，寫梁武帝大通二年（西元五二八年）五至十二月共八個月間的大事。主要寫了魏主元子攸深恨爾朱榮之殘暴兇狠，但又能不露形跡，他坦然接受了爾朱榮之女為皇后，博得了爾朱榮的歡心；寫了河北地區的變民頭領葛榮向南搶掠進入河內郡，魏出大兵進討，葛榮退屯相州北；寫爾朱榮以精騎七千大破葛榮數十萬眾於鄴城的精彩戰役，以見爾朱榮的有勇有謀，結果葛榮被擒殺，葛榮的餘部韓樓復據幽州堅持反魏，北邊受其患；寫了魏臣高乾發動流民政變，屢破政府軍，後被朝廷招服；寫了光州民劉舉聚眾造反於濮陽，魏將宗正珍孫討滅之，均可見魏國的政治問題之廣泛與嚴重；寫了魏北海王元顥投降梁朝，被蕭衍封為魏王，在梁朝名將陳慶之的帶兵護送下返回魏國地面，建立分裂政權，元顥首取銍城而據之；此外也寫了魏國的某些將領，如崔元珍之守平陽、王羆之守荊州，皆極忠勇；以及魏之亂臣徐紇逃依泰山太守羊侃，說羊侃起兵降梁，並攻兗州刺史羊敦，徐紇與羊侃先後出瑕丘南逃降梁，以及梁將曹義宗攻魏荊州兵敗，被魏人所擒等等。

【注　釋】❶五月丁巳朔　五月初一是丁巳日。❷元羅　元繼之子，元乂之弟。傳見《魏書》卷十六。❸元欣　元羽之子，獻文帝拓跋弘之孫。傳見《魏書》卷二十一上。❹巡方黜陟　巡行視察全國各地，對地方官可進行提升或降免。❺先行後聞　先進行賞罰，而後再向朝廷報告。聞，奏明；報告。❻重謝　再次道歉、請罪。❼無復貳心　再也不會三心二意了。❽為榮誓　向著爾朱榮發誓。❾轝　軟轎；滑竿。這裡用如動詞，即抬。❿中常侍省　即門下省，侍中、常侍等親信官員集會辦公之地。⓫肅宗嬪　肅宗元詡的嬪妃。⓬給事黃門侍郎祖瑩　魏國的文學博雅之臣。傳見《魏書》卷八十二。⓭文公在秦　晉文公重耳周遊到秦國的時候。重耳是晉獻公之子，晉獻公聽驪姬讒言，殺太子申生，又欲殺群公子，於是重耳、夷吾等紛紛逃向國外。後來夷吾回國為君，是為惠公。惠公死後，懷公繼位。這時重耳周遊到秦國，想尋求秦國的幫助以打回晉國。⓮懷嬴入侍　懷嬴是秦穆公之女，晉惠公所以能回晉國為君本來也是秦穆公幫的忙。他為了取得秦穆公的信任，故派其子懷公入秦為人質。秦穆公為了收買為質的懷公，故將自己之女嫁之為妻。惠公死後，懷公偷偷逃回晉國。秦穆公痛恨晉惠公父子的一系列反秦、叛秦，故而熱心對待重耳，於是又把本已嫁給懷公為妻的女兒又嫁給了重耳。按輩分，重耳是懷公之叔，他開始不願接受這個女子，後來想明白這是一種政治需要，才接受了。⓯反經合義　雖然違反常規，但卻是辦大事所必須的。經，常規；常理。義，宜也，眼下必須要做的。⓰輕脫　行動比較隨便，不注意自己的身分以及貼身防衛等等。⓱戲上下馬　表演上馬下馬的動作以為笑樂。⓲宴射　在宴會上比賽射箭。⓳皇后　即爾朱榮的女兒，前為肅宗嬪妃者。⓴盤旋　一種北方民族的舞姿，唐代安祿山善胡旋舞，今之新疆維族舞蹈亦有旋轉極快的動作。㉑匡坐　正坐。㉒回波樂　北方民族的樂曲名。㉓瞋嫌　生氣；懷恨。㉔沙彌　小和尚；剛出家的和尚。㉕重騎一馬　兩人共騎一馬。㉖相觸　相撞；相撲。㉗辛酉　五月初五。㉘邙陰　邙山之北側。㉙桑乾朱瑞　桑乾是魏郡名，郡治在今山西應縣西南，山陰東。朱瑞，爾朱榮的親信，但為人正直，遂也成為魏主的忠臣。傳見《魏書》卷八十。㉚丙寅　五月初十。㉛孝昌　魏肅宗的第四個年號（西元五二五—五二七年）。㉜有冤抑無訴　有冤屈而未得申訴。㉝華林東門　華林園的東門。華林園是洛陽城內的皇家園林。㉞親理　皇帝親自為其審理。㉟入粟八千石者賜爵散侯　胡三省曰：「此有官入粟者之賜也。魏制，散侯降開國侯一品。」疑與漢代之關內侯相似，有爵位而無封地。㊱賜出身　改變其平頭百姓的身分，享受最基本的士大夫待遇。㊲本州統　該州所有僧眾的頭領。㊳郡縣維那　管理本郡或本縣僧眾的頭領。㊴崔元珍　崔挺的堂兄弟，先任平陽太守，後平陽改唐州，元珍又任唐州刺史。傳見《魏書》卷五十七。㊵乙亥　五月十九。㊶平陽　魏郡名，郡治即今山西臨汾。後來又改為唐州的州治所在地。㊷挺　崔挺，魏孝文、宣武時代的名臣，曾任中書侍郎、光州刺史。傳見《魏書》卷五十七。㊸曹義宗　梁朝的名將，梁朝的元勳曹景宗之弟，曹義宗於普通六年率軍北上，攻取了魏國的順陽郡。傳見《南史》卷五十五。㊹魏荊州　州治即今河南魯山縣。㊺板　築牆用的夾板，其寬二尺。古時尺小，約當二三．一公分。㊻不擐甲胄　不穿鎧甲、不戴頭盔。擐，穿；套。㊼癸未　五月二十七。㊽六月丁亥　六月初一。㊾祐　高祐，魏國文學之臣。傳見《魏書》卷五十七。㊿喜輕俠　喜歡行俠尚義。輕的意思是喜歡出手。(51)齊州　魏州名，州治歷城，即今濟南。(52)河濟之間　黃河與濟水流域，即今之河南北部與山東西北部一帶地區。(53)與薛脩義同拘於晉陽　胡三省曰：「薛脩義為龍門鎮將，附蕭寶寅，既降而反側，故亦被拘。」(54)以字行　說「高昂」不為人知，說「高敖曹」無人不曉。(55)沁水　魏縣名，縣治在今河南濟源東北。(56)幽州平北府主簿　幽州刺史、平北將軍府的主簿。(57)河間　魏郡名，郡治即今河北河間。(58)北海　魏郡名，郡治在今山東濰坊西南。(59)戊申　六月二十二。(60)辛亥　六月二十五。(61)六戎　六軍，統稱全國軍隊，春秋時只有周天子才有六軍，其他諸侯國只能有一軍、二軍，最多不能超過三軍。(62)燕代　指今北京市與河北、山西兩省的北部地區，指葛榮所率部活動的地區。(63)七月乙丑　七月初十。(64)壬子　此處疑有誤，本年七月無壬子日。(65)光州　魏州名，州治即今山東萊州。(66)濮陽　魏郡名，郡治在今山東鄄城東北，與今河南濮陽相隔較遠。(67)波斯國　即今伊朗。(68)師子　今寫作「獅子」。(69)羊侃　原為魏將，曾破殺變民頭領莫折天生，後率眾降梁。傳見《梁書》卷三十九。(70)其祖規　其祖父羊規。(71)宋高祖　即宋武帝劉裕，西元四二〇—四二二年在位。傳見《宋書》卷一。(72)祭酒從事　從事，也稱從事史，州刺史的高級僚屬，祭酒為群吏之首。劉裕早年為徐州刺史時，羊規曾為之當過祭酒從事。(73)南歸之志　返回南朝的思想。羊規原在徐州為官，宋明帝劉彧在位初期，由於政策失誤，造成了徐州及北方前線的許多軍鎮叛離劉宋，投降魏國，其將領有薛安都、畢眾敬等，致使南北雙方的國境線大幅度南移，羊規也就是這個時候被裹挾陷入了北方。(74)守　圍困。(75)羊鴉仁　魏國的泰山郡人，在郡為主簿，梁武帝普通年間（西元五二〇—五二七年）率家屬投降梁朝，被封為廣晉縣侯。傳見《梁書》卷三十九。(76)蕃郡　郡治即今山東滕州。(77)甲辰　八月十九。(78)肆州　魏州名，州治在今山西忻州西北。此州原有魏國朝廷任命的刺史，因對爾朱榮不順從，爾朱榮即攻取之，令其姪爾朱天光為刺史，魏朝廷不敢不依。(79)東出滏口　經滏口陘越太行山東出到河北。(80)侯景　爾朱榮的親信，後反覆叛降於南北朝之間，為社會造成重大戰亂。傳見《梁書》卷五十六。(81)易與　容易對付。(82)辦　準備；預備。(83)箕張而進　像畚箕一樣張著大口推壓過來。(84)督將　基層軍官，相當於現在的連長。(85)逼戰　近戰；肉搏戰。(86)齎袖棒　攜帶短棒。袖棒，可置於衣袖，以言其短。(87)慮廢騰逐　怕耽誤追擊敵人。廢，耽擱。(88)不聽斬級　不要再斬削敵人的人頭。(89)以棒棒之而已　用袖棒將其打死就行了。(90)所向衝突　朝著指定的方向勇猛衝擊。(91)隨便安置　根據現有條件進行安置。(92)渠帥　頭領。(93)處分機速　處理問題、解決問題的速度之快。(94)朝歌　當初殷紂王時代的京城，即今河南淇縣。(95)唐河　河水名，流經今河北定州唐縣西北。(96)乙亥　九月二十一。(97)辛巳　九月二十七。(98)河北畿外　河北地區與洛陽京畿以外的河南地區。(99)城陽王徽　元徽，景穆帝拓跋晃的曾孫。傳見《魏書》卷十九下。(100)十月丁亥　十月初三。(101)御閶闔門　駕臨閶闔門。閶闔門是洛陽宮城之門。(102)引見　牽來使魏主見。(103)都市　大集市；人煙湊集的地方。(104)魏王　魏國的領土之王，與封蕭寶寅為齊王、劉昶為宋王相同。(105)陳慶之　梁朝的名將，上年曾大破魏軍於渦陽。傳見《梁書》卷三十二。(106)將兵送之還北　以武力送其回魏以收拾魏國的殘破局面。(107)丙申　十月十二。(108)丁酉　十月十三。(109)長樂　魏郡名，郡治即今河北冀州，也是當時冀州的州治所在地。(110)為太原王榮國　為……國，作為……的封地。國，封國的領地。(111)戊戌　十月十四。(112)壬子　十月二十八。(113)江陽武烈王繼　元繼，魏國的亂臣元乂之父，被封為江陽王，武烈是其謚。傳見《魏書》卷十六。(114)濰水　河水名，自東泰山流來，經今安丘、昌邑，北流入渤海。(115)荊州之圍始解　胡三省曰：「荊州受圍三年始解。」(116)銍城　魏縣名，縣治在今安徽宿州西南。(117)于暉　魏國的元勳于栗磾的後代，孝文帝時的名臣于勁之子，爾朱榮的親戚。傳見《魏書》卷八十三下。(118)瑕丘　古城名，在今山東兗州西側。(119)柵中　猶言城中。柵，以竹木增修的防禦工事。(120)十一月癸亥　十一月初十。(121)渣口　相水與沭水的匯口，在今江蘇沭陽西南。(122)理不能相隨　的確是不能再跟著我走了。(123)幸適去留　請你們各隨己意，願去則去，願留則留。(124)戊寅　十一月二十五。(125)庚子　此處疑有誤，本年的十二月無庚子日。(126)中山　魏郡名，郡治即今河北定州。

【校　記】[1]給事　原無此二字。據章鈺校，甲十一行本、乙十一行本、孔天胤本皆有此二字，張敦仁《通鑑刊本識誤》同，今據補。按，《魏書·祖瑩傳》載：「累遷國子祭酒，領給事黃門侍郎。」②輒　據章鈺校，甲十一行本、乙十一行本、孔天胤本皆作「即」。③能復　據章鈺校，甲十一行本、乙十一行本、孔天胤本二字皆互乙。④蕃郡　據章鈺校，甲十一行本、乙十一行本、孔天胤本皆作「番郡」，下同。⑤濉水　原作「惟水」。胡三省注云：「『惟水』當作『濉水』。」據章鈺校，乙十一行本作「濉水」，張瑛《通鑑校勘記》同，今據改。按，《魏書·孝莊帝紀》亦作「濉水」。⑥襲　據章鈺校，甲十一行本、乙十一行本、孔天胤本皆作「取」。

【語　譯】五月初一日丁巳，魏國朝廷加授爾朱榮為北道大行臺。任命擔任尚書右僕射的元羅為東道大使，任命擔任光祿勳的元欣為東道副大使，到全國各地巡行視察，對地方官員可以直接進行提升或降免，有權先執行後奏報。元欣，是元羽的兒子。

爾朱榮進入明光殿來朝見魏孝莊皇帝元子攸，就河橋城監禁孝莊帝之事再一次向元子攸道歉、請罪，發誓說再也不會對孝莊帝懷有二心。孝莊皇帝親自起來阻止爾朱榮向自己道歉，並藉機向爾朱榮發誓，說自己對爾朱榮從來沒有疑心。爾朱榮非常高興，於是向孝莊皇帝要來美酒喝，喝得酩酊大醉，孝莊皇帝想要趁機殺死爾朱榮，左右侍從苦苦勸阻，才沒有動手，隨後讓人用軟轎把爾朱榮抬到侍中、常侍等官員集會辦公的門下省。爾朱榮半夜時分才醒過來，於是一直坐到天亮都沒有再敢入睡，從此以後爾朱榮便不再在宮中住宿了。

爾朱榮的女兒原本是魏肅宗的嬪妃，爾朱榮想讓敬宗把他的女兒立為皇后，敬宗元子攸猶豫不決，擔任給事黃門侍郎的祖瑩說：「過去晉文公重耳流亡到秦國的時候，接受了秦穆公把已經嫁給自己姪子晉懷公的女兒懷嬴又嫁給自己為妻。事情雖然違反常理，但卻是辦大事所必須的，陛下還獨自懷疑什麼呢！」孝莊帝於是聽從了爾朱榮的意見，立爾朱榮的女兒為皇后，爾朱榮非常高興。

爾朱榮行動比較隨便，不注意自己的身分以及貼身防衛等，又喜歡騎馬馳騁射箭，每次入朝覲見孝莊皇帝，更沒有別的事情要做，只是表演上馬下馬的動作以為笑樂；爾朱榮在西林園設宴，宴會上比賽射箭，爾朱榮經常請皇后出來觀看，並召請那些王公、嬪妃、公主共聚一堂。每當看見孝莊帝射箭射中的時候，爾朱榮就會情不自禁地站起來一邊跳舞一邊喊叫，將相卿士全都旋轉起舞，以至於嬪妃、公主也不免隨著他們的節拍舉起衣袖翩翩起舞。等到喝得酒酣耳熱的時候，爾朱榮自己一定要正襟端坐歌唱胡人的歌曲。傍晚時分酒宴結束各自返回的時候，爾朱榮就與自己身邊的侍從們手拉著手雙腳輪番踏著地嘴裡唱著〈回波樂〉走出西林園。爾朱榮的性情非常嚴酷暴躁，喜怒無常，刀、槊、弓箭等從不離手，每當生氣或是懷恨某人的時候，立即就會用手中的刀、槊將其擊殺，或用手中的弓箭將其射殺，他身邊的侍從經常擔憂不知道什麼時候就會死在爾朱榮的手裡。爾朱榮曾經看見兩個和尚共同騎在一匹馬上，立刻就讓他們兩人互相碰撞，兩個和尚已經累得筋疲力盡，再也不能動彈的時候，爾朱榮就讓旁邊的人抓住他們兩人的頭互相撞擊，一直到撞死才住手。

五月初五日辛酉，爾朱榮返回自己的根據地晉陽，孝莊帝在邙山之北為爾朱榮設宴餞行。爾朱榮命令擔任太尉的上黨王元天穆進入洛陽，加授元天穆為侍中、錄尚書事、京畿大都督，兼領軍將軍；任命擔任行臺郎中的桑乾郡人朱瑞為黃門侍郎兼中書舍人，朝廷中的主要官員，爾朱榮全部任用他的心腹來擔任。

五月初十日丙寅，魏孝莊帝下詔說：「肅宗孝昌年間以來，凡是有冤屈而沒有得到申訴的，全都到華林東門集合，我要親自為他們審理冤情。」當時國家正處在肅宗皇帝剛剛去世、全國各地戰亂不斷之後，國家倉庫的錢糧儲備已經空虛枯竭，孝莊帝開始下詔「凡是有官職在身的只要向朝廷繳納八千石糧食就賜封為散侯，平民百姓向朝廷繳納五百石糧食就改變其平民百姓的身分，享受最基本的士大夫待遇，如果是和尚向朝廷繳納五百石糧食就令其做該州所有僧眾的頭領或是管理本郡、本縣僧眾的頭領。」

爾朱榮在率軍南下前往洛陽的時候，派遣自己屬下擔任都督的樊子鵠去奪取唐州，魏國擔任唐州刺史的崔元珍、擔任行臺的酈惲率軍堅守唐州州城平陽，不向樊子鵠屈服。五月十九日乙亥，樊子鵠攻克了平陽城，殺死了崔元珍和酈惲。崔元珍，是崔挺的堂弟。

梁國的將軍曹義宗率軍包圍了魏國的荊州城，他們在長江下游築堰提高長江水位淹灌荊州城，荊州城城牆只差幾板高就要被水淹沒。當時魏國正遭遇多種災難，沒有能力出兵救援荊州，荊州城中的糧食已經吃光了，擔任荊州刺史的王羆就煮粥與將士們平均分食，每次出城與梁軍作戰，王羆都不穿鎧甲，他仰天大叫說：「荊州城，是孝文皇帝設置的，上天如果不再保佑魏國，就讓箭射中我王羆的前額；不然的話，我王羆一定能打敗入侵的賊軍！」就這樣歷經三年，王羆與梁軍前後進行了無數次的戰鬥，從來沒有被梁軍所傷。五月二十七日癸未，魏國朝廷派遣擔任中軍將軍的費穆為都督南征諸軍事，率軍救援荊州。

魏國臨淮王元彧聽說魏國的皇位已經由元子攸繼承，於是就以自己的母親已經年老為由向梁武帝蕭衍請求允許自己返回魏國，言辭懇切、情真意切。梁武帝因為愛惜他是個人才而不願意違背他的心願，六月初一日丁亥，梁武帝遣送臨淮王元彧返回魏國。魏國朝廷任命臨淮王元彧為侍中、驃騎大將軍，加授開府儀同三司。

魏國擔任員外散騎常侍的高乾，是高祐的姪子，他與自己的弟弟高敖曹、高季式都喜歡行俠仗義，他們兄弟三人都與魏孝莊皇帝是老朋友。爾朱榮率軍向洛陽進兵的時候，高氏兄弟逃往魏國的齊州，後來聽到爾朱榮在河陰大肆殺戮朝廷文武百官的時候，就召集流民在黃河與濟水流域起兵反抗爾朱榮，他們接受了葛榮所封的官爵，率軍多次打敗州府的官軍。魏孝莊帝派元欣前往傳達皇帝的旨意，高乾等才向朝廷投降。孝莊帝任命高乾為給事黃門侍郎兼武衛將軍，任命高敖曹為通直散騎侍郎。爾朱榮認為高乾兄弟此前參加過葛榮的叛軍反抗朝廷，不應該再在皇帝身邊擔任重要官職，魏孝莊帝只得聽任爾朱榮解除了他們的官職令他們返回自己的故鄉。高敖曹回到故鄉之後再次幹起行俠仗義、殺富濟貧的事情，爾朱榮誘捕了高敖曹，把他與在河東郡聚眾造反的薛脩義一同關押在晉陽。高敖曹名叫高昂，敖曹是他的字，說起「高昂」無人知曉，說起「高敖曹」則無人不知。

叛民首領葛榮的軍中缺乏糧食，葛榮派遣屬下擔任尚書僕射的任褒率軍向南搶掠一直到達沁水縣境內，魏國朝廷任命元天穆為大都督、東北道諸軍事，率領大都督宗正珍孫等人前往沁水縣討伐任褒。魏國曾經擔任過幽州平北府主簿的河間郡人邢杲率領河北的十多萬戶流民在青州屬下的北海郡造反，邢杲自稱漢王，改年號為天統元年。六月二十二日戊申，魏國朝廷任命征東將軍李叔仁為車騎大將軍、開府儀同三司，率眾前往北海郡討伐聚眾造反的邢杲。

六月二十五日辛亥，魏孝莊皇帝下詔說：「我要親自統領全國的軍隊，掃清燕、代二州境內的叛亂。」孝莊帝任命擔任大將軍的爾朱榮為左軍統帥，任命上黨王元天穆擔任前鋒，任命擔任司徒的楊椿為右軍統帥，任命擔任司空的穆紹為後軍統帥。葛榮聽到這個消息之後就率軍撤退到相州以北屯紮。

秋季，七月初十日乙丑，魏國朝廷加授爾朱榮為柱國大將軍、錄尚書事。○壬子日，魏國光州境內的百姓劉舉在濮陽聚眾造反，劉舉自稱皇武大將軍。○本月，万俟醜奴自稱天子，並設置了文武百官。碰巧趕上波斯國向魏國進貢了一頭獅子，万俟醜奴扣留了這頭獅子，改年號為神獸元年。

魏國擔任泰山太守的羊侃，因為自己的祖父羊規曾經在宋高祖劉裕屬下擔任過祭酒從事，所以經常有返回南朝的想法。胡太后的寵臣徐紇在爾朱榮即將進入洛陽之前便逃離洛陽投奔了羊侃，徐紇趁機勸說羊侃起兵，羊侃聽從了徐紇的勸說，於是起兵造反。擔任兗州刺史的羊敦，是羊侃的堂兄，羊敦祕密地知道了羊侃叛變的消息，就據守兗州抗拒羊侃。八月，羊侃率領泰山郡兵襲擊羊敦，沒能取勝，於是就修築起十多座城壘圍困羊敦，並派遣使者到梁國來請求投降。梁武帝下詔令廣晉縣侯泰山郡人羊鴉仁等率軍前往接應羊侃。魏國朝廷也派使者來到泰山郡任命羊侃為驃騎大將軍、泰山郡公、兗州刺史，羊侃殺死了魏國朝廷的使者，沒有接受魏國朝廷的任命。

梁國的將軍王弁率軍入侵魏國的徐州，魏國蕃郡的百姓續靈珍率領一萬人進攻蕃郡以響應梁國的將軍王弁。魏國擔任徐州刺史的楊昱率軍襲擊續靈珍，把續靈珍殺死，王弁率軍撤回梁國境內。○八月十九日甲辰，魏國大都督宗正珍孫在濮陽進攻聚眾造反自稱皇武大將軍的劉舉，把劉舉消滅。

叛民首領葛榮率軍包圍了鄴城，號稱自己的部眾有一百萬，前方負責偵查的士兵已經經過汲郡，所到之處全都遭到他們的殘酷搶掠，爾朱榮奏請出兵討伐葛榮。九月，爾朱榮將自己的姪子擔任肆州刺史的爾朱天光召來，令其留鎮晉陽，爾朱榮對爾朱天光說：「我所到不了的地方，除非你去，其他人都不能令我放心。」爾朱榮親自率領七千精銳騎兵，每名騎兵都配備一匹備用的戰馬，他們不分日夜加倍速度前進。穿過滏口陘越過太行山東出到達河北，爾朱榮任命侯景為前鋒。葛榮起兵做強盜時日已久，他的勢力遍布河北，爾朱榮所率領的騎兵與葛榮的兵力相比寡眾懸殊，屬下將士都認為爾朱榮沒有取勝的可能。葛榮聽到這些議論以後，不禁喜形於色，他命令自己的部眾說：「爾朱榮很容易對付，你們只需多預備一些長繩子，爾朱榮來到之後你們就用繩子把他捆起來。」葛榮在鄴城以北，列陣數十里，像畚箕一樣張著大口向爾朱榮推壓過來。爾朱榮把軍隊隱蔽在山谷裡，部署軍隊準備出其不意對葛榮發起攻擊，他把督將以上的軍官三人分為一組，每組率領數百名騎兵，令他們在所在的地方揚塵吶喊，使葛榮的軍隊搞不清爾朱榮究竟來了多少人馬。爾朱榮又認為自己的騎兵與葛榮的步兵近距離作戰，用刀不如用棒，於是令手下的騎兵每人攜帶一根可以收在袖子裡的短棒，放在戰馬的側面，等到與敵軍作戰時怕耽誤追擊敵人，爾朱榮於是下令不要再斬下敵人的人頭，只要用短棒將敵人打死就行了。分別命令壯勇之士按照指定的方向奮勇衝殺，爾朱榮號令嚴明，戰士同心同德奮勇殺敵。爾朱榮親自衝鋒陷陣，他突然出現在賊軍背後，對葛榮軍進行前後夾擊，立即把葛榮軍打得大敗。在戰場上活捉了叛民首領葛榮，其餘的賊軍全部投降。爾朱榮因為賊徒眾多，如果立即把他們分隔開，恐怕他們會心生疑懼，導致他們再次聚集造反，於是就下令讓他們根據自己的心願，與親屬在一起，願意在哪裡居住就在哪裡居住，葛榮的部眾都非常高興，立即四散而去，數十萬人一個上午就散完了。等他們走出一百里開外，爾朱榮就開始派人分道押送、引領著他們，根據現有條件進行安置，使他們人人都覺得安置得很合適。爾朱榮還提拔了他們當中的那些頭領，根據他們的才能授予他們相應的官職，新歸附的這些人全都安下心來，當時的人看到爾朱榮在這個問題上處理得如此得當、如此迅速，都非常佩服他。爾朱榮用囚車把葛榮押送洛陽，冀州、定州、滄州、瀛州、殷州五州境內的叛亂於是全部平定。當時上黨王元天穆的軍隊駐紮在朝歌以南，穆紹、楊椿還沒有率軍出發，而葛榮已經被爾朱榮消滅，於是諸將全都罷兵。

當初，宇文肱跟隨鮮于脩禮進攻定州，戰死在唐河。宇文肱的兒子宇文泰在鮮于脩禮的軍中，鮮于脩禮被殺死之後，宇文泰就歸順了葛榮；如今葛榮又失敗被擒，爾朱榮愛惜宇文泰的才能，就任命宇文泰為統軍。

九月二十一日乙亥，魏國實行大赦，改年號為永安元年。〇二十七日辛巳，魏國朝廷任命爾朱榮為大丞相、都督河北畿外諸軍事，爾朱榮的兒子平昌公爾朱文殊、昌樂公爾朱文暢全都進爵為王，任命楊椿為太保，城陽王元徽為司徒。

冬季，十月初三日丁亥，葛榮被押送到洛陽，魏孝莊帝駕臨閶闔門，葛榮被人押送到閶闔門前讓孝莊帝觀看，然後，將葛榮押往人煙湊集的大集市斬首示眾。

梁武帝任命前來投降的北海王元顥為魏王，派遣擔任東宮直閤將軍的陳慶之率軍護送魏王元顥回到北方。十月十二日丙申，魏國朝廷任命太原王爾朱榮的世子爾朱菩提為驃騎大將軍、開府儀同三司。十三日丁酉，把長樂等七個郡每郡各一萬戶，連同太原王爾朱榮以前的十萬戶，作為太原王爾朱榮的封地。十四日戊戌，又加授爾朱榮為太師，這些都是賞賜爾朱榮擒獲葛榮之功的。

十月二十八日壬子，魏國江陽武烈王元繼去世。○魏國派遣擔任征虜將軍的韓子熙為使者去招撫、勸說邢杲投降朝廷，邢杲假裝投降之後再次造反。李叔仁率軍在濰水一帶進攻邢杲，失敗後撤回。○魏國奉命救援荊州的費穆率領魏軍突然到達荊州，梁國將軍曹義宗在迎戰費穆的戰鬥中失敗，被魏軍俘虜，荊州之圍才得以解除。○元顥襲擊魏國的銍城，將銍城佔領。

魏國擔任行臺尚書左僕射的于暉等率領數十萬大軍，在瑕丘進攻羊侃，徐紇擔心羊侃舉事不能成功，就勸說羊侃派自己前往梁國請求出兵相救，羊侃相信了徐紇，徐紇於是向南投奔了梁國。于暉等人把羊侃軍裡裡外外包圍了十多重，羊侃城中的箭矢已經用光了，而梁國的援軍卻不見到來。十一月初十日癸亥的夜間，羊侃突圍而出，一邊作戰一邊行進，經過一日一夜才逃出魏國的國境，到達渣口的時候，他的手下還有一萬多人，二千匹戰馬。士卒整夜都在悲涼地唱歌，羊侃於是向他們道歉說：「你們懷戀故土，確實不能讓你們再跟著我走了，請你們各隨己意，願意跟隨我的就繼續跟隨我，願意留下來的就留下來，我們就在此告別吧。」跟隨羊侃的那些軍士於是各自告別而去。魏軍重又奪取了泰山郡。于暉，是于勁的兒子。○二十五日戊寅，魏國朝廷任命上黨王元天穆為大將軍、開府儀同三司，世襲并州刺史。

十二月庚子日，魏孝莊帝下詔令行臺尚書左僕射于暉從泰山郡撤軍前往北海郡討伐聚眾造反的邢杲。○

葛榮的餘黨韓樓又佔據幽州造反，魏國北部地區深受其害。爾朱榮任命擔任撫軍將軍的賀拔勝為大都督，鎮守中山郡，韓樓畏懼賀拔勝的威名，不敢向南進兵。

【研　析】西元五二八年四月發生的「河陰之變」，洛陽朝廷公卿二千多人被爾朱榮率領的契胡武士集體誅殺，是本卷記錄的重點，也是北魏末一系列矛盾衝突的最高潮，成為北魏歷史的轉折點。對此，有兩個問題需要探討。

其一，「河陰之變」的深層原因是什麼？

中國古代政權滅亡因素是多種多樣的。統治者行暴政，濫用民力，不恤百姓，激起民變，是其中的一種形式，如秦、隋；政權長期受到外敵的騷擾，國弱民窮，統治者不思改弦更張，或更張無力，最終陷於無序狀態或被外族政權取而代之，是另一種形式，如唐的衰亡、北宋的崩潰；政權的統治基礎限於局部地區或某一特定的社會階層，以制度阻止其他地區或社會階層進入統治上層的可能性，使政權的根基不牢，號召力不足，難以應對大規模的動盪，如西晉的滅亡。

北魏的衰亡與西晉有類似之處。作為少數民族建立的政權，北魏前期以鮮卑族人即所謂「國人」為統治基礎，以武力威懾作為統治的方式，雖定都平城，華夏化日深，但皇帝直接統帥軍隊作戰、劫掠人口與財富以賞賜隨從軍人和官員，成為一種常態，武人待遇優厚，而留守京城的中高級漢人文官甚至吃飯都成問題。

孝文帝五歲時成為皇帝，其祖母馮太后掌權二十餘年，她通過宮廷運作，利用宦官與寵幸控制政權，並大量引進漢族文人，實施三長制、均田制，強化對黃河流域的基層管理，並頒行俸祿制度、仿漢魏衣冠制定官員服飾，北魏政權迅速向中原傳統政權體制轉化。在她去世時，孝文帝已被培養成為一個酷愛漢族文化，鄙夷本族舊俗的青年皇帝。他尊謚馮太后為「文明」，決心繼承漢魏傳統，並於西元四九四年遷都洛陽，強力推行漢化：以洛陽話為「正音」，嚴令禁止包括鮮卑語在內的北方各族語言在朝廷中繼續使用，嚴禁使用本民族服飾，將各族部落名號改成漢族似的單姓。在政治體制上，推行以「文治」為核心的官制改革，承認漢族大姓漢魏以來逐漸取得的社會地位，並分出各種門第層次，鼓勵鮮卑貴族按等級與之通婚，官員主要從這些家族的成員中選任。而且規定文化人做的官為「清官」，待遇好，升遷快，而武人做的官為「濁官」，待遇低，升遷難。一些在新政策下得勢的漢族文官，常常還利用手中的權勢，千方百計「排抑武人」。孝文帝死後，文武之間的糾紛甚至衝突便時有發生。

孝文帝無疑是中國歷史上一個了不起的皇帝，但他推動的北魏政權政治體制的突然轉型，確實也造成了巨大的矛盾。北方草原上囂張的柔然人仍須防範，沿北邊設置的九個軍鎮，曾是北魏前期統治的核心地區，遷都洛陽後，皇帝再也不會親自前來噓寒問暖，皇帝派來的特使也難得一見。洛陽朝廷文官們對北鎮武人的合理要求推諉拖延，甚至想方設法從中榨取利益，使得北鎮武人的失落感越來越強烈。北鎮的武人們說著各自不同的民族語言，漢語也稍稍能懂，但鮮卑語最為流行，〈敕勒歌〉更能激起他們的共同感受。到北魏末，談起洛陽那些高高在上、說著洛陽話、熱衷於爾虞我詐、追逐於聲色犬馬的文官大人們，他們無不切齒痛恨。北鎮已與洛陽形成一種對立的局面，這既是上下層的對立，也是文武的對立，同時也帶有一種文化對立的色彩。

西元五二三年爆發的北鎮起義，起因只不過是北鎮之一的沃野鎮鎮將「御下失和」，但暴動迅速席捲其中六個鎮，洛陽朝廷不得不借兵於北鎮原本防範的柔然人，才將其鎮壓下去。六鎮人被遷到河北安置，但處置不得力，他們又開始在河北各地暴動，最後統歸於葛榮，號稱百萬。他們將對朝廷政策的怨氣發洩到河北漢族居民身上，「屠村掠野」，迫使河北漢族十餘萬戶拋棄家園，集體性的向今山東地區流亡，又在山東地區引發強烈的衝突。就在六鎮餘眾在河北起事時，關隴秦州、岐州等州以氐、羌人為主的地方部隊，也發動暴動。針對這些暴動，北魏政權派出的「平叛」軍隊，損兵折將，局部戰鬥的勝利，並不能掩蓋洛陽朝廷對全局失控的事實。

正是在這種背景下，爾朱榮走向了政治前臺，發動了「河陰之變」。

其二，爾朱榮代表了什麼樣的政治勢力？

北魏前期，在六鎮防護的漠南草原及今山西中北部地區，還有許多族屬不同、在相對固定的區域內維持著畜牧射獵生活的游牧部族，其首領世襲統有部眾，被授予「領民酋長」的名號，也按其功勳授予爵位與官職，他們也是北魏前期統治黃河流域所依賴的重要政治、軍事力量。他們游離於北魏百年歷史發展進程之外，更多地保持了自己傳統的生活方式與文化特性。

孝文帝遷都洛陽、實行漢化改革之後，漢族世家大族取代這些北方酋帥，成為北魏政權所依靠的基本政治力量。遷都與改革，對他們在本部族游牧區的統治及其生活方式，並沒有構成多大的威脅，一時間倒也相安無事，但他們在心理上與朝廷越來越疏遠。不過，他們與朝廷的疏離，已並不具有民族衝突的意義，主要緣於生活方式與文化的差異。

爾朱榮及其部族，當時人稱之為「胡」，在北魏正史中也稱之為「契胡」，而當時「胡」已轉化為對非蒙古人種的稱謂，這一部族很有可能與十六國時期的羯人或羯胡有著千絲萬縷的聯繫。而具有「高鼻深目多鬚」面部特徵的羯人，學術界一般認為源於中亞民族，也有學者甚至認為他們在漢代遠自歐洲流移而來。

《魏書》卷七十四〈爾朱榮傳〉稱其祖先居於爾朱川，「常領部落，世為酋帥」。北魏初創，爾朱羽健曾「率契胡武士千七百人從駕平晉陽」，拓跋珪「以居秀容川，詔割方三百里封之，長為世業」。賴其地水草豐美，爾朱部落「牛羊駝馬，色別為群，谷量而已」，山谷中牲畜成群，無法計數。畜牧之餘，射獵活動必不可少，爾朱榮更是樂此不疲，「好射獵，每設圍誓眾，便為軍陳之法，號令嚴肅，眾莫敢犯。」這種生活方式，使契胡武士人雖不多，卻具有極強的戰鬥力。北魏後期，洛陽公卿即使是出自鮮卑族人，已沉醉於舒適的生活，迷戀於誇侈鬥富，有甚於西晉王公，並開始以詩文寫作水平作為個人能力的標誌。兵源多是自帶衣糧而服兵役的平民，軍隊缺乏訓練，中央禁軍雖多是以前的鮮卑人，但在新政策下地位已然低下的禁軍軍官，對於朝廷官員也是恨在心頭，從欺壓、盤剝下層兵士中尋求心理平衡。這樣的朝廷，這樣的軍隊，自然難以應對北鎮戍兵與關隴地方武裝的連續暴動。掌握政權的靈太后胡氏，在風雨飄搖中，仍致力於與自己已經成年、試圖重振朝綱的皇帝元詡爭奪權力，甚至加以殺害。靈太后的胡作非為，加速了北魏的滅亡，但即使沒有靈太后引起的朝政混亂，存在重重危機的北魏政權究竟能堅持多久，也很難說。

利用有利的地理環境與善戰的部族武裝，爾朱榮在北魏末動亂中，趁機擴大了政治影響力，今山西中北部均在掌握之中。朝廷已經懼怕這一股新興的勢力，力圖阻止其染指朝廷政局。但皇帝被殺，舉國震駭，給爾朱榮舉兵進入洛陽提供了口實，已沒有任何力量可以阻止爾朱榮的政治野心，「河陰之變」因而發生。

爾朱榮畢竟只是一個小部落的首領，趁亂走向了政治前臺，但當他試圖取北魏政權而代之時，不免內心恐懼，舉動失措，「精神恍惚，不自支持」，不得不擁立北魏宗室元子攸為皇帝。隨後，爾朱榮親率數千名契胡武士，一舉剿滅已自立為帝的葛榮，北魏朝廷似乎轉危為安，但這又促使爾朱榮的政治野心再一次膨脹；「河陰之變」中二千多名朝廷公卿死難，又造成更嚴重的政治分裂，因擁立新皇帝暫時取得號召力的爾朱榮，完全失去了可以依托的政治基礎。北魏的內亂可以說方興未艾。

卷第一百五十三

梁紀九

屠維作噩（己酉　西元五二九年），一年。

【題　解】本卷寫梁武帝中大通元年（西元五二九年）一年間南梁與北魏兩國的大事。主要寫了魏主元子攸尊其父元勰為皇帝，並將其靈牌供入太廟，所行荒悖；寫魏將元天穆、爾朱兆率兵東討齊地之叛者邢杲，破殺邢杲於濟南；寫梁將陳慶之以兵送元顥返回魏國境內建立分裂政權，元顥攻克睢陽後，即皇帝位；陳慶之接著攻克考城，獲魏將元暉業；克滎陽，獲魏將楊昱；又進克虎牢，獲魏將辛纂。魏之臨淮王元彧、安豐王元延明，帥百僚，備法駕迎元顥入洛陽，而魏主元子攸單身渡河逃到了河內郡；寫梁將陳慶之又率部下七千人回擊被魏將奪回之大梁、睢陽，皆克之，凡取三十二城、四十七戰，所向皆克；寫了元顥入洛後的種種腐敗自私，相反逃往河內之魏主身邊部眾漸漸聚集，爾朱榮到達河內，為收復洛陽做好準備；寫了元顥自以為翅膀已硬，欲脫離梁國自立，與陳慶之互鬥心眼；陳慶之的僚屬馬佛念勸陳慶之殺元顥以據洛陽，陳慶之不納；寫爾朱榮與元顥、陳慶之相持於河上，爾朱榮動搖欲退，魏將楊侃、高道穆等堅主進兵克敵，結果爾朱兆、賀拔勝在一些義民的幫助下強渡硤石，擒獲南岸的守將元顥之子，元顥聞訊南逃，部下離散，元顥被殺；陳慶之的軍隊遇洪水潰散於嵩山，陳慶之單身逃回建康，所得之魏地皆失；寫魏將楊津灑掃宮廷迎魏主返回洛陽，魏主大賞了爾朱榮與渡河擊破元顥的爾朱兆；此外還寫了魏梁州刺史傅豎眼之子傅敬紹多行不法，又見魏廷混亂，欲據南鄭自立，事洩被州人所殺，傅豎眼愧恚而死；以及梁武帝蕭衍迷戀佛教，常到同泰寺遊賞，宣講佛經，甚至還把自己捨身給寺院，群臣無奈，只得花鉅資將其贖回等等。

高祖武皇帝九

中大通元年❶（己酉　西元五二九年）

春，正月甲寅❷，魏于暉❸所部都督彭樂帥二千餘騎叛奔韓樓❹，暉引還❺。○辛酉❻，上祀南郊，大赦。○甲子❼，魏汝南王悅求還國❽，許之。○辛巳❾，上祀明堂。

二月甲午❿，魏主尊彭城武宣王⓫為文穆皇帝，廟號肅祖；母李妃為文穆皇后。將遷神主於太廟，以高祖為伯考⓬，大司馬兼錄尚書臨淮王彧⓭表諫，以為「漢高祖立太上皇廟於香街⓮，光武祀南頓君於舂陵⓯。元帝之於光武⓰，已疏絕服⓱，猶身奉子道⓲，入繼大宗⓳。高祖德洽寰中⓴，道超無外㉑；肅祖雖勳格宇宙㉒，猶北面為臣㉓。又，二后皆將配饗㉔[1]，乃是君臣並筵㉕，嫂叔同室㉖，竊謂不可。」吏部尚書李神儁㉗亦諫，不聽。或又請去「帝」著「皇」㉘，亦不聽。

詔更定二百四十號將軍㉙為四十四班㉚。○壬寅㉛，魏詔濟陰王暉業㉜兼行臺尚書，都督丘大千等鎮梁國㉝。暉業，小新成之曾孫也。

三月壬戌[34]，魏詔上黨王天穆討邢杲，以費穆為前鋒大都督。

夏，四月癸未[35]，魏遷肅祖及文穆皇后神主于太廟，又追尊彭城王勰[36]為孝宣皇帝。臨淮王彧諫曰：「茲事古所未有[37]，陛下作而不法[38]，後世何觀[39]？」弗聽。

魏元天穆將擊邢杲，以北海王顥方入寇，集文武議之，眾皆曰：「杲眾彊盛，宜以為先。」行臺尚書薛琡曰：「邢杲兵眾雖多，鼠竊狗偷，非有遠志。顥帝室近親[40]，來稱義舉[41]，其勢難測，宜先去之。」天穆以諸將多欲擊杲，又魏朝亦以顥為孤弱不足慮，命天穆等先定齊地，還師擊顥，遂引兵東出。顥與陳慶之乘虛自銍城進拔滎城[42]，遂至梁國。魏丘大千有眾七萬，分築九城以拒之。慶之攻之，自旦至申[43]，拔其三壘，大千請降。顥登壇燔燎[44]，即帝位於睢陽城南，改元孝基。濟陰王暉業帥羽林兵二萬軍考城[45]，慶之攻拔其城，擒暉業。

辛丑[46]，魏上黨王天穆及爾朱兆[47]破邢杲於濟南[48]，杲降，送洛陽，斬之。兆，榮之從子也。

五月丁巳[49]，魏以東南道大都督楊昱[50]鎮滎陽[51]，尚書僕射爾朱世隆[52]鎮虎牢[53]，侍中爾朱世承[54]鎮崿阪[55]。乙丑[56]，內外戒嚴。

戊辰[57]，北海王顥克梁國。顥以陳慶之為衛將軍、徐州刺史，引兵而西[58]。楊昱擁眾七萬，據滎陽，慶之攻之，未拔。顥遣人說昱使降，昱不從。元天穆[2]與驃騎將軍爾朱吐沒兒將大軍前後繼至，梁士卒皆恐。慶之解鞍秣馬[59]，諭將士曰：「吾至此以來，屠城略地，實為不少，君等殺人父兄、掠人子女，亦無筭[60]矣。天穆之眾，皆是仇讎[61]。我輩眾纔七千，虜眾三十餘萬，今日之事，唯有必死乃可得生耳。虜騎多，不可與之野戰，當及其未盡至，急攻取其城而據之。諸君勿或狐疑，自取屠膾[62]。」乃鼓之，使登城，將士即相帥蟻附[63]而入，癸酉[64]，拔滎陽，執楊昱[65]。諸將三百餘人伏顥帳前請曰：「陛下渡江三千里，無遺鏃之費[66]，昨滎陽城下一朝殺傷[67]五百餘人，願乞楊昱以快眾意！」顥曰：「我在江東聞梁主言，初舉兵下都[68]，袁昂為吳郡不降[69]，每稱其忠節。楊昱忠臣，柰何殺之？此外唯卿等所取。」於是斬昱所部統帥三十七人，皆刳其心而食之。俄而天穆等引兵圍城，慶之帥騎三千背城力戰，大破之，天穆、吐沒兒皆走。慶之進擊虎牢，爾朱世隆棄城走，獲魏東中郎將辛纂[70]。

魏主將出避顥，未知所之，或勸之長安，中書舍人高道穆曰：「關中荒殘，何可復在！顥士眾不多，乘虛深入，由將帥不得其人，故能至此。陛下若[3]親帥宿衛，高募[71]重賞，背城一戰，臣等竭其死力，破顥孤軍必矣。或[72]恐勝負難期[73]，則車駕不若渡河[74]，徵大將軍天穆、大丞相榮各使引兵來會，犄角[75]進討，旬月之間，必見成功，此萬全之策也。」魏主從之。甲戌[76]，魏主北行，夜，至河內郡北[77]，命高道穆於燭下作詔書數十紙，布告遠近，於是四方始知魏主所在。乙亥[78]，魏主入河內。

臨淮王彧，安豐王延明，帥百僚，封府庫，備法駕[79]迎顥。丙子[80]，顥入洛陽宮，改元建武，大赦。以陳慶之為侍中、車騎大將軍，增邑萬戶。楊椿在洛陽，椿弟順為冀州刺史，兄子侃為北中郎將，從魏主在河北。顥意忌椿，而以其家世顯重[81]，恐失人望，未敢誅也。或勸椿出亡，椿曰：「吾內外百口，何所逃匿？正當坐待天命耳。」

顥後軍都督侯暄守睢陽為後援，魏行臺崔孝芬[82]、大都督刁宣馳往圍暄，晝夜急攻，戊寅[83]，暄突走，擒斬之。

上黨王天穆等帥眾四萬攻拔大梁[84]，分遣費穆將兵二萬攻虎牢，顥使陳慶之擊之。天穆畏顥，將北渡河，謂行臺郎中濟陰溫子昇[85]曰：「卿欲向洛，為隨我北渡[86]？」子昇曰：「主上以虎牢失守，致此狼狽。元顥新入，人情未安，今往擊之，無不克者。大王平定京邑[87]，奉迎大駕[88]，此桓、文之舉[89]也。捨此北渡，竊為大王惜之。」天穆善之而不能用，遂引兵渡河。費穆攻虎牢，將拔，聞天穆北渡，自以無後繼，遂降於慶之。慶之進擊大梁、梁國，皆下之。慶之以數千之眾，自發銍縣至洛陽，凡取三十二城、四十七戰，所向皆克。

顥使黃門郎祖瑩作書遺魏主曰：「朕泣請梁朝，誓在復恥[90]，正欲問罪於爾朱，出卿於桎梏[91]。卿託命豺狼[92]，委身虎口，假獲民地[93]，本是榮物，固非卿有。今國家隆替[94]，在卿與我。若天道助順[95]，則皇魏再興；脫或不然[96]，在榮為福，於卿為禍。卿宜三復[97]，富貴可保。」

顥既入洛，自河以南州郡多附之。齊州[98]刺史沛郡王欣集文武議所從[99]，曰：「北海、長樂，俱帝室近親[100]，今宗祏不移[101]，我欲受赦[102]，諸君意何如？」在坐莫不失色。軍司崔光韶[103]獨抗言[104]曰：「元顥受制於梁，引寇讎之兵以覆宗國[105]，此魏之亂臣賊子也。豈唯大王家事所宜切齒，下官等皆受[4]朝眷[106]，未敢仰從[107]！」長史崔景茂等皆曰：「軍司議是。」欣乃斬顥使。光韶，亮之從父弟也。於是襄州[108]刺史賈思同[109]、廣州刺史鄭先護、南兗州[110]刺史元暹亦不受顥命。思同，思伯之弟也。顥以冀州刺史元孚為東道行臺、彭城郡王，孚封送其書於魏主。平陽王敬先起兵於河橋(111)以討顥，不克而死。

魏以侍中、車騎將軍、尚書右僕射爾朱世隆為使持節、行臺僕射、大將軍、相州刺史，鎮鄴城。

魏主之出也，單騎而去，侍衛後宮皆按堵如故(112)。顥一旦得之，號令己出(113)，四方人情想其風政(114)。而顥自謂天授，遽有驕怠之志，宿昔(115)賓客近習(116)，咸見寵待(117)，干擾政事，日夜縱酒，不恤(118)軍國，所從南兵(119)，陵暴市里，朝野失望。高道穆兄子子儒(120) [5] 自洛陽出從魏主，魏主問洛中事，子儒曰：「顥敗在旦夕，不足憂也。」

爾朱榮聞魏主北出，即時馳傳(121)見魏主於長子(122)，行，且部分(123)。魏主即日南還，榮為前驅。旬日之間，兵眾大集，資糧器仗，相繼而至。○六月壬午(124)，魏大赦。○榮既南下，并、肆(125)不安，乃以爾朱天光(126)為并、肆等九州行臺(127)，仍行并州事(128)。天光至晉陽，部分約勒(129)，所部皆安。

己丑(130)，費穆至洛陽，顥引入，責以河陰之事(131)而殺之。顥使都督宗正珍孫與河內太守元襲據河內，爾朱榮攻之，上黨王天穆引兵會之，壬寅(132)，拔其城(133)，斬珍孫及襲。○辛亥134，魏淮陰135太守晉鴻以湖陽136來降。

【章旨】以上為第一段，寫梁武帝中大通元年（西元五二九年）前五個月的大事。主要寫了魏主元子攸尊其父元勰為皇帝，並將其靈牌供入太廟，又尊其兄為皇帝，所行荒悖；寫魏將元天穆、爾朱兆率兵東討齊地之叛者邢杲，破殺邢杲於濟南；寫梁將陳慶之以兵送元顥返回魏國境內，元顥攻克睢陽後，即皇帝位；陳慶之克考城，獲魏將元暉業；克滎陽，獲魏將楊昱；又大破救滎陽之魏將元天穆、爾朱兆；又進克虎牢，獲魏將辛纂。魏之臨淮王元彧、安豐王元延明，帥百僚，備法駕迎元顥入洛陽，魏主元子攸單身渡河逃到了河內郡；寫梁將陳慶之率部下七千人回擊被魏將奪回之大梁、睢陽，皆克之，凡取三十二城、四十七戰，所向皆克；寫魏臣溫子昇勸元天穆順眾心以取洛陽，元天穆不敢，乃北渡以就爾朱榮；寫了元顥入洛後的種種腐敗自私，而逃往河內的魏主元子攸部眾漸漸聚集，爾朱榮亦到河內，為收復洛陽做好了準備。

【注釋】❶中大通元年　本年的前十個月在當時仍稱大通三年，至本年十月始改稱中大通元年。❷正月甲寅　正月初二。❸于暉　魏國的元勳于栗磾的後代，孝文帝時的名臣于勁之子，爾朱榮的親戚。傳見《魏書》卷八十三下。此時于暉正率兵圍攻羊侃所據之兗州，羊侃突圍而出南逃降梁，于暉為魏收復兗州。❹韓樓　葛榮的部將，葛榮在上年被魏將爾朱榮打敗擒殺於鄴城後，大勢已去，但韓樓仍據幽州以反魏。事見本書上卷。❺暉引還　于暉收復兗州後，魏朝廷曾令于暉進軍青州以討據青州反魏的邢杲，時邢杲剛破魏之李叔仁軍於濰水。但因于暉部下有人叛投韓樓，而且梁朝又派兵送元顥入魏北據銍城，故而于暉只好返回兗州。胡三省曰：「不敢復進軍討邢杲。」❻辛酉　正月初九。❼甲子　正月十二。❽汝南王悅求還國　汝南王元悅是孝文帝之子，被封為汝南王。傳見《魏書》卷二十二。元悅見爾朱榮專魏政，又於河陰大肆屠戮魏之宗室朝士，故於上年逃降於梁朝，見本書上卷。近來見魏國的秩序略定，人心粗安，故請求返回魏國。❾辛巳　正月二十九。❿二月甲午　二月十二。⓫彭城武宣王　即魏主元子攸的生父元勰，孝文帝元宏之弟，生前被封為彭城王，死後諡曰武宣。元勰曾有大功於孝文、宣武兩朝，最後被權戚高肇所殺。傳見《魏書》卷二十一下。⓬以高祖為伯考　意即將元勰的靈牌與文帝元宏的靈牌並列，稱文帝為伯父。⓭臨淮王彧　元彧，太武帝拓跋燾的玄孫。傳見《魏書》卷十八。⓮漢高祖立太上皇廟於香街　意思是當年劉邦稱帝後，並沒有把他父親的靈牌擺入太廟，而是在香街給他父親單獨立的廟。胡三省曰：「香街在漢長安城內，左馮翊府東北。」太上皇，指漢高祖劉邦之父。⓯光武祀南頓君於春陵　意思是漢光武劉秀稱帝後，也沒有把父親的靈牌供入太廟，而是在春陵縣給他父親重新立的廟。南頓君，指東漢光武帝劉秀的父親劉欽，曾任南頓縣（今河南項城西）令，故人們敬稱之曰「南頓君」。春陵，古縣名，縣治在今湖北棗陽南，當年光武帝劉秀的故鄉。⓰元帝之於光武　漢光武與漢元帝的血緣關係。漢元帝劉奭，是漢宣帝之子，西元前四八—前三三年在位。⓱已疏絕服　已經疏遠得出了五服，不再為之穿孝了。漢光武打天下一直標榜自己是西漢皇帝的血統，漢光武劉秀自稱是景帝劉啓的後代，用他自己支派的祖先比對，他的父親劉欽相當於漢元帝一輩。於是漢光武就說他是繼承漢元帝的世系，實際他與漢元帝的血親已經出了五服，但他在排列太廟裡的歷代皇帝的順序時，還是把自己排在漢元帝之後，而把他的親生父親劉欽等人都阻擋在了太廟之外。⓲猶身奉子道　還是心甘情願地去給漢元帝當兒子。⓳入繼大宗　以求得在太廟裡排在漢高祖劉邦的父子相傳的一套規範裡。大宗，嫡長子相傳的世襲宗派。⓴德洽寰中　意即威望被全國上下所承認、所悅服。洽，周遍。寰中，寰宇之中；天地之間。㉑道超無外　道德遠播到全世界的一切角落。㉒勳格宇宙　即功勳塞滿宇宙。格，至；達到。㉓猶北面為臣　但他畢竟始終是一位臣子。㉔二后皆將配饗　指孝文帝與彭城王兄弟兩人的靈牌同時在太廟享受祭祀。配饗，陪上帝一道受祭祀，這裡即指受祭祀。㉕君臣並筵　做皇帝的孝文帝與做臣子的彭城王同時共席。㉖嫂叔同室　做嫂子的孝文皇后與做小叔的彭城王元勰坐在了同一間屋子裡。古代視叔嫂同室為失禮。㉗李神儁　原西涼王李寶之孫，李佐之子，魏國的才學之臣。傳見《魏書》卷三十九。㉘去帝著皇　去掉「帝」字，只保留「皇」字。即追稱彭城王曰「文穆皇」。胡三省曰：「請去『帝』著『皇』，亦引漢悼皇、共皇為據。」按，漢悼皇即宣帝之生父，故太子劉據之子。㉙二百四十號將軍　各種將軍的名號共二百四十個。具體名目見《通鑑》卷一百五十三胡三省注引，語繁不錄。㉚為四十四班　分成四十四個等級。㉛壬寅　二月二十。㉜濟陰王暉業　元暉業，景穆帝拓跋晃的後代，拓跋小新成的曾孫。傳見《魏書》卷十九上。㉝鎮梁國　駐兵在梁國。梁國的都城睢陽，即今河南商丘睢陽區。㉞三月壬戌　三月十一。㉟四月癸未　四月初二。㊱彭城王劭　即元劭，元勰的嫡長子，元子攸的長兄。㊲古所未有　胡三省曰：「言自古未有以皇帝追尊其兄者。今按自唐高宗以後，率多追謚其子弟為皇帝，作俑者魏敬宗也。」㊳作而不法　獨出心裁而不合法度。作，獨出心裁的創作。㊴後世何觀　讓後代子孫如何看待。㊵帝室近親　是魏主元子攸的堂兄弟。㊶來稱義舉　是打著正義的旗號前來的。㊷滎城　魏縣名，縣治在今河南商丘東南。㊸自旦至中　從清晨到下午的四點前後。申指下午的三點至五點。㊹燔燎　古代帝王祭天的一種儀式。㊺考城　魏縣名，縣治在今河南商丘西北。㊻辛丑　四月二十。㊼爾朱兆　爾朱榮之姪。此時任車騎將軍、左光祿大夫。傳見《魏書》卷七十五。㊽濟南　魏郡名，郡治即今濟南。㊾五月丁巳　五月初六。㊿楊昱　魏國名將楊椿之子，此時為東南道大都督。傳見《魏書》卷五十八。(51)滎陽　魏郡名，郡治今河南滎陽東北之古滎鎮，古代為兵家必爭之地。(52)爾朱世隆　爾朱榮的堂兄弟，此時任尚書僕射、前軍都督。傳見《魏書》卷七十五。(53)虎牢　關塞名，舊址在今河南滎陽西北之汜水鎮。(54)爾朱世承　爾朱世隆之弟，爾朱榮的堂兄弟，此時任侍中、御史中尉。傳見《魏書》卷七十五。(55)崿阪　古地名，在今河南登封西北。(56)乙丑　五月十四。(57)戊辰　五月十七。(58)引兵而西　意即直指洛陽。(59)秣馬　給馬餵飼料。(60)無筭　無法計算。(61)仇讎　冤家對頭。讎，對。(62)屠膾　被屠殺；被宰割。膾，切肉成絲。(63)蟻附　像螞蟻一樣密集地向上爬。(64)癸酉　五月二十二。(65)拔滎陽二句　胡三省曰：「楊昱輕慶之兵少，不料其肉薄急攻，故城陷。《傳》曰：『敵無小，不可輕也。』又曰：『不備不虞，不可以師。』」(66)無遺鏃之費　不費一箭，極言其付出的代價之少。鏃，箭頭。(67)殺傷　猶言損失、犧牲。(68)舉兵下都　指蕭衍從雍州起兵，沿江東下攻克建康城。(69)袁昂為吳郡不降　袁昂為齊堅守吳郡，不向蕭衍軍投降。事見本書前文卷一百四十四中興元年。袁昂是宋臣袁顗之子，在齊為吳郡太守。傳見《南史》卷二十六。(70)辛纂　魏將辛雄的堂兄。傳見《魏書》卷七十七。(71)高募　懸高賞格以募勇士。(72)或　如果還。(73)難期　難以預料。(74)渡河　到黃河以北。(75)犄角　兩軍相互策應。(76)甲戌　五月二十三。(77)至河內郡北　胡三省曰：「河內郡治野王，魏主自洛北如河內，當夜至郡城南，不應至郡城北，恐誤。」野王，古城名，即今河南沁陽，在今洛陽東北方。(78)乙亥　五月二十四。(79)法駕　天子車駕中比較簡易的一種，《史記‧孝文本紀》之《索隱》引《漢官儀》云：「天子鹵簿有大駕、法駕。大駕，公卿奉引，大將軍參乘，屬車八十一乘；法駕，公卿不在鹵簿中，唯京兆尹、執金吾、長安令奉引，侍中參乘，屬車三十六乘。」(80)丙子　五月二十五。(81)家世顯重　胡三省曰：「楊播、楊椿兄弟仕魏，一門貴盛，子姪通顯，累朝榮赫。」(82)崔孝芬　魏國名臣崔挺之子，此時任鎮東將軍、東道行臺。傳見《魏書》卷五十七。(83)戊寅　五月二十七。(84)大梁　古城名，即今河南開封，地處於睢陽與洛陽之間，當時被元顥的軍隊所佔領。(85)濟陰溫子昇　濟陰是魏郡名，郡治在今山東定陶西。溫子昇是當時魏國的著名文學家。傳見《魏書》卷八十五。此時為元天穆的僚屬。(86)卿欲向洛二句　您是準備到洛陽去投降元顥呢？還是想隨我渡河去河內找元子攸？(87)平定京邑　意即收復洛陽京城。(88)奉迎大駕　迎接魏主的車駕返回朝廷。(89)此桓文之舉　這是當年齊桓公、晉文公所曾採取過的光輝行動。齊桓公、晉文公都是春秋時代有名的霸主，其最主要的功勳就是討平亂賊，穩定周天子的統治秩序。事跡詳見《左傳》與《史記》中的〈齊太公世家〉、

〈晉世家〉。(90)復恥　復仇雪恥，雪國家社稷被爾朱榮所滅之恥。(91)出卿於桎梏　把你從枷鎖中解救出來。桎梏，木製刑具，繫於手者曰桎，繫於足者曰梏。(92)託命豺狼　把自己的性命交付於豺狼擺布，指為爾朱榮做傀儡。(93)假獲民地　即使你眼下也像是有些百姓、有些地盤。(94)國家隆替　國家的興盛與衰微。隆，興盛。替，衰微；滅亡。(95)天道助順　如果老天爺幫助我們，指梁國的傀儡元顥獲得勝利。(96)脫或不然　如果不是那樣。(97)卿宜三復　你要好好思考我的這些話。三復，反覆地思考。(98)齊州　魏州名，州治歷城，即今濟南。(99)議所從　討論應該投向誰。(100)北海長樂二句　洛陽的北海王元顥，與河內的魏主元子攸，都是魏國皇室的近親。二人都是孝文帝的姪子、宣武帝的堂兄弟，親緣關係都是一樣的遠近。(101)宗祏不移　宗廟裡供奉的祖先牌位不發生變化，意即沒有落入其他的族姓。宗祏，盛放祖先牌位的石匣。(102)受赦　接受元顥的大赦令，意即向元顥投降。(103)軍司崔光韶　軍司，意同軍師。軍中的參謀人員。崔光韶，尚書右僕射崔亮的堂兄弟，官至廷尉卿。傳見《魏書》卷六十六。(104)抗言　大聲地反對。(105)覆宗國　顛覆自己的祖國。(106)朝眷　朝廷的恩寵。(107)仰從　意即聽從、順從。用「仰」字表示客氣。(108)襄州　魏州名，州治即今河南襄城。(109)賈思同　太常卿賈思伯之弟，東魏時官至兼七兵尚書。傳見《魏書》卷七十二。(110)南兗州　魏國的南兗州州治渦陽，即今安徽蒙城。(111)河橋　黃河上的橋名，也是古城名，在當時洛陽城的東北方，今河南孟州城南。(112)按堵如故　都還像往常一樣按部就班地在各自的崗位上。(113)號令己出　一切號令由自己發出。(114)想其風政　想望他有好的為人風度與政策方針。(115)宿昔　平素；向來。(116)近習　身邊一些受寵的小人。(117)咸見寵待　都受到了寵愛優待。(118)不恤　不憂慮；不關心。(119)所從南兵　跟著元顥來的那些梁朝士兵。(120)高道穆兄子子儒　高子儒，高道穆之姪，高謙之之子。傳見《魏書》卷七十七。(121)馳傳　乘坐著飛快的驛車。傳，驛車。(122)長子　魏縣名，縣治在今山西長子西南側。(123)行二句　一邊趕路，一邊安排各項工作。部分，安排；部署。(124)六月壬午　六月初二。(125)并肆　魏之二州名，并州的州治即今山西太原，肆州的州治在今山西忻州西北。(126)爾朱天光　爾朱榮之姪，亦為爾朱榮部下的驍勇之將。傳見《魏書》卷七十五。(127)九州行臺　管理并、肆等九州事務的中央特派員。此九州指并、肆、恆、朔、雲、蔚、顯、汾、晉。(128)仍行并州事　並代理并州刺史的職務。仍，此處意思同「乃」。(129)部分約勒　安排、部署，提出要求，訂好章程。(130)己丑　六月初九。(131)責以河陰之事　追究其慫恿爾朱榮誅殺王公大臣兩千人於河陰的責任。費穆慫恿爾朱榮殺魏朝士見本書上卷。(132)王寅　六月二十二。(133)拔其城　拔河內郡的郡治野王，即今河南沁陽。(134)辛亥　應為閏六月之辛亥日，即閏六月初一。(135)淮陰　魏郡名。按，胡三省注：「〈五代志〉春陵郡湖陽縣，後魏置西淮安郡及南襄州。『淮陰』當作『淮安』。」(136)湖陽　魏縣名，縣治在今河南唐河縣西南。湖陽縣屬西淮安郡。

【校　記】①饗　據章鈺校，甲十一行本、乙十一行本、孔天胤本皆作「享」。②元天穆　原無「元」字。據章鈺校，甲十一行本、乙十一行本、孔天胤本皆有「元」字，張敦仁《通鑑刊本識誤》同，今據補。③若　原無此字。據章鈺校，甲十一行本、乙十一行本、孔天胤本皆有此字，張敦仁《通鑑刊本識誤》同，今據補。④受　據章鈺校，甲十一行本、乙十一行本、孔天胤本皆作「苛」。⑤子子儒　原作「子儒」。據《魏書・高崇傳》，高子儒為高道穆兄高謙之之子，當為道穆兄子，「子儒」上脫一「子」字，今據補。

【語　譯】高祖武皇帝九

中大通元年（己酉　西元五二九年）

春季，正月初二日甲寅，魏國在行臺、尚書左僕射于暉部下擔任都督的彭樂率領二千多名騎兵背叛朝廷投奔了韓樓，于暉只得率軍返回。○初九日辛酉，梁武帝蕭衍到建康南郊舉行祭天典禮，實行大赦。○十二日甲子，投降了梁國的魏汝南王元悅向梁武帝請求返回魏國，梁武帝批准了他的請求。○二十九日辛巳，梁武帝在明堂祭祀自己的祖先。

二月十二日甲午，魏孝莊皇帝元子攸尊奉自己的生父彭城武宣王元勰為文穆皇帝，廟號肅祖；尊奉自己的生母李妃為文穆皇后。魏孝莊皇帝準備把文穆皇帝的牌位遷入太廟，與高祖元宏的靈牌並列，孝莊皇帝應該稱高祖元宏為伯父，擔任大司馬兼錄尚書事的臨淮王元彧上表勸諫，元彧認為「漢高祖劉邦是在香街為自己的父親太上皇建立祭廟，漢光武帝劉秀是在春陵為自己的父親南頓君建立祭廟。西漢元帝劉奭與東漢光武帝劉秀之間的血緣關係已經疏遠得出了五服，不應該再為之穿孝了，而東漢光武帝劉秀還是心甘情願地去給漢元帝劉奭當兒子，以求得能在漢家太廟裡排在漢高祖劉邦父子相傳的世襲宗派裡。高祖元宏的威望被全國上下所承認、所悅服，道德遠播到全世界的一切角落；肅祖元勰雖然功勳塞滿宇宙，但他生前畢竟始終是北面稱臣的一位臣子。再有，如果讓高祖和肅祖兩人的靈牌同時都在太廟裡享受祭祀，就使做皇帝的高祖元宏與做臣子的彭城王元勰同時共席，使做嫂子的高祖皇后與做小叔的彭城王元勰坐在了同一間屋子裡，我私下裡認為不可以這樣做。」擔任吏部尚書的李神儁也進行勸阻，孝莊皇帝誰的勸告也不聽。元彧又請求從文穆皇帝的尊號中去掉「帝」字只保留「皇」字，孝莊皇帝也不聽。

梁武帝下詔，將總計二百四十個各種將軍名號分成四十四個等級。○二月二十日壬寅，魏孝莊皇帝下詔任命濟陰王元暉業兼任行臺尚書，統領丘大千等人駐軍梁國。元暉業，是拓跋小新成的曾孫。

三月十一日壬戌，魏孝莊皇帝下詔令上黨王元天穆率軍前往北海郡討伐率眾造反、自稱漢王的邢杲，任命費穆為前鋒大都督。

夏季，四月初二日癸未，魏孝莊皇帝把肅祖元勰和文穆皇后的牌位遷入太廟，又追尊自己的哥哥彭城王元劭為孝宣皇帝。臨淮王元彧勸阻說：「自古以來從來沒有過皇帝追尊自己的哥哥為皇帝的事情，陛下獨出心裁地做出此事而不合法度，讓後代人如何看待陛下呢？」魏孝莊皇帝還是不聽勸告。

魏國的上黨王元天穆正要率軍前往北海郡攻擊叛民首領邢杲，而此時投降梁國的北海王元顥已經進入魏國境內，元天穆趕緊召集屬下的文武官員商議該怎麼辦，眾人都說：「邢杲的部眾勢力強盛，應當首先滅掉邢杲再去對付元顥。」擔任行臺尚書的薛琡說：「邢杲的部眾雖然人數眾多，但都是些鼠竊狗盜之徒，沒有遠大志向。而元顥是當今皇帝的堂兄弟，是打著正義的旗號來的，其發展趨勢很難預測，應該先除掉元顥。」元天穆因為諸將多數要求去攻打邢杲，再加上魏國朝廷也認為元顥勢孤力弱不足為慮，命令元天穆等先去平定齊地邢杲的叛亂，等從齊地回師的時候再去消滅元顥，元天穆於是率軍向東部的齊地進發去消滅邢杲。

元顥與東宮直閤將軍陳慶之乘虛從銍城進軍，攻佔了魏國的滎城，很快就到達了梁國。魏國丘大千的屬下有七萬人，分別駐守在新修築起來的九座城壘中抵抗元顥的進攻。陳慶之率軍進攻丘大千的這九座城壘，從清晨一直攻到下午的四點鐘左右，終於攻克了其中的三座城壘，丘大千於是向陳慶之請求投降。元顥在梁國的都城睢陽城南登上高壇，按照古代帝王的祭天儀式點燃柴草祭天，同時即位稱帝，改年號為孝基元年。濟陰王元暉業率領二萬羽林軍駐紮在考城縣，陳慶之率軍進攻元暉業，奪取了考城縣城，活捉了濟陰王元暉業。

四月二十日辛丑，魏國的上黨王元天穆和爾朱兆在濟南郡打敗了邢杲，邢杲失敗後向朝廷軍投降，被押送到洛陽斬首。爾朱兆，是爾朱榮的姪子。

五月初六日丁巳，魏國任用擔任東南道大都督的楊昱率軍駐守滎陽，令擔任尚書僕射的爾朱世隆率軍駐守虎牢關，令擔任侍中的爾朱世承率軍駐守嶢岅。十四日乙丑，魏國京城內外進入緊急軍事狀態。

五月十七日戊辰，北海王元顥全部佔領了梁國。元顥任命梁朝的東宮直閤將軍陳慶之為衛將軍、徐州刺史，率軍西進去攻取魏國的都城洛陽。楊昱率領七萬人馬，據守滎陽，陳慶之率軍向滎陽發起攻擊，沒有能將滎陽城攻克。元顥派人到滎陽勸說楊昱投降，楊昱堅決不向元顥投降。元天穆與擔任驃騎將軍的爾朱吐沒兒率領大軍前後相繼到達滎陽，梁國的士卒都很恐懼。陳慶之解下馬鞍給馬添上飼料，向屬下的將士們解釋說：「我們自從來到這裡，所屠滅的城邑、攻佔的地盤確實已經不少，你們殺死了人家多少父兄、掠奪了人家多少子女，也已經多得無法計數。元天穆的部眾，都是我們的冤家對頭。我們的部眾只有七千人，而敵人有三十多萬人，我們面對今天的局面，只有拼死殺敵才有生還的可能。敵人的騎兵多，我們不能和他們在野外作戰，應當趁著他們還沒有全部到達這裡，加緊進攻奪取他們的城池，然後據城堅守。諸位不要再心存疑慮，自取被屠殺、被宰割之禍。」於是擂鼓進軍，令全軍將士立即向滎陽城發起猛攻，將士們你跟著我我挨著你像螞蟻一樣密集地攀著城牆向上攻入城內，二十二日癸酉，陳慶之率領梁軍攻下了滎陽城，逮捕了楊昱。有三百多名將士匍匐在元顥的帳前請求說：「陛下自從渡過長江以來已經攻取三千里，沒有耗費一支箭，而昨天在滎陽城下我們一戰就損失了五百多人，希望陛下將楊昱斬首示眾，以解全軍將士心頭之根！」元顥說：「我在江東的時候聽梁國的皇帝說，他當初從雍州起兵，沿江東下攻克建康的時候，在齊國擔任吳郡太守的袁昂堅守吳郡不肯投降，梁國皇帝經常稱讚袁昂為人忠誠、有節操。楊昱也是魏國的忠臣，為什麼要殺死他呢？除去楊昱以外，你們怎麼做都可以。」於是諸將士斬殺了楊昱部下擔任統帥的三十七個人，把他們的心臟全部挖出來吃掉了。不久元天穆等人率軍包圍了滎陽城，陳慶之率領三千騎兵背城死戰，把元天穆所率領的魏軍打得大敗，元天穆、爾朱吐沒兒全都逃走。陳慶之乘勝率軍進攻虎牢關，駐守虎牢關的魏國尚書僕射爾朱世隆棄城逃走，陳慶之軍俘虜了魏國擔任東中郎將的辛纂。

魏孝莊皇帝想要離開洛陽以躲避元顥的進攻，卻又不知道應該到哪裡去躲避，有人勸他到長安去，擔任中書舍人的高道穆說：「位於關中地區的長安城早已經荒廢殘破，怎麼可以再到那裡去呢！元顥屬下的將士並不多，他們是趁我國內部兵力空虛才得以深入我國境內，也是由於朝廷用以抵抗梁軍的將帥選擇的不合適，所以才使事態發展到如此的地步。陛下如果能夠親自率領現有的禁衛軍，再用高賞格招募一批勇士，背城與梁軍決一勝負，我等竭盡死力，一定能夠打敗孤軍深入的元顥。如果還是擔心勝負難以預料，那麼皇帝的車駕不如向北渡過黃河，然後徵調大將軍元天穆和大丞相爾朱榮，讓他們各自率軍前來會合，使兩軍相互策應，進軍討伐元顥，只需十天半個月，就一定能看到成功，這是萬無一失的計策。」魏孝莊皇帝聽從了高道穆的建議。五月二十三日甲戌，魏孝莊皇帝離開洛陽向北行進，夜間到達河內郡城北，令高道穆在燭光之下撰寫了數十張詔書，向遠近的郡縣通告，於是各地官吏、百姓才知道魏國皇帝現在在什麼地方。二十四日乙亥，魏孝莊皇帝進入河內郡城。

魏國的臨淮王元彧、安豐王元延明，率領百官，封閉了府庫，備齊皇帝的法駕前往迎接北海王元顥。五月二十五日丙子，元顥進入魏國都城洛陽的皇宮，改年號為建武，實行大赦。元顥任命陳慶之為侍中、車騎大將軍，為陳慶之增加封邑一萬戶。擔任太保的楊椿還在洛陽，而楊椿的弟弟擔任冀州刺史的楊順，擔任北中郎將的姪子楊侃，現在都跟隨魏孝莊皇帝在黃河以北。元顥心裡雖然非常忌恨楊椿，但因為楊椿一門累朝地位尊貴權勢顯要，元顥擔心自己失去民心，所以沒敢殺死楊椿。有人勸說楊椿逃離洛陽，楊椿說：「我一門裡裡外外有一百多口人，能逃到哪裡躲藏呢？我只能坐在這裡等待上天來安排我的命運了。」

元顥的後軍都督侯暄率軍守衛睢陽作為元顥的後援，魏國擔任行臺的崔孝芬、擔任大都督的刁宣率軍飛速趕往睢陽，將侯暄包圍在睢陽城中，並不分晝夜地猛攻睢陽城，五月二十七日戊寅，侯暄突圍逃走，被魏軍擒獲殺死。

魏國擔任大將軍的上黨王元天穆等率領四萬人馬進攻被元顥軍所佔領的大梁，將大梁城攻克，然後派遣費穆率領二萬人進攻被元顥軍所佔領的虎牢城，元顥讓陳慶之率軍攻打元天穆。元天穆畏懼元顥，於是就想向北渡過黃河避開元顥，他對擔任行臺郎中的濟陰郡人溫子昇說：「你是準備前往洛陽投奔元顥，還是跟著我北渡黃河去追隨皇帝元子攸呢？」溫子昇說：「主上因為虎牢城被元顥軍攻佔，所以才如此狼狽。元顥剛剛進入洛陽城，人心還沒有安定下來，如果此時我們率軍去進擊元顥，沒有不獲勝的道理。大王您重新收復洛陽城，迎接皇帝的車駕返回洛陽朝廷，這是古代齊桓公、晉文公所曾經採取過的光輝行動。您捨棄此等大功不立卻想要渡河北去，我私下裡真為大王感到惋惜。」元天穆雖然認為溫子昇的意見很有道理卻沒有採納，就率軍向北渡過黃河。前鋒大都督費穆率軍進攻虎牢城，就在即將攻克虎牢的時候，聽到了元天穆已經率軍向北渡過黃河的消息，認為自己沒有了後續部隊的支援，於是就投降了陳慶之。陳慶之再次率軍進攻大梁城、梁國，將大梁、梁國全部攻克。陳慶之率領著幾千人，從銍縣出發一直到進入洛陽，一路之上總計奪取了魏國的三十二座城、歷經四十七次戰鬥，軍隊所向，全部獲得了勝利。

元顥讓擔任黃門郎的祖瑩寫信給魏孝莊皇帝說：「我是流著眼淚向梁朝的皇帝請求出兵，幫助我返回魏國洗雪國家社稷被爾朱榮所滅之恥，我正要向爾朱榮問罪，把你從枷鎖中解救出來。你卻把自己的性命交付給豺狼一般的爾朱榮，聽任他的擺布，為他做傀儡，把自己的身體投入虎口之中，即使你現在好像也有一些百姓、有一些地盤，但那些都是掌握在爾朱榮的手裡，根本就不屬於你所有。如今國家的興盛與衰微，完全取決於你和我。如果上天要幫助屬於正義一方的我們，那麼大魏國就會再次興盛起來；如果不是這樣，對爾朱榮來說就是福，而對你來說就是禍。你要好好思考一下我所說的這些話，你的榮華富貴就可以長期保有。」

元顥進入洛陽之後，魏國黃河以南的各州各郡大多數都歸順了北海王元顥。魏國擔任齊州刺史的沛郡王元欣召集屬下的文臣武將商議應該投靠誰，元欣說：「現在佔據洛陽的北海王元顥和跑到河內郡的長樂王元子攸，都是魏國皇室的近親，如今宗廟裡供奉的先祖牌位不發生變化，我準備接受北海王元顥的大赦令，你們心裡是怎麼想的？」在座的人聽了元欣的這番話無不大驚失色。只有擔任軍司的崔光韶大聲地反對說：「元顥受梁國朝廷的控制，率領著敵國的軍隊來顛覆自己的祖國，他就是魏國的亂臣賊子。這不僅是大王的家族醜事令人感到切齒痛恨，我們這些人都是受魏國朝廷的厚恩，所以不敢聽從大王去投靠元顥！」擔任長史的崔景茂等人都說：「軍司崔光韶的看法是對的。」元欣這才殺了元顥派來的使者。崔光韶，是崔亮的堂弟。擔任襄州刺史的賈思同、擔任廣州刺史的鄭先護、擔任南兗州刺史的元暹也不接受元顥的命令。賈思同，是賈思伯的弟弟。元顥任命擔任冀州刺史的元孚為東道行臺、彭城郡王，元孚把元顥送給他的任命書封起來送給了魏孝莊皇帝。平陽王元敬先在河橋城起兵討伐元顥，失敗而死。

魏國朝廷任命擔任侍中、車騎將軍、尚書右僕射的爾朱世隆為使持節、行臺僕射、大將軍、相州刺史，率軍駐守鄴城。

魏孝莊皇帝離開洛陽的時候，只有他自己一個人騎著馬而去，他的侍衛和後宮嬪妃還都像平常一樣按部就班地在各自的崗位上。元顥一朝得志進入了皇宮，一切號令都由他自己發出，於是四方的人都在想望他有好的為人風度與施政方針。而元顥卻認為自己所以能有今天，完全是上天授予的，於是馬上就產生了驕傲怠惰的心思，平素的那些賓客、身邊那些受寵的小人，全都受到元顥的特別寵愛與優待，這些人干擾了元顥的政務，元顥在皇宮之中不分晝夜地縱情飲酒作樂，不再關心軍國大事，跟著元顥從南邊過來的那些梁朝士兵，在洛陽城中橫行不法，欺壓百姓，朝野之人因此對元顥大為失望。中書舍人高道穆的姪子高子儒從洛陽逃出來投奔了河內郡的魏孝莊皇帝，孝莊皇帝向高子儒詢問洛陽城中的情況，高子儒回答說：「元顥的失敗就在旦夕之間，不值得陛下憂慮。」

爾朱榮聽到魏孝莊皇帝離開洛陽向北逃往河內郡的消息，立即乘坐著驛站的馬車飛速趕往長子縣拜見孝莊帝，他一邊趕路一邊部署各項工作。爾朱榮見到魏孝莊皇帝的當天，孝莊皇帝就踏上了返回洛陽之路，爾朱榮在前邊為他開路。只十來天的時間，官軍就大量地集結起來，各種軍用物資、糧食、兵器、器械，全都相繼到達。〇六月初二日壬午，魏國實行大赦。〇爾朱榮南下之後，并、肆二州人心不安，爾朱榮於是任命爾朱天光為并州、肆州等九州行臺，並代理并州刺史的職務。爾朱天光來到晉陽之後，立即進行安排、部署，整頓紀律，訂立章程，所管轄的區域全部安定下來。

六月初九日己丑，費穆到達洛陽，元顥將費穆召進皇宮，追究他在河陰慫恿爾朱榮屠殺魏國王公大臣二千多人的罪責而把費穆殺死。元顥讓擔任都督的宗正珍孫和擔任河內太守的元襲攻佔了河內郡，爾朱榮率軍進攻河內郡，魏國的上黨王元天穆率軍來和爾朱榮會合，二十二日壬寅，爾朱榮等人攻下了被梁軍佔領的河內郡的郡治野王，斬殺了宗正珍孫和元襲。〇辛亥日，魏國擔任淮陰郡太守的晉鴻獻出湖陽縣向梁國投降。

閏月己未❶，南康簡王績❷卒。

魏北海王顥既得志，密與臨淮王彧、安豐王延明謀叛梁，以事難未平，藉陳慶之兵力，故外同內異，言多猜忌。慶之亦密為之備，說顥曰：「今遠來至此，未服者尚多，彼若知吾虛實，連兵四合❸，將何以禦之？宜啟天子❹，更請精兵，并敕諸州❺，有南人沒此者❻悉須部送❼。」顥欲從之，延明曰：「慶之兵不出數千，已自難制，今更增其眾，寧肯復為人用乎❽？大權一去，動息由人❾，魏之宗廟❿，於斯墜矣。」顥乃不用慶之言。又慮⓫慶之密啟⓬，乃表於上曰：「今河北、河南一時克定⓭，唯爾朱榮尚敢跋扈，臣與慶之自能擒討。州郡新服，正須綏撫⓮，不宜更復加兵，搖動百姓。」上乃詔諸軍繼進者皆停於境上⓯。

洛中南兵不滿一萬，而羌、胡之眾十倍，軍副⓰馬佛念謂[1]慶之曰：「將軍威行河、洛，聲震中原，功高勢重，為魏所疑⓱，一旦變生不測，可無慮乎？不若乘其無備，殺顥據洛，此千載一時⓲也。」慶之不從⓳。顥先以慶之為徐州刺史，因固求之鎮⑳，顥心憚之，不遣，曰：「主上㉑以洛陽之地全相任委㉒，忽聞捨此朝寄㉓，欲往彭城，謂君遽取富貴㉔，不為國計㉕，非徒有損於君，恐僕并受其責㉖。」慶之不敢復言。

爾朱榮與顥相持於河上㉗。慶之守北中城㉘，顥自據南岸。慶之三日十一戰，殺傷甚眾㉙。有夏州義士㉚為顥守河中渚㉛，陰與榮通謀，求破橋㉜立效，榮引兵赴之。及橋破，榮應接不逮㉝，顥悉屠之，榮悵然失望。又以安豐王延明緣河固守，而北軍無船可渡，議欲還北，更圖後舉。黃門郎楊侃㉞曰：「大王發并州之日，已知夏州義士之謀指㉟來應之㊱乎？為欲廣施經略㊲匡復帝室乎？夫用兵者，何嘗㊳不散而更合㊴，瘡愈更戰㊵！況今未有所損，豈可以一事不諧㊶而眾謀頓廢㊷乎！今四方顒顒㊸，視公此舉。若未有所成，遽復引歸，民情失望，各懷去就，勝負所在，未可知也。不若徵發民材，多為桴筏㊹，間以舟楫㊺，緣河布列，數百里中，皆為渡勢，首尾既遠，使顥不知所防，一日得渡，必立大功。」高道穆曰：「今乘輿飄蕩㊻，主憂臣辱㊼。大王擁百萬之眾，輔天子而令諸侯，若分兵造筏，所在散渡，指掌可克㊽。奈何捨之北歸，使顥復得完聚㊾，徵兵天下！此所謂養虺成蛇㊿，悔無及矣。」榮曰：「楊黃門已陳此策，當相與議之。」劉靈助[51]言於榮曰：「不出十日，河南必平。」伏波將軍正平楊櫆[52]與其族居馬渚[53]，自言有小船數艘，求為鄉導。戊辰[54]，榮命車騎將軍爾朱兆與大都督賀拔勝[55]縛材為筏，自馬渚西硤石[56]夜渡，襲擊顥子領軍將軍冠受[57]，擒之。安豐王延明之眾聞之，大潰。顥失據[58]，帥麾下數百騎南走，慶之[2]收步騎數千，結陳東還，顥所得諸城，一時復降於魏。爾朱榮自追陳慶之，會嵩高[59]水漲，慶之軍士死散略盡，乃削須髮為沙門[60]，間行出汝陰[61]，還建康，猶以功除右衛將軍，封永興縣[62]侯。

中軍大都督兼領軍大將軍楊津[63]入宿殿中，掃灑宮庭，封閉府庫，出迎魏主於北邙[64]，流涕謝罪，帝慰勞之。庚午[65]，帝入居華林園[66]，大赦。以爾朱兆為車騎大將軍、儀同三司，北來軍士[67]及隨駕文武諸立義[68]者加五級，河北執[3]事之官[69]及河南立義者[70]加二級。壬申[71]，加大丞相榮天柱大將軍[72]，增封通前二十萬戶[73]。北海王顥自轘轅[74]南出至臨潁[75]，從騎分散，臨潁縣卒江豐斬之。癸酉[76]，傳首洛陽。臨淮王彧復自歸於魏主，安豐王延明攜妻子來奔[77]。

陳慶之之入洛也，蕭贊[78]送啟求還[79]。時吳淑媛[80]尚在，上使以贊幼時衣寄之，信未達而慶之敗。慶之自魏還，特重北人，朱异怪而問之，慶之曰：「吾始以為大江以北皆戎狄之鄉，比至洛陽，乃知衣冠人物[81]盡在中原，非江東所及[82]也，柰何輕之？」

甲戌[83]，魏以上黨王天穆為太宰，城陽王徽為大司馬兼太尉。乙亥[84]，魏主宴勞爾朱榮、上黨王天穆及北來督將[85]於都亭[86]，出宮人[87]三百，繒錦雜綵[88]數萬匹，班賜有差，凡受元顥爵賞階復[89]者，悉追奪[90]之。

秋，七月辛巳[91]，魏主始入宮[92]。○以高道穆為御史中尉[93]。帝姊壽陽公主行犯清路[94]，赤棒卒[95]呵之不止[96]，道穆令卒擊破其車。公主泣訴於帝，帝曰：「高中尉清直之士，彼所行者公事，豈可以私責之也！」道穆見帝，帝曰：「家姊行路相犯，極以為愧。」道穆免冠謝，帝曰：「朕以愧卿，卿何謝也？」

於是[97]魏多細錢[98]，米斗幾[99]直一千，高道穆上表，以為「在市銅價，八十一錢得銅一斤，私造薄錢，斤贏二百[100]。既示之以深利[101]，又隨之以重刑，抵罪雖多，姦鑄[102]彌眾。今錢徒有五銖之名而無二銖之實，置之水上，殆欲不沈[103]。此乃因循有漸[104]，科防不切[105]，朝廷失之，彼復何罪？宜改鑄大錢，文載年號[106]，以記其始，則一斤所成止七十錢，計私鑄所費不能自潤[107]，直置無利[108]，自應息心，況復[109]嚴刑廣設也！」金紫光祿大夫楊侃亦奏乞聽民與官並鑄五銖錢，使民樂為而弊自改。魏主從之，始鑄永安五銖錢。

辛卯(110)，魏以車騎將軍楊津為司空。○初，魏以梁、益二州(111)境土荒遠，更立巴州(112)以統諸獠，凡二十餘萬戶，以巴酋(113)嚴始欣為刺史。又立隆城鎮(114)，以始欣族子愷為鎮將。始欣貪暴，孝昌(115)初，諸獠反，圍州城，行臺魏子建(116)撫諭之，乃散。始欣恐獲罪，陰來請降，帝遣使以詔書、鐵券、衣冠等賜之，為愷所獲，以送子建。子建奏以隆城鎮為南梁州，用愷為刺史，囚始欣於南鄭。魏以唐永為東益州刺史代子建，以梁州刺史傅豎眼(117)為行臺。子建去東益(118)而氐、蜀尋反(119)，唐永棄城走，東益州遂沒。

傅豎眼之初至梁州也，州人相賀(120)，既而久病，不能親政事。其子敬紹，奢淫貪暴，州人患之。嚴始欣重賂敬紹，得還巴州，遂舉兵擊嚴愷，滅之，以巴州來降，帝遣將軍蕭玩等將兵[4]援之。傅敬紹見魏室方亂，陰有保據南鄭(121)之志，使其妻兄唐崑崙於外扇誘山民，相聚[5]圍城，欲為內應。圍合而謀泄，城中將士共執敬紹，以白豎眼而殺之，豎眼恥恚(122)而卒。

八月己未(123)，魏以太傅李延寔為司徒。甲戌(124)，侍中、太保楊椿致仕(125)。

九月癸巳(126)，上幸同泰寺(127)，設四部無遮大會(128)。上釋御服(129)，持法衣(130)，行清淨大捨[131]，以便省為房[132]，素牀瓦器[133]，乘小車，私人執役[134]。甲子[135]，升講堂法座，為四部大眾[136]開涅槃經題[137]。癸卯[138]，羣臣以錢一億萬祈白三寶[139]，奉贖[140]皇帝菩薩[141]，僧眾默許。乙巳[142]，百辟[143]詣寺東門，奉表請還臨宸極[144]，三請，乃許。上三答書，前後並稱「頓首」[145]。

魏爾朱榮使大都督尖山侯淵[146]討韓樓[147]於薊，配卒甚少，騎止七百，或以為言，榮曰：「侯淵臨機設變，是其所長，若總大眾，未必能用。今以此眾擊此賊，必能取之。」淵遂廣張軍聲，多設供具[148]，親帥數百騎深入樓境。去薊百餘里，值[149]賊帥陳周馬步萬餘，淵潛伏以乘其背[150]，大破之，虜其卒五千餘人。尋還其馬仗[151]，縱令入城[152]。左右諫曰：「既獲賊眾，何為復資遣之[153]？」淵曰：「我兵既少，不可力戰，須為奇計以離間之，乃可克也。」淵度其已至[154]，遂帥騎夜進，昧旦[155]，叩其城門。韓樓果疑降卒為淵內應，遂走，追擒之，幽州平。以淵為平州[156]刺史，鎮范陽[157]。

先是，魏使征東將軍劉靈助兼尚書左僕射，慰勞幽州流民於濮陽、頓丘[158]，因帥流民北還，與侯淵共滅韓樓，仍[159]以靈助行幽州事，加車騎將軍，又為幽、平、營、安[160]四州行臺。

万俟醜奴[161]攻魏東秦州[162]，拔之，殺刺史高子朗。

冬，十月己酉[163]，上又設四部無遮大會，道、俗[164]五萬餘人。會畢，上御金輅[165]還宮，御太極殿，大赦，改元[166]。◯魏以前司空蕭贊為司徒。

十一月己卯[167]，就德興[168]請降於魏，營州平。◯丙午[169]，魏以城陽王徽為太保，丹楊王蕭贊為太尉，雍州刺史長孫稚[170]為司徒。

十二月辛亥[171]，兗州刺史張景邕[172]、荊州刺史李靈起[173]、雄信將軍蕭進明[174]叛，降魏。◯以陳慶之為北兗州[175]刺史。有妖賊僧强[176]，自稱天子，土豪蔡伯龍起兵應之，眾至三萬，攻陷北徐州[177]，慶之討斬之。◯魏以岐州[178]刺史王羆行南秦州[179]事，羆誘捕州境羣盜，悉誅之。

【章　旨】以上為第二段，寫梁武帝中大通元年（西元五二九年）後七個月的大事。主要寫了分裂分子元顥自感翅膀已硬，欲脫離梁國自立，與陳慶之互鬥心眼；寫了陳慶之的僚屬馬佛念勸陳慶之殺元顥以據洛陽，陳慶之不納；寫爾朱榮與元顥、陳慶之相持於河上，爾朱榮動搖欲退，楊侃、高道穆堅主進兵克敵，結果爾朱兆、賀拔勝在一些義民的幫助下強渡硤石，擒獲南岸的守將元顥之子，元顥聞訊南逃，部下離散，元顥被臨潁縣卒所殺；陳慶之的軍隊遇洪水潰散於嵩山，陳慶之單身逃回建康，所得之魏地皆失；寫了魏之中軍大都督楊津灑掃宮廷迎魏主元子攸返回洛陽，魏主大賞爾朱榮與渡河擊破元顥的爾朱兆；還寫了魏梁州刺史傅豎眼之子傅敬紹多行不法，州民恨之，傅敬紹見魏廷混亂，欲據南鄭自立，事洩被州人所殺，傅豎眼愧恚而死；魏子建離東益州而當地迅即叛亂，東益州遂沒入梁；寫爾朱榮遣其部將侯淵破殺葛榮的部將韓樓於幽州，幽州平定；以及寫了梁武帝蕭衍迷戀佛教，常到寺廟遊賞，宣講佛經，甚至還把自己捨身給寺院，群臣無奈，只得花鉅資將其贖回等等。

【注釋】❶閏月己未　閏六月初九。❷南康簡王績　蕭績，梁武帝蕭衍的第四子，被封為南康王，謚曰簡。傳見《梁書》卷二十九。❸連兵四合　聯合起來四面包圍我們。❹宜啓天子　應當向梁朝皇帝報告。❺并敕諸州　給我們佔領下的各州郡下命令。敕，命令；通告。❻南人沒此者　有陷沒在各州郡的南朝人。❼悉須部送　全部遣送到洛陽來。❽寧肯復為人用乎　還能再聽別人使喚嗎。人，別人；他人。❾動息由人　意即一舉一動都得聽別人的。動息，何時該動，何時該停。❿魏之宗廟　實指我們這個在人控制下的小朝廷。⓫慮　擔心。⓬密啓　祕密向梁武帝報告。⓭一時克定　很快地都讓我們所平定。⓮正須綏撫　還得要做一定的安撫工作。正須，仍須。綏撫，安撫。⓯上乃詔諸軍句　胡三省曰：「陳慶之非爾朱榮敵也，是時梁之諸將又皆出慶之下，使相與繼進至洛，與元顥互相猜阻，亦必同歸於陷沒。梁兵之不進，梁之幸也。武帝不務自治而務遠略，所以有侯景之禍。」⓰軍副　軍中的副統帥，陳慶之的副職。⓱為魏所疑　此「魏」字指元顥集團。⓲千載一時　千載難逢的時機。⓳慶之不從　胡三省曰：「馬佛念有戰國策士之氣。然必有非常之才，然後可以行非常之事，陳慶之烏足以辦此？」⓴固求之鎮　（陳慶之）堅持要求去徐州上任。㉑主上　指梁武帝。㉒全相任委　全部委託給了我們倆。㉓捨此朝寄　丟下魏國朝廷的全部信託。㉔遽取富貴　只顧自己的功名富貴。遽，急。㉕不為國計　不為梁國的利益做考慮。因為梁國的本意是讓陳慶之來支持、護衛元顥這個聽命於梁國的分裂政權。㉖恐僕并受其責　恐怕讓我也得跟著你擔責任。責，責備；責任。㉗河上　洛陽城北的黃河一帶。㉘北中城　即黃河北岸的河橋城。胡三省曰：「晉杜預建河橋於富平津，河北側岸有二城相對。」㉙殺傷甚眾　指自己的部下傷亡很多。殺，猶今所謂「犧牲」。㉚夏州義士　夏州籍的一群兵勇。因其支持魏國的朝廷一方，故寫史者稱其為「義士」。夏州的州治統萬，在今陝西橫山縣正西偏北。㉛河中渚　胡三省引《水經注》曰：「河中渚上有河平侯祠，河之南岸有一碑，題曰『洛陽北界』。意此中渚即唐時河陽之中潬城也。」㉜破橋　拆斷河橋城下的黃河浮橋。㉝不逮　來不及，沒有及時趕到接應。㉞楊侃　魏國的名將楊椿、楊津之姪，楊播之子。傳見《魏書》卷五十八。此時為度支尚書、黃門侍郎，陪同在魏主元子攸身邊。㉟謀指　陰謀計劃。㊱來應之　來與之裡應外合。㊲廣施經略猶言「大展奇才」、「大展宏圖」。㊳何嘗　哪一回不是。㊴散而更合　被打散了再集合起來。㊵瘡愈更戰　包紮一下傷口接著再戰。愈，傷好，這裡即包紮一下傷口。㊶一事不諧　一次裡應外合的事情未能成功。㊷眾謀頓廢　許多重大的規畫、謀略都拋棄不幹了。頓，登時；即刻。㊸顒顒　舉首仰望的樣子。㊹桴筏　泛指各種船隻。胡三省曰：「編竹木以渡水，大者曰桴，小者曰筏。」㊺間以舟楫　中間也夾帶著大大小小的船槳。楫，划船用的槳。㊻乘輿飄蕩　意即皇帝漂泊在外，行止無定所。乘輿，皇帝的車駕，這裡指魏主元子攸。㊼主憂臣辱　皇帝陷於憂患，群臣應為此感到恥辱。主憂臣辱是自古以來的成語，《史記・越王句踐世家》有「主憂臣勞，主辱臣死」；〈范雎蔡澤列傳〉有「主憂臣辱，主辱臣死」；〈韓長孺列傳〉有「主辱臣死」，意思相同。㊽指掌可克　猶言指掌可勝。指掌，指畫自己的手掌，以喻辦事之輕而易舉。㊾復得完聚　重新修繕城郭，聚積糧草。㊿養虺成蛇　把小蛇養成大蛇。虺，這裡即指小蛇。胡三省曰：「逸書云：『為虺不摧，為蛇奈何？』以文義觀之，蓋以虺為小蛇。」51劉靈助　爾朱榮的謀士，一個精通術數，具有神祕色彩的人物。52正平楊檦　正平郡人楊檦。正平郡的郡治即今山西新絳。楊檦在魏莊宗時以俠聞，後為宇文泰部下的名將。傳見《周書》卷三十四。53馬渚　黃河中的小洲名，在今河南三門峽市東。54戊辰　閏六月十八。55賀拔勝　爾朱榮部下的心腹將領，賀拔岳之兄。傳見《魏書》卷八十。56硤石　山名，也是村鎮名，在今河南三門峽市東南，地處黃河邊上。57冠受　元冠受，元顥之子，時為元顥政權的領軍將軍。58失據　失去依靠；沒了主心骨。59嵩高　即今河南嵩山，也稱太室山，在登封北，洛陽城的東南方。胡三省曰：「潁水出少室山（即今嵩山之西峰），五渡水出太室山（即今嵩山之東峰），入於潁水。嵩高水漲，指此水也。」60沙門　意即和尚。61出汝陰　經由汝陰郡，梁國的汝陰郡治即今合肥。胡三省曰：「慶之所以得免者，亦由嵩高水漲，追兵不急，於軍士死散之時得以挺身逸去，否則必為爾朱榮所擒矣。」62永興縣　當時的永興縣在今浙江紹興附近。63楊津　魏國名將楊椿之弟，此時為魏主元子攸的中軍大都督。傳見《魏書》卷五十八。64北邙　北邙山，在洛陽城北，黃河的南岸。65庚午　閏六月二十。66華林園　此指洛陽城內的皇家園林，與當時的皇宮相連接，是曹魏時代的統治者所建造，其後屢有增修。67北來軍士　指隨爾朱榮由并州（今之山西）一帶南來的勤王之軍。68立義　指勤王護駕以及抵禦過元顥叛逆集團的人。69河北執事之官　黃河中下游以北的各類在任官員。因河北官員多不從元顥，且有迎駕之功，故封賞之。70河南立義者　指崔孝芬、刁宣等義勇之士，他們率軍消滅了為元顥守睢陽的後軍都督侯暄及其所領的叛逆之軍。71壬申　閏六月二十二。72天柱大將軍　胡三省曰：「天柱，原無此號，魏主以爾朱榮功高，特置以寵之。」73增封通前二十萬戶　胡三省曰：「榮先以平葛榮之功增封至十萬戶，今又增為二十萬戶以賞之。」通前，連以前的加起來。74轘轅　轘轅關，洛陽東南方的關塞名，在今河南登封西北。[75]臨潁　魏縣名，縣治在今河南臨潁西北，許昌東南方。[76]癸酉　閏六月二十三。[77]來奔　奔來投靠梁朝。[78]蕭贊　即蕭綜，梁武帝蕭衍之子，於普通六年（西元五二五年）於徐州往投魏國。傳見《梁書》卷五十五、《魏書》卷五十九。[79]送啓求還　給陳慶之寫信請求返回梁國，請陳慶之報告梁武帝。啓，文體名，寫給名公巨卿的短信。[80]吳淑媛　蕭贊的生母，原是南齊末代皇帝蕭寶卷的嬪妃，蕭寶卷死後又成了深受蕭衍寵幸的嬪妃。淑媛是嬪妃的稱號之一，不是人名。[81]衣冠人物　有才德、有名望的士大夫。[82]非江東所及　胡三省曰：「陳慶之特有見於洛陽華靡之俗而為是言耳。」[83]甲戌　閏六月二十四。[84]乙亥　閏六月二十五。[85]督將　大將；獨當一方的將領。[86]都亭　猶如今之賓館。招待外國來賓、各地官員進京的食宿之地。[87]宮人　在宮廷從事各種服務工作的女子。[88]繒錦雜綵　各類絲織品。繒，絲織品。[89]階復　提高了級別爵位與享受了免除勞役、賦稅等優待的人。階，等級。復，免除賦稅徭役。[90]追奪　撤銷；收回。[91]七月辛巳　七月初二。[92]魏主始入宮　此前一直住在華林園。[93]御史中尉　也稱御史中丞，主管監察、彈劾的官員。[94]行犯清路　衝撞、冒犯了皇帝出行的清道戒嚴。[95]赤棒卒　執赤棒開道的士卒。[96]呵之不止　喝令她停步，她還照樣前行。[97]於是　當此時。[98]細錢　小錢；不合制度的銅錢。[99]幾　幾乎；將近。[100]斤贏二百　一斤銅可造薄錢二百多。贏，超過。[101]深利　豐厚的利潤。[102]姦鑄　違法亂鑄。[103]殆欲不沈　幾乎可以漂在水面上。殆，幾乎。[104]因循有漸　逐漸發展，變成了這種樣子。[105]科防不切　條令管得不嚴。切，嚴厲。[106]文載年號　錢上鑄明是哪一年鑄的。[107]不能自潤　收不回成本，得不到利潤。[108]直置無利　白幹半天得不到好處。置，使處於某種境地。[109]復　還有。[110]辛卯　七月十二。[111]梁益二州　此時魏國的梁州州治南鄭，即今陝西漢中，魏國的益州州治晉壽，在今四川劍閣東北。[112]巴州　魏國的巴州州治在今四川巴中東。[113]巴酋　巴族人的頭領。[114]隆城鎮　軍鎮名，在今四川閬中。[115]孝昌　魏肅宗元詡的第四個年號（西元五二五—五二七年）。[116]魏子建　當時魏國的著名將領與地方官，對經營梁、益一帶地區有很大貢獻。此時任行臺、征西都督、東益州刺史。行臺，是尚書省設在地方的派出機構，其長官也被稱為「行臺」，猶如今所謂特派員。[117]傅豎眼　魏國後期的名將，此時任梁州刺史，駐兵於今之漢中。[118]去東益　離開東益州，即今之陝西略陽。[119]尋反　很快地就造反了。[120]州人相賀　當時梁州的「民、獠聞豎眼至，皆喜，迎拜於路者相繼」，又稱「豎眼入州，白水以東民皆安業」。事見本書前文卷一百四十八天監十五年。[121]保據南鄭　意即以南鄭為根據地而自立稱王。[122]恥恚　既羞恥又惱怒。[123]八月己未　八月初十。[124]甲戌　八月二十五。[125]致仕　退休。[126]九月癸巳　九月十五。[127]同泰寺　梁武帝於其大通元年（西元五二七年）緊挨皇宮建造的一座寺廟，取名同泰寺。寺廟建成後，梁武帝又在皇宮的圍牆上鑿了一個門，取名大通門，與同泰寺的廟門相對。同泰寺早已片瓦無存，今南京市內的雞鳴寺，就是在當年同泰寺的遺址上建成。(128)設四部無遮大會　佛教的活動之一，以講演佛經，為百姓求福為宗旨，任何人都能來參加的大法會。設，舉辦。四部，指僧、尼、善男、善女，實即包括了人世間的一切人。(129)釋御服　脫去皇帝所穿的衣服。(130)持法衣　身穿和尚的服裝。持，保持，這裡即指身穿。(131)行清淨大捨　把自己的身子全部捨給了寺廟。(132)以便省為房　把同泰寺裡梁武帝曾經方便休息過的屋子當成了他修行的住所。胡三省曰：「便省，在同泰寺，上臨幸時居之，故曰便省。」(133)素牀瓦器　睡的是光板床，用的是粗瓷碗罐。瓦器，不上釉子的陶器，這裡即指粗瓷。(134)私人執役　只幾個奴僕幫著幹些粗活。(135)甲子　此語疑有誤，本年的九月無「甲子」日。(136)四部大眾　即上文所說的「四部」。(137)開涅槃經題　講解《涅槃經》的中心意旨。開……題，講解某某文章的中心意旨。涅槃經，佛教的經典，是闡釋妙有思想最具代表性的一部。(138)癸卯　九月二十五。(139)祈白三寶　向寺廟的主持提出請求。佛教稱「佛」、「法」、「僧」為「三寶」，這裡即指主事的和尚。(140)奉贖　奉上以贖，用「奉」表示虔敬。(141)皇帝菩薩　敬指梁武帝蕭衍。這時的蕭衍既是塵世的皇帝，又是佛教的聖僧。菩薩，僅次於佛的聖僧。胡三省曰：「菩，普也；薩，濟也。菩薩，言能普濟眾生。」(142)乙巳　九月二十七。(143)百辟　朝廷百官；滿朝文武。(144)請還臨宸極　請求蕭衍還是回朝廷當皇帝。宸極，北極星。古代以北極星為最尊，故以北辰喻帝位。胡三省引《唐韻》曰：「宸，屋宇也，天子所居。」(145)前後並稱頓首　「頓首」是平輩之間寫信常用的客氣話，現在蕭衍給群臣回信也一律用「頓首」，表明他已經不再把自己當成君臨天下的皇帝。(146)尖山侯淵　尖山人侯淵。尖山，魏縣名，據胡三省注引〈五代志〉，當在今山西東北部的桑乾河流域，上屬於神武郡。侯淵，原是變民頭領杜洛周的部下，後投靠爾朱榮。傳見《魏書》卷八十。(147)韓樓　原是變民頭領葛榮的部下，葛榮被爾朱榮打敗殺害後，河北地區的變民活動轉入低潮，只有韓樓還在幽州的州治薊縣一帶堅持反魏。事見本書上卷大通二年。(148)多設供具　多為軍隊準備吃的用的，蓋虛張聲勢也。供具，主要指糧草、酒食一類。(149)值　正好碰上。(150)乘其背　從其背後發起攻擊。乘，趁勢而攻。(151)馬仗　馬匹與武器。(152)縱令入城　准許他們進薊城看視。(153)資遣之　給他們一些錢讓他們回去。(154)已至　回到了他們的大營。(155)昧旦　天矇矇亮。(156)平州　魏州名，州治肥如，在今河北遷安東北。(157)鎮范陽　駐軍於范陽郡。范陽郡的郡治即今河北涿州。(158)濮陽頓丘　魏之二郡名，濮陽郡的郡治在今河南濮陽西南，頓丘郡的郡治在今濮陽東北。(159)仍　這裡的意思同「乃」，於是。(160)幽平營安　魏之四州名，幽州的州治即今北京市，平州的州治肥如，在今河北遷安東北，營州的州治龍城，即今遼寧朝陽，安州的州治燕樂，即今河北隆化。(161)万俟醜奴　原是隴西變民頭領莫折念生的部下，後來莫折念生被部下所殺，又幾經變亂後，万俟醜奴成了隴西一帶變民的頭領。(162)東秦州　魏州名，州治中部，在今陝西宜君東北。(163)十月己酉　十月初一。(164)道俗　猶言「僧、俗」，和尚與普通的平民百姓。(165)御金輅乘坐著金飾的車駕。輅，帝王的車駕。(166)改元 改元為中大通，稱今年為中大通元年。(167)十一月己卯 十一月初二。(168)就德興 營州的變民頭領，於梁武帝普通五年（西元五二四年），與同伴劉安定執營州刺史據城反，後劉安定被城民所殺，就德興東逃自稱燕王。事見本書卷一百五十。(169)丙午 十一月二十九。(170)長孫稚 姓長孫，名稚，魏國元勳長孫道生之孫，長孫觀之子，為魏國名將，此時任雍州刺史。傳見《魏書》卷二十五。(171)十二月辛亥 十二月初四。(172)兗州刺史張景邕 張景邕乃梁、魏交界線上的邊民，因有功被梁朝賜以「兗州刺史」之稱。真正的兗州在魏國境內，梁國此時有「南兗州」、「北兗州」，與此無關。(173)荊州刺史李靈起 李靈起也是梁、魏交界線上的邊民，因有功被梁朝賜以「荊州刺史」之稱，與實際荊州無關。(174)雄信將軍蕭進明 蕭進明也是梁、魏交界線上的邊民，因有功被梁朝賜以「雄信將軍」之稱。胡三省曰：「三人者皆梁魏境上民豪，以刺史、將軍寵授之耳。」(175)北兗州 梁國的北兗州州治在淮陰，今江蘇淮安淮陰區。(176)僧彊 僧人名彊。(177)北徐州 梁國的北徐州州治鍾離，在今安徽鳳陽東北側。(178)岐州 魏州名，州治雍縣，即今陝西鳳翔。(179)南秦州 魏州名，州治仇池，在今甘肅西和東南，武都東北。

【校 記】[1]調 原作「為」。胡三省注云：「蜀本『為』作『調』。」據章鈺校，甲十一行本作「調」，張敦仁《通鑑刊本識誤》同，今據改。[2]慶之 據章鈺校，甲十一行本、乙十一行本、孔天胤本「慶」上皆有「陳」字。[3]執 原作「報」。據章鈺校，孔天胤本作「執」，張敦仁《通鑑刊本識誤》同，今據改。按，《魏書‧孝莊帝紀》亦作「執」。[4]將兵 原無此二字。據章鈺校，甲十一行本、乙十一行本、孔天胤本皆有此二字，張敦仁《通鑑刊本識誤》同，今據補。[5]聚 原作「與」。據章鈺校，甲十一行本、乙十一行本、孔天胤本皆作「聚」，張瑛《通鑑校勘記》同，今據改。

【語 譯】閏六月初九日己未，梁國的南康簡王蕭績去世。

魏國的北海王元顥進入洛陽做了皇帝之後，就祕密地與臨淮王元彧、安豐王元延明謀劃背叛梁國，只是因為魏國境內反抗自己的勢力還沒有解除，還需要借助梁將陳慶之的兵力，所以表面上他與陳慶之還能保持一致，而內心已經另有自己的打算，言語之間對陳慶之流露出很多的猜忌。陳慶之也祕密地對元顥做了戒備，陳慶之對元顥說：「現在我們從遙遠的梁國來到洛陽，這裡不肯服從我們的人還很多，他們如果掌握了我們的虛實，各路軍隊聯合起來從四面包圍我們，我們將用什麼辦法來抵禦他們呢？應該把這裡的情況奏明我們梁國的皇帝，請求再派精兵前來增援我們，陛下應該向我們所佔領的各州各郡下達命令，凡是有陷沒在各州各郡的南朝人，都要把他們護送到洛陽來。」元顥正準備聽從陳慶之的建議，元延明說：「陳慶之的軍隊不過只有幾千人，就已經難以控制，如果再讓梁朝給他增加軍隊，難道他還肯再聽我們使喚嗎？大權一旦失去，一舉一動都得聽別人的，我們這個剛剛建立起來的魏國小朝廷，從此就完蛋了。」元顥於是拒絕採納陳慶之的意見。元顥又擔心陳慶之祕密向梁武帝蕭衍打報告，於是就親自給梁武帝上表說：「如今河北、河南地區很快就會被我們平定，只有爾朱榮還在飛揚跋扈，我和陳慶之依靠自己現有的兵力就能夠討平爾朱榮，將爾朱榮擒獲。各州郡剛剛歸順，還需要對他們進行一些安撫工作，不適合再增派援軍，以免引起民心動搖。」梁武帝於是下詔，命令正在繼續前進的各軍全部停駐在邊境之上。

在洛陽城中的梁朝軍隊還不滿一萬人，而羌族人、胡人的人數是梁朝人的十倍，在陳慶之手下擔任軍中副統帥的馬佛念對陳慶之說：「將軍的威名傳遍了河、洛之間，聲威震動了整個中原地區，目前將軍功高權重，已經遭到北海王元顥集團的懷疑，隨時都可能發生不可預測的變故，難道你就不感到憂慮嗎？倒不如趁著他們還沒有準備，我們殺死元顥，佔據洛陽，這可是千載難逢的大好時機呀。」陳慶之沒有聽從馬佛念的建議。元顥此前曾任命陳慶之為徐州刺史，因此陳慶之堅持要求到徐州上任，元顥心裡忌憚陳慶之，所以堅決不派遣陳慶之前往徐州赴任，他對陳慶之說：「梁朝皇帝把洛陽這個地方全部委託給了你我，忽然聽說你要捨棄魏國朝廷的全部信託，想要到彭城去，大家會說你急於謀求自己的功名富貴，不為梁國的利益做考慮，這樣一來不但有損於你的聲望，恐怕讓我也得跟著你擔責任。」陳慶之於是不敢再說什麼。

爾朱榮與元顥在洛陽城北的黃河一帶展開對峙。陳慶之率軍守衛著黃河北岸的北中城，元顥自己率軍據守在黃河南岸。陳慶之在三天的時間裡經過了十一場戰鬥，自己的部下傷亡慘重。有一群夏州籍的兵勇正在為元顥守衛著黃河中的一個小島，暗地裡卻與魏國的爾朱榮互相串通一氣，他們請求拆斷河橋城下的黃河浮橋為爾朱榮立功效力，請爾朱榮率軍前往接應。等到他們將河橋城下的黃河浮橋破壞掉之後，爾朱榮卻沒有及時趕到接應，元顥把這些兵勇全部殺死，爾朱榮因此心情沮喪，對前景感到很失望。元顥又任用安豐王元延明率軍堅守黃河南岸，而爾朱榮所率領的北方軍因為沒有船隻可以渡過黃河，就商議準備返回北方的并州，以後再想辦法對付元顥。擔任黃門郎的楊侃對爾朱榮說：「大王從并州發兵的時候，難道就已經知道夏州籍兵勇的陰謀計畫而來響應他們嗎？還是想要大展宏圖以匡扶皇帝復興魏國呢？用兵打仗，哪一回不是被打散了再集合起來，受了傷包紮一下傷口就接著再戰呢！況且現在我軍並沒有遭受什麼損失，豈能因為一次裡應外合的事情未能成功就將許多重大的規畫、謀略登時拋棄不幹了呢！如今四方之人都在舉首仰望著大王，看看大王的此次行動能否獲得成功。如果大王此次毫無成功，就突然又率軍北返，人們對大王一旦感到失望，就會人人想要離開大王而另謀高就，最後究竟誰勝誰負，就不好預測了。不如徵用百姓的竹木，多多地編造一些竹筏、木筏，中間也夾帶著大大小小的船槳，沿著黃河北岸全面擺開，在幾百里的範圍內，做出一種處處都在準備渡河的架勢，從首到尾戰線既然拉得很長，元顥就不知道到底應該在哪裡設防才好，一旦我軍渡河成功，一定會建立大功。」中書舍人高道穆對爾朱榮說：「如今皇帝還漂泊在外，行止無定所，皇帝陷於憂患，群臣應該為此而感到恥辱。大王您統領著百萬之眾，輔佐天子而號令諸侯，如果將兵力分散開來讓他們各自去編造桴筏，令他們就在自己所在的地方分別渡河，獲取成功就像指畫自己的手掌一樣輕而易舉。為什麼要捨棄這樣大好的建功立業機會而返回北方，使元顥獲得重新修繕城郭、聚積糧草、向天下徵兵的喘息之機呢！這就是人們所說的把小蛇養成了大蛇，到那時恐怕後悔都來不及了。」爾朱榮說：「黃門郎楊侃已經向我陳述過這樣的計策，應當再與他商議商議。」爾朱榮的謀臣劉靈助對爾朱榮說：「十天之內，黃河南岸一定能被大王所平定。」擔任伏波將軍的正平郡人楊櫆和他的族人居住在馬渚，他說自己有幾艘小船，請求為爾朱榮充當嚮導。閏六月十八日戊辰，爾朱榮命令擔任車騎將軍的爾朱兆與擔任大都督的賀拔勝把竹木綁成筏子，從馬渚西面硤石山處利用黑夜作掩護向南渡過黃河，襲擊元顥的兒子擔任領軍將軍的元冠受，活捉了元冠受。安豐王元延明的部下聽到消息以後，立即崩潰。元顥失去了依靠，就率領著部下的幾百名騎兵向南逃走，陳慶之收集了數千名步兵和騎兵，結成隊列向東撤回，元顥所奪取的各城，一時之間又都投降了元子攸的魏國。爾朱榮親自率軍追擊陳慶之，正遇上嵩山上下來的水勢暴漲，陳慶之部下的軍士連死帶失散差不多已經光了，陳慶之於是剃去鬍鬚、頭髮，裝扮成和尚模樣，抄小路經由汝陰郡，逃回梁國的京師建康，梁武帝還是根據功勞授予陳慶之右衛將軍，封為永興縣侯。

魏國擔任中軍大都督兼領軍大將軍的楊津入宮宿衛，他率人灑掃宮廷，封閉了府庫，然後到洛陽城北面的邙山迎接魏孝莊皇帝元子攸，楊津痛哭流涕地向孝莊皇帝謝罪，魏孝莊皇帝慰勞了楊津一番。閏六月二十日庚午，魏孝莊皇帝入居洛陽城內的華林園，實行大赦。任命爾朱兆為車騎大將軍、開府儀同三司，凡是跟隨爾朱榮從北方并州一帶南來的勤王之軍和一直跟隨在皇帝身邊的文武大臣以及抵禦過北海王元顥叛逆集團的人士一律加升五級，凡是河北地區在任的各類執行官員，以及在河南地區消滅了叛逆之軍的義勇之士一律加升二級。二十二日壬申，魏孝莊皇帝加授大丞相爾朱榮為天柱大將軍，為爾朱榮增加封邑，連同以前的封邑共計為二十萬戶。

北海王元顥經由轘轅關向南到達臨潁縣，跟隨他的騎兵此時已經分頭逃散，臨潁縣的士兵江豐把元顥殺死。閏六月二十三日癸酉，元顥的首級被傳送到洛陽。臨淮王元彧又主動歸順了魏孝莊皇帝，安豐王元延明則攜帶著妻子來投奔了梁國。

陳慶之在率軍進入洛陽的時候，蕭贊給陳慶之寫信請求返回梁國。當時蕭贊的生母吳淑媛還活著，梁武帝讓吳淑媛把蕭贊小時候所穿過的衣服寄給蕭贊，東西還沒有寄到洛陽，陳慶之已經兵敗而返。陳慶之從魏國返回梁國以後，特別重視北方人，朱异感到很奇怪，就問陳慶之為什麼會如此，陳慶之回答說：「我開始的時候認為長江以北地區全都是戎狄居住的地方，等我到了洛陽之後，才知道有才德、有名望的士大夫全都在中原地區，在這方面我們江東根本無法和中原相比，我憑什麼要輕視北方人呢？」

閏六月二十四日甲戌，魏國朝廷任命上黨王元天穆為太宰，任命城陽王元徽為大司馬兼太尉。二十五日乙亥，魏孝莊皇帝在都亭設宴慰勞大丞相、太原王爾朱榮、上黨王元天穆以及跟隨爾朱榮從并州一帶南來勤王的督將，孝莊帝從皇宮中放出三百名宮女，拿出數萬匹各類絲織品，按照不同等級分別賞賜給他們，凡是接受元顥的賞賜而提高了爵位級別與享受免除勞役、賦稅等優待的人，都一律撤銷。

秋季，七月初二日辛巳，魏孝莊皇帝才進入洛陽的皇宮。〇魏國朝廷任命中書舍人高道穆為御史中尉。魏孝莊皇帝的姐姐壽陽公主出行的時候違犯了皇帝出行的清道戒嚴令，手執赤棒負責開道的士卒喝令壽陽公主停步，壽陽公主照樣前行，擔任御史中尉的高道穆命令士卒砸碎了壽陽公主所乘坐的車子。壽陽公主在孝莊皇帝面前流著眼淚控告高道穆欺辱了自己，孝莊皇帝說：「御史中尉高道穆是一位清廉正直之人，他所執行的是公務，我怎麼可以因為你是我的姐姐這層私人關係而去責備他呢！」高道穆拜見孝莊皇帝，孝莊皇帝說：「我姐姐出行的時候冒犯了你，我感到非常慚愧。」高道穆摘下自己的帽子向孝莊皇帝謝罪，孝莊皇帝說：「是我有愧於你，你為什麼反倒向我請罪呢？」

此時的魏國有很多不合規制的小銅錢，一斗米的價錢將近一千個銅錢，御史中尉高道穆於是上表給孝莊皇帝，高道穆認為「按照市場上的銅價，八十一個銅錢就可以購買一斤銅；民間私自鑄造的薄銅錢，一斤銅可以鑄造二百多個薄錢。國家既讓他們看到鑄造銅錢可以獲得的豐厚利潤，隨後又用重刑懲治那些私鑄薄錢的人，遭受懲罰的人雖然很多，而違法亂鑄薄銅錢的人反而越來越多。如今的五銖錢已經是徒有其名，其實連二銖的重量也沒有，把那些薄銅錢放在水裡，輕得幾乎可以漂在水面上。這是互相因循，逐漸發展才變成現在這個樣子的，條令管得不嚴，是朝廷的失誤，他們又有什麼罪呢？現在應該改鑄大銅錢，銅錢上鑄明是哪一年鑄造的，以記載開始鑄造的年代，鑄造大錢，規定一斤銅只能鑄造七十枚銅錢，這樣一來，估計私自鑄造銅錢的人根本收不回成本，得不到利潤，白幹半天卻無利可圖，他們就會自動打消鑄錢的念頭，何況國家還要對其進行嚴厲的懲罰呢！」擔任金紫光祿大夫的楊侃也上書奏請允許百姓與官府一同鑄造五銖錢，讓百姓樂意鑄造五銖錢而鑄錢的弊端自然就會改變。魏孝莊皇帝批准了他們的意見，於是開始鑄造永安五銖錢。

七月十二日辛卯，魏國朝廷任命擔任車騎將軍的楊津為司空。〇當初，魏國因為梁州、益州地處荒僻遙遠，就又設立了巴州以便統治、管理那裡被稱為獠人的少數民族，總計有二十多萬戶，朝廷任命巴族人的酋長嚴始欣為巴州刺史。又設立隆城鎮，任命嚴始欣的族姪嚴愷為隆城鎮將。嚴始欣為人貪婪殘暴，魏肅宗孝昌初年，被稱為獠人的少數民族各部落就開始造反，他們圍困了巴州城，魏國擔任行臺的魏子建對造反的那些少數民族進行安撫、勸諭，造反的人才逐漸散去。嚴始欣懼怕魏國朝廷會治他的罪，便暗中派人到梁國請求投降，梁武帝派使者把皇帝接受其投降的詔書、免除其死罪的鐵券、梁朝的衣服帽子等物品賞賜給嚴始欣，不料這些物品全部被隆城鎮將嚴愷所截獲，嚴愷將其送給了魏子建。魏子建上書給朝廷，請求把隆城鎮改為南梁州，任用嚴愷為南梁州刺史，把嚴始欣囚禁在南鄭。魏國朝廷任命唐永為東益州刺史以取代魏子建，任命擔任梁州刺史的傅豎眼為行臺。魏子建離開東益州之後，那裡的氐族人、蜀人很快就造反了，剛剛擔任東益州刺史的唐永棄城逃走，魏國遂喪失了對東益州的管轄。

傅豎眼在初到梁州擔任刺史的時候，梁州的人們互相慶賀，後來傅豎眼卻長期臥病，不能親自處理州中的政務。傅豎眼的兒子傅敬紹，生活奢侈荒淫、性情貪婪殘暴，成了梁州百姓的一大禍患。嚴始欣用重金賄賂了傅敬紹，才得以回到巴州，嚴始欣回到巴州以後就起兵進攻南梁州刺史嚴愷，把嚴愷消滅，獻出巴州投降了梁國，梁武帝派遣將軍蕭玩等率軍前往巴州援助嚴始欣。傅敬紹看到魏國局勢混亂，暗中就有以南鄭為根據地而自立稱王的志向，他讓自己的妻兄唐崑崙在外邊煽動、引誘那些山裡人，那些山裡人於是互相帶領著包圍了南鄭城，傅敬紹準備為他們做內應以奪取南鄭。城外剛剛形成對南鄭的包圍而傅敬紹的陰謀就已經洩露，城中的將士一同捉住了傅敬紹，並把此事稟報了行臺、梁州刺史傅豎眼而把傅敬紹殺死，傅豎眼既羞恥又憤怒，竟因此而死。

八月初十日己未，魏國朝廷任命擔任太傅的濮陽王李延寔為司徒。二十五日甲戌，擔任侍中、太保的楊椿辭去官職回家養老。

九月十五日癸巳，梁武帝駕臨同泰寺，在寺內舉辦僧、尼、善男、善女都可以參加的佛教大法會。梁武帝脫去皇帝的服裝，身穿和尚的僧衣僧帽，舉行捨身寺廟的出家儀式，他把同泰寺裡自己曾經方便休息過的屋子當成了修行的住所，裡面放置的是光板床，用的是粗瓷碗罐，乘坐的是一輛小車，身邊只有幾個奴僕幫著幹些粗活。甲子日，梁武帝親自坐上講經堂的法座，為那些和尚、尼姑、善男、信女開講《涅槃經》的中心意旨。二十五日癸卯，群臣用一億萬錢向寺廟的主持提出請求，奉請贖回成了菩薩的皇帝，得到了眾僧人的默許。二十七日乙巳，滿朝的文武百官來到同泰寺的東門，捧著表章請求梁武帝還是回朝當皇帝，群臣反覆請求了三次，梁武帝才答應了群臣的請求。梁武帝在給群臣的三次覆信中，都一律使用了平輩之間寫信常用的客氣話「頓首」，表明他已經不再把自己當成是君臨天下的皇帝。

魏國的爾朱榮讓擔任大都督的尖山人侯淵率軍前往薊城討伐叛民首領葛榮的餘黨韓樓，爾朱榮撥給侯淵的士兵很少，騎兵只有七百名，有人為此提出意見，爾朱榮說：「臨機應變，是侯淵的長處，如果讓侯淵統領大部隊，倒未必能夠成功。如今就讓侯淵率領這些人去進攻韓樓，侯淵一定能取勝。」侯淵於是大張旗鼓地虛張自己的聲勢，還為軍隊準備了很多吃的、用的，又親自率領著幾百名騎兵深入到韓樓的佔領區內。侯淵在距離薊縣縣城一百多里的地方，正好碰上了賊軍統帥陳周所率領的一萬多名騎兵、步兵，侯淵率領自己的部眾潛伏下來，等到陳周的大部隊過去之後，便從背後向陳周發起攻擊，把陳周軍打得大敗，俘虜了陳周的五千多名士卒。不久侯淵又將俘獲的馬匹、兵器還給了那些被俘的士卒，放他們進入薊縣縣城。侯淵身邊的人都勸阻說：「既然俘虜了眾多的賊軍，為什麼又發還給他們兵器、馬匹讓他們回去呢？」侯淵回答他們說：「我們的兵力既然很少，就不能和他們拼實力進行作戰，而需要使用奇計來離間他們，我們才可以取勝。」侯淵估計被放回的那些士卒已經回到了他們的大本營，於是就率領著手下的幾百名騎兵連夜向薊縣城進發，天剛矇矇亮的時候，侯淵的騎兵就開始向薊縣縣城的城門發起進攻了。韓樓果然懷疑那些投降返回的士卒在為侯淵做內應，於是立即逃走，侯淵的騎兵追上前去俘虜了韓樓，幽州的叛亂遂宣告平定。魏國朝廷任命侯淵為平州刺史，駐軍於范陽郡。

先前，魏國朝廷讓擔任征東將軍的劉靈助兼任尚書左僕射，前往濮陽、頓丘慰勞那些幽州的流民，趁機率領幽州流民北返，與大都督侯淵共同消滅了韓樓，朝廷因而任用劉靈助為幽州刺史，並加授劉靈助為車騎將軍，又任用劉靈助為幽州、平州、營州、安州四州行臺。

万俟醜奴率領部眾進攻魏國的東秦州，攻克了東秦州，殺死了擔任東秦州刺史的高子朗。

冬季，十月初一日己酉，梁武帝又在同泰寺舉辦僧、尼、善男、善女都可以參加的佛教大法會，有五萬多名和尚與普通的平民百姓參加。法會結束之後，梁武帝乘坐著用黃金做裝飾的車駕回到皇宮，登上太極殿，實行大赦，改年號為中大通元年。○魏國朝廷任命曾經擔任過司空的丹楊王蕭贊為司徒。

十一月初二日己卯，就德興向魏國朝廷請求投降，營州的叛亂宣告平定。○二十九日丙午，魏國朝廷任命城陽王元徽為太保，任命丹楊王蕭贊為太尉，任命雍州刺史長孫稚為司徒。

十二月初四日辛亥，梁國擔任兗州刺史的張景邕、擔任荊州刺史的李靈起、擔任雄信將軍的蕭進明背叛了梁國，投降了魏國。○梁武帝任命陳慶之為北兗州刺史。有一個名叫彊的妖僧，自稱天子，地方豪強蔡伯龍起兵響應僧彊，他們的部眾已經達到了三萬人，攻陷了北徐州，陳慶之率軍討伐，把僧彊、蔡伯龍殺死。○魏國朝廷任命擔任岐州刺史的王羆兼任南秦州刺史職務，王羆誘捕州境之內的盜賊，全部把他們誅滅。

【研　析】本卷寫梁武帝中大通元年（西元五二九年）一年間南梁與北魏兩國的大事。其中最主要的是寫梁朝以魏國來降的北海王元顥為魏王，建立分裂魏國的政權，派當時梁朝的名將陳慶之率兵七千人，趁魏國中央政權四分五裂，變化莫測，各州郡又民變群起的機會，以武力將分裂政權的頭子元顥送回了魏國。陳慶之英勇善戰，很快地攻下睢陽，元顥稱帝改元；接著又一場惡戰，攻下滎陽，進據虎牢，離洛陽不到二百里，於是爾朱榮建立在洛陽的小朝廷遂處於風雨飄搖之中。傀儡皇帝元子攸逃往河內郡，朝內的領班大臣遂「帥百僚，封府庫，備法駕」地將元顥迎進洛陽，成為了整個魏國的皇帝。

元顥為什麼能如此輕而易舉實現了他的皇帝夢呢？其一是當時整個魏國的朝野上下都在忙於內亂，沒有人防備梁朝用武力送分裂主義頭子回國這一手；其二是元顥的身分特殊，他與現任的魏主元子攸是堂兄弟，都是孝文帝的親姪子，半斤八兩，誰做皇帝都可以，都有資格，於是魏國人大多採取觀望的態度，誰得勝就歸誰。只有崔光韶大義凜然地指出了二者的區別。史文寫此說：「顥既入洛，自河以南州郡多附之。齊州刺史沛郡王欣集文武議所從，曰：『北海、長樂，俱帝室近親，今宗祏不移，我欲受赦，諸君意何如？』在坐莫不失色。軍司崔光韶獨抗言曰：『元顥受制於梁，引寇讎之兵以覆宗國，此魏之亂臣賊子也。豈唯大王家事所宜切齒，下官等皆受朝眷，未敢仰從！』長史崔景茂等皆曰：『軍司議是。』」這段文字很尖銳，他提出了一個國家利益、民族大義的問題，這在當時的確是應該辨清的。其三是陳慶之確實威武善戰，讓當時正處於彷徨動搖中的魏人難以抵擋。

當元顥自以為坐穩了魏國皇帝的時候，新想法又來了，史文說：「魏北海王顥既得志，密與臨淮王彧、安豐王延明謀叛梁，以事難未平，藉陳慶之兵力，故外同內異，言多猜忌。」陳慶之不是傻子，自然明白元顥的心思，於是他提出兩項措施，一條是請求梁國繼續派後續大軍到洛陽，以加強防禦；另一條是請元顥調集散落在魏國各地的南朝人，利用他們希望返回南朝的心思，以組成一支新的可用的力量。元顥當然不會同意陳慶之這樣做，他自己出面給梁武帝上書說，他自己有力量穩定他的分裂政權，梁朝不必再派兵繼續跟進。梁武帝本來就沒有更多的政治打算，多一事不如少一事，於是就同意了元顥維持現狀的請求。這一來，陳慶之的處境就危險了：「洛中南兵不滿一萬，而羌、胡之眾十倍，軍副馬佛念謂慶之曰：『將軍威行河、洛，聲震中原，功高勢重，為魏所疑，一旦變生不測，可無慮乎？不若乘其無備，殺顥據洛，此千載一時也。』慶之不從。」胡三省注《通鑑》至此說：「馬佛念有戰國策士之氣。然必有非常之才，然後可以行非常之事，陳慶之烏足以辦此？」要想讓陳慶之做此事，其前提是梁武帝必須有收復洛陽，與魏國大戰一場的決心，但當時的梁朝統治集團並沒有為此而動員全國軍民的準備，陳慶之受命送元顥回魏時，也根本沒有接受可以見機行事的密旨，因此馬佛念的提議儘管很好，但陳慶之是沒法完成的。也正因此，當爾朱榮進兵討伐元顥，攻克洛陽，元顥在出逃中被殺，陳慶之被爾朱榮追殺得「軍士死散略盡，乃削須髮為沙門，間行出汝陰」，只落得孤身一人逃回建康的狼狽相，梁武帝竟也沒有任何脾氣，因為這都不是陳慶之的責任，是梁武帝對此根本沒有成算！

本卷還寫了溫子昇勸導元天穆、楊侃勸導爾朱榮進討元顥的兩段言論，都可謂義正辭嚴，雷霆萬鈞。關於前者，史文稱：「上黨王天穆等帥眾四萬攻拔大梁，分遣費穆將兵二萬攻虎牢，顥使陳慶之擊之。天穆畏顥，將北渡河，謂行臺郎中濟陰溫子昇曰：『卿欲向洛，為隨我北渡？』子昇曰：『主上以虎牢失守，致此狼狽。元顥新入，人情未安，今往擊之，無不克者。大王平定京邑，奉迎大駕，此桓、文之舉也。捨此北渡，竊為大王惜之。』天穆善之而不能用，遂引兵渡河。費穆攻虎牢，將拔，聞天穆北渡，自以無後繼，遂降於慶之。」元天穆以既滅邢杲、又破大梁的連勝之兵，以攻匆匆僥倖入洛的元顥，勝算多多；既勝元顥，便可克陳慶之於虎牢，多麼光輝的一場桓、文之舉，可惜讓元天穆失掉了。關於後者，史文稱：「爾朱榮與顥相持於河上。慶之守北中城，顥自據南岸。慶之三日十一戰，殺傷甚眾。……榮悵然失望。又以安豐王延明緣河固守，而北軍無船可渡，議欲還北，更圖後舉。黃門郎楊侃曰：『……夫用兵者，何嘗不散而更合，瘡愈更戰！況今未有所損，豈可以一事不諧而眾謀頓廢乎！今四方顒顒，視公此舉。若未有所成，遽復引歸，民情失望，各懷去就，勝負所在，未可知也。不若徵發民材，多為桴筏，間以舟楫，緣河布列，數百里中，皆為渡勢，首尾既遠，使顥不知所防，一旦得渡，必立大功。』」接著又有高道穆、劉靈助等相繼進言，爾朱榮的主意由此遂定，於是才有了上述的爾朱榮大破元顥與陳慶之的洛陽之勝。這不就是通常所說的一言興邦嗎？

最後，話又說回來，陳慶之儘管沒聽馬佛念的話，沒能殺掉元顥為梁朝取得洛陽，甚至最後喪師辱國，落得隻輪匹馬無歸，但平心而論，陳慶之仍不失為罕有其比的一員虎將。他只帶著七千人，憑著這七千人就能「自銍城進拔滎城，遂至梁國。魏丘大千有眾七萬，分築九城以拒之。慶之攻之，自旦至申，拔其三壘，大千請降。……濟陰王暉業帥羽林兵二萬軍考城，慶之攻拔其城，擒暉業。」特別是滎陽一戰，陳慶之以七千破元天穆等的三十餘萬，簡直比項羽的鉅鹿之戰還要卓絕。史文稱：「楊昱擁眾七萬，據滎陽，慶之攻之，未拔。顥遣人說昱使降，昱不從。元天穆與驃騎將軍爾朱吐沒兒將大軍前後繼至，梁士卒皆恐。慶之解鞍秣馬，諭將士曰：『吾至此以來，屠城略地，實為不少，君等殺人父兄、掠人子女，亦無筭矣。天穆之眾，皆是仇讎。我輩眾纔七千，虜眾三十餘萬，今日之事，唯有必死乃可得生耳。虜騎多，不可與之野戰，當及其未盡至，急攻取其城而據之。諸君勿或狐疑，自取屠膾。』乃鼓之，使登城，將士即相帥蟻附而入，癸酉，拔滎陽，執楊昱。……俄而天穆等引兵圍城，慶之帥騎三千背城力戰，大破之，天穆、吐沒兒皆走。慶之進擊虎牢，爾朱世隆棄城走，獲魏東中郎將辛纂。」魏晉南北朝那樣的年代，晉、宋、齊、梁那樣的國家，居然還能有如此敬業、如此艱苦卓絕的英雄，俗話說：「人不可貌相，海水不可斗量！」看一個人如此，看一個時期、一個國度也是如此。清代趙翼〈論詩絕句〉說得好：「江山代有才人出，各領風騷數百年。」

本卷還寫了梁武帝蕭衍的迷信佛教，到同泰寺講經，以及把自己捨身給寺院的荒唐鬧劇。梁武帝極力把自己打扮得很慈悲，他不僅自己吃素，而且把祭祀太廟的供品也一律改為了素食。但讀者只要一回想他前幾年是如何在淮河中築壩，以提高淮河上游的水位，以求扒堤放水，以淹被魏人佔去的壽州古城的情景，就可以看清蕭衍是多麼虛偽與殘暴不仁！宋代胡寅對此說：「梁武三築淮堰，至是十年，死者數十萬人，然後能取壽陽，才得七萬五千口，是十年勞費，以三四人而易一人矣。其愚拙不亦甚哉？蓋貪憤之兵，得已不已，而視人如草芥者雖得之，必失之，故國君其唯好仁，則天下無敵，梁主欲以此道而規河南，不亦左乎？」明代尹起莘說：「梁主崇尚浮屠，好生惡殺，然以壽陽城而築淮堰，士卒死者不可勝數，今又漂沒十餘萬口，孟子所謂爭城以戰，殺人盈城，罪不容於死，況無故糜爛其民者哉？」說到「捨身佛寺」的鬧劇，胡寅說：「佛行有五要，捨其一也。梁武為帝王，享天位，內蓄姬妾，外列官師，富貴之崇，子孫之眾，宮室城池守衛之密，猶以未足，又命將出師，爭奪於外，唯恐失之，安在其能捨乎？不唯君子非之，為佛之道如達摩者亦非之也。」方學儒探測蕭衍如此荒唐的心理說：「帝以詐力攘人之國，而弒其君、滅其子姓，其用兵略地，攻戰捍禦，無辜而死者以千萬計，春秋既高，靜思而熟念之，孰非可悔者乎？悔甚而疑，疑而思釋之之道，觀佛氏之說而有觸於心，以為唯此可以贖吾之罪，凡佛氏所禁者皆不敢為，佛氏所云利益於身者皆不可吝而為之，卒至捨其身而不顧，而不知其終無補於危亡也。佛之大旨歸於妄誕，武帝之務又佛氏之所賤棄者，豈恆理也哉？」尹起莘揭露這種表演的荒謬說：「甚哉，梁武之愚也。人生天地間，有此生即有此身，生不可滅則身不可捨，抑不知梁武之所謂『捨』者以何為捨耳。若以屏富貴、棄妻子為捨耶？則是為捨物，而非曰捨身也。若以委其身於佛氏為捨耶？則為佛者當取其身而用之可也。今既曰捨，而其身猶在，則是初未嘗捨也。身未嘗捨而強曰捨，則固已昧其心於不誠矣。他時諸臣又以金而贖其身，不知當其捨之之時孰從而受之？而贖之之時又孰從而歸之也。梁主身非賣僮，而可捨可贖，此不唯愚誑其民、愚誑其身，抑且愚誑其所謂佛者。末年『荷荷』之時，又復戀戀而不能捨，何哉?」但就是這種佞佛、捨身的鬧劇，蕭衍竟一而再，再而三地表演個不停；而他的那些大臣也居然不厭其煩地陪著蕭衍一直演練個沒完，一直到被叛亂分子侯景把他鎖在屋子裡活活餓死，真是活該！

卷第一百五十四

梁紀十 上章閹茂（庚戌 西元五三〇年），一年。

【題解】本卷寫梁武帝蕭衍中大通二年（西元五三〇年）一年間南梁與北魏兩國的大事。主要寫了變民頭領万俟醜奴侵擾關中，爾朱榮命爾朱天光與賀拔岳進討之，爾朱天光與賀拔岳破万俟醜奴於高平，擒万俟醜奴，並獲叛將蕭寶寅，送朝廷殺之；接著爾朱天光又攻克水洛城，消滅了在水洛城稱帝的略陽變民王慶雲，與万俟醜奴的餘部万俟道洛，於是三秦、河、渭、瓜、涼、鄯州皆降，關隴地區全部平定；寫爾朱榮之部下與爾朱榮之女為魏主之皇后者皆專橫跋扈，但魏主凜然不屈，對爾朱榮的頤指氣使，斷然不從；寫魏主與群臣謀劃襲殺爾朱榮，爾朱榮依仗自己勢大，不加防範，結果魏主在城陽王元徽、中書舍人溫子昇的協助下殺了爾朱榮與元天穆；身在京城的爾朱世隆遂聚集勢力攻據北中城，派兵到洛陽城下問罪；魏主募敢死之士討之，皆為爾朱世隆所敗；有義勇之臣李苗欲率眾斷其河橋，惜朝廷之援兵不至，致李苗戰死，事雖未成，但卻使爾朱世隆的勢力一度北撤；寫魏主元子攸令城陽王元徽總統內外，元徽妒忌而吝嗇，不得人心；元子攸起用一些名臣如長孫稚、源子恭、楊津、楊昱等率兵討伐爾朱氏，但紛紛失敗；爾朱兆率領晉陽之兵進了洛陽城，元子攸的朝廷潰散，元子攸被爾朱兆所獲；爾朱兆、爾朱世隆等改立其所親信的長廣王元曄為皇帝，元曄任爾朱兆為大將軍、爾朱世隆為尚書令、爾朱度律為太尉等等，分據朝廷要位；爾朱兆帶著元子攸返回晉陽，殺之於三級佛寺；寫曾受元子攸招引的河西少數民族紇豆陵步蕃率軍南下，大破爾朱兆於晉陽，爾朱兆求救於晉州刺史高歡，高歡助爾朱兆破殺了紇豆陵步蕃；高歡因得爾朱兆的感恩、信任而接管了葛榮的餘部；高歡又藉口并州霜旱民貧，降戶居此添亂，假說帶他們去山東就食，途中又奪得爾朱榮妻的一些馬匹，從而勢力大增，又擺脫了爾朱兆的控制；此外還寫了梁將陳慶之攻魏之懸瓠，破魏兵於溱水；梁朝見魏國境內混戰，邊境的形勢轉緩，於是罷義陽鎮兵，停水旱漕運，使其境內休息云云。

高祖武皇帝十

中大通二年（庚戌　西元五三〇年）

春，正月己丑❶，魏益州❷刺史長孫壽、梁州❸刺史元儁等遣將擊嚴始欣❹，斬之，蕭玩❺等亦敗死，失亡❻萬餘人。

辛亥❼，魏東徐州❽城民呂文欣等殺刺史元大賓，據城反，魏遣都官尚書平城樊子鵠等[1]討之。二月甲寅❾，斬文欣。

万俟醜奴❿侵擾關中，魏爾朱榮遣武衛將軍賀拔岳⓫討之。岳私謂其兄勝曰：「醜奴，勍敵⓬也，今攻之不勝，固有罪；勝之，讒嫉⓭將生。」勝曰：「然則柰何？」岳曰：「願得爾朱氏一人為帥而佐之⓮。」勝為之言於榮，榮悅，以爾朱天光⓯為使持節、都督二雍・二岐⓰諸軍事、驃騎大將軍、雍州⓱刺史，以岳為左大都督，又以征西將軍代郡侯莫陳悅⓲為右大都督，並為天光之副以討之。

天光初行，唯配軍士千人，發⑲洛陽以西路次民馬⑳以給之。時赤水蜀賊㉑斷路，詔侍中楊侃先行慰諭㉒，并稅其馬㉓，賊[2]持疑不下。軍至潼關㉔，天光不敢進，岳曰：「蜀賊鼠竊，公尚遲疑，若遇大敵，將何以戰！」天光曰：「今日之事，一以相委㉕。」岳遂進擊蜀㉖於渭北，破之，獲馬二千匹，簡其壯健以充軍士，又稅民馬㉗合萬餘匹。以軍士尚少，淹留㉘未進。榮怒，遣騎兵參軍劉貴乘驛至軍中責天光，杖之一百，以軍士二千人益之。

三月，醜奴自將其眾圍岐州㉙，遣其大行臺尉遲菩薩、僕射万俟仵自武功㉚南渡渭，攻圍趣柵㉛。天光使賀拔岳將千騎救之，菩薩等已拔柵而還。岳故殺掠其吏民以挑㉜之，菩薩率步騎二萬至渭北。岳以輕騎數十自渭南與菩薩隔水而語，稱揚國威，菩薩令省事㉝傳語，岳怒曰：「我與菩薩語，卿何人也！」射殺之。明日，復引百餘騎隔水與賊語，稍引而東，至水淺可涉之處，岳即馳馬東出㉞。賊以為走㉟，乃棄步兵輕騎南渡渭追岳，岳依橫岡㊱設伏兵以待之，賊半度岡東，岳還兵擊之，賊兵敗走。岳下令，賊下馬者勿殺，賊悉投馬㊲，俄獲三千人，馬亦無遺，遂擒菩薩。仍度渭北，降步卒萬餘，並收其輜重。醜奴聞之，棄岐州，北走安定㊳，置柵於平亭㊴。天光方自雍至岐㊵，與岳合。

夏，四月，天光至汧、渭之間[41]，停軍牧馬，宣言[42]「天時將熱，未可行師，俟秋涼更圖進止[43]。」獲醜奴覘候者[44]，縱遣之[45]。醜奴信之，散眾耕於細川[46]，使其太尉侯伏侯元進[47]將兵五千，據險立柵，其餘千人以下為柵者甚眾。天光知其勢分[48]，晡時[49]，密嚴諸軍[50]，相繼俱發，黎明，圍元進大柵，拔之，所得俘囚，一皆縱遣，諸柵聞之皆降。天光晝夜徑進[51]，抵安定城下，賊涇州刺史侯幾長貴[52]以城降。醜奴棄平亭走，欲趣高平[53]，天光遣賀拔岳輕騎追之，丁卯[54]，及於平涼[55]。賊未成列，直閤[56]代郡侯莫陳崇[57]單騎入賊中，於馬上生擒醜奴，因大呼，眾皆披靡，無敢當者，後騎益集，賊眾崩潰，遂大破之。天光進逼高平，城中執送蕭寶寅[58]以降。

壬申[59]，以吐谷渾王佛輔[60]為西秦、河二州刺史。○甲戌[61]，魏以關中平，大赦。万俟醜奴、蕭寶寅至洛陽，置閶闔門外都街[62]之中，士女聚觀凡三日。丹楊王蕭贊[63]表請寶寅之命[64]，吏部尚書李神儁[65]、黃門侍郎高道穆素與寶寅善，欲左右[66]之，言於魏主曰：「寶寅叛逆，事在前朝[67]。」會應詔[68]王道習自外至，帝問道習：「在外何所聞？」對曰：「惟聞李尚書、高黃門與蕭寶寅周款[69]，並居得言[70]之地，必能全之[71]。且二人謂寶寅叛逆在前朝，寶寅為醜奴太傅，豈非陛下時邪？賊臣不翦，法欲安施！」帝乃賜寶寅死於駝牛署[72]，斬醜奴於都市[73]。

六月丁巳[74]，帝復以魏汝南王悅為魏王[75]。○戊寅[76]，魏詔胡氏[77]親屬受爵於朝者皆黜為民。○庚申[78]，以魏降將范遵為安北將軍、司州[79]牧，從魏王悅北還[80]。

万俟醜奴既敗，自涇、豳[81]以西至靈州[82]，賊黨皆降於魏，唯所署行臺万俟道洛帥眾六千逃入山中，不降。時高平大旱，爾朱天光以馬乏草，退屯城東五十里，遣都督長孫邪利[83]帥二百人行原州事[84]以鎮之。道洛潛與城民通謀，掩襲邪利，并其所部皆殺之。天光帥諸軍赴之，道洛出戰而敗，帥其眾西入牽屯山[85]，據險自守。爾朱榮以天光失邪利，不獲道洛[86]，復遣使杖之一百，以詔書[87]黜天光為撫軍將軍[88]、雍州刺史，降爵為侯。天光追擊道洛於牽屯，道洛敗走，入隴[89]，歸[90]略陽賊帥[91]王慶雲。道洛驍果絕倫[92]，慶雲得之，甚喜，謂大事可濟，遂稱帝於水洛城[93]，置百官，以道洛為大將軍[94]。

秋，七月，天光帥諸軍入隴，至水洛城，慶雲、道洛出戰，天光射道洛中臂，失弓還走，拔其東城。賊并兵趣西城，城中無水，眾渴乏，有降者言慶雲、道洛欲突走。天光恐失之，乃遣人招諭慶雲使早降，曰：「若未能自決，當聽諸人，今夜共議，明晨早報[95]。」慶雲等冀得少緩，因待夜突出，乃報曰：「請俟明日。」

天光因使謂曰：「知須水，今相為小退[96]，任取渭水飲之。」賊眾悅，無復走心。天光密使軍士多作木槍[97]，各長七尺，昏後，繞城布列，要路加厚，又伏人槍中，備其衝突，兼令密縛長梯於城北。其夜，慶雲、道洛果馳馬突出，遇槍，馬各傷倒，伏兵起，即時擒之。軍士緣梯入城，餘眾皆出城南，遇槍而止，窮窘[98]乞降。丙子[99]，天光悉收其仗[100]而阬之，死者萬七千人，分其家口。於是三秦[101]、河、渭、瓜、涼、鄯州[102]皆降。

天光頓軍略陽。詔復天光官爵，尋加侍中、儀同三司。以賀拔岳為涇州刺史，侯莫陳悅為渭州刺史。秦州城民謀殺刺史駱超，南秦州城民謀殺刺史辛顯，超、顯皆覺之，走歸天光，天光遣兵討平之。

步兵校尉宇文泰[103]從賀拔岳入關，以功遷征西將軍，行原州事。時關、隴彫弊[104]，泰撫以恩信，民皆感悅，曰：「早遇宇文使君[105]，吾輩豈從亂乎！」

八月庚戌[106]，上餞魏王悅於德陽堂，遣兵送至境上。

魏爾朱榮雖居外藩[107]，遙制朝政，樹置親黨，布列魏主左右，伺察動靜，大小必知。魏主雖受制於榮，然性勤政事，朝夕不倦，數親覽辭訟，理冤獄，榮聞之，不悅。帝又與吏部尚書李神儁議清治選部[108]，榮嘗關補曲陽縣令[109]，神儁以階懸(110)，不奏，別更擬人(111)。榮大怒，即遣所補者(112)往奪其任。神儁懼而辭位，榮使尚書左僕射爾朱世隆攝選(113)。榮啓北人(114)為河南諸州(115)，帝未之許；太宰天穆入見面論，帝猶不許。天穆曰：「天柱(116)既有大功，為國宰相，若請普代天下官(117)，恐陛下亦不得違之，如何啓數人為州，遽不用(118)也？」帝正色曰：「天柱若不為人臣，朕亦須代(119)。如其猶存臣節，無代天下百官之理。」榮聞之，大恚恨，曰：「天子由誰得立？今乃不用我語(120)！」

爾朱皇后性妬忌，屢致忿恚(121)。帝遣爾朱世隆(122)語以大理，后曰：「天子由我家置立，今便如此(123)。我父本即自作，今亦復決(124)。」世隆曰：「正[3]自不為(125)，若本自為之，臣今亦封王矣。」

帝既外逼於榮，內迫[4]皇后(126)，恆怏怏不以萬乘為樂，唯幸寇盜未息，欲使與榮相持(127)。及關、隴既定，告捷之日，乃不甚喜，謂尚書令臨淮王彧(128)曰：「即今天下便是無賊(129)。」或見帝色不悅，曰：「臣恐賊平之後，方勞聖慮(130)。」帝畏餘人怪之，還以他語亂之曰：「然。撫寧荒餘(131)，彌成不易(132)。」榮見四方無事，奏稱「參軍許周勸臣取九錫(133)，臣惡其言，已斥遣令去(134)。」榮時望得殊禮(135)，故以意諷朝廷，帝實不欲與之，因稱歎其忠(136)。

榮好獵，不捨寒暑[137]，列圍[138]而進，令士卒必齊壹[139]，雖遇險阻，不得違避，一鹿逸出[140]，必數人坐死[141]。有一卒見虎而走，榮謂曰：「汝畏死邪？」即斬之。自是每獵，士卒如登戰場。嘗見虎在窮谷[142]中，榮令十餘人空手搏之，毋得損傷，死者數人，卒擒得之，以此為樂，其下甚苦之。太宰天穆從容謂榮曰：「大王勳業已盛，四方無事，唯宜脩政養民，順時蒐狩[143]，何必盛夏馳[5]逐，感傷和氣[144]？」榮攘袂[145]曰：「靈后[146]女主，不能自正[147]，推奉天子[148]，乃人臣常節。葛榮之徒，本皆奴才，乘時作亂，譬如奴走[149]，擒獲即已[150]。頃來[151]受國大恩，未能混壹海內[152]，何得遽言勳業[153]？如聞[154]朝士猶自寬縱[155]，今秋欲與兄戒勒士馬，校獵嵩高[156]，令貪汙朝貴[157]，入圍搏虎。仍出魯陽[158]，歷三荊[159]，悉擁生蠻[160]，北填六鎮[161]，回軍之際，掃平汾胡[162]。明年，簡練精騎，分出江、淮，蕭衍若降，乞萬戶侯[163]；如其不降，以數千騎徑度縛取[164]。然後與兄[165]奉天子，巡四方，乃可稱勳耳。今不頻獵[166]，兵士懈怠，安可復用也！」

城陽王徽[167]之妃，帝之舅女；侍中李彧，延寔之子，帝之姊壻[168]也。徽、彧欲得權寵，惡榮為己害，日毀榮[169]於帝，勸帝除之。帝懲河陰之難[170]，恐榮終難保[171]，由是密有圖榮之意，侍中楊侃、尚書右僕射元羅[172]亦預其謀。

會榮請入朝，欲視皇后娩乳[173]，徽等勸帝因其入，刺殺之。唯膠東侯李侃晞、濟陰王暉業[174]言：「榮若來，必當有備，恐不可圖。」又欲殺其黨與，發兵拒之。帝疑未定，而洛陽人懷憂懼[175]，中書侍郎邢子才[176]之徒已避之東出。榮乃遍與朝士書，相任去留[177]。中書舍人溫子昇以書呈帝，帝恆望其不來，及見書，以榮必來，色甚不悅。子才名劭，以字行[178]，巒[179]之族弟也。時人多以字行者，舊史皆因之。

武衛將軍奚毅，建義[180]初往來通命[181]，帝每期之甚重[182]，然猶以榮所親信，不敢與之言情[183]。毅曰：「若必有變，臣寧死陛下[184]，不能事契胡[185]。」帝曰：「朕保天柱無異心，亦不忘卿忠款[186]。」

爾朱世隆疑帝欲為變，乃為匿名書自牓其門[187]云：「天子與楊侃、高道穆等為計，欲殺天柱。」取以呈榮。榮自恃其彊，不以為意，手毀其書，唾地曰：「世隆無膽，誰敢生心！」榮妻北鄉長公主[188]亦勸榮不行，榮不從。

是月，榮將四五千騎發并州[189]，時人皆言「榮反」，又云「天子必當圖榮」。九月，榮至洛陽，帝即欲殺之，以太宰天穆在并州，恐為後患，故忍未發，并召天穆。有人告榮云：「帝欲圖之。」榮即具奏[190]，帝曰：「外人亦言王欲害我，豈可信之？」於是榮不自疑，每入謁帝，從人不過數十，又皆挺身[191]不持兵仗。帝欲止，城陽王徽曰：「縱不反，亦何可耐[192]？況不可保邪！」

先是，長星出中台[193]，掃大角[194]。恆州[195]人高榮祖頗知天文，榮問之，對曰：「除舊布新之象也。」榮甚悅。榮至洛陽，行臺郎中李顯和[196]曰：「天柱至，那無九錫[197]？安須王自索[198]也？亦是天子不見機[199]。」都督郭羅剎[200][6]曰：「今年真可作禪文[201]，何但九錫！」參軍褚光[202]曰：「人言并州城上有紫氣[203]，何慮天柱不應之？」榮下人皆陵侮帝左右，無所忌憚，故其事皆上聞[204]。

奚毅又見帝，求間[205]，帝即下明光殿與語，知其至誠，乃召城陽王徽及楊侃、李彧告以毅語。榮小女適帝兄子陳留王寬[206]，榮嘗指之曰：「我終[7]得此壻力。」徽以白帝，曰：「榮慮陛下終為己患，脫有東宮[207]，必貪立孩幼[208]；若皇后不生太子，則立陳留[209]耳。」帝夢手持刀自割落十指，惡之，告徽及楊侃，徽曰：「蝮蛇螫手[210]，壯士解腕[211]，割指亦是其類，乃吉祥也。」

戊子[212]，天穆至洛陽，帝出迎之。榮與天穆並從入西林園[213]宴射，榮奏曰：「近來侍官[214]皆不習武，陛下宜將五百騎出獵[215]，因省辭訟[216]。」先是[217]，奚毅言榮欲因獵挾天子移都，由是帝益疑之。

辛卯[218]，帝召中書舍人溫子昇，告以殺榮狀，并問以殺董卓[219]事，子昇具道本末。帝曰：「王允[220]若即赦涼州人[221]，必不應至此[222]。」良久，語子昇曰：「朕之情理[223]，卿所具知。死猶須為，況不必死，吾寧為高貴鄉公[224]死，不為常道鄉公[225]生！」帝謂殺榮、天穆，即赦其黨，皆應不動。應詔王道習曰：「爾朱世隆、司馬子如、朱元龍[226]特為榮所委任，具知天下虛實，謂[8]不宜留。」徽及楊侃皆曰：「若世隆不全[227]，仲遠、天光豈有來理[228]？」帝亦以為然。徽曰：「榮腰間常有刀，或能狠[9]戾[229]傷人，臨事願陛下起避之。」乃伏侃等十餘人於明光殿東。其日，榮與天穆並入，坐食未訖，起出，侃等從東階上殿，見榮、天穆已至中庭，事不果。

壬辰[230]，帝忌日[231]。癸巳[232]，榮忌日[233]。甲午[234]，榮暫入[235]，即詣陳留王家飲酒，極醉，遂言病動[236]，頻日不入[237]。帝謀頗泄，世隆又以告榮，且勸其速發[238]。榮輕帝，以為無能為，曰：「何怱怱！」

預帝謀者皆懼，帝患之。城陽王徽曰：「以生太子為辭，榮必入朝，因此斃之。」帝曰：「后懷孕始九月，可乎？」徽曰：「婦人不及期而產者多矣，彼必不疑。」帝從之。戊戌[239]，帝伏兵於明光殿東序[240]，聲言皇子生，遣徽馳騎至榮第告之。榮方與上黨王天穆博，徽脫榮帽，懽舞盤旋[241]，兼[242]殿內文武傳聲趣之，榮遂信之，與天穆俱入朝。帝聞榮來，不覺失色，中書舍人溫子昇曰：「陛下色變。」帝連索酒飲之。帝令子昇作赦文，既成，執以出，遇榮自外入，問：「是何文書？」子昇顏色不變，曰「敕」，榮不取視而入。帝在東序下西向坐，榮、天穆在御榻西北南向坐。徽入，始一拜，榮見光祿少卿魯安、典御李侃晞等抽刀從東戶入，即起趨御座，帝先橫刀膝下，遂手刃之，安等亂斫，榮與天穆同時俱死。榮子菩提及車騎將軍爾朱陽覩等三十人從榮入宮，亦為伏兵所殺。帝得榮手板[243]，上有數牒啓[244]，皆左右去留人名，非其腹心者悉在出[245]限，帝曰：「豎子若過今日，遂不可制。」於是內外喜譟，聲滿洛陽城。百僚入賀，帝登閶闔門，下詔大赦，遣武衛將軍奚毅、前燕州刺史崔淵將兵鎮北中[246]。是夜，爾朱世隆奉[10]北鄉長公主帥榮部曲，焚西陽門[247]，出屯河陰[248]。

衛將軍賀拔勝與榮黨田怡等聞榮死，奔赴榮第。時宮殿門猶未加嚴防，怡等議即攻門，勝止之曰：「天子既行大事，必當有備，吾輩[11]眾少，何可輕爾！但得出城，更為他計。」怡乃止。及世隆等[12]走，勝遂不從，帝甚嘉之。朱瑞[249]雖為榮所委，而善處朝廷之間，帝亦善遇之，故瑞從世隆走而中道逃還。

榮素厚金紫光祿大夫司馬子如[250]，榮死，子如自宮中突出，至榮第，棄家，隨榮妻子走出城。世隆即欲還北，子如曰：「兵不厭詐，今天下恟恟[251]，唯彊是視[252]，當此之際，不可以弱示人，若亟北走[253]，恐變生肘腋[254]。不如分兵守河橋，還軍向京師，出其不意，或可成功。假使不得所欲，亦足示有餘力，使天下畏我之彊，不敢叛散。」世隆從之。己亥[255]，攻河橋，擒奚毅等，殺之，據北中城。魏朝大懼，遣前華陽[256]太守段育慰諭之，世隆斬首以徇。

魏以雍州刺史爾朱天光為侍中、儀同三司。以司空楊津為都督并・肆等九州諸軍事、驃騎大將軍、并州刺史，兼尚書令、北道大[13]行臺，經略河、汾[257]。

榮之入洛也，以高敖曹自隨[258]，禁於駝牛署。榮死，帝引見，勞勉之。兄乾[259]自東冀州[260]馳赴洛陽，帝以乾為河北大使，敖曹為直閤將軍，使歸，招集鄉曲為表裏形援[261]。帝親送之於河橋[262]，舉酒指水曰：「卿兄弟冀部[263]豪傑，能令士卒致死[264]，京城儻有變，可為朕河上一揚塵[265]。」乾垂涕受詔，敖曹援劍起舞，誓以必死。

【章　旨】以上為第一段，寫梁武帝蕭衍中大通二年（西元五三〇年）前九個月的大事。主要寫了變民頭領万俟醜奴侵擾關中，爾朱榮命爾朱天光與賀拔岳進討之，賀拔岳破擒醜奴將尉遲菩薩；接著爾朱天光與賀拔岳又破万俟醜奴於高平，擒万俟醜奴，並獲叛將蕭寶寅，送朝廷殺之；寫万俟醜奴的部將万俟道洛逃入山中，伺機而出，曾襲殺爾朱天光的部將長孫邪利，爾朱天光率大軍進討，万俟道洛逃入隴山，投歸略陽賊王慶雲，王慶雲遂以道洛為大將軍，自己稱帝於水洛城；寫了爾朱天光有智有勇地攻克水洛城，盡收其眾而坑之，於是三秦、河、渭、瓜、涼、鄯州皆降，關隴地區全部平定；寫魏主元子攸與權臣爾朱榮的關係開始緊張，爾朱榮之部下與爾朱榮之女為魏主之皇后者皆專橫跋扈，但魏主凜然不屈，對爾朱榮的頤指氣使，斷然不從；寫魏主與群臣謀劃襲殺爾朱榮，爾朱榮依仗自己勢大，不加防範，魏主的決心也不很堅定，結果第一次的襲殺行動未能成功；接著又在城陽王元徽、中書舍人溫子昇的協助下殺了爾朱榮與元天穆，爾朱榮的部下分裂，賀拔勝、朱瑞歸順朝廷；司馬子如為爾朱世隆獻計，要組織力量進擊，不可示弱北逃，於是爾朱世隆攻據北中城，朝廷大懼；此外還寫了梁武帝又立元悅為第二個分裂政權頭目，使魏國降將范遵從之進入魏境等等。

【注釋】❶正月己丑　正月十三。❷魏益州　魏國益州的州治晉壽，在今四川劍閣東北。❸梁州　魏國此時的梁州州治南鄭，即今陝西漢中。❹嚴始欣　魏國巴州地區的少數民族頭領，被魏國任為巴州刺史，魏國的巴州州治在今四川巴中東。嚴始欣為官貪暴，又投降梁朝，故其他魏將攻之。事見本書上卷。❺蕭玩　梁將名，於上年受命梁朝，往巴州接應叛投梁朝的刺史嚴始欣。❻失亡　散失。按，指被魏軍俘獲。❼辛亥　是年正月丁丑朔，無辛亥，據《魏書・孝莊紀》當作「辛丑」，正月辛丑日為正月二十五日。❽東徐州　魏州名，州治下邳，在今江蘇邳州西南之古邳鎮。❾二月甲寅　二月初八。❿万俟醜奴　隴西地區的變民頭領，莫折念生死後，醜奴繼之為首。上年曾攻魏之東秦州（州治在今陝西黃陵南），殺其刺史高子明。⓫賀拔岳　與其兄賀拔勝都是爾朱榮的心腹將領。傳見《魏書》卷八十。⓬勍敵　勁敵；強敵。勍，強；有力的樣子。⓭讒嫉　因受妒忌而遭攻擊。⓮願得爾朱氏一人為帥而佐之　請一個姓爾朱的來做統帥，我們幫著他。⓯爾朱天光　爾朱榮的遠房堂兄弟。傳見《魏書》卷七十五。⓰二雍二岐　魏之四州名，指雍州、東雍州、岐州、南岐州。⓱雍州　州治長安，即今西安西北部。⓲代郡侯莫陳悅　代郡人姓侯莫陳，名悅，爾朱榮的心腹部下。傳見《魏書》卷八十。⓳發　徵調。⓴洛陽以西路次民馬　從洛陽城往西直至陝西境內，沿途兩側的所有百姓家的馬匹。路次，道路兩側。㉑赤水蜀賊　活動在赤水流域的來自蜀地的亂民。赤水，也稱灌水，流經當時的鄭縣（今陝西華縣）城北。胡三省曰：「赤水在鄭縣北，即《山海經》之灌水也，北注於渭。」又曰：「蜀賊，本蜀人之遷關中者，乘亂相聚為賊。」㉒詔侍中楊侃先行慰諭　胡三省曰：「華陰諸楊仕魏，奕世貴顯，關西所歸重，故使之先行慰諭也。」楊侃，魏國的名將楊椿、楊津之姪，楊播之子。傳見《魏書》卷五十八。此時為黃門侍郎。慰諭，勸說；說服。㉓稅其馬　徵收他們的馬匹以充賦稅。㉔潼關　河南與陝西之間的關塞名，在今陝西潼關縣境內，地處陝西、河南、山西三省的交界處。㉕一以相委　一概都委託給你了；我一概都聽你的。㉖擊蜀　進擊蜀賊。㉗稅民馬　其實就是不由分說地搶奪。美其名曰以充賦稅。㉘淹留　逗留；遲遲不前。㉙岐州　州治雍縣，即今陝西鳳翔。㉚武功　魏郡名，郡治在今陝西扶風東南。㉛攻圍趣柵　攻擊圍打岐州城外的前沿防禦工事。趣柵，撲向那些竹木建成的防禦工事。趣，意思同「趨」。㉜挑　挑動；引誘。㉝省事　胡三省曰：「蓋猶今之通事，兩敵相向，使之往來傳達言語。」㉞東出　向東方馳去。㉟以為走　以為賀拔岳是逃跑了。㊱橫岡　橫擋在前面的丘陵。㊲投馬　下馬。投，捨；離開。㊳安定　魏郡名，郡治在今甘肅涇川縣北。㊴置柵於平亭　置柵，建立工事，意即紮營。平亭，地名，在當時的安定城北。㊵自雍至岐　由當時的雍州（長安）向西前進到了岐州（今鳳翔）。㊶汧渭之間　汧水與渭水的夾角地區。渭水從甘肅的渭源流來，東經天水、寶雞、咸陽，東流入黃河；汧水原出於隴山，東南流經汧城（今隴縣）、千陽，至寶雞東入渭水。㊷宣言　揚言；放出話來。㊸更圖進止　再考慮下一步的進退去留。㊹覘候者　偵察兵。㊺縱遣之　故意地將他們放走。㊻細川　地區名，在當時的岐州以北，安定以南。胡三省曰：「細川在岐州北，涇州靈臺縣有百里鎮，蓋即細川之地。」細川、平亭當亦相近。」㊼侯伏侯元進　姓侯伏侯，名元進。㊽勢分　兵力已經分散。㊾晡時　申時，吃下午飯的時候，即今下午的三點到五點時分。㊿密嚴諸軍　祕密地集合起所有軍隊。嚴，集合。(51)徑進　一直前進。(52)侯幾長貴　姓侯幾，名長貴。(53)高平　魏國的軍鎮名，也是古城名，即今寧夏固原。(54)丁卯　四月二十二。(55)及於平涼　追趕到平涼時追上了。平涼是魏郡名，郡治在今甘肅平涼西南，華亭西。(56)直閤　在皇帝住宿與辦公的殿閣周圍值勤的武官名。閤，通「閣」。(57)侯莫陳崇　姓侯莫陳，名崇，爾朱榮部下的名將。(58)蕭寶寅　南齊的末代皇帝蕭寶卷之弟，蕭寶卷被蕭衍篡殺後，蕭寶寅逃到魏國。開始很受魏國皇帝的親幸，後來據關中自立為帝，兵敗後投歸了變民頭領万俟醜奴，被醜奴任為太傅。傳見《魏書》卷五十九。(59)壬申　四月二十七。(60)吐谷渾王佛輔　吐谷渾是今青海境內的古國名，其祖先是遼東地區的鮮卑人，都城即都蘭縣。吐谷渾長期依違於南朝與北朝之間，有時接受兩方的封贈。傳見《魏書》卷一百一。佛輔是老吐谷渾王伏連籌之孫，呵羅真之子。(61)甲戌　四月二十九。(62)閶闔門外都街　當時洛陽城閶闔門外的大街。閶闔門，魏國宮城的正南門。都街，大街。(63)丹楊王蕭贊　即梁武帝蕭衍的兒子蕭綜，因自認是蕭寶卷的遺腹子而於徐州刺史任上叛投於魏國。魏人封之為丹楊王，為其改名蕭贊。傳見《梁書》卷五十五、《魏書》卷五十九。(64)表請寶寅之命　上書乞求饒恕蕭寶寅的性命。胡三省曰：「贊以寶寅為叔父，故請其命。」蓋以兔死狐悲，同病相憐也。(65)李神儁　原西涼王李寶之孫，李佐之子，魏國的才學之臣。傳見《魏書》卷三十九。(66)左右　同「佐佑」。幫助；祖護。(67)事在前朝　是上一任皇帝時期的事。時胡太后專政橫行，諸事多不如法。(68)應詔　也稱「待詔」，已經來到皇帝身邊，但尚未正式任命官職的人。(69)周款　關係親密友愛，一切言行皆合。(70)得言　說得上話；說話管用。(71)必能全之　一定能保住蕭寶寅的性命。(72)駝牛署　主管飼養駝牛驢騾等牲畜的官府。胡三省曰：「太僕寺之屬有駝牛署，掌飼駝騾驢牛，有令丞。」又曰：「署，其寺舍也。」(73)都市　大市場。(74)六月丁巳　六月十三。(75)復以魏汝南王悅為魏王　又立了第二個魏國宗室為分裂政權的頭子。汝南王悅，元悅，孝文帝元宏之子，宣武帝元恪之弟，被封為汝南王，在爾朱榮大殺魏國宗室時逃降於梁。傳見《魏書》卷二十二。(76)戊寅　是年六月乙巳朔，無戊寅。據《魏書·孝莊帝紀》當為「戊午」。戊午，六月十四。(77)胡氏　指胡太后，宣武帝元恪的皇后，魏肅宗元詡之生母。傳見《魏書》卷十三。(78)庚申　六月十六。(79)司州　梁國的司州州治義陽，即今河南信陽。(80)從魏王悅北還　像上次的陳慶之一樣，為這個魏國的分裂政權傀儡保駕護航。(81)涇豳　魏之二州名，涇州的州治安定，即今甘肅涇川縣西北部，豳州的州治定安，即今甘肅寧縣。(82)靈州　即原來的薄骨律鎮，後來改稱靈州，州治在今寧夏靈武西南部，地處黃河東岸。胡三省曰：「薄骨律鎮在河渚之中，隨水上下，未嘗陷沒，故號靈州也。」(83)長孫邪利　姓長孫，名邪利。(84)行原州事　代理原州刺史。原州即高平鎮，正光中改稱原州，即今寧夏固原。(85)牽屯山　山名，在今寧夏涇源北。(86)不獲道洛　沒有俘獲万俟道洛。(87)以詔書　用魏主的名義。(88)黜天光為撫軍將軍　爾朱天光原為驃騎大將軍，地位僅次於大將軍，居一品。撫軍將軍為從一品。(89)入隴　逃進了隴山。隴山在今陝西隴縣以西，是陝西與甘肅的分界線。(90)歸　歸降；投靠。(91)略陽賊帥　略陽地區的變民頭領。略陽是魏郡名，郡治隴城，在今甘肅秦安東北。(92)驍果絕倫　驍勇果敢，無與倫比。(93)水洛城　在當時的略陽郡東北，即今之甘肅莊浪。(94)大將軍　地位在丞相之上，滿朝無出其右者。(95)明晨早報　明天一早給我答覆。(96)相為小退　我為你向後稍稍退回一步。(97)木槍　又稱「拒馬槍」，防禦戰具。用以布陣立營，使敵之騎兵不能奔突。胡三省引杜佑曰：「拒馬槍，以木徑二尺，長短隨事，十字鑿孔，縱橫安檢，長丈，銳其端以塞要路。」(98)窮窘　走投無路。(99)丙子　七月初三。(100)收其仗　收繳了他們的兵器。(101)三秦　指魏國的秦州、南秦州、東秦州。秦州的州治上封，即今甘肅天水市，南秦州的州治南鄭，即今陝西漢中，東秦州的州治中部，在今陝西黃陵西南。(102)河渭瓜涼鄯州　魏之五州名，河州的州治枹罕，在今甘肅臨夏東北，渭州的州治即今甘肅隴西縣，瓜州的州治即今甘肅敦煌，涼州的州治即今甘肅武威，鄯州的州治都善，即今青海樂都。[103]宇文泰　後來西周的開國皇帝，此時為爾朱榮的部將。[104]關隴彫弊　關中與隴西一帶殘破、衰敗。關、隴，大範圍指今陝西、甘肅；小範圍指今渭水流域的陝西與靠近隴山的甘肅東部地區。[105]使君　當時對刺史、太守兩級官員的敬稱。[106]八月庚戌　八月初七。[107]居外藩　在地方上任方面大員。當時爾朱榮為使持節、柱國大將軍、大丞相、太原王。駐兵於當時的晉陽，即今山西太原。[108]清治選部　整頓人事部門。清治，清理、整頓。選部，即吏部，主管選任官員的部門。[109]關補曲陽縣令　告訴吏部他想任命為曲陽縣令的人選。關，通知；告訴。補，充任。曲陽，縣名，在今河北定州西北，當時屬於中山郡。[110]階懸　級別差得太遠。[111]別更擬人　又選擇了別的對象。擬，選擇。[112]所補者　已通知吏部他所選定的那個人。[113]攝選　兼任選部的事務，即兼任吏部尚書。[114]啓北人　向朝廷推薦北方人，實即爾朱榮的部下、親黨，在北方州鎮任職的人。[115]為河南諸州　充任黃河以南諸州的刺史。[116]天柱　指爾朱榮，爾朱榮被封為天柱大將軍。[117]普代天下官　把整個國家的官員都更換一遍。[118]遽不用　就如此斷然地拒絕。遽，就，立即做出反應。[119]朕亦須代　我也應該被改換。[120]不用我語　不聽我的話。[121]屢致忿恚　屢屢因為吃醋發脾氣。忿恚，憤怒。[122]爾朱世隆　爾朱榮之姪，爾朱皇后的堂兄弟。[123]今便如此　才讓他今天有此高論。[124]今亦復決　現在也可以做出種種規定。[125]正自不為　正因為他沒有自己做皇帝。[126]內迫皇后　在宮內受爾朱皇后的欺壓。[127]使與榮相持　讓這些反對派的勢力與爾朱榮相對抗。[128]臨淮王彧　元彧，太武帝拓跋燾的玄孫，一個反覆無常的魏國宗室。傳見《魏書》卷十八。[129]即今天下便是無賊　從今天開始，全國就沒有盜賊了。即今，從當今；從此。[130]方勞聖慮　那時讓您操心的事才多呢。意即爾朱榮的問題會更難辦。[131]撫寧荒餘　解決戰後的人生艱難，醫治戰爭造成的創傷。荒餘，戰亂之後。[132]彌成不易　更加不容易。彌，更。[133]取九錫　向朝廷討要九錫的待遇。九錫是皇帝賜予有特大功勳之臣的九種待遇，包括車馬、衣服、虎賁、樂器、納陛、朱戶、弓矢、鈇鉞等。享受了這些待遇的人離著弒君篡位也就不遠了。[134]已斥遣令去　我已經把他趕走了。爾朱榮在這裡玩「此地無銀三百兩」的把戲。[135]望得殊禮　希望得到九錫。[136]因稱歎其忠　魏主元子攸於是順水推舟地把爾朱榮誇獎了一番。稱歎，稱讚。[137]不捨寒暑　不分冷熱，一天不誤。[138]列圍　站成包圍圈。[139]齊壹　整齊、一致。[140]逸出　逃脫。[141]坐死　因犯罪而被處死。坐，因。[142]窮谷　沒有出路的山坳。[143]順時蒐狩　按照季節時令舉行狩獵，以不妨礙動物的繁殖。蒐，春天的打獵。狩，冬天的打獵。[144]慼傷和氣　夏天酷熱，人應休息乘涼，爾朱榮驅人打獵，既傷人，又違自然之氣。[145]攘袂　捋起袖子，是一種表決心、發誓願的情態。[146]靈后　胡太后，謚曰靈。[147]不能自正　不能管好朝廷的政事。[148]推奉天子　因此我才擁立了當今的皇帝。[149]奴走　奴才、走狗。[150]擒獲即已　我把他捉了來也就沒事了。[151]頃來最近以來。[152]未能混壹海內　我還未能統一天下。[153]何得遽言勳業　怎麼能就說我已經建立了功業呢。[154]如聞　我彷彿聽說。[155]寬縱　懶散、放縱。[156]校獵嵩高　到離洛陽不遠的嵩山去大獵一回。校獵，通過打獵以檢閱軍隊。校，檢閱。[157]貪汙朝貴　貪婪而骯髒的朝廷顯貴們。[158]仍出魯陽　而後我要向南經過魯陽關。仍，意思同「乃」。魯陽關在今河南魯山縣西南。[159]三荊　魏國的三個州名，即荊州（州治即今魯山縣）、南荊州（州治在今湖北棗陽南）、東荊州（州治即今河南泌陽）。[160]悉擁生蠻　全部俘獲那些未歸附的蠻族人。[161]北填六鎮　向北安撫六鎮的瘡痍與災難。填，意思同「鎮」。這裡指撫慰。六鎮，指魏國北部邊地的懷朔鎮、武川鎮、撫冥鎮、柔玄鎮、懷荒鎮、禦夷鎮。[162]汾胡　當時居住在汾州一帶的匈奴部落。當時汾州的州治即今山西隰縣。[163]乞萬戶侯　可以請皇帝封他為萬戶侯。[164]徑度縛取　渡過長江去把他捉來。[165]與兄　和你一道。兄，敬稱說話的對方，即元天穆。[166]頻獵　頻繁地出獵。[167]城陽王徽　元徽，景穆帝拓跋晃的曾孫。傳見《魏書》卷十九下。[168]姊壻　姐夫。[169]毀榮　說爾朱榮的壞話。[170]懲河陰之難　吸取河陰之難的教訓。懲，接受……教訓。河陰之難，指前年爾朱榮入洛後殺魏國朝臣兩千人於河陰事。見本書卷一百五十二。[171]難保　難以依靠。保，依賴。[172]元羅　元乂之弟。[173]挽乳　分娩；產子。挽，通「娩」。[174]濟陰王暉業　元暉業，太祖拓跋燾的五世孫。傳見《魏書》卷十九上。[175]人懷憂懼　每個人都提心吊膽。[176]邢子才　邢劭，字子才，邢巒的族人，魏國著名的文學家。[177]相任去留　聽任他們願去則去，願留則留。[178]以字行　在社會上大家都稱其字。按，孝莊帝兄名劭，所以邢劭在社會上稱字不稱名。[179]巒　邢巒，魏國的名臣，也是魏國的名將，與梁國作戰有大功。傳見《魏書》卷六十五。[180]建義　孝莊帝初即位時的年號，為西元五二八年的四月至八月。[181]往來通命　在爾朱榮與孝莊帝之間往來傳達消息。[182]期之甚重　對之抱有很大的期望。[183]言情　說心裡話。情，真心；實話。[184]死陛下　為陛下而死。[185]契胡　前代匈奴族的一支。指爾朱榮，爾朱榮是胡人。[186]忠款　忠心；誠摯的心。[187]自牓其門　偷偷貼在自家的門上。牓，張貼。[188]北鄉長公主　爾朱榮妻不是魏國宗室女，乃因爾朱榮功大而加封。胡三省曰：「榮妻非元氏也，以榮功封北鄉長公主。」又曰：「上黨郡鄉縣，石勒置為武鄉郡，後魏去『武』字為鄉郡，證以魏收〈志〉無『北鄉郡』，則從鄉郡為是。」[189]發并州　從并州（州治即今太原）出發向洛陽。[190]具奏　把別人對自己講的話一一向孝莊帝稟明，表示自己不相信、不在意。[191]挺身　空身；不帶武器。挺，直立的樣子。[192]亦何可耐　又怎麼能忍受他的氣焰。耐，忍受。[193]長星出中台　彗星出現在中台星的位置。中台星象徵諸侯三公，古人以為這種星變對大臣不利。[194]掃大角　彗星在流行中，又掃上了大角星。大角星即所謂天王星座。[195]恆州　魏州名，州治平城，即今山西大同。[196]李顯和　爾朱榮的僚屬。胡三省曰：「李顯和蓋為并、肆九州行臺郎中，時從榮至洛陽。」[197]那無九錫　怎麼可以沒有九錫的封贈。那，同「哪」。[198]安須王自索　哪裡用得著大王親自來討要。199不見機　不能辨清形勢。200都督郭羅剎　郭羅剎是爾朱榮帳下的都督。201真可作禪文　簡直可以替魏主寫一篇禪讓的文告。意即魏主應該把皇位讓給爾朱榮。胡三省曰：「河陰之難，榮已募朝士作禪文，故羅察云然。」202參軍褚光　爾朱榮部下的參軍褚光。203紫氣　皇帝出現徵兆。204皆上聞　都傳到了魏主元子攸的耳朵裡。205求間　請求摒除左右，單獨講話。206適帝兄子陳留王寬　嫁與魏主的姪子陳留王元寬為妻。適，嫁。207脫有東宮　您一旦有了兒子。東宮，指皇太子。208貪立孩幼　意即殺了您，改立您的兒子為皇帝，由他們控制政權。209則立陳留　那他們一定要立陳留王元寬。意即您是非被他們所殺不可。210蝮蛇螫手　一個人當被毒蛇咬了手的時候。211壯士解腕　如果是好漢，他就會毅然將手腕割斷。因為只有如此才能保住性命。212戊子　九月十五。213西林園　華林園的西部。214近來侍官　近來皇帝身邊的這些侍從官員。215宜將五百騎出獵　意思是應該都讓他們受些訓練。216因省辭訟　趁機會可以接觸一些下面上報的訴訟材料。省，看。辭訟，申訴冤屈的文書。217先是　在此以前。史書在倒敘往事時，常用「先是」二字領起。218辛卯　九月十八。219殺董卓　董卓是東漢末年的軍閥，曾殺死少帝，改立獻帝，挾天子以令諸侯，後被王允、呂布所殺。傳見《後漢書》卷一百二、《三國志》卷六。220王允　當時在朝為司徒，他用反間計分裂了董卓與其部將呂布的關係，安排呂布殺了董卓。傳見《後漢書》卷九十六。221即赦涼州人　意即在殺了首惡的董卓後，對董卓的那些部下通通大赦，以爭取他們的理解與感謝。董卓的部將郭汜、李傕都是涼州人。222不應至此　不會像王允、呂布那樣遭到失敗。王允、呂布殺了董卓後，董卓的部將郭汜、李傕等人乞求王允赦免，王允不答應，於是眾人聽從賈詡之謀，率軍攻入長安，殺了王允，趕走了呂布，郭汜、李傕等人一時掌管了朝政。223朕之情理　我的內心所想。224高貴鄉公　曹髦，魏文帝曹丕之孫，明帝曹叡之子，西元二五四—二五八年在位。時司馬昭掌控魏國朝權，曹髦因不能忍受司馬昭的奴役操縱，率兵討伐司馬昭，被司馬昭所殺。傳見《三國志》卷四。曹髦被殺後，司馬昭將其貶為高貴鄉公。225常道鄉公　曹奐，曹魏政權的末代皇帝，先是給司馬氏當了幾年的傀儡後，最後把政權禪讓給了司馬炎。傳見《三國志》卷四。曹奐讓位後，被司馬炎封為常道鄉公。226朱元龍　即朱瑞，字元龍。227不全　不能赦免。228豈有來理　還能前來歸順朝廷麼。胡三省曰：「爾朱仲遠時鎮徐州，天光時鎮關、隴。」229狠戾　暴戾；兇狠。230壬辰　九月十九。231帝忌日　魏主之父母死的日子。胡三省曰：「親喪之日為忌日，《禮》曰：『忌日不樂。』」232癸巳　九月二十。233榮忌日　爾朱榮之父母死的日子。234甲午　九月二十一。235暫入　突然進得宮來。暫，突然。236病動　疾病發作。237頻日不入　一連好幾天沒有進宮。238速發　迅速下手。239戊戌　九月二十五。240東序　東側屋。241脫榮帽二句　當時少數民族的一種禮節，表示慶祝、祝賀。242兼　更有。243手板　即所謂笏，大臣上朝時手中所持，將所要啟奏的事情扼要地寫在上面。(244)數牒啓　幾條想對皇帝稟告的事情。(245)出　逐出；趕走。(246)北中　軍事要塞名，即黃河北岸的河橋城，在今洛陽東北方，孟州城南側。胡三省曰：「晉杜預建河橋於富平津，河北側岸有二城相對，魏高祖置北中郎府，徙諸從隸府戶並羽林虎賁領隊防之。」(247)西陽門　即洛陽城的西明門，是洛陽城西面最南頭的城門。(248)河陰　在今洛陽城的西北方，地處黃河南岸。(249)朱瑞　胡三省曰：「本榮之行臺郎中，榮定魏主於洛陽，以瑞為黃門侍郎兼中書舍人。」傳見《魏書》卷八十。(250)司馬子如　爾朱榮的部下，此時在朝為金紫光祿大夫，後為高歡的親信。傳見《北史》卷五十四。(251)恟恟　惶恐不安的樣子。(252)唯彊是視　誰的勢力大就擁護誰。(253)亟北走　只是急於向北逃命。(254)變生肘腋　指身邊有人發動叛亂。肘腋，極言其貼近自己。(255)己亥　九月二十六。(256)華陽　魏郡名，胡三省曰：「魏分漢中之沔陽、西縣置華陽郡，以其地在華山之南也。」(257)經略河汾　經營治理爾朱榮的老巢地區。(258)以高敖曹自隨　將反對派高敖曹帶在身邊。高敖曹即高昂，字敖曹，魏國名臣高祐之姪，聞河陰之亂，起兵於河、濟之間以討爾朱榮，兵敗被爾朱榮所俘，因於晉陽，現又被帶到洛陽。(259)兄乾　高昂之兄高乾，此前曾與高昂一同起兵反爾朱榮。(260)東冀州　魏州名，即當時的河、濟之間，約當今之山東西北部。胡三省曰：「蓋因劉宋先置冀州於河、濟之間，而稱東冀州以別河北之冀州也。」(261)為表裏形援　形成一種朝廷與地方相互呼應的局面。(262)帝親送之於河橋　胡三省曰：「敖曹兄弟歸鄉里，路當東出，河橋在洛陽北，帝不應送之於此，『河橋』二字，意必有誤。」(263)冀部　冀州刺史的管轄區。(264)致死　獻出生命。(265)河上一揚塵　意即從冀州起兵，到黃河上一顯神威。揚塵，指起兵。

【校　記】①等　原無此字。據章鈺校，甲十一行本、乙十一行本、孔天胤本皆有此字，張敦仁《通鑑刊本識誤》同，今據補。②賊　據章鈺校，甲十一行本、乙十一行本「賊」上有「蜀」字。③正　原作「止」。胡三省注云：「『止』當作『正』。」嚴衍《通鑑補》作「正」，其義長，今據改。④迫　原作「逼」。據章鈺校，甲十一行本、乙十一行本皆作「迫」，張敦仁《通鑑刊本識誤》同，今據改。⑤驅　據章鈺校，甲十一行本、乙十一行本、孔天胤本皆作「馳」。⑥郭羅剎　原作「郭羅察」。胡三省注云：「郭羅察即郭羅剎。」張瑛《通鑑校勘記》亦作「郭羅剎」，今據改。⑦終　據章鈺校，甲十一行本、乙十一行本、孔天胤本此下皆有「當」字。⑧謂　張敦仁《通鑑刊本識誤》作「亦」。⑨狠　原作「狼」。胡三省注云：「『狼』當作『狠』。」據章鈺校，孔天胤本作「狠」，今據改。按，《北史·爾朱榮傳》作「狠」。⑩爾朱世隆奉　原無此五字。據章鈺校，甲十一行本、乙十一行本、孔天胤本皆有此五字，張敦仁《通鑑刊本識誤》、張瑛《通鑑校勘記》同，今據補。⑪輩　據章鈺校，甲十一行本、乙十一行本、孔天胤本皆作「等」。⑫等　據章鈺校，甲十一行本、乙十一行本、孔天胤本皆無此字。⑬大　原無此字。據章鈺校，甲十一行本、乙十一行本、孔天胤本皆有此字，今據補。按，《魏書・孝莊帝紀》、〈楊播傳附椿弟津傳〉皆作「北道大行臺」。

【語　譯】高祖武皇帝十

中大通二年（庚戌　西元五三〇年）

春季，正月十三日己丑，魏國擔任益州刺史的長孫壽、擔任梁州刺史的元儁等派將率軍進攻嚴始欣，把嚴始欣殺死，蕭玩等也在作戰中失敗而死，梁國的軍隊損失了一萬多人。

辛亥日，魏國東徐州城內的百姓呂文欣等人殺死了東徐州刺史元大賓，佔據東徐州城造反，魏國朝廷派遣擔任都官尚書的平城人樊子鵠等人率軍前往東徐州討伐呂文欣。二月初八日甲寅，樊子鵠斬殺了呂文欣。

隴西一帶的亂民首領万俟醜奴率領部眾侵擾關中地區，魏國爾朱榮派遣擔任武衛將軍的賀拔岳前往討伐万俟醜奴。賀拔岳私下對自己的哥哥賀拔勝說：「万俟醜奴，是一個強大對手，如果我們不能打敗万俟醜奴，一定會獲罪；如果我們戰勝了万俟醜奴，那些對我們心懷嫉妒的人就要開始進讒言詆毀我們。」賀拔勝說：「那我們應該怎麼辦呢？」賀拔岳說：「希望有一位爾朱氏的人出來擔任將帥而我們輔佐他。」賀拔勝就替賀拔岳向爾朱榮提出了這一請求，爾朱榮非常高興，於是任命爾朱天光為使持節、都督二雍、二岐諸軍事、驃騎大將軍、雍州刺史，任命擔任武衛將軍的賀拔岳為左大都督，又任命擔任征西將軍的代郡人侯莫陳悅為右大都督，他們都作為爾朱天光的副將一同前去討伐万俟醜奴。

爾朱天光開始出發的時候，爾朱榮只給爾朱天光配備了一千名正規軍，爾朱榮從洛陽城往西一直到陝西境內，向沿路兩側的所有百姓徵調馬匹供給爾朱天光。當時活動於赤水一帶的來自蜀地的亂民切斷了道路，魏孝莊皇帝元子攸下詔令擔任侍中的楊侃先行去撫慰勸說，並徵收他們的馬匹以充賦稅，蜀地的亂民猶疑不定，不同意讓路。爾朱天光率軍到達潼關，便不敢繼續前進，督賀拔岳說：「前面的蜀地亂民不過是像一群善於偷竊的老鼠，對他們尚且猶豫不前，如果遇到強大的敵人，還怎麼打仗呢！」爾朱天光說：「今天的事情，一概委託給你處理，我全都聽你的。」賀拔岳於是率軍在渭水以北進攻來自蜀地的那些亂民，將其打敗，繳獲了二千匹戰馬，又從蜀地亂民中選拔那些體格健壯的人編入自己的軍隊，又在當地租賃了百姓總計有一萬多匹馬。爾朱天光由於自己的軍隊人數還少，因此逗留不前。爾朱榮非常惱怒，就派遣擔任騎兵參軍的劉貴乘坐驛站的馬車來到軍中責備爾朱天光，責打了爾朱天光一百軍棍，同時給爾朱天光增派了二千名士兵。

三月，万俟醜奴親自率領自己的部眾包圍了岐州，他派遣屬下擔任大行臺的尉遲菩薩、擔任尚書僕射的万俟仵從武功郡向南渡過渭河，進攻岐州軍設在城外的前沿防禦工事。爾朱天光派賀拔岳率領著一千名騎兵趕往岐州救援，當賀拔岳趕到岐州城下的時候，尉遲菩薩等已經攻破了魏軍設在岐州城外的營寨撤走了。賀拔岳故意殺掠万俟醜奴佔領區的官吏和百姓以挑戰尉遲菩薩，尉遲菩薩率領二萬名步兵、騎兵來到渭河北岸。賀拔岳帶領數十名輕騎兵在渭河南岸與尉遲菩薩隔著渭河喊話，賀拔岳向尉遲菩薩宣揚魏國朝廷的威嚴，尉遲菩薩令負責在兩軍陣前往來傳達言語的人傳話給賀拔岳，賀拔岳大怒說：「我是在跟尉遲菩薩說話，你算什麼東西！」說完立即拉弓射箭把傳話的人射死了。第二天，賀拔岳又率領著一百多名輕騎兵隔著渭水向賊軍喊話，並率軍逐漸地向東移動，當來到渭河水淺可以涉水過河的地方，賀拔岳立即催馬向東方馳去。賊軍認為賀拔岳是逃跑了，於是就拋下步兵，只有輕騎兵向南渡過渭河來追擊賀拔岳，賀拔岳已經在前面的丘陵處埋伏下軍隊專等賊軍到來，當賊軍的騎兵已經有一半越過丘陵以東的時候，賀拔岳調轉馬頭與埋伏的軍隊一同夾擊賊軍，賊軍失敗後逃跑。賀拔岳下令給士兵，凡是賊軍下馬投降的一律不殺，於是賊軍全都下馬投降，一會兒的工夫就俘虜了三千人，賊軍所有的馬匹全部被繳獲，隨後又活捉了賊軍大行臺尉遲菩薩。賀拔岳隨即率軍向北渡過渭河，招降的賊軍步兵有一萬多人，並繳獲了賊軍所有的軍用物資。万俟醜奴聽到尉遲菩薩兵敗被擒的消息之後，立即放棄了岐州，向北逃往安定郡，他在平亭安下營寨。爾朱天光這才從雍州來到岐州，與賀拔岳會合。

夏季，四月，爾朱天光率軍來到汧水和渭水的夾角地區，他令軍隊停止前進，讓騎兵就地放牧戰馬，並放出話來說「天氣逐漸炎熱起來，不適合行軍打仗，等到秋季天氣涼爽以後再考慮下一步的進退去留。」有部下擒獲了万俟醜奴派來的偵察兵，爾朱天光故意將他們放走。万俟醜奴相信了偵察兵帶回來的消息，於是將部眾解散，令他們到細川去耕種田地，讓屬下擔任太尉的侯伏侯元進率領五千名士兵，佔據險要地形設立營寨，其他由一千人以下所設立的營寨還有很多。爾朱天光瞭解到賊軍的兵力已經分散，便在下午三四點鐘的時候，祕密地集合起所有軍隊，相繼出發，第二天黎明的時候，爾朱天光的軍隊便包圍了侯伏侯元進的大營，將其摧毀，並把所得的俘虜囚犯，全部釋放遣送回家，各營寨的賊軍聽到這個消息全都出來投降了爾朱天光。爾朱天光率軍晝夜兼程逕直向万俟醜奴所在的安定郡挺進，當他抵達安定城下時，賊軍當中擔任涇州刺史的侯幾長貴便獻出涇州郡城投降了。万俟醜奴放棄了平亭逃走，他想逃往高平鎮，爾朱天光派遣賀拔岳率領輕騎兵追趕万俟醜奴，二十二日丁卯，賀拔岳在平涼追上了万俟醜奴。万俟醜奴的軍隊還沒有來得及列成隊列，魏國擔任直閤將軍的代郡人侯莫陳崇單人匹馬衝入賊軍陣中，在馬上活捉了万俟醜奴，並趁勢大聲呼喊，賊眾全都被他嚇得向後倒退，沒有人敢上前阻擋，賀拔岳所率領的騎兵也都隨後趕到，賊眾立即崩潰，於是把賊軍打得大敗。爾朱天光率軍逼近高平郡，高平郡城內的人把蕭寶寅逮捕，押送給爾朱天光，全都向爾朱天光投降。

四月二十七日壬申，梁國朝廷任命吐谷渾王慕容佛輔為西秦、河二州刺史。○二十九日甲戌，魏國朝廷因為關中的叛亂全部被平定，遂實行大赦。万俟醜奴、蕭寶寅被押送到洛陽之後，被囚繫在閶闔門外的大街上示眾，男女百姓聚集圍觀了三天。丹楊王蕭贊上表給魏國朝廷請求饒恕蕭寶寅的性命，擔任吏部尚書的李神儁、擔任黃門侍郎的高道穆一向與蕭寶寅關係親密友好，就想幫助蕭贊替蕭寶寅求情，他們對魏孝莊皇帝說：「蕭寶寅叛變之事，是發生在前一任皇帝執政的時候。」碰巧趕上應詔而來的王道習從外地來到洛陽面見孝莊皇帝，孝莊皇帝便問王道習說：「你在外邊都聽到了些什麼？」王道習回答說：「我只聽說吏部尚書李神儁、黃門侍郎高道穆與蕭寶寅關係親密友好，憑他們兩人的身分地位都能為蕭寶寅說得上話，一定能保全蕭寶寅的性命。而且他們二人都認為蕭寶寅叛逆的事情發生在前一任皇帝當政時期，蕭寶寅為万俟醜奴擔任太傅，難道不是發生在陛下當政時期嗎？這樣的賊臣如果不滅除，將置國法於何地呢！」魏孝莊皇帝遂令蕭寶寅在駝牛署自殺，把万俟醜奴拉到鬧市斬首示眾。

六月十三日丁巳，梁武帝蕭衍又任命投降過來的魏國汝南王元悅為魏王。○戊寅日，魏孝莊皇帝下詔，胡太后的親屬中凡是接受過朝廷封爵的全都貶為平民。○十六日庚申，梁武帝任命魏國降將范遵為安北將軍、司州牧，武裝護送魏王元悅向北返回魏國另立朝廷。

万俟醜奴失敗被殺之後，從涇州、豳州往西一直到靈州境內，所有的賊黨全都向魏國朝廷投降，只剩下被万俟醜奴任命為行臺的万俟道洛率領六千名部眾逃入山中，不肯向朝廷投降。當時高平郡遭遇大旱，爾朱天光因為戰馬缺乏草料，於是撤退到高平郡城以東五十里的地方屯紮，爾朱天光任命擔任都督的長孫邪利為代理原州刺史，率領二百人駐守原州。万俟道洛暗中與原州城內的百姓串通合謀，突然向長孫邪利發起襲擊，將長孫邪利和他所率領的二百多人全部殺死。爾朱天光率領各軍趕赴原州，万俟道洛率領部眾出城迎戰，被官軍打敗後，就率領他的部眾向西逃入牽屯山，佔據險要地形進行堅守。爾朱榮因為爾朱天光損失了都督長孫邪利，又沒有捉住万俟道洛，就又派使者來到軍中責打了爾朱天光一百軍棍，以孝莊皇帝的名義下詔免去了爾朱天光驃騎大將軍職務，將爾朱天光降為撫軍將軍、雍州刺史，爵位也由王爵降為侯爵。爾朱天光率軍前往牽屯山追擊万俟道洛，万俟道洛戰敗逃走，進入隴山，歸順了略陽地區的叛民首領王慶雲。万俟道洛驍勇果敢，無與倫比，王慶雲得到万俟道洛非常高興，認為自己的建國大業可以成功，於是就在水洛城登基稱帝，設置文武百官，任命万俟道洛為大將軍。

秋季，七月，爾朱天光率領各軍進入隴山，到達王慶雲的老巢水洛城，王慶雲、万俟道洛率軍出城迎戰，爾朱天光用箭射中了万俟道洛的手臂，万俟道洛丟下弓箭向水洛城逃走，爾朱天光於是攻佔了水洛城的東城。賊軍全都集中逃往水洛城的西城，水洛城的西城沒有水源，眾賊軍又渴又乏，於是就有人向爾朱天光投降，這些投降過來的人說王慶雲、万俟道洛想要突圍逃走。爾朱天光唯恐他們跑掉，於是就派人到水洛城西城招撫、勸說王慶雲，讓王慶雲早日向朝廷軍投降，使者對王慶雲說：「如果你自己不能作出投降官軍的決定，就應該聽聽眾人的意見，今天夜裡你們一同商議決定，明天早晨早點兒給我們答覆。」王慶雲等人希望爾朱天光推遲對西城的進攻，等到夜間好趁機突圍逃走，於是就派使者答覆說：「請等到明天再答覆你們。」爾朱天光趁機令其使者給他們帶信說：「我們知道你們需要出城取水，現在我們稍微後退一下，任憑你們從山澗中取水飲用。」賊眾非常高興，便不想再逃走了。爾朱天光祕密地讓屬下的軍士多多地製造木槍，每條木槍長七尺，黃昏以後，便圍著水洛城用木槍布陣立營，在要害的路段加厚木槍的用量，又派軍士埋伏在木槍設立的營寨中，防禦賊軍前來衝陣，同時命令軍士在水洛西城北面祕密地綁縛登城所用的長梯。當天夜裡，王慶雲、万俟道洛果然騎著馬飛快地從水洛西城衝出來準備逃走，遇到爾朱天光用木槍布下的防禦工事，他們的戰馬全部受傷跌倒，埋伏在木槍中的官軍一躍而起，立即把王慶雲、万俟道洛活捉了。官軍沿著長長的木梯從城北登上城牆進入水洛城，其餘的賊眾全都從水洛城南城衝出，遇到木槍防禦工事便停住了逃跑的腳步，在走投無路的情況下不得不向官軍請求投降。初三日丙子，爾朱天光把賊軍的兵器全部收繳之後就把他們全部活埋了，被活埋而死的賊軍有一萬七千人，然後把他們的家屬拆散後分配給將士做妻妾、奴婢。於是秦州、南秦州、東秦州、河州、渭州、瓜州、涼州、鄯州的叛民全部向官軍投降。

爾朱天光把軍隊駐紮在略陽。魏孝莊皇帝下詔恢復爾朱天光驃騎大將軍的職務和原來的爵位，不久又加授爾朱天光為侍中、開府儀同三司。任命賀拔岳為涇州刺史，任命侯莫陳悅為渭州刺史。秦州城內的百姓陰謀刺殺擔任秦州刺史的駱超，南秦州城內的百姓陰謀刺殺擔任南秦州刺史的辛顯，駱超、辛顯及時發覺了他們的陰謀，於是全都逃出城來投奔了爾朱天光，爾朱天光派軍隊討平了秦州和南秦州城內陰謀刺殺刺史的亂民。

魏國擔任步兵校尉的宇文泰跟隨賀拔岳進入關中平定叛亂，因為軍功被提升為征西將軍，代理原州刺史職務。當時關中與隴西一帶地區殘破衰敗，宇文泰用恩惠、誠信安撫那裡的民眾，百姓都很感激他、樂於接受他的管理，他們說：「如果早一點兒遇到宇文泰來做刺史，我們這些人怎麼會跟隨万俟醜奴作亂呢！」

八月初七日庚戌，梁武帝在德陽堂為魏王元悅設宴餞行，並派兵把魏王元悅護送到魏國的邊境上。

魏國爾朱榮雖然駐軍於晉陽，然而卻遙控著朝政，在朝廷培植、安置自己的親信黨羽，圍繞在魏孝莊皇帝的身邊，隨時伺察著朝廷的動靜，朝廷的事情無論大小都必須報告給爾朱榮知道。魏孝莊皇帝雖然受制於爾朱榮，然而卻生性勤於政務，每天從早忙到晚也不知道疲倦，他曾經多次親自閱覽辭訟、審理昭雪冤獄，爾朱榮聽到這些消息以後，心裡就很不高興。魏孝莊皇帝又與擔任吏部尚書的李神儁一道商議如何整頓吏治之事，爾朱榮曾經告訴吏部他想任命某某人為曲陽縣令，李神儁因為爾朱榮推薦的某某人級別差得太遠，就沒有把這件事情奏報給孝莊皇帝，而是另外選派了別人擔任曲陽縣令。爾朱榮因此大怒，立即派遣他想委任的那個人前往曲陽縣奪取縣令之位。李神儁懼怕爾朱榮的權勢，就辭去了吏部尚書之職，爾朱榮讓擔任尚書左僕射的爾朱世隆兼任吏部尚書的職務。爾朱榮向朝廷推薦在北方州鎮任職的人去擔任黃河以南諸州的刺史，孝莊皇帝沒有批准；擔任太宰的上黨王元天穆入宮朝見孝莊皇帝，他為此事當面與孝莊皇帝進行爭論，孝莊皇帝還是不批准。元天穆說：「天柱大將軍爾朱榮既然有大功，又擔任著國家的宰相，如果他請求把整個國家的官員都換一遍，恐怕陛下也不得違背他，為什麼他請求任用幾個人到河南地區擔任州刺史，陛下就如此斷然拒絕呢？」孝莊皇帝態度嚴肅地說：「天柱大將軍如果不想做人臣，那麼我這個皇帝也應該被取代。如果他還存在著做臣子的品節，就沒有把整個國家的官員都換一遍的道理。」爾朱榮聽到孝莊皇帝說出這樣的話以後，心裡非常氣惱怨恨，說：「你這個皇帝是靠了誰的擁戴才當上的？現在竟然不聽我的話！」

孝莊皇帝的皇后爾朱氏性情嫉妒，多次因為吃醋而發脾氣。孝莊皇帝就派爾朱世隆去給爾朱皇后講明大道理，爾朱皇后說：「他這個天子之位本來是由我家擁立的，才使他有今天的這番高論。我父親本來應該自己做皇帝，現在也可以做出種種規定。」爾朱世隆說：「正是因為你父親沒有自己做皇帝，如果你父親自己做了皇帝，我現在也被封為王爵了。」

魏孝莊皇帝在外面受爾朱榮的逼迫，在皇宮之內受爾朱皇后的欺壓，因此經常怏怏不樂，他不把當上萬乘之尊的皇帝看做是一件快樂的事情，唯一的希望就是各地的賊寇不被消滅，讓這些反對派的勢力長期牽制住爾朱榮。等到關中、隴西一帶地區的叛亂被平定之後，向朝廷告捷的那一天，孝莊皇帝竟然顯得不那麼高興，他對擔任尚書令的臨淮王元彧說：「從今天開始，天下就沒有盜賊了。」元彧看到孝莊皇帝的臉色有些不高興，就說：「我擔心各地的叛賊被徹底平定之後，讓陛下操心的事才更多呢。」孝莊皇帝擔心其他人會對元彧所說的話感到奇怪，就故意用別的話岔開說：「確實是這樣。解決戰亂後百姓生活的艱難、醫治戰爭造成的創傷，就更加不容易了。」爾朱榮看到國家四方已經平安無事，就上奏給孝莊皇帝說「擔任參軍的許周勸我向陛下索要九錫的待遇，我討厭他所說的話，已經斥責了他一頓把他趕走了。」當時爾朱榮希望能得到九錫的特殊待遇，所以故意把自己的心思暗示給朝廷知道，孝莊皇帝心裡確實不願意給爾朱榮九錫的待遇，就順著爾朱榮的話把爾朱榮的忠誠極力地誇獎了一番。

爾朱榮喜歡打獵，不論寒暑，一天不誤，他要求參加打獵的士兵張開包圍圈向前推進，他命令士卒行動必須整齊劃一，即使遇到險阻，也不得違背躲避，如果有一隻鹿跑掉，一定會牽連到好幾個人被處死。有一個士兵看見老虎就想逃走，爾朱榮對他說：「你怕死嗎？」說完就立即把他殺死了。從此以後每次打獵，士卒如同上戰場一樣。曾經看見一隻老虎在沒有出路的山谷裡，爾朱榮命令十幾個人赤手空拳去和老虎搏鬥，還不許損傷了老虎，為此死了好幾個人，才終於把這隻老虎完好無損地捉住了，爾朱榮以此取樂，他的部下卻認為跟隨爾朱榮打獵是一件非常痛苦的事情。擔任太宰的元天穆曾經裝作很隨意似的對爾朱榮說：「大王的功勳、事業已經很盛大，如今天下太平無事，就應該完善政府職能，讓百姓得到休養生息，按照季節時令舉行打獵活動，何必在盛夏時節令人去驅逐禽獸，既傷了人，又違背自然之氣呢？」爾朱榮捋起袖子說：「胡太后是一個女主人，她不能自己管理好朝廷的政事，因此我才擁立了當今的天子，這是人臣的一般品節。葛榮之輩，本來都是一些奴才，他們乘機作亂，就像奴才和走狗，我把他們捉來就算完事了。近來我蒙受國家大恩，還未能統一天下，怎麼能說我已經建立了豐功偉業呢？我彷彿聽說朝中的群臣仍舊懶散放縱，今年秋天我想與你一起組織動員人馬，到離洛陽不遠處的嵩山去大獵一回，令朝中那些貪懶而骯髒的顯貴們進入包圍圈去和老虎搏鬥。然後我就向南通過魯陽關，歷經北荊州、東荊州與荊州，把那些尚未歸附的所有蠻族人全部俘獲，再向北去撫慰北部邊境上的懷朔鎮、武川鎮、撫冥鎮、柔玄鎮、懷荒鎮、禦夷鎮六鎮中飽受災難的民眾，回軍的時候，順便掃平居住在汾州一帶的匈奴族人。明年，選拔訓練精銳的騎兵，分別出兵長江、淮河流域，梁武帝蕭衍如果投降，我可以請求皇帝封他一個萬戶侯；如果他不投降，我就率領數千名騎兵逕直渡過長江、淮河把他捉住捆綁起來。然後和你一道奉陪著天子，巡守四方，到那時才可以稱得上建立了功勳。現在如果不頻繁地出去打獵，士兵就會懈怠起來，還怎麼用他們去行軍打仗呢！」

魏國城陽王元徽的王妃，是魏孝莊皇帝舅舅的女兒；擔任侍中的李彧，是擔任司徒的濮陽王李延寔的兒子，孝莊皇帝的姐夫。元徽、李彧想得到權力，受到寵信，憎惡爾朱榮妨礙了自己欲望的實現，於是就整天在孝莊皇帝面前說爾朱榮的壞話，勸說孝莊皇帝除掉爾朱榮。孝莊皇帝汲取了河陰之難的教訓，擔心爾朱榮終究難以依靠，因此心中也暗暗地有了除掉爾朱榮的想法，擔任侍中的楊侃、擔任尚書右僕射的元羅也參與他們的密謀。

正巧遇到爾朱榮請求入朝，想要探望自己的女兒爾朱皇后分娩，元徽等人遂勸說孝莊皇帝趁著爾朱榮入宮之機，刺殺爾朱榮。只有膠東侯李侃晞、濟陰王元暉業說：「爾朱榮如果來京，一定會有所準備，恐怕不能除掉他。」元徽等人還想殺掉爾朱榮朝中的黨羽，然後發兵抵禦爾朱榮。孝莊皇帝對此猶豫不決，而洛陽城中的每個人都提心吊膽，中書侍郎邢子才這一類人已經跑到洛陽城東部去躲避這場災難。爾朱榮給朝廷的每一位官員都送去一封書信，聽任他們願意走的可以走願意留下的可以留下，絕不勉強。擔任中書舍人的溫子昇把爾朱榮送給自己的書信呈交給孝莊皇帝，孝莊皇帝一直希望爾朱榮不要入朝，等到看見爾朱榮的書信，認為爾朱榮一定要來入朝，因而臉色顯得很不高興。邢子才，名劭，字子才，當時社會上都稱呼他的字而不稱他的名，邢子才是邢巒的同族兄弟。因為當時社會上很多人都稱其字而不稱其名，所以舊的史書便這樣沿用下來。

魏國擔任武衛將軍的奚毅，於孝莊皇帝建義初年負責在爾朱榮與孝莊皇帝之間往來傳達消息，孝莊皇帝往往對奚毅抱有很大的期望，然而仍舊因為奚毅是爾朱榮所親信的人，而不敢與奚毅說心裡話。奚毅對孝莊皇帝說：「如果一定有政變，我寧願為陛下而死，也不願意侍奉一個匈奴人。」孝莊皇帝說：「朕保證天柱大將軍爾朱榮對我沒有二心，我也不會忘記你對我的忠心。」

爾朱世隆懷疑孝莊皇帝想要有所行動，於是就寫了一封匿名書信偷偷地貼在自家的門上，匿名信上說：「當今皇帝與侍中楊侃、黃門侍郎高道穆等人設下計策，想要殺害天柱大將軍爾朱榮。」爾朱世隆把匿名信揭下來呈交給爾朱榮。爾朱榮仗恃自己勢力強大，並沒有把這封匿名信當回事，他親手撕毀了那封匿名信，同時往地上吐了一口唾沫說：「爾朱世隆沒有膽量，誰敢生心害我！」爾朱榮的妻子北鄉長公主也勸阻爾朱榮不要進京，爾朱榮不聽。

本月，爾朱榮率領著四五千名騎兵從并州出發前往洛陽，當時的人都說「爾朱榮謀反了」，又有人說「天子一定會設法除掉爾朱榮」。九月，爾朱榮到達洛陽的時候，孝莊皇帝立即就想殺死爾朱榮，因為擔任太宰的元天穆還在并州主持州務，恐為後患，所以便忍了下來暫時沒有動手，而是召元天穆進京。有人告訴爾朱榮說：「皇帝想要除掉你。」爾朱榮把別人對自己說的話一一向孝莊皇帝稟明，表示自己不相信會有這樣的事情，孝莊皇帝說：「外面的人也說大王想要害死我，這樣的話豈能相信呢？」於是爾朱榮便不再懷疑，每次進宮謁見孝莊皇帝，所帶的從人不過幾十個，又都是空著手不帶兵器。孝莊皇帝見此情景就不想再除掉爾朱榮了，城陽王元徽堅持說：「即使爾朱榮不謀反，他的囂張氣焰又怎麼能令人忍受？何況誰能保證他永遠不謀反呢！」

先前，彗星出現在中台星的位置，彗星在流行過程中又掃上了大角星。魏國的恆州郡人高榮祖精通天文，爾朱榮就去詢問高榮祖，高榮祖回答說：「這象徵著要清除舊的開展新的。」爾朱榮聽了非常高興。爾朱榮到達洛陽之後，擔任并、肆九州行臺郎中的李顯和說：「天柱大將軍爾朱榮已經到達洛陽，朝廷怎麼可以不授予他九錫的待遇呢？難道還要太原王爾朱榮親自向皇帝索要嗎？也是天子辨不清形勢。」在爾朱榮帳下擔任都督的郭羅剎說：「今年簡直可以替皇帝寫一篇禪讓的文告令他把皇位讓給太原王，何只是加授九錫！」在爾朱榮部下擔任參軍的褚光說：「人們都說并州城上有紫色雲氣出現，何必擔憂天柱大將軍做不成皇帝？」爾朱榮的手下人都對孝莊皇帝身邊的侍臣橫加陵辱，毫無顧忌，所以這些話都傳到了孝莊皇帝的耳朵裡。

武衛將軍奚毅又拜見孝莊皇帝，並請求屏退左右，單獨與皇帝講話，孝莊皇帝立即走下明光殿與奚毅說話，他知道奚毅誠心誠意，於是就召來城陽王元徽和侍中楊侃、侍中李彧，把奚毅跟自己說的話告訴了他們。爾朱榮的小女兒嫁給了孝莊皇帝的姪子陳留王元寬，爾朱榮曾經指點著陳留王元寬說：「我最終一定會得到這個女婿的幫助。」元徽把爾朱榮的這番話告訴了孝莊皇帝，元徽說：「爾朱榮擔憂陛下最終會成為他的禍患，如果陛下一旦有了皇太子，爾朱榮一定會殺掉陛下改立年幼的皇太子，好由他來控制朝政；如果爾朱皇后不生太子，那他就一定要立陳留王元寬為皇帝。」孝莊皇帝夢見自己手持鋼刀割掉了自己的十個手指頭，醒來之後心裡很厭惡，就把自己做的夢告訴了元徽和楊侃，元徽說：「人一旦被毒蛇咬了手的時候，如果是條好漢，他就會毅然割斷自己的手腕來保住自己的性命，割掉自己的手指也預示著遇到這類情況所應採取的措施，這是吉兆。」

九月十五日戊子，擔任太宰的上黨王元天穆來到洛陽，孝莊皇帝親自出來迎接元天穆。爾朱榮與元天穆一同跟著孝莊皇帝進入西林園宴飲、比賽射箭，爾朱榮向孝莊皇帝奏請說：「近來皇帝身邊的這些侍奉官員都不練習武藝，陛下應該親自率領五百名騎兵出去打獵，藉機察看一下下面上報的訴訟材料。」在此以前，奚毅曾經說過爾朱榮想要趁著打獵的機會挾持天子遷都，因此孝莊皇帝對爾朱榮更加懷疑。

九月十八日辛卯，孝莊皇帝召見中書舍人溫子昇，告訴溫子昇自己準備殺掉爾朱榮的事情，並向溫子昇詢問東漢末年王允、呂布是如何除掉董卓的事情，溫子昇便從頭到尾詳細地為孝莊皇帝講述了一番。孝莊皇帝對溫子昇說：「王允當時如果在殺掉董卓之後能立即赦免董卓部下的那些涼州人，一定不會遭到被殺的下場。」孝莊皇帝沉思了好長時間，這才對溫子昇說：「我的內心在想什麼，你全都知道。即使我會死我還是要去做，況且我也不一定會死，我寧可像曹魏時期的高貴鄉公曹髦那樣去死，也不願意像常道鄉公曹奐那樣的活著！」孝莊皇帝認為在殺掉爾朱榮、元天穆之後，立即赦免他們的同黨，他們的同黨應該不會再輕舉妄動。應詔而來的王道習說：「爾朱世隆、金紫光祿大夫司馬子如、朱元龍等人特別受到爾朱榮的委託與信任，他們都知道天下各地的真實情況，所以不應該把他們留下。」元徽與楊侃都說：「如果爾朱世隆不能得到赦免保住性命，那麼爾朱仲遠、爾朱天光還會前來歸順朝廷嗎？」孝莊皇帝也認為他們二人說得有道理。元徽說：「爾朱榮腰間經常帶著刀，他在發狠的時候或許會用佩刀傷人，臨近事情發生的時候希望陛下能起身躲開他。」於是讓楊侃等十幾個人埋伏在明光殿東側。那一天，爾朱榮與元天穆一同入宮，坐下來進食還沒等結束，就起身告辭而出，楊侃等人從東邊臺階走上殿來，看見爾朱榮、元天穆已經走到了庭院當中，所以刺殺爾朱榮之事沒有成功。

九月十九日壬辰，是孝莊皇帝父母的忌日。二十日癸巳，是爾朱榮父母的忌日。二十一日甲午，爾朱榮突然進入皇宮，待了沒有多久，就起身前往陳留王元寬的家裡飲酒，他喝得酩酊大醉，於是說自己疾病發作，因而一連幾天都沒有入宮。孝莊皇帝的陰謀逐漸洩露出去，爾朱世隆又把皇帝準備謀殺他的事情告訴了爾朱榮，並且勸說爾朱榮趕緊動手採取行動。爾朱榮一向輕視孝莊皇帝，認為他不會有什麼作為，於是說：「何必這麼著急！」

參與了孝莊皇帝密謀除掉爾朱榮的人心裡都很恐懼，孝莊皇帝對此感到很擔憂。城陽王元徽說：「以爾朱皇后生下皇太子為藉口召請爾朱榮入宮，爾朱榮一定會入宮看望，趁此機會殺死他。」孝莊皇帝說：「爾朱皇后懷孕才九個月，可以嗎？」元徽說：「婦女懷孕不足十個月就生孩子的多了，爾朱榮一定不會懷疑。」孝莊皇帝聽從了元徽的建議。九月二十五日戊戌，孝莊皇帝預先在明光殿東廂房埋伏下勇士，對外聲稱皇子已經降生，然後派元徽騎著馬飛快地來到爾朱榮的府邸把爾朱皇后已經生下皇太子的消息告訴給爾朱榮。當時爾朱榮正與上黨王元天穆進行賭博遊戲，元徽摘下爾朱榮的帽子，歡舞盤旋，表示祝賀，更有殿內文武官員前來傳話催促，爾朱榮於是相信爾朱皇后果真生了皇太子，就與元天穆一同入宮祝賀。孝莊皇帝聽到爾朱榮已經來了的消息，不禁有些驚慌失色，中書舍人溫子昇說：「陛下的臉色變了。」孝莊皇帝連忙要酒來喝。孝莊皇帝令溫子昇起草實行大赦的文告，溫子昇寫好之後，就拿著文告準備出宮，碰巧遇到爾朱榮從外邊入宮，爾朱榮向溫子昇詢問說：「你拿的是什麼文書？」溫子昇面不改色，鎮定地說「是皇帝的敕令」，爾朱榮並沒有從溫子昇手中要過文告來看就進宮了。孝莊皇帝在明光殿東廂房廊下面向西而坐，爾朱榮和元天穆在御座西北方向面向南而坐。元徽入宮，剛一叩拜，爾朱榮就看見擔任光祿少卿的魯安、擔任典御的李侃晞等人拔出刀從東門進來，爾朱榮立即起身奔向孝莊皇帝，孝莊皇帝早已把刀橫在膝下，他立即揮刀砍向爾朱榮，魯安等人也上來揮刀亂砍，爾朱榮與元天穆當時就全被殺死。爾朱榮的兒子爾朱菩提和擔任車騎將軍的爾朱陽覩等三十人跟著爾朱榮入宮，也全被埋伏的士兵殺死。孝莊皇帝得到了爾朱榮上朝奏事用的手板，上面寫著好幾條準備向皇帝奏報的事情，都是孝莊皇帝身邊侍臣或去或留的名單，如果不是爾朱榮的心腹，都在被驅逐之列，孝莊皇帝說：「如果讓這小子活過今天，就無法控制他了。」於是皇宮內外充滿了歡聲笑語，聲音傳遍了整個洛陽城。文武百官全都入朝祝賀，孝莊皇帝親自登上閶闔門，下詔宣布大赦天下，同時派遣擔任武衛將軍的奚毅、曾經擔任過燕州刺史的崔淵率軍據守黃河北岸的河橋城。當天夜裡，爾朱世隆保護著爾朱榮的妻子北鄉長公主率領爾朱榮的部下，焚燒了洛陽城的西陽門，離開洛陽城在黃河南岸的河陰駐紮下來。

在爾朱榮屬下擔任衛將軍的賀拔勝和爾朱榮的黨羽田怡等聽說爾朱榮被殺死的消息，全都跑到了爾朱榮的府邸。當時皇宮殿門還沒有來得及嚴加防守，田怡等人商議立即攻打宮門，賀拔勝制止他們說：「皇帝既然要對太原王下手，就一定會有準備，我們這裡人數很少，怎麼可以輕舉妄動！只要我們能夠逃出洛陽城，再另作打算也不晚。」田怡這才放棄攻打宮門。等到爾朱世隆等人逃走之後，賀拔勝沒有跟他們一起逃走，孝莊皇帝對賀拔勝的表現非常稱讚。朱瑞雖然一向深受爾朱榮的委任，卻和朝廷相處得很好，孝莊皇帝一向也很善待朱瑞，所以朱瑞在跟隨爾朱世隆逃走的途中又逃了回來。

爾朱榮一向厚待金紫光祿大夫司馬子如，爾朱榮被殺死之後，司馬子如從宮中突圍而出，跑到爾朱榮的府邸，他拋棄了自己的家眷，跟隨著爾朱榮的妻子北鄉長公主逃出洛陽城。爾朱世隆當時就想回到北方的并州一帶，司馬子如說：「兵不厭詐，如今天下人都在驚恐不安，誰的勢力強大就擁護誰，在這個關鍵時刻，不可以向人示弱，如果急於向北逃命，恐怕在自己的身邊就會有人發動叛變。不如分出一部分兵力守住河橋城，其餘的軍隊則殺向洛陽，出其不意，或許有可能成功。即使此舉不能成功，也足以表示我們還有餘力，讓天下人懼怕我們的強大，而不敢背叛我們、逃離我們。」爾朱世隆聽從了司馬子如的意見。九月二十六日己亥，爾朱世隆率領部下進攻河橋城，活捉了守衛河橋城的武衛將軍奚毅等，把他們全部殺死，遂佔據了河橋城。魏國朝廷非常恐懼，就派遣曾經擔任過華陽太守的段育前往河橋城安撫勸說爾朱世隆歸順朝廷，爾朱世隆把段育斬首示眾。

魏孝莊皇帝任命擔任雍州刺史的爾朱天光為侍中、開府儀同三司。任命擔任司空的楊津為都督并、肆等九州諸軍事、驃騎大將軍、并州刺史，兼任尚書令、北道大行臺，經營治理爾朱榮在黃河、汾河流域的老巢地區。

爾朱榮在進入洛陽城的時候，把高敖曹帶在身邊，囚禁在駝牛署。爾朱榮死後，孝莊皇帝召見高敖曹，慰勞勉勵了高敖曹一番。高敖曹的哥哥高乾從東冀州騎馬趕赴洛陽，孝莊皇帝任命高乾為河北大使，任命高敖曹為直閤將軍，讓他們返回自己的故鄉，招集鄉勇，與朝廷形成一種相互呼應的態勢。孝莊皇帝親自把他們送到河橋城，舉起酒杯指著下面的黃河水說：「你們兄弟都是冀州一帶的豪傑，能讓自己的士卒效死疆埸，京城洛陽如果有風吹草動，希望你們能為我從冀州起兵，到黃河上一顯神威。」高乾流著眼淚接受了皇帝的詔命，高敖曹則拔劍起舞，發誓要以死效忠皇帝。

冬，十月癸卯朔❶，世隆遣爾朱拂律歸❷將胡騎一千，皆白服，來至郭下❸，索太原王❹尸。帝升大夏門❺望之，遣主書❻牛法尚謂之曰：「太原王立功不終❼，陰圖釁逆❽，王法無親❾，已正刑書❿。罪止榮身⓫，餘皆不問。卿等若降，官爵如故。」拂律歸曰：「臣等隨[1]太原王入朝，忽致冤酷⓬。今不忍空歸，願得太原王尸，生死無恨⓭。」因涕泣，哀不自勝，羣胡皆慟哭，聲振城邑⓮。帝亦為之愴然⓯，遣侍中朱瑞齎鐵券⓰賜世隆。世隆謂瑞曰：「太原王功格天地⓱，赤心奉國，長樂⑱不顧信誓，枉加屠害，今日兩行鐵字，何足可信？吾為太原王報讎，終無降理！」瑞還，白帝，帝即出庫物置城西門外，募敢死之士以討世隆，一日即得萬人，與拂律歸等戰於郭外。拂律歸等生長戎旅⑲，洛陽之人不習戰鬬，屢戰不克。甲辰⑳，以前車騎大將軍李叔仁為大都督，帥眾討世隆。

戊申㉑，皇子生，大赦。以中書令魏蘭根㉒兼尚書左僕射，為河北行臺，定、相、殷㉓三州皆稟蘭根節度。

爾朱氏兵猶在城下，帝集朝[2]臣博議，皆恇懼㉔不知所出。通直散騎常侍李苗㉕奮衣㉖起曰：「今小賊唐突㉗如此，朝廷有不測之危[3]，正是忠臣烈士效節㉘之日。臣雖不武㉙，請以一旅㉚之眾為陛下徑斷河橋㉛。」城陽王徽、高道穆皆以為善，帝許之。乙卯㉜，苗募人從馬渚㉝上流乘船夜下，去橋數里，縱火船焚河橋，倏忽㉞而至。爾朱氏兵在南岸者，望之，爭橋北渡，俄而橋絕，溺死者甚眾。苗將百許人泊於小渚以待南援，官軍㉟不至，爾朱氏就擊之，左右皆盡，苗赴水死。帝傷惜之，贈車騎大將軍、儀同三司，封河陽侯㊱，諡曰忠烈。世隆亦收兵北遁。丙辰㊲，詔行臺源子恭㊳將步騎一萬出西道，楊昱將募士㊴八千出東道以討之。子恭仍鎮太行丹谷㊵，築壘以防之㊶。世隆至建州㊷，刺史陸希質閉城拒守，世隆攻拔之，殺城中人無遺類，以肆其忿㊸，唯希質走免。

詔以前東荊州刺史元顯恭為晉州㊹刺史，兼尚書左僕射、西道行臺。○魏東徐州刺史廣牧斛斯椿㊺素依附爾朱榮，榮死，椿懼，聞汝南王悅在境上，乃帥部眾棄州歸悅㊻。悅授椿侍中、大將軍、司空，封靈丘郡公㊼，又為大行臺前驅都督。

汾州刺史爾朱兆㊽聞榮死，自汾州帥騎據晉陽㊾。世隆至長子㊿，兆來會之。王申(51)，共推太原太守、行并州事長廣王曄(52)即皇帝位，大赦，改元建明。曄，英(53)之弟子也。以兆為大將軍，進爵為王；世隆為尚書令，賜爵樂平王，加太傅、司州牧；又以榮從弟度律為太尉，賜爵常山王；世隆兄天柱長史彥伯(54)為侍中；徐州刺史仲遠(55)為車騎大將軍，兼尚書左僕射、三徐州(56)大行臺。仲遠亦起兵向洛陽。

爾朱天光之克平涼(57)也，宿勤明達(58)請降，既而復叛，北走，天光遣賀拔岳討之，明達奔東夏(59)。岳聞爾朱榮死，不復窮追，還涇州以待天光。天光與侯莫陳悅亦下隴(60)，與岳謀引兵向洛。魏敬宗(61)使朱瑞慰諭天光，天光與岳謀，欲令帝外奔而更立宗室，乃頻啓云：「臣實無異心，唯欲仰奉天顏(62)，以申宗門之罪(63)。」

又使其下僚屬啓云：「天光密有異圖，願思勝筭(64)以防之。」

范陽(65)太守盧文偉誘平州刺史侯淵(66)出獵，閉門拒之(67)。淵屯於郡南，為榮舉哀，勒兵南向。進至中山(68)，行臺僕射魏蘭根邀擊(69)之，為淵所敗。

敬宗以城陽王徽兼大司馬、錄尚書事，總統內外。徽意謂榮既死，枝葉自應散落，及爾朱世隆等兵四起，黨眾日盛，徽憂怖，不知所出。性多嫉忌，不欲人居己前(70)，每獨與帝謀議，羣臣有獻策者，徽輒勸帝不納，且曰：「小賊何慮不平！」又靳惜(71)財貨，賞賜率(72)皆薄少，或多而中減(73)，或與而復追(74)，故徒有糜費而恩不感物(75)。

十一月癸酉朔(76)，敬宗以車騎將軍鄭先護為大都督，與行臺楊昱共討爾朱仲遠(77)。○乙亥(78)，以司徒長孫稚(79)為太尉，臨淮王彧為司徒。○丙子(80)，進雍州刺史廣宗公爾朱天光爵為王(81)。長廣王亦以天光為隴西王(82)。

爾朱仲遠攻西兗州(83)，丁丑(84)，拔之，擒刺史王衍(85)。衍，肅(86)之兄子也。癸未(87)，敬宗以右衛將軍賀拔勝為東征都督。壬辰(88)，又以鄭先護兼尚書左僕射，為行臺，與勝共討仲遠。戊戌(89)，詔罷魏蘭根行臺，以定州刺史薛曇尚兼尚書，為北道行臺。鄭先護疑賀拔勝(90)，置之營外。庚子(91)，勝與仲遠戰於滑臺東，兵敗，降於仲遠。

初，爾朱榮嘗從容問左右曰：「一日無我，誰可主軍？」皆稱爾朱兆。榮曰：「兆雖勇於戰鬬，然所將不過三千騎，多則亂矣。堪代我者，唯賀六渾[92]耳。」因戒兆曰：「爾非其匹[93]，終當為其穿鼻[94]。」乃以高歡為晉州[95]刺史。及兆引兵向洛，遣使召歡，歡遣長史孫騰詣兆，辭以「山蜀[96]未平，今方攻討，不可委去[97]，致有後憂。定蜀之日[98]，當隔河為掎角之勢[99]。」兆不悅，曰：「還白高晉州，吾得吉夢，夢與吾先人登高丘，丘旁之地，耕之已熟[100]，獨餘馬藺[101]，先人命吾拔之，隨手而盡。以此觀之，往無不克[102]。」騰還報，歡曰：「兆狂愚如是，而敢為悖逆[103]！吾勢不得久事爾朱[104]矣。」

十二月壬寅朔[105]，爾朱兆攻丹谷，都督崔伯鳳戰死，都督史仵龍開壁請降，源子恭退走。兆輕兵倍道兼行，從河橋西涉渡。先是，敬宗以大河[106]深廣，謂兆未能猝濟，是日，水不沒馬腹。甲辰[107]，暴風，黃塵漲天，兆騎叩宮門[108]，宿衛乃覺，彎弓欲射，矢不得發[109]，一時[110]散走。華山王鷙[111]，斤[112]之玄孫也，素附爾朱氏。帝始聞兆南下，欲自帥諸軍討之，鷙說帝曰：「黃河萬仞[113]，兆安得渡？」帝遂自安。及兆入宮，鷙復約止[114]衛兵不使鬬。帝步出雲龍門外，遇城陽王徽乘馬走，帝屢呼之，不顧而去[115]。兆騎執帝，鎖於永寧寺樓上，帝寒甚，就兆求頭巾[116]，不與。兆營於尚書省，用天子金鼓，設刻漏於庭，撲殺皇子[117]，汙辱嬪御妃主[118]，縱兵大掠，殺司空臨淮王彧、尚書左僕射范陽王誨、青州刺史李延寔等。

城陽王徽走至山南[119]，抵前洛陽令寇祖仁家。祖仁一門三刺史，皆徽所引拔[120]，以有舊恩，故投之。徽齎金百斤，馬五十匹，祖仁利其財，外雖容納，而私謂子弟曰：「如聞爾朱兆購募[121]城陽王，得之者封千戶侯，今日[122]富貴至矣！」乃怖[123]徽云官捕將至，令其逃於他所，使人於路邀殺之，送首於兆；兆亦不加勳賞。兆夢徽謂己曰：「我有金二百斤、馬百匹在祖仁家，卿可取之。」兆既覺[124]，意[125]所夢為實，即掩捕祖仁，徵[126]其金、馬。祖仁謂人密告[127]，望風款服[128]，云「實得金百斤、馬五十匹。」兆疑其隱匿，依夢徵之，祖仁家舊有金三十斤、馬三十匹，盡以輸兆。兆猶不信，發怒，執祖仁，懸首高樹[129]，大石墜足，捶之至死[130]。

爾朱世隆至洛陽，兆自以為己功，責世隆曰：「叔父[131]在朝日久[132]，耳目應廣，如何令天柱受禍？」按劍瞋目，聲色甚厲。世隆遜辭拜謝[133]，然後得已，由是深恨之。爾朱仲遠亦自滑臺至洛。◯戊申[134]，魏長廣王大赦。

爾朱榮之死也，敬宗詔河西賊帥[135]紇豆陵步蕃[136]使襲秀容[137]。及兆入洛，步蕃南下，兵勢甚盛，故兆不暇久留，亟還晉陽以禦之，使爾朱世隆、度律、彥伯等留鎮洛陽。甲寅[138]，兆遷敬宗於晉陽，兆自於河梁[139]監閱財資[140]。高歡聞敬宗向晉陽，帥騎東巡，欲邀之[141]，不及。因與兆書，為陳禍福，不宜害天子，受惡名。兆怒，不納。爾朱天光輕騎入洛，見世隆等，即還雍州[142]。

初，敬宗恐北軍[143]不利，欲為南走之計，託云征蠻，以高道穆為南道大行臺，未及發而兆入洛。道穆託疾去，世隆殺之。主者請追[144]李苗封贈，世隆曰：「當時眾議，更一二日[145]即欲縱兵大掠，焚燒郭邑，賴苗之故，京師獲全。天下之善一也[146]，不宜復追。」

爾朱榮之死也，世隆等徵兵於大寧[147]太守代人房謨，謨不應[148]，前後斬其三使，遣弟毓詣洛陽。及兆得志，其黨建州刺史是蘭安定[149]執謨繫州獄，郡中蜀人聞之，皆叛。安定給謨弱馬，令軍前慰勞，諸賊見謨，莫不遙拜。謨先所乘馬，安定別給將士，戰敗，蜀人得之，謂謨遇害，莫不悲泣，善養其馬，不聽人乘之[150]，兒童婦女競投草粟，皆言「此房公馬也」。爾朱世隆聞之，捨其罪，以為其府長史。

北道大行臺楊津以眾少，留鄴召募，欲自滏口[151]入并州，會爾朱兆入洛，津乃散眾，輕騎還朝。

爾朱世隆與兄弟密謀，慮長廣王母衛氏[152]干預朝政，伺其出行，遣數十騎如劫盜者於京巷[153]殺之，尋懸牓[154]以千萬錢募賊。

甲子[155]，爾朱兆縊敬宗於晉陽三級佛寺[156]，并殺陳留王寬[157]。

是月，紇豆陵步蕃大破爾朱兆於秀容，南逼晉陽。兆懼，使人召高歡并力。僚屬皆勸歡勿應召，歡曰：「兆方急，保無它慮。」遂行。歡所親賀拔焉過兒[158]請緩行以弊之[159]，歡往往[160]逗留，辭以河無橋[161]，不得渡。步蕃兵日盛，兆屢敗，告急於歡，歡乃往從之。兆時避步蕃南出，步蕃至樂平郡[162] [4]，歡與[5]兆進兵合擊，大破之，斬步蕃於石鼓山[163]，其眾退走。兆德歡[164]，相與誓為兄弟，將數十騎詣歡，通夜宴飲。

初，葛榮部眾流入并、肆者二十餘萬，為契胡[165]凌暴，皆不聊生[166]，大小二十六反，誅夷者半，猶謀亂不止。兆患之，問計於歡，歡曰：「六鎮反殘[167]，不可盡殺，宜選王腹心使統之，有犯者罪其帥，則所罪者寡矣。」兆曰：「善！誰可使者？」賀拔允[168]時在坐，請使歡領之。歡拳毆其口，折一齒，曰：「平生天柱時[169]，奴輩伏處分[170]如鷹犬。今日天下事取捨在王[171]，而阿鞠泥[172]敢僭易妄言[173]，請殺之！」兆以歡為誠，遂以其眾[174]委焉。歡以兆醉，恐醒而悔之，遂出[175]，宣言[176]：「受委統州鎮兵[177]，可集汾東[178]受號令。」乃建牙陽曲川[179]，陳部分[180]。軍士素惡兆而樂屬歡，莫不皆至。

居無何[181]，又使劉貴請兆[182]，以「并、肆頻歲霜旱，降戶[183]掘田鼠而食之，面無穀色[184]，徒汙人境內[185]，請令就食山東[186]，待溫飽更受處分[187]。」兆從其議。長史慕容紹宗諫曰：「不可。方今四方紛擾，人懷異望，高公雄才蓋世，復使握大兵於外，譬如借蛟龍以雲雨[188]，將不可制矣。」兆曰：「有香火重誓[189]，何慮邪！」紹宗曰：「親兄弟尚不可信，何論香火！」時兆左右已受歡金，因稱紹宗與歡有舊隙，兆怒，囚紹宗，趣歡發[190]。歡自晉陽出滏口[191]，道逢北鄉長公主[192]自洛陽來，有馬三百匹，盡奪而易之[193]。兆聞之，乃釋紹宗而問之，紹宗曰：「此[194]猶是掌握中物[195]也。」兆乃自追歡，至襄垣[196]，會漳水[197]暴漲，橋壞，歡隔水拜曰：「所以借公主馬，非有它故，備山東盜耳。王信公主之讒，自來賜追[198]，今不辭度水而死[199]，恐此眾便叛[200]。」兆自陳無此意，因輕馬[201]度水，與歡坐幕下，陳謝[202]，[6]授歡刀，引頸使歡斫之。歡大哭曰：「自天柱之薨，賀六渾更何所仰[203]？但願大家[204]千萬歲，以申力用[205]耳。今為旁人所搆間[206]，大家何忍復出此言？」兆投刀於地，復斬白馬[207]與歡為誓，因留宿夜飲。尉景[208]伏壯士欲執兆，歡齧臂[209]止之，曰：「今殺之，其黨必奔歸聚結，兵飢馬瘦，不可與敵，若英雄[210]乘之而起，則為害滋甚，不如且置之[211]。兆雖驍勇，凶悍無謀，不足圖[212]也。」旦日，兆歸營，復召歡[213]，歡將上馬詣之，孫騰[214]牽歡衣，歡乃止。兆隔水肆罵[215]，馳還晉陽。兆腹心念賢[216]領降戶家屬別為營，歡偽與之善，觀其佩刀，因取殺其從者[7]。士眾感悅，益願附從。

齊州[217]城民趙洛周聞爾朱兆入洛，逐刺史丹楊王蕭贊，以城歸兆。贊變形為沙門，逃入長白山[218]，流轉[219]，卒於陽平[220]。梁人或盜其柩以歸，上猶以子禮葬於陵次[221]。

魏荊州[222]刺史李琰之[223]，韶[224]之族弟也。南陽太守趙修延，以琰之敬宗外族[225]，誣琰之欲奔梁，發兵襲州城，執琰之，自行州事。

魏王悅改元更興，聞爾朱兆已入洛，自知不及事[226]，遂南還。斛斯椿復棄悅奔魏[227]。

是歲，詔以陳慶之為都督南・北司等四州[228]諸軍事、南・北司二州刺史。慶之引兵圍魏懸瓠[229]，破魏潁州刺史婁起等於溱水[230]，又破行臺孫騰等於楚城[231]。罷義陽鎮兵(232)，停水陸漕運(233)，江、湖[8]諸州(234)並得休息；開田六千頃，二年之後，倉廩充實。

【章旨】以上為第二段，寫梁武帝蕭衍中大通二年（西元五三〇年）後三個月的大事。主要寫了爾朱榮被殺後，身在京城的爾朱世隆在謀士司馬子如的建議下集合力量佔據了北中城，派兵到洛陽城下問罪，討要爾朱榮的屍體，魏主令朱瑞持鐵券招之，爾朱世隆不受；魏主募敢死之士討之，皆為爾朱世隆所敗；有義勇之臣李苗欲率眾斷其河橋，惜朝廷之援兵不至，致李苗戰死，事雖未成，但卻威懾了爾朱世隆的勢力，令其一度北撤；寫魏主元子攸令城陽王元徽總統內外，元徽妒忌而吝嗇，不得人心；元子攸起用一些名臣如長孫稚、源子恭、楊津、楊昱等率兵討伐爾朱氏，但紛紛失敗，爾朱兆率領晉陽之兵渡河進入洛陽城，元子攸的朝廷潰散，元子攸被爾朱兆所獲；元徽在逃難中對元子攸視而不救，往投其素所親者寇祖仁，結果被寇祖仁出賣並殺害；寫爾朱兆、爾朱世隆立其親信的宗室長廣王元曄為皇帝，爾朱兆為大將軍、爾朱世隆為尚書令、爾朱度律為太尉、爾朱仲遠為左僕射等等，分據朝廷要位；爾朱兆因自以為功多，狂妄自大，與爾朱世隆等人發生矛盾；爾朱兆帶著元子攸返回晉陽，殺之於三級佛寺；寫曾受元子攸招引的河西少數民族紇豆陵步蕃率軍南下，兵勢甚盛，大破爾朱兆於晉陽，爾朱兆求救於晉州刺史高歡，高歡助爾朱兆破殺了紇豆陵步蕃，因得爾朱兆的感恩、信任而接管了葛榮的餘部；高歡又藉口并州霜旱民貧，降戶居此添亂，假說帶他們去山東就食，途中奪得爾朱榮妻的一些馬匹，從而勢力大增，擺脫了爾朱兆的控制；此外還寫了梁朝二次組建的分裂集團元悅趁勢到達魏國邊境，因見爾朱氏勢力尚大，未入境而撤回；以及梁將陳慶之攻魏之懸瓠，破魏兵於溱水；梁朝見魏國境內混戰，邊境的形勢轉緩，於是罷義陽鎮兵，停水旱漕運，使其境內得以休息云云。

【注　釋】❶十月癸卯朔　十月初一是癸卯日。❷爾朱拂律歸　胡三省引《通鑑考異》曰：「《魏書》無拂律歸名，《伽藍記》有之。按，爾朱度律時在世隆所，或者『拂律歸』即『度律』也。」爾朱度律是爾朱榮的堂弟。傳見《魏書》卷七十五。❸郭下　洛陽城的外城之下。❹太原王　即爾朱榮，爾朱榮生前被封為太原王。❺大夏門　洛陽城的北門。胡三省曰：「洛陽城北有大夏、廣莫二門。」❻主書　官名，帝王的侍從官員，上屬中書省。猶如今之書記官。❼立功不終　曾經立過大功，但沒有堅持做好事到底。❽陰圖釁逆　暗中謀劃造反。釁逆，乘隙為亂。釁，縫隙。❾無親　不能偏袒親近的人。❿已正刑書　已按法典進行了懲處。正，依法而行。⓫罪止榮身　該受懲處的只有爾朱榮一個人。⓬忽致冤酷　忽然間就蒙此奇冤、受此酷刑。⓭生死無恨　個人都死而無憾。生死，偏義複詞，這裡即指死。無恨，無憾；無遺憾。⓮聲振城邑　振，通「震」。城邑，這裡即指城，城牆。⓯愴然　哀傷的樣子。⓰鐵券　金屬製作的一種證明文書，皇帝賜予有功之臣，可使其家族此後享受某種特別權利。⓱功格天地　功滿天地；頂天立地。格，至。⓲長樂　指孝莊帝元子攸。元子攸在被擁立為魏主之前被封為長樂王。⓳生長戎旅　生在軍中、長在軍中，也就是自小在軍隊、在戰鬥中長大。⓴甲辰　十月初二。㉑戊申　十月初六。㉒魏蘭根　魏國的名臣與著名地方官。傳見《北史》卷五十六。㉓定相殷　魏之三州名，定州的州治中山，即今河北定州，相州的州治鄴城，在今河北臨漳西南，殷州的州治在今河北隆堯東側。㉔恇懼　恐慌不安。㉕李苗　魏國的有才幹之臣，惜未得其用。傳見《北史》卷七十一。㉖奮衣　振衣，古人激動時所做的姿態。㉗唐突　此處猶言「猖獗」、「張狂」。㉘效節　盡忠；獻身。㉙不武　沒有什麼威名。武，威嚴；鎮懾力。㉚一旅　一支小部隊。旅，軍隊的編制單位，一旅五百人。㉛徑斷河橋　將河橋斬斷，將橋南橋北的敵兵分成兩塊。㉜乙卯　十月十三。㉝馬渚　黃河中的小洲名，應在洛陽城的西北方，當時北中城的黃河上游。㉞倏忽　突然；很快地。㉟官軍　朝廷軍。㊱河陽侯　河陽縣侯。河陽縣是封地名，就在當時北中城的西方，地處黃河北岸。㊲丙辰　十月十四。㊳源子恭　魏國元勳老臣源賀之孫，曾任平南將軍、豫州刺史，此時任尚書行臺。傳見《魏書》卷四十一。㊴將募士　統領著新招募來的忠義之士。㊵仍鎮太行丹谷　駐兵在太行山的丹谷地區。仍，同「乃」。太行丹谷，在今山西晉城東南，丹水的流域，其西側有天井關。㊶築壘以防之　防止爾朱氏的軍隊由晉陽經此南攻洛陽。㊷建州　魏州名，州治高都，在今山西晉城東北。㊸以肆其忿　以發洩他的憤怒之情。肆，盡情發洩。㊹晉州　魏州名，州治即今山西臨汾。㊺廣牧斛斯椿　廣牧郡人姓斛斯，名椿。廣牧郡在今山西北部，離今朔州不遠。斛斯椿是爾朱榮的部下。傳見《魏書》卷八十。㊻棄州歸悅　扔掉了自己的東徐州刺史職務而投靠了分裂政權的元悅。當時元悅、范遵駐兵於梁國與魏國的交界地，而斛斯椿的東徐州也是臨時所設，相距不遠。㊼靈丘郡公　封地靈丘郡，郡治即今靈丘。在山西的東北部，挨近河北。當然這不過是空名而已。㊽爾朱兆　爾朱榮之姪，此時為驃騎大將軍、汾州刺史。傳見《魏書》卷七十五。㊾晉陽　當時并州的州治所在地，即今山西太原。㊿長子　古縣名，在今山西長子城東，長治的正南。51王申　十月三十。52長廣王曄　元曄，景穆帝拓跋晃的曾孫，元怡之子。元怡是爾朱榮的妻兄，元曄是爾朱榮的內姪，被封為長廣王。傳見《魏書》卷十九下。元曄此時任太原太守，代理并州刺史。53英　元英，魏國的名將，因攻得梁國的義陽郡，被封為中山王。傳見《魏書》卷十九下。54天柱長史彥伯　爾朱彥伯，爾朱榮之堂弟，爾朱榮天柱將軍府的長史。傳見《魏書》卷七十五。長史是將軍的高級僚屬，為諸史之長。55仲遠　爾朱仲遠，爾朱彥伯之弟，爾朱榮之堂弟，此時任徐州刺史。傳見《魏書》卷七十五。56三徐州　魏國的三個州名，徐州的州治彭城，即今江蘇徐州，北徐州的州治琅邪，在今山東臨沂西側，東徐州的州治下邳，在今江蘇邳州西南。57克平涼　指爾朱天光、賀拔岳攻克平涼，擒獲万俟醜奴事，見本卷前文。58宿勤明達　原是變民頭領胡琛的部將，胡琛被殺後，宿勤明達率部自立。爾朱天光克平涼後，一度投降爾朱天光。59東夏　魏州名，州治即今延安東北部。60下隴　由隴山下到平原，即涇州一帶。在此之前賀拔岳等獲蕭寶寅於高平，擊万俟道洛、王慶雲於水洛城，皆在隴坂之上。61魏敬宗　即孝莊帝元子攸，廟號曰敬宗。62仰奉天顏　要與皇帝親自見面的謙稱。63申宗門之罪　要申訴我們爾朱氏家族所蒙受的冤屈。申，申理；請求昭雪。64勝筭　好的辦法；足以致勝的計謀。按，爾朱天光既向魏主提出嚴厲的要求，又讓人上書向魏主告密。胡三省曰：「天光設兩端以疑魏朝。」65范陽　魏郡名，郡治即今河北涿州。66平州刺史侯淵　侯淵是爾朱榮的親信部將，此時任平州刺史。傳見《魏書》卷八十。當時平州的州治肥如，在今河北遷安東北。67閉門拒之　關閉涿州城門不讓侯淵再回城。胡三省曰：「淵本領平州，鎮范陽。」意即侯淵當時是爾朱氏任命的代理平州刺史，暫時駐兵於范陽。因非朝廷正式任命，故不得去平州上任。68中山　魏郡名，郡治即今河北定州。69邀擊　襲擊；攔擊。70居己前　官居自己之上。71靳惜　吝嗇。靳、惜，都是「吝嗇」的意思。72率　一般；大致。73多而中減　開始答應得多，到真正賞賜的時候就變少了。74與而復追　都已經給人發出去的東西又要回來。75恩不感物　不能以恩惠感動眾人。76十一月癸酉朔　十一月初一是癸酉日。77爾朱仲遠　爾朱榮的堂兄弟，此時北逃到山西的太原，與爾朱度律共同擁立了長廣王元曄為皇帝，以與洛陽的魏主相對抗。78乙亥　十一月初三。79長孫稚　姓長孫，名稚，魏國元勳長孫道生之孫，長孫觀之子，為魏國名將。傳見《魏書》卷二十五。80丙子　十一月初四。81進雍州刺史廣宗公爾朱天光爵為王　爾朱天光原為廣宗公，如今升為廣宗王。此句的主語是魏敬宗，目的是以此緩解他的反抗情緒。82隴西王　隴西郡王，當時隴西郡的郡治即今甘肅隴西縣。83西兗州　魏州名，孝文帝太和年間的州治在滑臺，今河南滑縣東；肅宗孝昌年間改在定陶，今山東定陶西北。這裡仍指滑臺。當時爾朱仲遠任徐州刺史、都督三徐州軍事，由徐州進逼洛陽，一定要經過滑臺，故攻之。(84)丁丑　十一月初五。(85)王衍　魏國的權臣王肅之姪，先曾任度支尚書、七兵尚書，此時任西兗州刺史。傳見《魏書》卷六十三。(86)肅　王肅，其父王奐原是南齊的雍州刺史，因事被齊武帝所殺，因此王肅逃到魏國，甚受孝文帝寵信，地位崇重。傳見《魏書》卷六十三。(87)癸未　十一月十一。(88)壬辰　十一月二十。(89)戊戌　十一月二十六。(90)疑賀拔勝　因為賀拔勝原是爾朱榮的部將。(91)庚子　十一月二十八。(92)賀六渾　後來的北齊皇帝高歡的別名。高歡原曾在爾朱榮部下為將，故爾朱榮瞭解之。傳見《北齊書》與《北史》。(93)非其匹　不是他的對手；和他不是同一個等級。(94)為其穿鼻　受他的制約；聽他的使喚。蓋以馴牛為喻也。(95)晉州　魏州名，州治即今山西臨汾。(96)山蜀　在晉州山地居住的蜀人，當時這些人正聚眾反對魏政權，時人稱之「山蜀」或「絳蜀」。有關山蜀大規模作亂的事情見前文卷一百五十二大通二年。(97)委去　扔下不管而離開。委，放下。(98)定蜀之日　等我平定山蜀之後。(99)隔河為掎角之勢　那時你在河南岸、我在河北岸，可以成為一種相互合作、相互支援的態勢。(100)耕之已熟　已是久經耕種的良田。(101)馬藺　也稱「馬連」、「馬蘭」，一種野草名。葉子像蘭而硬，牛馬都不吃。此用以比喻高歡的一小撮。(102)往無不克　意思是到時候我去消滅你，輕而易舉。(103)敢為悖逆　還敢對我發動叛亂。(104)不得久事爾朱　侍候爾朱家的日子不可能太長了。(105)壬寅朔　十二月初一。(106)大河　即黃河。(107)甲辰　十二月初三。(108)叩宮門　意即直至宮城門下。(109)矢不得發　《魏書・爾朱兆傳》作「袍撥弦矢，不得發」。意思是風太大，戰袍撥動弦箭，射不出去。(110)一時　登時；立刻。(111)華山王鷙　元鷙，元瓌之子，高涼王拓跋孤的後代。爾朱榮的親密朋友。傳見《魏書》卷十四。(112)斤　拓跋斤，高涼王拓跋孤之子，元鷙的高祖，以參與宮廷政變被處死。傳見《魏書》卷十四。(113)萬仞　這裡是極言黃河之深。仞是長度單位，以七尺或八尺為一仞。元鷙為爾朱氏做內奸，故意說一些麻痹魏主元子攸的話。(114)約止　約束、制止。(115)不顧而去　連頭也不回地逕直跑走。胡三省曰：「徽預國大謀，敗不即死，去將安之？」(116)求頭巾　意即討要一頂帽子。頭巾，裹頭保暖的布帽。(117)皇子　爾朱后所生的兒子。(118)嬪御妃主　嬪御，指在宮廷服務的女子。妃主，嬪妃與公主。(119)山南　伊闕山之南，即今之龍門石窟以南。(120)引拔　推薦、提拔。(121)購募　懸賞格以求舉報。(122)今日　那一天。(123)怖　恫嚇；嚇唬。(124)既覺　睡醒之後。(125)意　猜想；估計。(126)徵　令其交出。(127)謂人密告　以為是有人告密。(128)望風款服　立即順從地說了實話。(129)懸首高樹　勒著脖子把他吊在樹上。(130)捶之至死　又拿棍子打他，一直到死。胡三省曰：「徽背敬宗，而祖仁亦背徽，惡殃之報何速哉？蒼蒼之不可欺也如此！」胡氏說過迂，應該說這裡充分表現了寫史者的一種憤世之情。(131)叔父　指爾朱世隆。爾朱世隆是爾朱榮的堂弟，爾朱兆是爾朱榮姪子，所以稱世隆為叔父。(132)在朝日久　爾朱世隆早在胡太后掌權時就在朝任直齋、直閤、加前將軍；在莊宗時任車騎將軍、尚書右僕射；又任驃騎大將軍、尚書左僕射等等。(133)遜辭拜謝　低聲下語地表示歉意。(134)戊申　十二月初七。(135)河西賊帥　河西地區的變民頭領。此「河西」指今內蒙古磴口、烏海一帶的黃河以西。胡三省曰：「步蕃居北河之西。」(136)紇豆陵步蕃　姓紇豆陵，名步蕃。(137)使襲秀容　招安之，使之偷襲爾朱榮的老根據地秀容郡。當時的秀容郡在今山西忻州西北，原平西南。(138)甲寅　十二月十三。(139)自於河梁　親自在黃河的橋上。(140)監閱財資　監督清點從洛陽所獲得的錢財。(141)欲邀之　想把魏敬宗搶去，留在自己身邊。挾天子以令諸侯，此奇貨可居也。(142)即還雍州　此時爾朱天光任雍州刺史。雍州的州治長安，即今西安。(143)北軍　駐守太行丹谷（今山西晉城東南）的源子恭的軍隊。(144)追　追回；撤銷。(145)更一二日　再過一兩天。(146)天下之善一也　凡是對天下有益的事，誰也應該承認是好事。(147)大寧　即泰寧。魏郡名，郡治即今山西沁水縣。上屬於建州。(148)不應　不答應；不派兵。(149)是蘭安定　姓是蘭，名安定。(150)不聽人乘之　不讓任何人騎。(151)滏口　即滏口陘，太行山的山道名，在今河北的武安南，磁縣的西北方。(152)長廣王母衛氏　長廣王元曄的生母，姓衛，元怡之妻。(153)京巷　洛陽的曲巷。胡三省曰：「直曰街，曲曰巷。」(154)懸牓　很快地就貼出告示。牓，同「榜」。告示；布告。(155)甲子　十二月二十三。(156)縊敬宗於晉陽三級佛寺　縊，勒死。三級佛寺，座落於晉陽的一座佛教寺院。(157)陳留王寬　元寬，魏敬宗之姪，爾朱榮小女兒的丈夫。(158)賀拔焉過兒　姓賀拔，名焉過兒。(159)弊之　困頓；衰敗。這裡是使動用法，意即使爾朱兆飽經消耗。乃一石擊二鳥之計。(160)往往　猶言處處。(161)辭以河無橋　推說渡汾河沒有橋樑。河，此指汾河。當時高歡為晉州刺史，晉州的州治即今山西臨汾，北救并州，基本上是沿汾河北行，但河道彎曲，為直線進軍須經常渡河。(162)樂平郡　郡治在今山西昔陽西南。(163)石鼓山　胡三省以為在當時的秀容縣境內，即今山西原平西南。(164)德歡　感激高歡。(165)契胡　爾朱榮所屬的少數民族種姓。(166)不聊生　無以為生；生活無著落。(167)六鎮反殘　六鎮造反者的殘餘。(168)賀拔允　賀拔勝與賀拔岳之長兄，先為爾朱榮將，後成為高歡的心腹。傳見《北史》卷四十九。(169)平生天柱時　舊日爾朱天柱在世的時候。平生，平時，這裡指「當初」、「昔日」。(170)伏處分　服從爾朱榮的安排、部署。(171)取捨在王　幹什麼與不幹什麼都聽大王的。大王指爾朱兆，元曄封之為王。(172)阿鞠泥　賀拔允的字。(173)僭易妄言　超越本分地隨便說話。(174)其眾　指流入并、肆二州的葛榮部眾。(175)遂出　於是走出帳外。(176)宣言　宣稱，這裡即下令。(177)受委統州鎮兵　受爾朱兆的委託，統領這些原屬葛榮的部眾。胡三省曰：「魏改六鎮為州，葛榮部眾皆六鎮人，故曰州鎮兵。」(178)集汾東　在汾水以東集合隊伍。(179)乃建牙陽曲川　於是在汾水旁邊樹起大旗。建牙，樹起牙旗。陽曲川，即指汾水。陽曲縣在汾水東。(180)陳部分　列隊而部署之。陳，列隊。(181)居無何　沒過多久。(182)使劉貴請兆　劉貴原是爾朱榮的心腹，此時已成為高歡的部下。傳見《北齊書》卷十九。請兆，向爾朱兆請示。⑱降戶　即這批原屬葛榮，後來投降了爾朱氏的部眾。這些人都是兵民一體，拉家帶戶，故稱「降戶」。⑱面無穀色　沒有一點吃穀物的顏色，形容難民的飢餓之狀。古語說孔子「菜色陳蔡」，可為一比。⑱汙人境內　汙染你們管轄區的美好環境。⑱請令就食山東　請您下令讓他們到太行山以東去找飯吃。⑱更受處分　再做別的安排。⑱借蛟龍以雲雨　給蛟龍提供雲雨，以比喻為之提供一切方便條件。⑱香火重誓　在神鬼之前焚香盟下的誓願，指結為兄弟等等。⑲趣歡發　催促高歡趕緊帶著這些人走。趣，通「促」。催促。⑲出滏口　出今之山西，進入今河北之地面。滏口在今河北武安南。⑲北鄉長公主　爾朱榮之妻。⑲奪而易之　硬逼著用自己的壞馬換走了爾朱榮妻所帶的好馬。易，交換。⑲此　這時的高歡。⑲掌握中物　意謂高歡現時的勢力還不大，消滅他還不難。⑲襄垣　魏郡名，郡治即今山西襄垣，當時屬上黨郡。離高歡奪馬的滏口不甚遠。⑲漳水　發源於當時的并州境內，東流出太行山，經滏口之南、鄴城之南，東北流入清水。⑲自來賜追　親自前來追殺我。用「賜」字加以調侃。⑲今不辭度水而死　如果我要是過水來向您請罪，讓您把我殺死。⑳恐此眾便叛　我估計這些降戶就要造反了。⑳輕馬　指不加任何防範、不做任何警戒。⑳陳謝　表示歉意。⑳更何所仰　意即除了您，我還倚靠誰。⑳大家　以稱皇帝，猶言「陛下您」。⑳以申力用　讓我好好地為您效力。申，效；貢獻。胡三省曰：「歡之此言，亦譎為恭敬耳。」⑳搆間　離間。⑳斬白馬　古人在盟誓時常殺雞或殺狗、殺馬，取其血灑在酒中或塗於口上。⑳尉景　原是爾朱榮的部下，此時已成為高歡的心腹。傳見《北齊書》卷十五。⑳齧臂　古人發誓時所做的一種姿態。㉑英雄　真正有才幹、有目標、有方略的人。㉑且置之　暫且留著爾朱兆這種沒有才略的人。㉑不足圖　滅掉這樣的人用不著花力氣。㉑召歡　叫高歡過河去飲酒。㉑孫騰　原是爾朱榮的部將，後成為高歡的心腹。傳見《北齊書》卷十八。㉑兆隔水肆罵　胡三省曰：「當是時，爾朱兆已知高歡之不可制，而無如之何。」㉑念賢　人名，姓念，名賢。㉑齊州　魏州名，州治即今濟南。㉑長白山　山名，在今山東鄒平南，章丘與淄博之間。㉑流轉　接著又輾轉流亡。㉒陽平　魏縣名，郡治即今河北館陶。㉒葬於陵次　葬在了梁武帝陵墓的旁邊。次，旁邊。胡三省曰：「豫章王綜奔魏，改名贊，事見一百五十卷普通六年。贊不以帝為父，而帝猶以贊為子，可謂愛其所不當愛矣。」㉒魏荊州　魏國的荊州州治在今河南魯山縣。㉒李琰之　魏國司空李韶的族弟，朝廷的文學之臣，曾任著作郎，中書侍郎等職。傳見《魏書》卷八十二。㉒韶　李韶，故西涼王李寶之孫，魏國的文學之臣，很受孝文帝的賞識。傳見《魏書》卷三十九。㉒敬宗外族　是魏敬宗母親方面的親戚。敬宗的生母，彭城王勰妃是魏國名臣李沖之女。李韶是李沖的姪子。㉒不及事　來不及辦；來不及乘亂入洛奪取政權。㉒棄悅奔魏　斛斯椿一向依附爾朱榮，爾朱榮被魏主所殺後，斛斯椿畏懼朝廷，時汝南王元悅來在境上，斛斯椿遂率部棄州歸悅，悅授椿侍中、大將軍、司空。今元悅回南，爾朱氏勢力又大，故斛斯椿回魏。(228)南北司等四州　梁之南司州的州治即今湖北安陸，北司州的州治義陽，即今河南信陽，梁之豫州的州治壽春，即今安徽壽縣，梁之西豫州的州治即今河南息縣。(229)懸瓠　古城名，即今河南汝南縣，當時為魏國的豫州州治所在地。(230)溱水　汝水的支流，在今河南汝南縣南入汝水。(231)楚城　在今河南信陽北，當時屬魏。胡三省以為「孫騰此時猶從高歡在并、冀、殷、相之間，慶之破騰必非此年事，史究言之耳。」(232)罷義陽鎮兵　撤退在義陽（即今河南信陽）一帶集結的重兵。(233)停水陸漕運　停止水旱兩路向前線運送糧草。(234)江湖諸州　沿長江及洞庭、彭蠡湖一帶的各州。

【校　記】[1]隨　據章鈺校，甲十一行本、乙十一行本、孔天胤本皆作「從」。[2]朝　據章鈺校，甲十一行本、乙十一行本、孔天胤本皆作「羣」。[3]危　原作「憂」。據章鈺校，甲十一行本、乙十一行本、孔天胤本皆作「危」，熊羅宿《胡刻資治通鑑校字記》同，今據改。按，《魏書・李苗傳》亦作「危」。[4]樂平郡　原作「平樂郡」。胡三省注云：「『平樂郡』，據〈爾朱兆傳〉當作『樂平郡』。」嚴衍《通鑑補》改作「樂平郡」，今據以校正。[5]與　原作「梁」。今據嚴衍《通鑑補》改作「與」。按，《魏書・爾朱兆傳》、《北齊書・神武紀上》皆作「與」。[6]陳謝　原無此二字。據章鈺校，甲十一行本、乙十一行本、孔天胤本皆有此二字，張敦仁《通鑑刊本識誤》、張瑛《通鑑校勘記》同，今據增。[7]其從者　原作「之」。胡三省注云：「按《通鑑》，念賢後仕於西魏貴顯。此豈有一念賢邪？又按李百藥《北齊書》，歡取賢佩刀以殺其從者，從者盡散。則謂所殺者賢之從者，非殺賢也。」嚴衍《通鑑補》改作「其從者」，今據以校正。[8]湖　嚴衍《通鑑補》改作「湘」。

【語　譯】冬季，十月初一日癸卯，爾朱世隆派遣爾朱拂律歸率領一千名匈奴族騎兵，全都身穿白色衣服，來到洛陽城的外城之下，向孝莊皇帝索要太原王爾朱榮的屍首。孝莊皇帝元子攸登上洛陽城北面的大夏門向下眺望，他派遣擔任主書的牛法尚對爾朱拂律歸說：「太原王爾朱榮曾經為國家立過大功，但沒有堅持將好事做到底，他暗中謀劃造反，王法不能偏袒親近的人，我已經按照法律對其進行了懲處。該懲處的只有爾朱榮一個人，其餘的人一概不再追究。你們這些人如果投降，繼續讓你們擔任原來的官爵。」爾朱拂律歸說：「我們這些人跟隨太原王入朝，太原王忽然蒙此奇冤、受此慘刑。我們如今不忍心空著手回去，希望得到太原王的屍首，只要得到太原王的屍體，即使是死也不感到遺憾。」一邊說著一邊痛哭流涕，悲傷的情緒無法控制，所有的胡人都大聲慟哭起來，聲音震動了京城。孝莊皇帝也感到很悲傷，於是派遣擔任侍中的朱瑞攜帶著用金屬製作的可以享受某種特權的證明文書賜給爾朱世隆。爾朱世隆對朱瑞說：「太原王的功勳可以塞滿天地，他赤心報國，長樂王元子攸不顧自己的信義與發過的誓言，對太原王枉加罪名、殘酷殺害，今天他這兩行刻在金屬上的字，哪裡值得讓人相信？我一定要為太原王報仇雪恨，絕對沒有投降的道理！」朱瑞回來之後，向孝莊皇帝做了彙報，孝莊皇帝令人把府庫裡的財物拿出來放置在洛陽城西門之外，用以招募敢死之士去討伐爾朱世隆，只一天的工夫就招募到了一萬人，令這些人在洛陽城的外城迎戰爾朱拂律歸等。爾朱拂律歸等都是生長在軍旅之中的人，而洛陽人根本就不習慣行軍打仗之事，所以多次交戰都不能取勝。初二日甲辰，孝莊皇帝任命曾經擔任過車騎大將軍的李叔仁為大都督，率軍討伐爾朱世隆。

十月初六日戊申，爾朱皇后生下了皇子，為此實行大赦。孝莊皇帝任命擔任中書令的魏蘭根兼任尚書左僕射，為河北行臺，定州、相州、殷州三州的軍隊都歸魏蘭根調度指揮。

爾朱氏的軍隊還在洛陽城下，孝莊皇帝召集朝中的文武大臣廣泛地進行議論，大家都恐慌不安，不知道該怎麼辦才好。擔任通直散騎常侍的李苗振衣而起，他說：「今天一個小小的賊軍竟敢如此張狂，朝廷面臨著不可預測的危難，正是忠臣烈士為國盡忠、為國獻身的時候。我雖然沒有什麼威名，請讓我率領一支小部隊為陛下去斬斷河橋。」城陽王元徽、黃門侍郎高道穆都認為這是一個好辦法，孝莊皇帝遂批准了李苗的請求。十月十三日乙卯，李苗招募人從馬渚上游乘船，利用黑夜作掩護順流而下，在距離河橋幾里遠的地方將點燃了的船隻放出去焚燒河橋，火船瞬間就到達了河橋。爾朱氏在黃河南岸的士兵望見朝廷軍火燒河橋，全都爭先恐後地奔向河橋想要向北渡過黃河逃走，一會兒的工夫河橋就被燒斷了，奔上河橋的爾朱氏的士兵落入黃河被淹死了很多。李苗率領著一百來人停泊在黃河當中的一個小洲之上等待著南面朝廷派軍隊來增援，而朝廷竟然沒有派軍隊前來，爾朱氏的軍隊登上小洲攻擊他們，李苗身邊的人全部戰死，李苗跳入黃河而死。孝莊皇帝對李苗之死感到非常悲傷、非常惋惜，遂追贈李苗為車騎大將軍、開府儀同三司，封李苗為河陽侯，諡號忠烈。爾朱世隆也收兵向北逃走。十四日丙辰，孝莊皇帝下詔令擔任行臺的源子恭率領一萬步兵、騎兵從西道出發，令楊昱率領著新招募來的八千名忠義之士從東道出發去討伐爾朱世隆。源子恭仍然駐兵於太行山的丹谷地區，修築城壘防備爾朱氏的軍隊從晉陽經此南攻洛陽。爾朱世隆到達建州，擔任建州刺史的陸希質關閉城門進行堅守，抵禦爾朱世隆的進攻，爾朱世隆攻陷了建州城，把建州城內的人全部殺光，以此來發洩他的憤怒之情，只有建州刺史陸希質逃走，幸免被殺。

孝莊皇帝下詔任命曾經擔任過東荊州刺史的元顯恭為晉州刺史，兼任尚書左僕射、西道行臺。〇魏國擔任東徐州刺史的廣牧郡人斛斯椿一向依附於爾朱榮，爾朱榮被殺死以後，斛斯椿心裡很恐懼，他聽說汝南王元悅已經從梁國率軍駐紮在魏國的邊境之上，就率領著自己的部眾扔掉自己東徐州刺史的職務歸順了汝南王元悅。汝南王元悅授予斛斯椿侍中、大將軍、司空，封為靈丘郡公，又任命他為大行臺前鋒都督。

魏國擔任汾州刺史的爾朱兆聽到爾朱榮被殺死的消息，立即從汾州率領騎兵佔據了晉陽。爾朱世隆率軍到達長子縣的時候，爾朱兆從晉陽趕來和爾朱世隆相會。十月三十日壬申，爾朱世隆、爾朱兆共同推舉擔任太原太守、代理并州刺史職務的長廣王元曄即皇帝位，在自己的轄區內實行大赦，改年號為建明元年。長廣王元曄，是元英的姪子。長廣王元曄任命爾朱兆為大將軍，晉封爾朱兆為王；任命爾朱世隆為尚書令，賜封為樂平王，加授太傅、司州牧；又任命爾朱榮的堂弟爾朱度律為太尉，賜爵常山王；任命爾朱世隆的哥哥擔任天柱長史的爾朱彥伯為侍中；任命擔任徐州刺史的爾朱仲遠為車騎大將軍，兼任尚書左僕射、三徐州大行臺。爾朱仲遠也從徐州起兵進攻洛陽。

爾朱天光在攻克平涼、擒獲万俟醜奴的時候，宿勤明達投降了爾朱天光，後來又再次叛亂，向北方逃走，爾朱天光派遣擔任涇州刺史的賀拔岳率軍前往討伐宿勤明達，宿勤明達逃往東夏州。賀拔岳聽到太原王爾朱榮被害的消息後，就放棄追擊宿勤明達，返回涇州等待爾朱天光。爾朱天光與擔任渭州刺史的侯莫陳悅也由隴山下到平原地區，與賀拔岳會合後謀劃率軍攻打洛陽。魏敬宗元子攸派遣侍中朱瑞前往安撫勸說爾朱天光歸順朝廷，爾朱天光與賀拔岳商議，想逼迫孝莊皇帝逃離洛陽而另立一名皇室成員為皇帝，於是就頻繁地上書給孝莊皇帝說：「我等實際上與陛下並沒有二心，只想與陛下見見面，申訴我們爾朱氏家族所蒙受的冤屈。」

爾朱天光又讓自己的僚屬上書給孝莊皇帝說：「爾朱天光正在暗中謀劃叛變，希望陛下想出足以致勝的辦法來對付爾朱天光。」

魏國擔任范陽太守的盧文偉引誘擔任平州刺史的侯淵出城打獵，然後關閉城門不許侯淵回城。侯淵率領部眾駐紮在郡城之南，為太原王爾朱榮舉行哀悼，然後率軍向南。當他行進到中山郡的時候，擔任中書令兼任尚書左僕射、河北行臺的魏蘭根率軍截擊侯淵，被侯淵打敗。

魏敬宗任命城陽王元徽兼任大司馬、錄尚書事，總攬全局、統領朝廷內外文武百官。元徽心想爾朱榮既然已經死了，他的黨羽自然就會自行解散消失，等到爾朱世隆等在四面起兵進攻洛陽，黨眾日益強盛的時候，元徽才感到憂愁和恐怖，不知道應該怎樣來應付眼前的這種局面。元徽又生性妒嫉，不想讓別人的官位在自己之上，所以他經常與魏敬宗單獨謀劃商議，群臣當中如果有人向皇帝獻計獻策，元徽就勸阻魏敬宗不讓採納群臣的意見，而且說：「對付這麼一些小毛賊，何必擔憂不能將其消滅呢！」元徽又很吝惜錢財，所頒發的賞賜一般都很輕很少，或者開始答應的很多，而真正到了賞賜的時候就變少了，甚至有時候已經把東西賞賜下去卻又要了回來，所以白白浪費了獎賞而不能以恩惠感動眾人。

十一月初一日癸酉，魏敬宗任命擔任車騎將軍的鄭先護為大都督，與擔任行臺的楊昱共同前往徐州討伐擔任徐州刺史的爾朱仲遠。○初三日乙亥，魏敬宗任命擔任司徒的長孫稚為太尉，任命臨淮王元彧為司徒。○初四日丙子，魏敬宗晉升擔任雍州刺史的廣宗公爾朱天光為廣宗王。長廣王元曄也晉封爾朱天光為隴西王。

爾朱仲遠率軍進攻朝廷軍所佔據的西兗州，十一月初五日丁丑，攻克了西兗州，擒獲了擔任西兗州刺史的王衍。王衍，是王肅的姪子。十一日癸未，魏敬宗任命擔任右衛將軍的賀拔勝為東征都督。二十日壬辰，魏敬宗又任命鄭先護兼任尚書左僕射，為行臺，與賀拔勝一同前往西兗州討伐爾朱仲遠。二十六日戊戌，魏敬宗下詔罷免了魏蘭根的行臺職務，任命擔任定州刺史的薛曇尚兼任尚書，為北道行臺。鄭先護懷疑賀拔勝是爾朱氏的人，就把賀拔勝安置在營外。二十八日庚子，賀拔勝率軍與爾朱仲遠在滑臺以東作戰失敗，便投降了爾朱仲遠。

當初，爾朱榮曾經很隨意似地向身邊的人詢問說：「如果一旦沒有了我，誰可以接替我統領這些軍隊？」身邊的人都說爾朱兆可以。爾朱榮說：「爾朱兆雖然作戰英勇頑強，然而他的才能只能指揮不超過三千人的一支騎兵隊伍，如果指揮的軍隊多了他就手忙腳亂了。有資格代替我領軍的人，只有賀六渾。」於是他趁機告誡爾朱兆說：「你不是高歡的對手，最終你會被他牽著鼻子走的。」於是任命高歡為晉州刺史。等到爾朱兆率軍進攻洛陽的時候，爾朱兆派使者召請高歡出兵，高歡派遣屬下擔任長史的孫騰前來回覆爾朱兆，推辭說「在晉州山區居住的那些蜀人叛亂還沒有被平定，現在正在出兵討伐他們，我不能扔下晉州的事情不管，而為今後留下禍患。等我平定了山中蜀人的叛亂之後，那時你在黃河以南，我在黃河以北，形成一種相互合作、相互支援的態勢。」爾朱兆很不高興，他對孫騰說：「你回去告訴晉州刺史高歡，就說我做了一個吉祥的夢，夢見我和我的先人登上一個高丘，高丘旁邊的土地，已經是久經耕種的良田，只剩下一些馬蘭草，我的先人令我拔掉那些馬蘭草，我隨手就把馬蘭草拔得一乾二淨。由此看來，我要率軍進攻誰，一定會無往而不勝。」孫騰回到晉州向晉州刺史高歡做了彙報，高歡說：「爾朱兆如此狂妄愚蠢，竟敢做悖逆之事！看來我侍候爾朱氏家族的日子不會太長了。」

十二月初一日壬寅，爾朱兆率軍進攻丹谷，擔任都督的崔伯鳳戰死，都督史仵龍打開營門向爾朱兆請求投降，駐兵於丹谷地區的行臺源子恭率軍退出丹谷。爾朱兆率領輕騎兵日夜加倍速度前進，他們從河橋城西面涉水渡過了黃河。此前，魏敬宗因為黃河河水又深河面又寬，認為爾朱兆不可能很快渡過黃河，而在爾朱兆渡河的那一天，黃河水淺得淹不過馬肚子。初三日甲辰，突然颳起了沙塵暴，黃塵遮天蔽日，爾朱兆率領的騎兵一直來到宮城門下的時候，才被守城的將士發覺，他們拉弓準備射箭，由於風力太大箭射不出去，於是守衛宮城的士兵立刻全部潰散逃走。華山王元鷙，是拓跋斤的玄孫，一向依附於爾朱氏。魏敬宗開始聽到爾朱兆率軍南下攻打洛陽的時候，就想要親自率軍去討伐爾朱兆，元鷙勸阻魏敬宗說：「黃河水深萬仞，爾朱兆如何能渡過黃河？」魏敬宗聽信了元鷙的話便安下心來。等到爾朱兆衝入皇宮的時候，元鷙又約束、制止衛兵，不許他們進行抵抗。魏敬宗徒步逃出雲龍門外，遇到城陽王元徽正騎著馬逃走，魏敬宗多次大聲呼喊元徽，元徽竟然頭也不回地逕直逃走了。爾朱兆的騎兵捉住了魏敬宗，把他關押在永寧寺的樓上，魏敬宗感到非常寒冷，就向爾朱兆討要一頂帽子，爾朱兆不給。爾朱兆把尚書省當做軍營，使用天子才能使用的金鼓，在庭院中設置報時的刻漏，他殺死了爾朱皇后所生的皇子，姦汙後宮的宮女、嬪妃、公主，放縱士兵大肆搶掠，他們殺死了擔任司空的臨淮王元彧、擔任尚書左僕射的范陽王元誨、擔任青州刺史的李延寔等。

城陽王元徽逃到伊闕山以南，投奔曾經擔任過洛陽縣令的寇祖仁。寇祖仁一家有三個人擔任過州刺史，都是元徽舉薦提拔的，元徽認為自己過去對寇祖仁一家有恩，所以才前來投奔寇祖仁。元徽攜帶著一百斤金子，五十匹馬，寇祖仁貪圖得到元徽的財物，所以表面上雖然容納了元徽，而私下裡卻對自己的子弟們說：「聽說爾朱兆正在懸賞購買城陽王元徽的人頭，誰能得到元徽的人頭誰就能被封為千戶侯，今天富貴從天而降了！」於是寇祖仁就去恫嚇元徽說爾朱氏已經得到消息就要前來捉拿，要他趕快逃往別的地方去，卻派人在元徽出逃的路上進行截擊，把元徽殺死，把他的人頭送給了爾朱兆；爾朱兆也沒有給寇祖仁任何賞賜。爾朱兆夢見元徽對自己說：「我有二百斤黃金、一百匹馬都留在寇祖仁的家裡，你可以到寇祖仁家裡把這些財物全部取走。」爾朱兆夢醒之後，就把所夢當成了真的，立即下令去搜捕寇祖仁，令其交出元徽留在他家裡的二百斤黃金、一百匹馬。寇祖仁認為是有人告了密，立即順從地說了實話，說「其實我只得到元徽的一百斤黃金、五十匹馬。」爾朱兆懷疑寇祖仁將黃金、馬匹隱藏起來，就依照夢中元徽所說的數量進行索要，寇祖仁家裡原來還有三十斤金子、三十匹馬，全部拿出來交給了爾朱兆。爾朱兆還是不相信，他對寇祖仁不肯將黃金、馬匹全數交出感到非常憤怒，就把寇祖仁抓起來，把他吊在大樹上，還在腳上綁上大石頭，又用棍子打他，一直到把寇祖仁打死才住手。

爾朱世隆率軍到達洛陽，爾朱兆自認為是自己的功勞，他責備爾朱世隆說：「叔父在朝廷任職已經很長時間了，耳目應當很多，怎麼會讓天柱大將軍被人殺死呢？」爾朱兆在說此話的時候，手按著劍柄，雙目圓睜，聲色俱厲。爾朱世隆低聲下氣地向爾朱兆表示歉意，爾朱兆這才不再說什麼，因為這件事，爾朱世隆深深地恨上了爾朱兆。爾朱仲遠也率軍從滑臺到達洛陽。〇十二月初七日戊申，魏國長廣王元曄在自己的轄區內實行大赦。

爾朱榮被殺死的時候，魏敬宗下詔安撫了河西地區的少數民族變民首領紇豆陵步蕃，令紇豆陵步蕃率領自己的部眾去偷襲爾朱氏的根據地秀容郡。等到爾朱兆率軍進入洛陽的時候，紇豆陵步蕃率部南下攻取秀容，兵勢非常強盛，所以爾朱兆沒有功夫在洛陽久留，立即率軍返回晉陽以抵抗紇豆陵步蕃的進攻，他讓爾朱世隆、爾朱度律、爾朱彥伯等留下鎮守洛陽。十二月十三日甲寅，爾朱兆把魏敬宗遷往晉陽，爾朱兆親自在河橋上監督清點從洛陽城中所繳獲的財物。高歡聽說魏敬宗被遷往晉陽，就率領騎兵東行，想要在半路上把魏敬宗搶走留在自己身邊，結果沒有趕上。高歡於是寫信給爾朱兆，為爾朱兆分析利害禍福，認為不應該殺害天子，以免遭受弒君的惡名。爾朱兆看過高歡的書信後非常憤怒，他沒有聽取高歡的意見。爾朱天光率領輕騎兵進入洛陽，他會見了爾朱世隆等人之後，就立即返回雍州去了。

當初，魏敬宗擔心北部駐守丹谷的源子恭抵擋不住爾朱氏的進攻，就做好了向南逃走的計畫，假託南下去征服那些蠻族人，他任命高道穆為南道大行臺，還沒有來得及出發爾朱兆就率軍進入了洛陽。高道穆推說自己有病想要離去，爾朱世隆就殺死了高道穆。朝廷中有關部門的官員請求廢掉魏敬宗追贈給李苗的車騎大將軍、開府儀同三司、河陽侯等官職和爵位，爾朱世隆說：「當時眾人的意見，再過一兩天就要放縱士兵大肆搶掠，焚燒洛陽城郭，多虧靠了李苗，京師才得以獲得保全。凡是對天下有益的事情，誰都應該承認是好事，不應該追奪對李苗的封贈。」

爾朱榮被殺死之後，爾朱世隆等人向擔任大寧郡太守的代郡人房謨徵兵，房謨不答應派兵，他先後殺死了爾朱世隆所派的三名使者，並派遣自己的弟弟房毓前往洛陽。等到爾朱兆率軍進入洛陽擒獲了魏敬宗之後，爾朱兆的黨羽擔任建州刺史的是蘭安定逮捕了房謨，把房謨關押在建州的監獄中，大寧郡中的蜀人聽到消息以後都起兵造反。是蘭安定給房謨準備了一匹瘦弱的馬，讓房謨到軍前去安撫慰問那些造反的蜀人，那些造反的蜀人看見房謨，無不遠遠地向房謨叩拜。房謨原先所騎乘的那匹馬，被是蘭安定送給了別的將士，是蘭安定的軍隊被造反的蜀人打敗之後，蜀人從敗軍中得到了房謨原先所騎乘的那匹馬，便誤認為房謨已經遇害而死，無不悲痛哭泣，他們把房謨的那匹馬好好地餵養起來，不許別人再騎這匹馬，兒童、婦女競相給這匹馬投放草料，都說「這是房公的馬」。爾朱世隆聽說以後，就赦免了房謨，任命房謨做自己府中的長史。

北道大行臺楊津因為自己部下的軍隊很少，就駐留在鄴城招募士兵，準備從滏口陘進入并州，正趕上爾朱兆率軍進入洛陽，楊津就解散了自己的部眾，輕騎回到洛陽。

爾朱世隆與自己的兄弟祕密商議，擔心長廣王元曄的母親衛氏會干預朝政，於是等探聽到衛氏出行的時候，就派遣數十名騎兵扮作強盜模樣在洛陽的曲巷裡把衛氏殺死，然後又到處張貼告示，懸賞千萬錢捉拿殺人的強盜。

十二月二十三日甲子，爾朱兆把魏敬宗勒死在晉陽的一座名為三級寺的佛寺中，一同被殺死的還有陳留王元寬。

本月，紇豆陵步蕃率領自己的部眾在秀容郡把爾朱兆打得大敗，並向南逼近爾朱氏的老巢晉陽。爾朱兆非常恐懼，趕緊派人召請晉州刺史高歡與自己合力抵抗紇豆陵步蕃。高歡的僚屬都勸阻高歡不要答應爾朱兆的召請，高歡說：「爾朱兆正在窘迫的時候，管保不會出現其他令人擔憂的變故。」於是高歡就率軍前往秀容與爾朱兆會合。高歡的親信賀拔焉過兒請求高歡緩慢行軍以消耗爾朱兆的力量，高歡於是在路上常常逗留不前，藉口汾河沒有橋，軍隊沒法過河。紇豆陵步蕃的軍事力量一天比一天強盛，爾朱兆則屢次被紇豆陵步蕃打敗，於是向高歡告急求救，高歡這才率軍前往與爾朱兆會合。當時爾朱兆為了躲避紇豆陵步蕃的進攻已經在向南撤退，紇豆陵步蕃率領部眾到達樂平郡，高歡與爾朱兆聯合進兵攻打紇豆陵步蕃，把紇豆陵步蕃打得大敗，在石鼓山把紇豆陵步蕃斬首，紇豆陵步蕃的部眾撤退逃走。爾朱兆非常感激高歡，遂與高歡發誓結為異姓兄弟，又率領幾十名騎兵到高歡的營中，與高歡徹夜宴飲。

當初，葛榮的部眾流入并州、肆州的有二十多萬人，受到爾朱榮所屬的契胡人的欺陵虐待，全都生活沒有著落，他們先後大大小小曾經二十六次起來造反，被殺死了將近一半，仍然造反不止。爾朱兆對此感到很擔憂，就向高歡徵求對付他們的辦法，高歡說：「這些六鎮造反者的殘餘勢力，不可能全部把他們殺光，應該選派大王的心腹去統治他們，有犯罪的就懲罰他們的首領，那麼犯罪的就一定會減少了。」爾朱兆說：「這個辦法倒是很好！可是派誰去好呢？」高歡的心腹賀拔允當時在座，就請求派高歡去統領他們。高歡揮起拳頭就向賀拔允的嘴巴打去，當時就打掉了賀拔允的一顆門牙，高歡說：「平素天柱大將軍爾朱榮活著的時候，你們這些奴才服從他的部署、安排就像鷹犬一樣。如今天下什麼事情該幹什麼事情不該幹完全取決於大王，而你竟敢超越本分隨便胡言亂語，請大王把他殺了！」爾朱兆認為高歡是出於誠心，於是就把流入并州、肆州的葛榮的部眾交給了高歡統領。高歡因為爾朱兆是喝醉了酒才做出這樣的決定，恐怕爾朱兆酒醒之後會反悔，於是就走出帳外，下令說：「我接受爾朱兆大王的委託統領那些原屬於葛榮的部眾，你們這些原屬於葛榮的部眾可以到汾水以東集合隊伍接受我的號令。」於是就在汾水東邊的陽曲縣豎起大旗，列隊進行部署。那些軍士一向憎惡爾朱兆而願意接受高歡的統領，因此沒有一個不到汾水以東集合待命的。

沒過多久，高歡又派劉貴去請示爾朱兆，高歡認為「并州、肆州連年遭受霜凍、旱災，這些投降了的民戶餓得去挖田鼠吃，滿臉都是菜色，白讓這些人汙染了大王管轄區內的美好環境，請大王下令讓他們到太行山以東地區去找飯吃，等到他們得到溫飽以後再對他們作出安排。」爾朱兆聽從了高歡的建議。在爾朱兆屬下擔任長史的慕容紹宗勸阻爾朱兆說：「不可以這樣做。如今天下大亂，人人都懷有非分之想，晉州刺史高歡雄才蓋世，如果再讓他在外掌握大軍，就如同給蛟龍提供了雲雨，將不可控制。」爾朱兆說：「我已經和他在神鬼面前焚香盟誓結為兄弟，還擔心什麼呢！」慕容紹宗說：「親兄弟尚且不可以完全相信，何況是焚香結盟的異姓兄弟呢！」當時爾朱兆身邊的那些人已經接受了高歡的賄賂，於是就說慕容紹宗過去與高歡有過矛盾，所以才說出這樣的話，爾朱兆因此大怒，立即囚禁了慕容紹宗，催促高歡趕緊帶著這些人前往太行山以東去找飯吃。高歡帶著葛榮的這些舊部從晉陽出發經過滏口陘，路上遇到了爾朱榮的妻子北鄉長公主從洛陽來，身邊帶著三百匹馬，高歡硬逼著北鄉長公主用自己的三百匹好馬交換高歡的三百匹劣馬。爾朱兆聽到這個消息之後，才釋放了慕容紹宗，並向慕容紹宗詢問如何對付高歡，慕容紹宗說：「高歡目前還是我們的掌中之物，消滅他並不難。」爾朱兆於是親自率軍追趕高歡，一直追到襄垣郡，遇到漳河水位暴漲，橋樑被毀壞，高歡隔著漳河向爾朱兆叩拜說：「我所以借用北鄉長公主的馬匹，並不是去幹別的用，而是為了防備山東的盜賊。大王聽信了北鄉長公主的讒言，親自前來追殺我，如果我現在渡過河去到您的跟前請罪，讓您把我殺死，恐怕我帶領的這些人就要造反了。」爾朱兆表白說自己沒有這個意思，並不加任何防範地騎著馬渡過漳河，與高歡一同坐在大帳之下，向高歡表示歉意，還把自己的佩刀遞給高歡，然後伸著脖子讓高歡砍自己的頭。高歡大聲哭起來說：「自從天柱大將軍死後，我賀六渾除了大王您以外還能倚靠什麼人呢？但願大王您長命千萬歲，好讓我好好地為您效力。如今我們遭到別人的離間，大王怎麼忍心再說出這樣的話呢？」爾朱兆把佩刀扔在地上，又殺了一匹白馬再次與高歡歃血盟誓，並留宿下來與高歡夜飲。高歡的心腹將領尉景埋伏下壯士準備捉拿爾朱兆，高歡咬破自己的手臂制止尉景，他對尉景說：「如果我們現在殺了爾朱兆，他所帶來的黨羽一定會逃回去聚集起來進攻我們，我們現在士兵飢餓，馬匹瘦弱，抵擋不住他們的進攻，如果此時天下的英雄趁勢而起，對我們造成的危害將會更大，不如暫且留著爾朱兆這種沒有才略的人。爾朱兆雖然驍勇善戰，然而卻只有兇悍沒有謀略，滅掉這樣的人用不著花費很大的力氣。」第二天，爾朱兆回到漳河對面自己的大營，又召請高歡過河，高歡正準備上馬過河，高歡的心腹將領孫騰拉住高歡的衣服示意高歡不要過河，高歡這才沒有過河。爾朱兆看此情景就隔著漳水破口大罵了一通，然後策馬返回晉陽。爾朱兆的心腹念賢帶領著降戶的家屬另設營寨，高歡裝作與念賢很友好的樣子，藉口說要看看念賢身上的佩刀，趁機奪過佩刀殺死了念賢的隨從。那些降戶都很感激高歡，看見高歡殺死了念賢的隨從非常高興，認為是高歡解救了自己的家屬，更加願意歸附高歡。

魏國齊州城中的百姓趙洛周聽到爾朱兆進入洛陽的消息，就驅逐了擔任齊州刺史的丹楊王蕭贊，帶領全城的百姓歸順了爾朱兆。蕭贊改變形貌裝扮成和尚模樣逃入長白山，輾轉流亡，最後死在陽平縣。梁國有人盜走了蕭贊的靈柩，把他送回梁國，梁武帝蕭衍還是把蕭贊當做自己的兒子安葬在自己陵墓的旁邊。

魏國擔任荊州刺史的李琰之，是李韶的族弟。擔任南陽太守的趙修延，因為李琰之是魏敬宗母親方面的親戚，遂誣陷李琰之想要背叛魏國逃奔梁國，因而發兵攻打荊州城，活捉了荊州刺史李琰之，自己擔任了荊州刺史。

被梁武帝封為魏王的汝南王元悅逗留在魏國的邊境之上，改年號為更興元年，當他聽到爾朱兆已經進入洛陽的消息，知道自己想趁魏國內亂進入洛陽奪取政權是毫無希望了，於是又向南返回梁國。斛斯椿又拋棄了汝南王元悅投奔了魏國。

這一年，梁武帝下詔任命陳慶之為都督南、北司等四州諸軍事、南、北司二州刺史。陳慶之率軍包圍了魏國的懸瓠城，在溱水流域打敗了魏國擔任潁州刺史的婁起，又在楚城打敗了魏國擔任行臺的孫騰等。梁國朝廷看到魏國內亂不止，已經不會給北部邊境地區造成威脅，便撤回了在義陽一帶集結的重兵，停止了水路、陸路向前線運送糧草，沿長江以及洞庭湖、彭蠡湖一帶的各州都得到了休養生息；開墾出良田六千頃，二年之後，國家府庫充實。

【研　析】本卷集中敘述的是爾朱氏與其所擁立的皇帝元子攸之間矛盾的衝突，揭示了爾朱氏暴興速敗的原由。

爾朱榮率領部落武士進入洛陽，誅除朝廷公卿，剿滅葛榮，成功地擊敗了魏宗室元顥在南方梁朝支持下對洛陽的爭奪，而就在此年初，爾朱天光奉命率一千人的小部隊向關隴進發，竟然在數月之間，平息了關隴地方武裝已經持續了五、六年的暴動。僅從功績來說，確實是罕有匹敵。同時代的史學家魏收評價說：「夫擒葛榮，誅元顥，戮邢杲，翦韓婁，醜奴、寶寅咸梟馬市。此諸魁者，或據象魏，或僭號令，人謂秉皇符，身各謀帝業，非徒鼠竊狗盜，一城一聚而已。苟非榮之致力，克夷大難，則不知幾人稱帝，幾人稱王也。」《魏書·爾朱榮傳》這並非虛論。勝利來得似乎是太容易了，使得他太相信武力可以解決一切問題，宣稱將「出魯陽，歷三荊，悉擁生蠻，北填六鎮，回軍之際，掃平汾胡。明年，簡練精騎，分出江、淮，蕭衍若降，乞萬戶侯；如其不降，以數千騎徑度縛取。」這席話，使他表現得完全像個狂夫。馬上定天下，並不能馬上治天下，勇而無謀，使其上述戰績，不過為新的政治勢力的崛起掃清了道路。

爾朱氏的速敗，首先因為爾朱榮被其擁立的莊帝元子攸刺殺，而究其根本原因，還是因為爾朱榮不過一介武夫，自恃勇武，缺乏基本的政治素養。

爾朱榮起兵之初，擁立元子攸，並非出於擁戴北魏朝廷的誠意，只是為進軍洛陽尋找正當的理由。「河陰事變」發生時，爾朱榮當時即試圖稱帝，宣稱「元氏既滅，爾朱氏興。」「遣數十人拔刀向行宮」，殺死莊帝之兄元劭、弟元子正。隨後，爾朱榮將女兒嫁給元子攸，試圖籠絡並加以控制，但顯然業已結下的仇恨不會因一個女子而化解。爾朱榮在戰場上的一次次勝利，在元子攸看來，均是自己走向死亡的催命符，「快快不以萬乘為樂，唯幸寇盜未息，欲使與榮相持。」公開的暴動基本上平息後，爾朱榮便開始奪取帝位的行動，而元子攸也不得不拼死一搏。

中國古代的王朝更替，有「革命」，有「禪讓」。所謂「革命」，即在前一政權業已腐朽，天怒人怨的情況下，某種政治勢力以「弔民伐罪」、解生民於倒懸為號召，通過暴力推翻其統治。所謂「禪讓」，即前一政權已無力控制亂局，政權內部某一人物，德行高尚，武功卓絕，定亂安邦，救政權於將亡，天、人歸心，舊政權的統治者不得不詔告天下，讓出寶座。爾朱祖先長期扈從於北魏政權，爾朱榮舉兵也是在「建義」的旗號下進行的，他要奪取帝位，顯然選擇後一種模式更為方便。但「河陰之變」中的殺戮使爾朱榮失去了洛陽政權內部政治力量的支持；一心希望北魏重新恢復孝文帝政治軌轍的漢族世家大族，更不可能加以擁戴；受爾朱氏控制、率先引發動亂下的北鎮武人，本來可以作為爾朱氏足以依靠的基本力量，但二十餘萬北鎮餘眾，「為契胡陵暴，皆不聊生，大小二十六反，誅夷者半，猶謀亂不止」。爾朱榮將赴洛陽行禪代之事前，對洛陽朝廷現任官員甚至連虛偽的安撫姿態都沒有，竟然「遍與朝士書，相任去留。」可以說，爾朱榮雖有平定動亂之功，卻毫無「禪讓」稱帝的政治基礎。更可悲的是，他只相信武力，意識不到建立爾朱氏的政權，必須有深厚的政治根基與強大的輿論支持。在這種情況下，他即使稱帝成功，也難以實現長期的政治穩定。

在爾朱榮看來，血腥只見於武士廝殺的戰場，朝廷文人無足輕重。當元子攸密謀殺他的消息已不脛而走時，他「自恃其強，不以為意。」後率四、五千名兵士到達洛陽，竟將政治中樞所在的皇宮當成是自己的後花園。在沒有嚴密的保衛下，「挺身」往來。在皇宮中碰到溫子昇手持殺他後將要下達的大赦詔書，竟也只簡單一問「是何文書」，不瞭解公文正是國家政治運作的利器，威力遠勝於一支所向披靡的軍隊。無知如此，其被誅殺於宮中，也就不奇怪了。

爾朱氏的速敗，還在於後繼者乏人。爾朱榮雖是河陰之變的罪魁禍首，但畢竟於魏立有大功，篡位並沒有成為事實，莊帝加以誘殺，雖情有可原，理尚不足，且爾朱氏的軍隊並沒有損失，爾朱天光又掌控著關隴。如若爾朱有人物廣為宣傳，指責莊帝背信棄義，殺害功臣，以此收聚人心，逐步調整與北鎮武人及漢族世家大族的關係，反而為其奪取政權找到更充分的理由。

爾朱榮死後，爾朱氏主要人物有其姪子爾朱兆，其堂弟爾朱彥伯、爾朱仲遠、爾朱世隆三兄弟，以及血緣關係比較疏遠的堂兄爾朱天光，與爾朱榮血緣最近的爾朱兆實際上取得了爾朱部族軍隊的指揮權。《魏書》卷七十五〈爾朱兆傳〉稱他「少驍猛，善騎射，手格猛獸，蹻捷過人。」不過，甚至在爾朱榮看來，爾朱兆也不過是一個頭腦簡單幹不了大事的武夫：「兆雖勇於戰鬥，然所將不過三千騎，多則亂矣。」爾朱榮死後，他率眾反攻洛陽，「撲殺皇子，汙辱嬪御妃主，縱兵大掠」，將莊帝遷至晉陽並加以殺害，進一步使爾朱氏失去了人心。又輕信高歡，將六鎮餘眾交給高歡指揮，後又允許其率部前往山東。當慕容紹宗指出高歡不可信任時，他竟稱高歡是自己的拜把子兄弟，用不著懷疑，甚至聽信屬下的讒言，將諫阻的慕容紹宗關押起來，主動催高歡進發。由於高歡急於充實軍隊，情急之下，劫取從洛陽扈從爾朱榮之妻而來的三百匹馬隊。被激怒的爾朱兆率兵追擊，又聽信高歡一番申辯，「輕馬度水，與歡坐幕下，陳謝，授歡刀，引頸使歡斫之」，又在高歡軍營中「留宿夜飲」。只因高歡為人狡詐而持重，否則他早已成為高歡刀下之鬼，無待後來率軍與高歡決戰時被殺。顯然，爾朱兆難當大任。

爾朱氏的興衰，是北魏時代北方酋帥勢力興衰的一個縮影。他們在北魏長達一個多世紀的統治中，維持著局部地區的控制，擁有世襲性權力。但也正是這種半封閉的狀態，使他們維持尚武風氣，未能完全融入十六國以來北方各部族漢化的時代潮流。北魏末年席捲北方的六鎮暴動，打破了他們原有的生活節奏，促使他們以各自不同的方式捲入複雜的政治、軍事鬥爭，雖然一時間他們還適應不了從部族武裝到政權建設者的轉變，但既然走出了狹窄的地理空間，改變便不可避免。爾朱氏的失敗，為後來者如高歡輩，提供了有益的政治經驗。

當西元五三〇年結束時，北魏政權的皇帝被殺戮、被廢立，中興已然無望，爾朱氏兵威仍盛，但已經失去了對局勢的有效控制。黃河流域新的政治秩序在陣痛中開始醞釀。

卷第一百五十五

梁紀十一

起重光大淵獻（辛亥　西元五三一年），盡玄黓困敦（壬子　西元五三二年），凡二年。

【題　解】本卷寫梁武帝蕭衍中大通三年（西元五三一年）、四年共兩年間南梁與北魏兩國的大事。主要寫了爾朱世隆廢掉長廣王元曄，另立廣陵王元恭為皇帝，而元恭則是自即位始就不曲從於爾朱氏；寫爾朱氏諸人之專權與貪婪橫暴，遭人生恨，而爾朱世隆因行廢立不與爾朱兆打招呼，從而使爾朱氏兩派間的矛盾進一步尖銳；寫魏之幽州刺史劉靈助自稱燕王，以為敬宗復仇為口號，河北地區紛紛從之；寫劉靈助在進攻定州時，被爾朱氏的黨羽侯淵等所滅，雍州刺史爾朱天光又破殺關隴地區變民頭領宿勤明達於東夏州，爾朱氏的勢力還很強大；寫了新軍閥高歡挑撥、煽動六鎮軍民反對爾朱氏，巧妙地將六鎮之人組成了自己的強大武裝；寫了高歡由壺關進入河北，冀州、殷州的封隆之、高乾、李元忠等皆與高歡相聯合，高乾協助李元忠襲殺了殷州刺史爾朱羽生，殷、冀二州勢合，高歡正式造反，抗表聲討爾朱氏的罪惡；寫魏國楊氏名臣楊播、楊椿、楊津等整個家族被爾朱氏所滅，僅楊津之子楊愔獲存，往投高歡，歡甚重之；寫爾朱兆、爾朱仲遠、爾朱度律等起兵討高歡，高歡又進一步挑撥爾朱兆與爾朱世隆的矛盾，段榮之子段韶為高歡進謀，佐高歡大破爾朱兆於廣阿；寫了高歡另擁立新皇帝安定王元朗，接著高歡軍攻下鄴城，移新皇帝元朗都於鄴城；寫了爾朱世隆主動向爾朱兆求好，爾朱氏兩派恢復合作，四路聯合出兵共同討伐鄴城，高歡在高岳、高敖曹、斛律敦等人的勇敢戰鬥下以少抗眾，反敗為勝，大破爾朱氏諸軍於韓陵，爾朱氏各路回歸各自的州郡；寫斛斯椿與賈顯度、賈顯智等潛回洛陽發動政變，據河橋，盡誅在朝的爾朱氏之黨，襲捕了爾朱世隆、爾朱彥伯，路過洛陽的爾朱天光、爾朱度律被人所擒；爾朱榮的部將侯景往投高歡，爾朱仲遠南投梁朝，青州刺史爾朱弼被其部下所殺；寫了關中守將賀拔岳、宇文泰等襲殺爾朱顯壽，賀拔岳遂據有關中，不聽高歡調遣；宇文泰初露頭角，逐漸掌控關中大權；寫高歡弒節閔帝元恭，謚之曰莊宗；又嫌安定王元朗疏遠，乃令元朗退位，而迎立元懷之子元脩為皇帝；寫高歡殺掉退位之二帝元曄、元朗，又殺屬近位尊之汝南王元悅；寫高歡入并州討伐爾朱兆，爾朱兆兵敗，逃向秀容，并州平定，高歡建大丞相府而居之；高歡召司馬子如為大行臺尚書，朝夕左右，參知軍國；寫高歡的親信李元忠為魏主娶皇后向高歡之女下定禮，而見面則勸高歡盡早自己稱帝，二人戲笑盡情；此外還寫了梁太子蕭統聽道士言搞巫術，蕭衍因信巫信讒而懷疑蕭統圖謀不軌，致使蕭統終身不能明冤，抑鬱而死；寫蕭衍立蕭綱為皇太子，人多以為不順；又有蕭衍之姪蕭正德與朝廷權臣朱异勾結為逆；蕭衍之子蕭綸逞兇於建康，少府丞何智通言之朝廷，蕭綸竟刺殺何智通於市頭，而蕭衍猶一味姑息養奸等等。

高祖武皇帝十一

中大通三年（辛亥　西元五三一年）

春，正月辛巳❶，上祀南郊，大赦。○魏尚書右僕射鄭先護❷聞洛陽不守❸，士眾逃散，遂來奔❹。丙申❺，以先護為征北大將軍。

二月辛丑❻，上祀明堂。◯魏自敬宗被囚❼，宮室空近百日。爾朱世隆鎮洛陽，商旅流通，盜賊不作。世隆兄弟密議，以長廣王疏遠❽，又無人望，欲更立近親❾。儀同三司廣陵王恭❿，羽之子也，好學有志度⓫，正光中⓬領給事黃門侍郎，以元乂擅權⓭，託瘖病⓮居龍華佛寺，無所交通⓯。永安⓰末，有白敬宗言王陽瘖⓱，將有異志。恭懼，逃於上洛山⓲，洛州⓳刺史執送之，繫治⓴久之，以無狀㉑獲免。關西大行臺郎中薛孝通㉒說爾朱天光曰：「廣陵王，高祖猶子㉓，夙有令望㉔，沈晦㉕不言，多歷年所㉖，若奉以為主，必天人允叶㉗。」天光與世隆等謀之，疑其實瘖㉘，使爾朱彥伯㉙潛往敦諭㉚，且脅之，恭乃曰：「天何言哉㉛？」世隆等大喜。孝通，聰㉜之子也。

己巳㉝，長廣王至邙山㉞南，世隆等為之作禪文㉟，使泰山太守遼西竇瑗執鞭獨入，啟長廣王曰：「天人之望，皆在廣陵，願行堯、舜之事㊱。」遂署禪文㊲。廣陵王奉表三讓㊳，然後即位，大赦，改元普泰。黃門侍郎邢子才㊴為赦文㊵，敘敬宗枉殺㊶太原王榮之狀，節閔帝㊷曰：「永安手翦強臣㊸，非為失德㊹，直以天未厭亂㊺，故逢成濟之禍㊻耳。」因顧左右取筆，自作赦文，直言㊼：「門下㊽：朕以寡德㊾，運屬樂推㊿，思與億兆(51)，同茲大慶(52)，肆眚之科(53)，一依常式(54)。」

帝閉口八年，致[1]是乃言[55]，中外欣然以為明主，望至太平[56]。

庚午[57]，詔以「三皇稱『皇』[58]，五帝稱『帝』[59]，三代稱『王』[60]，蓋遞為沖挹[61]。自秦以來，競稱『皇帝』[62]，予今但稱『帝』，亦已褒矣[63]。」加爾朱世隆儀同三司，贈爾朱榮相國、晉王，加九錫。世隆使百官議榮配饗[64]，司直[65]劉季明曰：「若配世宗[66]，於時無功；若配孝明[67]，親害其母[68]；若配莊帝，為臣不終[69]。以此論之，無所可配。」世隆怒曰：「汝應死！」季明曰：「下官既為議首[70]，依禮而言，不合聖心，翦戮唯命[71]！」世隆亦不之罪。以榮配高祖廟廷[72]。又為榮立廟於首陽山[73]，因周公[74]舊廟而為之，以為榮功可比周公。廟成，尋[75]為火所焚。

爾朱兆以不預[76]廢立之謀，大怒，欲攻世隆，世隆使爾朱彥伯往諭之，乃止。

初，敬宗使安東將軍史仵龍、平北將軍陽文義各領兵三千守太行嶺，侍中源子恭鎮河內。及爾朱兆南向，仵龍、文義帥眾先降，由是子恭之軍望風亦潰，兆遂乘勝直入洛陽。至是，爾朱世隆論仵龍、文義之功，各封千戶侯，魏主曰：「仵龍、文義，於王有功，於國無勳。」竟不許。爾朱仲遠[77]鎮滑臺[78]，表用其下都督為西兗州[79]刺史，先用後表[80]，詔答曰：「已能近補，何勞遠聞！」爾朱天光之滅万俟醜奴也，始獲波斯所獻師子，送洛陽，及節閔帝即位，詔曰：「禽獸囚之則違其性。」命送歸本國。使者以波斯道遠不可達，於路殺之而返。有司劾違旨，帝曰：「豈可以獸而罪人(81)！」遂赦之。

魏鎮遠將軍清河崔祖螭等聚青州七郡(82)之眾圍東陽(83)，旬日之間，眾十餘萬。刺史東萊王貴平(84)帥城民固守，使太傅諮議參軍(85)崔光伯出城慰勞(86)，其兄光韶曰：「城民陵縱(87)日久，眾怒甚盛，非慰諭所能解，家弟往，必不全。」貴平彊之，既出，外人射殺之。

幽、安、營、并(88)四州行臺劉靈助(89)，自謂方術(90)可以動人(91)，又推算知爾朱氏將衰，乃起兵自稱燕王、開府儀同三司、大行臺，聲言為敬宗復讎，且妄述圖讖(92)，云「劉氏當王」。由是幽、瀛、滄、冀(93)之民多從之，從之者夜舉火為號，不舉火者諸村共屠之。引兵南至博陵之安國城(94)。

爾朱兆遣監軍孫白鷂至冀州，託言(95)調發民馬，欲俟高乾兄弟(96)送馬而收之。乾等知之，與前河內太守封隆之等合謀，潛部勒(97)壯士，襲據信都，殺白鷂，執刺史元嶷(98)。乾等欲推其父翼行州事，翼曰：「和集(99)鄉里，我不如封皮(100)。」乃奉隆之行州事(101)，為敬宗舉哀，將士皆縞素，升壇誓眾，移檄州郡(102)，共討爾朱氏，仍受劉靈助節度。隆之，磨奴(103)之族孫也。

殷州刺史爾朱羽生(104)將五千人襲信都，高敖曹(105)不暇擐甲(106)，將十餘騎馳擊之，乾在城中縋下(107)五百人，追救未及，敖曹已交兵，羽生敗走。敖曹馬矟(108)絕世，左右無不一當百，時人比之項籍(109)。

高歡屯壺關大王山(110)，六旬，乃引兵東出，聲言討信都。信都人皆懼，高乾曰：「吾聞高晉州(111)雄略蓋世，其志不居人下。且爾朱無道，弒君虐民，正是英雄立功之會(112)，今日之來，必有深謀，吾當輕馬迎之，密參意旨(113)，諸君勿懼也。」乃將十餘騎與封隆之子子繪潛謁歡於滏口(114)，說歡曰：「爾朱酷逆，痛結人神(115)，凡曰有知，孰不思奮(116)！明公威德素著，天下傾心，若兵以義立(117)，則屈彊(118)之徒不足為明公敵矣。鄙州雖小，戶口不下十萬，穀秸之稅(119)，足濟軍資，願公熟思其計(120)。」乾辭氣慷慨，歡大悅，與之同帳寢。

初，河南太守趙郡(121)李顯甫，喜豪俠，集諸李數千家於殷州西山(122)方五六十里居之。顯甫卒，子元忠(123)繼之。家素富，多出貸(124)求利，元忠悉焚契[2]免責(125)，鄉人甚敬之。時盜賊蠭起，清河(126)有五百人西戍(127)，還，經趙郡，以路梗(128)，共投元忠。元忠遣奴為導，曰：「若逢賊，但道李元忠遣。」如言(129)，賊皆舍避(130)。

及葛榮起[131]，元忠帥宗黨作壘以自保，坐大槲樹[132]下，前後斬違命者凡三百人，賊至，元忠輒[133]擊卻之。葛榮曰：「我自中山[134]至此，連為趙李[135]所破，何以能成大事！」乃悉眾攻圍，執元忠以隨軍。賊平[136]，就拜南趙郡太守[137]，好酒無政績。及爾朱兆弒敬宗[138]，元忠棄官歸，謀舉兵討之。會高歡東出，元忠乘露車[139]，載素箏、濁酒[140]以奉迎。歡聞其酒客，未即見之。元忠下車獨坐，酌酒擘脯[141]食之，謂門者曰：「本言[142]公招延[143]俊傑，今聞國士[144]到門，不吐哺輟洗[145]，其人可知，還吾刺[146]，勿通也！」門者以告，歡遽見之，引入，觴再行[147]，元忠車上取箏鼓之，長歌慷慨，歌闋[148]，謂歡曰：「天下形勢可見，明公猶事爾朱邪？」歡曰：「富貴皆因彼所致[149]，安敢不盡節[150]！」元忠曰：「非英雄也！高乾邕[151]兄弟來未？」時乾已見歡，歡紿[152]之曰：「從叔輩[153]粗，何肯來！」元忠曰：「雖粗，並解事[154]。」歡曰：「趙郡醉矣[155]。」使人扶出，元忠不肯起。孫騰進曰：「此君天遣來，不可違也。」歡乃復留與語，元忠慷慨流涕，歡亦悲不自勝。元忠因進策曰：「殷州小，無糧仗，不足以濟大事。若向冀州，高乾邕兄弟必為明公主人[156]，殷州便以賜委[157]。冀、殷既合，滄、瀛、幽、定自然弭服[158]，唯劉誕[159]黠胡或當乖拒[160]，然非明公之敵。」歡急握元忠手而謝焉。

歡至山東(161)，約勒士卒，絲毫之物不聽(162)侵犯，每過麥地，歡輒步牽馬，遠近聞之，皆稱高儀同(163)將兵整肅，益歸心焉(164)。

歡求糧於相州刺史劉誕，誕不與。有車營租米(165)，歡掠取之。進至信都，封隆之、高乾等開門納之。高敖曹時在外略地(166)，聞之，以乾為婦人，遺以布裙(167)。歡使世子澄(168)以子孫禮見之(169)，敖曹乃與俱來(170)。

癸酉(171)，魏封長廣王曄為東海王(172)，以青州刺史魯郡王肅(173)為太師，淮陽王欣(174)為太傅，爾朱世隆為太保，長孫稚為太尉，趙郡王諶(175)為司空，徐州刺史爾朱仲遠、雍州刺史爾朱天光並為大將軍，并州刺史爾朱兆為天柱大將軍，賜高歡爵勃海王，徵使入朝(176)。長孫稚固辭太尉，乃以為驃騎大將軍、開府儀同三司。爾朱兆辭天柱，曰：「此叔父所終之官，我何敢受！」固辭，不拜，尋加都督十州諸軍事，世襲并州刺史。高歡辭不就徵(177)。爾朱仲遠徙鎮大梁(178)，復加兗州刺史(179)。

爾朱世隆之初為僕射也，畏爾朱榮之威嚴，深自刻厲(180)，留心几案(181)，應接(182)賓客，有開敏(183)之名。及榮死，無所顧憚(184)，為尚書令，家居視事(185)，坐符臺省(186)，事無大小，不先白世隆，有司不敢行。使尚書郎宋遊道、邢昕在其聽事(187)東西別坐(188)，受納辭訟(189)，稱命施行(190)。公為貪淫，生殺自恣；又欲收軍士之意(191)，汎加階級[192]，皆為將軍，無復員限[193]，自是勳賞之官大致猥濫[194]，人不復貴[195]。是時，天光專制關右[196]，兆奄有并、汾[197]，仲遠擅命[198]徐、兗，世隆居中用事[199]，競為貪暴[200]。而仲遠尤甚，所部富室大族，多誣以謀反，籍沒[201]其婦女財物入私家[202]，投其男子於河，如是者不可勝數。自滎陽已東，租稅悉入其軍，不送洛陽[203]。東南州郡自牧守以下至士民，畏仲遠如豺狼。由是四方之人皆惡爾朱氏，而憚其彊，莫敢違也。

己丑[204]，魏以涇州刺史賀拔岳為岐州刺史，渭州刺史侯莫陳悅為秦州刺史，並加儀同三司。

魏使大都督侯淵、驃騎大將軍代人叱列延慶[205]討劉靈助，至固城[206]，淵畏其眾，欲引兵西入[207]，據關拒險以待其變，延慶曰：「靈助庸人，假妖術以惑眾，大兵一臨，彼皆恃其符厭[208]，豈肯戮力致死[209]，與吾兵[3]爭勝負哉！不如出營城外[210]，詐言西歸，靈助聞之必自寬縱，然後潛軍擊之，往則成擒[211]矣。」淵從之。出頓城西，聲云欲還。丙申[212]，簡精騎一千夜發，直抵靈助壘[213]。靈助戰敗，斬之，傳首洛陽。初，靈助起兵，自占勝負，曰：「三月之末，我必入定州，爾朱氏不久當滅。」及靈助首函入定州，果以是月之末[214]。

夏，四月乙巳[215]，昭明太子統[216]卒。太子自加元服[217]，上即使省錄[218]朝政，百司進事[219]，填委[220]於前，太子辯析詐謬[221]，秋毫必睹，但[222]令改正，不加案劾[223]。平斷法獄[224]，多所全宥[225]，寬和容眾，喜慍不形於色。好讀書屬文[226]，引接[227]才俊，賞愛無倦，出宮[228]二十餘年，不畜聲樂[229]。每霖雨[230]積雪，遣左右周行[231]閭巷，視貧者賑之。天性孝謹，在東宮，雖燕居[232]，坐起恆西向[233]，或宿被召當入[234]，危坐達旦[235]。及寢疾[236]，恐貽帝憂[237]，敕參問[238]，輒自力手書[239]。及卒，朝野惋愕[240]，建康男女，奔走宮門，號泣道[4]路。

癸丑[241]，魏以高歡為大都督、東道大行臺、冀州刺史；又以安定王爾朱智虎為肆州[242]刺史。○魏爾朱天光出夏州[243]，遣將討宿勤明達[244]，癸亥[245]，擒明達[246]，送洛陽，斬之。○丙寅[247]，魏以侍中、驃騎大將軍爾朱彥伯為司徒。○魏詔有司不得復稱偽梁[248]。

五月丙子[249]，魏荊州城民斬趙修延[250]，復推李琰之行州事。○魏爾朱仲遠使都督魏僧勗等討崔祖螭於東陽，斬之。

初，昭明太子葬其母丁貴嬪，遣人求墓地之吉者[251]。或[252]賂宦者俞三副[253]求賣地，云若得錢三百萬，以百萬與之。三副密啟上[254]，言「太子所得地[255]不如今地[256]

於上為吉[257]。」上年老多忌，即命市之[258]。葬畢[259]，有道士云：「此地不利長子[260]，若厭之[261]，或可申延[262]。」乃為蠟鵝及諸物[263]埋於墓側長子位[264]。宮監[265]鮑邈之、魏雅初皆有寵於太子，邈之晚見疏於雅[266]，乃密啓上云：「雅為太子厭禱[267]。」上遣檢掘[268]，果得鵝物，大驚，將窮其事[269]，徐勉固諫而止[270]，但誅道士。由是太子終身慚憤，不能自明。及卒，上徵其長子南徐州刺史華容公歡[271]至建康，欲立以為嗣，銜其前事[272]，猶豫久之，卒不立，庚寅[273]，遣還鎮[274]。

臣光曰：「君子之於正道，不可少頃離[275]也，不可跬步失[276]也。以昭明太子之仁孝，武帝之慈愛，一染嫌疑之迹[277]，身以憂死，罪及後昆[278]，求吉得凶，不可湔滌[279]，可不戒哉？是以詭誕之士[280]，奇邪之術[281]，君子遠之。」

丙申[282]，立太子母弟[283]晉安王綱[284]為皇太子。朝野多以為不順[285]，司議侍郎周弘正[286]，嘗為晉安王主簿[287]，乃奏記[288]曰：「謙讓道廢[289]，多歷年所[290]。伏惟[291]明大王殿下[292]，天挺將聖[293]，四海歸仁[294]，是以皇上發德音，以大王為儲副[295]。意者[296]願聞殿下[297]抗目夷上仁之義[298]，執子臧大賢之節[299]，逃王輿[5]而弗乘[300]，棄萬乘如脫屣[301]，庶改澆競之俗[302]，以大吳國之風[303]。古有其人，今聞其語，能行之者，非殿下而誰！使無為之化[304]復生於遂[6]古[305]，讓王之道不墜於來葉[306]，豈不盛[307]歟！」

王不能從。弘正，捨之兄子[308]也。

太子以侍讀東海徐摛[309]為家令[310]，兼管記[311]，尋帶領直[312]。摛文體輕麗，春坊[313]盡學之，時人謂之「宮體[314]」。上聞之，怒，召摛，欲加誚責[315]。及見，應對明敏，辭義可觀，意更釋然[316]。因問經史及釋教[317]，摛商較從横[318]，應對如響[319]，上甚加歎異，寵遇日隆。領軍朱异[320]不悅，謂所親曰：「徐叟出入兩宮[321]，漸來見逼[322]，我須早為之所[323]。」遂乘間白上曰：「摛年老，又愛泉石[324]，意在一郡自養[325]。」上謂[326]摛真欲之，乃召摛，謂曰：「新安[327]大好山水。」遂出為新安太守。

【章旨】以上為第一段，寫梁武帝蕭衍中大通三年（西元五三一年）前五個月的大事。主要寫了爾朱世隆廢掉長廣王元曄，另立廣陵王元恭為帝，元恭自即位始就不曲從於爾朱氏，爾朱世隆請任其部下為官，元恭不允；爾朱仲遠先任後表，元恭怒之不理；朝臣司直劉季明亦不畏爾朱氏，反對以爾朱榮配饗宗廟之議；寫爾朱氏諸人之專權與貪婪横暴，遭人生恨；爾朱世隆因行廢立不與爾朱兆打招呼，爾朱氏兩派間的矛盾進一步發展；寫魏之幽州刺史劉靈助自稱燕王，以為敬宗復仇為口號，河北地區紛紛從之，封隆之、高乾等據冀州以討爾朱氏，受劉靈助節度；寫劉靈助在進攻定州時，被爾朱氏的黨羽侯淵等所滅，雍州刺史爾朱天光又破殺關隴地區變民頭領宿勤明達於東夏州，爾朱氏的勢力還很強大；寫新軍閥高歡由壺關進入河北，冀州、殷州的封隆之、高乾、李元忠等皆與高歡相聯合，高歡順利掌控了冀州、殷州的武裝勢力；寫梁太子蕭統聽道士言搞巫術，蕭衍因信巫信讒而懷疑蕭統圖謀不軌，徐勉為維持大局勸蕭衍不深究，但卻使蕭統終身不能明冤，抑鬱而死；寫蕭衍立蕭綱為皇太子，人多以為不順，周弘正勸蕭綱效法吳太伯，蕭綱貪皇位而不從；此外還寫了徐摛先任蕭綱侍讀，又為管記，文風華麗，形成宮體，風靡一時，當徐摛受兩宮寵遇日隆之際，權臣朱异使計將其排斥出朝廷等等。

【注釋】❶正月辛巳　正月初十。❷鄭先護　魏敬宗在位時的將領，曾統兵伐爾朱氏，並懷疑已經歸順了魏敬宗的賀拔勝，使其又投歸了爾朱氏。事見本書上卷。❸洛陽不守　指爾朱兆率晉陽兵進入洛陽。❹遂來奔　遂南逃來歸梁朝。❺丙申　正月二十五。❻二月辛丑　二月初一。❼魏自敬宗被囚　爾朱兆進入洛陽後，魏敬宗的王朝四散，魏敬宗被爾朱兆所俘，先囚在洛陽，後被爾朱兆帶至晉陽，殺於三級佛寺。事見本書上卷。❽長廣王疏遠　長廣王元曄是爾朱兆等扶持的取代魏敬宗的傀儡皇帝。元曄是景穆帝子南安王拓跋楨的後代，距離孝文帝、宣武帝、孝明帝的血緣關係已經很遠。❾更立近親　更立一個與孝文帝、宣武帝、孝明帝的血緣關係親近的人為傀儡皇帝。❿廣陵王恭　元恭，字修業，廣陵王元羽之子，孝文帝元宏之姪。傳見《魏書》卷十一。元恭原來被封為廣陵郡王，與魏宣武帝元恪、魏敬宗元子攸都是堂兄弟，血緣關係很近。⓫有志度　有志氣、有度量。⓬正光中　正光年間。正光是孝明帝元詡的第三個年號（西元五二〇—五二四年）。⓭元乂擅權　事在孝明帝在位的中期，當時胡太后執掌朝政，寵信其妹夫元乂，導致元乂軟禁起胡太后，自己控制一切大權。元乂是拓跋珪之子拓跋黎的後代。傳見《魏書》卷十六。⓮託瘖病　假說得病，變成了啞巴。瘖，啞；失語症。⓯無所交通　跟誰都不聯繫。⓰永安　魏敬宗元子攸的年號（西元五二八—五三〇年）。⓱言王陽瘖　說廣陵王恭這個啞巴是假裝的。陽，通「佯」。假裝。⓲上洛山　山名，在今陝西商縣境內。⓳洛州　魏州名，州治上洛，即今陝西商洛。⓴繫治　關在監獄裡審察。㉑無狀　無跡象；無證據。㉒薛孝通　爾朱天光的僚屬，時爾朱天光任關西大行臺，薛孝通為其任郎中，主管行臺事務的一個方面。傳見《北史》卷三十六。㉓高祖猶子　孝文帝的姪子。猶子，義同「從子」。兄弟之子，即姪。㉔夙有令望　一向有很好的名聲。㉕沈晦　沉淪、韜晦，泯滅行跡，指隱居。㉖多歷年所　就這樣地過了好多年。年所，年頭；年月。㉗天人允叶　猶言應天順人，既合天意，又順人心。允叶，妥貼。叶，意思通「協」。㉘疑其實瘖　擔心他真是個啞巴。㉙爾朱彥伯　爾朱世隆的長兄，此時在朝為侍中。傳見《魏書》卷七十五。㉚敦諭　敦促，勸他出山。㉛天何言哉　老天爺他說話嗎。此句本孔子語，見《論語·陽貨》：「子曰『天何言哉？四時行焉，百物生焉，天何言哉？』」四個字，足見元恭的氣度，一句頂一萬句。㉜聰　薛聰，孝文帝時代的名臣，孝文帝「外以德器遇之，內以心膂為寄」。傳見《北史》卷三十六。㉝己巳　二月二十九。㉞邙山　位於洛陽城北，黃河南岸的矮山。㉟為之作禪文　為長廣王元曄準備好了讓位給廣陵王元恭的文告。㊱願行

堯舜之事　希望您能像堯把帝位讓給舜一樣地把帝位讓給廣陵王。㊲遂署禪文　長廣王很順從地就在禪讓文告上簽了名字。署，簽名。㊳奉表三讓　歷代這種禪讓的把戲都是要讓者連讓三次，受者也推辭三次而後接受。從漢獻帝讓位給曹丕、曹奐讓位給司馬炎、晉恭帝讓位給劉裕，以及其後蕭道成的上臺、蕭衍的上臺，無一不如此。㊴邢子才　即邢邵，字子才，當時著名的文學家。傳見《北齊書》卷三十六。㊵為赦文　替廣陵王準備好了大赦爾朱氏的赦令。㊶枉殺　屈殺；不當殺而殺。㊷節閔帝　即新即位的皇帝元恭。日後死了諡曰節閔。㊸永安手翦強臣　敬宗親手殺了驕悍之臣爾朱榮。永安是敬宗在位時的年號，今以年號稱之，表示尊敬。㊹非為失德　不能說是幹了錯事。㊺天未厭亂　老天爺還不想出現太平局面。㊻故逢成濟之禍　於是敬宗皇帝遂被強悍之臣的下屬殺害了。曹魏末年，皇帝曹髦親自率兵討伐司馬昭，司馬昭的親信賈充指揮其部下成濟當場將皇帝曹髦殺害。事見本書卷七十七。這裡將爾朱兆殺害魏敬宗比做當年賈充、成濟的殺害魏帝曹髦，足見元恭之膽氣不凡。㊼直言　逕直寫道。㊽門下　胡三省曰：「魏晉以來，出命皆由門下省，故其發端必曰『敕門下』。」㊾朕以寡德　古代帝王所下詔書中的自謙語，意同「憑著這渺渺之身」。㊿運屬樂推　正好趕上機會被你們大家擁立為皇帝。屬，正當；正逢。樂推，樂於推賢。(51)思與億兆　想和全國臣民一道。億兆，指全國百姓。(52)同茲大慶　共同享受這齊天洪福。(53)肆眚之科　有關赦免罪犯的問題。肆眚，寬赦罪過。眚，過錯。(54)一依常式　一概按照通常的規矩辦。按，以上數句是皇帝對門下省所做的批示，不是直接面向全國臣民公告。他是命令門下省的官員本著這個批示的精神給全國下一道赦令，像通常的赦令一樣，而不是譴責上一任的皇帝，承認殺爾朱榮是一種錯誤。(55)致是乃言　到現在又重新開口說話。古語有所謂「不鳴則已，一鳴驚人」，此之謂也。(56)望至太平　都盼著從此過上太平的日子。(57)庚午　二月三十。(58)三皇稱皇　三皇時代的帝王稱之曰「皇」。如燧人氏、伏羲氏、神農氏，就分別被稱為「天皇」、「地皇」、「人皇」等等。(59)五帝稱帝　五帝時代的帝王稱之曰「帝」。如黃帝、帝堯、帝舜等等。(60)三代稱王　三代時期的帝王稱之曰「王」。如殷紂王、周文王、周武王等等。三代指夏、商、周三朝。(61)遞為沖挹　越往後越謙虛自抑。沖，弱小。挹，壓縮；貶損。(62)競稱皇帝　競相狂妄地連「皇」帶「帝」合併而稱之。此制從秦始皇開始。(63)亦已褎矣　這都已經感到有點過分啦。(64)配饗　古代在祭祀某個皇帝的時候，有時也把某個大臣的靈牌擺在旁邊陪同這位皇帝享受祭祀。這是古代對某些有特殊功勳大臣的一種特別尊寵。(65)司直　丞相的僚屬，主管監察彈劾。魏國的廷尉屬下也有司直一職。(66)配世宗　配饗於宣武帝元恪。(67)配孝明　配饗於肅宗元詡。(68)親害其母　肅宗的生母胡太后是被爾朱榮投入黃河淹死的。(69)為臣不終　敬宗元子攸本來是爾朱榮等擁立起來的，但後來對其無禮，沒能善始善終。(70)議首　議事之官的領頭人。(71)翦戮唯命　該殺該免，隨皇帝的心思辦。(72)配高祖廟廷　配饗在孝文帝的廟裡。(73)首陽山　相傳為商末周初伯夷、叔齊餓死的地方。地址說法不一，有說在今甘肅渭源，也有說在今山西永濟，其他尚多。(74)周公　姬旦，文王之子，武王之弟，成王之叔，是古代名臣的代表，被儒家稱為聖人。(75)尋　不久；很快地。(76)不預　沒能參加。(77)爾朱仲遠　爾朱彥伯之弟，爾朱仲隆之二哥。傳見《魏書》卷七十五。(78)鎮滑臺　駐守滑臺。滑臺是當時的重要軍鎮名，也稱白馬，在今之河南滑縣東南，當時的黃河在今滑縣與當時的滑臺中間向東流過。此時爾朱仲遠任徐州刺史、東道大行臺。(79)西兗州　魏國的西兗州州治濟陰，在今山東定陶西。(80)先用後表　先使其就任，而後再向朝廷奏明。(81)豈可以獸而罪人　胡三省曰：「史言節閔帝賢明而不終者，制於強臣也。」(82)青州七郡　青州是魏州名，其所轄之七郡胡三省以為是齊郡、北安、樂安、勃海、高陽、河間、樂陵。(83)東陽　古城名，當時青州的州治所在地，即今山東青州。(84)東萊王貴平　元貴平，景穆帝拓跋晃之孫，被封為東萊王。傳見《魏書》卷十九下。(85)太傅諮議參軍　元貴平的部下僚屬。時元貴平被加授太傅官。(86)慰勞　實指安撫、勸解。(87)城民陵縱　陵縱，指肆意縱暴、欺壓。按，此言東陽城裡的百姓依仗自己佔有州治所在地的優勢，肆意欺壓屬郡的人。口裡說是「城民」，實際是指以元貴平為首的地方權貴集團。(88)幽安營并　魏之四州名，幽州的州治即今之北京市，安州的州治燕樂，即今河北隆化，營州的州治龍城，即今遼寧朝陽，并州的州治晉陽，即今太原。按，并州與幽、安、營三州相隔較遠，似不應如此封任。《魏書·術藝傳》作「幽、平、營、安」，比較合理。(89)劉靈助　以占卜之術先受寵於爾朱榮，後來隨討葛榮、邢杲、元顥有功，被任為幽、平、營、安四州行臺。傳見《魏書》卷九十一。(90)方術　古代指天文、氣象、醫藥、占卜等各方面的學問，其中有自然科學，同時也雜有許多荒唐迷信的東西。(91)可以動人　可以蠱惑人、煽動人起來造反。(92)圖讖　古代的騙子、野心家為達到某種目的所編造的一些預言，或事後牽強附會地曲解古書，以達到神化某人、打倒某人的政治目的。這種手段也常為某些政治人物所樂用。(93)瀛滄冀　魏之三州名，都在今之河北境內。瀛州的州治即今河間，滄州的州治饒安，在今滄州東南方，冀州的州治信都，即今冀州。(94)博陵之安國城　博陵郡的安國縣城。博陵是魏郡名，郡治即今河北安平。當時的安國城在今河北安國東南。(95)託言　假稱。(96)高乾兄弟　高乾與其弟高慎、高昂。高乾原與魏敬宗元子攸相知，元子攸被爾朱兆殺害後，高乾佐封隆之起兵於冀州討伐爾朱氏，後成為高歡的親信。傳見《北齊書》卷二十一。(97)潛部勒　暗中組織。(98)元嶷　魏昭成帝拓跋什翼犍的兒子拓跋遵後代，曾任兗州刺史。傳見《魏書》卷十五。(99)和集　同「和輯」。團聚；安撫。(100)封皮　即封隆之，小字皮。其父封回是魏司空，被爾朱榮殺害。封隆之在東魏時官至尚書右僕射。傳見《北齊書》卷二十一。(101)行州事　臨時出任冀州刺史。行，代理。(102)移檄州郡　向各州各郡發出文告。移、檄，都是文體名，是一種公開的文告，以表達某種思想觀點，號召人們響應，共同採取行動。「移」

在這裡也可以視為動詞，即發給、傳布到。[103]磨奴　封隆之同族的祖輩，本書卷一百十九永初元年曾記有封磨奴的一些事跡。[104]爾朱羽生　爾朱榮的同族，時為殷州刺史。殷州的州治即今之河北隆堯。[105]高敖曹　即高昂，字敖曹，當時的名將。傳見《北齊書》卷二十一。[106]擐甲　披掛鎧甲。擐，穿；披。[107]縋下　用繩子送下。[108]馬矟　在馬上使用的長矛。[109]項籍　即楚霸王項羽，「籍」是名，「羽」是字。事跡見《史記・項羽本紀》。[110]壺關大王山　壺關是古關塞名，也是古城名，在今山西長治城北，當時為上黨郡的郡治所在地。與今山西壺關縣相距略遠，與古代的壺關縣相距更遠。大王山，也稱鳳凰山，當時在屯留縣境內，在今長治西北方，離長治不遠。[111]高晉州　敬指高歡，時高歡任晉州刺史。[112]立功之會　建立功勳的時機。會，時機。[113]密參意旨　暗中弄清楚他的真正意圖。參，參詳；探測。[114]滏口　即滏口陘，太行山的山道名，在今河北武安南，磁縣西北方。[115]痛結人神　人神共恨。結，共；相互。[116]孰不思奮　哪個不想起而討之。奮，奮起。[117]兵以義立　軍隊之所以無敵，是因為它符合正義。[118]屈彊　通「倔強」。橫行；蠻幹。[119]穀秸之稅　能徵收起來的糧草。秸，禾稈，可以為飼料。[120]熟思其計　認真思考為天下立功的方略。[121]趙郡　魏郡名，郡治平棘，即今河北趙縣，在石家莊的東南方。[122]殷州西山　殷州州治在今河北隆堯以西的太行山區。[123]元忠　李元忠，李顯甫之子，因精通醫術，深為百姓所歸心，後成為高歡的開國功臣。傳見《北齊書》卷二十二。[124]出貸　放債。[125]焚契免責　焚毀借據，免除債務。契，契約；借據。責，通「債」。[126]清河　魏郡名，郡治在今河北清河縣東南。[127]西戍　到西部的某地駐防。[128]路梗　被盜賊攔阻，道路不通。[129]如言　於是他們就按著李元忠所說。如，按照。[130]舍避　讓開道路，讓他們通過。舍，放行。按，此前後所敘，皆數年以前事。[131]葛榮起　變民將領葛榮獲鮮于脩禮之眾，成為領袖在梁武帝普通七年（西元五二六年）；葛榮攻下冀州在大通元年（西元五二八年）；葛榮擊殺杜洛周，併杜洛周之眾在大通二年（西元五二八年）；同年，葛榮統兵百萬攻鄴城，被爾朱榮所敗，葛榮被擒殺。[132]槲樹　也稱柞櫟、橡樹。[133]輒　總是；隨即。[134]中山　古封國名，也是郡名，郡治即今河北定州。[135]趙李　趙郡的李氏家族。[136]賊平　指爾朱榮破殺葛榮，河北地區長達數年的變民風潮被平定。[137]就拜南趙郡太守　到李元忠家任命李元忠為南趙郡太守。南趙郡的郡治在今河北隆堯，亦即當時的所謂殷州。[138]爾朱兆弒敬宗　事在上年之十二月，見本書上卷。[139]露車　沒有帷蓋的車，平常用以載物。[140]素箏濁酒　以言其真誠樸實，不講任何虛套。素箏，未加裝飾的箏。[141]擘脯　手撕乾肉而食。[142]本言　原以為。[143]招延　招引；招納。延，引；吸納。[144]國士　一國之中的傑出之士。[145]不吐哺輟洗　不趕緊像周公、像劉邦那樣出來迎接。相傳周公曾一沐三握髮、一飯三吐哺地接待來訪之士。吐哺，吐出正咀嚼的食物。又，劉邦在打天下時，狂士酈食其前去見劉邦，當時劉邦正在洗腳，很不禮貌。酈食其說了他幾句後，劉邦醒悟，迅速向酈食其道歉，延入上坐。事見《史記》的〈魯周公世家〉與〈酈生陸賈列傳〉。[146]刺　猶今之名片，請人通報時，起自我介紹之用。[147]觴再行　飲過第二遍酒。觴，進酒；勸飲。行，義同「巡」，斟酒一周為一巡。[148]歌闋　歌曲唱罷之後。[149]富貴皆因彼所致　高歡最初曾投在爾朱榮門下，高歡的晉州刺史是爾朱氏所任命。[150]盡節　盡做臣僕的良心與責任。[151]高乾邕　即高乾，字乾邕。[152]紿　騙；假說。[153]從叔輩　我的那些叔叔們，指高乾兄弟。高歡與高乾兄弟同是渤海人，高乾等比高歡大一輩，故高歡稱之為從叔。[154]並解事　都很明白國家大事。[155]趙郡醉矣　此高歡故意打岔，以掩蓋其反爾朱氏之形跡。趙郡，以官銜敬稱李元忠。[156]必為明公主人　一定會好好地接待你這位貴客，以盡其地主之誼。意即會帶著冀州歸附於你。[157]殷州便以賜委　至於殷州，你就交給我就行了。[158]弭服　順服。弭，低；順。[159]劉誕　此時的相州刺史，胡人。相州的州治鄴城，在今河北臨漳西南。[160]或當乖拒　有可能對你違抗。[161]歡至山東　高歡自到這太行山以東之後。此處的「山東」實即河北。[162]不聽　不准；不允許。[163]高儀同　敬稱高歡，高歡當時的榮譽職銜是開府儀同三司。[164]益歸心焉　越發地擁護高歡啦。胡三省曰：「史言高歡能收眾心，以傾爾朱。」[165]有車營租米　正好有一個運送稅糧的車隊。營，經營；運送。租米，向百姓徵來的糧食。按，此句生澀不順，《北齊書．神武帝紀》作「軍營租米」，亦莫知所云。[166]略地　開拓地盤。略，開拓，與「攻」、「取」的涵義不同。《史記》之〈陳涉世家〉特別愛用此字。[167]遺以布裙　意思是嫌其兄懦弱，不贊成如此輕而易舉地讓高歡得勢。[168]世子澄　高歡的嫡長子高澄，日後的文襄皇帝，廟號世宗。傳見《北齊書》卷三。[169]以子孫禮見之　以晚輩子孫的禮節拜見高敖曹。[170]乃與俱來　一起到冀州來會見高歡。[171]癸酉　三月初三。[172]東海王　東海郡王。東海郡的郡治在今江蘇邳州東南。[173]魯郡王肅　元肅，被封為魯郡王。[174]淮陽王欣　元欣，被封為淮陽王。[175]趙郡王諶　元諶，被封為趙郡王。[176]徵使入朝　只以勃海王的爵位，而沒有任何具體職務地召高歡進京，以見魏主元恭與爾朱氏諸人都對高歡不信任。[177]辭不就徵　推辭升賞，不到朝廷來。[178]徙鎮大梁　將其徐州都督的軍府遷到大梁，即今河南開封。[179]復加兗州刺史　胡三省曰：「大梁，兗州統內，故加兗州。」[180]深自刻厲　嚴格地要求自己。[181]留心几案　很注意做好本官職內的工作。几案，放文書的小桌，這裡指尚書省的各種文書案卷。[182]應接　接待。[183]開敏　思想開明、辦事敏捷。[184]顧憚　顧忌。[185]家居視事　坐在家裡處理公務。視事，處理公務。[186]坐符臺省　坐在家中給朝廷的各部門發號施令。臺省，泛指朝廷的各部門。[187]聽事　廳堂，長官辦公、理事的正廳。[188]東西別坐　在東西兩頭一頭坐著一個。[189]受納辭訟　接受各方面的請示報告。[190]稱命施行　這兩個人聽過之後就以爾朱世隆的口氣決斷實行。[191]收軍士之意　按照下層士官的意願。[192]汎加階級　普遍地提高級別。[193]員限　名額限制。[194]大致猥濫　一下子變得雜亂不堪。致，使；造成。[195]人不復貴　沒有人再看重它們。[196]專制關右　獨攬關西的一切軍政大權。

關右，關西；函谷關以西。[197]奄有并汾　廣泛地佔有并、汾二州。奄，覆蓋；佔有。[198]擅命　獨斷；一個人說了算。[199]居中用事　在朝廷控制政權。[200]競為貪暴　一個比一個地貪婪橫暴。[201]籍沒　全部沒收。[202]入私家　歸爾朱仲遠一人之家。[203]不送洛陽　不向朝廷上交任何東西。[204]己丑　三月十九。[205]叱列延慶　姓叱列，名延慶，爾朱榮舊部。傳見《魏書》卷八十。[206]固城　胡三省曰：「當在中山城東北，安國城西南。」按，當時劉靈助佔據安國城，在今河北安國西南側。[207]西入　西進入山。[208]恃其符厭　靠著符咒以保命勝敵。厭，意思同「壓」，靠鬼神的作用壓倒邪魔。[209]戮力致死　努力殺敵，不怕犧牲。[210]出營城外　紮營在安國城的城外。[211]往則成擒　去了就能不費勁地把他捉來。成擒，現成的俘虜。[212]丙申　三月二十六。[213]靈助壘　劉靈助的大營。[214]果以是月之末　劉靈助原說爾朱氏三月當滅，結果是他自己被爾朱氏滅了，只是人頭進了定州，這是一個極大的嘲笑。[215]四月乙巳　四月初六。[216]昭明太子統　蕭統，梁武帝蕭衍的太子，未即位而死，生前愛好文學，編有《昭明文選》，是流傳在世的最早的古代詩文選集。蕭統事跡見《梁書》卷八。[217]自加元服　自從行加冠禮，進入成年以來。元服，即帽子。元，頭。蕭統加元服在梁武帝天監十四年（西元五一五年）。[218]省錄　觀察、總領。[219]進事　稟告與請求批示。[220]填委　堆積。委，聚積。[221]辯析詐謬　分辨群臣上報材料中弄虛作假的東西。辯，通「辨」。區分。[222]但　只；只是要求。[223]不加案劾　不追究、追查他們的責任。案劾，追查、彈劾。[224]平斷法獄　甄別、平反刑事案件。[225]全宥　保全、赦免。[226]屬文　寫文章。屬，連；連綴。[227]引接　迎接；接待。[228]出宮　指離開父母居住的宮廷，獨立地到東宮（太子宮）居住。[229]不畜聲樂　不養歌兒舞女。聲樂，美聲美色之人與歌舞樂隊。[230]霖雨　連雨；久雨。[231]周行　周回地巡行。[232]燕居　平常安閒無事的時候。燕，同「晏」。安閒。[233]西向　面朝西而坐，面對父母所在的皇宮。以見其對父母的依戀、思念之情。[234]宿被召當入　頭天晚上得通知，讓第二天一早進宮見皇帝。宿，頭天晚上。胡三省曰：「隔夜為宿。」[235]危坐達旦　早早地起床穿好衣服，正襟端坐地靜等天亮。危坐，長跪，這裡即指端坐。[236]寢疾　臥病在床。[237]恐貽帝憂　怕引起父親為自己健康的擔心憂慮。貽，帶來；造成。[238]敕參問　當皇帝有話詢問病情的時候。敕，皇帝的傳話、命令。[239]自力手書　強打精神，自己親筆寫信報告病情，以做出一種不甚嚴重的樣子。[240]惋愕　惋惜、驚訝。[241]癸丑　四月十四。[242]肆州　魏州名，州治在今山西忻州西北，原平南。[243]夏州　州治統萬，在今陝西橫山縣西。[244]宿勤明達　原是變民頭領胡琛的部將，胡琛被殺後，宿勤明達率部自立。爾朱天光克平涼後，一度投降爾朱天光，後又叛變自立，此時在東夏州（州治在今延安東北）一帶。[245]癸亥　四月二十四。[246]擒明達　胡三省曰：「爾朱天光既擒万俟醜奴，又擒宿勤明達，河、隴平矣，不知乃為宇文泰之資也。」[247]丙寅　四月二十七。[248]不得復稱偽梁　不要再稱梁朝曰「偽梁」。胡三省曰：「魏不競於梁故也。」[249]五月丙子　五月初七。[250]趙

修延　原是魏國的南陽太守，魏敬宗被殺後，趙修延誣巇其荊州刺史李琰之意圖謀反，而發兵襲州城，執琰之，自行州事。事見本書上卷。(251)求墓地之吉者　意即給其母找了一塊風水好的墓地，進行了安葬。此梁武帝普通七年事也。(252)或　後來有人。(253)宦者俞三副　昭明太子身邊的宦者姓俞，名三副。(254)密啓上　偷偷地向梁武帝報告說。(255)太子所得地　指昭明太子為葬其母所找好之地。(256)今地　行賄者所求賣之地。(257)於上為吉　對於皇帝您更有利。(258)市之　把這個地塊買了下來。(259)葬畢　將太子母安葬之後。(260)不利長子　不利於昭明太子的長子。(261)厭之　用騙子們所講的辦法將不利因素加以控制。(262)申延　讓該產生的災禍向後延展。申，延；移後。(263)蠟鵝及諸物　此即騙子們所講的可用以控制災禍、使其延後的手段。(264)長子位　日後為其長子做墓的地方。(265)宮監　太子屬下官名。胡三省曰：「東宮有外監殿局、內監殿局。宮監者，即唐內直局之職也。」(266)見疏於雅　被魏雅所疏遠。(267)厭禱　為某種目的進行巫術活動。(268)檢掘　搜查、挖掘。(269)窮其事　將其事追查到底。(270)徐勉固諫而止　此諫表面看是為了維護太子蕭統，實際上並沒有給太子洗白冤屈，遂致太子終身不能自明，以憂死；太子的長子也因此不受信任。徐勉的作用固如何哉？(271)華容公歡　蕭歡，蕭統之子，被封華容縣公。傳見《南史》卷五十三。(272)銜其前事　由於還忘不了其父厭禱的問題而生恨。銜，記恨；由於忘不了某事而懷恨。(273)庚寅　五月二十一。(274)遣還鎮　打發蕭歡回了徐州刺史的任所。也就是說因為蕭衍記恨蕭統的厭禱，遂把一樁差點立蕭歡為未來皇帝的美事搞砸了。(275)不可少頃離　片刻不能離。(276)不可跬步失　半步不能錯。(277)一染嫌疑之迹　一旦遭遇讓人生疑，而自己又無法說明的事。(278)罪及後昆　牽連著後代都跟著倒楣。(279)不可湔滌　沒法洗刷。(280)詭誕之士　搞邪門歪道的人。(281)奇邪之術　不合正道的法術。(282)丙申　五月二十七。(283)母弟　即胞弟，一母所生的弟弟，以區別其他同父異母的兄弟而言。(284)晉安王綱　晉安郡王蕭綱，蕭衍的第三子，即日後梁朝的簡文帝。傳見《梁書》卷四。蕭綱與蕭統都是丁貴嬪所生。晉安郡的郡治即今福州。(285)以為不順　不合順序，按順序應立蕭統之嫡子蕭歡，也就是皇太孫為接班人。(286)司議侍郎周弘正　周弘正是當時的著名學者周顒之姪，既是著名的學者，又為人正直，曾任國子博士。傳見《南史》卷三十四。胡三省認為，此時周弘正乃任司文義郎，是一個研究學問的官，不是朝堂上的言官，因此「司議侍郎」應作「司義侍郎」。錄以備考。(287)晉安王主簿　晉安王蕭綱的僚屬。主簿是掌管文書簿籍的官員。(288)奏記　給晉安王蕭綱上書。奏，進獻。記，文體名，一種論述事物的書信。(289)謙讓道廢　為人謙讓的美德已經被人們拋在腦後。(290)多歷年所　已經多年沒有人講究了。(291)伏惟　在我看來；依我的想法。伏，謙詞。(292)明大王殿下　英明的大王殿下您。敬指蕭綱。(293)天挺將聖　您是上天派下來的大聖人。挺，生；派下。將聖，大聖。《論語》稱孔子是「天生之將聖」。朱熹注：「將，殆也。謙若不敢知之辭。或曰：將，大也。」(294)四海歸仁　天下都稱道您是仁者。(295)儲副　皇太子；帝位的繼承人。296意者　我心想；我琢磨。297願聞殿下　很希望聽到您……。298抗目夷上仁之義　表現出像目夷那樣高級仁者的行為。抗，突出地表現。目夷，春秋時宋桓公的長子，完全有資格繼其父當宋國的國君，但他覺得自己不是正夫人所生，於理欠妥，於是斷然地讓給了嫡子茲父，即歷史上的宋襄公。事見《左傳》僖公八年與《史記・宋世家》。299執子臧大賢之節　堅持偉大賢者子臧那樣的氣節。執，堅持。子臧，曹宣公的公子，曹宣公死後，公子負芻以不正當手段奪得了君位，國人反對負芻，擁立子臧，子臧不願跟著攪渾水，堅決退避不出。事見《左傳》成公十三年。歷史上把目夷與子臧都稱作堅持道義、不貪權位的人。300逃王輿而弗乘　逃避王者的車子而不乘坐，意即不願居帝王之位。相傳越國人為爭奪王位已經多次相互仇殺，當國人強迫越王的兒子子搜登上國王的車子時，子搜仰天而呼說：「你們難道就不能饒了我嗎？」事見《莊子・讓王》。王輿，王者所乘的車駕。301棄萬乘如脫屣　語出《孟子・盡心上》：「舜視棄天下，猶棄敝屣也。」敝屣，破鞋子。302庶改澆競之俗　或者也許能通過您的行動使長期以來形成的這種浮薄躁進之風有所改變。澆，澆薄；淺薄。競，奔逐；不顧一切地向上爬。303大吳國之風　發揚、光大當年吳太伯讓國那樣的風氣。相傳周太王看中了其孫子姬昌的德能，打算把周國的政權傳給他。但姬昌的父親在太王的兒子中排行第三，一時輪不到他。這時太王的大兒子太伯為成全父親的意志，就拉著其二弟一齊逃到了吳國，另立門戶地創業稱王，而把周太王的繼承權留給了姬昌的父親，這樣就使姬昌的父親先繼位為王，而後就順利地傳給了周文王。於是周太伯作為一個讓國者的形象，受到了後世的崇敬。事見《史記・吳太伯世家》。304無為之化　指不爭不搶的謙讓之風影響整個社會的古代傳說。305復生於遂古　在古代傳說的唯一之後又出現了第二個。遂古，往古。306不墜於來葉　後代還有人像古人那樣繼續行謙讓之道。307盛　盛大；宏偉。308捨之兄子　據《南史・周朗傳》，此處似應作「捨之弟子」。也就是說周弘正是周捨之姪。周捨在梁朝初期曾任尚書吏部郎，又與徐勉共參朝政。事見《南史》卷三十四。309東海徐摛　東海是魏郡名，郡治即今江蘇漣水縣。徐摛是著名文學家徐陵之父，宮體詩的開創者，在蕭綱為太子前，徐摛即為蕭綱的僚屬，蕭綱為太子後，徐摛任太子家令。傳見《梁書》卷三十。310家令　即太子家令，為太子府管理家事的官員。311管記　職同記室，太子的書記官，主管起草文件。312帶領直　兼統東宮的警衛軍隊。帶，兼管。領直，統領值勤的侍衛人員。313春坊　即太子宮。古代以「東」配春，故稱太子宮曰「春坊」。314宮體　即文學史上所說的「宮體詩」，講究辭藻美麗、聲韻和諧，對偶用典，以描寫貴族生活為事。315誚責　訓斥、責備。316釋然　消除了怒氣、疑慮的樣子。317釋教　佛教。318商較從橫　侃侃說來，頭頭是道。商較，商量考校，以言其涉及方面之廣，所表現的見解之深。從橫，同「縱橫」。無所不知、頭頭是道的樣子。319應對如響　回答問題，皆順口而出，如同響之應聲，不帶遲疑、不須思忖。320領軍朱异　領軍是領軍將軍的簡稱，領軍將軍統領京城的一切駐軍，位在所有將軍之上。朱异是梁朝的才學之臣，曾任太學博士，後任散騎常侍，周捨死後，代掌機謀，覽事下議，不暫停筆，頃刻便了。傳見《梁書》卷三十八。[321]出入兩宮　意即受到皇帝與皇太子兩方面的寵信。[322]漸來見逼　漸漸地威脅到了我的頭上。意思是權寵就要被他奪去。[323]早為之所　盡快地給他另找個工作崗位。[324]泉石　指山水，閒散生活，隱士生活。[325]意在一郡自養　想要當個太守去頤養天年。[326]謂　以為。[327]新安　梁郡名，郡治在今浙江淳安西，即有名的富春江流域。

【校　記】[1]致　原作「至」。胡三省注云：「『至』當作『致』。」據章鈺校，孔天胤本作「致」，張敦仁《通鑑刊本識誤》同，今據改。[2]契　原作「券」。據章鈺校，甲十一行本、乙十一行本、孔天胤本皆作「契」，今據校正。[3]兵　據章鈺校，甲十一行本、乙十一行本、孔天胤本皆無此字。[4]道　據章鈺校，甲十一行本、乙十一行本、孔天胤本皆作「滿」。[5]王輿　原作「玉輿」。胡三省注引《莊子・讓王》以為「玉輿」當作「王輿」，張敦仁《通鑑刊本識誤》同，今據改。[6]遂　據章鈺校，孔天胤本作「遂」，張敦仁《通鑑刊本識誤》同。

【語　譯】高祖武皇帝十一

中大通三年（辛亥　西元五三一年）

春季，正月初十日辛巳，梁武帝蕭衍到建康南郊舉行祭天典禮，實行大赦。〇魏國擔任尚書右僕射的鄭先護聽到魏國的都城洛陽已經落入爾朱氏之手的消息後，屬下的將士們便全都逃散了，鄭先護遂向南逃亡投降了梁國。二十五日丙申，梁武帝任命鄭先護為征北大將軍。

二月初一日辛丑，梁武帝在明堂祭祀自己的祖先。〇魏國自從敬宗皇帝元子攸被爾朱兆囚禁起來之後，宮室中皇帝的位子已經空置了將近一百天的時間。爾朱世隆率軍駐守洛陽，商旅來往不斷，就連盜賊也不再出來作案。爾朱世隆與自己的哥哥擔任侍中的爾朱彥伯祕密商議，認為長廣王元曄的血緣關係已經很遠，在人們的心目中又沒有威望，就準備另外立一個血緣關係較為親近的人為皇帝。開府儀同三司廣陵王元恭，是魏孝文帝元宏的弟弟元羽的兒子，他愛學習、有志氣、有度量，在孝明帝元詡正光年間曾經兼任過給事黃門侍郎，因為元乂專擅朝權，便假託得了失語症，居住在龍華佛寺，與任何人都沒有聯繫。魏敬宗永安末年，有人曾經向敬宗皇帝報告說廣陵王的失語病是裝出來的，恐怕將有圖謀篡位的野心。廣陵王元恭聽到有人在皇帝面前揭發了自己裝病的消息之後非常恐懼，就逃到了上洛山，又被洛州刺史捉住送回洛陽，朝廷把元恭關在監獄裡審察了很久，因為始終找不到謀反的證據而將其釋放。擔任關西大行臺郎中的薛孝通對爾朱天光說：「廣陵王元恭是高祖元宏的姪子，一向有很好的名聲，過著隱居的生活不與任何人聯繫，已經有很多年了，如果擁戴他為魏國的皇帝，一定是上合天意，下順民心。」爾朱天光與爾朱世隆等人商議之後，擔心元恭是不是真的得了失語病，於是就派擔任侍中的爾朱彥伯悄悄地前往廣陵王府督促、勸說元恭出來做皇帝，並脅迫他一定要這樣做，元恭答覆說：「老天爺他說話嗎？」爾朱世隆等得知元恭已經答應下來非常高興。薛孝通，是薛聰的兒子。

二月二十九日己巳，被爾朱兆擁立為皇帝的長廣王到達邙山以南，爾朱世隆等人為長廣王元曄準備好了讓位給元恭的文告，讓擔任泰山太守的遼西郡人竇瑗手持馬鞭獨自進入長廣王元曄的住處，向長廣王元曄啟奏說：「天意民心，都在廣陵王身上，希望您能像堯把帝位讓給舜一樣地把帝位讓給廣陵王。」說完就遞上了早已為長廣王準備好的禪讓文告，長廣王很順從地在禪讓的文告上簽上了自己的名字。廣陵王元恭在接到長廣王元曄的禪位文告之後三次上表辭讓，然後才即位做了皇帝，實行大赦，改年號為普泰元年。擔任黃門侍郎的邢子才為節閔帝元恭起草了大赦文告，敘述了魏敬宗元子攸屈殺太原王爾朱榮的經過，節閔帝說：「敬宗皇帝親手殺死了驕悍之臣爾朱榮，不算失德，只是因為老天爺還不想出現太平局面，遂使敬宗皇帝也像曹魏末年魏國皇帝曹髦被成濟所殺那樣被強悍之臣的下屬爾朱兆殺害了。」於是環顧左右索取筆墨，親自撰寫大赦文告，他在文告中直接寫道：「敕門下省：憑我這樣一個寡德之人，正好趕上機會被你們大家擁立為皇帝，我想和全國臣民一道，共同享受這齊天洪福，有關赦免罪犯的問題，一概按照通常的規矩辦。」節閔帝閉口八年沒有說過話，到現在才重新開口說話，朝廷內外都非常高興地認為元恭一定是一位英明的皇帝，都盼著從此能過上太平的日子。

二月三十日庚午，魏節閔帝元恭下詔認為「三皇時代的帝王稱之為『皇』，五帝時代的帝王稱之為『帝』，夏、商、周三朝的帝王稱之為『王』，朝代越往後越謙虛自抑。從秦始皇開始，竟然狂妄地連『皇』帶『帝』合起來並稱之為『皇帝』，我今天只稱『帝』，都已經感到有點過分啦。」節閔帝加授爾朱世隆為開府儀同三司，追贈爾朱榮為相國、晉王，加九錫。爾朱世隆讓文武百官商議應該把爾朱榮的靈位擺放在哪一位皇帝的旁邊陪同享受祭祀，擔任司直的劉季明說：「如果把爾朱榮的靈位擺放在世宗皇帝靈位的旁邊一同享受祭祀，但世宗皇帝執政時期爾朱榮還沒有建立什麼功勞；如果把爾朱榮的靈位擺放在肅宗皇帝的靈位旁邊一同享受祭祀，而肅宗的母親胡太后又是被爾朱榮沉入黃河淹死的；如果把爾朱榮的靈位擺放在敬宗皇帝的靈位旁邊一同享受祭祀，而爾朱榮雖然擁立了敬宗皇帝，但作為人臣卻沒有善始善終。由此看來，並沒有合適的位置可以安放爾朱榮的靈位使其陪同皇帝享受祭祀。」爾朱世隆聽了不禁大怒說：「你就應該被處死！」劉季明說：「我既然是議事之官的領頭人，又是按照禮節的規定而言，如果我的意見不合乎皇帝的心意，那麼該殺該免，請隨皇帝的心思辦！」爾朱世隆最後也沒有判處劉季明有罪。最後把爾朱榮的靈位放置在魏高祖的祭廟裡陪同享受祭祀。又在首陽山為爾朱榮修建了祭廟，是在周公姬旦舊廟的基礎上修建的，因為爾朱氏認為爾朱榮的功勞可以和周公相比。祭廟竣工之後，不久就被大火燒毀了。

擔任并州刺史的爾朱兆因為爾朱世隆沒有讓自己參與廢掉長廣王元曄改立廣陵王元恭為皇帝這樣的大事，心裡非常憤怒，就要出兵攻打爾朱世隆，爾朱世隆讓爾朱彥伯前去向爾朱兆進行解釋，爾朱兆才沒有對爾朱世隆採取行動。

當初，魏敬宗元子攸讓擔任安東將軍的史仵龍、擔任平北將軍的陽文義分別率領三千士兵守衛太行嶺，令擔任侍中的源子恭鎮守河內郡。等到爾朱兆南下洛陽的時候，史仵龍、陽文義率領自己的部下率先投降了爾朱兆，所以侍中源子恭所率領的軍隊也就望風潰逃，使得爾朱兆絲毫沒有遭遇抵抗就逕直進入了洛陽城。到現在，爾朱世隆認為安東將軍史仵龍、平北將軍陽文義立有功勞，兩人全都被封為千戶侯，魏節閔帝說：「史仵龍、陽文義，對大王你有功勞，但對於國家卻不能算有功勞。」終究沒有答應。爾朱仲遠率軍駐守滑臺，上表請求朝廷任用他手下的一個都督為西兗州刺史，其實此時爾朱仲遠已經任用其人做了西兗州刺史而後才上表請求任用，節閔帝下詔答覆說：「既然你已經就近任命其人做了西兗州刺史，何必煩勞你還大老遠的來請示朝廷呢！」爾朱天光在消滅万俟醜奴的時候，才獲得被万俟醜奴截留的波斯國貢獻給魏國朝廷的獅子，他把獅子送到了洛陽。等到節閔帝即位當了皇帝，節閔帝下詔說：「把禽獸關在籠子裡豢養違背了禽獸的天性。」命令把獅子送還給波斯國。奉命前往波斯國的使者因為路途遙遠無法將獅子送達，就在路上把獅子殺死而後返回洛陽。有關部門的官員彈劾使者違背了皇帝的旨意，節閔帝說：「怎麼能因為禽獸而處罰人呢！」遂赦免了那個使者。

魏國擔任鎮遠將軍的清河郡人崔祖螭等人聚集了青州轄區之內的齊郡、北海、樂安、勃海、高陽、河間、樂陵這七個郡的民眾包圍了青州城東陽，只十來天的時間，就聚集了十多萬人。擔任青州刺史的東萊王元貴平率領東陽城內的百姓堅持防守，同時派遣擔任太傅諮議參軍的崔光伯出城慰勞崔祖螭的部眾，崔光伯的哥哥崔光韶對元貴平說：「東陽城裡的人倚仗自己佔有州治所在地的優勢肆意欺壓屬郡的人已經很久了，城外的那些人正在怒不可遏，不是靠慰勞、勸說就能使他們離開的，我弟弟如果前去解釋勸說，一定會丟了性命。」元貴平還是強迫崔光伯前去，崔光伯剛一出城，就被城外的人用箭射死了。

魏國擔任幽州、安州、營州、并州四州行臺的劉靈助，認為可以靠自己所掌握的有關天文、氣象、占卜等各方面的學問來蠱惑人、煽動人起來造反，又通過推算得知爾朱氏將要衰敗，於是起兵自稱燕王、開府儀同三司、大行臺，聲稱要為敬宗皇帝報仇，而且胡亂地編造了一些預言，說「劉姓的人應當稱王」。於是幽州、瀛州、滄州、冀州境內的百姓有很多人都跟著劉靈助造反了，凡是跟隨劉靈助造反的人都在夜間舉火作為信號，對於不舉火、不跟隨其造反的百姓，各村造反的人就一起行動把他們全都殺光了。劉靈助率領自己的部眾向南到達博陵郡的安國縣城。

并州刺史爾朱兆派遣擔任監軍的孫白鷂前往冀州，假託前來徵調百姓的馬匹，準備在高乾兄弟送馬的時候將高乾和他的弟弟高慎、高昂逮捕起來。高乾兄弟知道消息以後，就與曾經擔任過河內太守的封隆之等人一同謀劃，暗中做好部署，令壯士前往偷襲信都，殺死了爾朱兆派來的使者孫白鷂，逮捕了擔任冀州刺史的元嶷。高乾兄弟想要推舉自己的父親高翼臨時擔任冀州刺史的職務，高翼說：「在團聚、安撫鄉里方面，我不如封隆之。」於是高乾兄弟便推舉封隆之臨時代理冀州刺史職務，為魏敬宗皇帝舉行哀悼，所有將士全部穿上白色孝服，封隆之等人登上高壇向眾人發表宣言，同時向周圍的州郡散發討伐爾朱氏的文告，號召起來共同討伐爾朱氏，仍舊接受劉靈助的調度指揮。封隆之，是封磨奴的族孫。

擔任殷州刺史的爾朱羽生率領五千人馬襲擊信都，高敖曹來不及穿好鎧甲，就率領著十幾名騎兵衝出城去迎擊爾朱羽生，城中的高乾用繩子從城牆上送下五百人，去追趕救援高敖曹，還沒有追趕上，高敖曹就已經和爾朱羽生的軍隊戰在了一起，爾朱羽生被高敖曹打敗逃走。高敖曹在馬上使用長矛的功夫當世無人能比，跟隨在他身邊的那些人又都無不一人可以敵對百人，當時的人都把高敖曹比作楚霸王項籍。

擔任晉州刺史的高歡把軍隊屯駐在壺關城北面的大王山，六十天之後，才率軍向東進發，揚言要去討伐信都的叛軍。信都的人都感到很恐懼，高乾說：「我聽說晉州刺史高歡的雄才大略在當今之世堪數第一，他的志向肯定不會久居人下。而且爾朱氏不行德政，殺死國君，虐待百姓，眼下正是英雄建立功勳的大好時機，高晉州今日來此，一定有高深的謀略，我應當輕裝騎馬前去迎接他，暗中探測清楚他的真正意圖，請各位不要懼怕。」於是高乾就帶領著十幾名騎兵和封隆之的兒子封子繪悄悄地來到滏口陘拜見高歡，對高歡說：「爾朱氏為政酷虐，竟然做出了弒殺皇帝的悖逆之事，已經招致人神共憤，凡是有良知的人們，哪個人不想起來討伐他！明公的聲威與高尚的品德一向被世人所熟知，天下人全都傾心擁戴你，如果你是為了正義而出兵，爾朱榮屬下那些驕橫、蠻幹之徒肯定不是明公的對手。我們冀州雖小，但戶口不下於十萬戶，能夠徵收起來的糧草，完全可以解決軍隊的供應，希望明公認真思考為天下立功的方略。」高乾在向高歡說這番話的時候慷慨激昂，高歡非常高興，就讓高乾睡在自己的營帳裡。

當初，擔任河南太守的趙郡人李顯甫，喜歡結交豪傑俠義之人，他聚集了數千家姓李的人在殷州西部的太行山佔據了方圓五六十里的地方居住下來。李顯甫去世之後，他的兒子李元忠繼承了他的家業。李顯甫家一向很富有，曾經大量放債以謀求厚利，等到李元忠接管了家業之後，便焚毀了所有的借據，免除了借債人的債務，鄉里的人因此非常敬重李元忠。當時魏國境內盜賊蜂擁而起，清河郡有五百人到西部的某處駐防，返回的時候經過魏國的趙郡，因為道路被盜賊截斷不能通行，就一同來投奔李元忠。李元忠派遣家中的奴僕為他們做嚮導，李元忠對他們說：「如果遇到盜賊，就說是李元忠派遣的人就行了。」一路之上，凡是遇到盜賊，只要他們按著李元忠所教的一說，賊寇果然都讓出路來令他們通過。等到變民首領葛榮聚眾起兵反抗魏國朝廷的時候，李元忠就率領同族的鄉親們修築起壁壘保衛自己的家鄉，他坐在大槲樹下進行指揮，前後共斬殺了三百名違抗他命令的人，只要葛榮的叛軍一來，李元忠就率眾將其擊退。葛榮說：「我率軍從中山來到這裡，接連被趙郡的李氏家族所打敗，我還怎麼能成就大事！」於是就調集了所有的軍隊向李元忠所建築的壁壘發起進攻，捉住了李元忠，把李元忠帶在自己的隊伍中。爾朱榮平定了葛榮的叛亂之後，就到李元忠家任命李元忠為南趙郡太守，李元忠好喝酒，在擔任南趙郡太守的時候沒有什麼政績。等到爾朱兆殺害了魏敬宗之後，李元忠棄官回到自己的家鄉，謀劃起兵討伐爾朱兆。遇到高歡向東進兵，李元忠便乘坐著一輛無棚的車子，車上載著一把沒有任何裝飾的箏、渾濁的家鄉酒前往迎接高歡。高歡聽說李元忠是一位喜歡飲酒的客人，所以就沒有馬上召見他。李元忠下了車獨自坐在一旁，一邊飲著酒一邊用手撕著乾肉吃，他對守門的人說：「我原本聽說晉州刺史高歡在招納、延聘俊傑之士，如今知道一國之中的傑出人士已經登門求見，竟然不能像周公那樣一飯三吐哺、一沐三握髮地趕緊出來接待來訪之士，其人可想而知，請把我的名片還給我，不用再進去通報了！」守門人把李元忠的這番話報告了高歡，高歡趕緊召見李元忠，李元忠被人領進去之後，又飲完第二遍酒，李元忠從自己的車上取下素箏開始彈奏起來，一邊彈一邊放聲歌唱，歌聲慷慨激昂，歌曲唱罷之後，李元忠對高歡說：「目前天下的形勢已經顯而易見，明公還在侍奉爾朱氏嗎？」高歡說：「我的地位和財富都是靠了爾朱氏才有的，我怎敢不對他們盡做臣僕的良心與責任！」李元忠說：「你不是英雄！高乾邕兄弟來了沒有？」當時高乾已經見過了高歡，高歡卻欺騙李元忠說：「我的那些堂叔叔都是粗人，怎麼肯來我這裡呢！」李元忠說：「他們雖然是粗人，但都很明白國家大事。」高歡說：「李郡守喝醉了。」說完便讓人把李元忠攙扶出去，李元忠不肯起來。高歡的部屬孫騰走進來說：「這位先生是上天派來的，他的想法是不可以違背的。」高歡這才又留下李元忠，繼續與李元忠談話，李元忠慷慨陳辭，激動得痛哭流涕，高歡也悲傷得不能控制自己。李元忠趁機向高歡進獻良策說：「殷州轄區面積很小，沒有足夠的糧食、兵器，在此成就不了什麼大事。如果你率軍前往冀州，高乾邕兄弟一定會好好地接待你這位貴客，以盡其地主之誼。至於殷州，你就把它交給我管理好了。一旦冀州、殷州聯合起來，那麼滄州、瀛州、幽州、定州自然就會順服於你，只有擔任相州刺史的劉誕這個狡猾的胡人有可能違抗你，然而他不是你的對手。」高歡急忙握住李元忠的手，向李元忠表示感謝。

高歡自從率軍到達太行山以東之後，就嚴格約束士卒，不許他們侵佔百姓的一絲一毫，每當行軍路過麥田的時候，為了避免馬匹踐踏農民的莊稼，高歡就牽著馬步行，遠近的人聽到這樣的消息以後，都稱讚高歡所統領的軍隊紀律整肅嚴明，因此越發地擁護高歡。

高歡請求擔任相州刺史的劉誕為自己的軍隊提供糧食，劉誕不給。正好有一個運送稅糧的車隊從此處經過，高歡就把這批糧食搶走了。高歡率軍到達信都的時候，封隆之和高乾等人打開信都城門將高歡接入城中。當時高敖曹正率軍在外面開拓地盤，他聽說自己的哥哥高乾等人已經把高歡接入信都城中，便認為高乾像一個懦弱的女人，於是就派人給高乾送來一套女人穿的布裙子。高歡讓自己的嫡長子高澄前去以晚輩子孫的禮節拜見高敖曹，高敖曹這才與高澄一同回到信都。

三月初三日癸酉，魏節閔帝封長廣王元曄為東海王，任命擔任青州刺史的魯郡王元肅為太師，任命淮陽王元欣為太傅，任命擔任尚書僕射的爾朱世隆為太保，長孫稚為太尉，趙郡王元諶為司空，任命擔任徐州刺史的爾朱仲遠、擔任雍州刺史的爾朱天光都為大將軍，任命擔任并州刺史的爾朱兆為天柱大將軍，賜封擔任晉州刺史的高歡為勃海王，徵召高歡到洛陽朝廷來。長孫稚堅決推辭太尉的職務，於是任命長孫稚為驃騎大將軍、開府儀同三司。爾朱兆辭讓天柱大將軍的職務，他說：「這是我叔父爾朱榮臨終之前所擔任的官職，我怎麼敢接受！」堅決推辭，沒有接受任命，不久節閔帝又加授爾朱兆都督十州諸軍事，世襲并州刺史。高歡推辭朝廷給自己勃海王的升賞，沒有到洛陽朝廷去。爾朱仲遠將其徐州都督的軍府遷到了大梁，朝廷又加授爾朱仲遠為兗州刺史。

當初爾朱世隆剛被爾朱榮任命為尚書僕射的時候，因為畏懼爾朱榮的威嚴，所以能夠嚴格地要求自己，注意做好本官職以內的工作，認真地接待賓客，因此博得了思想開明、辦事敏捷的好名聲。等到爾朱榮死了之後，爾朱世隆便無所忌憚，擔任尚書令的時候，他就坐在自己的家裡處理公務，坐在家中給朝廷的各部門發號施令，事情無論大小，不先報告給爾朱世隆，有關部門的官員便不敢有所作為。爾朱世隆讓擔任尚書郎的宋遊道、邢昕坐在他辦公、理事的正廳的東西兩邊，專門負責接受各方面的請示報告，接受爾朱世隆的命令，然後以爾朱世隆的口氣決斷實行。爾朱世隆公開貪贓枉法，放縱淫亂，生殺予奪，隨心所欲；又想收買軍心，於是就普遍地提高軍官的級別，所有軍官都成了將軍，根本就沒有名額的限制，從此以後，根據功勳而授予相應官職的制度一下子變得混亂不堪，所以沒有人再看重它。當時，爾朱天光獨攬函谷關以西的一切軍政大權，爾朱兆全部佔有并、汾二州，爾朱仲遠在徐州、兗州完全是他一個人說了算，爾朱世隆在朝廷控制政權，他們一個比一個貪婪橫暴。而爾朱仲遠尤其嚴重，凡是在他管轄區域內的富有人家、名門大族，很多都被他安上一個謀反的罪名，然後查抄沒收他們所有的婦女和財物，這些被查抄、沒收的婦女和財富全部歸爾朱仲遠私家所有，爾朱仲遠還把被抄沒之家的男子全部扔到河裡淹死，像這樣的事情多得簡直數不清。從滎陽以東，所有租稅全部送交爾朱仲遠的軍隊，不向朝廷上交任何東西。魏國東南部各州郡從州刺史、郡太守以下一直到一般的普通老百姓，畏懼爾朱仲遠就像畏懼豺狼一樣。四面八方的人全都憎恨爾朱氏，卻因為懼怕他們勢力的強大而沒有人敢違抗他們。

三月十九日己丑，魏國朝廷任命擔任涇州刺史的賀拔岳為岐州刺史，任命擔任渭州刺史的侯莫陳悅為秦州刺史，二人全都加授開府儀同三司。

魏國朝廷派遣擔任大都督的侯淵、擔任驃騎大將軍的代郡人叱列延慶率軍前往討伐劉靈助，討伐大軍到達固城，大都督侯淵懼怕劉靈助人多勢大，就想率軍西進入山，佔據關隘、險要地形等待局勢發生變化，叱列延慶說：「劉靈助是一個平庸的人，全仗著妖術來迷惑大眾，只要討伐的大軍一到，他們全都指望著劉靈助的符咒能夠保命勝敵，誰還肯努力殺敵，不怕犧牲，與我軍爭勝呢！倒不如在固城的城外紮營，謊稱準備向西進入山區，劉靈助聽到這個消息之後一定會放鬆警惕，然後我們再偷偷的出兵去襲擊他們，只要大軍一去就能毫不費勁地把劉靈助捉來。」侯淵同意了叱列延慶的意見。於是把軍隊屯紮在固城城西，揚言準備撤軍。三月二十六日丙申，侯淵、叱列延慶從所率軍中挑選出一千名精銳騎兵連夜出發，逕直前往進攻劉靈助的大營。劉靈助倉猝迎戰失敗，被官軍斬首，他的首級被傳送到洛陽示眾。當初劉靈助起兵的時候，自己占卜勝負，說：「三月之末我一定能夠進入定州，爾朱氏不久就應當被消滅。」等到盛放劉靈助首級的匣子被送到定州的時候，果然是在三月之末。

夏季，四月初六日乙巳，梁國的昭明太子蕭統去世。昭明太子自從行加冠禮進入成年以來，梁武帝蕭衍就讓他觀察、總領朝政，百官稟告與請求批示的奏章全都堆放在昭明太子面前，太子認真分辨群臣上報材料中弄虛作假的東西和錯誤的地方，每一份奏章都親自過目，絲毫不遺漏，凡是有虛假錯誤的地方只要求改正，而不追究、追查他們的責任。甄別、平反刑事案件能夠做到公平、合理，有很多人因此被赦免，保全了性命，昭明太子待人寬厚、包容，喜怒不形於色。喜好讀書寫文章，延攬、接待才能出眾的人，對這些人的欣賞、愛惜從來不感到疲倦，他自從離開父母居住的宮廷搬到東宮獨立居住的二十多年時間裡，從來不養歌兒舞女。每當遇到久雨、積雪的時候，他就派自己身邊的人到建康城的里巷中進行巡查，看到貧苦的人就給予救濟。昭明太子天生的孝順恭謹，居住在東宮的時候，即使平常安閒無事的時候，也總是面朝西而坐，面對父母所在的皇宮，有時頭天晚上得到通知，讓第二天一早進宮見皇帝，他就早早地起床穿好衣服，正襟端坐靜等天亮。等到太子臥病在床的時候，為了怕引起父親為自己健康的擔心憂慮，當皇帝派人傳話詢問病情的時候，太子總是勉強支撐著病體親自寫回信報告病情，做出一種不很嚴重的樣子。等到太子去世的消息一傳出，朝野都感到非常惋惜和驚訝，建康城裡的男男女女全都跑到宮門口弔唁，他們一邊走一邊放聲痛哭。

四月十四日癸丑，魏國朝廷任命高歡為大都督、東道大行臺、冀州刺史；又任命安定王爾朱智虎為肆州刺史。〇魏國大將軍、雍州刺史爾朱天光從夏州出發，他派遣屬下的將領去討伐胡琛的部將宿勤明達，二十四日癸亥，擒獲了宿勤明達，把宿勤明達押赴洛陽，斬首示眾。〇二十七日丙寅，魏節閔帝任命擔任侍中、驃騎大將軍的爾朱彥伯為司徒。〇魏節閔帝下詔給有關部門的官員，以後不許再把梁國稱為偽梁。

五月初七日丙子，魏國荊州城內的百姓殺死了發兵奪取荊州刺史職務的趙修延，再次推舉李琰之為荊州刺史。〇魏國爾朱仲遠派遣自己屬下擔任都督的魏僧勗等人前往東陽討伐崔祖螭，把崔祖螭殺死。

當初，梁國的昭明太子蕭統在安葬他的母親丁貴嬪的時候，曾經派人去找到一塊風水好的墓地。有人就賄賂昭明太子身邊的宦官俞三副，請求把自己的一塊地賣給太子做丁貴嬪的墓地，那個人向俞三副許諾說，如果自己那塊地能賣三百萬錢，就拿出一百萬送給俞三副。俞三副為此便偷偷地向梁武帝報告，說「太子為丁貴嬪選中的那塊墓地不如現在我看中的這塊地對皇帝您更有利。」梁武帝此時已經年老，因此就有很多忌諱，他聽了俞三副的報告之後就立即下令將這塊地買下來給丁貴嬪做墓地。等安葬完丁貴嬪之後，有一個道士說：「這塊墓地對長子不利，如果能用法術將不利因素加以控制，說不定可以使災禍推遲發生。」昭明太子於是把蠟做的鵝和一些其他東西埋在丁貴嬪墳墓旁邊將來為其長子做墓的地方。在東宮擔任宮監的鮑邈之、魏雅當初都受到昭明太子的寵信，鮑邈之後來被魏雅所疏遠，於是鮑邈之就祕密地向梁武帝報告說：「魏雅為太子進行巫術活動。」梁武帝立即派人根據鮑邈之所提供的情況進行搜查發掘，果然找到了埋在丁貴嬪墓側的蠟鵝等物品，梁武帝不禁大吃一驚，就要將此事追查到底，擔任尚書僕射的徐勉堅決進行勸阻，梁武帝才沒有那樣做，只是殺死了那個道士。因為這件事使昭明太子蕭統終生感到慚愧、氣憤，卻又沒有辦法替自己洗清冤屈。等到昭明太子去世以後，梁武帝把昭明太子的長子擔任南徐州刺史的華容公蕭歡召回京師建康，想要立蕭歡為皇位繼承人，卻因為對蕭統厭禱的事情依然耿耿於懷，雖然猶豫了很久，最終還是沒有立蕭歡為繼承人，五月二十一日庚寅，梁武帝將蕭歡打發回南徐州刺史的任所。

司馬光說：「君子對於正道，片刻也不能離開，半步也不能走錯。就憑昭明太子蕭統的仁厚孝謹，梁武帝蕭衍的慈愛，一旦遇上讓人生疑而自己又無法說明的事，不僅自身因此而憂慮致死，還要牽連著後代都跟著倒楣，昭明太子本來是為了尋求吉祥，得到的反而是兇險，而且還沒有為自己洗刷清白的機會，人們能不引以為戒嗎？所以對搞邪門歪道的人，對於不合正道的法術，君子應該遠遠地離開它。」

五月二十七日丙申，梁武帝立昭明太子蕭統的同母弟弟晉安王蕭綱為皇太子。朝野之人大多數都認為梁武帝這樣做不合順序，擔任司議侍郎的周弘正，曾經在晉安王屬下擔任過掌管文書簿籍的主簿，於是他給晉安王蕭綱上書說：「為人謙讓的美德早已被人們拋在腦後，已經多年沒有人講究謙讓了。依我的想法，英明的大王殿下，您是上天派下來的大聖人，天下的人都稱道您是仁者，所以皇上才發布福音，讓大王您做皇位繼承人。我琢磨著天下人很希望聽到您表現出像目夷那樣高級仁者的行為，堅持偉大賢者子臧那樣的節操，逃避王者的車子而不乘坐，拋棄萬乘之尊就像脫掉一雙破鞋子，大王如果這樣做，或許能使長期以來形成的這種浮薄躁進之風有所改變，使當年吳太伯讓國那樣的風氣繼續得到發揚光大。古代有讓國之人，現在還能聽到謙讓的話，而能夠躬行謙讓的人，除了殿下還能有誰呢！使古代不爭不搶的謙讓之風在現在又出現了第二個，使後代還有人像古人讓王那樣繼續躬行謙讓之道，難道不是一件盛大、美好的事情嗎！」晉安王沒有聽從周弘正的意見。周弘正，是周捨的姪子。

梁國皇太子蕭綱任命擔任侍讀的東海郡人徐摛為管理太子府家事的太子家令，兼任管記，不久又讓徐摛監統東宮的警衛軍隊。徐摛的文章風格內容輕佻、辭藻華麗，東宮的人全都學習他的詩文風格，當時的人把這種風格的詩稱之為「宮體詩」。梁武帝聽說了這種情況之後，非常惱怒，他召見徐摛，準備對其嚴加訓斥、責備。等到見到徐摛的時候，徐摛應對明白、思維敏捷，其文辭從內容到形式確有可觀之處，梁武帝心中的怒氣一下子就消除了。梁武帝於是趁機向徐摛詢問起有關儒家經典、歷史典籍和佛教教義等問題，徐摛便侃侃而談，說得頭頭是道，回答問題全都是隨口而出，如同響之應聲，不帶遲疑、不加思忖，梁武帝對其大加讚賞驚歎，對徐摛的恩寵和禮遇一天比一天提高。擔任領軍將軍的朱异對此感到很不高興，他對自己的親信說：「徐老頭受到皇帝與皇太子兩方面的寵信，漸漸地威脅到了我的頭上，我必須盡快地給他另找個工作崗位。」於是找個機會向梁武帝報告說：「徐摛已經老了，又喜歡山水，喜歡過隱居生活，他想要當個太守去頤養天年。」梁武帝遂認為徐摛真的想這樣，於是就召見徐摛，對徐摛說：「新安郡有大好的山水。」然後打發徐摛離開朝廷去擔任新安太守。

六月癸丑❶，立華容公歡為豫章王❷，其弟枝江公譽❸為河東王❹，曲阿公詧❺為岳陽王❻。上以人言不息，故封歡兄弟以大郡，用慰其心。久之，鮑邈之坐誘掠[1]人，罪不至死，太子綱追思昭明之冤，揮淚誅之。

魏高歡將起兵討爾朱氏，鎮南大將軍斛律金❼、軍主善無庫狄干❽與歡妻弟婁昭❾、妻之姊夫段榮❿皆勸成之。歡乃詐為書，稱爾朱兆將以六鎮人⓫配契胡為部曲⓬，眾皆憂懼。又為并州符⓭，徵兵討步落稽⓮，發萬人，將遣之。孫騰與都督尉景為請留五日，如此者再⓯，歡親送之郊，雪涕執別⓰，眾皆號慟，聲震原[2]野。歡乃諭之⓱曰：「與爾俱為失鄉客⓲，義同一家，不意在上⓳徵發乃爾⓴！今直西向㉑，已當死㉒；後軍期㉓，又當死；配國人㉔，又當死㉕，奈何㉖？」眾曰：「唯有反耳！」歡曰：「反乃急計，然當推一人為主，誰可者？」眾共推歡，歡曰：「爾鄉里難制㉗，不見葛榮乎㉘？雖有百萬之眾，曾無法度，終自敗滅。今以吾為主，當與前異，毋得陵漢人㉙，犯軍令，生死任吾則可；不然，不能為天下笑㉚。」眾皆頓顙㉛曰：「死生唯命㉜！」歡乃椎牛㉝饗士，庚申㉞，起兵於信都，亦未敢顯言[35]叛爾朱氏也。

會李元忠舉兵逼殷州，歡令高乾帥眾救之[36]。乾輕騎入見刺史[3]爾朱羽生，與指畫[37]軍計，羽生與乾俱出[38]，因擒斬之，持羽生首謁歡。歡撫膺[39]曰：「今日反決矣[40]！」乃以元忠為殷州刺史，鎮廣阿[41]。歡於是抗表[42]罪狀爾朱氏[43]，爾朱世隆匿之不通[44]。

魏楊播及弟椿、津[45]皆有名德。播剛毅，椿、津謙恭，家世孝友，緦服同爨[46]，男女百口，人無間言[47]。椿、津皆至三公[48]，一門七郡太守，三十二州刺史。敬宗之誅爾朱榮[49]也，播子侃[50]預其謀；城陽王徽[51]、李彧[52]，皆其姻戚也。爾朱兆入洛，侃逃歸華陰[53]，爾朱天光使侃婦父韋義遠招之，與盟，許貰其罪[54]。侃曰：「彼雖食言，死者不過一人，猶冀全百口。」乃出應之，天光殺之。時椿致仕[55]，與其子昱[56]在華陰，椿弟冀州刺史順、司空津、順子東雍州刺史辨、正平太守仲宣皆在洛。秋，七月，爾朱世隆誣奏楊氏謀反，請收治之，魏主不許。世隆苦請，帝不得已，命有司檢按以聞[57]。壬申[58]夜，世隆遣兵圍津第，天光亦遣兵掩[59]椿家於華陰，東西之族無少長皆殺之[60]，籍沒其家[61]。世隆奏云：「楊氏實反，與收兵[62]相拒，已皆格殺[63]。」帝惋悵久之，不言而已，朝野聞之，無不痛憤。津子逸為光州刺史，爾朱仲遠遣使就殺之。唯津子愔[64]於被收時適出在外，逃匿獲免，往見高歡於信都，泣訴家禍，因為言討爾朱氏之策，歡甚重之，即署行臺郎中。乙亥[65]，上臨軒策拜太子，大赦。◯丙戌[66]，魏司徒爾朱彥伯以旱遜位。戊子[67]，以彥伯為侍中、開府儀同三司。彥伯於兄弟中差無過惡[68]。爾朱世隆固讓太保，魏主特置儀同三師[4]之官[69]，位次上公之下[70]。庚寅[71]，以世隆為之。斛斯椿譖朱瑞於世隆[72]，世隆殺之。

庚寅[73]，詔：「凡宗戚有服屬[74]者，並可賜湯沐[75]，食鄉亭侯[76]，隨遠近為差。」◯壬辰[77]，以吏部尚書何敬容[78]為尚書右僕射。敬容，昌寓[79]之子也。

魏爾朱仲遠、度律[80]等聞高歡起兵，恃其彊，不以為慮，獨爾朱世隆憂之。爾朱兆將步騎二萬出井陘[81]，趣殷州，李元忠棄城奔信都。八月丙午[82]，爾朱仲遠、度律將兵討高歡。九月己卯[83]，魏以仲遠為太宰。庚辰[84]，以爾朱天光為大司馬。

癸巳[85]，魏主追尊父廣陵惠王[86]為先帝，母王氏為先太妃，封弟永業為高密王，子恕[87]為勃海王。

冬，十月己酉[88]，上幸同泰寺[89]，升法坐[90]，講涅槃經[91]，七日而罷。

樂山侯正則(92)，先有罪徙鬱林(93)，招誘亡命，欲攻番禺(94)，廣州刺史元仲景(95)討斬之。正則，正德之弟也。

孫騰說高歡曰：「今朝廷隔絕，號令無所稟(96)，不權有所立(97)，則眾將沮散(98)。」高歡疑之，騰再三固請，乃立勃海太守元朗(99)為帝。朗，融之子也。壬寅(100)，朗即位於信都城西，改元中興。以歡為侍中、丞相、都督中外諸軍事、大將軍、錄尚書事、大行臺；高乾為侍中、司空；高敖曹為驃騎大將軍、儀同三司、冀州刺史；孫騰為尚書左僕射、河北行臺；魏蘭根為右僕射。

己酉(101)，爾朱仲遠、度律與驃騎大將軍斛斯椿、車騎大將軍、儀同三司賀拔勝、車騎大將軍賈顯智(102)軍於陽平(103)。顯智名智，以字行，顯度之弟也。爾朱兆出井陘，軍于廣阿，眾號十萬。高歡縱反間，云「世隆兄弟謀殺兆」，復云「兆與歡同謀殺仲遠等」，由是迭相猜貳(104)，徘徊不進。仲遠等屢使斛斯椿、賀拔勝往諭兆，兆帥輕騎三百來就仲遠，同坐幕下，意色不平(105)，手舞馬鞭，長嘯(106)凝望(107)，疑仲遠等有變，遂趨出(108)，馳還。仲遠遣椿、勝等追，曉說之，兆執椿、勝還營，仲遠、度律大懼，引兵南遁。兆數勝罪，將斬之，曰：「爾殺衛可孤(109)，罪一也。天柱薨，爾不與世隆等俱來(110)，而東征仲遠，罪二也。我欲殺爾久矣，今復何言？」勝曰：「可孤為國巨患，勝父子誅之，其功不小，反以為罪乎？天柱被戮，以君誅臣，勝寧負王，不負朝廷。今日之事，生死在王。但寇賊密邇(111)，骨肉構隙(112)，自古及今，未有如是而不亡者。勝不憚死，恐王失策。」兆乃捨之。

高歡將與兆戰，而畏其眾彊，以問親信都督(113)段韶(114)，韶曰：「所謂眾者，得眾人之死；所謂彊者，得天下之心。爾朱氏上弒天子，中屠公卿，下暴百姓，王以順討逆，如湯沃雪(115)，何眾彊之有！」歡曰：「雖然，吾以小敵大，恐無天命不能濟也。」韶曰：「韶聞『小能敵大，小道大淫(116)。』『皇天無親，惟德是輔(117)。』爾朱氏外亂天下，內失英雄心，智者不為謀，勇者不為鬭，人心已去，天意安有不從者哉！」韶，榮之子也。辛亥(118)，歡大破兆於廣阿，俘其甲卒五千餘人。

十一月乙未(119)，上幸同泰寺，講般若經(120)，七日而罷。○庚辰(121)，魏高歡引兵攻鄴，相州刺史劉誕嬰城固守。

是歲，魏南兗州(122)城民王乞得劫刺史劉世明，舉州來降(123)。世明，芳(124)之族子也。上(125)以侍中元樹(126)為鎮北將軍、都督北討諸軍事，鎮譙城(127)。以世明為征西大將軍、郢州刺史，加儀同三司。世明不受，固請北歸，上許之。世明至洛陽，奉送所持節128，歸鄉里，不仕而卒129。

【章旨】以上為第二段，寫梁武帝蕭衍中大通三年（西元五三一年）後七個月的大事。主要寫了新軍閥高歡挑撥、煽動六鎮軍民反對爾朱氏，巧妙地將六鎮之人組成了自己的強大武裝；寫高歡的親信高乾助李元忠襲殺殷州刺史爾朱羽生，殷、冀二州勢合，高歡正式造反，抗表聲討爾朱氏罪惡；寫魏國楊氏名臣楊播、楊椿、楊津等整個家族被爾朱氏所滅，僅楊津之子楊愔獲存，往投高歡，歡甚重之；寫爾朱兆、爾朱仲遠、爾朱度律等起兵討高歡，高歡又進一步挑撥爾朱兆與爾朱世隆的矛盾，兩派遂成水火；寫高歡親信段榮之子段韶為高歡分析形勢，佐高歡大破爾朱兆於廣阿；此外還寫了蕭衍為平復眾人的不滿情緒而封蕭歡兄弟為王等等。

【注釋】❶六月癸丑　六月十五。❷豫章王　豫章郡王，豫章郡的郡治即今南昌。❸枝江公譽　蕭譽，太子蕭統之次子，被封為枝江縣公。傳見《梁書》卷五十五。❹河東王　河東郡王。梁國的河東郡郡治不詳。❺曲阿公詧　蕭詧，太子蕭統之第三子，被封為曲阿縣公。後一度自稱後梁皇帝。傳見《北史》卷九十三。❻岳陽王　岳陽郡王。岳陽郡郡治即今湖南岳陽。❼斛律金　高車（也稱敕勒）人，最初在破六韓拔陵部下，後改投爾朱榮，破葛榮、元顥皆有功；爾朱氏滅，又投歸高歡，成為北齊政權的功臣。傳見《北齊書》卷十七。❽善無庫狄干　善無，魏郡名，郡治在今山西左雲西。庫狄干，高歡的妹夫，被封為章武郡王。傳見《北齊書》卷十五。❾婁昭　平城人，高歡的妻弟，以平爾朱氏之功封濮陽郡公；高歡稱帝後，封之為太原王。傳見《北齊書》卷十五。❿段榮　高歡的姐夫，也是高歡的開國元勳，有勇有謀。傳見《北齊書》卷十六。⓫六鎮人　魏國北部邊境地區的六個軍鎮所屬的百姓。鎮是軍政合一的機構，由鎮將任其首領。此六鎮是懷朔鎮、武川鎮、撫冥鎮、柔玄鎮、懷荒鎮、禦夷鎮。⓬配契胡為部曲　分配到每個契胡的部下做奴隸。契胡，爾朱氏所屬的少數民族，這裡即指爾朱氏一群。部曲，部下的士兵與農戶，都有人格依附，類似奴隸的性質。⓭為并州符　假稱是并州發出的命令。爾朱兆當時任并州刺史，此即挑動并州百姓痛恨爾朱氏。⓮步落稽　也稱稽胡，當時與爾朱氏作對的一個少數民族名。⓯如此者再　一連請留了好幾回。胡三省曰：「孫騰、尉景既為鎮人請留，必又因其願留之情扇動之於下，此當以意會也。」⓰雪涕執別拭淚，握手送別。⑰歡乃諭之　高歡這才給他們講道理。胡三省曰：「先感動其心，而後諭之。」⑱失鄉客　背井離鄉的漂泊之人。按，高歡是懷朔鎮人，所以這樣說。⑲在上　當權者，指爾朱氏。⑳徵發乃爾　徵調百姓當兵竟到如此程度。㉑今直西向　按著上頭的命令到西邊作戰。㉒當死　指將死於戰場。㉓後軍期　路上遲到，沒按規定時間到達。㉔配國人　把你們編入他們那些人的名下。國人，在魏國地位較高的人，本來泛指低級貴族，這裡即指契胡，爾朱氏家族所屬的部落。㉕又當死　指受他們的欺壓虐待。㉖奈何　我們應當怎麼辦。㉗爾鄉里難制　你們的這些老鄉們難以管理。㉘不見葛榮乎　沒見葛榮是怎麼失敗而死麼。㉙陵漢人　欺侮漢族人。㉚不能為天下笑　意即組織軍隊，沒有章法，招致失敗，遭人恥笑，這種事我是不幹的。胡三省曰：「高歡先立法制以齊其眾，故能成大事，史言盜亦有道。」按，高歡組織起義，手法比陳勝更細，且不假妖祥。㉛頓顙　磕頭觸地。顙，額頭。㉜唯命　一切都聽您的。㉝椎牛　擊殺牛。椎，同「槌」。擊殺。古人殺牛多用此法。㉞庚申　六月二十二。㉟顯言　明說。㊱令高乾帥眾救之　表面仍是救殷州，以助爾朱氏。胡三省曰：「高乾預歡密謀，而使之救殷州，此不過使之誘擒爾朱羽生耳。」㊲指畫　商議、謀劃。㊳羽生與乾俱出　爾朱羽生被高乾騙出殷州城外。㊴撫膺　手拍胸膛。㊵今日反決矣　今天算是決心造反啦。胡三省曰：「高歡反謀非一日矣，及爾朱羽生授首，方言反決，蓋其初猶有疑李元忠、高乾邕之心。元忠既舉兵逼殷州，乾邕又斬羽生，歡於是深悉二人之心，而冀、殷之勢已合，於是決反。」㊶廣阿　古縣名，縣治在今河北隆堯東，即當時殷州的州治所在地。㊷抗表　公開上表。㊸罪狀爾朱氏　羅列爾朱氏的罪狀。㊹匿之不通　封鎖消息，不向魏主元恭報告此事。㊺楊播及弟椿津　楊播、楊椿、楊津，都是魏國的名臣名將。傳見《魏書》卷五十八。㊻緦服同爨　五服以內的家人都在一個鍋裡吃飯。緦服，喪服名，五服中最輕的一種，這裡指凡五服之內的親屬。同爨，不另起火做飯，意即不分居。㊼人無間言　沒有人能說他們家族關係的壞話。間言，找碴子；挑毛病。㊽椿津皆至三公　楊椿曾為儀同三司；楊津曾為司空。㊾敬宗之誅爾朱榮　事在上年八月，見本書上卷。㊿侃　楊播之子，為名將長孫稚之僚屬，佐之多有克獲之功。傳見《魏書》卷五十八。(51)城陽王徽　元徽，敬宗元子攸所倚仗的大臣，在殺爾朱榮的事情上作用甚大。爾朱兆入洛陽，元徽在逃難中被殺。(52)李彧　李延寔之子，魏敬宗的姐夫，在敬宗時期掌權，佐敬宗與爾朱榮相鬥。(53)華陰　縣名，在華山之北，今陝西華陰東側。楊椿家族世居於華陰。(54)貰其罪　寬饒他參與殺害爾朱榮的罪過。貰，貸；饒過。(55)致仕　退休在家。(56)其子昱　楊昱，魏國的正直忠良之臣。傳見《魏書》卷五十八。(57)檢按以聞　先進行審查，而後向朝廷報告。(58)壬申　七月初四。(59)掩　突然拘捕。(60)無少長皆殺之　胡三省曰：「世隆、天光先已約同夷楊氏，故東西一同俱發。居華陰者為西族，居洛者為東族。」(61)籍沒其家　將其家產全部登記沒收充公。(62)收兵　前往執行逮捕命令的政府之兵。63格殺　擊殺。64津子愔　楊愔，前期好謙退，遭家難後，乃投歸高歡門下，後曾為吏部尚書。傳見《北史》卷四十一。65乙亥　七月初七。66丙戌　七月十八。67戊子　七月二十。68差無過惡　基本上沒有什麼大的過錯。差無，幾乎沒有。69儀同三師之官　胡三省曰：「太師、太傅、太保為三師。」意即享用三師的儀仗與排場，但沒有實權。儀，儀容；儀仗。70位次上公之下　地位在三公以下。三公，指太尉、司徒、司空。這時的三公只是加官，享有榮譽，但沒有實權。71庚寅　七月二十二。72譖朱瑞於世隆　胡三省曰：「以朱瑞為敬宗所親遇也。」73庚寅　也是在七月二十二。74有服屬　血緣關係在五服之內的同族人。75賜湯沐　賜給湯沐邑。湯沐邑，也稱采邑、領地，該地面上的收入供受封者個人之生活所需。76食鄉亭侯　胡三省曰：「婦人賜湯沐邑，男子食鄉亭侯也。」77壬辰　七月二十四。78何敬容　在南齊尚公主，為駙馬都尉；入梁後，曾為吏部尚書、尚書右僕射。傳見《梁書》卷三十七。79昌寓　何昌寓，在齊為吏部尚書。80度律　爾朱度律，爾朱榮之堂弟。此時在朝任太尉公、尚書令。傳見《魏書》卷七十五。81井陘　翻越太行山的山道名，其西口即娘子關，其東口稱井陘口，也稱土門關，在今河北井陘西。是河北中部與山西之間的重要通道。82八月丙午　八月初九。83九月己卯　九月十二。84庚辰　九月十三。85癸巳　九月二十六。86廣陵惠王　元羽，獻文帝拓跋弘之子，孝文帝元宏之弟。被封為廣陵王，謚曰惠。傳見《魏書》卷二十一上。87子恕　皇帝元恭之子元恕。88十月己酉　十月十三。89同泰寺　建康城裡離皇宮最近的廟宇，緊靠宮牆，廟門與皇宮的大通門相對。90升法坐　蕭衍登上和尚講經的講壇。法坐，同「法座」。91涅槃經　佛教的重要經典之一，佛陀臨入涅槃所講，是闡釋妙有思想最具代表性的一部經典。92樂山侯正則　蕭正則，臨川王蕭宏之子，梁武帝蕭衍之姪，曾被封為樂山縣侯。傳見《梁書》卷五十五。93有罪徙鬱林　蕭正則因奴役百姓、私鑄錢幣、窩藏匪盜等罪被流放到鬱林郡，郡治即今廣西桂平。94番禺　古城名，即今廣州，當時為廣州的州治所在地。95元仲景　《梁書》作元景仲。原是魏國的宗室，其父元法僧為徐州刺史，見魏國政治動盪，心欲自立，魏軍進討，元法僧遂率部以城降梁。傳見《梁書》傳三十九。元仲景隨父降梁後，被封為枝江縣公，又被任為廣州刺史。96號令無所稟　沒有一個能讓我們信賴、能向之請示的部門。稟，受命。97權有所立　臨時擁立一個有號召力的領導者。權，臨時制宜。98沮散　瓦解四散。99元朗　魏景穆帝拓跋晃的曾孫章武王元融的第三子，史稱後廢帝，在位兩年。傳見《魏書》卷十一。100壬寅　十月初六。101己酉　也是在十月十三。102賈顯智　與兄顯度最初都是爾朱榮的部下，爾朱榮被殺後，反覆動搖在各派勢力之間，最後投歸於高歡的部下，幫助高歡滅掉了爾朱氏。傳見《魏書》卷八十。103陽平　縣名，也是郡名，即今河北館陶。104迭相猜貳　相互疑忌，彼此三心二意。105意色不平　彼此互不服氣、互不信任的樣子。106長嘯　打口哨，一種旁顧無人的樣子。107凝望　另有所思的樣子。(108)趨出　原指小步疾行，是一種表示恭敬的姿態，這裡即指疾行而出。(109)殺衛可孤　衛可孤是破六韓拔陵的部將，率領反魏的軍隊圍攻魏國的軍鎮，聲勢甚猛，後來衛可孤被賀拔勝等人襲擊殺死。事見本書卷一百五十普通五年。(110)不與世隆等俱來　爾朱榮被魏主元子攸殺害後，賀拔勝先與爾朱世隆一道向朝廷問罪，後來爾朱世隆率軍北撤時，賀拔勝脫離爾朱氏歸順了元子攸的朝廷一方，且隨朝廷軍東討爾朱仲遠。事見本書上卷。(111)密邇　近在身邊。(112)骨肉構隙　親近的兄弟、叔姪之間彼此猜疑內鬥。構隙，成了冤家對頭。(113)親信都督　官名，猶如今之衛士長，掌管衛隊。胡三省曰：「魏末諸將擅兵，始置是官，以領親兵。」(114)段韶　高歡的親信段榮之子，入齊後被封樂陵郡公。傳見《北齊書》卷十六。(115)如湯沃雪　極言其易被所滅。沃，澆灌。(116)小能敵大二句　乃春秋時隨大夫季梁語，見《左傳》桓公六年。意思說小國之所以能抵抗大國，是因為小國有道，大國邪惡。(117)皇天無親二句　出於《尚書・周書・蔡仲之命》。意為皇天不偏向誰，只幫著有德的人。(118)辛亥　十月十五。(119)十一月乙未　十一月二十九。(120)般若經　佛教的重要經典之一，全稱《大般若波羅密多經》，簡稱《般若經》。為宣說諸法皆空之義的大乘般若類經典的彙編。唐玄奘譯，共六百卷。(121)庚辰　十一月十四。按，此句「庚辰，魏高歡引兵攻鄴」云云，按時間順序應在上句「乙未，上幸同泰寺」云云之前。(122)魏南兗州　州治即今安徽亳州。(123)來降　來歸降於梁朝。(124)芳　劉芳，魏國的儒學之臣，深受孝文帝之尊信，曾任中書令。傳見《魏書》卷五十五。(125)上　指梁武帝蕭衍。(126)元樹　魏獻文帝拓跋弘之孫，咸陽王元禧之子，爾朱榮操控魏政時，元樹投降梁國。傳見《梁書》卷三十九。(127)譙城　譙縣縣城，即今安徽亳州。(128)奉送所持節　將任南兗州刺史時魏國所賜的旌節，歸還給朝廷。(129)不仕而卒　胡三省曰：「『陳力就列，不能者止』，劉世明有焉。劉氏世居彭城。」

【校　記】[1]掠　據章鈺校，甲十一行本、乙十一行本、孔天胤本皆作「略」。[2]原　據章鈺校，甲十一行本、乙十一行本、孔天胤本皆作「郊」。[3]刺史　原無此二字。據章鈺校，甲十一行本、乙十一行本、孔天胤本皆有此二字，張敦仁《通鑑刊本識誤》、張瑛《通鑑校勘記》同，今據增。[4]三師　原誤作「三司」，據章鈺校，甲十一行本、乙十一行本皆作「三師」，今據校正。

【語　譯】六月十五日癸丑，梁武帝蕭衍封華容公蕭歡為豫章王，封蕭歡的弟弟枝江公蕭譽為河東王，封曲阿公蕭詧為岳陽王。梁武帝因為人們還在為立蕭綱為太子的事議論紛紛，所以就把大郡分封給蕭歡兄弟，以安撫他們。過了很久之後，宮監鮑邈之因為引誘、掠奪而犯法，按照法律雖然不至於被判處死刑，但皇太子蕭綱追念自己的哥哥昭明太子所受的冤屈都是因為鮑邈之向皇帝打小報告造成的，於是就抹著眼淚把鮑邈之殺死了。

魏國高歡準備起兵討伐爾朱氏，擔任鎮南大將軍的斛律金、高歡的妹夫擔任一支軍隊頭領的善無縣人庫狄干與高歡的小舅子婁昭、妻子的姐夫段榮都鼓勵高歡去完成這件大事。高歡於是偽造了一封書信，說爾朱兆將要把魏國北部邊境地區的懷朔鎮、武川鎮、撫冥鎮、柔玄鎮、懷荒鎮、禦夷鎮六個軍鎮的百姓分配到爾朱氏所屬的契胡人屬下去做奴隸，北方六鎮的人都很憂愁恐懼。高歡又假稱奉了并州刺史爾朱兆的命令，從北方六鎮徵兵去討伐與爾朱氏作對的步落稽人，他徵集到了一萬人，即將派他們出發。孫騰與擔任都督的尉景為這些準備出征的人向高歡請求多留五天，如此一連請留了好幾回，出發的時候高歡親自把這些人送到郊外，這才擦去眼淚，與他們握手告別，出征的眾人全都嚎啕痛哭，哭聲震動了原野。高歡趁機又勸慰他們說：「我和你們都是背井離鄉的漂泊之人，在這個意義上說我們都是一家人，沒想到在上位的人徵調百姓當兵竟然到了如此的程度！如果我們按照上頭的命令到西邊去與步落稽人作戰，將死於戰場；路上遲到，沒按規定時間到達，又會被處死；即使能夠順利到達那裡，把你們編入契胡人的名下，受契胡人的欺壓虐待，還是免不了一死，我們應該怎麼辦？」眾人異口同聲地說：「只有造反了！」高歡說：「造反是應急的對策，然而應當推舉出一個人來充當首領，誰可以擔當此任呢？」眾人共同推舉高歡，高歡說：「你們這些老鄉們很難管理，你們沒看見葛榮是怎麼失敗而死的嗎？葛榮雖然擁有百萬之眾，竟然沒有法律進行約束，終於自行敗亡了。現在推舉我為首領，就應該與以前不同，今後不許你們欺陵漢族人，如果有人違犯軍令，生死任憑我處置才行；否則的話，組織軍隊，沒有章法而招致失敗，令我遭到天下人的恥笑，這種事我是不幹的。」大家全都磕頭觸地說：「是死是活，我們都聽你的！」高歡於是宰牛犒賞將士，六月二十二日庚申，高歡在信都起兵，也沒敢公開宣布背叛爾朱氏。

正遇到曾經擔任南趙郡太守的李元忠起兵逼近殷州，高歡遂令高乾以救援的名義率軍趕往殷州。高乾輕騎進入殷州城會見殷州刺史爾朱羽生，與爾朱羽生一同商議、謀劃軍事行動計畫，而後將爾朱羽生騙出殷州城外，趁機將爾朱羽生擒獲、斬首，高乾帶著爾朱羽生的人頭來見高歡。高歡用手拍著自己的胸脯說：「今天我算是下定決心要造反啦！」於是任命李元忠為殷州刺史，率軍駐守廣阿。高歡隨後公開上表列數爾朱氏的罪狀，在朝中擔任尚書令的爾朱世隆封鎖了這一消息，沒有向節閔帝元恭奏報此事。

魏國的楊播和他的弟弟楊椿、楊津兄弟三人都很有名望，都是德高望重之人。楊播意志堅強，楊椿、楊津謙虛恭謹，家中歷代都孝敬父母、友愛兄弟，五服以內的家人都在一個鍋裡吃飯，一家男男女女有一百口人，沒有人能說他們家族關係的壞話。楊椿、楊津全都位至三公，一門之內曾經出了七位郡太守，三十二位州刺史。在魏敬宗元子攸誅殺爾朱榮的時候，楊播的兒子楊侃參與了敬宗皇帝的密謀；城陽王元徽、魏敬宗的姐夫李彧，都和楊播是兒女親家。在爾朱兆率軍進入洛陽的時候，楊侃逃回了華陰縣，大將軍、雍州刺史爾朱天光讓楊侃的岳父韋義遠將楊侃招來，爾朱天光與韋義遠盟誓，許諾一定會寬恕楊侃參與殺害爾朱榮的罪過。楊侃對自己的家人說：「即使他違背誓言將我殺死，死的不過是我一個人，還是希望能因此而保全我們一家這一百口人的性命。」於是楊侃出來應招，爾朱天光果然違背諾言殺死了楊侃。當時楊椿已經辭官回家養老，與自己的兒子楊昱住在華陰縣，楊椿的弟弟擔任冀州刺史的楊順、擔任司空的楊津、楊順的兒子擔任東雍州刺史的楊辨、擔任正平太守的楊仲宣都在洛陽。秋季，七月，爾朱世隆上書給節閔帝，誣陷楊氏謀反，請求逮捕楊氏審問治罪，魏節閔帝沒有批准。爾朱世隆苦苦請求，節閔帝元恭迫不得已，只好命令有關部門的官員先進行審查，而後向朝廷報告。初四日壬申的夜裡，爾朱世隆派軍隊包圍了司空楊津的府第，爾朱天光也派軍隊突然包圍了楊椿在華陰縣的老家，居住在西部華陰與居住在東部洛陽的楊氏家族不論男女老幼全部被屠殺了，其家產全部被登記沒收充公。爾朱世隆上書給節閔帝說：「楊氏確實謀反，他們與前往執行逮捕命令的士兵相對抗，已經全部被格殺。」節閔帝為楊氏一門的被殺惋惜、惆悵了很久，只是沒有說出來而已，不論是在朝的文武官員還是民間的普通百姓聽到楊氏家族被爾朱氏屠滅的消息，無不為楊氏家族感到憤憤不平而痛恨爾朱氏的殘暴。楊津的兒子楊逸擔任光州刺史，爾朱仲遠派使者前往光州殺死了楊逸。只有楊津的兒子楊愔在楊家遭到逮捕的時候恰好外出，他趁機逃跑藏匿起來才幸免被爾朱氏殺死，他前往信都拜見高歡，向高歡哭訴自己家族遭受的滅門之禍，趁機向高歡獻上討伐爾朱氏的計策，高歡非常器重楊愔，立即任命楊愔為行臺郎中。

七月初七日乙亥，梁武帝來到殿堂前的平臺上冊封蕭綱為皇太子，宣布大赦令。〇十八日丙戌，魏國擔任司徒的爾朱彥伯因為天下大旱而辭去司徒的職務。二十日戊子，節閔帝任命爾朱彥伯為侍中、開府儀同三司。爾朱彥伯和他的兄弟們比較起來基本上沒有什麼大的過錯。爾朱世隆堅持辭讓太保一職，節閔帝特地設置了儀同三師之職，地位僅在太尉、司徒、司空三公以下。二十二日庚寅，節閔帝任命爾朱世隆為儀同三師。斛斯椿在爾朱世隆面前說擔任侍中的朱瑞的壞話，爾朱世隆遂殺死了朱瑞。

七月二十二日庚寅，梁武帝下詔說：「凡是血緣關係在五服之內的同族人，婦女賜湯沐邑，男子食鄉亭侯，按照血緣關係的遠近區別對待。」〇二十四日壬辰，梁武帝任命擔任吏部尚書的何敬容為尚書右僕射。何敬容，是何昌寓的兒子。

魏國的爾朱仲遠、爾朱度律等人聽到高歡起兵造反的消息，依仗自己的勢力強大，並沒有把這件事放在心上，只有爾朱世隆對此事感到很憂慮。爾朱兆率領二萬步兵、騎兵從井陘出發，趕往殷州，李元忠放棄殷州城逃往信都。八月初九日丙午，爾朱仲遠、爾朱度律率軍前往信都討伐高歡。九月十二日己卯，魏節閔帝任命爾朱仲遠為太宰。十三日庚辰，任命爾朱天光為大司馬。

九月二十六日癸巳，魏節閔帝追尊自己的生父廣陵惠王元羽為先帝，追尊自己的生母王氏為先太妃，封自己的弟弟元永業為高密王，封自己的兒子元恕為勃海王。

冬季，十月十三日己酉，梁武帝前往同泰寺，登上和尚講經的講壇，為廣大僧眾講解《涅槃經》，一連講了七天才結束。

梁朝的樂山縣侯蕭正則，先前因為奴役百姓、私鑄錢幣、窩藏匪盜等罪被流放到鬱林郡，他在鬱林郡招集、引誘那些亡命之徒，準備進攻番禺，擔任廣州刺史的元仲景率軍前往鬱林進行討伐，殺死了蕭正則。蕭正則，是蕭正德的弟弟。

行臺孫騰對高歡說：「如今我們已經與朝廷隔絕，目前沒有一個能讓我們信賴、能向之請示的人，如果我們不臨時擁立一個有號召力的人出來，眾人都將瓦解四散。」高歡對孫騰的說法有些懷疑，孫騰卻一而再再而三地堅持請求，高歡遂擁立擔任勃海太守的元朗為皇帝。元朗，是元融的兒子。十月初六日壬寅，元朗在信都城西即皇帝位，改年號為中興元年。元朗任命高歡為侍中、丞相、都督中外諸軍事、大將軍、錄尚書事、大行臺；任命高乾為侍中、司空；任命高敖曹為驃騎大將軍、開府儀同三司、冀州刺史；任命孫騰為尚書左僕射、河北行臺；任命魏蘭根為尚書右僕射。

十月十三日己酉，爾朱仲遠、爾朱度律、擔任驃騎大將軍的斛斯椿、擔任車騎大將軍、儀同三司的賀拔勝、擔任車騎大將軍的賈顯智駐軍於陽平縣。賈顯智名叫賈智，字顯智，人們都習慣稱呼他的字，是賈顯度的弟弟。爾朱兆從井陘出發，率軍駐紮在廣阿，號稱十萬大軍。高歡運用反間計，四處散布說「爾朱世隆與他的哥哥爾朱彥伯、爾朱仲遠兄弟三人準備謀殺爾朱兆」，又說「爾朱兆與高歡共同謀劃殺害爾朱仲遠等」，因此爾朱氏諸人之間互相猜忌、各懷二心，在駐紮地徘徊不前。爾朱仲遠等人多次派遣斛斯椿、賀拔勝前去向爾朱兆進行解釋、勸說，爾朱兆於是率領著三百名輕騎兵來到爾朱仲遠的大營，與爾朱仲遠一同坐在大帳中，爾朱兆對爾朱仲遠滿臉的不信任，他手裡不停地舞動著馬鞭，嘴裡打著口哨，眼睛凝視著遠方，他懷疑爾朱仲遠等會對自己發動襲擊，因此就快步走出爾朱仲遠的大帳，策馬跑回自己的駐地。爾朱仲遠派斛斯椿、賀拔勝等人追趕爾朱兆，準備向他說明情況，爾朱兆藉機捉住了斛斯椿、賀拔勝，把他們帶回自己的營帳，爾朱仲遠、爾朱度律大為恐懼，立即率領自己的部下向南逃走。爾朱兆一條一條地列數賀拔勝的罪過，準備殺死賀拔勝，他對賀拔勝說：「你殺死衛可孤，這是你的第一條罪狀。天柱大將軍被元子攸殺死後，你不與爾朱世隆等人一同北撤，卻歸順了元子攸的朝廷一方，隨朝廷軍東討爾朱仲遠，這是你的第二條罪狀。我早就想把你殺掉，你現在還有什麼話可說？」賀拔勝說：「衛可孤是國家的心腹大患，我父子將他殺死，功勞不小，你反倒把它當成了我們的罪過嗎？天柱大將軍被殺，是國君誅殺臣子，我寧可辜負太原王爾朱榮，也不能辜負朝廷。今天的事情，是生是死都取決於大王你。但是寇賊就在身邊，你們兄弟、叔姪骨肉之間互相猜疑內鬥，從古到今，出現這種情況沒有不滅亡的。我賀拔勝並不怕死，所怕的是大王打錯了主意。」爾朱兆遂放了他。

高歡準備與爾朱兆交戰，卻又畏懼爾朱兆兵多勢強，就去徵詢擔任親信都督的段韶，段韶說：「所說的眾多，指的是能夠得到眾人的拼死效力；所說的勢強，是指得到天下人的衷心擁護。爾朱氏對上弒殺了天子，當中屠殺了滿朝的公卿大臣，對下虐待百姓，大王是以順討逆，消滅他們就像用開水澆灌積雪一樣容易，爾朱氏有什麼眾多勢強可言呢！」高歡說：「雖然如此，我是以弱小對抗強大，恐怕沒有上天的保佑是不能獲得成功的。」段韶說：「我聽說古人說過『小國之所以能夠抵抗大國，是因為小國有道，大國邪惡。』『皇天不偏向誰，只幫助有德之人。』爾朱氏對外擾亂天下，對內失掉了英雄人物的擁護，有智慧的人不為他們出謀劃策，勇敢的人不為他們奮力衝殺，他們已經失去了民心，天意豈有不順從民心的道理呢！」段韶，是段榮的兒子。十月十五日辛亥，高歡在廣阿把爾朱兆打得大敗，俘虜了爾朱兆五千多名披甲執械的士兵。

十一月二十九日乙未，梁武帝前往同泰寺，為僧眾講解《般若經》，一連講了七天才結束。〇十四日庚辰，魏國的高歡率軍攻打鄴城，擔任相州刺史的劉誕在鄴城四周布防堅守。

這一年，魏國南兗州城內的百姓王乞得劫持了刺史劉世明，獻出南兗州向梁國投降。劉世明，是劉芳的族姪。梁武帝任命擔任侍中的元樹為鎮北將軍、都督北討諸軍事，駐守譙城。任命劉世明為征西大將軍、郢州刺史，加授開府儀同三司。劉世明沒有接受梁武帝的這一任命，堅決要求返回魏國，梁武帝同意了他的請求。劉世明返回洛陽之後，就將自己任南兗州刺史時魏國朝廷所賜的旌節歸還給朝廷，然後回到自己的家鄉，再也沒有出來做官，最後在家中去世。

四年（壬子　西元五三二年）

春，正月丙寅❶，以南平王偉❷為大司馬，元法僧❸為太尉，袁昂❹為司空。

○立西豐侯正德❺為臨賀王。正德自結於朱异，上既封昭明諸子，异言正德失職❻，故王之❼。○以太子右衛率薛法護為司州牧❽，衛送魏王悅入洛❾。○庚午❿，立太子綱之長子大器為宣城王。

魏高歡攻鄴，為地道，施柱而焚之⓫，城陷入地。壬午⓬，拔鄴，擒劉誕，以楊愔為行臺右丞。時軍國多事，文檄教令⓭，皆出於愔及開府諮議參軍崔㥄⓮。㥄，逞⓯之五世孫也。

二月，以太尉元法僧為東魏王⓰，欲遣還北，兗州刺史羊侃⓱為軍司馬，與法僧偕行⓲。

楊州刺史邵陵王綸⓳遣人就市賒買⓴錦綵絲布數百匹，市人皆閉邸店㉑不出，少府丞㉒何智通依事啟聞㉓。綸被責還弟㉔，乃遣防閤㉕戴子高等以槊刺智通於都巷，刃出於背。智通識子高，取其血以指畫車壁為「邵陵」字，乃絕，由是事覺。庚戌㉖，綸坐免為庶人，鎖之於弟，經三[1]旬，乃脫鎖，頃之復封爵。

辛亥㉗，魏安定王㉘追諡敬宗曰武懷皇帝。甲子㉙，以高歡為丞相、柱國大將軍、太師。三月丙寅㉚，以高澄㉛為驃騎大將軍。丁丑㉜，安定王帥百官入居於鄴㉝。

爾朱兆與爾朱世隆等互相猜阻，世隆卑辭厚禮諭兆，欲使之赴洛，唯其所欲。

又請節閔帝納兆女為后，兆乃悅，并與天光、度律更立誓約，復相親睦。

斛斯椿陰謂賀拔勝曰：「天下皆怨毒㉞爾朱，而吾等為之用，亡無日矣，不如圖之。」勝曰：「天光與兆各據一方，欲盡去之甚難，去之不盡，必為後患，柰何？」椿曰：「此易致耳。」乃說世隆追天光等赴洛，共討高歡。世隆屢徵天光，天光不至，使椿自往邀之，曰：「高歡作亂，非王不能定，豈可坐視宗族夷滅邪！」天光不得已，將東出，問策於雍州刺史賀拔岳，岳曰：「王家㉟跨據三方㊱，士馬殷盛，高歡烏合之眾，豈能為敵！但能同心戮力，往無不捷。若骨肉相疑，則圖存之不暇，安能制人！如下官所見，莫若且鎮關中以固根本，分遣銳師與眾軍合勢，進可以克敵，退可以自全。」天光不從。閏月壬寅㊲，天光自長安，兆自晉陽，度律自洛陽，仲遠自東郡，皆會於鄴，眾號二十萬，夾洹水㊳而軍，節閔帝以長孫稚為大行臺，總督之。

高歡令吏部尚書封隆之守鄴，癸丑㊴，出頓紫陌㊵，大都督高敖曹將鄉里部曲王桃湯等三千人以從。歡曰：「高都督所將皆漢兵，恐不足集事㊶，欲割鮮卑兵千餘人相雜用之，何如？」敖曹曰：「敖曹所將，練習已久，前後格鬭，不減鮮卑㊷。今若雜之，情不相洽，勝則爭功，退則推罪，不煩更配㊸也。」

庚申(44)，爾朱兆帥輕騎三千夜襲鄴城，叩西門(45)，不克而退。壬戌(46)，歡將戰，馬不滿二千，步兵不滿三萬，眾寡不敵，乃於韓陵(47)為圓陳，連繫(48)牛驢以塞歸道，於是將士皆有死志(49)。兆望見歡，遙責歡以叛己，歡曰：「本所以戮力(50)者，共輔帝室。今天子何在(51)？」兆曰：「永安(52)枉害天柱(53)，我報讎耳。」歡曰：「我昔[2]聞天柱計(54)，汝在戶前立，豈得言不反邪！且以君殺臣，何報之有(55)！今日義絕矣。」遂戰。歡將中軍，高敖曹將左軍，歡從父弟岳(56)將右軍。歡戰不利，兆等乘之，岳以五百騎衝其前，別將斛律敦收散卒躡其後，敖曹以千騎自栗園出橫擊之，兆等大敗，賀拔勝與徐州刺史杜德於陳降歡。兆對慕容紹宗撫膺曰：「不用公言(57)，以至於此！」欲輕騎西走(58)，紹宗反旗鳴角(59)，收散卒成軍而去。兆還晉陽，仲遠奔東郡。爾朱彥伯聞度律等敗，欲自將兵守河橋，世隆不從。

度律、天光將之洛陽，大都督斛斯椿謂都督賈顯度、賈顯智曰：「今不先執爾朱氏，吾屬死無類(60)矣。」乃夜於桑下盟，約倍道先還(61)。世隆使其外兵參軍陽叔淵單騎[3]馳赴北中(62)，簡閱敗卒，以次內之(63)。椿至，不得入城，乃詭說(64)叔淵曰：「天光部下皆是西人，聞欲大掠洛邑，遷都長安，宜先內我以為之備。」叔淵信之。夏，四月甲子朔(65)，椿等入據河橋，盡殺爾朱氏之黨。度律、天光欲攻之，會大雨晝夜不止，士馬疲頓，弓矢不可施，遂西走，至灅波津(66)[4]，為人所擒，送於椿所。椿使行臺長孫稚詣洛陽奏狀，別遣賈顯智、張歡帥騎掩襲世隆，執之。彥伯時在禁直，長孫稚於神虎門啓陳：「高歡義功既振(67)，請誅爾朱氏。」節閔帝使舍人郭崇報彥伯，彥伯狼狽走出，為人所執，與世隆俱斬於閶闔門(68)外，送其首并度律、天光於高歡。

節閔帝使中書舍人盧辯(69)勞歡於鄴，歡使之見安定王，辯抗辭(70)不從，歡不能奪，乃捨之。辯，同之兄子也。

辛未(71)，驃騎大將軍、行濟州事侯景(72)降於安定王，以景為尚書僕射、南道大行臺、濟州刺史。

爾朱仲遠來奔(73)。仲遠帳下都督喬寧、張子期自滑臺(74)詣歡降(75)。歡責之曰：「汝事仲遠，擅其榮利(76)，盟契百重(77)，許同生死。前仲遠自徐州為逆(78)，汝為戎首(79)；今仲遠南走，汝復叛之。事天子則不忠，事仲遠則無信，犬馬尚識飼之者(80)，汝曾(81)犬馬之不如！」遂斬之。

爾朱天光之東下(82)也，留其弟顯壽鎮長安，召秦州刺史侯莫陳悅(83)欲與之俱東。賀拔岳知天光必敗，欲留悅共圖顯壽以應高歡，計未有所出。宇文泰謂岳曰：

「今天光尚近，悅未必有貳心，若以此告之，恐其驚懼。然悅雖為主將，不能制物[84]，若先說其眾，必人有留心[85]，悅進失爾朱之期[86]，退恐人情變動，乘此說悅，事無不遂。」岳大喜，即令泰入悅軍說之，悅遂與岳俱[5]襲長安。泰帥輕騎為前驅，顯壽棄城走，追至華陰[87]，擒之。歡以岳為關西大行臺，岳以泰為行臺左丞，領府司馬[88]，事無巨細皆委之[89]。

爾朱世隆之拒高歡[90]也，使齊州行臺尚書房謨[91]募兵趣四瀆[92]；又使其弟青州刺史弼趣亂城[93]，揚聲北渡[94]，為掎角之勢[95]。及韓陵既敗，弼還東陽[96]，聞世隆等死，欲來奔，數與左右割臂為盟。帳下都督馮紹隆，素為弼所信待[97]，說弼曰：「今方同契闊[98]，宜更割心前之血以盟眾。」弼從之，大集部下，披胸[99]令紹隆割之，紹隆因推刃殺之，傳首洛陽[100]。

丙子[101]，安東將軍辛永以建州[102]降於安定王。○辛巳[103]，安定王至邙山[104]。高歡以安定王疏遠[105]，使僕射魏蘭根[106]慰諭洛邑，且觀節閔帝之為人，欲復奉之[107]。蘭根以帝神采高明，恐於後難制，與高乾兄弟及黃門侍郎崔㥄共[6]勸歡廢之。歡集百官問所宜立，莫有應者。太僕代人綦毋儁盛稱節閔帝賢明，宜主社稷，歡欣然是之。㥄作色曰：「若言賢明，自可待我高王[108]，徐登大位。廣陵[109]既為逆胡所立(110)，何得猶為天子！若從雋言，王師何名義舉？」歡遂幽節閔帝於崇訓佛寺(111)。

歡入洛陽，斛斯椿謂賀拔勝曰：「今天下事，在吾與君耳，若不先制人，將為人所制。高歡初至，圖之不難。」勝曰：「彼有功於時，害之不祥。比數夜(112)與歡同宿，具[7]序往昔之懷(113)，兼荷兄恩意甚多(114)，何苦憚之(115)！」椿乃止(116)。

歡以汝南王悅(117)，高祖之子，召欲立之，聞其狂暴無常，乃止。◯時諸王多逃匿，尚書左僕射平陽王脩(118)，懷之子也，匿於田舍。歡欲立之，使斛斯椿求(119)之。椿見脩所親員外散騎侍郎太原王思政(120)，問王所在，思政曰：「須知問意。」椿曰：「欲立為天子。」思政乃言之。椿從思政見脩，脩色變，謂思政曰：「得無賣我邪(121)？」曰：「不也。」曰：「敢保之乎(122)？」曰：「變態百端，何可保也？」椿馳報歡。歡遣四百騎迎脩入氈帳(123)，陳誠(124)，泣下霑襟，脩讓以寡德，歡再拜，脩亦拜。歡出備服御(125)，進湯沐，達夜嚴警。昧爽(126)，文武執鞭以朝(127)，使斛斯椿奉勸進表(128)。椿入帷門(129)，磬[8]折延首(130)而不敢前，脩令思政取表視之，曰：「便不得不稱朕矣(131)。」乃為安定王作詔策而禪位焉。

戊子(132)，孝武帝(133)即位於東郭(134)之外，用代都舊制，以黑氈蒙七人，歡居其一，帝於氈上西向拜天畢，入御太極殿，羣臣朝賀，升閶闔門大赦，改元太昌。以高歡為大丞相、天柱大將軍、太師，世襲定州刺史。庚寅[135]，加高澄[136]侍中、開府儀同三司。

初，歡起兵信都，爾朱世隆知司馬子如與歡有舊，自侍中、驃騎大將軍出為南岐州[137]刺史。歡入洛，召子如為大行臺尚書，朝夕左右，參知軍國。廣州刺史廣寧韓賢[138]，素為歡所善，歡入洛，凡爾朱氏所除官爵例皆削奪，唯賢如故。

以前御史中尉樊子鵠[139]兼尚書左僕射，為東南道大行臺，與徐州刺史杜德追爾朱仲遠。仲遠已出境，遂攻元樹於譙[140]。

丞相歡徵賀拔岳為冀州刺史，岳畏歡，欲單馬入朝。行臺右丞薛孝通說岳曰：「高王以數千鮮卑破爾朱百萬之眾，誠亦難敵。然諸將或素居其上，或與之等夷[141]，雖[9]屈首從之，勢非獲已[142]。今或在京師，或據州鎮，高王除之則失人望[143]，留之則為腹心之疾。且吐萬人[144]雖復敗走，猶在并州，高王方內撫羣雄，外抗勍敵[145]，安能去其巢穴[146]，與公爭關中之地乎！今關中豪俊皆屬心於公[147]，願效其智力。公以華山為城，黃河為塹[148]，進可以兼山東[149]，退可以封函谷[150]，柰何欲束手受制於人乎！」言未卒，岳執孝通手曰：「君言是也。」乃遜辭為啟[151]而不就徵[152]。

壬辰[153]，丞相歡還鄴，送爾朱度律、天光於洛陽，斬之。

五月丙申[154]，魏主酖節閔帝於門下外省[155]，詔百司[156]會喪，葬用殊禮[157]。以沛郡王欣[158]為太師，趙郡王諶[159]為太保，南陽王寶炬[160]為太尉，長孫稚為太傅。寶炬，愉之子也。丞相歡固辭天柱大將軍，戊戌[161]，許之。己酉[162]，清河王亶[163]為司徒。侍中河南高隆之[164]，本徐氏養子，丞相歡命以為弟[165]，恃歡勢驕狎[10]公卿，南陽王寶炬毆之，曰：「鎮兵何敢爾[166]！」魏主以歡故，六月丁卯[167]，黜寶炬為驃騎大將軍，歸第[168]。

魏主避廣平武穆王[169]之諱，改諡武懷皇帝曰孝莊皇帝[170]，廟號敬宗。

秋，七月庚子[171]，魏復以南陽王寶炬為太尉。○壬寅[172]，魏丞相歡引兵入滏口，大都督庫狄干入井陘，擊爾朱兆。庚戌[173]，魏主使驃騎大將軍、儀同三司高隆之帥步騎十萬會丞相歡于太原，因以隆之為丞相軍司[174]。歡軍於武鄉[175]，爾朱兆大掠晉陽，北走秀容[176]，并州平。歡以晉陽四塞[177]，乃建大丞相府而居之。

魏夏州遷民[178]郭遷據青州反，刺史元嶷[179]棄城走，詔行臺侯景等討之，拔其城。遷來奔[180]。

魏東南道大行臺樊子鵠圍元樹於譙城[181]，分兵攻取蒙縣[182]等五城，以絕援兵之路。樹請帥眾南歸，以地還魏，子鵠等許之，與之誓約。樹眾半出，子鵠擊之，擒樹及譙州刺史朱文開以歸。羊侃行至官竹[183]，聞樹敗而還。九月，樹至洛陽；久之，復欲南奔，魏人殺之。○乙巳[184]，以司空袁昂領尚書令。

冬，十一月丁酉[185]，日南至[186]，魏主祀圜丘[187]。○甲辰[188]，魏殺安定王朗、東海王曄[189]。○己酉[190]，以汝南王悅為侍中、大司馬。○魏葬靈太后胡氏[191]。

上聞魏室已定，十二月庚辰[192]，復以太尉元法僧為郢州刺史[193]。○魏主以汝南王悅屬近地尊[194]，丁亥[195]，殺之。○魏大赦，改元永興，以與太宗同號[196]，復改永熙。

魏主納丞相歡女為后，命太常卿李元忠納幣[197]於晉陽。歡與之宴，論及舊事，元忠曰：「昔日建義[198]，轟轟大樂[199]，比來寂寥[11]無人問[200]。」歡撫掌笑曰：「此人逼我起兵[201]。」元忠戲曰：「若不與侍中[202]，當更求建義處[203]。」歡曰：「建義不慮無[204]，止畏如此老翁不可遇[205]耳。」元忠曰：「止為此翁難遇，所以不去。」因捋歡須大笑[206]。歡悉其雅意[207]，深重之。

爾朱兆既至秀容，分守險隘，出入寇抄。魏丞相歡揚聲討之，師出復止者數四[208]，兆意怠。歡揣[209]其歲首當宴會，遣都督竇泰[210]以精騎馳之，一日一夜行三百里，歡以大軍繼之。

【章　旨】以上為第三段，寫梁武帝蕭衍中大通四年（西元五三二年）一年間的大事。主要寫了高歡另擁立新皇帝安定王元朗於信都，接著高歡軍攻下鄴城，擒相州刺史劉誕，移新皇帝元朗都於鄴城；寫了爾朱世隆主動向爾朱兆求好，爾朱氏兩派恢復合作，四路聯合出兵共同討伐鄴城，高歡在高岳、高敖曹、斛律敦等人的勇敢戰鬥下以少抗眾，反敗為勝，大破爾朱氏諸軍於韓陵，爾朱氏各路回歸各自的州郡；寫斛斯椿與賈顯度、賈顯智等潛回洛陽發動政變，據河橋，盡誅在朝的爾朱氏之黨，襲捕了爾朱世隆、爾朱彥伯，路過洛陽的爾朱天光、爾朱度律被人所擒，俱送交高歡處；爾朱榮的部將侯景往投高歡，爾朱仲遠南投梁朝，青州刺史爾朱弼被其部下所殺；關中守將賀拔岳、宇文泰等襲殺爾朱顯壽，賀拔岳遂據有關中，不聽高歡調遣；宇文泰初露頭角，逐漸掌控關中大權；寫高歡弒節閔帝元恭，諡之曰莊宗；又嫌安定王元朗疏遠，乃令元朗退位，而迎立元懷之子元脩為皇帝；寫高歡殺退位之二帝元曄、元朗，又殺屬近位尊之汝南王元悅；寫高歡入并州討伐爾朱兆，爾朱兆兵敗，逃向秀容，并州平定，高歡建大丞相府而居之；高歡召司馬子如為大行臺尚書，朝夕左右，參知軍國；寫高歡的親信李元忠為魏主娶皇后向高歡之女下定禮，而見面則勸高歡盡早自己稱帝，二人戲笑盡情；此外還寫了蕭衍之姪蕭正德與朝廷權臣朱异勾結為逆；蕭衍之子蕭綸逞兇於建康，少府丞何智通言之朝廷，蕭綸竟刺殺何智通於市頭，而蕭衍猶一味姑息養奸等等。

【注　釋】❶正月丙寅　正月初一。❷南平王偉　蕭偉，蕭衍之弟，被封為南平郡王。傳見《梁書》卷二十二。❸元法僧　原為魏國宗室，任徐州刺史，元乂亂國時曾自稱為帝，後魏朝廷漸定，因畏討而降梁。傳見《梁書》卷三十九。❹袁昂　宋臣袁顗之子，在齊為御史中丞，入梁後曾為尚書令。傳見《梁書》卷三十一。❺正德　蕭正德，蕭宏之子，梁武帝蕭衍之姪。曾因不得為太子逃奔魏國，後又返回，未被懲處，後又封為臨賀王。傳見《梁書》卷五十五。❻失職　丟了應有的職位。梁武帝蕭衍在未得太子蕭統前，曾收其姪蕭正德為過繼兒子。後來自己生了兒子，便將蕭正德又退回到其生父蕭宏的家裡。因為蕭正德本想當太子，而沒能當成，故曰「失職」。❼故王之　因其本有當太子的可能，故加照顧封臨賀王，否則郡王的兒子照例只能封侯。❽司州牧　梁國的司州州治義陽，即今河南信陽。❾衛送魏王悅入洛　再送這第二個分裂政權的頭子回國搞分裂活動。魏王悅，元悅，孝文帝之子，在位被封為汝南王。傳見《魏書》卷二十二。元悅在爾朱榮大殺魏國宗室時逃到梁國，被梁國封為魏王。此前曾到兩國邊境伺機進入，未能成功，又退了回來。❿庚午　正月初五。⓫施柱而焚之　胡三省曰：「穴城下為地道未成，恐其頹落而不得究功，故施柱；地道既成，乃焚其柱，故城陷入地。」⓬壬午　正月十七日。⓭文檄教令　皆文體名。文檄，即通告一類的文字，也稱檄移，可用於聲討、警告、勸諭、說明、昭示等等。教令，是軍政方面大員通知、勸諭部下僚屬、軍民的書信一類的文字。⓮崔㥄　崔逞之五世孫，先曾為太學博士，後投歸高歡部下，成為高歡的開國功臣。傳見《北齊書》卷二十三。⓯逞　崔逞，先後曾在慕容暐、苻堅、慕容垂等部下任職，後投歸拓跋燾，任御史中丞，因說話諷刺，被拓跋燾所殺。傳見《魏書》卷三十二。⓰為東魏王　又樹立第三個分裂政權的頭目。胡三省曰：「上既以元悅為魏王，使自西道入；又使元法僧從東道入，故謂之東魏王。」⓱羊侃　原在魏國蕭寶寅部下為將，曾射死關隴地區變民將領莫折天生，後歸降梁朝。傳見《梁書》卷三十九。⓲偕行　同行。⓳邵陵王綸　蕭綸，梁武帝蕭衍之子，被封為邵陵郡王。傳見《梁書》卷二十九。⓴賒買　強買東西而不付錢。㉑閉邸店　緊閉店門。邸店，這裡即指店鋪。㉒少府丞　官名，主管為宮廷採購日常生活需要的東西。㉓依事啟聞　按照事實報告了梁武帝。㉔被責還弟　被譴責解職回家。弟，通「第」。府第。㉕防閤　王、公貴族的衛士。皇帝身邊有直閤，與之同類。㉖庚戌　二月十五。㉗辛亥　二月十六。㉘安定王　被高歡所立的魏國皇帝元朗。元朗退位後，被降為安定王，此提前用以稱之。㉙甲子　二月二十九。㉚三月丙寅　三月初二。㉛高澄　高歡之子，即日後的文襄帝。傳見《北齊書》卷三。㉜丁丑　三月十三。㉝入居於鄴　由信都遷居於鄴，亦即以鄴城為都城。鄴城在今河北臨漳西南。㉞怨毒　怨恨。㉟王家　大王你們家族。㊱跨據三方　爾朱兆據并、汾；爾朱天光據關、隴；爾朱仲遠據徐、兗。㊲閏月壬寅　閏三月初八。㊳洹水　即今之安陽河，流經鄴城之南。㊴癸丑　閏三月十九。㊵紫陌　又稱祭陌，地名，在今河北臨漳境內。㊶集事　成事；取得勝利。㊷不減鮮卑　不比鮮卑人差。㊸不煩更配　用不著再往裡頭搭配。㊹庚申　閏三月二十六。㊺叩西門　攻擊鄴城的西門。用「叩」字顯得生動活潑。㊻壬戌　閏三月二十八。㊼韓陵　地名，在今河南安陽東北。㊽連繫　拴在一起，以起阻擋之用。㊾死志　拼出一死的決心。㊿本所以勠力　當初所以和你並肩合作。勠力，合力。(51)今天子何在　此天子指魏敬宗元子攸，已被爾朱兆殺之於晉陽。(52)永安　魏敬宗的第二個年號（西元五二八—五二九年），爾朱兆用以比較客氣地稱呼魏敬宗。(53)枉害天柱　沒有道理地殺了天柱將軍爾朱榮。枉，無理；不正直。(54)昔聞天柱計　我聽到爾朱榮陰謀殺害皇帝的話時。按，這是高歡當面撒謊，無事實也。(55)以君殺臣二句　《左傳》昭公十四年有所謂「君討臣，誰敢仇之？」即平常所說的「君叫臣死，臣不敢不死」。56從父弟岳　高岳，高歡部下的名將之一。傳見《北齊書》卷十三。57不用公言　指慕容紹宗勸阻爾朱兆把六鎮之兵交給高歡統轄。58西走　西返晉陽。59反旗鳴角　調轉旌旗，吹起號角，以集合自己的軍隊。60死無類　即死無遺類，整個家族被殺得一乾二淨。61倍道先還　加快行程地返回洛陽。62北中　古城名，原是北中郎將的府城，在河橋北岸，是洛陽城北面的重要門戶。63以次內之　不讓他們一哄而進洛陽，蓋防止生亂也。內，通「納」。64詭說　騙說。65四月甲子朔　四月初一是甲子日。66灅波津　渡口名，在河橋的西方。胡三省曰：「亦曰雷波，即爾朱兆犯洛帥騎踏淺涉渡之處。」67義功既振　伸張正義的大功已經獲勝。68閶闔門　洛陽皇宮的正南門。69盧辯　盧同之姪，盧同傳見《魏書》卷七十六。70抗辭　義正辭嚴地說話。抗，高；不屈。71辛未　四月初八。72行濟州事侯景　代理濟州刺史的侯景。侯景原來也在爾朱榮門下，此時已投靠高歡。傳見《梁書》卷五十六。濟州的州治盧縣，在今山東東阿西北，聊城東南。73來奔　前來投降梁王朝。74滑臺　魏國東郡的郡治所在地，在今河南滑縣西南。75詣歡降　前去投降高歡。76擅其榮利　享有他給你的一切富貴尊榮。擅，專有。77盟契百重　與爾朱氏多次地宣誓結盟。契，結約。百重，極言其次數之多。78為逆　指中大通二年（西元五三〇年）爾朱仲遠進兵洛陽事。79戎首　先驅；開路先鋒。80飼之者　餵養牠的人。81曾　竟然；連個。82爾朱天光之東下　此追敘以前事。83侯莫陳悅　爾朱榮的舊部，姓侯莫陳，名悅。傳見《魏書》卷八十。84不能制物　在其部眾面前沒有威信，不能統領其眾。物，即指人，人心。85人有留心　全都願意留在長安，不願隨之東討。人，人人，指侯莫陳悅的部下。86失爾朱之期　不能按爾朱氏規定的日期到達。87華陰　魏縣名，即今陝西華陰，因在華山之北而得名，在當時的長安之東約二百多里。88領府司馬　兼任賀拔岳雍州刺史府的司馬。領，兼任。89事無巨細皆委之　宇文泰的勢力從此而起。90爾朱世隆之拒高歡　亦追敘以前事。91房謨　當時受人擁護的地方官，為爾朱世隆所信任，任以為齊州行臺。傳見《北史》卷五十五。齊州的州治歷城，即今濟南。92四瀆　四瀆津，渡口名，在今山東長清西南。所謂「四瀆」，指此水可通四瀆而言。胡三省引《水經注》曰：「以其自河入濟，自泗入淮，自淮達江，水逕周流，故有四瀆之名。」93亂城　古城名，在今山東濱縣南。94揚聲北渡　揚言渡黃河而北，以取高歡的根據地。95掎角之勢　軍事用語，以喻兩支部隊相互策應、相互支援，共同對付一支敵兵的態勢。96東陽　古城名，即今山東青州，當時為魏國的青州州治所在地。97信待　猶言信賴，信任、依靠。98同契闊　猶言「同生死、共患難」。《詩經・邶風・擊鼓》有所謂「死生契闊」，毛萇注：「契闊，勤苦也。」99披胸　露出胸膛。披，披開；敞露。100傳首洛陽　用傳車將爾朱弼的首級送到洛陽。101丙子　四月十三。102建州　魏州名，在今山西晉城西北，高平東南。103辛巳　四月十八。104至邙山由鄴城入洛陽，先經洛陽城北的邙山。⑯安定王疏遠　安定王元朗與魏國皇帝的血緣關係疏遠，立之為帝，號召力不強。按，元朗是獻文帝元弘的姪孫，與魏明帝元詡已是緦麻之親。〔106〕魏蘭根　當時有才幹的地方官，後來成為高歡的親信。傳見《北齊書》卷二十三。〔107〕欲復奉之　想繼續擁戴元恭為帝。〔108〕高王　指高歡。〔109〕廣陵　指節閔帝元恭，因其在被擁立為帝前繼其父為廣陵王。〔110〕為逆胡所立　元恭是被爾朱世隆擁立為帝。〔111〕崇訓佛寺　崇訓寺，洛陽城內的佛寺名。〔112〕比數夜　近日來的一連幾個晚上。比，近；一連。〔113〕具序往昔之懷　一道訴說舊日的情懷。序，意思同「敘」，訴說。〔114〕兼荷兄恩意甚多　其中說了許多對你感恩的話。荷，負戴；感恩。〔115〕何苦憚之　你何必怕他呢。〔116〕椿乃止　胡三省曰：「史言賀拔勝有才武而無遠識，高歡能以姦詐玩弄時輩而悅其心；斛斯椿者小有才，反覆人也，其圖歡之志固在孝武帝未立之前矣。」〔117〕汝南王悅　元悅，孝文帝元宏之子，宣武帝元恪之弟。傳見《魏書》卷二十二。〔118〕平陽王脩　元脩，孝文帝之孫，廣平王元懷之子，即歷史上所說的魏出帝。傳見《魏書》卷十一。〔119〕求　尋找。〔120〕太原王思政　太原是魏郡名，郡治晉陽，即今太原。王思政是平陽王元脩的親信。〔121〕得無賣我邪　莫非是騙我麼。得無，難道；莫非。賣，哄騙。〔122〕敢保之乎　你能擔保我不會有危險嗎。

〔123〕氈帳　高歡所居住與辦公的大帳篷。亦即「穹廬」、「蒙古包」。〔124〕陳誠　表達誠意。〔125〕備服御　準備稱帝用的衣服與車馬。

〔126〕昧爽　天矇矇亮。〔127〕執鞭以朝　胡三省曰：「軍中不能備朝服，故執鞭以為敬。」〔128〕奉勸進表　向元脩呈上勸其進位稱帝的表章。〔129〕帷門　氈帳的門口。〔130〕磬折延首　彎著腰，伸著脖子。磬，古代的石製樂器，形如曲尺，故用以形容人的彎腰。

〔131〕便不得不稱朕矣　胡三省曰：「平陽王視勸進表而發此言，驕滿之氣溢於肝膈之上，君子以是知其不能終。」〔132〕戊子　四月二十五。〔133〕孝武帝　即元脩，死後諡曰孝武。〔134〕東郭　洛陽外城的東門外。〔135〕庚寅　四月二十七。〔136〕高澄　高歡的長子。傳見《北齊書》卷三。〔137〕南岐州　魏州名，州治在今甘肅徽縣東北。〔138〕廣寧韓賢　廣寧是魏郡名，郡治在今山西朔州東南。韓賢原是變民頭領葛榮的部將，葛榮敗後投歸爾朱氏，爾朱榮被殺後又投歸高歡。傳見《北齊書》卷十九。〔139〕御史中尉樊子鵠　御史中尉是主管監察、彈劾的官員。樊子鵠原是爾朱榮的部將，爾朱榮被殺後，繼續在幾個傀儡皇帝手下服務，曾打敗降梁的魏將元樹，收回一些魏國的失地。傳見《魏書》卷八十。〔140〕攻元樹於譙　元樹叛魏降梁後，曾被任為郢州刺史，又被派率軍北伐魏，攻得譙郡，並駐兵守之。譙是魏郡名，郡治即今安徽亳州。〔141〕等夷　平等；地位相當。〔142〕勢非獲已　實在是出於不得已。〔143〕失人望　令眾人因失望而離心。〔144〕吐萬人　即爾朱兆，字吐萬人。〔145〕勍敵　勢力強大的敵人。〔146〕去其巢穴　離開他的巢穴，這裡即指都城洛陽。〔147〕屬心於公　心向著您。屬心，歸心。〔148〕塹　濠溝；護城河。〔149〕兼山東　吞併華山以東，指今之河南、山西、河北、山東、安徽等廣大地區。山東，華山以東，也可以說崤山之東。崤山在今河南靈寶東南，都是指

關中以外的東方廣大地區。(150)封函谷　意即守住函谷關，在關中地區割據稱王。封，堵塞；擋住。東漢初期關中地區的割據勢力隗囂的部將王元曾對隗囂說：「元請以一丸泥為大王東封函谷關。」薛孝通即借用其語。(151)遜辭為啓　上書說客氣話，找理由推託。(152)不就徵　不聽招呼，不到洛陽去。(153)壬辰　四月二十九。(154)五月丙申　五月初三。(155)門下外省　門下省正門以外的屋舍。門下省即侍中與諸侍郎辦公、議事之地。(156)百司　意同「百官」。(157)葬用殊禮　用特殊優厚的禮容予以安葬。胡三省曰：「加九旒、鑾輅、黃屋、左纛、班劍百二十人，蓋其禮特異於諸王之喪耳。」按，元恭被高歡所殺時，年三十五歲，謚曰武懷。(158)沛郡王欣　元欣，獻文帝元弘之孫，廣陵王元羽之子，節閔帝元恭之兄。傳見《魏書》卷二十一。(159)趙郡王諶　元諶，獻文帝元弘之孫，趙郡王元幹之子，被魏莊帝封為趙郡王。傳見《北史》卷十九。(160)南陽王寶炬　元寶炬，孝文帝之孫，京兆王元愉之子。傳見《魏書》卷二十二。即西魏文帝，宇文泰所立。西元五三五—五五一年在位。(161)戊戌　五月初五。(162)己酉　五月十六。(163)清河王亶　元亶，孝文帝之孫，清河王元懌之子，繼其父位為清河郡王。傳見《魏書》卷二十二。(164)高隆之　高歡的親黨，無血緣關係，只偶然同姓而已。傳見《北齊書》卷十八。(165)命以為弟　呼之為弟。命，名也。(166)鎮兵何敢爾　一個鎮兵安敢如此囂張。鎮兵，當時洛陽一帶的士大夫對北方邊境軍官的蔑稱。胡三省曰：「魏遷洛陽，北人留居北鎮者率隸尺籍，故詈之曰『鎮兵』。」(167)六月丁卯　六月初五。(168)歸第　意即免除其現有職務，只以驃騎大將軍的身分回家賦閒。(169)廣平武穆王　元懷，孝文帝之子，是高歡新立的現時魏主元脩之父，武穆是其死後的謚。(170)改謚武懷皇帝曰孝莊皇帝《謚法解》：「武而不遂曰莊，死於原野曰莊，兵甲不亟作曰莊。」(171)七月庚子　七月初八。(172)壬寅　七月初十。(173)庚戌七月十八。(174)軍司　意同「軍師」，參謀總長。(175)武鄉　魏縣名，在今山西武鄉東北。(176)秀容　魏郡名，郡治在今山西忻州西北，當時上屬於肆州。(177)四塞　四面皆有險可守。(178)夏州遷民　被強迫從夏州遷居到青州的百姓。青州的州治即今山東青州，當時稱作東陽。(179)元嶷　魏昭成帝拓跋什翼犍之子。傳見《魏書》卷十五。(180)遷來奔　郭遷逃來歸順梁朝。(181)圍元樹於譙城　去年，梁派元樹鎮譙城，今年四月魏御史中尉樊子鵠率軍攻之。(182)蒙縣　魏縣名，縣治在今河南商丘東北。(183)羊侃行至官竹　羊侃原是魏國名將，魏朝廷內亂時投歸梁朝，此時是受梁朝之命往救譙城之守將元樹。官竹是魏邑名，在商丘東南。胡三省引《水經注》曰：「睢水自睢陽東南流，歷竹圃，水次綠竹蔭渚，菁菁彌望，世人謂之梁王竹園。官收其竹，因曰官竹。」(184)乙巳　九月十四。(185)十一月丁酉　十一月初七。(186)日南至　太陽到了南回歸線，也就是到了冬至節。(187)祀圜丘　到天壇祭天。圜丘，皇帝祭天的圓臺，即後代所說的「天壇」。(188)甲辰　十一月十四。(189)魏殺安定王朗東海王曄　胡三省曰：「二王皆嘗擁立，雖已廢退，居嫌疑之地，故見殺。」(190)己酉　十一月十九。(191)靈太后胡氏　宣武帝元恪的皇后，明帝元詡的生母，被爾朱榮投於河而死。傳見《魏書》卷十三。192庚辰　十二月二十一。193復以太尉元法僧為郢州刺史　今春魏國形勢混亂時，梁國曾任元法僧為東魏王，以分裂魏國，近來魏國形勢穩定，故停止分裂之舉，改任元法僧為郢州刺史。194屬近地尊　血緣親近，職位尊貴。按，元悅是現任魏主元脩的親叔父，官居大司馬之職。195丁亥　十二月二十八。196與太宗同號　與明元帝拓跋嗣的年號相同。明元帝拓跋嗣是道武帝拓跋珪之子，太武帝拓跋燾之父，廟號太宗，西元四〇九—四二三年在位，其第一個年號稱「永興」（西元四〇九—四一三年）。傳見《魏書》卷三。按，此事甚奇，「永興」是魏國百年前用過的年號，難道魏國朝廷竟無人記得？為何又讓元脩使用之？197納幣　送聘禮，俗稱「過定」。婚前男方給女子送聘禮，女家受禮後回報男方，表示兩人的婚姻已定。198建義　舉行反爾朱榮的起義。199轟轟大樂　熱熱鬧鬧地大幹了一場。樂，歡樂；熱鬧。200比來寂寥無人問　近來人們都寂寞空虛地不再說什麼，言外之意是「忘記我們當初的宗旨是什麼了」。201逼我起兵　逼著我起來奪取皇帝之位。202不與侍中　不答應我的請求；不接受我的建議。與，贊成；接受。侍中，李元忠自指。203當更求建義處　我會去找另一個人起來奪取皇帝位。204建義不慮無　想幹這件事的人不愁沒有。205如此老翁不可遇　能像我這麼合適的老頭兒不好找。206因捋歡須大笑　帝王之家的婚姻完全是一種政治需要、政治手段，根本不把當事人的感情視有分毫，此處表現得淋漓盡致。207悉其雅意　明白他一貫的思想。悉，明白；瞭解。雅意，解釋為「素意」固可，解釋為「好意」也未為不可。208數四　意即多次。209揣　揣測；估計。210竇泰　高歡的親信部將。傳見《北齊書》卷十五。

【校　記】1三　原作「二」。據章鈺校，甲十一行本、乙十一行本、孔天胤本皆作「三」，今據改。2昔　據章鈺校，甲十一行本、乙十一行本、孔天胤本「昔」下皆有「親」字。3單騎　原無此二字。據章鈺校，甲十一行本、乙十一行本、孔天胤本皆有此二字，今據增。按，《魏書・爾朱世隆傳》亦有此二字。4灅波津　原作「灅陂津」。據章鈺校，甲十一行本、乙十一行本皆作「灅波津」，張瑛《通鑑校勘記》同，今據改。按，《魏書・爾朱度律傳》亦作「灅波津」。5俱　據章鈺校，甲十一行本、乙十一行本、孔天胤本皆作「共」。6共　張敦仁《通鑑刊本識誤》以為「共」作「力」。7具　原作「且」。據章鈺校，甲十一行本、乙十一行本、孔天胤本皆作「具」，今據改。按，《北史・斛斯椿傳》作「具」。8罄　據章鈺校，甲十一行本、乙十一行本、孔天胤本皆作「罄」。9雖　原無此字。據章鈺校，甲十一行本、乙十一行本、孔天胤本皆有此字，今據增。10狎　原無此字。據章鈺校，甲十一行本、乙十一行本、孔天胤本皆有此字，張敦仁《通鑑刊本識誤》同，今據補。11寂寥　原作「寂寂」。據章鈺校，甲十一行本、乙十一行本、孔天胤本皆作「寂寥」，今據改。按，《北史・李靈傳附曾孫元忠傳》

作「寂寥」。

【語　譯】四年（壬子　西元五三二年）

春季，正月初一日丙寅，梁武帝蕭衍任命南平王蕭偉為大司馬，任命元法僧為太尉，任命袁昂為司空。○梁武帝封西豐侯蕭正德為臨賀王。西豐侯蕭正德主動結交擔任領軍將軍的朱异，梁武帝封完昭明太子的幾個兒子為王以後，朱异說西豐王蕭正德沒有得到自己應得的爵位，所以梁武帝才封蕭正德為臨賀王。○梁武帝任命擔任太子右衛率的薛法護為司州牧，護送魏王元悅返回洛陽另立朝廷以分裂魏國。○初五日庚午，梁武帝封皇太子蕭綱的長子蕭大器為宣城王。

魏國的高歡率軍進攻鄴城，他指揮軍隊在鄴城城牆下面挖掘地道，一邊挖掘一邊用木柱進行支撐，地道挖成之後就放火焚燒木柱，導致城牆坍塌，陷入地中。正月十七日壬午，高歡攻克了鄴城，活捉了擔任相州刺史的劉誕，高歡任命擔任行臺郎中的楊愔為行臺右丞。當時軍隊和國家正處於多事之秋，文告教令，全都出自於楊愔和擔任開府諮議參軍的崔㥄之手。崔㥄，是崔逞的第五世孫。

二月，梁武帝封擔任太尉的元法僧為東魏王，準備把他送回北方另立朝廷，任命擔任兗州刺史的羊侃為軍司馬，與元法僧一同行動。

梁國擔任揚州刺史的邵陵王蕭綸派人到街市上向商家強買數百匹的錦、綵、絲、布卻不付錢，街市上的商人因此都關閉了店門不出來做生意，擔任少府丞的何智通依照事實報告了梁武帝。邵陵王蕭綸受了梁武帝的一番責備回到自己的府邸之後，就派遣擔任防閤的戴子高等人在都城建康的街巷裡用矟刺殺少府丞何智通，矟刃從何智通的前胸刺入，從背部穿出。何智通認識戴子高，就用手指蘸著自己的鮮血在所乘坐的車壁上畫上「邵陵」二字，然後氣絕身亡，因此事情的真相很快被查出。二月十五日庚戌，邵陵王蕭綸因此事被判有罪而被貶為平民，關押在他自己的家中，過了三十天，梁武帝就解除了對蕭綸的關押，不久又恢復了蕭綸的封爵。

二月十六日辛亥，魏國安定王元朗追謚魏敬宗皇帝元子攸為武懷皇帝。二十九日甲子，安定王任命高歡為丞相、柱國大將軍、太師。三月初二日丙寅，安定王任命高歡的長子高澄為驃騎大將軍。十三日丁丑，安定王率領屬下的文武百官從信都遷入鄴城。

爾朱兆與爾朱世隆等人互相猜疑、阻斷消息，爾朱世隆派人帶著厚厚的禮物言辭謙恭地勸說爾朱兆，想讓爾朱兆前往洛陽，許諾他到洛陽之後想怎樣就可以怎樣。又請求節閔帝元恭接納爾朱兆的女兒為皇后，爾朱兆這才高興起來，並且與爾朱天光、爾朱度律重新訂立盟約，相互之間又重新和睦親密起來。

驃騎大將軍斛斯椿私下裡祕密地對賀拔勝說：「天下人全都怨恨爾朱氏，而我等卻在為他們效力，爾朱氏的滅亡沒有幾天了，倒不如由我們來把他們除掉。」賀拔勝說：「爾朱天光與爾朱兆各自佔據一方，想把他們全部除掉很困難，如果不能把他們徹底除掉，一定會成為後患，該怎麼辦？」斛斯椿說：「要把他們徹底除掉也很容易辦到。」於是斛斯椿就勸說爾朱世隆將爾朱天光等人召回洛陽，共同商量討伐高歡的事情。爾朱世隆多次徵召爾朱天光回洛陽，而爾朱天光不來，爾朱世隆就派斛斯椿親自去邀請爾朱天光，斛斯椿對爾朱天光說：「高歡作亂，除去大王誰也不能把他平定，大王難道能夠坐視爾朱氏家族被他消滅而無動於衷嗎！」爾朱天光不得已，就準備東進返回洛陽，他問計於擔任雍州刺史的賀拔岳，賀拔岳說：「大王的家族中有爾朱兆佔據著并州、汾州，大王您佔據著關、隴地區，爾朱仲遠佔據著徐州、兗州，兵馬眾多，高歡的部眾乃是一群烏合之眾，豈能是大王家族的對手！只要你們爾朱氏家族能夠同心協力，就會無往而不勝。如果大王家族骨肉之間互相猜忌，那麼想要生存下來恐怕都來不及，又怎麼能控制別人！按照我的意見，大王不如暫且駐守關中，加固自己的根本，派遣一部分精銳部隊與其他部隊會合在一起，前進可以克敵制勝，後退可以自我保全。」爾朱天光沒有聽取賀拔岳的意見。閏三月初八日壬寅，爾朱天光從長安出發，爾朱兆從晉陽出發，爾朱度律從洛陽出發，爾朱仲遠從東郡出發，全都來到鄴城之下會合，部眾號稱有二十萬，他們在洹水兩岸紮下營寨，節閔帝元恭任命長孫稚為大行臺，總管監督所有軍隊。

高歡命令擔任吏部尚書的封隆之率軍守衛鄴城，閏三月十九日癸丑，高歡率軍出城，屯紮在紫陌，擔任大都督的高敖曹率領著家鄉的私人武裝王桃湯等三千人跟隨著高歡駐紮在紫陌。高歡說：「高都督所率領的都是漢族人，恐怕靠他們難以取得勝利，我想從鮮卑人的隊伍中分出一千多人摻入漢人隊伍中一起使用，你認為怎麼樣？」高敖曹說：「我所率領的這些漢族士兵，已經經過長期訓練，前後格鬥，並不比鮮卑族士兵差。現在如果把鮮卑人摻雜在漢族人中間，雙方的感情不融洽，打了勝仗則相互爭搶功勞，敗退的時候則相互推卸罪責，所以用不著再往裡頭搭配了。」

閏三月二十六日庚申，爾朱兆率領三千輕騎兵在夜間襲擊鄴城，攻打鄴城的西門，沒有攻克而退走。二十八日壬戌，高歡準備出戰，其部隊只有不滿二千的騎兵，不足三萬的步兵，在眾寡不敵的情況下，在韓陵布置成圓形軍陣，把牛驢拴在一起用來堵住自己後退的道路，於是將士們全都懷有拼著一死的決心。爾朱兆望見高歡，就遠遠地責備高歡背叛了自己，高歡說：「當初所以和你並肩合作，為的是共同輔佐朝廷。如今魏國的天子在哪裡？」爾朱兆說：「永安帝元子攸平白無故地害死了天柱大將軍，我是在為天柱大將軍報仇。」高歡說：「過去我聽到天柱大將軍爾朱榮陰謀殺害皇帝的話時，你就在門口站著，怎能說天柱大將軍不造反呢！再說皇帝殺死臣屬，有什麼仇可報！今天我與你們爾朱氏已經恩斷義絕。」說完雙方的軍隊就戰在了一起。高歡率領中軍，高敖曹率領左軍，高歡的堂弟高岳率領右軍。高歡作戰不利，爾朱兆等乘勝進擊，高岳率領著五百名騎兵衝擊爾朱兆的前鋒，另一支獨立部隊的頭領斛律敦收集起潰散的士兵在爾朱兆的背後向其發起進攻，高敖曹則率領著一千名漢族騎兵從栗園衝出來攔腰截擊爾朱兆的軍隊，爾朱兆等立即被打得大敗，車騎大將軍賀拔勝與徐州刺史杜德在兩軍陣前投降了高歡。爾朱兆撫摸著自己的胸口對慕容紹宗說：「我當初沒有聽從你的勸阻而把六鎮之兵交給高歡統轄，所以才導致了今天的失敗！」爾朱兆想要拋棄大軍，率領輕騎兵向西返回晉陽，慕容紹宗調轉旌旗方向，吹起號角，收集起逃散的士兵，集結成隊列之後從容地向西而去。爾朱兆逃回晉陽，爾朱仲遠逃往東郡。爾朱彥伯聽到爾朱度律等人失敗的消息，就想親自率軍守衛河橋城，爾朱世隆沒有同意。

爾朱度律、爾朱天光即將前往洛陽，擔任大都督的斛斯椿對擔任都督的賈顯度、賈顯智兄弟二人說：「如果我們不先將爾朱氏抓起來，我們這些人就要被他們滅族了。」於是利用夜間幾個人在桑樹下祕密盟誓，約定路上加快行程搶先一步回到洛陽。爾朱世隆派他屬下擔任外兵參軍的陽叔淵獨自飛馬趕往河橋北岸的北中郎府城，檢查失敗而回的士卒，令他們有秩序地進入洛陽城。斛斯椿率先到達，卻不讓進城，斛斯椿就編了一套假話欺騙陽叔淵說：「爾朱天光的部下都是西部關、隴地區的人，聽說他們要到洛陽大肆掠奪，然後遷都長安，你應該先讓我進城做好防備。」陽叔淵相信了斛斯椿所說的話。夏季，四月初一日甲子，斛斯椿等人進入並控制了河橋城，把爾朱氏的黨羽全部殺死。爾朱度律、爾朱天光正要進攻斛斯椿等，卻遇到天降大雨，晝夜不停，屬下的兵馬疲憊困頓，弓箭也拉不開，遂向西退走，走到灅波津的時候，爾朱度律、爾朱天光被人捉住，送到了斛斯椿的住地。斛斯椿讓擔任行臺的長孫稚前往洛陽向朝廷奏報爾朱氏的罪狀，另派賈顯智、張歡率領一支騎兵隊伍前往偷襲爾朱世隆，把爾朱世隆擒獲。當時爾朱世隆的大哥爾朱彥伯正在宮中值班，長孫稚在神虎門啟奏說：「高歡伸張正義的大功已經告成，請求皇帝陛下誅殺爾朱氏。」節閔帝元恭派擔任舍人的郭崇將這一消息告訴了爾朱彥伯，爾朱彥伯狼狽出宮逃走，路上被人擒獲，遂與爾朱世隆一同被殺死在閶闔門外，他們的首級連同爾朱度律、爾朱天光一併被送與高歡。

魏節閔帝派遣擔任中書舍人的盧辯前往鄴城慰勞高歡，高歡讓盧辯拜見安定王元朗，盧辯義正詞嚴，就是不服從，高歡不能使盧辯屈服，就把盧辯放走了。盧辯，是盧同的姪子。

四月初八日辛未，魏國擔任驃騎大將軍、代理濟州刺史職務的侯景投降了安定王，安定王任命侯景為尚書僕射、南道大行臺、濟州刺史。

魏國的爾朱仲遠前來投降梁國。在爾朱仲遠帳下擔任都督的喬寧、張子期從滑臺前往鄴城投降高歡。高歡責備他們說：「你們在爾朱仲遠手下任職，享受著他給予你們的一切榮華富貴，你們曾經多次和爾朱氏宣誓結盟，許諾要與爾朱氏同生共死。以前爾朱仲遠在徐州舉兵指向洛陽的時候，你們為他充當先鋒；如今爾朱仲遠向南逃走，你們就又背叛了爾朱仲遠。你們的所作所為，對天子則是不忠，對爾朱仲遠則是無信，就連犬馬尚且認識餵養牠的主人，你們竟然連犬馬都不如！」於是殺死了喬寧、張子期。

爾朱天光從長安率軍東下洛陽的時候，留下自己的弟弟爾朱顯壽鎮守長安，爾朱天光招呼擔任秦州刺史的侯莫陳悅，想讓他與自己一同東進。擔任雍州刺史的賀拔岳知道爾朱天光此次出兵一定會失敗，就想留住侯莫陳悅共同除掉爾朱顯壽以響應高歡，卻沒有想出留住侯莫陳悅的好辦法。宇文泰對賀拔岳說：「如今爾朱天光還沒有走出多遠，侯莫陳悅未必對爾朱天光懷有二心，如果現在我們把自己的想法告訴他，恐怕他沒有心理準備會驚惶恐懼。然而侯莫陳悅雖然身為主將，在他的部眾面前卻沒有威信，因而統領不了他的部眾，如果首先勸說他的那些部眾，他的部眾一定會人人都願意留在長安，不願隨之東討，這樣一來，侯莫陳悅如果想要跟隨爾朱天光向洛陽進兵，一定會因為眾人都想留在長安而不能按爾朱天光規定的日期到達，後退又擔憂人心思變，到那時再趁機勸說侯莫陳悅，事情沒有不成功的道理。」賀拔岳聽了非常高興，立即讓宇文泰到侯莫陳悅的軍中去做說服工作，侯莫陳悅遂與賀拔岳同時率軍襲擊長安。宇文泰率領輕騎兵擔任前鋒，爾朱顯壽放棄長安城逃走，賀拔岳等人追到華陰縣，活捉了爾朱顯壽。高歡任命賀拔岳為關西大行臺，賀拔岳任命宇文泰為行臺左丞，兼任賀拔岳雍州刺史府的司馬，事情無論大小，賀拔岳全都託付給宇文泰去辦理。

爾朱世隆出兵討伐高歡的時候，令擔任齊州行臺尚書的房謨招募軍隊趕往四瀆津；又令自己的弟弟擔任青州刺史的爾朱弼率軍趕往亂城，揚言要北渡黃河進攻高歡的根據地，造成相互策應、相互支援的一種態勢。等到韓陵失敗之後，爾朱弼回到東陽，聽到了爾朱世隆等人已死的消息，就想向南投奔梁國，他多次以割臂出血的方式與自己身邊的親信宣誓結盟。在他的帳下擔任都督的馮紹隆，一向受到爾朱弼的信賴，馮紹隆向爾朱弼建議說：「目前正是需要大家同生死、共患難的時候，你應該改成割取胸前之血的方式與大家盟誓。」爾朱弼採納了馮紹隆的建議，他把自己的部下全部召集起來，然後露出胸膛讓馮紹隆割取自己的胸前之血，馮紹隆趁勢用力把刀子推進爾朱弼的胸膛，殺死了爾朱弼，然後把爾朱弼的人頭送往洛陽。

四月十三日丙子，魏國擔任安東將軍的辛永獻出建州向安定王元朗投降。○十八日辛巳，魏國的安定王從鄴城前往洛陽，抵達邙山。高歡因為安定王與孝明帝元詡的血緣關係疏遠，便讓擔任尚書僕射的魏蘭根前往洛陽去撫慰勸說朝中的大臣，同時觀察一下節閔帝元恭的為人處事，想要繼續擁戴元恭為皇帝。魏蘭根因為節閔帝元恭神采飛揚，處事高明，恐怕以後難以控制，於是就與高乾兄弟和擔任黃門侍郎的崔㥄共同勸說高歡廢掉節閔帝。高歡召集起文武百官，向他們詢問應該立誰為皇帝好，在座的群臣沒有人出來說話。擔任太僕的代郡人綦毋儁極力稱讚節閔帝賢能英明，應該由他來主宰國家社稷，高歡欣然表示贊同。崔㥄馬上變了臉色，他說：「如果廣陵王元恭確實賢能英明，自然應該等到我們高王前來以後，再慢慢地登上皇帝的寶座。廣陵王的這個皇帝既然是叛逆的契胡人爾朱氏所選定的，怎麼還能讓他繼續做皇帝呢！如果聽從了綦毋儁的意見，我們起兵討伐叛逆又怎麼能稱得上是正義之舉？」高歡遂把節閔帝囚禁在崇訓佛寺。

高歡進入洛陽，擔任大都督的斛斯椿對車騎大將軍賀拔勝說：「如今的天下大事，完全取決於我與你，如果我們不先發制人，就將被人所制。高歡剛到洛陽，除掉他並不難。」賀拔勝說：「他有功於當代，害死他不吉祥。近來我一連幾天與高歡住在一起，一道訴說舊日的情懷，其中他說了很多對你感恩的話，你何必怕他呢！」斛斯椿這才打消了殺害高歡的念頭。

高歡因為汝南王元悅是魏高祖元宏的兒子，就把汝南王召到洛陽想擁立他為皇帝，後來聽說汝南王狂妄暴躁，喜怒無常，就改變了立汝南王為皇帝的想法。○當時魏國的許多諸侯王都逃亡藏匿起來，擔任尚書左僕射的平陽王元脩，是廣平王元懷的兒子，隱藏在農村。高歡想立平陽王為皇帝，於是派斛斯椿去尋找他。斛斯椿看見了元脩的親信擔任員外散騎侍郎的太原人王思政，就向王思政打聽平陽王在什麼地方，王思政說：「我需要知道你尋找他的目的是什麼。」斛斯椿說：「想立他為魏國的皇帝。」王思政這才告訴斛斯椿平陽王躲藏在什麼地方。斛斯椿跟隨著王思政來見平陽王，平陽王知道了斛斯椿他們的來意之後立即臉色大變，他對王思政說：「你是不是在騙我？」王思政回答說：「不是。」平陽王說：「你能擔保我不會有危險嗎？」王思政說：「時局變化無常，誰能擔保得了？」斛斯椿立即飛馬報告了高歡。高歡派遣四百名騎兵把平陽王迎入自己的大帳篷，高歡向平陽王表達自己的誠意時，淚流滿面，衣襟都被淚水沾溼了，平陽王以自己對人民缺少恩德為由進行推辭，高歡先後兩次向平陽王叩拜，元脩也向高歡答拜。高歡取出為平陽王準備的稱帝用的衣服與車馬，送進熱水供平陽王洗浴，整夜都嚴加警戒。第二天天矇矇亮的時候，文武大臣因為來不及準備朝服，為了表示恭敬，就都手持馬鞭朝見平陽王，高歡讓斛斯椿向平陽王呈上勸其進位稱帝的表章。斛斯椿走到氈帳的門口，便像磬一樣彎著腰伸著脖子而不敢向前，平陽王令擔任員外散騎侍郎的王思政接過表章，平陽王看過表章之後說：「看來我不得不稱朕了。」於是高歡讓人為安定王元朗起草了一份將皇位讓給平陽王的詔書，安定王遂將皇位禪讓給了平陽王。

四月二十五日戊子，魏孝武帝元脩在洛陽東郭之外即皇帝位，沿用建都平城時皇帝登基的舊制度，用黑色的氈子蒙住七個人，高歡是其中之一，新皇帝元脩在黑氈子上面向西方祭天結束之後，進入洛陽城內的太極殿，接受群臣的朝拜祝賀，然後登上閶闔門宣布大赦，改年號為太昌元年。任命高歡為大丞相、天柱大將軍、太師，世襲定州刺史。二十七日庚寅，加授高澄為侍中、開府儀同三司。

當初，高歡在信都起兵的時候，爾朱世隆知道司馬子如與高歡過去有交情，就把司馬子如從侍中、驃騎大將軍的位子上拿下來，令其離開朝廷去擔任南岐州刺史。高歡進入洛陽之後，立即把司馬子如召回洛陽擔任大行臺尚書，令其從早到晚跟隨在自己身邊，參與決策軍國大事。擔任廣州刺史的廣寧人韓賢，一向與高歡關係友善，高歡進入洛陽之後，凡是爾朱氏所授予的官職爵位一律被削奪，只有韓賢是個例外，仍然擔任廣州刺史。

任命前任御史中尉樊子鵠兼任尚書左僕射，為東南道大行臺，與擔任徐州刺史的杜德一同率軍追擊爾朱仲遠。爾朱仲遠此時已經逃離魏國，樊子鵠等人遂進攻梁國駐守譙城的元樹。

魏國丞相高歡徵調賀拔岳為冀州刺史，賀拔岳懼怕高歡，就想接受高歡的調遣，單人獨騎入朝。在賀拔岳屬下擔任行臺右丞的薛孝通勸阻賀拔岳說：「高歡用數千名鮮卑人打敗了爾朱氏的百萬之眾，確實難以與他為敵。然而諸將領有的一向位居高歡之上，有的與高歡地位相當，雖然現在全都低頭順從於他，實在是出於迫不得已。如今這些人有的在京城為官，有的佔據著州鎮，高歡如果除掉他們就會令眾人因失望而離心，留下他們就有可能成為心腹大患。而且爾朱兆雖然失敗逃走，仍然佔據著并州，高歡正需要對內安撫各路英雄，對外抗擊勢力強大的敵人，怎能離開他自己的巢穴，與你去爭奪關中之地呢！如今關中地區的豪強俊傑全都歸心於你，願意為你奉獻他們的智慧和力量。你就應該把華山作為城池，把黃河當做護城河，進兵則可以吞併華山以東的廣大地區，後退則可以守住函谷關，在關中地區割據稱王，為什麼卻要捆住自己的手腳受制於人呢！」薛孝通的話還沒有說完，賀拔岳就拉住薛孝通的手說：「你說得很對。」於是上書給高歡，說了些謙遜的客氣話而沒有到洛陽去。

四月二十九日壬辰，丞相高歡回到鄴城，他把爾朱度律、爾朱天光押送到洛陽，斬首示眾。

五月初三日丙申，魏國孝武帝元脩在門下省正門以外的屋舍裡用毒酒毒死了節閔帝元恭，然後下詔令文武百官都來弔喪，又用特殊優厚的禮容安葬了節閔帝。魏國朝廷任命沛郡王元欣為太師，任命趙郡王元諶為太保，任命南陽王元寶炬為太尉，任命長孫稚為太傅。元寶炬，是元愉的兒子。丞相高歡堅決推辭天柱大將軍的職位，初五日戊戌，孝武帝批准了高歡的請求。十六日己酉，任命清河王元亶為司徒。

魏國擔任侍中的河南人高隆之，原本是徐家的養子，丞相高歡稱呼高隆之為弟，高隆之依仗著高歡的勢力傲視戲弄公卿大臣，南陽王元寶炬毆打了高隆之，對高隆之說：「你一個鎮兵安敢如此囂張！」魏孝武帝因為高歡的緣故，六月初五日丁卯，免除了南陽王元寶炬的現有職務，只以驃騎大將軍的身分回家賦閒。

魏孝武帝為了避開自己的父親廣平武穆王元懷的名諱，遂把元子攸的武懷皇帝之謚改為孝莊皇帝，廟號敬宗。

秋季，七月初八日庚子，魏國朝廷又任命南陽王元寶炬為太尉。○初十日壬寅，魏國丞相高歡率軍進入滏口，大都督庫狄干率軍進入井陘，進攻佔據并州的爾朱兆。十八日庚戌，魏孝武帝令擔任驃騎大將軍、開府儀同三司的高隆之率領十萬步兵、騎兵前往太原與丞相高歡會合，高歡趁機任命高隆之為丞相軍司。高歡將軍隊駐紮在武鄉縣，爾朱兆放縱士兵在晉陽大肆搶掠之後，就向北逃往秀容郡，并州遂宣告平定。高歡因為晉陽四面環山有險可守，於是就在晉陽建造大丞相府居住下來。

魏國被強迫從夏州遷到青州居住的百姓郭遷佔據青州城造反，擔任青州刺史的元嶷棄城逃走，孝武帝下詔令擔任行臺的侯景等人討伐郭遷，侯景率軍攻克了青州城。郭遷逃往梁國。

魏國擔任東南道大行臺的樊子鵠率軍把元樹圍困於譙城，然後派軍隊分別攻取了被梁軍佔領的蒙縣等五城，斷絕了梁國援軍的道路。元樹請求率領部眾向南撤回到梁國境內，把侵佔的魏國土地歸還給魏國，樊子鵠等同意了元樹的請求，並與元樹盟誓立約。元樹的部眾剛有一半人離開譙城的時候，樊子鵠突然向其發起進攻，他們活捉了元樹和擔任譙州刺史的朱文開，勝利回師。羊侃走到官竹的時候，聽到了元樹兵敗被擒的消息，遂率軍而回。九月，元樹到達洛陽；很久以後，元樹又想向南逃奔梁國，魏國人遂殺死了元樹。○十四日乙巳，梁武帝蕭衍任命擔任司空的袁昂兼任尚書令。

冬季，十一月初七日丁酉，太陽到了南回歸線，是冬至日，魏國皇帝在圜丘舉行祀天典禮。○十四日甲辰，魏國人殺死了安定王元朗、東海王元曄。○十九日己酉，魏國朝廷任命汝南王元悅為侍中、大司馬。○魏國安葬了靈太后胡氏。

梁武帝蕭衍聽說魏國政局已經穩定，十二月二十一日庚辰，又任用擔任太尉的元法僧為郢州刺史。○魏國皇帝因為汝南王元悅與自己的血緣關係親近，地位尊貴，二十八日丁亥，殺死了汝南王。○魏國實行大赦，改年號為永興元年，因為永興與魏太宗拓跋嗣即位後的第一個年號相同，所以又改為永熙元年。

魏國孝武帝想要接納丞相高歡的女兒為皇后，遂令擔任太常卿的李元忠前往晉陽給丞相高歡去送聘禮。高歡設宴招待李元忠，宴會上談論起以往的事情，李元忠說：「我們過去舉兵反對爾朱榮的時候，熱熱鬧鬧地大幹了一場，近來人們都寂寞空虛地不再說什麼，似乎已經忘記我們當初的宗旨是什麼了。」高歡拍著手掌大笑著說：「這個人在逼我起兵奪取皇帝之位。」李元忠也開玩笑似的說：「如果你不答應我的請求、不接受我的建議，我一定會去找另一個人來奪取皇帝之位。」高歡說：「想幹這件事的人不愁沒有，只怕像我這樣的老頭兒不好找。」李元忠說：「只因為像你這樣的老頭兒難以遇到，所以我才不離開你。」李元忠於是捋著高歡的鬍子大笑起來。高歡完全理解李元忠的一番好意，所以非常敬重李元忠。

爾朱兆逃到秀容郡之後，便派兵分別把守各處的險要關隘，並派人離開秀容南來搶劫抄掠。魏國丞相高歡揚言要出兵討伐爾朱兆，軍隊一連幾次出動之後又取消行動，爾朱兆於是逐漸放鬆了戒備。高歡估計歲首的時候爾朱兆一定會設宴慶賀，於是就派遣擔任都督的竇泰率領著一支精銳騎兵飛速前往秀容攻打爾朱兆，一天一夜奔馳三百里，高歡率領大軍隨後進發。

【研析】本卷寫梁武帝蕭衍中大通三年（西元五三一年）、四年共兩年間南梁與北魏兩國的大事。其中最重要的是爾朱榮被殺後，爾朱榮的兄弟子姪分別控制著朝廷與許多地方上的軍政大權，他們各自結黨營私，貪贓枉法，強加罪名地殺害了世代忠良的楊播、楊椿一門，招得人人自危、人人憤怒；而在他們的兄弟子姪之間又互不相容，彼此對立。控制朝廷的爾朱世隆廢掉了他與爾朱兆原來所立的傀儡皇帝元曄，而自作主張地改立新傀儡元恭，這使控制并州、肆州一帶地區的爾朱兆更加不滿；高歡原是爾朱榮部下的野心家，爾朱榮死後，他眼見爾朱氏的大勢已去，但他假意趨從爾朱兆，騙得對原先歸附於爾朱榮的二十萬葛榮舊部的指揮權。隨後他移兵河北，繼續挑撥北方六鎮與爾朱氏的矛盾，最後終於在親信李元忠、封隆之、高乾邕等人的輔佐下，發布檄文，聲討爾朱氏家族的種種罪惡，並舉起了討伐爾朱氏的大旗。

高歡與爾朱氏的戰鬥，第一場是先破爾朱兆的并州大軍於廣阿（今河北隆堯東），史文對此敘述說：「爾朱兆出井陘，軍于廣阿，眾號十萬。高歡縱反間，云『世隆兄弟謀殺兆』，復云『兆與歡同謀殺仲遠等』，由是迭相猜貳，徘徊不進。」又說：「高歡將與兆戰，而畏其眾彊，以問親信都督段韶，韶曰：『所謂眾者，得眾人之死；所謂彊者，得天下之心。爾朱氏上弒天子，中屠公卿，下暴百姓，王以順討逆，如湯沃雪，何眾彊之有！』歡曰：『雖然，吾以小敵大，恐無天命不能濟也。』韶曰：『韶聞「小能敵大，小道大淫。」「皇天無親，惟德是輔。」爾朱氏外亂天下，內失英雄心，智者不為謀，勇者不為鬭，人心已去，天意安有不從者哉！』……辛亥，歡大破兆於廣阿，俘其甲卒五千餘人。」明代袁俊德評論段韶的這段話說：「『得眾人之死』、『得天下之心』，段韶二語可謂達於事理。高歡唯以軍實論強弱，不復知順逆大經者，由其素志頗與爾朱相似，故自生猶豫耳。」這段話分析雙方實力的對比，與分析高歡的思想都很深刻。

爾朱氏總結第一次失敗的教訓，爾朱世隆與爾朱兆都對彼此的關係做了若干修補，彼此「更立誓約，復相親睦」。於是爾朱氏各路協同二次出兵，共同圍攻高歡於鄴城附近的韓陵。史文對此描寫說：「歡將戰，馬不滿二千，步兵不滿三萬，眾寡不敵，乃於韓陵為圓陳，連繫牛驢以塞歸道，於是將士皆有死志。兆望見歡，遙責歡以叛己，歡曰：『本所以勠力者，共輔帝室。今天子何在？』兆曰：『永安枉害天柱，我報讎耳。』歡曰：『我昔聞天柱計，汝在戶前立，豈得言不反邪！且以君殺臣，何報之有！今日義絕矣。』遂戰。歡將中軍，高敖曹將左軍，歡從父弟岳將右軍。歡戰不利，兆等乘之，岳以五百騎衝其前，別將斛律敦收散卒躡其後，敖曹以千騎自栗園出橫擊之，兆等大敗。」此戰的整個過程與敘事方法都與《史記》之寫韓信大破項羽於垓下的方法相同。此戰之後，爾朱氏諸人返回到各自的軍鎮，洛陽發生兵變，斛斯椿、賈顯度等襲殺了爾朱世隆、爾朱彥伯；爾朱天光、爾朱度律在返回關中路經洛陽的時候被斛斯椿的部下所俘；爾朱仲遠的部下叛降高歡，爾朱仲遠逃到了梁朝。接著高歡進軍并州，爾朱兆北逃秀容；高歡又追到秀容，下一卷敘述到爾朱兆逃進深山，自縊而死。到此，爾朱氏的勢力被徹底肅清，魏國的一切權力都轉到了高歡門下。於是高歡在并州建立起大丞相府，對魏國朝廷實行遙控，與當年爾朱榮的樣子完全相同。在這期間洛陽朝廷的傀儡皇帝則是已經由元恭換成了元朗，又由元朗換成了元脩。

在上一卷裡，我們看到元子攸的剛強不屈，繼他之後的幾個傀儡皇帝中還有元恭其人。元恭是廣陵王元羽之子，孝文帝的親姪子，元子攸的堂兄弟。早在胡太后的妹夫元乂篡政掌權的時候，大肆迫害宗室，於是元恭遂假裝因病變成了啞巴。此後變亂頻仍，風波不定，元恭這個啞巴遂一直裝了八年，始終沒有說過話。等到元子攸殺了爾朱榮，爾朱兆報仇殺了元子攸之後，爾朱世隆與爾朱兆先是立了元怡之子元曄為皇帝。後來爾朱世隆嫌元曄與孝文帝、宣武帝的血緣太遠，故而又派人到上洛山來找孝文帝的姪子啞巴元恭。史文對此寫得很生動：「關西大行臺郎中薛孝通說爾朱天光曰：『廣陵王，高祖猶子，夙有令望，沈晦不言，多歷年所，若奉以為主，必天人允叶。』天光與世隆等謀之，疑其實瘖，使爾朱彥伯潛往敦諭，且脅之，恭乃曰：『天何言哉？』世隆等大喜。」於是他們脅迫元曄立即退位，並親筆寫了將皇帝位讓給元恭的文告。不想元恭一上臺立即表現出了與爾朱氏的不合作：當時的黃門侍郎邢子才替新上任的皇帝起草了一篇大赦文，其中說到了元子攸屈殺了爾朱榮的問題。元恭馬上表態說：「永安手翦強臣，非為失德，直以天未厭亂，故逢成濟之禍耳。」說罷，「因顧左右取筆，自作赦文，直言：『門下：朕以寡德，運屬樂推，思與億兆，同茲大慶，肆眚之科，一依常式。』帝閉口八年，致是乃言，中外欣然以為明主，望至太平。」元子攸剛因觸犯爾朱氏而被殺，現在元恭一上臺立刻就又跟著來，他把元子攸比做曹髦，把爾朱兆比做弒君犯上的賈充、成濟，其氣魄、膽量真可以稱得上是驚天地、泣鬼神了。後來爾朱世隆提出讓爾朱榮配享魏國的皇帝，以示榮寵。這時位居司直的劉季明反對說：「若配世宗，於時無功；若配孝明，親害其母；若配莊帝，為臣不終。以此論之，無所可配。」世隆怒曰：「汝應死！」季明曰：「下官既為議首，依禮而言，不合聖心，翦戮唯命！」大義凜然，絲毫不含糊，真可謂是「有其君，必有其臣」了。後來爾朱氏被滅，高歡掌權，高歡又先後立了元朗、元脩為傀儡。當高歡向他的親信們談起元恭的為人時，有人提出「神采高明，恐於後難制」。於是元恭遂被高歡殺害了。元恭之死，雖死猶生！

本卷還寫了梁武帝蕭衍的太子蕭統的死。歷史家對蕭統的為人極其稱道，說：「太子自加元服，上即使省錄朝政，百司進事，填委於前，太子辯析詐謬，秋毫必睹。」又說他「好讀書屬文，引接才俊，賞愛無倦，……每霖雨積雪，遣左右周行閭巷，視貧者賑之。天性孝謹，在東宮，雖燕居，坐起恆西向，或宿被召當入，危坐達旦。……及卒，朝野惋愕，建康男女，奔走宮門，號泣道路。」這蕭統究竟是怎麼死的呢？原來是出於為其生母丁妃尋找墓地，風水好的墓地找到了，但卻被貪賄的宦官慫恿梁武帝換了另一塊地葬了丁妃。有人又說此地對其長子不利，為了彌補這種不利，需要按著方士們的說法搞一些厭禱之物。結果被誣告到梁武帝那裡，罪名是用心叵測。梁武帝要徹底查辦，丞相徐勉攔著不讓查，說是要為太子保全體面，結果遂使梁武帝一輩子懷著鬼胎，讓太子的冤屈至死沒有洗白的機會。你說這徐勉到底是什麼東西！司馬光對此評論說：「君子之於正道，不可少頃離也，不可跬步失也。以昭明太子之仁孝，武帝之慈愛，一染嫌疑之迹，身以憂死，罪及後昆，求吉得凶，不可湔滌，可不戒哉？是以詭誕之士，奇邪之術，君子遠之。」批評蕭統相信那些邪門歪道的玩藝自然是對的，漢武帝的太子劉據沒有搞這種玩藝，不是別人也能給他扣到頭上去麼？關鍵還是得皇帝別相信這種邪門歪道的玩藝，別接近這種邪門歪道的人；以及當丞相的要心術端正，遇事要秉公查清，別讓壞人鑽空子誣陷好人。胡三省對此感慨地說：「嗚呼，帝於豫章王綜、臨賀王正德，雖犯逆跡，猶容忍之；至於昭明被讒，則終身銜其事，蓋天奪其魄也。」梁武帝的弟兄與子姪中有不少很壞的人，甚至陰謀作亂、叛國投敵，他都能容忍，捨不得用國法、家法給予懲辦，偏偏對蕭統這點莫須有的事情竟一輩子不依不饒，的確也真讓人難以理解。

文學的・歷史的・哲學的・宗教的　古籍精華　盡在三民

古籍今注新譯叢書

哲學類

新譯四書讀本
新譯論語新編解義
新譯學庸讀本
新譯孝經讀本
新譯易經讀本
新譯乾坤經傳通釋
新譯周易六十四卦經傳通釋
新譯易經繫辭傳解義
新譯禮記讀本
新譯儀禮讀本
新譯孔子家語
新譯老子讀本
新譯帛書老子
新譯老子解義
新譯莊子讀本
新譯莊子本義
新譯莊子內篇解義
新譯列子讀本
新譯管子讀本
新譯墨子讀本
新譯公孫龍子
新譯晏子春秋
新譯鄧析子
新譯荀子讀本
新譯尹文子
新譯尸子讀本
新譯鶡冠子
新譯鬼谷子
新譯韓非子
新譯呂氏春秋
新譯韓詩外傳
新譯淮南子
新譯春秋繁露
新譯新書讀本
新譯新語讀本
新譯潛夫論
新譯論衡讀本
新譯申鑒讀本
新譯人物志
新譯張載文選
新譯近思錄
新譯傳習錄
新譯呻吟語摘
新譯明夷待訪錄

文學類

新譯詩經讀本
新譯楚辭讀本
新譯文心雕龍
新譯六朝文絜
新譯世說新語
新譯昭明文選
新譯古文觀止
新譯古文辭類纂
新譯樂府詩選
新譯古詩源
新譯千家詩
新譯詩品讀本
新譯花間集
新譯南唐詞
新譯絕妙好詞
新譯唐詩三百首
新譯宋詩三百首
新譯宋詞三百首
新譯元曲三百首
新譯明詩三百首
新譯清詩三百首
新譯清詞三百首
新譯唐人絕句選
新譯拾遺記
新譯搜神記
新譯唐才子傳
新譯唐傳奇選
新譯宋傳奇小說選
新譯明傳奇小說選
新譯容齋隨筆選
新譯明散文選
新譯明清小品文選
新譯人間詞話
新譯白香詞譜
新譯幽夢影
新譯菜根譚
新譯小窗幽記
新譯圍爐夜話
新譯郁離子
新譯歷代寓言選
新譯賈長沙集
新譯揚子雲集
新譯建安七子詩文集
新譯曹子建集
新譯阮籍詩文集
新譯嵇中散集
新譯陸機詩文集
新譯陶淵明集
新譯江淹集
新譯庾信詩文選
新譯初唐四傑詩集
新譯駱賓王文集
新譯王維詩文集
新譯孟浩然詩集
新譯李白詩全集
新譯李白文集
新譯杜甫詩選
新譯杜詩菁華
新譯高適岑參詩選
新譯昌黎先生文集
新譯劉禹錫詩文選
新譯柳宗元文選
新譯白居易詩文選
新譯元稹詩文選
新譯李賀詩集
新譯杜牧詩文集
新譯李商隱詩選

新譯范文正公選集
新譯蘇洵文選
新譯蘇軾文選
新譯蘇軾詞選
新譯蘇軾詩選
新譯蘇轍文選
新譯曾鞏文選
新譯王安石文選
新譯唐宋八大家文選
新譯柳永詞集
新譯李清照集
新譯辛棄疾詞選
新譯陸游詩文選
新譯歸有光文選
新譯唐順之詩文選
新譯徐渭詩文選
新譯袁宏道詩文選
新譯薑齋文集
新譯顧亭林文集
新譯納蘭性德詞
新譯方苞文選
新譯閒情偶寄
新譯鄭板橋集
新譯袁枚詩文選
新譯李慈銘詩文選
新譯聊齋誌異選
新譯閱微草堂筆記
新譯浮生六記
新譯弘一大師詩詞全編

教育類

新譯爾雅讀本
新譯顏氏家訓
新譯聰訓齋語
新譯曾文正公家書
新譯三字經
新譯百家姓
新譯幼學瓊林
新譯增廣賢文・千字文
新譯格言聯壁

歷史類

新譯史記
新譯漢書
新譯後漢書
新譯三國志
新譯資治通鑑
新譯史記——名篇精選
新譯尚書讀本
新譯周禮讀本
新譯逸周書
新譯左傳讀本
新譯公羊傳
新譯穀梁傳
新譯春秋穀梁傳
新譯戰國策
新譯國語讀本
新譯說苑讀本
新譯新序讀本
新譯吳越春秋
新譯西京雜記
新譯列女傳
新譯越絕書
新譯燕丹子
新譯東萊博議
新譯唐六典
新譯唐摭言

宗教類

新譯金剛經
新譯高僧傳
新譯碧巖集
新譯百喻經
新譯楞嚴經
新譯梵網經
新譯圓覺經
新譯法句經
新譯六祖壇經
新譯禪林寶訓
新譯維摩詰經
新譯經律異相
新譯阿彌陀經
新譯無量壽經
新譯妙法蓮華經
新譯景德傳燈錄
新譯大乘起信論
新譯釋禪波羅蜜
新譯八識規矩頌
新譯永嘉大師證道歌
新譯華嚴經入法界品
新譯地藏菩薩本願經
新譯悟真篇
新譯无能子
新譯坐忘論
新譯列仙傳
新譯抱朴子
新譯神仙傳
新譯性命圭旨
新譯老子想爾注
新譯周易參同契
新譯道門觀心經
新譯養性延命錄
新譯樂育堂語錄
新譯沖虛至德真經
新譯長春真人西遊記
新譯黃庭經・陰符經

地志類

新譯山海經
新譯水經注
新譯佛國記
新譯大唐西域記
新譯洛陽伽藍記
新譯徐霞客遊記
新譯東京夢華錄

政事類

新譯商君書
新譯鹽鐵論
新譯貞觀政要

軍事類

新譯孫子讀本
新譯司馬法
新譯尉繚子
新譯三略讀本
新譯六韜讀本
新譯吳子讀本
新譯李衛公問對

◎新譯鹽鐵論

盧烈紅／注譯
黃志民／校閱

《鹽鐵論》是西漢學者桓寬根據漢昭帝時召開的鹽鐵會議之記錄，整理加工而成。鹽與鐵是關係國計民生的兩大商品，也是漢武帝實行一系列官營政策後國家的重要財源。會議中官方與民間代表兩派人馬針對官營或私營、征伐或安撫、法治或禮治等等議題展開激烈的論戰，從中我們不僅能了解當時大環境的樣貌，更可一窺漢武帝獨尊儒術後的學術風氣。本書參考各種版本，校正和補足許多正文的錯誤及衍脫，各篇的題解提綱挈領，注釋與語譯則力求雅俗共賞。

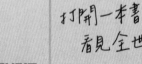

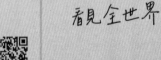